ŒUVRES COMPLÈTES

DE

CHATEAUBRIAND

TOME VII

PARIS. — IMPRIMERIE DE J. CLAYE
RUE SAINT-BENOIT, 7

NAPOLÉON IER

Garnier frères, à Paris

ŒUVRES COMPLÈTES
DE
CHATEAUBRIAND

NOUVELLE ÉDITION

REVUE AVEC SOIN SUR LES ÉDITIONS ORIGINALES

PRÉCÉDÉE D'UNE

ÉTUDE LITTÉRAIRE SUR CHATEAUBRIAND

PAR

M. SAINTE-BEUVE

DE L'ACADÉMIE FRANÇAISE

Vignettes dessinées par G. Staal, Racinet, etc., et gravées par F. Delannoy,
G. Thibault, Outhwaitte, Massard, etc.

MÉLANGES POLITIQUES — POLÉMIQUE

PARIS
GARNIER FRÈRES, ÉDITEURS
6 RUE DES SAINTS-PÈRES 6

MÉLANGES

POLITIQUES

PRÉFACE

DE L'ÉDITION DE 1828.

Quand on aura relu, si on les relit, *Buonaparte et les Bourbons, Compiègne*, l'*État de la France au 4 octobre 1814*, le *Rapport fait au roi dans son conseil à Gand*, etc., il restera prouvé que je suis un ennemi de la légitimité, comme il appert par le *Génie du Christianisme* que je suis un impie, comme il appert par les *Réflexions politiques* que dès 1814 je ne voulois pas de la Charte.

Mais si je ne suis pas un impie, je suis tout au moins un philosophe ; en voici la preuve. J'ai dit dans la nouvelle préface de l'*Essai historique* : « Je crois très-sincèrement ; j'irois demain, pour ma foi, d'un pas ferme à l'échafaud.

« *Je ne démens pas une syllabe de ce que j'ai écrit dans le* Génie du Christianisme; *jamais un mot n'échappera à ma bouche, une ligne à ma plume, qui soit en opposition avec les opinions religieuses que j'ai professées depuis vingt-cinq ans.*

« Voilà ce que je suis.

« Voici ce que je ne suis pas :

« Je ne suis point chrétien par patentes de trafiquant en religion : mon brevet n'est que mon extrait de baptême. J'appartiens à la communion générale, naturelle et publique de tous les hommes qui depuis la création se sont entendus d'un bout de la terre à l'autre pour prier Dieu.

« Je ne fais point métier et marchandise de mes opinions. Indépendant de tout, fors de Dieu, je suis chrétien sans ignorer mes foiblesses, sans me donner pour modèle, sans être persécuteur, inquisiteur, délateur, sans espionner mes frères, sans calomnier mes voisins.

« Je ne suis point un incrédule déguisé en chrétien, qui propose la religion comme un frein utile aux peuples. Je n'explique point l'Évangile au profit du despotisme, mais au profit du malheur.

« Si je n'étois pas chrétien, je ne me donnerois pas la peine de le paroître : toute contrainte me pèse, tout masque m'étouffe ; à la seconde phrase, mon caractère l'emporteroit et je me trahirois. J'attache trop peu d'importance à la vie pour m'amuser à la parer d'un mensonge.

« Se conformer en tout à l'esprit d'élévation et de douceur de l'Évangile, marcher avec le temps, soutenir la liberté par l'autorité de la religion, prêcher l'obéissance à la Charte comme la soumission au roi, faire entendre du haut de la chaire des paroles de compassion pour ceux qui souffrent, quels que soient leur pays et leur culte, réchauffer la foi par l'ardeur de la charité, voilà, selon moi, ce qui pouvoit rendre au clergé la puissance légitime qu'il doit obtenir : par le chemin opposé, sa ruine est certaine. La société ne peut se soutenir qu'en s'appuyant sur l'autel ; mais les ornements de l'autel doivent changer selon les siècles et en raison des progrès de l'esprit humain. Si le sanctuaire de la Divinité est beau à l'ombre, il est encore plus beau à la lumière : la croix est l'étendard de la civilisation.

« Je ne redeviendrai incrédule que quand on m'aura démontré que le christianisme est incompatible avec la liberté ; alors je cesserai de regarder comme véritable une religion opposée à la dignité de l'homme. Comment pourrois-je le croire émané du ciel, un culte qui étoufferoit les sentiments nobles et généreux, qui rapetisseroit les âmes, qui couperoit les ailes du génie, qui maudiroit les lumières au lieu d'en faire un moyen de plus pour s'élever à la contemplation des œuvres de Dieu ? Quelle que fût ma douleur, il faudroit bien reconnoître malgré moi que je me repaissois de chimères : j'approcherois avec horreur de cette tombe où j'avois espéré trouver le repos, et non le néant.

« Mais tel n'est point le caractère de la vraie religion ; le christianisme porte pour moi deux preuves manifestes de sa céleste origine : par sa morale, il tend à nous délivrer des passions ; par sa politique, il abolit l'esclavage. C'est donc une religion de liberté : c'est la mienne. »

Pourroit-on croire que dans ces pages où je déclare que *j'irois demain, pour ma foi, d'un pas ferme à l'échafaud, que je ne démens pas une syllabe de ce que j'ai écrit dans le* Génie du Christianisme, pourroit-on croire que des hommes charitables aient trouvé contre moi une accusation de *philosophisme ?* — Comment cela ? — Eh ! n'avez-vous pas remarqué cette abominable manifestation de l'erreur ? *J'appartiens à la communion générale, naturelle et publique de tous les hommes qui depuis la création se sont entendus d'un bout de la terre à l'autre pour prier Dieu.*

En bonne logique, ne puis-je appartenir à la grande communion des hommes qui ont prié Dieu depuis les patriarches jusqu'aux gentils des temps modernes, ignorants encore de l'Évangile? ne puis-je, dis-je, appartenir à cette communion, sans cesser de connoître et de prier Dieu à la manière des chrétiens? Mais passons.

Je suis bien plus coupable encore; je joins l'*hérésie* au *philosophisme*, témoin ces mots: *Je suis chrétien*. C'est du protestantisme tout pur; je devois dire: Je suis *catholique, apostolique* et *romain*. Bien : je suis hérétique parce que je me suis servi du mot fameux des martyrs allant au supplice : « Je suis chrétien ! »

Mais si j'ai déclaré, dans le même paragraphe, que *j'irois, pour ma foi, d'un pas ferme à l'échafaud*, que *je ne démens pas une syllabe de ce que j'ai écrit dans le Génie du Christianisme*, reste-t-il quelque doute sur mes sentiments? L'ouvrage dont *je ne démens pas une syllabe* n'est-il pas l'apologie la plus complète de la religion *catholique, apostolique* et *romaine*? Ah, mes pieux commentateurs! ce ne sont pas les phrases qui vous blessent! Vous me trouveriez très-orthodoxe si avant et après ces mots: *je suis chrétien*, on ne lisoit pas ces divers passages: *Je ne suis point chrétien par patentes de trafiquant en religion... Je ne fais point métier et marchandise de mes opinions... Indépendant de tout, fors de Dieu*, JE SUIS CHRÉTIEN *sans ignorer mes foiblesses, sans me donner pour modèle, sans être persécuteur, inquisiteur, délateur, sans espionner mes frères, sans calomnier mes voisins... Je n'explique point l'Évangile au profit du despotisme, mais au profit du malheur... Marcher avec le temps; soutenir la liberté par l'autorité de la religion, prêcher l'obéissance à la* CHARTE *comme la soumission au* ROI... *voilà, selon moi, ce qui pourroit rendre au clergé la puissance légitime qu'il doit obtenir. Le christianisme porte pour moi deux preuves de sa céleste origine: par sa morale, il tend à nous délivrer des passions; par sa politique, il abolit l'esclavage. C'est donc une religion de liberté: c'est la mienne.*

Détester la persécution, l'intrigue et le mensonge; désirer que la religion s'allie avec la liberté et s'étende avec les lumières du siècle, voilà ma véritable hérésie, mon philosophisme réel, mon péché irrémissible. Un homme qui veut la Charte, en la séparant de l'Évangile, prêche une doctrine stérile; mais un homme qui demande que la Charte soit déposée sur l'autel est assis dans une chaire féconde en séductions diaboliques: la foule trompée finiroit par se plaire à l'œuvre réprouvée que l'ancien Dragon inspira à Louis XVIII et fit jurer à Charles X.

PRÉFACE.

Pour tout esprit droit et tout cœur sincère, ne peut y avoir rien d'équivoque dans les phrases *incriminées*, si on les rattache aux phrases dont elles sont précédées ou suivies ; mais voulant trancher la question, et ne laisser aucune occasion d'anathème aux nouveaux docteurs, je déclare donc que je vivrai et mourrai *catholique, apostolique* et *romain*. Voilà qui est clair et positif. Les trafiquants de religion seront-ils satisfaits, me croiront-ils ? Pas du tout ; ils me jugent d'après eux.

Je me serois bien gardé de rappeler de misérables critiques dans une préface, si ces critiques ne tomboient sur un point religieux : le mépris ou l'insouciance en pareille matière seroit coupable. Je professe ma croyance religieuse aussi publiquement que ma croyance politique : j'ai toujours été d'avis qu'il n'y a point de liberté durable si elle n'est fondée, comme la société tout entière, dans la religion ; seulement il ne faut pas prendre l'hypocrisie pour la foi, l'ardeur de la calomnie pour le zèle de la charité, et l'abus que l'on fait des choses saintes pour les choses saintes elles-mêmes.

Je parlerai maintenant de l'écrit placé à la tête de ce volume : Louis XVIII vouloit bien dire que cet écrit lui avoit valu une armée.

Buonaparte est jugé avec rigueur dans cet opuscule approprié aux besoins de l'époque. A cette époque de trouble et de passion les paroles ne pouvoient être rigoureusement pesées ; il s'agissoit moins d'écrire que d'agir ; c'étoit une bataille qu'il falloit gagner ou perdre dans l'opinion ; et perdue, elle dispersoit pour toujours les débris du trône légitime. La France ne savoit que penser ; l'Europe, stupéfaite de sa victoire, hésitoit ; Buonaparte étoit à Fontainebleau, tout-puissant encore et environné de quarante mille vétérans ; les négociations avec lui n'étoient pas rompues : le moment étoit décisif ; force étoit donc de s'occuper seulement de l'homme à craindre, sans rechercher ce qu'il avoit d'éminent ; l'admiration mise imprudemment dans la balance l'auroit fait pencher du côté de l'oppresseur de nos libertés. La patrie étoit écrasée sous le despotisme, et livrée par l'ambition insensée de ce despotisme à l'invasion de l'étranger ; nos blessures récentes saignoient : le donjon de Vincennes, les exils, les fusillades à la plaine de Grenelle, l'anéantissement de notre indépendance, la conscription, les banqueroutes répétées, l'iniquité, de la politique napoléonienne, l'ingrate persécution suscitée du souverain pontife, l'enlèvement du roi d'Espagne ; les désastres de la campagne de Russie ; enfin, tous les abus de l'arbitraire, toutes les vexations du gouvernement de l'empire ne laissoient à personne le sang-froid nécessaire pour prononcer un jugement impartial. On ne voyoit que la moitié du tableau; les défauts étoient en saillie dans la lumière, les qualités plongées dans l'ombre.

Le temps a marché; Napoléon a disparu : le soldat devant lequel tant de rois fléchirent le genou, le conquérant qui fit tant de bruit, occupe à peine, dans un silence sans fin, quelques pieds de terre sur un roc au milieu de l'Océan. Usurpateur du trône de saint Louis et des droits de la nation, tel se montroit Buonaparte quand j'esquissai ses traits pour la première fois. Je le jugeai d'abord avec les générations souffrantes, moi-même une de ses victimes; depuis, j'ai dû parler d'un sceptre perdu, d'une épée brisée, en historien consciencieux, en citoyen qui voit l'indépendance de son pays assurée. La liberté m'a permis d'admirer la gloire : assise désormais sur un tombeau solitaire, cette gloire ne se lèvera point pour enchaîner ma patrie.

En 1814, j'ai peint *Buonaparte et les Bourbons;* en 1827, j'ai tracé le parallèle de *Washington et de Buonaparte;* mes deux *plâtres* de Napoléon ressemblent; mais l'un a été coulé sur la vie, l'autre modelé sur la mort, et la mort est plus vrai que la vie.

Cessant lui-même d'avoir un intérêt à garder contre moi sa colère, Buonaparte m'avoit aussi pardonné et rendu quelque justice. Un article où je parlois de sa force étant tombé entre ses mains, il dit à M. de Montholon :

« Si en 1814 et en 1815 la confiance royale n'avoit point été placée dans des hommes dont l'âme étoit détrempée par des circonstances trop fortes, ou qui, renégats à leur patrie, ne voient de salut et de gloire pour le trône de leur maître que dans le joug de la sainte-alliance; si le duc de Richelieu, dont l'ambition fut de délivrer son pays des baïonnettes étrangères; si Chateaubriand, qui venoit de rendre à Gand d'éminents services, avoient eu la direction des affaires, la France seroit sortie puissante et redoutée de ces deux grandes crises nationales. Chateaubriand a reçu de la nature le feu sacré : ses ouvrages l'attestent. Son style n'est pas celui de Racine, c'est celui du prophète. Il n'y a que lui au monde qui ait pu dire impunément, à la tribune des pairs, que la *redingote grise et le chapeau de Napoléon, placés au bout d'un bâton sur la côte de Brest, feroient courir l'Europe aux armes* [1]. Si jamais il arrive au

---

1. Voici le passage auquel Buonaparte fait allusion, et qu'il avoit mal retenu :
« Jeté au milieu des mers où le Camoëns plaça le génie des tempêtes, Buonaparte ne peut se remuer sur son rocher sans que nous ne soyons avertis de son mouvement par une secousse. Un pas de cet homme à l'autre pôle se feroit sentir à celui-ci. Si la Providence déchaînoit encore son fléau; si Buonaparte étoit libre aux États-Unis, ses regards attachés sur l'Océan suffiroient pour troubler les peuples de l'ancien

timon des affaires, il est possible que Chateaubriand s'égare : tant d'autres y ont trouvé leur perte! mais ce qui est certain, c'est que tout ce qui est grand et national doit convenir à son génie, et qu'il eût repoussé avec indignation ces actes infamants de l'administration d'alors. » (*Mémoires pour servir à l'Histoire de France sous Napoléon*, par M. DE MONTHOLON, tom. IV, pag. 248.)

Pourquoi ne conviendrois-je pas que ce jugement *flatte de mon cœur l'orgueilleuse foiblesse?* Bien de petits hommes, à qui j'ai rendu de grands services, ne m'ont pas jugé si favorablement que le géant dont j'avois osé détester le crime [1] et attaquer la puissance.

Quoi qu'il en soit, en rapprochant l'écrit *De Buonaparte et des Bourbons* du parallèle *De Buonaparte et de Washington*[2] et de quelques pages de ma *Polémique*[3], on saura à peu près tout ce qu'il y a à dire en bien ou en mal de celui que les peuples appelèrent un *fléau :* les fléaux de Dieu conservent quelque chose de l'éternité et de la grandeur de ce courroux divin dont ils émanent. *Ossa arida... dabo vobis spiritum, et vivetis* (ÉZÉCHIEL).

---

monde : sa seule présence sur le rivage américain de l'Atlantique forceroit l'Europe à camper sur le rivage opposé. » (Voyez à la fin de ce volume, *Polémique*, article du 17 novembre 1818.)

1. L'assassinat du duc d'Enghien.
2. Voyez tome VI, *Voyage en Amérique*, p. 55 et suiv.
3. Voyez à la fin de ce volume, *Polémique*, article du 17 novembre 1818 — et tome VIII, article du 5 juillet 1824 inclusivement.

MÉLANGES

POLITIQUES

DE BUONAPARTE
ET DES BOURBONS

30 MARS 1814.

Non, je ne croirai jamais que j'écris sur le tombeau de la France ; je ne puis me persuader qu'après le jour de la vengeance nous ne touchions pas au jour de la miséricorde. L'antique patrimoine des rois très-chrétiens ne peut être divisé : il ne périra point, ce royaume que Rome expirante enfanta au milieu de ses ruines, comme un dernier essai de sa grandeur. Ce ne sont point les hommes seuls qui ont conduit les événements dont nous sommes les témoins, la main de la Providence est visible dans tout ceci : Dieu lui-même marche à découvert à la tête des armées et s'assied au conseil des rois. Comment sans l'intervention divine expliquer et l'élévation prodigieuse et la chute, plus prodigieuse encore, de celui qui naguère fouloit le monde à ses pieds? Il n'y a pas quinze mois qu'il étoit à Moscou, et les Russes sont à Paris; tout trembloit sous ses lois, depuis les colonnes d'Hercule jusqu'au Caucase ; et il est fugitif, errant, sans asile ; sa puissance s'est débordée comme le flux de la mer, et s'est retirée comme le reflux.

Comment expliquer les fautes de cet insensé? Nous ne parlons pas encore de ses crimes.

Une révolution, préparée par la corruption des mœurs et par les égarements de l'esprit, éclate parmi nous. Au nom des lois on renverse la religion et la morale ; on renonce à l'expérience et aux coutumes de nos pères ; on brise les tombeaux des aïeux, base sacrée de tout gouvernement durable, pour fonder sur une raison incertaine une société sans passé et sans avenir. Errant dans nos propres folies, ayant perdu toute idée claire du juste et de l'injuste, du bien et du mal, nous parcourûmes les diverses formes des constitutions républicaines. Nous appelâmes la populace à délibérer au milieu des rues de Paris sur les grands objets que le peuple romain venoit discuter au Forum après avoir déposé ses armes et s'être baigné dans les flots du Tibre. Alors sortirent de leurs repaires tous ces rois demi-nus, salis et abrutis par l'indigence, enlaidis et mutilés par leurs travaux, n'ayant pour toute vertu que l'insolence de la misère et l'orgueil des haillons. La patrie, tombée en de pareilles mains, fut bientôt couverte de plaies. Que nous resta-t-il de nos fureurs et de nos chimères? Des crimes et des chaînes!

Mais du moins le but que l'on sembloit se proposer alors étoit noble. La liberté ne doit point être accusée des forfaits que l'on commit sous son nom ; la vraie philosophie n'est point la mère des doctrines empoisonnées que répandent les faux sages. Éclairés par l'expérience, nous sentîmes enfin que le gouvernement monarchique étoit le seul qui pût convenir à notre patrie.

Il eût été naturel de rappeler nos princes légitimes ; mais nous crûmes nos fautes trop grandes pour être pardonnées. Nous ne songeâmes pas que le cœur d'un fils de saint Louis est un trésor inépuisable de miséricorde. Les uns craignoient pour leur vie, les autres pour leurs richesses. Surtout, il en coûtoit trop à l'orgueil humain d'avouer qu'il s'étoit trompé. Quoi! tant de massacres, de bouleversements, de malheurs, pour revenir au point d'où l'on étoit parti! Les passions encore émues, les prétentions de toutes les espèces, ne pouvoient renoncer à cette égalité chimérique, cause principale de nos maux. De grandes raisons nous poussoient ; de petites raisons nous retinrent : la félicité publique fut sacrifiée à l'intérêt personnel, et la justice à la vanité.

Il fallut donc songer à établir un chef suprême qui fût l'enfant de la révolution, un chef en qui la loi, corrompue dans sa source, protégeât la corruption et fît alliance avec elle. Des magistrats, intègres, fermes et courageux, des capitaines renommés par leur probité autant que pour leurs talents, s'étoient formés au milieu de nos discordes ; mais on ne leur offrit point un pouvoir que leurs principes leur auroient défendu d'accepter. On désespéra de trouver parmi les François un front qui osât porter la couronne de Louis XVI. Un étranger se présenta : il fut choisi.

Buonaparte n'annonça pas ouvertement ses projets ; son caractère ne se développa que par degrés. Sous le titre modeste de consul, il accoutuma d'abord les esprits indépendants à ne pas s'effrayer du pouvoir qu'ils avoient donné. Il se concilia les vrais François, en se proclamant le restaurateur de l'ordre, des lois et de la religion. Les plus sages y furent pris, les plus clairvoyants trompés. Les républicains regardoient Buonaparte comme leur ouvrage et comme le chef populaire d'un État libre. Les royalistes croyoient qu'il jouoit le rôle de Monk, et s'empressoient de le servir. Tout le monde espéroit en lui. Des victoires éclatantes, dues à la bravoure des François, l'environnèrent de gloire. Alors il s'enivra de ses succès, et son penchant au mal commença à se déclarer. L'avenir doutera si cet homme a été plus coupable par le mal qu'il a fait que par le bien qu'il eût pu faire et qu'il n'a pas fait. Jamais usurpateur n'eut un rôle plus facile et plus brillant à remplir. Avec un peu de modération, il pouvoit établir lui et sa race sur le premier trône de l'univers. Personne ne lui disputoit ce trône : les générations nées depuis la révolution ne connoissoient point nos anciens maîtres, et n'avoient vu que des troubles et des malheurs. La France et l'Europe étoient lassées ; on ne soupiroit qu'après le repos ; on l'eût acheté à tout prix. Mais Dieu ne voulut pas qu'un si dangereux exemple fût donné au monde, qu'un aventurier pût troubler l'ordre des successions royales, se faire l'héritier des héros, et profiter dans un seul jour de la dépouille du génie, de la gloire et du temps. Au défaut des droits de la naissance, un usurpateur ne peut légitimer ses prétentions au trône que par des vertus : dans ce cas, Buonaparte n'avoit rien pour lui, hors des talents militaires, égalés, sinon même surpassés par ceux de plusieurs de nos généraux. Pour le perdre, il a suffi à la Providence de l'abandonner et de le livrer à sa propre folie.

Un roi de France disoit que « si la bonne foi étoit bannie du milieu des hommes, elle devroit se retrouver dans le cœur des rois » : cette qualité d'une âme royale manqua surtout à Buonaparte. Les premières victimes connues de la perfidie du tyran furent deux chefs des royalistes de la Normandie. MM. de Frotté et le baron de Commarque eurent la noble imprudence de se rendre à une conférence où on les attira sur la foi d'une promesse ; ils furent arrêtés et fusillés. Peu de temps après, Toussaint-Louverture fut enlevé par trahison en Amérique, et probablement étranglé dans le château où on l'enferma en Europe.

Bientôt un meurtre plus fameux consterna le monde civilisé. On crut voir renaître ces temps de barbarie du moyen âge, ces scènes que l'on ne trouve plus que dans les romans, ces catastrophes que les guerres de l'Italie et la politique de Machiavel avoient rendues familières au delà des Alpes. L'étranger, qui n'étoit point encore roi, voulut avoir le corps sanglant d'un François pour marchepied du trône de France. Et quel François, grand Dieu! Tout fut violé pour commettre ce crime : droit des gens, justice, religion, humanité. Le duc d'Enghien est arrêté en pleine paix sur un sol étranger. Lorsqu'il avoit quitté la France, il étoit trop jeune pour la bien connoître : c'est du fond d'une chaise de poste, entre deux gendarmes, qu'il voit comme pour la première fois, la terre de sa patrie et qu'il traverse pour mourir les champs illustrés par ses aïeux. Il arrive au milieu de la nuit au donjon de Vincennes. A la lueur des flambeaux, sous les voûtes d'une prison, le petit-fils du grand Condé est déclaré coupable d'avoir comparu sur des champs de bataille : convaincu de ce crime héréditaire, il est aussitôt condamné. En vain il demande à parler à Buonaparte (ô simplicité aussi touchante qu'héroïque!), le brave jeune homme étoit un des plus grands admirateurs de son meurtrier : il ne pouvoit croire qu'un capitaine voulût assassiner un soldat. Encore tout exténué de faim et de fatigue, on le fait descendre dans les ravins du château; il y trouve une fosse nouvellement creusée. On le dépouille de son habit; on lui attache sur la poitrine une lanterne pour l'apercevoir dans les ténèbres, et pour mieux diriger la balle au cœur. Il demande un confesseur; il prie ses bourreaux de transmettre les dernières marques de son souvenir à ses amis : on l'insulte par des paroles grossières. On commande le feu; le duc d'Enghien tombe : sans témoins, sans consolation, au milieu de sa patrie, à quelques lieues de Chantilly, à quelques pas de ces vieux arbres sous lesquels le saint roi Louis rendoit la justice à ses sujets, dans la prison où M. le prince fut renfermé, le jeune, le beau, le brave, le dernier rejeton du vainqueur de Rocroy, meurt comme seroit mort le grand Condé, et comme ne mourra pas son assassin. Son corps est enterré furtivement, et Bossuet ne renaîtra point pour parler sur ses cendres.

Il ne reste à celui qui s'est abaissé au-dessous de l'espèce humaine par un crime qu'à affecter de se placer au-dessus de l'humanité par ses desseins, qu'à donner pour prétexte à un forfait des raisons inaccessibles au vulgaire, qu'à faire passer un abîme d'iniquités pour la profondeur du génie. Buonaparte eut recours à cette misérable assurance qui ne trompe personne, et qui ne vaut pas un simple repentir : ne pouvant cacher son crime, il le publia.

Quand on entendit crier dans Paris l'arrêt de mort, il y eut un mouvement d'horreur que personne ne dissimula. On se demanda de quel droit un étranger venoit de verser le plus beau comme le plus pur sang de la France. Croyoit-il pouvoir remplacer par sa famille la famille qu'il venoit d'éteindre? Les militaires surtout frémirent : ce nom de Condé leur sembloit appartenir en propre et représenter pour eux l'honneur de l'armée françoise. Nos grenadiers avoient plusieurs fois rencontré les trois générations de héros dans la mêlée, le prince de Condé, le duc de Bourbon et le duc d'Enghien ; ils avoient même blessé le duc de Bourbon, mais l'épée d'un François ne pouvoit épuiser ce noble sang : il n'appartenoit qu'à un étranger d'en tarir la source.

Chaque nation a ses vices. Ceux des François ne sont pas la trahison, la noirceur et l'ingratitude. Le meurtre du duc d'Enghien, la torture et l'assassinat de Pichegru, la guerre d'Espagne et la captivité du pape, décèlent dans Buonaparte une nature étrangère à la France. Malgré le poids des chaînes dont nous étions accablés, sensibles aux malheurs autant qu'à la gloire, nous avons pleuré le duc d'Enghien, Pichegru, Georges et Moreau ; nous avons admiré Saragosse et environné d'hommages un pontife chargé de fers. Celui qui priva de ses États le prêtre vénérable dont la main l'avoit marqué du sceau des rois, celui qui à Fontainebleau osa, dit-on, frapper le souverain pontife, traîner par ses cheveux blancs le père des fidèles, celui-là crut peut-être remporter une nouvelle victoire : il ne savoit pas qu'il restoit à l'héritier de Jésus-Christ ce sceptre de roseau et cette couronne d'épines qui triomphent tôt ou tard de la puissance du méchant.

Le temps viendra, je l'espère, où les François libres déclareront par un acte solennel qu'ils n'ont point pris de part à ces crimes de la tyrannie ; que le meurtre du duc d'Enghien, la captivité du pape et la guerre d'Espagne, sont des actes impies, sacrilèges, odieux, anti-françois surtout, et dont la honte ne doit retomber que sur la tête de *l'étranger*.

Buonaparte profita de l'épouvante que l'assassinat de Vincennes jeta parmi nous pour franchir le dernier pas et s'asseoir sur le trône.

Alors commencèrent les grandes saturnales de la royauté : les crimes, l'oppression, l'esclavage marchèrent d'un pas égal avec la folie. Toute liberté expire, tout sentiment honorable, toute pensée généreuse, deviennent des conspirations contre l'État. Si on parle de vertu, on est suspect ; louer une belle action, c'est une injure faite au prince. Les mots changent d'acception : un peuple qui combat pour ses souverains légitimes est un peuple rebelle ; un traître est un sujet fidèle ; la France entière devient l'empire du mensonge : journaux, pamphlets, discours, prose et vers, tout déguise la vérité. S'il a fait de la pluie, on assure qu'il a fait du soleil ; si le tyran s'est promené au milieu du peuple muet, il s'est avancé, dit-on, au milieu des acclamations de la foule. Le but unique, c'est le prince : la morale consiste à se dévouer à ses caprices, le devoir à le louer. Il faut surtout se récrier d'admiration lorsqu'il a fait une faute ou commis un crime. Les gens de lettres sont forcés par des menaces à célébrer le despote. Ils composoient, ils capituloient sur le degré de la louange : heureux quand, au prix de quelques lieux communs sur la gloire des armes, ils avoient acheté le droit de pousser quelques soupirs, de dénoncer quelques crimes, de rappeler quelques vérités proscrites ! Aucun livre ne pouvoit paroître sans être marqué de l'éloge de Buonaparte, comme du timbre de l'esclavage ; dans les nouvelles éditions des anciens auteurs, la censure faisoit retrancher tous les passages contre les conquérants, la servitude et la tyrannie, comme le Directoire avoit eu dessein de faire corriger dans les mêmes auteurs tout ce qui parloit de la monarchie et des rois. Les almanachs étoient examinés avec soin ; et la conscription forma un article de foi dans le catéchisme. Dans les arts, même servitude : Buonaparte empoisonne les pestiférés de Jaffa ; on fait un tableau qui le représente touchant, par excès de courage et d'humanité, ces mêmes pestiférés. Ce n'étoit pas ainsi que saint Louis guérissoit les malades qu'une confiance touchante et religieuse présentoit à ses mains royales. Au reste, ne parlez point d'opinion publique : la maxime est que le souverain doit en disposer chaque matin. Il y avoit à la police perfectionnée par Buonaparte un comité chargé de donner la direction aux esprits, et à la tête de ce comité un directeur de l'opinion publique. L'imposture et le silence étoient les deux grands moyens employés pour tenir le peuple dans l'erreur. Si vos enfants meurent sur le champ de bataille, croyez-vous qu'on fasse assez de cas de vous pour vous dire ce qu'ils sont devenus ? On vous taira les événements les plus importants à la patrie, à l'Europe, au monde entier. Les ennemis sont à Meaux : vous ne l'apprenez que par la fuite des gens de la campagne ; on vous enveloppe de ténèbres ; on se joue de vos inquiétudes ; on rit de vos douleurs ; on méprise ce que vous pouvez sentir et penser. Vous voulez élever la voix, un espion vous dénonce, un gendarme vous arrête, une commission militaire vous juge : on vous casse la tête, et on vous oublie.

Ce n'étoit pas tout d'enchaîner les pères, il falloit encore disposer des enfants. On a vu des mères accourir des extrémités de l'empire et venir réclamer, en fondant en larmes, les fils que le gouvernement leur avoit enlevés. Ces enfants étoient placés dans des écoles où, rassemblés au son du tambour, ils devenoient irréligieux, débauchés, contempteurs des vertus domestiques. Si de sages et dignes maîtres osoient rappeler la vieille expérience et les leçons de la morale, ils étoient aussitôt dénoncés comme des traîtres, des fanatiques, des ennemis de la philosophie et du progrès des lumières. L'autorité paternelle, respectée par les plus affreux tyrans de l'antiquité, étoit traitée par Buonaparte d'abus et de préjugés. Il vouloit faire de nos fils des espèces de mamelouks sans Dieu, sans famille et sans patrie. Il semble que cet ennemi de tout s'attachât à détruire la France par ses fondements. Il a plus corrompu les hommes, plus fait de mal au genre humain dans le court espace de dix années, que tous les tyrans de Rome ensemble, depuis Néron jusqu'au dernier persécuteur des chrétiens. Les principes qui servoient de base à son administration passoient de son gouvernement dans les différentes classes de la société; car un gouvernement pervers introduit le vice chez les peuples, comme un gouvernement sage fait fructifier la vertu. L'irréligion, le goût des jouissances et des dépenses au-dessus de la fortune, le mépris des liens moraux, l'esprit d'aventure, de violence et de domination, descendoient du trône dans les familles. Encore quelque temps d'un pareil règne, et la France n'eût plus été qu'une caverne de brigands.

Les crimes de notre révolution républicaine étoient l'ouvrage des passions, qui laissent toujours des ressources : il y avoit désordre et non pas destruction dans la société. La morale étoit blessée, mais elle n'étoit pas anéantie. La conscience avoit ses remords; une indifférence destructive ne confondoit point l'innocent et le coupable : aussi les malheurs de ce temps auroient pu être promptement réparés. Mais comment guérir la plaie faite par un gouvernement qui posoit en principe le despotisme; qui, ne parlant que de morale et de religion, détruisoit sans cesse la morale et la religion par ses institutions et ses mépris; qui ne cherchoit point à fonder l'ordre sur le devoir et sur la loi, mais sur la force et sur les espions de police; qui prenoit la stupeur de l'esclavage pour la paix d'une société bien organisée, fidèle aux coutumes de ses pères, et marchant en silence dans le sentier des antiques vertus? Les révolutions les plus terribles sont préférables à un pareil état. Si les guerres civiles produisent les crimes publics, elles enfantent au moins les vertus privées, les talents et les grands hommes. C'est dans le despotisme que disparoissent les empires : en abusant de tous les moyens, en tuant les âmes encore plus que les corps, il amène tôt ou tard la dissolution et la conquête. Il n'y a point d'exemple d'une nation libre qui ait péri par une guerre entre les citoyens ; et toujours un État courbé sous ses propres orages s'est relevé plus florissant.

On a vanté l'administration de Buonaparte : si l'administration consiste dans des chiffres ; si pour bien gouverner il suffit de savoir combien une province produit en blé, en vin, en huile, quel est le dernier écu qu'on peut lever, le dernier homme qu'on peut prendre, certes Buonaparte étoit un grand administrateur ; il est impossible de mieux organiser le mal, de mettre plus d'ordre dans le désordre. Mais si la meilleure administration est celle qui laisse un peuple en paix, qui nourrit en lui des sentiments de justice et de pitié, qui est avare du sang des hommes, qui respecte les droits des citoyens, les propriétés des familles, certes le gouvernement de Buonaparte étoit le pire des gouvernements.

Et encore que de fautes et d'erreurs dans son propre système ! L'administration la plus dispendieuse engloutissoit une partie des revenus de l'État. Des armées de douaniers et de receveurs dévoroient les impôts qu'ils étoient chargés de lever. Il n'y avoit pas de si petit chef de bureau qui n'eût sous lui cinq ou six commis. Buonaparte sembloit avoir déclaré la guerre au commerce. S'il naissoit en France quelque branche d'industrie, il s'en emparoit, et elle séchoit entre ses mains. Les tabacs, les sels, les laines, les denrées coloniales, tout étoit pour lui l'objet d'un monopole ; il s'étoit fait l'unique marchand de son empire. Il avoit, par des combinaisons absurdes, ou plutôt par une ignorance et un dégoût décidé de la marine, achevé de perdre nos colonies et d'anéantir nos flottes. Il bâtissoit de grands vaisseaux qui pourrissoient dans les ports, ou qu'il désarmoit lui-même pour subvenir aux besoins de son armée de terre. Cent frégates, répandues dans toutes les mers, auroient pu faire un mal considérable aux ennemis, former des matelots à la France, protéger nos bâtiments marchands : ces premières notions du bon sens n'entroient pas même dans la tête de Buonaparte. On ne doit point attribuer à ses lois les progrès de notre agriculture ; ils sont dus au partage des grandes propriétés, à l'abolition de quelques droits féodaux, et à plusieurs autres causes produites par la révolution. Tous les jours cet homme inquiet et bizarre fatiguoit un peuple qui n'avoit besoin que de repos par des décrets contradictoires, et souvent inexécutables : il violoit le soir la loi qu'il avoit faite le matin. Il a dévoré en dix ans 15 milliards d'impôts[1], ce qui surpasse la somme des taxes levées pendant les soixante-

1. Tous ces calculs ne sont qu'*approximatifs* : je ne me pique nullement de donner de comptes rigoureux par francs et par centimes.

treize années du règne de Louis XIV. La dépouille du monde, 1,500 millions de revenu ne lui suffisoient pas ; il n'étoit occupé qu'à grossir son trésor par les mesures les plus iniques. Chaque préfet, chaque sous-préfet, chaque maire avoit le droit d'augmenter les entrées des villes, de mettre des centimes additionnels sur les bourgs, les villages et les hameaux, de demander à tel propriétaire une somme arbitraire pour tel ou tel prétendu besoin. La France entière étoit au pillage. Les infirmités, l'indigence, la mort, l'éducation, les arts, les sciences, tout payoit un tribut au prince. Vous aviez un fils estropié, cul-de-jatte, incapable de servir : une loi de la conscription vous obligeoit à donner 1,500 francs pour vous consoler de ce malheur. Quelquefois le conscrit malade mouroit avant d'avoir subi l'examen du capitaine de recrutement. Vous supposiez alors le père exempt de payer les 1,500 francs de la réforme? Point du tout. Si la déclaration de l'infirmité avoit été faite avant l'accident de la mort, le conscrit se trouvant vivant au moment de la déclaration, le père étoit obligé de compter la somme sur le tombeau de son fils. Le pauvre vouloit-il donner quelque éducation à l'un de ses enfants, il falloit qu'il comptât d'abord une somme à l'université, plus une redevance sur la pension donnée au maître. Un auteur moderne citoit-il un ancien auteur, comme les ouvrages de ce dernier étoient tombés dans ce qu'on appeloit le *domaine public*, la censure exigeoit un centime par feuille de citation. Si vous traduisiez en citant, vous ne payiez qu'un demi-centime par feuille, parce qu'alors la citation étoit du *domaine mixte*, la moitié appartenant au travail du traducteur vivant et l'autre moitié à l'auteur mort. Lorsque Buonaparte fit distribuer des aliments aux pauvres dans l'hiver de 1812, on crut qu'il tiroit cette générosité de son épargne : il leva à cette occasion des centimes additionnels, et gagna 4 millions sur la soupe des pauvres. Enfin, on l'a vu s'emparer de l'administration des funérailles : il étoit digne du destructeur des François de lever un impôt sur leurs cadavres. Et comment auroit-on réclamé la protection des lois, puisque c'étoit lui qui les faisoit? Le corps législatif a osé parler une fois, et il a été dissous. Un seul article des nouveaux codes détruisoit rapidement la propriété. Un administrateur du domaine pouvoit vous dire : « Votre propriété est domaniale ou nationale. Je la mets provisoirement sous le séquestre : allez et plaidez. Si le domaine a tort, on vous rendra votre bien. » Et à qui aviez-vous recours en ce cas? Aux tribunaux ordinaires? Non : ces causes étoient réservées à l'examen du conseil d'État, et plaidées devant l'empereur, qui étoit ainsi juge et partie.

Si la propriété étoit incertaine, la liberté civile étoit encore moins assurée. Qu'y avoit-il de plus monstrueux que cette commission nommée pour inspecter les prisons, et sur le rapport de laquelle un homme pouvoit être détenu toute sa vie dans les cachots, sans instruction, sans procès, sans jugement, mis à la torture, fusillé la nuit, étranglé entre deux guichets? Au milieu de tout cela, Buonaparte faisoit nommer chaque année des commissions de la liberté de la presse et de la liberté individuelle : Tibère ne s'est jamais joué à ce point de l'espèce humaine.

Enfin, la conscription faisoit comme le couronnement de ses œuvres de despotisme. La Scandinavie, appelée par un historien la *fabrique du genre humain,* n'auroit pu fournir assez d'hommes à cette loi homicide. Le code de la conscription sera un monument éternel du règne de Buonaparte. Là se trouve réuni tout ce que la tyrannie la plus subtile et la plus ingénieuse peut imaginer pour tourmenter et dévorer les peuples : c'est véritablement le code de l'enfer. Les générations de la France étoient mises en coupe réglée comme les arbres d'une forêt : chaque année quatre-vingt mille jeunes gens étoient abattus. Mais ce n'étoit là que la coupe régulière : souvent la conscription étoit doublée ou fortifiée par des levées extraordinaires; souvent elle dévoroit d'avance les futures victimes, comme un dissipateur emprunte sur le revenu à venir. On avoit fini par prendre sans compter : l'âge légal, les qualités requises pour mourir sur un champ de bataille n'étoient plus considérés; et l'inexorable loi montroit à cet égard une merveilleuse indulgence. On remontoit vers l'enfance; on descendoit vers la vieillesse : le réformé, le remplacé, étoient repris ; tel fils d'un pauvre artisan, racheté trois fois au prix de la petite fortune de son père, étoit obligé de marcher. Les maladies, les infirmités, les défauts du corps n'étoient plus une raison de salut. Des colonnes mobiles parcouroient nos provinces comme un pays ennemi, pour enlever au peuple ses derniers enfants. Si l'on se plaignoit de ces ravages, on répondoit que les colonnes mobiles étoient composées de beaux gendarmes qui consoleroient leurs mères et leur rendroient ce qu'elles avoient perdu. Au défaut du frère absent, on prenoit le frère présent. Le père répondoit pour le fils, la femme pour le mari : la responsabilité s'étendoit aux parents les plus éloignés et jusqu'aux voisins. Un village devenoit solidaire pour le conscrit qu'il avoit vu naître. Des garnisaires s'établissoient chez le paysan, et le forçoient de vendre son lit pour les nourrir : pour s'en délivrer il falloit qu'il trouvât le conscrit caché dans les bois. L'absurde se mêloit à l'atroce : souvent on demandoit des enfants à ceux qui étoient assez heureux pour n'avoir point de postérité; on employoit la violence pour découvrir le porteur d'un nom qui n'existoit que sur le rôle des gendarmes, ou pour avoir un conscrit qui servoit déjà depuis cinq ou six ans. Des femmes grosses ont été mises à la torture, afin qu'elles révélassent le lieu où se tenoit caché le premier né de leurs entrailles; des pères ont apporté le cadavre de leur fils pour prouver qu'ils ne pouvoient fournir ce fils vivant. Il restoit encore quelques familles dont les enfants, plus riches, s'étoient rachetés; ils se destinoient à former un jour des magistrats, des administrateurs, des savants, des propriétaires, si utiles à l'ordre social dans un grand pays : par le décret des gardes d'honneur, on les a enveloppés dans le massacre universel. On en étoit venu à ce point de mépris pour la vie des hommes et pour la France, d'appeler les conscrits la *matière première* et la *chair à canon*. On agitoit quelquefois cette grande question parmi les pourvoyeurs de chair humaine : savoir combien de temps *duroit* un conscrit ; les uns prétendoient qu'il duroit trente-trois mois, les autres trente-six. Buonaparte disoit lui-même : *J'ai trois cent mille hommes de revenu*. Il a fait périr dans les onze années de son règne plus de cinq millions de François, ce qui surpasse le nombre de ceux que nos guerres civiles ont enlevés pendant trois siècles, sous les règnes de Jean, de Charles V, de Charles VI, de Charles VII, de Henri II, de François II, de Charles IX, de Henri III et de Henri IV. Dans les douze derniers mois qui viennent de s'écouler, Buonaparte a levé (sans compter la garde nationale) treize cent mille hommes, ce qui est plus de cent mille hommes par mois : et on a osé lui dire qu'il n'avoit dépensé que le luxe de la population.

Il étoit aisé de prévoir ce qui est arrivé : tous les hommes sages disoient que la conscription en épuisant la France l'exposeroit à l'invasion aussitôt qu'elle seroit sérieusement attaquée. Saigné à blanc par le bourreau, ce corps, vide de sang, n'a pu faire qu'une foible résistance ; mais la perte des hommes n'étoit pas le plus grand mal que faisoit la conscription : elle tendoit à nous replonger nous et l'Europe entière dans la barbarie. Par la conscription, les métiers, les arts et les lettres sont inévitablement détruits. Un jeune homme qui doit mourir à dix-huit ans ne peut se livrer à aucune étude. Les nations voisines, obligées, pour se défendre, de recourir aux mêmes moyens que nous, abandonnoient à leur tour les avantages de la civilisation ; et tous les peuples précipités les uns sur les autres, comme au siècle des Goths et des Vandales, auroient vu renaître les malheurs de ces temps. En brisant les liens de la société générale, la conscription anéantissoit aussi ceux de la famille. Accoutumés dès leur berceau à se regarder comme des victimes dévouées à la mort, les enfants n'obéissoient plus à leurs parents ; ils devenoient paresseux, vagabonds et débauchés, en attendant le jour où ils alloient piller et égorger le monde. Quel principe de religion et de morale auroit eu le temps de prendre racine dans leur cœur? De leur côté, les pères et les mères, dans la classe du peuple, n'attachoient plus leurs affections, ne donnoient plus leurs soins à des enfants qu'ils se préparoient à perdre, qui n'étoient plus leur richesse et leur appui, et qui ne devenoient pour eux qu'un objet de douleur et un fardeau. De là cet endurcissement de l'âme, cet oubli de tous les sentiments naturels, qui mènent à l'égoïsme, à l'insouciance du bien et du mal, à l'indifférence pour la patrie, qui éteignent la conscience et le remords, qui vouent un peuple à la servitude, en lui ôtant l'horreur du vice et l'admiration pour la vertu.

Telle étoit l'administration de Buonaparte pour l'intérieur de la France.

Examinons au dehors la marche de son gouvernement, cette politique dont il étoit si fier, et qu'il définissoit ainsi : *La politique, c'est iouer aux hommes.* Eh bien! il a tout perdu à ce jeu abominable, et c'est la France qui a payé sa perte.

Pour commencer par son système continental, ce système, d'un fou ou d'un enfant, n'étoit point d'abord le but réel de ses guerres, il n'en étoit que le prétexte. Il vouloit être le maître de la terre en ne parlant que de la liberté des mers. Et ce système insensé, a-t-il fait ce qu'il falloit pour l'établir? Par les deux grandes fautes qui, comme nous le dirons après, ont fait échouer ses projets sur l'Espagne et sur la Russie, n'a-t-il pas manqué aussi de fermer les ports de la Méditerranée et de la Baltique? N'a-t-il pas donné toutes les colonies du monde aux Anglois? Ne leur a-t-il pas ouvert au Pérou, au Mexique, au Brésil, un marché plus considérable que celui qu'il vouloit leur fermer en Europe? chose si vraie, que la guerre a enrichi le peuple qu'il prétendoit ruiner. L'Europe n'emploie que quelques superfluités de l'Angleterre ; le fond des nations européennes trouve dans ses propres manufactures de quoi suffire à ses principales nécessités. En Amérique, au contraire, les peuples ont besoin de tout, depuis le premier jusqu'au dernier vêtement ; et dix millions d'Américains consomment plus de marchandises angloises que trente millions d'Européens. Je ne parle point de l'importation de l'argent du Mexique aux Indes, du monopole du cacao, du quinquina, de la cochenille et de mille autres objets de spéculation, devenus une nouvelle source de richesse pour les Anglois. Et quand Buonaparte auroit réussi à fermer les ports de l'Espagne et de la Baltique, il falloit donc ensuite fermer ceux de la

Grèce, de Constantinople, de la Syrie, de la Barbarie : c'étoit prendre l'engagement de conquérir le monde. Tandis qu'il eût tenté de nouvelles conquêtes, les peuples déjà soumis, ne pouvant échanger le produit de leur sol et de leur industrie, auroient secoué le joug et rouvert leurs ports. Tout cela n'offre que vues fausses, qu'entreprises petites à force d'être gigantesques, défaut de raison et de bon sens, rêves d'un fou et d'un furieux.

Quant à ses guerres, à sa conduite avec les cabinets de l'Europe, le moindre examen en détruit le prestige. Un homme n'est pas grand par ce qu'il entreprend, mais par ce qu'il exécute. Tout homme peut rêver la conquête du monde : Alexandre seul l'accomplit. Buonaparte gouvernoit l'Espagne comme une province dont il pompoit le sang et l'or. Il ne se contente pas de cela : il veut encore régner personnellement sur le trône de Charles IV. Que fait-il alors? Par la politique la plus noire, il sème d'abord des germes de division dans la famille royale; ensuite il enlève cette famille, au mépris de toutes les lois humaines et divines; il envahit subitement le territoire d'un peuple fidèle, qui venoit de combattre pour lui à Trafalgar. Il insulte au génie de ce peuple, massacre ses prêtres, blesse l'orgueil castillan, soulève contre lui les descendants du Cid et du grand capitaine. Aussitôt Saragosse célèbre la messe de ses propres funérailles et s'ensevelit sous ses ruines; les chrétiens de Pélasge descendent des Asturies : le nouveau Maure est chassé. Cette guerre ranime en Europe l'esprit des peuples, donne à la France une frontière de plus à défendre, crée une armée de terre aux Anglois, les ramène après quatre siècles dans les champs de Poitiers et leur livre les trésors du Mexique.

Si, au lieu d'avoir recours à ces ruses dignes de Borgia, Buonaparte, par une politique toujours criminelle, mais plus habile, eût, sous un prétexte quelconque, déclaré la guerre au roi d'Espagne; s'il se fût annoncé comme le vengeur des Castillans opprimés par le prince de la Paix; s'il eût caressé la fierté espagnole, ménagé les ordres religieux, il est probable qu'il eût réussi. « Ce ne sont pas les Espagnols que je veux, disoit-il dans sa fureur, c'est l'Espagne. » Eh bien! cette terre l'a rejeté. L'incendie de Burgos a produit l'incendie de Moscou, et la conquête de l'Alhambra a amené les Russes au Louvre. Grande et terrible leçon!

Même faute pour la Russie : au mois d'octobre 1812, s'il s'étoit arrêté sur les bords de la Duna; s'il se fût contenté de prendre Riga, de cantonner pendant l'hiver son armée de cinq cent mille hommes, d'organiser la Pologne derrière lui, au retour du printemps, il eût peut-être mis en péril l'empire des czars. Au lieu de cela, il marche à

Moscou par un seul chemin, sans magasins, sans ressource. Il arrive : les vainqueurs de Pultawa embrasent leur ville sainte. Buonaparte s'endort un mois au milieu des ruines et des cendres; il semble oublier le retour des saisons et la rigueur du climat, il se laisse amuser par des propositions de paix; il ignore assez le cœur humain pour croire que des peuples qui ont eux-mêmes brûlé leur capitale, afin d'échapper à l'esclavage, vont capituler sur les ruines fumantes de leurs maisons. Ses généraux lui crient qu'il est temps de se retirer. Il part, jurant comme un enfant furieux qu'il reparoîtra bientôt avec une armée dont l'*avant-garde seule sera composée de trois cent mille soldats*. Dieu envoie un souffle de sa colère : tout périt; il ne nous revient qu'un homme!

Absurde en administration, criminel en politique, qu'avoit-il donc pour séduire les François, cet étranger? Sa gloire militaire? Eh bien, il en est dépouillé. C'est en effet un grand gagneur de batailles; mais hors de là le moindre général est plus habile que lui. Il n'entend rien aux retraites et à la chicane du terrain; il est impatient, incapable d'attendre longtemps un résultat, fruit d'une longue combinaison militaire; il ne sait qu'aller en avant, faire des pointes, courir, remporter des victoires, comme on l'a dit, à *coups d'hommes*, sacrifier tout pour un succès, sans s'embarrasser d'un revers, tuer la moitié de ses soldats par des marches au-dessus des forces humaines. Peu importe : n'a-t-il pas la conscription et la *matière première*? On a cru qu'il avoit perfectionné l'art de la guerre, et il est certain qu'il l'a fait rétrograder vers l'enfance de l'art [1]. Le chef-d'œuvre de l'art militaire chez les peuples civilisés, c'est évidemment de défendre un grand pays avec une petite armée; de laisser reposer plusieurs milliers d'hommes derrière soixante ou quatre-vingt mille soldats; de sorte que le laboureur qui cultive en paix son sillon sait à peine qu'on se bat à quelques lieues de sa chaumière. L'empire romain étoit gardé par cent cinquante mille hommes, et César n'avoit que quelques légions à Pharsale. Qu'il nous défende donc aujourd'hui dans nos foyers, ce vainqueur du monde! Quoi! tout son génie l'a-t-il soudainement abandonné? Par quel enchantement cette France, que Louis XIV avoit environnée de forteresses, que Vauban avoit fermée comme un beau jardin, est-elle envahie de toutes parts? Où sont les garnisons de ses places-frontières? Il n'y en a point. Où sont les canons de ses remparts? Tout est désarmé, même les vaisseaux de Brest, de Toulon et de Rochefort. Si

---

[1] Il est vrai pourtant qu'il a perfectionné ce qu'on appelle l'administration des armées et le matériel de la guerre.

Buonaparte eût voulu nous livrer sans défense aux puissances coalisées, s'il nous eût vendus, s'il eût conspiré secrètement contre les François, eût-il agi autrement? En moins de seize mois, deux milliards de numéraire, quatorze cent mille hommes, tout le matériel de nos armées et de nos places, sont engloutis dans les bois de l'Allemagne et dans les déserts de la Russie. A Dresde, Buonaparte commet fautes sur fautes, oubliant que si les crimes ne sont quelquefois punis que dans l'autre monde, les fautes le sont toujours dans celui-ci. Il montre l'ignorance la plus incompréhensible de ce qui se passe dans les cabinets, s'obstine à rester sur l'Elbe, est battu à Leipsick, et refuse une paix honorable qu'on lui propose. Plein de désespoir et de rage, il sort pour la dernière fois du palais de nos rois, va brûler, par un esprit de justice et d'ingratitude, le village où ces mêmes rois eurent le malheur de le nourrir, n'oppose aux ennemis qu'une activité sans plan, éprouve un dernier revers, fuit encore, et délivre enfin la capitale du monde civilisé de son odieuse présence.

La plume d'un François se refuseroit à peindre l'horreur de ses champs de bataille; un homme blessé devient pour Buonaparte un fardeau : tant mieux s'il meurt, on en est débarrassé. Des monceaux de soldats mutilés, jetés pêle-mêle dans un coin, restent quelquefois des jours et des semaines sans être pansés : il n'y a plus d'hôpitaux assez vastes pour contenir les malades d'une armée de sept ou huit cent mille hommes, plus assez de chirurgiens pour les soigner. Nulle précaution prise pour eux par le bourreau des François : souvent point de pharmacie, point d'ambulance, quelquefois même pas d'instruments pour couper les membres fracassés. Dans la campagne de Moscou, faute de charpie, on pansoit les blessés avec du foin; le foin manqua, ils moururent. On vit errer cinq cent mille guerriers, vainqueurs de l'Europe, la gloire de la France; on les vit errer parmi les neiges et les déserts, s'appuyant sur des branches de pin, car ils n'avoient plus la force de porter leurs armes, et couverts, pour tout vêtement, de la peau sanglante des chevaux qui avoient servi à leur dernier repas. De vieux capitaines, les cheveux et la barbe hérissés de glaçons, s'abaissoient jusqu'à caresser le soldat à qui il étoit resté quelque nourriture, pour en obtenir une chétive partie : tant ils éprouvoient les tourments de la faim! Des escadrons entiers, hommes et chevaux, étoient gelés pendant la nuit; et le matin on voyoit encore ces fantômes debout au milieu des frimas. Les seuls témoins des souffrances de nos soldats dans ces solitudes étoient des bandes de corbeaux et des meutes de lévriers blancs demi-sauvages, qui suivoient notre armée pour en dévorer les débris. L'empereur de Russie a fait faire au printemps la recherche des morts : on a compté deux cent quarante-trois mille six cent dix cadavres d'hommes, et cent vingt-trois mille cent trente-trois de chevaux [1]. La peste militaire, qui avoit disparu depuis que la guerre ne se faisoit plus qu'avec un petit nombre d'hommes, cette peste a reparu avec la conscription, les armées d'un million de soldats et les flots de sang humain : et que faisoit le destructeur de nos pères, de nos frères, de nos fils, quand il moissonnoit ainsi la fleur de la France ? Il fuyoit ! il venoit aux Tuileries dire, en se frottant les mains au coin du feu : *Il fait meilleur ici que sur les bords de la Bérésina.* Pas un mot de consolation aux épouses, aux mères en larmes dont il étoit entouré ; pas un regret, pas un mouvement d'attendrissement, pas un remords, pas un seul aveu de sa folie. Les Tigellins disoient : « Ce qu'il y a d'heureux dans cette retraite, c'est que l'empereur n'a manqué de rien ; il a toujours été bien nourri, bien enveloppé dans une bonne voiture ; enfin, il n'a pas du tout souffert, c'est une grande consolation ; et lui, au milieu de sa cour, paroissoit gai, triomphant, glorieux : paré du manteau royal, la tête couverte du chapeau à la Henri IV, il s'étaloit, brillant sur un trône, répétant les attitudes royales qu'on lui avoit enseignées ; mais cette pompe ne servoit qu'à le rendre plus hideux, et tous les diamants de la couronne ne pouvoient cacher le sang dont il étoit couvert.

Hélas ! cette horreur des champs de bataille s'est rapprochée de nous ; elle n'est plus cachée dans les déserts : c'est au sein de nos foyers que nous la voyons, dans ce Paris que les Normands assiégèrent en vain il y a près de mille ans, et qui s'enorgueillissoit de n'avoir eu pour vainqueur que Clovis, qui devint son roi. Livrer un pays à l'invasion, n'est-ce pas le plus grand et le plus irrémissible des crimes ? Nous avons vu périr sous nos propres yeux le reste de nos générations ; nous avons vu des troupeaux de conscrits, de vieux soldats pâles et défigurés, s'appuyer sur les bornes des rues, mourant de toutes les sortes de misères, tenant à peine d'une main l'arme avec laquelle ils avoient défendu la patrie, et demandant l'aumône de l'autre main ; nous avons vu la Seine chargée de barques, nos chemins encombrés de chariots remplis de blessés, qui n'avoient pas même le premier appareil sur leurs plaies. Un de ces chars, que l'on suivoit à la trace du sang, se brisa sur le boulevard : il en tomba des conscrits sans bras, sans jambes, percés de balles, de coups de lance, jetant des cris et priant les passants de les achever. Ces malheureux, enlevés à leurs

---

[1]. Extrait d'un rapport officiel du ministre de la police générale au gouvernement russe, en date du 16 mai 1813.

chaumières avant d'être parvenus à l'âge d'homme, menés avec leurs bonnets et leurs habits champêtres sur le champ de bataille, placés, comme *chair à canon*, dans les endroits les plus dangereux pour épuiser le feu de l'ennemi, ces infortunés, dis-je, se prenoient à pleurer, et crioient en tombant frappés par le boulet : *Ah, ma mère! ma mère!* cri déchirant qui accusoit l'âge tendre de l'enfant arraché la veille à la paix domestique ; de l'enfant tombé tout à coup des mains de sa mère dans celles de son barbare souverain ! Et pour qui tant de massacres, tant de douleurs? Pour un abominable tyran, pour un étranger qui n'est si prodigue du sang françois que parce qu'il n'a pas une goutte de ce sang dans les veines.

Ah! quand Louis XVI refusoit de punir quelques coupables dont la mort lui eût assuré le trône, en nous épargnant à nous-mêmes tant de malheurs ; quand il disoit : « Je ne veux pas acheter ma sûreté au prix de la vie d'un seul de mes sujets ; » quand il écrivoit dans son testament : « Je recommande à mon fils, s'il a le malheur de devenir roi, de songer qu'il se doit tout entier au bonheur de ses concitoyens, qu'il doit oublier toute haine et tout ressentiment, et nommément ce qui a rapport aux chagrins que j'éprouve ; qu'il ne peut faire le bonheur des peuples qu'en régnant suivant les lois ; » quand il prononçoit sur l'échafaud ces paroles : « François, je prie Dieu qu'il ne venge pas sur la nation le sang de vos rois qui va être répandu, » voilà le véritable roi, le roi françois, le roi légitime, le père et le chef de la patrie !

Buonaparte s'est montré trop médiocre dans l'infortune pour croire que sa prospérité fût l'ouvrage de son génie ; il n'est que le fils de notre puissance, et nous l'avons cru le fils de ses œuvres. Sa grandeur n'est venue que des forces immenses que nous lui remîmes entre les mains lors de son élévation. Il hérita de toutes les armées formées sous nos plus habiles généraux, conduites tant de fois à la victoire par tous ces grands capitaines qui ont péri, et qui périront peut-être jusqu'au dernier, victimes des fureurs et de la jalousie du tyran. Il trouva un peuple nombreux, agrandi par des conquêtes, exalté par des triomphes et par le mouvement que donnent toujours les révolutions ; il n'eut qu'à frapper du pied la terre féconde de notre patrie, et elle lui prodigua des trésors et des soldats. Les peuples qu'il attaquoit étoient lassés et désunis ; il les vainquit tour à tour, en versant sur chacun d'eux séparément les flots de la population de la France.

Lorsque Dieu envoie sur la terre les exécuteurs des châtiments célestes, tout est aplani devant eux : ils ont des succès extraordinaires avec des talents médiocres. Nés au milieu des discordes civiles, ces exterminateurs tirent leurs principales forces des maux qui les ont enfantés et de la terreur qu'inspire le souvenir de ces maux : ils obtiennent ainsi la soumission du peuple au nom des calamités dont ils sont sortis. Il leur est donné de corrompre et d'avilir, d'anéantir l'honneur, de dégrader les âmes, de souiller tout ce qu'ils touchent, de tout vouloir et de tout oser, de régner par le mensonge, l'impiété et l'épouvante, de parler tous les langages, de fasciner tous les yeux, de tromper jusqu'à la raison, de se faire passer pour de vastes génies, lorsqu'ils ne sont que des scélérats vulgaires, car l'excellence en tout ne peut être séparée de la vertu : traînant après eux les nations séduites, triomphant par la multitude, déshonorés par cent victoires, la torche à la main, les pieds dans le sang, ils vont au bout de la terre comme des hommes ivres, poussés par Dieu, qu'ils méconnoissent.

Lorsque la Providence au contraire veut sauver un empire et non le punir, lorsqu'elle emploie ses serviteurs, et non ses fléaux ; qu'elle destine aux hommes dont elle se sert une gloire honorable, et non une abominable renommée, loin de leur rendre la route facile comme à Buonaparte, elle leur oppose des obstacles dignes de leurs vertus. C'est ainsi que l'on peut toujours distinguer le tyran du libérateur, le ravageur des peuples du grand capitaine, l'homme envoyé pour détruire, et l'homme venu pour réparer. Celui-là est maître de tout, et se sert pour réussir de moyens immenses ; celui-ci n'est maître de rien, et n'a entre les mains que les plus foibles ressources : il est aisé de reconnoître aux premiers traits et le caractère et la mission du dévastateur de la France.

Buonaparte est un faux grand homme : la magnanimité, qui fait les héros et les véritables rois, lui manque. De là vient qu'on ne cite pas de lui un seul de ces mots qui annoncent Alexandre et César, Henri IV et Louis XIV. La nature le forma sans entrailles. Sa tête, assez vaste, est l'empire des ténèbres et de la confusion. Toutes les idées, même celle du bien, peuvent y entrer, mais elles en sortent aussitôt. Le trait distinctif de son caractère est une obstination invincible, une volonté de fer, mais seulement pour l'injustice, l'oppression, les systèmes extravagants ; car il abandonne facilement les projets qui pourroient être favorables à la morale, à l'ordre et à la vertu. L'imagination le domine, et la raison ne le règle point. Ses desseins ne sont point le fruit de quelque chose de profond et de réfléchi, mais l'effet d'un mouvement subit et d'une révolution soudaine. Il a quelque chose de l'histrion et du comédien ; il joue tout, jusqu'aux passions qu'il n'a pas. Toujours sur un théâtre, au Caire, c'est un renégat qui se vante d'avoir détruit la papauté ; à Paris, c'est le restaurateur de la religion chrétienne ; tantôt inspiré, tantôt philosophe, ses scènes sont préparées d'avance ; un souverain qui a pu prendre des leçons afin de paroître dans une attitude royale est jugé pour la postérité. Jaloux de paroître original, il n'est presque jamais qu'imitateur ; mais ses imitations sont si grossières, qu'elles rappellent à l'instant l'objet ou l'action qu'il copie ; il essaye toujours de dire ce qu'il croit un grand mot, ou de faire ce qu'il présume une grande chose. Affectant l'universalité du génie, il parle de finances et de spectacles, de guerre et de modes, règle le sort des rois et celui d'un commis à la barrière, date du Kremlin un règlement sur les théâtres, et le jour d'une bataille fait arrêter quelques femmes à Paris. Enfant de notre révolution, il a des ressemblances frappantes avec sa mère ; intempérance de langage, goût de la basse littérature, passion d'écrire dans les journaux. Sous le masque de César et d'Alexandre, on aperçoit l'homme de peu et l'enfant de petite famille. Il méprise souverainement les hommes, parce qu'il les juge d'après lui. Sa maxime est qu'ils ne font rien que par intérêt, que la probité même n'est qu'un calcul. De là le système de *fusion* qui faisoit la base de son gouvernement, employant également le méchant et l'honnête homme, mêlant à dessein le vice et la vertu, et prenant toujours soin de vous placer en opposition à vos principes. Son grand plaisir étoit de déshonorer la vertu, de souiller les réputations : il ne vous touchoit que pour vous flétrir. Quand il vous avoit fait tomber, vous deveniez *son homme,* selon son expression ; vous lui apparteniez par droit de honte ; il vous en aimoit un peu moins, et vous en méprisoit un peu plus. Dans son administration, il vouloit qu'on ne connût que les résultats, et qu'on ne s'embarrassât jamais des moyens, les *masses* devant être tout, les *individualités* rien. « On corrompra cette jeunesse, mais elle m'obéira mieux ; on fera périr cette branche d'industrie, mais j'obtiendrai pour le moment plusieurs millions ; il périra soixante mille hommes dans cette affaire, mais je gagnerai la bataille. » Voilà tout son raisonnement, et voilà comme les royaumes sont anéantis !

Né surtout pour détruire, Buonaparte porte le mal dans son sein, tout naturellement, comme une mère porte son fruit, avec joie et une sorte d'orgueil. Il a l'horreur du bonheur des hommes ; il disoit un jour : « Il y a encore quelques personnes heureuses en France ; ce sont des familles qui ne me connoissent pas, qui vivent à la campagne, dans un château, avec 30 ou 40,000 liv. de rente ; mais je saurai bien les atteindre. » Il a tenu parole. Il voyoit un jour jouer son fils ; il dit à un évêque présent : « Monsieur l'évêque, croyez-vous que cela ait une âme ? » Tout ce qui se distingue par quelque supériorité épouvante ce tyran; toute réputation l'importune. Envieux des talents, de l'esprit, de la vertu, il n'aimeroit pas même le bruit d'un crime, si ce crime n'étoit pas son ouvrage. Le plus disgracieux des hommes, son grand plaisir est de blesser ce qui l'approche, sans penser que nos rois n'insultoient jamais personne, parce qu'on ne pouvoit se venger d'eux; sans se souvenir qu'il parle à la nation la plus délicate sur l'honneur, à un peuple que la cour de Louis XIV a formé, et qui est justement renommé pour l'élégance de ses mœurs et la fleur de sa politesse. Enfin Buonaparte n'étoit que l'homme de la prospérité; aussitôt que l'adversité, qui fait éclater les vertus, a touché le faux grand homme, le prodige s'est évanoui : dans le monarque on n'a plus aperçu qu'un aventurier, et dans le héros qu'un parvenu à la gloire.

Lorsque Buonaparte chassa le Directoire, il lui adressa ce discours :

« Qu'avez-vous fait de cette France que je vous ai laissée si brillante? Je vous ai laissé la paix, j'ai retrouvé la guerre; je vous ai laissé des victoires, j'ai retrouvé des revers; je vous ai laissé les millions de l'Italie, et j'ai trouvé partout des lois spoliatrices et la misère. Qu'avez-vous fait de cent mille François que je connoissois tous, mes compagnons de gloire? Ils sont morts. Cet état de choses ne peut durer; avant trois ans il nous mèneroit au despotisme : mais nous voulons la république, la république assise sur les bases de l'égalité, de la morale, de la liberté civile et de la tolérance politique, etc. »

Aujourd'hui, homme de malheur, nous te prendrons par tes discours, et nous t'interrogerons par tes paroles. Dis, qu'as-tu fait de cette France si brillante? Où sont nos trésors, les millions de l'Italie, de l'Europe entière? Qu'as-tu fait, non pas de cent mille, mais de cinq millions de François que nous connoissions tous, nos parents, nos amis, nos frères? Cet état de choses ne peut durer; il nous a plongés dans un affreux despotisme. Tu voulois la république, et tu nous as apporté l'esclavage. Nous, nous voulons la monarchie assise sur les bases de l'égalité des droits, de la morale, de la liberté civile, de la tolérance politique et religieuse. Nous l'as-tu donnée, cette monarchie? Qu'as-tu fait pour nous? que devons-nous à ton règne? Qui est-ce qui a assassiné le duc d'Enghien, torturé Pichegru, banni Moreau, chargé de chaînes le souverain pontife, enlevé les princes d'Espagne, commencé une guerre impie? C'est toi. Qui est-ce qui a perdu nos colonies, anéanti notre commerce, ouvert l'Amérique aux Anglois, corrompu nos mœurs, enlevé les enfants aux pères, désolé les familles, ravagé le monde, brûlé plus de mille lieues de pays, inspiré l'horreur du nom françois à toute la terre? C'est toi. Qui est-ce qui a exposé la France à la peste, à l'invasion, au démembrement, à la conquête? C'est encore toi. Voilà ce que tu n'as pu demander au Directoire, et ce que nous te demandons aujourd'hui. Combien es-tu plus coupable que ces hommes que tu ne trouvois pas dignes de régner! Un roi légitime et héréditaire qui auroit accablé son peuple de la moindre partie des maux que tu nous as faits eût mis son trône en péril; et toi, usurpateur et étranger, tu nous deviendrois sacré en raison des calamités que tu as répandues sur nous! tu régnerois encore au milieu de nos tombeaux! Nous rentrons enfin dans nos droits par le malheur; nous ne voulons plus adorer Moloch; tu ne dévoreras plus nos enfants: nous ne voulons plus de ta conscription, de ta police, de ta censure, de tes fusillades nocturnes, de ta tyrannie. Ce n'est pas seulement nous, c'est le genre humain qui t'accuse. Il nous demand vengeance au nom de la religion, de la morale et de la liberté. Où n'as-tu pas répandu la désolation? dans quel coin du monde une famille obscure a-t-elle échappé à tes ravages? L'Espagnol dans ses montagnes, l'Illyrien dans ses vallées, l'Italien sous son beau soleil, l'Allemand, le Russe, le Prussien dans ses villes en cendres, te redemandent leurs fils que tu as égorgés, la tente, la cabane, le château, le temple où tu as porté la flamme. Tu les as forcés de venir chercher parmi nous ce que tu leur as ravi, et reconnoître dans tes palais leur dépouille ensanglantée. La voix du monde te déclare le plus grand coupable qui ait jamais paru sur la terre; car ce n'est pas sur des peuples barbares et sur des nations dégénérées que tu as versé tant de maux; c'est au milieu de la civilisation, dans un siècle de lumières, que tu as voulu régner par le glaive d'Attila et les maximes de Néron. Quitte enfin ton sceptre de fer; descends de ce monceau de ruines dont tu avais fait un trône! Nous te chassons comme tu as chassé le Directoire. Va! puisses-tu, pour seul châtiment, être témoin de la joie que ta chute cause à la France, et contempler en versant des larmes de rage le spectacle de la félicité publique!

Telles sont les paroles que nous adressons à l'étranger. Mais si nous rejetons Buonaparte, qui le remplacera? — Le Roi.

DES BOURBONS.

Les fonctions attachées à ce titre de Roi sont si connues des François, qu'ils n'ont pas besoin de se le faire expliquer : le roi leur représente aussitôt l'idée de l'autorité légitime, de l'ordre, de la paix, de la liberté légale et monarchique. Les souvenirs de la vieille France, la religion, les antiques usages, les mœurs de la famille, les habitudes de notre enfance, le berceau, le tombeau, tout se rattache à ce nom sacré de roi : il n'effraye personne ; au contraire, il rassure. Le roi, le magistrat, le père ; un François confond ces idées. Il ne sait ce que c'est qu'un empereur ; il ne connoît pas la nature, la forme, la limite du pouvoir attaché à ce titre étranger. Mais il sait ce que c'est qu'un monarque descendant de saint Louis et de Henri IV : c'est un chef dont la puissance paternelle est réglée par des institutions, tempérée par les mœurs, adoucie et rendue excellente par le temps, comme un vin généreux né de la terre de la patrie et mûri par le soleil de la France. Cessons de vouloir nous le cacher : il n'y aura ni repos, ni bonheur, ni félicité, ni stabilité dans nos lois, nos opinions, nos fortunes, que quand la maison de Bourbon sera rétablie sur le trône. Certes, l'antiquité, plus reconnoissante que nous, n'auroit pas manqué d'appeler *divine* une race qui, commençant par un roi brave et prudent, et finissant par un martyr, a compté dans l'espace de neuf siècles trente-trois monarques, parmi lesquels on ne trouve qu'un seul tyran : exemple unique dans l'histoire du monde, et éternel sujet d'orgueil pour notre patrie. La probité et l'honneur étoient assis sur le trône de France, comme sur les autres trônes la force et la politique. Le sang noble et doux des Capets ne se reposoit de produire des héros que pour faire des rois honnêtes hommes. Les uns furent appelés Sages, Bons, Justes, Bien-Aimés ; les autres surnommés Grands, Augustes, Pères des lettres et de la patrie. Quelques-uns eurent des passions qu'ils expièrent par des malheurs, mais aucun n'épouvanta le monde par ces vices qui pèsent sur la mémoire des césars et que Buonaparte a reproduits.

Les Bourbons, dernière branche de cet arbre sacré, ont vu, par une destinée extraordinaire, leur premier roi tomber sous le poignard du fanatique, et leur dernier sous la hache de l'athée. Depuis Robert, sixième fils de saint Louis, dont ils descendent, il ne leur a manqué pendant tant de siècles que cette gloire de l'adversité, qu'ils ont enfin

magnifiquement obtenue. Qu'avons-nous à leur reprocher? Le nom de
Henri IV fait encore tressaillir les cœurs françois, et remplit nos yeux
de larmes. Nous devons à Louis XIV là meilleure partie de notre gloire.
N'avons-nous pas surnommé Louis XVI le plus honnête homme de son
royaume? Est-ce parce que nous avons tué ce bon roi que nous rejetons ce sang? Est-ce parce que nous avons fait mourir sa sœur, sa
femme et son fils, que nous repoussons sa famille? Cette famille
pleure dans l'exil, non ses malheurs, mais les nôtres. Cette jeune
princesse que nous avons persécutée, que nous avons rendue orpheline, regrette tous les jours, dans les palais étrangers, les prisons de
la France. Elle pouvoit recevoir la main d'un prince puissant et glorieux, mais elle préféra unir sa destinée à celle de son cousin, pauvre,
exilé, proscrit, parce qu'il étoit François, et qu'elle ne vouloit point se
séparer des malheurs de sa famille. Le monde entier admire ses
vertus ; les peuples de l'Europe la suivent quand elle paroît dans les
promenades publiques, en la comblant de bénédictions : et nous, nous
pouvons l'oublier! Quand elle quitta sa patrie, où elle avoit été si
malheureuse, elle jeta les yeux en arrière, et elle pleura. Objets cons-
tants de ses prières et de son amour, nous savons à peine qu'elle
existe. Ah! qu'elle retrouve du moins quelques consolations en faisant
le bonheur de sa coupable patrie! Cette terre porte naturellement les
lis : ils renaîtront plus beaux, arrosés du sang du roi-martyr.

Louis XVIII, qui doit régner le premier sur nous, est un prince
connu par ses lumières, inaccessible aux préjugés, étranger à la vengeance. De tous les souverains qui peuvent gouverner à présent la
France, c'est peut-être celui qui convient le mieux à notre position et
à l'esprit du siècle, comme, de tous les hommes que nous pouvions
choisir, Buonaparte étoit peut-être le moins propre à être roi. Les institutions des peuples sont l'ouvrage du temps et de l'expérience : pour
régner, il faut surtout de la raison et de l'uniformité. Un prince qui
n'auroit dans la tête que deux ou trois idées communes, mais utiles,
seroit un souverain plus convenable à une nation qu'un aventurier
extraordinaire, enfantant sans cesse de nouveaux plans, imaginant de
nouvelles lois, ne croyant régner que quand il travaille à troubler les
peuples, à changer, à détruire le soir ce qu'il a créé le matin. Non-
seulement Louis XVIII a ces idées fixes, cette modération, ce bon sens,
si nécessaires à un monarque, mais c'est encore un prince ami des
lettres, instruit et éloquent comme plusieurs de nos rois, d'un esprit
vaste et éclairé, d'un caractère ferme et philosophique.

Choisissons entre Buonaparte, qui revient à nous portant le code
sanglant de la conscription, et Louis XVIII, qui s'avance pour fermer

nos plaies, le testament de Louis XVI à la main. Il répétera à son sacre ces paroles écrites par son vertueux frère :

« Je pardonne de tout mon cœur à ceux qui se sont faits mes ennemis sans que je leur en eusse donné aucun sujet, et je prie Dieu de leur pardonner. »

Monsieur, comte d'Artois, d'un caractère si franc, si loyal, si françois, se distingue aujourd'hui par sa piété, sa douceur et sa bonté, comme il se faisoit remarquer dans sa première jeunesse par son grand air et ses grâces royales. Buonaparte fuit abattu par la main de Dieu, mais non corrigé par l'adversité : à mesure qu'il recule dans le pays qui échappe à sa tyrannie, il traîne après lui de malheureuses victimes chargées de fers ; c'est dans les dernières prisons de France qu'il exerce les derniers actes de son pouvoir. Monsieur arrive seul, sans soldats, sans appui, inconnu aux François auxquels il se montre. A peine a-t-il prononcé son nom, que le peuple tombe à ses genoux : on baise respectueusement son habit, on embrasse ses genoux ; on lui crie, en répandant des torrents de larmes : « Nous ne vous apportons que nos cœurs ; Buonaparte ne nous a laissé que cela ! » A cette manière de quitter la France, à cette façon d'y rentrer, connoissez d'un côté l'usurpateur, de l'autre le prince légitime.

M. le duc d'Angoulême a paru dans une autre de nos provinces ; Bordeaux s'est jeté dans ses bras ; et le pays de Henri IV a reconnu avec des transports de joie l'héritier des vertus du Béarnois. Nos armées n'ont point vu de chevalier plus brave que M. le duc de Berry. M. le duc d'Orléans prouve, par sa noble fidélité au sang de son roi, que son nom est toujours un des plus beaux de la France. J'ai déjà parlé des trois générations de héros, M. le prince de Condé, M. le duc de Bourbon : je laisse à Buonaparte à nommer le troisième.

Je ne sais si la postérité pourra croire que tant de princes de la maison de Bourbon ont été proscrits par ce peuple qui leur devoit toute sa gloire, sans avoir été coupables d'aucun crime, sans que leur malheur leur soit venu de la tyrannie du dernier roi de leur race ; non, l'avenir ne pourra comprendre que nous ayons banni des princes aussi bons, des princes nos compatriotes, pour mettre à notre tête un étranger, le plus méchant de tous les hommes. On conçoit jusqu'à un certain point la république en France : un peuple, dans un moment de folie, peut vouloir changer la forme de son gouvernement, et ne plus reconnoître le chef suprême ; mais si nous revenons à la monarchie, c'est le comble de la honte et de l'absurdité de la vouloir sans le souverain légitime, et de croire qu'elle puisse exister sans lui. Qu'on modifie, si l'on veut, la constitution de cette monarchie, mais nul n'a le droit de changer le monarque. Il peut arriver qu'un roi cruel, tyrannique, qui viole toutes les lois, qui prive tout un peuple de ses libertés, soit déposé par l'effet d'une révolution violente ; mais dans ce cas extraordinaire la couronne passe à ses fils ou à son plus proche héritier. Or, Louis XVI a-t-il été un tyran? Pouvons-nous faire le procès à sa mémoire? En vertu de quelle autorité privons-nous sa race d'un trône qui lui appartient à tant de titres? Par quel honteux caprice avons-nous donné à Buonaparte l'héritage de Robert le Fort? Ce Robert le Fort descendoit vraisemblablement de la seconde race, et celle-ci se rattachoit à la première. Il étoit comte de Paris. Hugues Capet apporta aux François, comme François lui-même, Paris, héritage paternel, des biens et des domaines immenses. La France, si petite sous les premiers Capets, s'enrichit et s'accrut sous leurs descendants. Et c'est en faveur d'un insulaire obscur, dont il a fallu faire la fortune en dépouillant tous les François, que nous avons renversé la loi salique, *palladium* de notre empire. Combien nos pères différoient de nous de sentiments et de maximes! A la mort de Philippe le Bel, ils adjugèrent la couronne à Philippe de Valois, au préjudice d'Édouard III, roi d'Angleterre ; ils aimèrent mieux se condamner à deux siècles de guerre que de se laisser gouverner par un étranger. Cette noble résolution fut la cause de la gloire et de la grandeur de la France : l'oriflamme fut déchirée aux champs de Crécy, de Poitiers et d'Azincourt ; mais ces lambeaux triomphèrent enfin de la bannière d'Édouard III et de Henri V, et le cri de *Montjoie Saint-Denis* étouffa celui de toutes les factions. La même question de l'hérédité se représenta à la mort de Henri III : le parlement rendit alors le fameux édit qui donna Henri IV et Louis XIV à la France. Ce n'étoient pourtant pas des têtes ignobles que celles d'Édouard III, de Henri V, du duc de Guise et de l'infante d'Espagne. Grand Dieu! qu'est donc devenu l'orgueil de la France! Elle a refusé d'aussi grands souverains pour conserver sa race françoise et royale, et elle a fait choix de Buonaparte!

En vain prétendroit-on que Buonaparte n'est pas étranger : il l'est aux yeux de toute l'Europe, de tous les François non prévenus ; il le sera au jugement de la postérité : elle lui attribuera peut-être la meilleure partie de nos victoires, et nous chargera d'une partie de ses crimes. Buonaparte n'a rien de françois, ni dans les mœurs, ni dans le caractère. Les traits mêmes de son visage montrent son origine. La langue qu'il apprit dans son berceau n'étoit pas la nôtre, et son accent comme son nom révèlent sa patrie. Son père et sa mère ont vécu plus de la moitié de leur vie sujets de la république de Gênes. Lui-même est plus sincère que ses flatteurs : il ne se reconnoît pas François ; il nous hait et nous méprise. Il lui est plusieurs fois échappé de dire : *Voilà comme vous êtes, vous autres François.* Dans un discours, il a parlé de l'Italie comme de sa patrie, et de la France comme de sa conquête. Si Buonaparte est François, il faut dire nécessairement que Toussaint-Louverture l'étoit autant et plus que lui : car enfin il étoit né dans une vieille colonie françoise et sous les lois françoises ; la liberté qu'il avoit reçue lui avoit rendu les droits du sujet et du citoyen. Et un étranger élevé par la charité de nos rois, occupe le trône de nos rois et brûle de répandre leur sang ! Nous prîmes soin de sa jeunesse, et par reconnoissance il nous plonge dans un abîme de douleur ! Juste dispensation de la Providence ! les Gaulois saccagèrent Rome, et les Romains opprimèrent les Gaules ; les François ont souvent ravagé l'Italie, et les Médicis, les Galigaï, les Buonaparte, nous ont désolés. La France et l'Italie devroient enfin se connoître et renoncer pour toujours l'une à l'autre.

Qu'il sera doux de se reposer enfin de tant d'agitations et de malheurs sous l'autorité paternelle de notre souverain légitime ! Nous avons pu un moment être sujets de la gloire que nos armes avoient répandue sur Buonaparte ; aujourd'hui qu'il s'est dépouillé lui-même de cette gloire, ce seroit trop que de rester l'esclave de ses crimes. Rejetons cet oppresseur comme tous les autres peuples l'ont déjà rejeté. Qu'on ne dise pas de nous : Ils ont tué le meilleur et le plus vertueux des rois ; ils n'ont rien fait pour lui sauver la vie, et ils versent aujourd'hui la dernière goutte de leur sang, ils sacrifient les restes de la France pour soutenir un étranger qu'eux-mêmes détestent. Par quelle raison cette France infidèle justifieroit-elle son abominable fidélité ? Il faut donc avouer que ce sont les forfaits qui nous plaisent, les crimes qui nous charment, la tyrannie qui nous convient. Ah ! si les nations étrangères, enfin lasses de notre obstination, alloient consentir à nous laisser cet insensé ; si nous étions assez lâches pour acheter par une partie de notre territoire la honte de conserver au milieu de nous le germe de la peste et le fléau de l'humanité, il faudroit fuir au fond des déserts, changer de nom et de langage, tâcher d'oublier et de faire oublier que nous avons été François.

Pensons au bonheur de notre commune patrie ; songeons bien que notre sort est entre nos mains : un mot peut nous rendre à la gloire, à la paix, à l'estime du monde, ou nous plonger dans le plus affreux comme dans le plus ignoble esclavage. Relevons la monarchie de Clovis, l'héritage de saint Louis, le patrimoine de Henri IV. Les Bourbons seuls conviennent aujourd'hui à notre situation malheureuse, sont les seuls médecins qui puissent fermer nos blessures. La modération, la paternité de leurs sentiments, leurs propres adversités, conviennent à un royaume épuisé, fatigué de convulsions et de malheurs. Tout deviendra légitime avec eux, tout est illégitime sans eux. Leur seule présence fera renaître l'ordre dont ils sont pour nous le principe. Ce sont de braves et illustres gentilshommes, autant et plus François que nous. Ces seigneurs des fleurs de lis furent dans tous les temps célèbres par leur loyauté ; ils tiennent si fort à la racine de nos mœurs, qu'ils semblent faire partie même de la France et lui manquer aujourd'hui comme l'air et le soleil.

Si tout doit devenir paisible avec eux, s'ils peuvent seuls mettre un terme à cette trop longue révolution, le retour de Buonaparte nous plongeroit dans des maux affreux et dans des troubles interminables. L'imagination la plus féconde peut-elle se représenter ce que seroit ce monstrueux géant resserré dans d'étroites limites, n'ayant plus les trésors du monde à dévorer et le sang de l'Europe à répandre? Peut-on se le figurer renfermé dans une cour ruinée et flétrie, exerçant sur les seuls François sa rage, ses vengeances et son génie turbulent? Buonaparte n'est point changé ; il ne changera jamais. Toujours il inventera des projets, des lois, des décrets absurdes, contradictoires, ou criminels ; toujours il nous tourmentera ; il rendra toujours incertaines notre vie, notre liberté, nos propriétés. En attendant qu'il puisse troubler le monde nouveau, il s'occupera du soin de bouleverser nos familles. Seuls esclaves au milieu du monde libre, objet du mépris des peuples, le dernier degré du malheur sera de ne plus sentir notre abjection et de nous endormir, comme l'esclave de l'Orient, indifférents au cordon que le sultan nous enverra à notre réveil.

Non, il n'en sera pas ainsi. Nous avons un prince légitime, né de notre sang, élevé parmi nous, que nous connoissons, qui nous connoît, qui a nos mœurs, nos goûts, nos habitudes, pour lequel nous avons prié Dieu dans notre jeunesse, dont nos enfants savent le nom comme celui d'un de leurs voisins, et dont les pères vécurent et moururent avec les nôtres. Parce que nous avons réduit nos anciens princes à être voyageurs, la France sera-t-elle une propriété forfaite? Doit-elle demeurer à Buonaparte par droit d'aubaine? Ah! pour Dieu, ne soyons pas trouvés en telle déloyauté, que de déshériter notre naturel seigneur, pour donner son lit au premier compagnon qui le demande. Si nos maîtres légitimes nous manquoient, le dernier des François seroit encore préférable à Buonaparte pour régner sur nous ; du moins nous n'aurions pas la honte d'obéir à un étranger.

Il ne me reste plus qu'à prouver que si le rétablissement de la maison de Bourbon est nécessaire à la France, il ne l'est pas moins à l'Europe entière.

DES ALLIÉS.

A ne considérer d'abord que les raisons particulières, est-il un homme au monde qui voulût jamais s'en reposer sur la parole de Buonaparte? N'est-ce pas un point de sa politique commun, un des penchants de son cœur, que de faire consister l'habileté à tromper, à regarder la bonne foi comme une duperie et comme la marque d'un esprit borné, à se jouer de la sainteté des serments? A-t-il tenu un seul des traités qu'il ait faits avec les diverses puissances de l'Europe? C'est toujours en violant quelque article de ces traités, et en pleine paix, qu'il a fait ses conquêtes les plus solides; rarement il a évacué une place qu'il devoit rendre; et aujourd'hui même qu'il est abattu, il possède encore dans quelques forteresses de l'Allemagne le fruit de ses rapines et les témoins de ses mensonges.

On le liera de sorte qu'il ne puisse recommencer ses ravages. — Vous aurez beau l'affoiblir en démembrant la France, en mettant garnison dans les places frontières pendant un certain nombre d'années, en l'obligeant à payer des sommes considérables, en le forçant à n'avoir qu'une petite armée et à abolir la conscription : tout cela sera vain. Buonaparte, encore une fois, n'est point changé. L'adversité ne peut rien sur lui, parce qu'il n'étoit pas au-dessus de la fortune. Il méditera en silence sa vengeance : tout à coup, après un ou deux ans de repos, lorsque la coalition sera dissoute, que chaque puissance sera rentrée dans ses États, il nous appellera aux armes, profitera des générations qui se seront formées, enlèvera, franchira les places de sûreté, et se débordera de nouveau sur l'Allemagne. Aujourd'hui même il ne parle que d'aller brûler Vienne, Berlin et Munich; il ne peut consentir à lâcher sa proie. Les Russes reviendront-ils assez vite des rives du Borysthène pour sauver une seconde fois l'Europe? Cette miraculeuse coalition, fruit de vingt-cinq années de souffrances, pourra-t-elle se renouer quand tous les fils en auront été brisés? Buonaparte n'aura-t-il pas trouvé le moyen de corrompre quelques ministres, de séduire quelques princes, de réveiller d'anciennes jalousies, de mettre peut-être dans ses intérêts quelques peuples assez aveugles pour combattre sous ses drapeaux? Enfin, les princes qui règnent aujourd'hui seront-ils tous sur le trône, et ce changement dans les règnes ne pourroit-il pas amener un changement dans la politique? Des puissances si souvent trompées pourroient-elles reprendre tout à coup une sécurité qui les perdroit? Quoi! elles auroient oublié l'orgueil de cet aventurier qui les a traitées avec tant d'insolence, qui se vantoit d'avoir des rois dans son antichambre, qui envoyoit signifier ses ordres aux souverains, établissoit ses espions jusque dans leur cour, et disoit tout haut qu'avant dix ans sa *dynastie* seroit la plus ancienne de l'Europe! Des rois traiteroient avec un homme qui leur a prodigué des outrages que ne supporteroit pas un simple particulier! Une reine charmante faisoit l'admiration de l'Europe par sa beauté, son courage et ses vertus, et il a avancé sa mort par les plus lâches comme par les plus ignobles outrages. La sainteté des rois comme la décence m'empêchent de répéter les calomnies, les grossièretés, les ignobles plaisanteries qu'il a prodiguées tour à tour à ces rois et à ces ministres qui lui dictent aujourd'hui des lois dans son palais. Si les puissances méprisent personnellement ces outrages, elles ne peuvent ni ne doivent les mépriser pour l'intérêt et la majesté des trônes : elles doivent se faire respecter des peuples, briser enfin le glaive de l'usurpateur et déshonorer pour toujours cet abominable droit de la force, sur qui Buonaparte fondoit son orgueil et son empire.

Après ces considérations particulières, il s'en présente d'autres d'une nature plus élevée, et qui seules peuvent déterminer les puissances coalisées à ne plus reconnoître Buonaparte pour souverain.

Il importe au repos des peuples, il importe à la sûreté des couronnes, à la vie comme à la famille des souverains, qu'un homme sorti des rangs inférieurs de la société ne puisse impunément s'asseoir sur le trône de son maître, prendre place parmi les souverains légitimes, les traiter de *frères*, et trouver dans les révolutions qui l'ont élevé assez de force pour balancer les droits de la légitimité de la race. Si cet exemple est une fois donné au monde, aucun monarque ne peut compter sur sa couronne. Si le trône de Clovis peut être, en pleine civilisation, laissé à un Corse, tandis que les fils de saint Louis sont errants sur la terre, nul roi ne peut s'assurer aujourd'hui qu'il régnera demain. Qu'on y prenne bien garde : toutes les monarchies de l'Europe sont à peu près filles des mêmes mœurs et des mêmes temps ; tous les rois sont réellement des espèces de frères unis par la religion chrétienne et par l'antiquité des souvenirs. Ce beau et grand système une fois rompu, des races nouvelles assises sur les trônes où elles feront régner d'autres mœurs, d'autres principes, d'autres idées, c'en est fait de l'ancienne Europe; et dans le cours de quelques années une révolution générale aura changé la succession de tous les souverains. Les rois doivent donc prendre la défense de la maison de Bourbon, comme ils la prendroient de leur propre famille. Ce qui est vrai considéré sous les rapports de la royauté est encore vrai sous les rapports naturels. Il n'y a pas un roi en Europe qui n'ait du sang des Bourbons dans les veines, et qui ne doive voir en eux d'illustres et infortunés parents. On n'a déjà que trop appris aux peuples qu'on peut remuer les trônes. C'est aux rois à leur montrer que si les trônes peuvent être ébranlés, ils ne peuvent jamais être détruits, et que, pour le bonheur du monde, les couronnes ne dépendent pas des succès du crime et des jeux de la fortune.

Il importe encore à l'Europe civilisée que la France, qui en est comme l'âme et le cœur par son génie et par sa position, soit heureuse, florissante, paisible; elle ne peut l'être que sous ses anciens rois. Tout autre gouvernement prolongeroit parmi nous ces convulsions qui se font sentir au bout de la terre. Les Bourbons seuls, par la majesté de leur race, par la légitimité de leurs droits, par la modération de leur caractère, offriront une garantie suffisante aux traités, et fermeront les plaies du monde.

Sous le règne des tyrans toutes les lois morales sont comme suspendues, de même qu'en Angleterre, dans les temps de trouble, on suspend l'acte sur lequel repose la liberté des citoyens. Chacun sait qu'il n'agit pas bien, qu'il marche dans une fausse voie; mais chacun se soumet et se prête à l'oppression : on se fait même une espèce de fausse conscience, on remplit scrupuleusement les ordres les plus opposés à la justice. L'excuse est qu'il viendra de meilleurs jours, que l'on rentrera dans ses droits; que c'est un temps d'iniquités qu'il faut passer, comme on passe un temps de malheurs. Mais en attendant ce retour, le tyran fait tout ce qui lui plaît; il est obéi : il peut traîner tout un peuple à la guerre, l'opprimer, lui demander tout sans être refusé. Avec un prince légitime cela est impossible : tout le monde sous un sceptre légal est en jouissance de ses droits naturels et en exercice de ses vertus. Si le roi vouloit passer les bornes de son pouvoir, il trouveroit des obstacles invincibles ; tous les corps feroient des remontrances, tous les individus parleroient; on lui opposeroit la raison, la conscience, la liberté. Voilà pourquoi Buonaparte, resté maître d'un seul village de la France, est plus à craindre pour l'Europe que les Bourbons avec la France jusqu'au Rhin.

Au reste, les rois peuvent-ils douter de l'opinion de la France? croient-ils qu'ils seroient parvenus aussi facilement jusqu'au Louvre si les François n'avoient espéré en eux des libérateurs? N'ont-ils pas vu dans toutes les villes où ils sont entrés des signes manifestes de cette espérance? Qu'entend-on en France depuis six mois, sinon ces paroles : *Les Bourbons y sont-ils? où sont les princes? viennent-ils? Ah! si l'on voyoit un drapeau blanc!* D'une autre part, l'horreur de l'usurpateur est dans tous les cœurs. Il inspire tant de haine, qu'il a balancé chez un peuple guerrier ce qu'il y a de dur dans la présence d'un ennemi ; on a mieux aimé souffrir une invasion d'un moment que de s'exposer à garder Buonaparte toute la vie. Si les armées se sont battues, admirons leur courage et déplorons leurs malheurs ; elles détestent le tyran autant et plus que le reste des François, mais elles ont fait un serment, et des grenadiers françois meurent victimes de leur parole. La vue de l'étendard militaire inspire la fidélité : depuis nos pères les Francs jusqu'à nous, nos soldats ont fait un pacte saint et se sont pour ainsi dire mariés à leur épée. Ne prenons donc pas le sacrifice de l'honneur pour l'amour de l'esclavage. Nos braves guerriers n'attendent qu'à être dégagés de leur parole. Que les François et les alliés reconnoissent les princes légitimes, et à l'instant l'armée, déliée de son serment, se rangera sous le drapeau sans tache, souvent témoin de nos triomphes, quelquefois de nos revers, toujours de notre courage, jamais de notre honte.

Les rois alliés ne trouveront aucun obstacle à leur dessein s'ils veulent suivre le seul parti qui peut assurer le repos de la France et celui de l'Europe. Ils doivent être satisfaits du triomphe de leurs armes. Nous François, nous ne devons considérer ces triomphes que comme une leçon de la Providence, qui nous châtie sans nous humilier. Nous pouvons nous dire avec assurance que ce qui eût été impossible sous nos princes légitimes ne pouvoit s'accomplir que sous ce règne d'un aventurier. Les rois alliés doivent désormais aspirer à une gloire plus solide et plus durable. Qu'ils se rendent avec leur garde sur la *place* de notre *Révolution;* qu'ils fassent célébrer une pompe funèbre à la place même où sont tombées les têtes de Louis et d'Antoinette; que ce conseil de rois, la main sur l'autel, au milieu du peuple françois à genoux et en larmes, reconnoisse Louis XVIII pour roi de France : ils offriront au monde le plus grand spectacle qu'il ait jamais vu, et répandront sur eux une gloire que les siècles ne pourront effacer.

Mais déjà une partie de ces événements est accomplie. Les miracles ont enfanté les miracles. Paris, comme Athènes, a vu rentrer dans ses murs des étrangers qui l'ont respecté, en souvenir de sa gloire et de ses grands hommes. Quatre-vingt mille soldats vainqueurs ont dormi auprès de nos citoyens, sans troubler leur sommeil, sans se porter à la moindre violence, sans faire même entendre un chant de triomphe. Ce sont des libérateurs et non pas des conquérants. Honneur immortel aux souverains qui ont pu donner au monde un pareil exemple de modération dans la victoire! Que d'injures ils avoient à venger! Mais ils n'ont point confondu les François avec le tyran qui les opprime. Aussi ont-ils déjà recueilli le fruit de leur magnanimité. Ils ont été reçus des habitants de Paris comme s'ils avoient été nos véritables monarques, comme des princes françois, comme des Bourbons. Nous les verrons bientôt les descendants de Henri IV; Alexandre nous les a promis : il se souvient que le contrat de mariage du duc et de la duchesse d'Angoulême est déposé dans les archives de la Russie. Il nous a fidèlement gardé le dernier acte public de notre gouvernement légitime; il l'a rapporté au trésor de nos chartes, où nous garderons à notre tour le récit de son entrée dans Paris, comme un des plus grands et des plus glorieux monuments de l'histoire.

Toutefois, ne séparons point des deux souverains qui sont aujourd'hui parmi nous cet autre souverain qui fait à la cause des rois et au repos des peuples le plus grand des sacrifices : qu'il trouve comme monarque et comme père la récompense de ses vertus dans l'attendrissement, la reconnoissance et l'admiration des François.

Et quel François aussi pourroit oublier ce qu'il doit au prince régent d'Angleterre, au noble peuple qui a tant contribué à nous affranchir? Les drapeaux d'Élisabeth flottoient dans les armées de Henri IV; ils reparoissent dans les bataillons qui nous rendent Louis XVIII. Nous sommes trop sensibles à la gloire pour ne pas admirer ce lord Wellington qui retrace d'une manière si frappante les vertus et les talents de notre Turenne. Ne se sent-on pas touché jusqu'aux larmes quand on le voit promettre, lors de notre retraite du Portugal, deux guinées pour chaque prisonnier françois qu'on lui amèneroit vivant? Par la seule force morale de son caractère, plus encore que par la vigueur de la discipline militaire, il a miraculeusement suspendu, en entrant dans nos provinces, le ressentiment des Portugais et la vengeance des Espagnols : enfin, c'est sous son étendard que le premier cri de *vive le roi!* a réveillé notre malheureuse patrie : au lieu d'un roi de France captif, le nouveau Prince-Noir ramène à Bordeaux un roi de France délivré. Lorsque le roi Jean fut conduit à Londres, touché de la générosité d'Édouard, il s'attacha à ses vainqueurs, et revint mourir dans la terre de captivité : comme s'il eût prévu que cette terre seroit dans la suite le dernier asile du dernier rejeton de sa race, et qu'un jour les descendants des Talbot et des Chandos recueilleroient la postérité proscrite des La Hire et des Du Guesclin.

François, amis, compagnons d'infortune, oublions nos querelles, nos haines, nos erreurs, pour sauver la patrie; embrassons-nous sur les ruines de notre cher pays; et qu'appelant à notre secours l'héritier de Henri IV et de Louis XIV, il vienne essuyer les pleurs de ses enfants, rendre le bonheur à sa famille, et jeter charitablement sur nos plaies le manteau de saint Louis, à moitié déchiré de nos propres mains. Songeons que tous les maux que nous éprouvons, la perte de nos biens, de nos armées, les malheurs de l'invasion, le massacre de nos enfants, le trouble et la décomposition de toute la France, la perte de nos libertés, sont l'ouvrage d'un seul homme, et que nous devrons tous les biens contraires à un seul homme. Faisons donc entendre de toutes parts le cri qui peut nous sauver, le cri que nos pères faisoient retentir dans le malheur comme dans la victoire, et qui sera pour nous le signal de la paix et du bonheur : *Vive le roi!*

COMPIÈGNE.

AVRIL 1814.

Le roi étoit annoncé au château de Compiègne pour le 29 avril ; une foule de personnes arrivoient continuellement de Paris ; toutes étoient, comme du temps de Henri IV, *affamées de voir un roi*. Les troupes en garnison ici[1] étoient composées d'un régiment suisse et de divers détachements de la garde à pied et à cheval. On voyoit sur les visages, dans l'attente du souverain, un certain mélange d'étonnement, de crainte, d'amour et de respect. Des courriers se succédoient d'heure en heure, annonçant l'approche du roi. Tout à coup on bat aux champs ; une voiture attelée de six chevaux entre dans la cour où se trouvoient rangés, sur deux lignes, des soldats suisses et les gardes nationaux de Compiègne ; ceux-ci portoient, en guise de ceinture, une large écharpe blanche ; des lanciers de la garde se tenoient à cheval à l'entrée de la cour, et les grenadiers à pied étoient placés au vestibule. La voiture s'arrête devant le perron ; on l'entoure de toutes parts ; on en voit descendre non le roi, mais un vénérable vieillard soutenu par son fils : c'étoit M. le prince de Condé et M. le duc de Bourbon. De vieux serviteurs de la maison de Condé, qui étoient accourus à Compiègne, poussent des cris en reconnoissant leur maître, se jettent sur ses mains et sur son habit, qu'ils baisent avec des sanglots. Ces princes n'étoient que deux, et tous les yeux cherchoient en vain le troisième ! Le comte de Lostanges s'étant nommé au prince de Condé, le prince lui a répondu : *Ah ! oui, le comte de Lostanges ! vous étiez colonel de mon régiment d'Enghien ?* et il lui jette les bras autour du cou. Le prince a monté l'escalier du vestibule, appuyé sur le bras de son fils, entre les grenadiers de la garde : j'ai vu, et tout le monde a vu comme moi, ces braves soldats couverts de blessures, portant la décoration de la Légion d'Honneur, une large cocarde blanche dans leurs bonnets de peau d'ours, pleurer en rendant le salut des armes aux deux Condé, à

---

1. Compiègne.

ces représentants de l'ancienne gloire de la France, comme ces grenadiers eux-mêmes sont les dignes témoins de notre nouvelle gloire. Il est impossible de décrire la joie et la douleur que l'on ressentoit à la vue des deux derniers rejetons du vainqueur de Rocroi, de ces princes si braves, si illustres, si malheureux! Ils étoient tout près de ce Chantilly qui n'existe plus : mais quand l'héritier manque, qu'importe l'héritage?

Enfin, le roi lui-même est arrivé. Son carrosse étoit précédé des généraux et des maréchaux de France qui étoient allés au-devant de Sa Majesté. Ce n'a plus été des cris de *vive le roi!* mais des clameurs confuses dans lesquelles on ne distinguoit rien que les accents de l'attendrissement et de la joie. Quand le roi est descendu de sa voiture, soutenu par MADAME, duchesse d'Angoulême, la France a cru revoir son père. Ni le roi, ni MADAME, ni les maréchaux, ni les soldats ne pouvoient parler. On ne s'exprimoit que par des larmes. Les moins attendris crioient encore : *Vive le roi! vive notre père!* et c'est tout ce qu'ils pouvoient dire. Le roi portoit un habit bleu, distingué seulement par une plaque et des épaulettes; ses jambes étoient enveloppées de larges guêtres de velours rouge, bordées d'un petit cordon d'or. Il marche difficilement, mais d'une manière noble et touchante; sa taille n'a rien d'extraordinaire; sa tête est superbe, son regard est à la fois celui d'un roi et d'un homme de génie. Quand il est assis dans son fauteuil, avec ses guêtres à l'antique, tenant sa canne entre ses genoux, on croiroit voir Louis XIV à cinquante ans.

MADAME étoit vêtue d'une simple robe blanche, sa tête étoit couverte d'un petit chapeau blanc à l'angloise. Si quelque chose sur la terre peut donner l'idée d'un ange par la beauté, la modestie, la candeur, c'est certainement la fille de Louis et d'Antoinette : ses traits sont un mélange heureux de ceux de son père et de sa mère ; une expression de douceur et de tristesse annonce dans ses regards ce qu'elle a souffert; on remarque jusque dans ses vêtements, un peu étrangers, des traces de son long exil. Elle ne cessoit de répéter en pleurant et en riant à la fois : *Que je suis heureuse d'être au milieu des bons François!* paroles bien dignes d'une princesse qui regrettoit, dans le palais de l'étranger les prisons de la France.

Parvenu dans l'appartement qui lui étoit préparé, le roi s'est assis au milieu de la foule. On lui a présenté les dames qui se trouvoient à Compiègne : il a adressé à chacune d'elles les paroles les plus obligeantes. La même présentation a eu lieu pour MADAME. Le roi, un peu fatigué et prêt à se retirer, a dit à MM. les maréchaux et généraux : *Messieurs, je suis heureux de me trouver au milieu de vous;* et il a ajouté avec un accent qu'il auroit fallu entendre : *Heureux et* FIER! Il a repris ensuite : *J'espère que la France sera désormais assez heureuse pour n'avoir plus besoin de vos talents ; mais dans tous les cas,* a-t-il ajouté en se levant avec une gaieté noble qui rappeloit le descendant de Henri IV, *tout goutteux que je suis, je viendrai me mettre au milieu de vous;* et il a traversé le groupe aux cris répétés de *vive le roi!*

Le dîner a été servi à huit heures. Le roi, MADAME, M. le prince de Condé et M. le duc de Bourbon, MM. les maréchaux et généraux, les gentilshommes de service auprès du roi, les dames de MADAME, duchesse d'Angoulême, Mme de Montboissier, fille de M. Malesherbes, Mmes les duchesses de Duras, Mme la comtesse de Simiane, et quelques autres personnes de distinction, invitées par ordre de Sa Majesté, étoient à table. La foule étoit si grande dans le salon, que l'on pouvoit à peine servir. Au milieu du dîner, le roi a pris un verre de vin, et a dit à MM. les maréchaux et généraux : *Messieurs, buvons à l'armée.* Après le dîner, Sa Majesté est retournée dans le salon. Tout le monde vouloit se tenir debout. Le roi a fait asseoir MM. les maréchaux et généraux à sa droite. Ces braves capitaines ont paru singulièrement touchés de cette bonté du souverain : ils se rappeloient que l'étranger, sans égard pour leur âge, leurs travaux et leurs blessures, les forçoit à se tenir debout devant lui des heures entières, comme s'il eût cherché le respect dans les maux qu'il faisoit souffrir à ses serviteurs. On sait que le roi joint à l'esprit le plus remarquable la mémoire la plus étonnante ; il a donné des preuves de ces rares qualités en causant avec les personnes qui l'environnoient. En voyant marcher avec difficulté le maréchal Lefebvre, un peu tourmenté par la goutte, il lui dit : *Hé bien! maréchal, est-ce que vous êtes des nôtres?* Il a dit au maréchal Mortier : *Monsieur le maréchal, lorsque nous n'étions pas amis, vous avez eu pour la reine, ma femme, des égards qu'elle ne m'a pas laissé ignorer, et je m'en souviens aujourd'hui.* S'adressant au maréchal Marmont : *Vous avez été blessé en Espagne, et vous avez pensé perdre un bras?* « Oui, sire, a répondu le maréchal, mais je l'ai retrouvé pour le service de Votre Majesté. » Les maréchaux Macdonald, Ney, Moncey, Sérurier, Brune, le prince de Neuchâtel, tous les généraux, toutes les personnes présentes, ont obtenu pareillement du roi les paroles les plus affectueuses ; et il n'y avoit point de cœur qui ne fût subjugué. Le roi sans armes pouvoit dire, comme on l'a dit de Henri IV, qu'*il régnoit sur la France,*

Et par droit de conquête et par droit de naissance.

On entendoit de tous côtés : *Il verra comme nous le servirons! Nous sommes à lui pour la vie.* Tous les intéressants exilés revenus avec leur maître de la terre étrangère, tous les officiers de l'armée se serroient la main comme des frères, se disant : *Plus de factions, plus de partis! tous pour Louis XVIII!* Telle est en France la force du souverain légitime, cette magie attachée au nom de roi. Un homme arrive seul de l'exil, dépouillé de tout, sans suite, sans gardes, sans richesses : il n'a rien à donner, presque rien à promettre. Il descend de sa voiture, appuyé sur le bras d'une jeune femme; il se montre à des capitaines qui ne l'ont jamais vu, à des grenadiers qui savent à peine son nom. Quel est cet homme? C'est le fils de saint Louis! c'est le roi! Tout tombe à ses pieds, l'armée, les grands, le peuple, un million de soldats brûlent de mourir pour lui ; on sent qu'il peut tout nous demander, nos enfants, notre vie, notre fortune; qu'il ne nous reste plus en propre que l'honneur, seul bien dont nous ne pouvons pas disposer, et dont un roi de France n'exigera jamais de nous le sacrifice.

DE

L'ÉTAT DE LA FRANCE

AU 4 OCTOBRE 1814.

Accoutumés depuis longtemps aux prodiges, à peine remarquons-nous ceux qui se passent aujourd'hui sous nos yeux : il est vrai de dire cependant que de tous les miracles qui se sont opérés depuis quelques années, aucun n'est plus frappant que le bonheur actuel de la France. Pouvions-nous raisonnablement nous attendre à un calme aussi profond après une si longue tempête? Pour mieux juger de notre position au mois d'octobre de cette année, rappelons-nous l'état où nous nous trouvions au mois de mars de cette même année.

La France étoit envahie depuis le Rhin jusqu'à la Loire, depuis les Alpes jusqu'aux montagnes de l'Auvergne, depuis les Pyrénées jusqu'à la Garonne. Paris étoit occupé par l'ennemi. Cinq cent mille Russes, Allemands, Prussiens, restés de l'autre côté du Rhin, étoient prêts à seconder les efforts de leurs compatriotes par une seconde invasion, qui auroit achevé la désolation de la France; toute l'Espagne se préparoit à franchir les Pyrénées sur les traces de l'armée angloise, espagnole et portugaise. Plus d'un million de François avoient, en moins de treize mois, été appelés sur le champ de bataille. Un insensé, à qui l'on ne cessoit d'offrir la paix, s'obstinoit à arracher le dernier homme et le dernier écu à notre malheureuse patrie, pour soutenir au dehors un monstrueux système de guerre, au dedans une tyrannie plus monstrueuse encore. S'il parvenoit à prolonger la guerre, la France couroit le risque de ne plus offrir en quelques mois qu'un monceau de cendres ; s'il acceptoit enfin la paix, cette paix ne pouvoit plus être faite qu'à des conditions aussi déshonorantes pour lui que pour notre patrie : il auroit fallu payer des contributions énormes, céder nos places frontières en garantie des traités[1]. Buonaparte, humilié dans son orgueil, trompé dans son ambition, eût couvert le royaume de deuil et de proscriptions. Déjà les listes étoient dressées, les victimes désignées, les villes entières condamnées : les confiscations, les expropriations auroient suivi les supplices ; la guerre civile auroit peut-être couronné toutes les dévastations de la guerre étrangère, et un despotisme sanglant se seroit assis pour jamais sur les ruines de la France.

Quel étoit dans ce moment notre unique espoir ? Une famille que nous avions accablée de tous les maux en reconnoissance de tous les biens qu'elle avoit versés sur nous depuis tant de siècles ! cette famille exilée, presque oubliée de ses enfants ingrats, ne trouvoit pas chez les étrangers plus de souvenirs et plus d'appuis. Ce n'étoit point pour elle qu'on se battoit ; aucun des malheurs qui accabloient alors la France par suite d'une guerre désastreuse ne pouvoit être imputé à cette famille : à Châtillon, on traitoit de bonne foi avec Buonaparte. A peine permettoit-on à MONSIEUR de suivre presque seul, et de très-loin, les armées envahissantes ; il venoit coucher dans les ruines que Buonaparte avoit faites, essuyer les pleurs des paysans qui s'attroupoient autour de lui, secourir nos conscrits blessés, ne pouvant exercer de la prérogative royale que ces bienfaisantes vertus qu'il avoit héritées du sang de saint Louis. Mgr le duc d'Angoulême n'étoit reconnu que comme simple volontaire à l'armée de lord Wellington ; à Jersey, Mgr le duc de Berry sollicitoit en vain la faveur d'être jeté, avec ses deux aides de camp, sur les côtes de France ; et il comptoit si peu sur le succès de ces courageuses entreprises, qu'il avoit fait renouveler le bail de sa maison à Londres.

C'est dans ce moment désespéré que la Providence acheva l'ouvrage dont elle avoit voulu se charger seule, afin de rendre sa main visible à tous. Les étrangers entrent dans Paris ; Dieu change le cœur des princes, ouvre les yeux des François ; un cri de *vive le roi !* sauve le monde. Buonaparte s'écrie qu'on l'a trahi. Trahi, grand Dieu ! et par qui, si ce n'est par lui-même ! Vit-on jamais une fidélité plus extraordinaire, plus touchante que celle de son armée ? Jamais les soldats françois ne se sont montrés plus héroïques que dans l'instant même où, détestant l'auteur de nos infortunes, ils respectoient encore en lui leur général, et seroient morts avec lui si lui-même avoit su mourir.

---

1. Les suites nécessaires du retour de Buonaparte n'ont que trop prouvé que ce n'étoit point là une simple conjecture.

Mais lorsqu'il eut emporté sa vie avec les millions qu'il avoit eu le courage de demander, la France se tourna vers notre véritable père, qui arrivoit de l'exil sans stipulations, sans traités, sans trésors, rentrant les mains vides, comme il étoit sorti, mais le cœur plein de cette tendresse et de cette miséricorde naturelle à la race de nos rois.

Qu'est-ce que le roi trouva en arrivant? Quatre cent mille étrangers dans le cœur de la France, 1,700 millions de dettes, des armées désorganisées et sans solde depuis plusieurs mois, plus de trente mille officiers qui avoient droit à un sort et à des récompenses, quatre cent mille prisonniers prêts à rentrer dans leur patrie et à augmenter l'embarras du moment, une constitution à faire, des craintes à calmer, des espérances à remplir, des partis en présence, et tous les éléments d'une guerre civile. Il paroissoit sage à quelques personnes que le roi, au milieu de tant d'embarras, ne connoissant ni le terrain sur lequel il marchoit, ni l'état des opinions, ni le caractère des hommes en France, inconnu lui-même à son peuple, il paroissoit sage, disons-nous, que le roi conservât auprès de lui une force étrangère. Le roi rejeta noblement cette idée : une paix honorable fit sortir les alliés du royaume; il ne nous en coûta ni contributions ni places fortes; nous conservâmes nos anciennes frontières, et même nous nous agrandîmes du côté de la Savoie. Les monuments des arts nous restèrent : tout cela fut le fruit de l'estime des alliés pour le roi. Une Charte assura nos droits politiques. Bientôt cette armée, si embarrassante par le nombre de ses soldats, a vu, comme par miracle, presque tout son arriéré acquitté, et le reste de cet arriéré au moment de l'être. Les officiers qui n'ont pu trouver place dans la nouvelle organisation militaire reçoivent, au sein de leur famille, une pension qui leur assure cet honorable repos, récompense naturelle de la gloire. Les propriétés ont été garanties; la confiance renaît; les manufactures reprennent leurs travaux : tout marche vers la prospérité. La modération, le génie et les vertus d'un seul homme ont opéré ces prodiges; et il n'en a pas coûté une goutte de sang à la France; et personne n'a été ni inquiété ni persécuté pour son opinion; ni aucune prison ne s'est ouverte, sinon pour rendre la liberté à quelques victimes; et aucun acte arbitraire du pouvoir ne s'est mêlé à tant d'actes de clémence et de bonté! Nous sommes trop près de ces merveilles pour les apprécier comme elles le méritent; mais l'histoire les présentera à l'admiration des hommes : elle ajoutera au nom de Louis le *Désiré* le surnom de *Sage,* que la France a déjà eu la gloire de donner à l'un de ses rois.

Si on en avoit cru quelques personnes qui avoient leurs raisons pour semer de pareilles alarmes, la France, à l'arrivée des Bourbons, alloit devenir le théâtre des réactions et des vengeances. Que pourroient-elles dire aujourd'hui ? Quoi ! pas une exécution, pas un emprisonnement, pas un exil pour consoler leurs prophéties ! Au retour de Charles II en Angleterre, le parlement fit mettre en jugement plusieurs coupables. Au retour de Louis XVIII en France, tout le monde conserve la vie, la fortune, la liberté, rien pour de certains hommes n'est perdu, *fors l'honneur !* Quelque opinion que l'on ait, ou que l'on ait eue, on convient généralement que jamais la France n'a été aussi heureuse à aucune époque que dans les quatre mois qui se sont écoulés depuis le rétablissement de la monarchie. Il n'y a aucun François qui ne porte en lui-même le sentiment de son affranchissement et de sa pleine liberté. Chacun s'endort, sûr de n'être pas réveillé au milieu de la nuit, pour être traîné par des espions à la police, ou par des gendarmes à un tribunal militaire. Le propriétaire sait qu'il conservera son bien, la mère son enfant : elle ne tremble plus dans la crainte de voir chaque matin, au coin de la rue, afficher quelque nouvelle conscription. Le fermier, l'artisan, ne se mettent plus d'avance à la torture, pour savoir comment ils rachèteront le seul fils qui leur reste; le conscrit, qui ne le sera plus, ne songe plus à se mutiler pour se dérober à la mort. Les taxes seules pèsent encore sur la France ; mais du moins on est certain qu'elles seront réduites dans un temps donné, qu'elles ne seront point imposées arbitrairement par la première autorité de l'État, et jusque par des préfets, des sous-préfets, des maires et des adjoints. L'État a des dettes, il faut bien les payer. Et qui les a contractées, ces dettes? Est-ce le roi ou l'homme de l'île d'Elbe? Si le roi avoit voulu dire : « Je ne suis pas obligé de reconnoître les dettes de Buonaparte ; la fortune que la plupart des fournisseurs ont faite les dédommagera assez de la perte qu'ils éprouveront, » qu'auroit-on eu à répondre? Mais le roi a cru qu'il y alloit de son honneur, comme de celui de la France, d'acquitter scrupuleusement toute dette qui pouvoit être regardée comme dette de l'État ; et par cette bonne foi digne d'un descendant de Henri IV il donne à la France un crédit qui doublera la fortune publique.

Ainsi, les grands malheurs dont nous menaçoit le retour des Bourbons se réduisent à quelques murmures ; et ces murmures, quand on veut aller au fond de la chose, naissent tous de quelque espérance trompée, de quelque place qu'on demandoit et qu'on n'a pas obtenue. La moitié de la France, sous le despotisme qui vient de finir, étoit payée par l'autre. Le moyen de soutenir un pareil abus ! Buonaparte lui-même, s'il fût resté sur le trône sans être le maître de l'Europe, auroit-il pu maintenir toutes les places qu'il avoit créées? Il ne les payoit déjà plus. Pour faire taire les mécontents, il les auroit fusillés. D'ailleurs toutes les traces d'une révolution de vingt-cinq années peuvent-elles être effacées dans l'espace de six mois? A la mort de Henri IV, il se trouva encore de vieux ligueurs qui applaudirent au parricide de Ravaillac. Il faut donc nous attendre à voir encore long-temps, et peut-être toute notre vie, les opinions des François partagées sur une foule d'objets : les uns détester ce que les autres aimeront ; ceux-ci vanter, ceux-là dénigrer le gouvernement.

Selon les constitutionnels, la constitution n'est pas assez *libérale*. Selon les anciens royalistes, on se seroit bien passé d'une constitution. Ne peut-on pas dire aux premiers : « S'il y a quelque chose de défectueux dans la constitution actuelle, le temps y apportera remède. La constitution angloise, objet de votre admiration, n'a pas été l'ouvrage d'un jour. Il suffit que les fondements de la liberté publique soient établis parmi nous, que le peuple soit représenté, qu'il ne puisse être imposé que du consentement de ses représentants, qu'aucun homme ne puisse être ni dépouillé, ni exilé, ni emprisonné, ni mis à mort arbitrairement. Asseyons-nous un moment sur ces grandes bases, et respirons du moins après une course si violente et si rapide. »

Ne peut-on pas dire aux derniers : « L'ancienne constitution du royaume étoit sans doute excellente; mais pouvez-vous en réunir les éléments? Où prendrez-vous un clergé indépendant, représentant, par ses immenses domaines, une partie considérable des propriétés de l'État? Où trouverez-vous un corps de gentilshommes assez nombreux, assez riches, assez puissants pour former, par leurs anciens droits féodaux, par leurs terres seigneuriales, par leurs vassaux et leur patronage, par leur influence dans l'armée, un contre-poids à la couronne? Comment rétablirez-vous ces priviléges des provinces et des villes, les pays d'états, les grands corps de magistrature qui mettoient de toutes parts des entraves à l'exercice du pouvoir absolu? L'esprit même de ces corps dont nous parlons n'est-il pas changé? L'égalité de l'éducation et des fortunes, l'opinion publique, l'accroissement des lumières, permettroient-ils aujourd'hui des distinctions qui choqueroient toutes les vanités? Les institutions de nos aïeux, où l'on reconnoissoit les traces de la sainteté de notre religion, de l'honneur de notre chevalerie, de la gravité de notre magistrature, sont sans doute à jamais regrettables; mais peut-on les faire revivre entièrement? Permettez donc, puisqu'il faut enfin quelque chose, qu'on essaye de remplacer l'honneur du chevalier par la dignité de l'homme, et la noblesse de l'individu par la noblesse de l'espèce. En vain voudriez-vous revenir aux anciens jours : les nations, comme les fleuves, ne remontent point vers leurs sources : on ne rendit point à la république romaine le gouvernement de ses rois, ni à l'empire d'Auguste le sénat de Brutus. Le temps change tout, et l'on ne peut pas plus se soustraire à ses lois qu'à ses ravages. »

Qu'il reste donc encore un peu de chaleur dans nos opinions, cela ne peut être autrement. Le despotisme qui vient de finir nous avoit fait sortir de l'ordre naturel. Toutes nos passions étoient exaltées; le soldat ne songeoit qu'à devenir maréchal de France, au prix de la vie d'un million de François; le plus mince commis aux douanes voyoit en perspective un ministère; l'ouvrier sorti de sa boutique ne vouloit plus y rentrer; la jeunesse, débarrassée du joug domestique, se plongeoit dans toutes les jouissances et dans toutes les chimères de son âge. Un devoir qui se réduisoit à une bassesse, *obéir aveuglément à la volonté d'un maître,* remplaçoit toute la morale de la vie. Buonaparte étoit le chef visible du mal, comme le démon en est le chef invisible. Toutes les ambitions désordonnées se rassembloient autour de lui, à peu près comme les songes qui viennent se suspendre à l'arbre funeste que Virgile place à la porte des enfers.

Aujourd'hui, il nous en coûte de rentrer dans le devoir; le repos nous paroît insipide. Mais comme l'ordre est l'état naturel des choses, nous reprendrons malgré nous le goût des choses honnêtes et des jouissances légitimes. Il est curieux de voir la surprise des hommes accoutumés à gouverner par les moyens violents du despotisme. Ils prédisent des révolutions, des soulèvements qui n'arrivent pas; ils prennent leurs opinions particulières, leur humeur, leurs intérêts secrets, pour l'opinion, l'humeur et l'intérêt de la France. *On n'administre pas,* disent-ils. *Cela n'ira pas; cela ne peut pas aller.* Eh! pourquoi? parce qu'on n'a pas fusillé ce matin à la plaine de Grenelle; parce que la police n'a pas mis à Vincennes cette nuit une douzaine de personnes; parce qu'on n'a pas amené du bout de la France des prisonniers dans des *cages* de poste; parce qu'on n'a pas payé assez d'espions; parce qu'on n'empêche personne de parler, d'écrire, d'imprimer même ce qu'il veut; parce qu'on ne s'est mêlé ni des opérations du commerce ni de celles de l'agriculture; parce que le conseil d'État n'a pas pris dans un seul jour cent arrêtés contradictoires; parce que, ayant à choisir sur vingt-cinq millions de François, on n'a pas cru que tous les talents fussent exclusivement renfermés dans les têtes de quelques hommes que l'opinion publique repousse, et qu'on n'a pas appelé ces hommes au gouvernement! Ces personnes (distinguées d'ailleurs par l'expérience des affaires) sont cependant de mauvais juges de la marche d'un gouvernement légal : elles n'ont connu que la révolution et ses violences ; uniquement occupées de la force physique, elles n'ont aucune idée de la force morale. Elles sont étonnées que tout aille sans efforts, et presque sans qu'on s'en mêle : elles ne savent pas qu'un roi légitime est une plante qui étend naturellement ses branches et ses racines, s'affermit, donne de la protection et de l'ombre, par la seule raison que la terre et le ciel lui sont favorables, et qu'elle croît dans son sol natal. Il est impossible que ce sentiment de sécurité qu'on éprouve ne pénètre pas à la longue toutes les âmes, n'entre pas dans les chaumières et dans les palais, et qu'à la fin on ne se dise pas : « Mais nous sommes cependant heureux! »

Que ceux qui croient le gouvernement si foible l'examinent d'après les faits et les résultats, et ils verront qu'il est déjà beaucoup plus fort que ce gouvernement de fer auquel il a succédé. Auroit-on pu, par exemple, laisser imprimer contre le dernier despotisme les livres que l'on imprime aujourd'hui contre l'autorité existante, sans que le despotisme en eût été ébranlé? Les plus infâmes libelles, les ouvrages les plus audacieux se colportent, se vendent publiquement : cela fait-il rien à personne? Qui est-ce qui lit ces ouvrages? Et si on les lit, quels sont les lecteurs qui se laissent persuader? On dira que les auteurs, en signant les libelles, en détruisent eux-mêmes l'effet, comme les poisons se neutralisent mutuellement ; que l'infamie de l'écrivain corrige le venin de l'ouvrage. Par une raison ou par une autre, il est cependant certain qu'un gouvernement qui compte à peine quatre ou cinq mois d'existence, qui s'est établi, comme nous l'avons vu, au milieu de tant de factions et de tant de malheurs, résiste à une épreuve qui eût renversé Buonaparte au plus haut point de sa puissance. Dans les cafés, dans les salons, on juge hautement les actes du ministère, les lois discutées dans les deux chambres ; on critique, on crie, on blâme ; on loue : la marche du gouvernement en paroît-elle dérangée?

La France est ouverte de toutes parts : on y voyage comme on veut. S'il y a des ennemis secrets, ils peuvent y entrer, en sortir quand bon leur semble. Ils peuvent correspondre, se donner des rendez-vous, en un mot, *conspirer* ouvertement sur les places publiques et au coin des rues. Les craint-on? Pas du tout. Buonaparte auroit-il pu leur laisser cette liberté? On ne daigneroit pas même se mettre en défense, ils viendroient échouer devant la douceur et l'indulgence d'un gouvernement paternel qui arrêteroit le bras prêt à les punir : le roi les accableroit du poids de son pardon et de sa bonté. On ne peut rien de redoutable contre une autorité fondée sur la légitimité et la justice. La France est remplie des parents et des créatures de Buonaparte, et ils sont protégés comme les autres citoyens, sans que l'on songe à se prémunir contre eux. Une grande princesse est venue, sous la généreuse protection du roi, prendre les eaux dans nos provinces, et pourtant la plaie étoit bien vive et bien récente! Cette princesse pouvoit réveiller de puissants souvenirs! Eh bien, qu'est-ce que sa présence a produit? Se représente-t-on Mme la duchesse d'Angoulême aux eaux d'Aix sous le gouvernement si robuste de la tyrannie, lorsque le seul nom de Bourbon faisoit trembler le roi des rois? Enfin, un frère de l'étranger est établi sur notre frontière, où il se montre avec une richesse qu'il seroit plus décent de cacher. En a-t-on témoigné la moindre inquiétude? A-t-on demandé son éloignement? Qu'on apprenne donc à juger de la force d'un gouvernement, non par ses actes administratifs, mais par son plus ou moins de morale, de modération et de justice. La force des rois est inébranlable quand elle vient des lumières de leur esprit et de la droiture de leur cœur.

Les Bourbons ont erré, presque sans asile, sur la surface de la terre; exposés aux craintes de l'usurpateur, ils ne pouvoient surtout approcher des frontières de France sans courir les risques de la vie, témoin l'infortuné duc d'Enghien. Aujourd'hui ils ne poursuivent point ceux qui les ont si cruellement poursuivis; ils les laissent paroître autour d'eux, sans leur montrer la moindre crainte, sans même prendre les précautions qui paroîtroient si naturelles. Qui n'admireroit une confiance aussi magnanime, une absence aussi absolue de tout ressentiment? Louis XVIII a raison. C'est en s'abandonnant ainsi à la loyauté des François qu'il prouve invinciblement la légitimité de ses droits et la solidité de son trône. Il semble qu'il nous ait crié, en arrivant à Calais, comme Philippe de Valois aux portes du château de Broye: « Ouvrez, c'est la fortune de la France! » Nous lui avons ouvert; et nous lui prouverons que nous sommes dignes de l'estime qu'il nous a témoignée, lorsqu'il a si noblement confié à notre foi ses vertus et ses malheurs.

RÉFLEXIONS POLITIQUES

RÉFLEXIONS POLITIQUES

DÉCEMBRE 1814.

CHAPITRE PREMIER.

CAS EXTRAORDINAIRE.

Un juge établi sur un tribunal d'après les anciennes constitutions du pays, et non par le fait d'une révolution violente, a condamné un homme à mort. Cet homme a été justement condamné : il étoit coupable des plus grands crimes. Mais cet homme avoit un frère; ce frère n'a pas pu et n'a pas dû se dépouiller des sentiments de la nature : ainsi, entre le juge du coupable et le frère de ce coupable, il ne pourra jamais s'établir aucune relation. Le cri du sang a pour toujours séparé ces deux hommes.

Un juge établi sur un tribunal d'après les anciennes constitutions du pays, et non par le fait d'une révolution violente, a condamné un homme à mort. Cet homme n'étoit pas coupable du crime dont on l'accusoit; mais, soit prévarication, soit erreur, le juge a condamné l'innocence. Si cet homme a un frère, ce frère, bien moins encore que dans le premier cas, ne peut jamais communiquer avec le juge.

Enfin, un homme a condamné un homme à mort : l'homme condamné étoit innocent; l'homme qui l'a condamné n'étoit point son juge naturel; l'innocent condamné étoit un roi; le prétendu juge étoit son sujet. Toutes les lois des nations, toutes les règles de la justice ont été violées pour commettre le meurtre. Le tribunal, au lieu d'exiger les deux tiers des voix pour prononcer la sentence, a rendu son arrêt à la majorité de quelques voix. Afin d'obtenir cette majorité, on a même été obligé de compter le vote des juges qui avoient prononcé la mort conditionnellement. Le monarque, conduit à l'échafaud, avoit un frère. Le juge qui a condamné l'innocent, le sujet qui a immolé son roi, pourra-t-il se présenter aux yeux du frère de ce roi? S'il ne peut se présenter devant lui, osera-t-il pourtant lui écrire? S'il lui écrit, sera-ce pour se déclarer criminel, pour lui offrir sa vie en expiation? Si ce n'est pour dévouer sa tête, c'est du moins pour révéler quelque secret important à la sûreté de l'État! Non : il écrit à ce frère du roi pour se plaindre d'être injustement traité; il pousse la plainte jusqu'à la menace; il écrit à ce frère devenu roi, et dont, par conséquent, il est devenu le sujet, pour lui faire l'apologie du régicide, pour lui prouver, par la parole de Dieu et par l'autorité des hommes, qu'il est permis de tuer son roi. Joignant ainsi la théorie à la pratique, il se présente à Louis XVIII comme un homme qui a bien mérité de lui; il vient lui montrer le corps sanglant de Louis XVI,

Et sa tête à la main demander son salaire.

Est-ce au fond d'un cachot, dans l'exaspération du malheur, que cette apologie du régicide est écrite? L'auteur est en pleine liberté; il jouit des droits des autres citoyens; on voit à la tête de son ouvrage l'énumération de ses places et les titres de ses honneurs : places et honneurs dont quelques-uns lui ont été conférés depuis la restauration[1]. Le roi, sans doute transporté de douleur et d'indignation, a prononcé quelque arrêt terrible? Le roi a donné sa parole de tout oublier.

CHAPITRE II.

PAROLES D'UN DES JUGES D'HARRISON.

Mais le monde, comme le roi, n'a pas donné sa parole; il pourra rompre le silence. Par quelle imprudence des hommes qui devroient surtout se faire oublier sont-ils les premiers à se mettre en avant, à écrire, à dresser des actes d'accusation, à semer la discorde, à attirer sur eux l'attention publique? Qui pensoit à eux? Qui les accusoit? Qui leur parloit de la mort du roi? Qui les prioit de se justifier? Que ne jouissoient-ils en paix de leurs honneurs? Ils s'étoient vantés, dans d'autres écrits, d'avoir condamné Louis XVI à mort : eh bien, personne ne vouloit leur ravir cette gloire! Ils disent qu'ils sont *proscrits* : est-il tombé un cheveu de leur tête? ont-ils perdu quelque

---

1. *Mémoire au roi*, par M. CARNOT.

chose de leurs biens, de leur liberté? Pourquoi, fidèles au souvenir de nos temps de malheurs, continuent-ils à accuser leurs victimes? Y a-t-il beaucoup de courage et de danger à braver aujourd'hui un Bourbon? Faut-il porter dans son sein un cœur de bronze pour affronter leur bonté paternelle? Est-il bien glorieux de rompre le silence que l'on gardoit sous Buonaparte, pour venir dire de fières vérités à un monarque qui, assis, après vingt-cinq ans de douleurs, sur le trône sanglant de son frère, ne répand autour de lui qu'une miséricorde presque céleste? Qu'arrive-t-il? C'est que le public est enfin obligé d'entrer dans des questions qu'il eût mieux valu ne pas agiter.

Le colonel Harrison, un des juges de Charles Ier, fut, après la restauration de Charles II, traduit devant un tribunal pour être jugé à son tour. Parmi les diverses raisons qu'il apporta pour sa défense, il fit valoir le silence que le peuple anglois avoit gardé jusque alors sur la mort de Charles Ier. Un des juges lui répondit : « J'ai ouï conter l'histoire d'un enfant devenu muet de terreur en voyant assassiner son père. L'enfant, qui avoit perdu l'usage de la voix, garda profondément gravés dans sa mémoire les traits du meurtrier : quinze ans après, le reconnoissant au milieu d'une foule, il retrouva tout à coup la parole, et s'écria : *Voilà celui qui a tué mon père!* Harrison, le peuple anglois a cessé d'être muet ; il nous crie, en te regardant : *Voilà celui qui a tué notre père*[1] *!* »

CHAPITRE III.

QUE LA DOCTRINE DU RÉGICIDE A PARU EN EUROPE VERS LE MILIEU DU XVIe SIÈCLE. BUCHANAN. MARIANA. SAUMAISE ET MILTON.

La doctrine du régicide n'est pas nouvelle : un peu après la mort de Henri III, il parut des écrits où l'on avançoit qu'il est permis à un peuple de se défaire d'un tyran : les justifications suivent les crimes. On examina à cette époque les opinions que nous avons cru appartenir à notre siècle. Ce ne furent pas seulement les protestants qui rêvèrent des républiques ; les catholiques se livrèrent aussi aux mêmes songes. Il est remarquable que les pamphlets de ces temps-là sont écrits avec une vigueur, une science, une logique, qu'on retrouve rarement aujourd'hui.

1. *The Judict. Arraign. Trial of twenty nine Regicides*, p. 56.

Buchanan, dans le dialogue *De Jure regni apud Scotos*, et Mariana surtout, dans le traité *De Rege et regis institutione*, réunirent en un corps de doctrines ces idées éparses dans divers écrits.

On prétendit que Ravaillac avoit puisé dans Mariana les sentiments qui coûtèrent la vie à Henri IV. Ravaillac ne savoit pas le latin, et il n'avoit pu lire le traité *De Rege*; mais il avoit pu entendre parler des opinions qui y sont déduites. Ainsi la doctrine du régicide parut d'abord dans le monde pour préconiser le crime de Jacques Clément et pour inspirer celui de Ravaillac.

La mort de Charles Ier donna une nouvelle célébrité aux principes de Buchanan et de Mariana. Un champion de l'autorité royale, Saumaise, descendit dans l'arène, armé de toute l'érudition de son siècle; il publia son fameux traité, *Defensio regia pro Carolo I°.*

Il prouva d'abord l'inviolabilité et la puissance légale des rois, d'après des préceptes et des exemples puisés dans l'Ancien Testament; il trouva ensuite dans le Nouveau Testament et dans la doctrine des Pères d'autres autorités pour foudroyer encore les principes des régicides. De là, passant aux auteurs profanes, il invoqua en faveur de l'autorité royale les plus grands philosophes et les plus grands historiens de l'antiquité. Saumaise ne resta pas sans réponse; il eut la gloire d'avoir pour adversaire un des plus beaux génies de l'Angleterre. Milton s'étoit déjà signalé dans son ouvrage sur le *Droit des Rois et des Magistrats*, qui n'est qu'un commentaire du traité de Mariana. Il releva le gant jeté aux régicides. « Il réfuta Saumaise, dit Voltaire, comme une bête féroce combat un sauvage. » Il eût été plus juste de dire comme un fanatique combat un pédant. Le style latin de Milton [1] est serré, énergique; souvent à la vigueur de l'expression on reconnoît l'auteur du *Paradis perdu*; mais le raisonnement est digne de la cause que Milton avoit embrassée. Les plaisanteries ne sont pas toujours de bon goût; l'érudition, quoique moins prodiguée que dans le traité de Saumaise, vient souvent hors de propos, et l'auteur ne répond solidement à rien.

Écoutons encore Voltaire : « Milton, dit-il, avait été quelque temps secrétaire, pour la langue latine, du parlement appelé le *Rump* ou le *Croupion*. Cette place fut le prix d'un livre latin en faveur des meurtriers du roi Charles Ier; livre (il faut l'avouer) aussi ridicule par le style que détestable par la matière.

« On peut juger si un tel pédant atrabilaire, défenseur du plus énorme crime, put plaire à la cour polie et délicate de Charles II. »

---

1. *Joannis Miltonis pro populo anglicano Defensio.*

Le grand argument de Milton étoit aussi celui des juges de Charles Ier. Il le trouvoit, comme Ludlow, dans ce texte de l'Écriture : « La terre ne peut être purifiée du sang qui a été répandu que par le sang de celui qui l'a répandu. »

Cet argument n'eût rien valu contre Louis XVI.

CHAPITRE IV.

PARALLÈLE.

Telle fut cette fameuse controverse. Ceux qui la rappellent aujourd'hui paroissent ignorer ce qu'on a dit et écrit avant eux sur ce sujet : tant ils sont foibles en preuves, en citations et en raisonnements! De même que les régicides anglois, ils citent l'Écriture Sainte à l'appui de leur doctrine; mais ils la citent vaguement, ou parce qu'ils la connoissent peu ou parce qu'ils sentent qu'elle ne leur est pas favorable. Les auteurs de la mort de Charles étoient pour la plupart des fanatiques de bonne foi, des chrétiens zélés qui, abusant du texte sacré, tuèrent leur souverain *en conscience;* mais parmi nous, ceux qui font valoir l'autorité de l'Écriture dans une pareille cause ne pourroient-ils pas être soupçonnés de joindre la dérision au parricide; de vouloir, par des citations tronquées, mal expliquées, troubler le simple croyant, tandis que pour eux-mêmes ces citations ne seroient que ridicules? Employer ainsi l'incrédulité à immoler la foi ; justifier le meurtre de Louis XVI par la parole de Dieu, sans croire soi-même à cette parole; égorger le roi au nom de la religion pour le peuple, au nom des lumières pour les esprits éclairés ; allumer l'autel du sacrifice au double flambeau du fanatisme et de la philosophie, ce seroit, il faut en convenir, une combinaison nouvelle.

Si les régicides anglois étoient, comme nous venons de le dire, des fanatiques de bonne foi, ils avoient encore un autre avantage. Ces hommes, couverts du sang de leur roi, étoient purs du sang de leurs concitoyens. Ils n'avoient pas signé la proscription d'une multitude d'hommes, de femmes, d'enfants et de vieillards; ils n'avoient pas apposé leurs noms, *de confiance,* au bas des listes de condamnés, après des noms très-peu faits pour inspirer cette confiance. Pourtant ces hommes qui n'avoient pas fait tout cela étoient en horreur : on les fuyoit comme s'ils avoient eu la peste, on les tuoit comme des bêtes fauves. Qu'il étoit à craindre que cet effrayant exemple n'entraînât les François! Et cependant, que disons-nous à certains hommes? Rien.

Ils jouissent de leur fortune, de leur rang, de leurs honneurs. Comme le roi, nous ne leur eussions jamais parlé de ce qu'ils ont fait, s'ils n'avoient été les premiers à nous le rappeler, à se transformer en accusateurs; et ils osent crier à l'esprit de vengeance! Craignons plutôt que la postérité ne porte de nous un tout autre jugement, qu'elle ne prenne cette admirable facilité de tout pardonner pour une indifférence coupable, pour une légèreté criminelle; qu'elle ne regarde comme une misérable insouciance du vice et de la vertu ce qui n'est qu'une impossibilité absolue de récriminer et de haïr.

Les Anglois qui firent leur révolution étoient des républicains sincères : conséquents à leurs principes, les premiers d'entre eux ne voulurent point servir Cromwell; Harrison, Ludlow, Vane, Lambert, s'opposèrent ouvertement à sa tyrannie, et furent persécutés par lui. Ils avoient pour la plupart toutes les vertus morales et religieuses; par leur conviction, ils honorèrent presque leur crime. Ils ne s'enrichirent point de la dépouille des proscrits. Dans les actes de leur jugement, lorsque le président du tribunal fait aux témoins cette question d'usage : « L'accusé a-t-il des biens et des châteaux? » La réponse est toujours : « Nous ne lui en connoissons point. » Harrison écrit en mourant à sa femme qu'il ne laisse que sa Bible[1].

Tout homme qui suit sans varier une opinion est du moins excusable à ses propres yeux; un républicain de bonne foi, qui ne cède ni au temps ni à la fortune, peut mériter d'être estimé, quand d'ailleurs on n'a à lui reprocher aucun crime.

Mais si des fortunes immenses ont été faites; si, après avoir égorgé l'agneau, on a caressé le tigre; si Brutus a reçu des pensions de César, il fera mieux de garder le silence; l'accent de la fierté et de la menace ne lui convient plus.

« On ne pouvoit rien contre la force. »

— Vous avez pu quelque chose contre la vertu!

On donne une singulière raison de la mort de Louis XVI : on assure qu'il n'étoit déjà plus roi lorsqu'il fut jugé; que sa perte étoit inévitable, que sa mort fut prononcée comme on prononce celle d'un malade dont on désespère.

Avons-nous bien lu, et en croirons-nous nos yeux? Depuis quand le médecin empoisonne-t-il le malade lorsque celui-ci n'a plus d'espérance de vivre? Et la maladie de Louis XVI étoit-elle donc si mortelle? Plût à Dieu que ce roi, que l'on a tué parce qu'il n'y *avoit plus moyen de contenir les factions*, eût été la victime de ces factions mêmes! Plût

---

1. *Trial of the Reg.*

à Dieu qu'il eût péri dans une insurrection populaire! La France pleureroit un malheur; elle n'auroit pas à rougir d'un crime.

Vous assurez « que si les juges qui ont condamné le roi à mort se sont trompés, ils se sont trompés avec la nation entière, qui, par de nombreuses adresses, a donné son adhésion au jugement. Les gouvernements étrangers, en traitant avec ces juges, ont aussi prouvé qu'ils ne blâmoient pas le meurtre de Louis. »

Ne flétrissez point tous les François pour excuser quelques hommes. Peut-on sans rougir alléguer les adresses de ces communes gouvernées par un club de Jacobins et conduites par les menaces et la terreur? D'ailleurs, un seul fait détruit ce que l'on avance ici. Si, en conduisant le roi à l'échafaud, on n'a fait que suivre l'opinion du peuple, pourquoi les juges ont-ils rejeté l'appel au peuple? Si Louis étoit coupable, si les vœux étoient unanimes, pourquoi, dans la Convention même, les suffrages ont-ils été si balancés? La haute cour qui condamna Charles le condamna à l'unanimité. La France vous rend le fardeau dont vous voulez vous décharger sur elle; il est pesant! mais il est à vous, gardez-le.

« Les nations étrangères ont traité avec vous! » Ce ne fut point au moment de la mort du roi. L'assassinat de Louis, du plus doux, du plus innocent des hommes, acheva d'armer contre vous l'Europe entière. Un cri d'indignation s'éleva dans toutes les parties du monde: un François étoit insulté pour votre crime jusque chez ces peuples accoutumés à massacrer leurs chefs, à Constantinople, à Alger, à Tunis. Parce que les étrangers ont traité avec vous, ils ont approuvé la mort du roi! Dites plutôt que le courage de nos soldats a sauvé la France du péril où vous l'aviez exposée en appelant sur un forfait inouï la vengeance de tous les peuples. Ce n'est point avec vous qu'on a traité, mais avec la gloire de nos armes, avec ce drapeau autour duquel l'honneur françois s'étoit réfugié, et qui vous couvroit de son ombre.

CHAPITRE V.

ILLUSION DES APOLOGISTES DE LA MORT DE LOUIS XVI.

Que veulent donc au fond les auteurs de ces déplorables apologies? La république? Ils sont guéris de cette chimère. Une monarchie limitée? Ils l'ont; et ils conviennent eux-mêmes que toutes les garanties de la liberté sont dans la Charte. Si nous sondons la blessure, nous trouverons une conscience malade, qui ne peut se tranquilliser, une vanité en souffrance, qui s'irrite de n'être pas seule appelée aux conseils du roi, et qui voudroit jouir auprès de lui non-seulement de l'égalité, mais encore de la préférence; enfin un désespoir secret, né de l'obstacle insurmontable qui s'élève entre Louis XVIII et les juges de Louis XVI. Ne seroit-il pas bien plus favorable pour ces hommes de se rendre justice, d'avouer ingénument leurs torts, de convenir qu'ils ne peuvent pas être une société pour le roi, de reconnoître ses bontés au lieu de se sentir humiliés de son silence, de la paix qu'il leur accorde et du bonheur qu'il répand sur eux pour toute vengeance?

Il est assez probable toutefois qu'ils ne se mettent si fort en avant que parce qu'ils se font illusion sur leur position : il faut les détromper.

Ce n'est pas sans raison qu'ils nous répètent que la France entière est coupable avec eux de la mort du roi. « Si on nous frappe, disent-ils, on frappera bientôt ceux qui nous suivent : nous sommes la première phalange; une fois rompue, le reste sera enfoncé de toutes parts. » Ils espèrent ainsi enrôler beaucoup de monde sous leur drapeau et se rendre redoutables par cette espèce de coalition.

D'abord on ne veut point les atteindre; on ne les menace point. Pourquoi sont-ils si susceptibles? Pourquoi prendre les pleurs que l'on répand sur la mémoire de Louis XVI pour des actes d'accusation? Faut-il, pour ménager leur délicatesse, s'interdire tous regrets? La douleur est-elle une vengeance, le repentir une réaction? En admettant même que ces personnes eussent de justes sujets de crainte, elles sont complétement dans l'erreur lorsqu'elles s'imaginent que tous les François font cause commune avec elles. La mort du roi et de la famille royale est le véritable crime de la révolution. Beaucoup d'autres actes de cette révolution sont des erreurs collectives, souvent expiées par des vertus et rachetées par des services, des torts communs qui ne peuvent être imputés à des particuliers, des malheurs qui sont le résultat des passions, le produit du temps et l'inévitable effet de la nécessité.

Mais les auteurs de la mort du roi ont une cause parfaitement isolée : sous ce rapport, ils n'inspirent aucun intérêt.

Ce n'est point ici une vaine supposition : la formation de la chambre des pairs a amené nécessairement quelques exclusions : le peuple s'en est-il affligé? La chambre des députés comptoit parmi ses officiers inférieurs quelques personnes assez malheureuses pour avoir participé à la mort de Louis XVI : elle les a invitées à se retirer. La nation n'a vu dans cette conduite que l'interprétation de ses propres sentiments. Tous les exemples nobles et utiles devoient être donnés par les dignes représentants du peuple françois : un d'entre eux a fait lui-même le courageux aveu de sa faute, en s'exilant du milieu de ses collègues. Se juger ainsi, c'est ôter à jamais aux autres le droit de juger ; c'est sortir de la classe des coupables pour entrer dans celle des infortunés.

Ceux qui ont prononcé l'arrêt de Louis XVI doivent donc perdre la pensée de rattacher tous les François à leur cause. Il faut encore qu'ils ne mettent pas trop leur confiance en leur propre nombre. En effet, ne conviendroit-il pas de retrancher de ce nombre ceux qui ont voté la mort avec l'appel au peuple, ou avec une condition tendant à éloigner l'exécution ? Ceux-là avoient peut-être la pensée de sauver leur maître. Dans un pareil temps, vingt-quatre heures étoient tout ; on pouvoit croire que des votes qui présentoient un espoir de salut, sans heurter de front la fureur révolutionnaire, étoient plus propres à sauver le roi qu'un *non* absolu. C'est une erreur, une faiblesse : mais qui n'a point d'erreurs, de faiblesses ? Transportons-nous à ces moments affreux ; voyons les bourreaux, les assassins remplir les tribunes, entourer la Convention, montrer du doigt, désigner au poignard quiconque refusoit de concourir à l'assassinat de Louis XVI. Les lieux publics, les places, les carrefours retentissoient de hurlements et de menaces. On avoit déjà sous les yeux l'exemple des massacres de septembre, et l'on savoit à quels excès pouvoit se porter une populace effrénée.

Il est certain encore qu'on avoit fait des préparatifs pour égorger la famille royale, une partie des députés, plusieurs milliers de proscrits, dans le cas où le roi n'eût pas été condamné. Troublé par tant de périls, un homme croit trouver un moyen de concilier tous les intérêts ; il s'imagine que par un vote évasif il sauvera la famille royale, suspendra la mort du roi et préviendra un massacre général : il saisit avidement cette fatale idée ; il prononce un vote conditionnel. Mais ses collègues ne s'y trompent pas ; ils devinent son intention, rejettent avec fureur l'appel au peuple, les conditions dilatoires, et comptent le vote pour la mort. Cet homme est-il coupable ? Oui, selon le droit ; non, peut-être, d'après l'intention. Il ne s'agit pas ici de principes rigoureux ; car dans ce cas, ceux même qui auroient voté pour la vie du roi n'en seroient pas moins criminels de lèse-majesté, comme le remarquèrent les juges anglois dans le procès des régicides. Mais nos malheurs ont été si grands, qu'ils sont sortis de toute comparaison et de toute règle. Il est aisé de dire aux jours du bonheur et de la sécurité : « J'aurois agi ainsi ; je me serois conduit comme cela. » C'est au jour du combat que l'on connoît ses forces. Nous ne devons point juger à la rigueur ce qui a été dit ou fait sous la pointe du poignard ; dans ce cas une bonne intention présumée fait l'innocence; le reste est du temps et de l'infirmité humaine.

Il faut encore faire une classe à part de ceux qui, appelés depuis la mort du roi aux grandes places de l'État, ont tâché d'expier leurs premières erreurs en sauvant des victimes, en résistant avec courage aux ordres sanglants de la tyrannie, et qui depuis la Restauration ont montré par leur obéissance et leur désir d'être utiles à la monarchie combien ils étoient sensibles à la miséricorde du roi.

Voilà donc le foible bataillon de ceux qui se croient si forts diminué de tout ce qui ne doit pas entrer dans leurs rangs. Ils se trompent encore davantage lorsqu'ils s'écrient qu'ils sont la sauvegarde de quiconque a participé à nos troubles. Il seroit, au contraire, bien plus vrai de dire que si quelque chose a pu alarmer les esprits, c'est le pardon accordé aux juges du roi.

Ce pardon a quelque chose de *surhumain*, et les hommes seroient presque tentés de n'y pas croire : l'excès de la vertu fait soupçonner la vertu. On seroit disposé à dire : « Le roi ne peut traiter ainsi les meurtriers de son frère ; et puisqu'il pardonne à tous, c'est que dans le fond de sa pensée il ne pardonne à personne. » Ainsi le respect pour la vie, la liberté, la fortune, les honneurs de ceux qui ont voté la mort du roi, au lieu de tranquilliser la foule, eût pu servir à l'inquiéter.

Mais le roi ne veut proscrire personne : il est fort, très-fort ; aucune puissance ne pourroit aujourd'hui ébranler son trône. S'il vouloit frapper, il n'auroit besoin d'attendre ni d'autres temps ni d'autres circonstances ; il n'a aucune raison de dissimuler. Il ne punit pas, parce que, comme son frère, de douloureuse et sainte mémoire, la miséricorde est son partage, et que, comme Louis XVI encore, il ne voudroit pas pour sauver sa vie répandre une seule goutte de sang françois. Il a de plus donné sa parole. Aucun François, à son exemple, ne désire ni vengeances ni réactions. Que demande-t-on à ceux qui ont été assez malheureux pour condamner à mort le fils de saint Louis et d'Henri IV ? Qu'ils jouissent en paix de ce qu'ils ont acquis ; qu'ils élèvent tranquillement leurs familles. Il n'est pas cependant si dur, lorsqu'on approche de la vieillesse, qu'on a passé l'âge de l'ambition, qu'on a connu les choses et les hommes, qu'on a vécu au milieu du sang, des troubles et des tempêtes, il n'est pas si dur d'avoir un moment pour se reconnoître, avant d'aller où Louis XVI est allé. Louis XVI a fait le voyage, non pas dans la plénitude de ses jours, non pas lentement, non pas environné de ses amis, non pas avec tous les secours et toutes les consolations, mais jeune encore, mais pressé, mais seul, mais nu ; et cependant il l'a fait en paix.

Ceux qui l'ont contraint de partir si vite veulent-ils prouver au monde qu'ils sont dignes de la clémence dont ils sont l'objet? Qu'ils n'essayent plus d'agiter les esprits, de semer de vaines craintes. Tout bon François doit aujourd'hui renfermer dans son cœur ses propres mécontentements, en eût-il de raisonnables. Quiconque publie un ouvrage dans le but d'aigrir les esprits, de fomenter des divisions, est coupable. La France a besoin de repos : il faut verser de l'huile dans nos plaies, et non les ranimer et les élargir. On n'est point injuste envers les hommes dont nous parlons : plusieurs ont des talents, des qualités morales, un caractère ferme, une grande capacité dans les affaires et l'expérience des hommes. Enfin, si quelque chose les blesse dans la restauration de la monarchie, qu'ils songent à ce qu'ils ont fait, et qu'ils soient assez sincères pour avouer que les misères dont ils se choquent sont bien peu de chose au prix des erreurs où ils sont eux-mêmes tombés.

CHAPITRE VI.

DES ÉMIGRÉS EN GÉNÉRAL.

Nous trouvons dans les pamphlets du jour beaucoup d'aigreur contre cette classe de François malheureux, et toujours le triste sujet de la mort du roi revient au milieu de ces plaintes : « *Ce sont les émigrés qui ont tué le roi; ce sont les émigrés qui nous rapportent des fers; ce sont eux qui accusent de tous les crimes les hommes amis de la liberté : il faut avoir été Vendéen, Chouan, Cosaque, Anglois, pour être bien accueilli à la cour: et pourtant qu'a fait la noblesse, qu'a fait le clergé pour le roi?* etc. »

On dit qu'un homme est la cause de la mort de son ami lorsque cet homme, jugeant mal d'un événement, a choisi pour sauver son ami, un moyen qui ne l'a pas sauvé; mais s'est-on jamais imaginé de prendre à la lettre cette expression hyperbolique? A-t-on jamais comparé sérieusement le meurtrier réel d'un homme avec l'ami de cet homme? Pour soutenir une cause qu'il eût mieux valu ne pas rappeler, comment un esprit éclairé n'a-t-il pu trouver que ce misérable sophisme?

L'émigration étoit-elle une mesure salutaire ou funeste? On peut avoir sur ce point différentes opinions. Il faudroit d'abord savoir si cette mesure n'étoit point forcée; si des hommes insultés, brûlés dans leurs châteaux, poursuivis par les piques, traînés à l'échafaud, ne se sont point vus contraints d'abandonner leur patrie; si, trouvant dans les champs de leur exil des princes proscrits comme eux, ils n'ont pas dû leur offrir leurs bras. Ceux qui leur font un crime aujourd'hui d'être sortis de France ne savent-ils pas, par leur propre expérience, qu'il y a des cas où l'on est obligé de *fuir, de s'échapper la nuit par-dessus des murs, et d'aller confier sa vie à une terre étrangère?* Peuvent-ils *nier* la persécution? Les listes n'existent-elles pas? ne sont-elles pas signées? Une *seule* de ces listes ne se monte-t-elle pas à quinze ou dix-huit mille personnes, hommes, femmes, enfants et vieillards?

Ferons-nous valoir une autre raison de la nécessité de l'émigration? Ce n'est pas une loi écrite, mais c'est le droit coutumier des François : l'honneur. Partout où on le place, cet honneur, à tort ou à raison, *il oblige.* Quand on veut raisonner juste, il faut se mettre à la place de celui pour qui on raisonne. Une fois reconnu qu'un gentilhomme devoit aller se battre sur le Rhin, pouvoit-il n'y pas aller? Mais par qui reconnu? Par le corps, par l'ordre de ce gentilhomme. L'ordre se trompoit. Soit : il se trompoit comme ce vieux roi de Bohême qui, tout aveugle qu'il étoit, voulut faire le coup de lance à Crécy, et y trouva la mort. Qui l'obligeoit à se battre, ce vieux roi aveugle? L'honneur : toute l'armée entendra ceci.

Qu'a fait la noblesse pour le roi? Elle a versé son sang pour lui à Haguenau, à Weissembourg, à Quiberon; elle supporte aujourd'hui pour lui la perte de ses biens. L'armée de Condé, qui, sous trois héros, combattoit à Berstheim en criant *vive le roi!* ne le tuoit pas à Paris [1].

Mais, en restant en France, les émigrés auroient sauvé le roi. Les royalistes anglois, qui ne sortirent point de leur pays, arrachèrent-ils à la mort leur malheureux maître? Est-ce aussi Clarendon et Falkland qui ont immolé Charles, comme Lally-Tolendal et Sombreuil ont égorgé Louis?

Qu'a fait le clergé pour le roi? Interrogez l'église des Carmes, les pontons de Rochefort, les déserts de Sinnamary, les forêts de la Bretagne et de la Vendée, toutes ces grottes, tous ces rochers où l'on célébroit les saints mystères en mémoire du roi-martyr; demandez-le à tous ces apôtres qui, déguisés sous l'habit du laïque, attendoient

---

[1]. M. le duc de Bourbon fut blessé d'un coup de sabre dans cette brillante affaire, et un boulet de canon pensa emporter à la fois les trois héros.

dans la foule le char des proscriptions pour bénir en passant vos victimes; demandez-le à toute l'Europe, qui a vu le clergé françois suivre dans ses tribulations le fils aîné de l'Église, dernière pompe attachée à ce trône errant, que la religion accompagnoit encore lorsque le monde l'avoit abandonné. Que font-ils aujourd'hui ces prêtres qui vous importunent? Ils ne donnent plus le pain de la charité, ils le reçoivent. Les successeurs de ceux qui ont défriché les Gaules, qui nous ont enseigné les lettres et les arts, ne font point valoir les services passés; ceux qui formoient le premier ordre de l'État sont peut-être les seuls qui ne réclament point quelque droit politique; sublime exemple donné par les disciples de celui dont le *royaume n'étoit pas de ce monde!* Tant d'illustres évêques, doctes confesseurs de la foi, ont quitté la crosse d'or pour reprendre le bâton des apôtres. Ils ne réclament de leur riche patrimoine que les trésors de l'Évangile, les pauvres, les infirmes, les orphelins, et tous ces malheureux que vous avez faits.

Ah! qu'il faudroit mieux éviter ces récriminations, effacer ces souvenirs, détruire jusqu'à ces noms d'émigrés, de royalistes, de fanatiques, de révolutionnaires, de républicains, de philosophes, qui doivent aujourd'hui se perdre dans le sein de la grande famille! Les émigrés ont eu peut-être leurs torts, leurs foiblesses, leurs erreurs; mais dire à des infortunés qui ont tout sacrifié pour le roi que ce sont eux qui ont tué le roi, cela est aussi trop insensé et trop cruel! Et qui est-ce qui leur dit cela, grand Dieu!

Les émigrés nous apportent des fers. On regarde, et l'on voit d'un côté un roi qui nous apporte une Charte, telle que nous l'avions en vain cherchée, et où se trouvent les bases de cette liberté qui servit de prétexte à nos fureurs; un roi qui pardonne tout, et dont le retour n'a coûté à la France ni une goutte de sang ni une larme; on voit quelques François qui rentrent à moitié nus dans leur patrie, sans secours, sans protections, sans amis; qui ne retrouvent ni leurs toits ni leurs familles; qui passent sans se plaindre devant leur champ paternel labouré par une charrue étrangère, et qui mangent à la porte de leurs anciennes demeures le pain de la charité. On est obligé de faire pour eux des quêtes publiques : l'homme de Dieu[1] qui les suit comme par l'instinct du malheur est revenu avec eux des terres lointaines; il est revenu établir parmi nous, pour leurs enfants, les écoles qu'alimentoit la piété des Anglois. Il ne manqueroit plus, pour couronner l'œuvre, que d'établir ces écoles dans un coin de l'antique

---

1. M. l'abbé Carron.

manoir de l'émigré, de lui préparer à lui-même une retraite dans ces hôpitaux fondés par ses ancêtres, et où son bien sert aujourd'hui à donner aux pauvres un lit qu'il n'a plus. Ce n'est pas nous qui faisons cette peinture, ce sont des membres de la chambre des députés, qui n'ont point vu dans ces infortunés des triomphateurs, mais des victimes.

Et ces Vendéens, et ces chouans, *à qui tout est réservé*, vous importunent de leur faveur, de leur éclat! Leur pauvreté honorable, leur habit aussi ancien que leur fidélité, leur air étranger dans les palais, ont été pourtant l'objet de vos railleries, lorsque ces loyaux serviteurs sont accourus du fond de la France à la grande, à la merveilleuse nouvelle du retour inespéré de leur roi. Jetons les yeux autour de nous, et tâchons, si nous le pouvons, d'être justes. Par qui la presque totalité des grandes et des petites places est-elle occupée? Est-ce par des chouans, des Vendéens, des *Cosaques*, des émigrés, ou par des hommes qui servoient l'autre ordre de choses? On n'envie point, on ne reproche point les places à ces derniers : mais pourquoi dire précisément le contraire de ce qui est? Il n'étoit pas si frappé de la prospérité des émigrés, ce maréchal de France qui a sollicité quelques secours pour de pauvres chevaliers de Saint-Louis : « Car, disoit-il noblement, ou il faut leur ôter leur décoration, ou leur donner le moyen de la porter. » Sous l'uniforme françois, il ne peut y avoir que des sentiments généreux.

Le véritable langage à tenir sur les émigrés, pour être équitable, c'est de dire que la vente de leurs biens est une des plus grandes injustices que la révolution ait produites; que l'exemple d'un tel déplacement de propriétés au milieu de la civilisation de l'Europe est le plus dangereux qui ait jamais été donné aux hommes; qu'il n'y aura peut-être point de parfaite réconciliation entre les François, jusqu'à ce qu'on ait trouvé le moyen, par de sages tempéraments, des indemnités, des transactions volontaires, de diminuer ce que la première injustice a de criant et d'odieux. On ne s'habituera jamais à voir l'enfant mendier à la porte de l'héritage de ses pères. Voilà ce qu'il y a de vrai d'un côté. Il est vrai, de l'autre, que le roi ni les chambres n'ont pu violemment réparer une injustice par des actes qui auroient compromis la tranquillité de l'État; car enfin on a acheté sous la garantie des lois : les propriétés vendues ont déjà changé de main; il est survenu des enfants, des partages. En touchant à ces ventes, on troubleroit de nouvelles familles, on causeroit de nouveaux bouleversements. Il faut donc employer pour guérir cette plaie les remèdes doux qui viennent du temps; il faut qu'un esprit de paix préside aux mesures que l'on pourra prendre. Le désintéressement et l'honneur sont les deux vertus des François : avec un tel fonds on peut tout espérer. On dit que le projet du roi est de donner chaque année une somme sur la liste civile pour secourir les propriétaires et favoriser les arrangements mutuels. Le roi est la gloire et le salut de la France.

CHAPITRE VII.

SINGULIÈRE MÉPRISE SUR L'ÉMIGRATION.

En examinant de plus près l'opinion des écrivains opposants, on s'aperçoit qu'ils sont tombés dans une singulière méprise, soit qu'ils l'aient fait à dessein, soit qu'ils aient erré de bonne foi. Ne sembleroit-il pas, à les entendre, que l'émigration entière vient de rentrer avec le roi? Ignore-t-on que presque tous les émigrés sont revenus en France il y a déjà quatorze ou quinze ans; que les enfants de ces émigrés, soit volontairement, soit de force, les uns atteints par la conscription, les autres enlevés pour les écoles militaires; ceux-ci pressés par le défaut absolu de fortune, ceux-là obligés de servir pour soustraire leur famille à la persécution ; que les enfants de ces émigrés, disons-nous, ont pris des places sous Buonaparte? Il a loué lui-même leur courage, leur désintéressement, et leur fidélité à leur parole quand une fois ils l'ont donnée; beaucoup d'entre eux ont reçu des blessures sous ses drapeaux : des chefs de chouans, des Vendéens ont défendu leur patrie contre les ennemis. On comptoit dans nos armées les premiers gentilshommes de nos provinces, et les descendants de nos familles les plus illustres. Représentants de l'ancienne gloire de la France, ils assistoient, pour ainsi dire, à sa gloire nouvelle. Dans cette noble fraternité d'armes, ils oublioient nos discordes civiles, et en servant leur patrie ils apprenoient à servir un jour leur roi. Ces hommes qui auroient pu regretter le rang et la fortune de leurs aïeux, ces rejetons des connétables et des maréchaux de France qui portaient le sac du soldat, nous menaceroient-ils de la *résurrection de tous les préjugés?* Ils ont du moins appris que dans le métier des armes tout soldat est noble, et que le grenadier a ses titres de gentilhomme écrits sur le papier de sa cartouche.

C'est donc en vain que la malveillance cherchera à créer des distinctions et des partis : il n'y en a point, il n'y en peut pas avoir. Si Louis XVIII ne vouloit remplir les places que d'*hommes tout à fait étrangers à la révolution*, qui seroit pur à ses yeux? Mais le roi, et ses preuves sont faites, est aussi impartial qu'il est éclairé ; il ne sépare point *ceux qui ont servi le roi de ceux qui ont servi la patrie*. Ne dénaturons point les faits pour soulager notre humeur ; ne prêtons point au prince des sentiments qui ne sont pas les siens, et ne cherchons point à créer des partis, en prétendant en trouver là où il n'en existe pas.

CHAPITRE VIII.

DES DERNIERS ÉMIGRÉS.

Ainsi, tout le raisonnement des pamphlets contre les émigrés, sophistique par la forme, n'est point solide par le fond : il porte sur une base fausse ; car la grande, la véritable émigration est depuis longtemps rentrée en France. Elle a pris des intérêts communs avec le reste des François par des alliances, des places, des liens de reconnoissance et des habitudes de société. Tout se réduit donc à cette petite troupe de proscrits que Louis XVIII ramena à sa suite. Voudriez-vous que dans son exil le roi n'eût pas conservé un ami? C'est ce qui arrive assez souvent aux princes malheureux. Vous êtes donc effrayés de quelques vieillards qui viennent, tout chargés d'ans et dépouillés par tant de sacrifices, se réchauffer un moment au soleil de la patrie? Nous avons déjà parlé de leur détresse ; faudroit-il, pour mieux vous tranquilliser, qu'ils fussent encore durement rejetés par leur roi? « Compagnons vieillis avec moi dans la terre étrangère, leur diroit le monarque, me voilà revenu dans mon palais ; j'ai retrouvé mon peuple, mon bonheur, la gloire de mes aïeux : vous, vous avez tout perdu pour moi ; vos biens sont vendus, les cendres de vos pères dispersées : adieu, je ne vous connois plus. » Et où iront-ils, ces compagnons du malheur du roi, ceux qui ont dormi dans l'exil, la tête appuyée sur les fleurs de lis presque effacées par le sang et les larmes ; ceux qui se consoloient en entourant de leurs respects et de leurs communes misères le roi de l'adversité? Ne permettez-vous point que Louis XVIII leur prête un coin de son manteau? Voulez-vous qu'il prenne un air sévère quand il les voit, qu'il ne leur adresse jamais une de ces paroles qui payent en France tous les services? Vous le voulez indulgent, miséricordieux, et vous exigez qu'il soit ingrat? Admirons nos rois d'avoir été aimés dans le malheur et d'aimer dans la prospérité.

CHAPITRE IX.

S'IL EST VRAI QU'ON SOIT PLUS INQUIET AUJOURD'HUI
QU'ON NE L'ÉTOIT AU MOMENT DE LA RESTAURATION.

« Au retour des Bourbons, dit-on encore, la joie fut universelle; il n'y eut qu'une opinion, qu'un sentiment : les anciens républicains, *particulièrement opprimés*, applaudirent franchement à la restauration. Aujourd'hui les partis renaissent, cette heureuse confiance est ébranlée, etc. » Nous avons été aussi témoin des premiers moments de la restauration, et nous avons observé précisément le contraire de ce que l'on avance ici. Sans doute il y eut du bonheur, de la joie à l'arrivée des Bourbons; mais il s'y mêloit beaucoup d'inquiétude. Les anciens républicains étoient bien loin surtout d'être si satisfaits, d'applaudir avec tant de cordialité. Plusieurs d'entre eux songeoient à se retirer, et avoient tout préparé pour la fuite. Et en quoi avoient-ils été PARTICULIÈREMENT *opprimés sous* Buonaparte? Ils jouissoient d'une grande fortune; ils occupoient les premières places de l'État. Quoi! c'étoient les *Bourboniens*, les royalistes qui jouissoient de la faveur sous la tyrannie? On croit rêver.

La vérité est que la confiance ne fut point entière au premier moment du retour du roi : beaucoup de gens étoient alarmés, les provinces même agitées, incertaines, divisées; l'armée ne savoit si on lui compteroit ses souffrances et ses victoires; on craignoit les fers, on redoutoit les vengeances.

Mais peu à peu le caractère du roi étant mieux connu, les frayeurs se calmèrent; on vit luire l'aurore d'une paix et l'espérance d'un bonheur sur lesquels on ne comptoit presque plus. Rassurés sur les opinions qu'on avoit eues, sur les votes que l'on avoit émis, tous les partis placèrent dans le monarque une juste confiance.

Depuis ce temps le roi n'a cessé de prendre de nouvelles forces, et la France de marcher vers la prospérité. Chaque jour le très-petit nombre d'opposants diminue; les contes absurdes, les terreurs populaires, s'évanouissent; le commerce renaît, les manufactures refleurissent, les impôts se payent, une immense dette est comblée; l'armée n'a plus qu'un seul et même esprit; les prisonniers et les soldats licenciés sont retournés au sein de leurs familles; les officiers, avec une retraite honorable, jouissent dans leurs foyers de l'admiration due à leur courage; la conscription, abolie, ne fait plus trembler les mères; la plus entière liberté d'opinions dans les deux chambres, dans les livres, dans les journaux, dans les discours, annonce que nous sommes enfin rendus à notre dignité naturelle ; on se sent en pleine jouissance de ses droits. La main sur le cœur, de quoi se plaindroit-on? De qui et de quoi a-t-on peur? Jamais calme fut-il plus profond après la tempête? Les libelles que nous combattons ne sont-ils pas même la preuve de la plus entière liberté, comme de la force du gouvernement? Tout marche sans effort, sans oppression : les étrangers sont confondus et presque jaloux de notre paix et de notre prospérité. On n'entend parler ni de police, ni de dénonciation, ni d'un acte arbitraire du pouvoir, ni d'exécution, ni de réaction publique, ni de vengeance particulière.

Les magistrats ont seuls agi quand ils ont cru voir des coupables, et cela s'est borné à l'arrestation de quelques individus remis en liberté aussitôt que l'on a reconnu qu'ils n'avoient pas outre-passé la loi. On va, on vient, on fait ce qu'on veut. N'est-on pas content? Les chemins sont ouverts ; qu'on demande des passeports, qu'on emporte sa fortune, chacun est le maître : à peine rencontre-t-on un gendarme. Dans un pays où plus de quatre cent mille soldats ont été licenciés, il n'y a pour ainsi dire pas une porte fermée et pas un voleur de grand chemin. Les créatures, les parents de Buonaparte sont partout ; ils jouissent de la protection des lois. S'ils ont des pensions sur l'État, le roi les paye scrupuleusement. S'ils veulent sortir du royaume, rentrer, porter des lettres, en rapporter, envoyer des courriers, faire des propositions, semer des bruits et même de l'argent, s'assembler en secret, en public, menacer, répandre des libelles, en un mot, *conspirer,* comme nous l'avons dit ailleurs, ils le peuvent ; cela ne fait de mal à personne. Ce gouvernement de huit mois est si solide, que fît-il aujourd'hui fautes sur fautes il tiendroit encore, en dépit de ses erreurs. Le frère de Louis XVI, la famille de Louis XVI, la charte qui garantit nos libertés, ce sont là des puissances que rien ne peut ébranler. Immobile sur son trône, le roi a calmé les flots autour de lui : il n'a cédé à aucune influence, à aucune impulsion, à aucun parti. Sa patience confond, sa bonté subjugue et enchaîne, sa paix se communique à tous. Il a connu les propos que l'on a pu tenir, les petites humeurs que l'on a témoignées, les folles démarches que l'on a pu faire : tout cela s'est évanoui devant son inaltérable sérénité. Lorsque autrefois, en Allemagne, il fut frappé d'une balle à la tête, il se contenta de dire : « Une ligne plus haut, et le roi de France s'appeloit Charles X ; » et il n'en parla plus. Lorsqu'il reçut l'ordre de quitter Mittau, au milieu de l'hiver, il ne fit pas entendre une plainte. Cette magnanimité sans ostentation qui lui est particulière, ce sang-froid que rien ne peut troubler, le suivent aujourd'hui au milieu de ses prospérités. On lui adresse une apologie de la mort de son frère, il la lit, fait quelques observations, et la renvoie à son auteur. Et pourtant il est roi! et pourtant il pleure tous les jours en secret la mort de ce frère! En entrant pour la première fois aux Tuileries, le jour de son arrivée à Paris, il se jeta à genoux : « O mon frère, s'écria-t-il, que n'avez-vous vu cette journée! Vous en étiez plus digne que moi. » Quand on s'approche de lui, il a toujours l'air de vous dire : « Où pourriez-vous trouver un meilleur père? Laissez-moi panser vos blessures ; j'oublie les miennes pour ne songer qu'aux vôtres. Est-ce à mon âge, après mes malheurs, que je puis aimer le trône pour moi-même? Je suis là pour vous, et je veux vous rendre aussi heureux que vous avez été infortunés. »

Quiconque jette les yeux autour de soi, au dedans et au dehors, et ne comble pas de bénédictions le prince que le ciel nous a rendu, n'est pas digne d'être gouverné par un tel prince.

CHAPITRE X.

SI LE ROI DEVOIT REPRENDRE LES ANCIENNES FORMULES DANS LES ACTES ÉMANÉS DU TRÔNE.

Vient ensuite un autre genre de plaintes : comme des enfants gâtés à qui l'on ne refuse rien, nous ne savons à qui nous en prendre de notre bonheur. « Le roi a voulu recevoir la couronne comme un héritage, et non comme un don du peuple ; il s'est donné le titre de roi de France, et non de roi des François ; il a repris l'ancienne formule : Par la grâce de Dieu, etc. »

Nous voulons une monarchie, ou nous n'en voulons point. Si nous la voulons, désirons-nous qu'elle soit élective? Dans ce cas, nous avons raison de trouver mauvais que le roi ait daté sa Charte de l'an *dix-neuvième* de son règne, et de s'appeler *Louis XVIII*. Mais si, connoissant les inconvénients de la monarchie élective, nous revenons à la monarchie héréditaire, incontestablement la meilleure de toutes, le roi a dû dire : « Je règne parce que mes ancêtres ont régné ; je règne par les droits de ma naissance, sauf à moi à convenir avec mes peuples d'une forme d'institution qui régularise mon pouvoir, assure la liberté civile et politique et soit agréable à tous. » Rien alors n'est plus conséquent que la conduite du roi : nous ne sommes point une république, et il n'a pas dû reconnoître la souveraineté du peuple : nous ne sommes point une monarchie élective, et il n'a pu revenir par voie d'élection. Si vous sortez de là, tout est confondu. Il semble toujours à certains esprits exaltés qu'un roi anéantit la loi, ou que la loi va faire disparaître le roi : loi et roi sont fort compatibles, ou plutôt c'est une et même chose, selon Cicéron et le bon sens.

C'est une chicane bien misérable encore que celle qui regarde le titre de *roi de France*. Les Anglois ne sont-ils pas libres? Cependant Charles II a daté la déclaration donnée à Breda de *l'an douzième de son règne*, et l'on dit Roi d'Angleterre (*King of England*), et non pas Roi des Anglois (*King of the English*). Est-il plus noble d'ailleurs que le roi soit, par son titre, *propriétaire* des François (Roi des François), que *propriétaire* de la France (Roi de France)? Ne vaudroit-il pas mieux qu'il possédât la terre que l'homme? Car roi des François ne voudroit pas dire qu'il a été choisi, élu par eux, puisque la monarchie est héréditaire, mais qu'il en est le maître, le possesseur. Tous ces raisonnements sont, de part et d'autre, de méchantes subtilités : au fond il ne s'agit pas de tout cela. Sous la première race de nos rois, on disoit roi des Francs, *rex Francorum*. Pourquoi? Parce que les Francs étoient non une nation, mais un petit peuple barbare et conquérant, presque sans lois, et surtout sans propriétés fixes : ils n'avoient donc alors qu'un général, qu'un capitaine, qu'un chef, qu'un roi, *dux, rex Francorum*. Sous la seconde race, le titre d'empereur se mêla à celui de roi, et n'emporta encore que l'idée d'un chef de guerre, *imperator*. Sous la troisième race, on commença à dire roi de France, *rex Franciæ*, parce qu'alors le peuple franc, par son mélange avec les Gaulois et les Romains, étoit devenu une *nation* attachée au sol de la France, remplaçant les lois salique, gombette et ripuaire de la première race, les capitulaires de la seconde, par l'usage du droit romain, par des coutumes écrites, recueillies vers le temps de Charles VIII[1], substituant des tribunaux sédentaires à des tribunaux errants, et marchant à grands pas vers la civilisation. Tout n'est pas dans le *Contrat social;* étudions un peu l'histoire de France : nous ne serons ni si prompts à condamner ni si superbes dans nos assertions.

La formule *par la grâce de Dieu* se défend d'elle-même : tout est par la grâce de Dieu. Franchement, tâchons, si nous pouvons, d'être libres et heureux, et même, s'il le faut absolument, par la grâce de Dieu! Cela est un peu dur, il est vrai; mais enfin on n'a pas toujours

---

1. La plus ancienne des coutumes recueillies est celle du Ponthieu, par ordre de Charles VIII, 1495.

ce que l'on veut. Pour nous consoler, nous penserons que les plus grands philosophes ont cru qu'une formule religieuse étoit aussi favorable à la politique qu'à la morale. Cicéron remarque que la république romaine ne dut sa grandeur qu'à sa piété envers les dieux. Nos petites impiétés politiques auroient fait grand'pitié aux anciens. « Soit qu'on bâtisse une cité nouvelle, dit Platon, soit qu'on en rebâtisse une ancienne tombée en décadence, il ne faut point, si on a du bon sens, qu'en ce qui appartient aux dieux, aux temples, on fasse aucune innovation contraire à ce qui aura été réglé par l'oracle. »

Enfin, dans toute constitution nouvelle, il est bon, il est utile qu'on aperçoive les traces des anciennes mœurs. Pourquoi la république françoise n'a-t-elle pu vivre que quelques moments? C'est (indépendamment des autres causes qui l'ont fait périr) qu'elle avoit voulu séparer le présent du passé, bâtir un édifice sans base, déraciner notre religion, renouveler entièrement nos lois et changer jusqu'à notre langage. Ce monument flottant en l'air, qui n'avoit d'appui ni dans le ciel ni sur la terre, s'est évanoui au souffle de la première tempête.

Au contraire, dans le pays où il s'est opéré des changements durables, on voit toujours une partie des anciennes mœurs se mêler aux mœurs nouvelles, comme des fleuves qui viennent à se réunir, et qui s'agrandissent en confondant leurs eaux. Dans la république romaine, on conserva la plus grande partie des institutions monarchiques : « Le nom seul du roi fut changé, dit Cicéron, la chose resta[1]. »

Ce nom même de roi fut jugé si sacré, qu'on le garda parmi les choses saintes, en l'attribuant au chef des sacrifices : *rex sacrificulus* ou *rex sacrorum*. A Athènes, la dignité de roi des sacrifices étoit le partage du second archonte, ἄρχων βασιλεύς, et elle passoit pour une des premières de l'État. La constitution des Anglois porte de profondes marques de son origine gothique. « Le roi, dit Montesquieu, y conserve, avec une autorité limitée, toutes les apparences de la puissance absolue. » Dans certains cas, on le sert à genoux, on lui parle dans le langage le plus soumis et le plus respectueux ; en un mot, on lui parle comme à la loi, dont il est la principale source.

Il y a plus : presque toutes les coutumes normandes et les lois saxonnes subsistent encore en Angleterre, même celles qui paroissent aujourd'hui les plus éloignées de nos mœurs. Ainsi, dans quelques comtés, un mari peut exposer sa femme au marché public, ce qui remonte à l'ancien droit d'esclavage. Qui croiroit que dans un pays

---

1. *De Leg.*, III, 7.

si libre on retrouve tout ce qui rappelle les siècles que nous appelons de servitude, et contre lesquels nous avons tant déclamé? C'est que nos voisins ont été plus raisonnables que nous ; c'est que pour fonder quelque chose ils se sont servis de la base qu'ils ont trouvée ; c'est qu'ils ont le bon esprit de laisser les lois caduques mourir de *mort*, sans hâter leur destruction par une violence dangereuse. Quelques politiques pourront prendre tout cela pour de l'esclavage ; et c'est avec cette exagération qu'on passe des excès de la démagogie à la soumission la plus lâche sous un tyran : rien de bon sans la raison.

Enfin, ce Guillaume III, ce monarque qu'on n'appela au trône d'Angleterre que sous la condition d'accepter la constitution de 1688, fut aussi roi, lui et ses successeurs, de droit divin et par la grâce de Dieu : *It was observed that*, dit Smollet, *the king who was made by the people, had it in his power to rule without them ; to govern* jure divino, *though he was created* jure humano.

« On remarqua que le roi choisi par le peuple pouvoit, s'il le vouloit, gouverner sans le peuple et régner de *droit divin*, quoiqu'il eût été établi de *droit humain*. »

Les Anglois en sont-ils moins libres aujourd'hui? N'est-ce pas, au contraire, ce qui a affermi chez eux la liberté, en lui donnant un caractère sacré? Ainsi les mœurs de nos pères, conservées dans de vieilles formules, dans le souvenir de notre ancien droit politique, porteront quelque chose de religieux dans les institutions nouvelles. La monarchie françoise est un arbre antique dont il faut respecter le tronc, si nous voulons greffer sur ses branches de nouveaux fruits. Cet arbre de la patrie, qui nous a donné ses fruits pendant quatorze cents ans, peut encore en nourrir d'aussi beaux, quoique d'une autre espèce, si l'on sait bien profiter de sa sève. Fût-il d'ailleurs aussi desséché qu'il est vigoureux, à l'ombre de la religion, et *par la grâce de Dieu*, il auroit bientôt repris sa verdure : le bâton d'Aaron refleurit dans l'Arche.

Il est fâcheux qu'une révolution si longue et si terrible ne nous ait pas mieux instruits, que nous en soyons encore à ces éléments de la politique, à nous disputer sur des mots : ayons la chose, sans nous embarrasser comment nous l'avons ; ayons une liberté monarchique et sage : peu importe que nous la tenions des mains d'un chancelier en simarre, et qu'elle parle le langage gothique des Harlay et des L'Hospital, ou plutôt il importe beaucoup qu'elle soit fille de nos mœurs, et qu'à ses traits nous reconnoissions notre sang.

CHAPITRE XI.

PASSAGE D'UNE PROCLAMATION DU ROI.

Voici un autre grief : « Le roi a dit, dans une de ses proclamations, que tout le monde conserveroit ses places, et cependant quelques personnes les ont perdues. »

Le reproche est étrange! Le roi a-t-il pu prendre l'engagement de ne déplacer *absolument* qui que ce fût? Quoi! par le seul fait de la présence du roi, toutes les places de l'État seroient devenues *places à vie!* le moindre commis à la barrière se seroit trouvé dans le cas du chancelier! Le moyen alors de gouverner? Louis XVIII, comme Hugues Capet, auroit confirmé ou établi en arrivant le système des fiefs! il y auroit eu autant de petits et de grands souverains qu'il y a de grandes et de petites places en France! il ne restoit plus qu'à les rendre héréditaires. Le roi n'auroit pu renvoyer un juge prévaricateur, un receveur infidèle, un homme repoussé par l'opinion publique : il auroit fallu nommer dans tous ces cas un administrateur en attendant la démission ou la mort du titulaire.

Que veut donc dire cette phrase : « Tout le monde conservera ses places? » Elle veut dire, selon le sens commun, que tout homme contre lequel il n'y aura pas de raisons invincibles, soit du côté de la capacité, soit sous le rapport moral, restera dans le poste où le roi l'aura trouvé, ou bien qu'il sera appelé à d'autres fonctions ; elle veut dire qu'on ne sacrifiera pas un parti à un autre ; que le nom de royaliste et de républicain ne sera ni un droit d'admission ni une cause d'exclusion, et qu'enfin les seuls et véritables titres aux places seront la probité et l'intelligence. Dans ce cas le roi n'a-t-il pas suivi exactement ce qu'il avoit promis? Nous avons déjà fait remarquer que la presque totalité des emplois étoit entre les mains des personnes qui ont servi l'ordre de choses détruit par la restauration.

De la plainte générale passant à la plainte particulière, on cite les membres du sénat qui n'ont pas été admis dans la chambre des pairs. Il ne falloit pas toucher une pareille question, il ne falloit pas rappeler au public que tel homme qui a fait tomber la tête de Louis XVI reçoit une pension de 36,000 francs de la main de Louis XVIII. Loin de se plaindre il falloit se taire ; il falloit sentir que de pareils exemples produisent un tout autre effet que d'attirer l'intérêt sur ceux dont on se fait les défenseurs. Tant de malheureux proscrits pour la cause royale, tant d'honnêtes républicains qui n'ont par devers eux aucun crime pourroient tomber dans le découragement. Les uns sont réduits par leur loyauté à la plus profonde misère, les autres sont restés dans leur première indigence pour n'avoir pas voulu profiter de nos malheurs : ils se livreroient à des réflexions étranges à la vue de ces juges du roi qui possèdent des châteaux, des traitements, des cordons, des places même et des honneurs. N'insistons pas sur cette idée : nous trouverions peut-être que les honnêtes gens n'ont jamais été mis à une plus rude épreuve, et nous jetterions sur le bien et sur le mal, sur les bonnes et sur les mauvaises actions des doutes capables d'ébranler la vertu même.

Dans la vérité, on ne fait pas sérieusement aux ministres du roi le reproche que nous examinons; car on insinue qu'ils ont conservé dans la chambre des pairs certains membres du sénat que (selon les auteurs des pamphlets) on aurait dû renvoyer; d'où il résulte qu'on est conduit dans ces plaintes plus par un esprit de parti que par un sentiment de justice, et qu'on est bien moins fâché que tel homme soit exclu de la chambre des pairs que fâché que tel autre homme y soit admis.

CHAPITRE XII.

DES ALLIÉS ET DES ARMÉES FRANÇOISES.

A travers les déclamations on voit percer une inimitié secrète contre les puissances alliées qui nous ont aidés à rompre nos chaînes.

Si les alliés sont entrés en France, à qui la faute en est-elle? Est-ce au roi, ou à l'homme de l'île d'Elbe? Y sont-ils entrés pour Louis XVIII? Ils désiroient sans doute que les François, revenus de leurs erreurs, rappelassent leur souverain légitime; ils le désiroient comme le moyen le plus prompt et le plus sûr de faire cesser les maux de l'Europe; ils le désiroient pour la cause de la justice, de l'humanité et des rois; ils le désiroient encore à raison de l'amitié particulière qu'ils portoient à Louis XVIII, de l'estime qu'ils faisoient de ses vertus : mais ce vœu secret de leur cœur étoit à peine pour eux une foible espérance. Ayant, après tout, d'autres intérêts que les nôtres, ils se devoient à leurs peuples de préférence à nos malheurs; ils ne pouvoient songer à prolonger sans fin les calamités de la guerre; ils auroient, quoique à regret, traité avec Buonaparte s'il avoit voulu mettre la moindre justice dans ses prétentions. Combien de fois ne s'est-il pas vanté pendant le congrès de Châtillon d'avoir la paix dans sa poche? Une fois même on l'a crue signée; et en effet elle étoit près de l'être. Les Bourbons n'étoient pour rien dans ces mouvements, ou du moins ils n'y étoient que pour des vœux subordonnés aux chances de la guerre, aux événements et aux combinaisons politiques. Ils n'avoient ni soldats, ni argent, ni crédit. On n'avouoit pas même leur présence sur le continent; et à Paris c'étoit un problème de savoir si quelques-uns d'entre eux étoient ou n'étoient pas sortis d'Angleterre.

Les malheurs de la guerre ne peuvent donc être imputés à nos princes : la chose est si évidente qu'on n'a pas osé les leur reprocher. Très-certainement (et nous le sentons peut-être plus vivement qu'un autre) c'est une chose peu agréable pour un peuple de voir les étrangers dans le cœur de son pays; mais l'événement arrivé par la faute d'un homme qui lui-même étoit étranger à la France, pourroit-on ne pas reconnoître ce que la conduite des ennemis a eu de noble et de généreux? Ils ont donné à Paris un exemple unique dans l'histoire, et qui peut-être ne se renouvellera plus. Y avoit-il rien de plus insensé, de plus absurde, de plus déloyal, que cette dernière guerre déclarée par Buonaparte à Alexandre? Il sera éternellement beau, éternellement grand, d'être sorti des cendres de Moscou pour venir conserver les monuments de Paris. Et l'Autriche qui avoit tant fait de sacrifices, et la Prusse si cruellement ravagée, n'avoient-elles point de vengeances à exercer? Et pourtant les souverains alliés, admirant notre courage, oubliant leurs injures, poussant la délicatesse jusqu'à ne pas vouloir entrer dans le palais de nos rois, n'ont paru attentifs qu'à notre bonheur. Refuserions-nous à l'un des premiers hommes de ce siècle, à lord Wellington, les éloges moins dus encore à ses talents qu'à son caractère? Mais la part une fois faite, ces justes louanges une fois données à des monarques, à des hommes, à des peuples qui les méritent, nous rentrons dans tous nos droits. Ces louanges ne sont point prises sur celles qui appartiennent à nos armes. En quoi sommes-nous humiliés? On est venu à Paris? Eh bien! ne sommes-nous pas entrés dans presque toutes les capitales de l'Europe? Si on cessoit d'être juste envers notre gloire, ce seroit à nous de nous en souvenir. Les Romains disoient : *L'amour* de la patrie; nous, nous disons : *L'honneur* de la patrie. L'honneur est tout pour nous. Malheur à qui oseroit nous frapper dans cet honneur où un François place toute sa vie!

Mais, grâce à Dieu, personne ne nous dispute ce qui nous appartient légitimement. Qui donc méconnoît l'héroïsme de notre armée? Sont-ce ces émigrés qui ont été accusés chez l'étranger de s'enorgueillir des victoires même qui leur fermoient le chemin de leur patrie? Qui ne connoît l'admiration du roi et de nos princes pour nos soldats? L'armée françoise est tout l'honneur de la France : si ses succès n'avoient pas fait oublier nos crimes, dans quelle dégradation ne serions-nous pas tombés aujourd'hui! Elle nous déroboit au mépris des nations, en nous couvrant de ses lauriers; à chaque cri d'indignation échappé à l'Europe, elle répondoit par un cri de triomphe. Nos camps étoient un temple pour la gloire, un asile contre la persécution : là se réfugioient tous les François qui cherchoient à se soustraire aux violences des proconsuls. Nos soldats n'ont partagé aucune de nos fureurs. En Angleterre, le parlement vouloit sauver Charles Ier, et l'armée le fit mourir; en France, la Convention conduisit Louis XVI à l'échafaud, et l'armée ne prit aucune part à ce crime : elle l'auroit sans doute prévenu[1] si elle n'eût été alors occupée à repousser les ennemis. Lorsqu'on lui ordonna de ne faire aucun quartier aux Anglois et aux émigrés, elle refusa d'obéir. Persécutée comme le reste de la France par des ingrats qui lui devoient tout, elle étoit souvent sans solde, sans vivres et sans vêtements; elle se vit suivre par des commissaires qui traînoient avec eux des instruments de mort, comme si le boulet ennemi n'emportoit pas encore assez de nos intrépides soldats! On envoyoit nos généraux au supplice; on faisoit tomber la tête du père de Moreau, tandis que ce grand capitaine reculoit les frontières de la France. C'est Pichegru, ce sont d'autres chefs fameux, qui conçurent les premiers l'idée de rendre le bonheur à notre pays en rappelant notre roi. Honneur donc à cette armée si brave, si sensible, si touchée de la gloire, qui, toujours fidèle à ses drapeaux, oubliant les folies d'un barbare, retrouva assez de force, après la retraite de Moscou, pour gagner la bataille de Lutzen; qui, poussée et non accablée par le poids de l'Europe, se retira en rugissant dans le cœur de la France, défendit pied à pied le sol de la patrie, se préparoit encore à de nouveaux combats lorsque, placée entre un chef qui ne savoit pas mourir et un roi qui venoit de fermer ses blessures, elle s'élança toute sanglante dans les bras du fils de Henri IV!

Non, les événements glorieux ne sont ni oubliés ni défigurés, comme on voudroit le faire croire; on n'a point perdu, quoi qu'on en dise, la *partie d'honneur* : cette partie-là ne sera jamais perdue par les François. Eh! n'est-elle pas mille fois gagnée, puisqu'elle nous a valu notre roi, et qu'elle nous a fait sortir d'esclavage? C'est un si grand bien d'être délivré du despotisme, qu'on ne sauroit trop l'acheter.

---

1. Voyez le discours de M. de La Fayette dans l'ouvrage de M. Hue.

Si jamais, ce qu'à Dieu ne plaise, notre repos devoit être encore troublé, des François peuvent retrouver des victoires; mais où retrouve-t-on un peuple lorsqu'une longue servitude l'a flétri? Pour nous, nous le dirons avec franchise, nous aimerions mieux la France resserrée dans les murs de Bourges, mais libre sous un roi légitime, qu'étendue jusqu'à Moscou, mais esclave sous un usurpateur; du moins on ne nous verroit pas adorer les fureurs et bénir les mépris d'un indigne maître, baiser ses mains dégouttantes du sang de nos fils, offrir des sacrifices à sa statue, et porter son buste orné de pourpre sur la tribune aux harangues. Les Romains étoient un grand peuple quand ils ne passoient pas la frontière des Samnites : qu'étoient-ils lorsque gouvernés par Néron ils commandoient sur les rives du Rhin et de l'Euphrate?

CHAPITRE XIII.

DE LA CHARTE. QU'ELLE CONVIENT AUX DEUX OPINIONS QUI PARTAGENT LA FRANCE.

Ici finit ce que notre tâche avoit de pénible : nous n'avons plus de sujets douloureux à rappeler. Le principal écrivain que nous avons combattu a raison dans les dernières pages de son ouvrage; il nous dit « que la Charte offre assez de garanties pour nous sauver tous; qu'il faut nous créer une opinion publique, nous attacher à notre patrie. » Belles paroles auxquelles nous souscrivons de grand cœur. Et qui pourroit se plaindre de cette Charte? Elle réunit toutes les opinions, réalise toutes les espérances, satisfait tous les besoins. Examinons-en l'esprit : nous trouverons dans cet examen un nouveau sujet de reconnoissance pour le roi.

Les François, indépendamment des divisions politiques, naturelles et nécessaires à une monarchie, se partagent aujourd'hui en deux grandes classes : ceux qui ne sont pas obligés de travailler pour vivre, et ceux que la fortune met dans un état de dépendance : occupés de leur existence physique, les seconds n'ont besoin que de bonnes lois; mais les premiers, avec le besoin des bonnes lois, ont encore celui de la considération. Ce besoin est dans tous les cœurs; il n'y a point de puissance humaine qui parvînt aujourd'hui à le détruire ou qui le choquât impunément. C'est une conséquence nécessaire de l'égalité qui s'est établie dans l'éducation et dans les fortunes. Tout homme qui lit passe (et trop souvent pour son malheur) de l'empire des coutumes à l'empire de sa raison; mais enfin ce sentiment est noble en lui-même : le heurter seroit dangereux.

De plus, il faut se souvenir que depuis soixante ans les François se sont accoutumés à penser librement sur tous les sujets : depuis vingt ans, ils ont mis en pratique toutes les théories qu'ils s'étoient plu à former. Des essais sanglants sont venus les détromper; cependant les idées d'une indépendance légale et légitime ont survécu : elles existent partout, dans le soldat sous la tente, chez l'ouvrier dans sa boutique. Si vous voulez contrarier ces idées, les resserrer dans un cadre où elles ne peuvent plus entrer, elles feront explosion, et en éclatant causeront des bouleversements nouveaux. Il est donc nécessaire de chercher à les employer dans un ordre de choses où elles aient assez d'espace pour se placer et pour agir, et où cependant elles rencontrent une digue assez forte pour résister à leurs débordements.

C'est ce que le roi a merveilleusement senti, et c'est à quoi il a pourvu par la Charte : toutes les bases d'une liberté raisonnable y sont posées; et les principes républicains s'y trouvent si bien combinés, qu'ils y servent à la force et à la grandeur de la monarchie.

D'une autre part, vous ne pouvez pas arracher les souvenirs, ôter aux hommes les regrets de ce passé que l'on aime et que l'on admire d'autant plus qu'il est plus loin de nous. Si vous prétendez forcer les sentiments des vieux royalistes à se soumettre aux raisonnements du jour, vous produirez une autre espèce de réaction. Il faut donc trouver un mode de gouvernement où la politique de nos pères puisse conserver ce qu'elle a de vénérable, sans contrarier le mouvement des siècles. Eh bien, la Charte présente encore cette heureuse institution : là se trouvent consacrés tous les principes de la monarchie. Elle convient donc également, cette Charte, à tous les François : les partisans du gouvernement moderne parlent au nom des lumières qui leur semblent éclairer aujourd'hui l'esprit humain; les défenseurs des institutions antiques invoquent l'autorité de l'expérience : ceux-ci plaident la cause du passé, ceux-là l'intérêt de l'avenir. Les républicains disent : « Nous ne voulons pas retourner à la féodalité, aux superstitions du moyen âge. » Les royalistes s'écrient : « Nous ne voulons pas, de constitution en constitution, nous égarer dans de vains systèmes, abandonner ces idées morales et religieuses qui ont fait la gloire et le bonheur de nos aïeux. » Aucun de ces excès n'est à craindre dans l'espèce de monarchie rétablie par le roi : dans cette monarchie viennent se confondre les deux opinions; l'une ou l'autre comprimée produiroit de nouveaux désastres. Les idées nouvelles donneront aux anciennes cette dignité qui naît de la raison, et les idées anciennes prêteront aux nouvelles cette majesté qui vient du temps.

La Charte n'est donc point une plante exotique, un accident fortuit du moment ; c'est le résultat de nos mœurs présentes ; c'est un traité de paix signé entre les deux partis qui ont divisé les François : traité où chacun des deux abandonne quelque chose de ses prétentions pour concourir à la gloire de la patrie.

CHAPITRE XIV.

OBJECTIONS DES CONSTITUTIONNELS CONTRE LA CHARTE. DE L'INFLUENCE MINISTÉRIELLE ET DE L'OPPOSITION.

« Mais, disent les constitutionnels, la Charte est incomplète : il faudroit que la chambre des pairs fût héréditaire, que l'on pût entrer plus jeune à la chambre des députés, qu'il y eût un ministère et non pas des ministres [1], que les ministres fussent membres des deux chambres, que ces ministres fussent de bonne foi ; que l'opposition ne fût pas une opposition sans richesses, sans pouvoir, sans influence, sans moyen de contre-balancer l'influence ministérielle. Qu'est-ce qu'une ancienne et une nouvelle noblesse *conservée?* Qu'est-ce que des lettres d'anoblissement, lorsque par le fait il n'y a qu'une noblesse politique? »

Les François auront-ils toujours cette impatience déplorable qui ne leur permet de rien attendre de l'expérience et du temps? Quoi! depuis le printemps dernier il n'y a pas eu assez de miracles! Tout doit être aujourd'hui complet, parfait, achevé. La constitution angloise est le fruit de plusieurs siècles d'essais et de malheurs, et nous en voulons une sans défaut dans six mois! On ne se contente pas de toutes les garanties qu'offre la Charte, de ces grandes et premières bases de nos libertés ; il faut sur-le-champ arriver à la perfection : tout est perdu parce qu'on n'a pas tout. Au milieu d'un invasion, dans les dangers et dans les mouvements d'une restauration subite, on voudroit que le roi eût eu le temps de porter ses regards autour de lui, pour découvrir les éléments de ces choses que l'on réclame! Devoit-il tout précipiter? Ce qu'il a osé faire même n'est-il pas prodigieux?

---

1. J'ai proposé toutes ces améliorations à Gand, dans mon *Rapport sur l'état de la France* : on a fait droit depuis à ce que je demandois alors. On voit du moins ma fidélité à mes idées. Voyez ci-après le *Rapport au roi*.

Nous qui commençons ce gouvernement, ne nous manque-t-il rien pour le bien conduire? Ne vaut-il pas mieux qu'il se corrige progressivement avec nous que de devancer notre éducation et notre expérience? Un seul article de la Charte place notre constitution au-dessus de toutes celles qui ont été jusque ici le plus admirées : nous sommes le premier peuple du monde dont l'acte constitutionnel ait aboli le droit de confiscation ; par là est à jamais tarie une source effroyable de corruption, de délation, d'injustices, de crimes. Et voilà le seul jugement que le roi ait porté sur la révolution, la seule condamnation dont il l'ait frappée!

On parle des ministres : on se fait une idée ridicule et exagérée de leur influence. D'abord ils sont responsables [1] ; et c'est déjà une chose assez menaçante pour eux que ce glaive suspendu sur leur tête. Ensuite nous avons contre leur incapacité une garantie qui tient à la nature même de nos institutions. Nous sommes à peu près sûrs que les hommes les plus distingués par leurs talents seront appelés au timon de l'État; car un homme absolument nul ne peut occuper longtemps une première place sous un gouvernement représentatif. Attaqué par la voix publique et dans les deux chambres, il seroit bientôt obligé de descendre du poste où la seule faveur l'auroit fait monter. La nation est donc pour toujours à l'abri de ces ministres qui n'ont pour eux que l'intrigue, et dont l'impéritie a perdu plus d'États que les fautes mêmes des rois.

Soupçonner la bonne foi des ministres est absurde. Est-ce avec une nation aussi éclairée, aussi spirituelle, qu'on pourroit employer de petites ruses? Tous les yeux seroient à l'instant ouverts. Aujourd'hui il est dans l'intérêt du gouvernement de marcher à la tête des choses, et non d'être forcé de les suivre : il n'y a donc rien à craindre de ce côté.

Quant à l'opposition, nous convenons qu'elle ne peut jamais être en France de la même nature qu'en Angleterre. Parmi nous, les fortunes ne sont pas assez grandes, le patronage des familles n'est pas assez étendu pour que l'opposition trouve en elle-même de quoi résister à l'influence ministérielle. Mais si elle n'a pas cette force d'intérêts que lui donnent ses richesses chez nos voisins, elle exerce en revanche une force d'opinion bien plus vive. Qu'un homme de talent et de probité se trouve, non par contradiction, mais par conviction, opposé aux ministres, il obtiendra dans les deux chambres et dans la France entière une prépondérance que tout le poids de la couronne pourroit

---

[1]. Je conviens qu'ils ne le sont pas assez : il faut absolument une loi.

seul balancer. Un discours éloquent et juste remuera bien autrement notre chambre des députés qu'un discours semblable prononcé dans la chambre des communes en Angleterre. Sous ce rapport, notre nation est si sensible qu'il est à craindre qu'elle ne soit, comme Athènes, trop soumise aux inspirations de ses orateurs.

Les mystères de l'opinion et du caractère des peuples échappent à toutes les théories et ne peuvent être soumis à aucun calcul. Observez ce qui se passe aujourd'hui dans la chambre des députés : elle est laissée entièrement à elle-même ; l'influence que les ministres y exercent se réduit à quelques politesses qui ne changent pas le sort d'un seul député. Eh bien, qu'arrive-t-il? La majorité suit tranquillement sa conscience, louant, blâmant ce qu'elle trouve de bon ou de mauvais. Une chose se fait particulièrement remarquer : toutes les fois qu'il s'est agi d'affaires d'argent, les chambres n'ont pas hésité ; le noble désintéressement de la nation s'est montré dans toute sa franchise : ainsi la liste civile, les dettes du roi, n'ont pas rencontré d'opposition. On auroit pu croire que la loi sur les émigrés alloit échauffer les partis : au grand étonnement de tous, la chambre a été plus favorable que la loi. Les François se croient déshonorés quand on les force à s'occuper de leurs intérêts. Admirable générosité qui tient au génie d'une nation particulièrement monarchique et guerrière! Admirable nation, si facile à conduire au bien! Oh! que ceux qui l'ont égarée ont été coupables!

Mais a-t-on traité d'autres sujets, les chambres se sont divisées selon les principes et les idées de chacun : l'opposition ne s'est plus formée de tels et tels individus ; elle a grossi, diminué, grossi encore, sans égard à aucun parti : on auroit cru qu'il n'y avoit pas de ministres, tant on avoit oublié que c'étoient eux qui avoient proposé la loi, pour ne s'occuper que de la loi même. Nous ne connoissons rien de plus propre à honorer le caractère national que la conduite actuelle de nos deux chambres ; on voit qu'elles ne cherchent que le bien de l'État : généreuses sur tout ce qui touche à l'honneur, attentives à nos droits politiques, elles ont voté l'argent sans opposition et défendu la liberté de la presse avec chaleur. C'est qu'en effet cette dernière question pouvoit diviser et embarrasser les meilleurs esprits. Quand on voit d'un côté Genève mettre des entraves à la liberté de la presse, et de l'autre une partie de l'Allemagne et la Belgique proclamer cette liberté, on peut croire qu'il n'étoit pas si aisé de décider péremptoirement.

Nous avons montré par les faits mêmes combien il est difficile, chez une nation brillante et animée, de maîtriser les esprits. Les François ont toujours été libres au pied du trône : nous avions placé dans nos opinions l'indépendance que d'autres peuples ont mise dans leurs lois. Cette habitude de liberté dans la pensée fait que nous nous soumettons rarement sans condition aux idées d'autrui : le député qui auroit le plus promis à un ministre de voter dans le sens de ce ministre, au moment de la délibération pourroit bien lui échapper. Avec le caractère françois, l'opposition est plus à craindre que l'influence ministérielle.

CHAPITRE XV.

SUITE DES OBJECTIONS DES CONSTITUTIONNELS.
ORDRE DE LA NOBLESSE.

« Qu'est-ce, dit-on, qu'une noblesse qui n'est pas celle de la chambre des pairs? Qu'est-ce que des anoblissements, etc. »

Ceci tient à la racine des choses : il faut s'expliquer.

Montesquieu a donné l'honneur pour âme à la monarchie, et la vertu pour principe à la république. L'honneur, selon lui, réside surtout dans le corps de la noblesse, partie intégrante et nécessaire de toute monarchie qui n'est pas le despotisme.

Mais dans une monarchie mixte, les corps constitués tenant à la partie républicaine du gouvernement, l'un (la chambre des pairs) à l'aristocratie, l'autre (la chambre des députés) à la démocratie, il s'ensuit que les deux corps ont pour base, pour esprit et pour but, la vertu, c'est-à-dire la liberté, sans laquelle il n'y a point de vertu politique.

Où donc résidera essentiellement le principe de la monarchie? Dans la couronne? Sans doute. Mais la couronne ne peut seule le défendre : elle seroit bientôt envahie par le principe républicain, et la constitution seroit détruite. Ainsi il faut en dehors de cette constitution un corps de noblesse qui soit comme la sauvegarde de la couronne et l'auxiliaire du principe monarchique.

Maintenant observons que la noblesse n'est pas composée d'un seul et unique principe : elle en renferme évidemment deux, l'honneur et la vertu, ou la liberté. Quand elle agit en corps et par rapport à la monarchie en général, elle est conduite par l'honneur, elle est monarchique : quand elle agit pour elle-même, et d'après la nature de sa propre constitution, elle est mue par la liberté; elle est républicaine, aristocratique.

D'après ces vérités incontestables, voyons ce qui arrivoit à la noblesse dans l'ancienne monarchie et de quelle manière elle se combinoit avec le corps politique.

La noblesse, sous la première et la seconde race de nos rois, se présentoit tout entière aux assemblées de la nation ; alors les gentilshommes jouissoient *en corps,* et dans leur intégrité, de tous leurs droits ; droits qui tenoient au principe de la liberté par leur principe aristocratique, et au principe de l'honneur par leur côté monarchique.

Sous la troisième race, quand les états généraux succédèrent aux assemblées de mars et de mai, la noblesse se contenta d'envoyer des députés à ces états : alors elle ne jouit plus *en corps* de la plénitude de ses droits. La moitié de ces droits, ceux qui tenoient au principe de liberté, les droits républicains ou aristocratiques, furent transmis par elle à ses représentants, tandis qu'elle continuoit de garder *en corps* ses droits monarchiques, c'est-à-dire ceux qui découloient du principe d'honneur. Cela duroit jusqu'à la fin des états généraux, où, la mission des représentants de la noblesse venant à finir, cette noblesse réunissoit de nouveau ses deux principes et les droits dérivés de ces deux sources.

Eh bien, la seule chose qui, sous le rapport de la noblesse, distingue aujourd'hui notre dernière constitution, c'est que ce qui n'arrivoit que par intervalles sous la vieille monarchie est devenu permanent dans la nouvelle.

La noblesse, représentée dans la chambre des pairs, a transmis pour toujours à cette chambre son principe de liberté, ses droits républicains et aristocratiques, tandis qu'elle reste au dehors conservatrice du principe d'honneur, fondement réel de la monarchie.

On voit par là que cette noblesse n'est point du tout incompatible avec nos nouvelles institutions ; qu'elle n'est point en contradiction avec la nature du gouvernement ; que ce gouvernement n'a pu ni dû la détruire ; qu'il a seulement divisé les éléments qui la composoient, séparé son double principe, et que la noblesse subsiste à la fois dans la chambre des pairs comme pouvoir aristocratique, et hors de la chambre des pairs comme force monarchique.

Elle n'exerce plus ses droits politiques, parce qu'elle en a remis l'usage à la chambre des pairs, qui la représente sous les rapports républicains ; mais elle exerce tous ses droits d'honneur ; elle appuie de cette force, si grande en France, l'autorité monarchique, qui pourroit être envahie sans ce rempart.

Telle est l'action de ce corps qui vous paroît inutile, et qui n'est autre, par le fond, que celui de la chambre des pairs. Il n'y a point deux noblesses dans l'État : il n'y en a qu'une, qui se divise en deux branches, et chacune de ces branches a des fonctions distinctes et séparées.

Loin donc de nuire à l'État, cette noblesse, toute d'honneur, réduite à son principe le plus pur, est un contre-poids placé hors du centre du mouvement pour régulariser ce mouvement et maintenir l'équilibre de l'État. C'est ensuite un refuge pour tous les souvenirs, pour toutes les idées qui, ne trouvant pas leur place dans les nouvelles institutions, ne manqueroient pas de les troubler. Les gentilshommes, en maintenant le principe même de la monarchie, seront encore les conservateurs des traditions de l'honneur, les témoins de l'histoire, les hérauts d'armes des temps passés, les gardiens des vieilles chartes et les monuments de la chevalerie. Considérés seulement comme propriétaires, ces hommes, distingués par leur éducation, deviendront, comme nous le dirons bientôt, une excellente pépinière d'officiers, d'orateurs, et d'hommes d'État.

Tout ceci n'est point une théorie plus ou moins ingénieuse, imaginée pour expliquer une constitution qui n'a point eu d'exemple chez les autres peuples. Il a y aussi en Angleterre une ancienne noblesse, plus fière de descendre des Bretons, des Saxons, des Danois, des Normands, des Aquitains, que d'occuper un siége dans la chambre des pairs. Cette noblesse étoit autrefois si hautaine, que nul ne pouvoit s'asseoir à la table d'un baron s'il n'étoit chevalier. Aujourd'hui elle est aussi entêtée de son blason, de ses quartiers, que les patriciens, à Rome, étoient orgueilleux de leur naissance et de leur droit d'images, *jus imaginum*. Le fief appartient entièrement à l'aîné, selon la coutume de Normandie. Il y a des hérauts d'armes et des rois d'armes qui tiennent registre de tous les nobles des provinces[1]. Cette noblesse détruit-elle la noblesse politique fondée dans cette même chambre des pairs? Non; mais elle sert à augmenter le poids et la dignité de la couronne. A Athènes même, ne considéroit-on pas ces familles de nobles qui remontoient au temps des rois?

Une fois prouvé qu'un corps de noblesse intermédiaire peut et doit exister dans une monarchie mixte, qu'il n'y dérange aucun des ressorts politiques, on n'a pas besoin de défendre les anoblissements. Le roi d'Angleterre fait aussi des chevaliers et des baronets. Il y a une autre sorte d'anoblissement qui s'acquiert par la profession des arts libéraux, ou en vivant d'un revenu libre; dans ce cas, l'anobli reçoit les armoiries qu'il choisit des mains du héraut d'armes. Ces récompenses du souverain ne détruisent point l'égalité devant la loi; et sont un moyen d'encourager le mérite et la vertu.

---

1. SMITH, *De Reg. Angl.*; LA ROQUE, *Traité de la Noblesse.*

CHAPITRE XVI.

OBJECTIONS DES ROYALISTES CONTRE LA CHARTE.

Les royalistes disent : « C'est en invoquant les progrès des lumières avec les mots de liberté et d'égalité que l'on a précipité la France dans tous les malheurs ; le nom même de constitution est odieux et presque ridicule. On ne transporte point ainsi chez un peuple le gouvernement d'un autre peuple : les gouvernements naissent des mœurs, et sont fils du temps; restons François, et ne soyons pas Anglois; ce qui est bon pour eux est mauvais pour nous. Nous sommes trop légers pour nous occuper sérieusement des soins publics, trop faciles à nous enflammer, trop enclins aux discours inutiles, trop peu épris du bien général, pour avoir des assemblées délibérantes. Nous aurons toujours de l'honneur, fondement de notre monarchie, mais nous n'aurons point cet esprit public qui tient à un autre principe de gouvernement. Notre position continentale même ne nous permet pas de pareilles formes politiques. Tandis que dans les deux chambres nous délibérerons sur la levée d'une armée, les ennemis arriveront à Paris. Si le roi, au contraire, dispose à son gré des soldats, il détruira quand il voudra notre prétendue constitution. »

On voit que des deux côtés nous ne dissimulons point les objections, et que nous les présentons dans toute leur force.

Nous avouerons d'abord que l'on a si étrangement abusé de ces mots, *progrès des lumières, constitution, liberté, égalité,* qu'il faut du courage aujourd'hui pour s'en servir dans un sens raisonnable. Les plus énormes crimes ont été commis, les doctrines les plus funestes se sont répandues au nom des lumières. Le ridicule et l'horreur sont venus s'attacher à ces phrases philosophiques, prodiguées sans mesure par des libellistes et des assassins. On a égorgé les blancs pour prouver la nécessité d'affranchir les noirs : la raison a servi à détrôner Dieu, et le perfectionnement de l'espèce humaine nous a fait descendre au-dessous de la brute.

Mais, d'un autre côté, n'avons-nous pas reçu une autre leçon? Pour nous sauver des systèmes d'une philosophie mal entendue, nous nous sommes précipités dans les idées opposées. Qu'en est-il advenu? Qui voudroit, qui oseroit aujourd'hui vanter le pouvoir arbitraire? Les excès d'un peuple soulevé au nom de la liberté sont épouvantables, mais ils durent peu, et il en reste quelque chose d'énergique et de généreux. Que reste-t-il des fureurs de la tyrannie, de cet ordre dans le mal, de cette sécurité dans la honte, de cet air de contentement dans la douleur et de prospérité dans la misère? La double leçon de l'anarchie et du despotisme nous enseigne donc que c'est dans un sage milieu que nous devons chercher la gloire et le bonheur de la France. Prenons-y garde, d'ailleurs : si, exaspérés par le souvenir de nos maux, nous les attribuons tous aux lumières, on nous dira que la dévastation du Nouveau Monde, les massacres de l'Irlande et ceux de la Saint-Barthélemy ont été causés par la religion ; que si Louis XVI a été traîné à l'échafaud par des philosophes, Charles 1er y a été conduit par des fanatiques. Cette manière de raisonner de part et d'autre ne vaut donc rien : ce qui est bon reste bon, indépendamment du mauvais usage que les hommes en ont pu faire.

Cette difficulté sur les mots une fois écartée, venons au fond des objections.

On dit : « Les gouvernements sont fils des mœurs et du temps. Restons François ; ne transportons point chez nous les institutions d'un autre peuple, bonnes pour eux, mauvaises pour nous.»

Il y a ici une grande erreur. Il ne faut pas s'imaginer du tout que la forme actuelle de notre gouvernement soit une chose absolument nouvelle pour nous ; que de plus elle ait été inventée par les Anglois, et qu'avant eux personne n'avoit songé qu'il pût exister un gouvernement participant des trois pouvoirs, monarchique, aristocratique et démocratique.

D'abord, tous les anciens ont pensé que le meilleur gouvernement possible seroit celui qui réuniroit ces trois pouvoirs. C'étoit l'opinion de Pythagore et d'Aristote. « Je conclus avec Platon, dit Cicéron, que la meilleure forme de gouvernement est celle qui offre l'heureux mélange de la royauté, de l'aristocratie et de la démocratie [1]. » C'étoit ce qu'avoit fait Lycurgue [2] à Sparte. Écoutons Polybe : « Le plus parfait de tous les gouvernements ne seroit-il pas celui dont les pouvoirs se serviroient de contre-poids, où l'autorité du peuple réprimeroit la trop grande puissance des rois, et où un sénat choisi mettroit un frein à la licence du peuple [3] ? »

Tacite partageoit cette opinion : il pensoit, à la vérité, qu'un tel gouvernement étoit si parfait, qu'il ne pouvoit exister chez les hommes [4]. Mais nous avons fait remarquer ailleurs qu'il avoit été réservé au christianisme de réaliser ce beau songe des plus grands génies de l'antiquité [5]. En effet, le gouvernement représentatif est né des institutions chrétiennes.

1. *Fragm. Republ.*, lib. II.   2. Archytas, *in Stob.*
3. Polyb., *Excerpt.*, lib. VI, cap. VIII et IX.
4. Tac., *Ann.*, IV, 33.   5. *Génie du Christianisme.*

Des autorités imposantes ne prouveroient pas que des peuples doivent renverser leur gouvernement, lorsqu'il est établi, pour en prendre un plus parfait; mais quand ces peuples ont changé de constitution au milieu d'une révolution violente, si la nouvelle constitution se trouve être dans les formes regardées comme les plus belles, par un Lycurgue, un Aristote, un Platon, un Polybe, un Tacite, cela doit donner de la confiance : on peut croire qu'on ne s'est pas tout à fait trompé.

Montesquieu, après avoir fait un éloge pompeux du gouvernement anglois, prétend qu'on en découvre l'origine chez les Germains peints par Tacite [1], et que ce beau système a été trouvé dans les bois.

S'il en est ainsi, en l'adoptant aujourd'hui, nous ne ferions nous-mêmes, comme les Anglois, que reprendre le gouvernement de nos pères; mais soit qu'il vienne des Francs, nos aïeux, soit qu'il ait été produit par la religion chrétienne, soit qu'il découle de ces deux sources, il est certain qu'il est conforme à nos mœurs actuelles, qu'il ne les contrarie point, et qu'il n'est point parmi nous une production étrangère.

Dans le moyen âge, toute l'Europe, excepté peut-être l'Italie et une partie de l'Allemagne, eut à peu près la même constitution : les cortès en Espagne, les états généraux en France, les parlements en Angleterre, étoient fondés sur le système représentatif. L'Europe, marchant d'un pas égal vers la civilisation, seroit arrivée pour tous les peuples à un résultat semblable, si des causes locales et des événements particuliers n'avoient dérangé l'uniformité du mouvement.

La France eut à repousser des invasions; sa noblesse périt presque tout entière aux champs de Crécy, de Poitiers et d'Azincourt. Des armées régulières, établies de bonne heure par nos rois, achevèrent de rendre les gentilshommes inutiles, sinon comme chefs, du moins comme soldats. Les fiefs, par suite du renversement des fortunes, commencèrent à tomber dans les mains des roturiers. La partie aristocratique de la constitution perdant ses forces, la partie monarchique accrut les siennes. Les communes, vexées par les bizarreries de la féodalité, cherchèrent à se mettre à l'abri sous l'autorité royale. L'invariable succession de nos monarques affermissoit chaque jour les racines du trône. Une fois l'équilibre rompu, le gouvernement représentatif cessa de suivre sa direction naturelle. Au lieu de se fixer et de se régulariser, comme en Angleterre, il se désunit, et laissa prédominer la couronne. Les états généraux, rarement convoqués, et tou-

---

1. *Esprit des Lois*, liv. ix, chap. vi.

jours dans des moments de troubles, voulurent profiter de ces moments pour ressaisir leurs droits, et commencèrent à ne paroître plus que des corps turbulents et dangereux : sachant qu'ils seroient bientôt dissous, ils se hâtoient de tout envahir, dans l'espoir de conserver quelque chose. Cette conduite acheva de les discréditer. S'ils avoient été appelés à des époques fixes, ils n'auroient pas montré cette jalousie ; et, au lieu de ne songer qu'à eux-mêmes, ils se seroient occupés de l'État. Tout se resserra donc autour d'un trône éclatant qu'occupoient tour à tour les meilleurs et les plus grands princes, tandis qu'une autre partie du pouvoir des états généraux tomboit entre les mains du parlement de Paris.

Ce corps puissant s'étoit élevé lentement et en silence : d'abord ambulant, ensuite sédentaire à Paris, il avoit acquis, par son intégrité et ses lumières, une considération méritée. Dès son origine il avoit sapé les fondements de la féodalité et circonscrit les juridictions seigneuriales. La cour des pairs, laïques et ecclésiastiques, qui formoit la haute cour ou le grand conseil du roi, se réunissoit au parlement dans les causes importantes, avec les princes du sang, et quelquefois avec le roi même. Cette réunion donna au parlement quelque chose de la composition des états généraux. Ceux-ci n'étant convoqués que de loin à loin, le peuple s'habitua à regarder le parlement comme le corps qui les remplaçoit dans l'intervalle des sessions. Le droit de remontrance fit entrer dans ce corps une partie du droit public relatif à la levée des impôts. Ainsi croissant en renommée par la vertu, la science et la gravité de ses magistrats, par la sagacité de ses décisions, le parlement se trouva peu à peu investi d'une puissance politique d'autant plus respectable, qu'elle étoit jointe à la puissance judiciaire. A l'époque des troubles de la Ligue, placé à la tête d'une faction, il exerça presque toutes les fonctions des états généraux, et décida des droits de Henri IV à la couronne. Les états généraux convoqués sous Louis XIII n'ayant rien produit, et Richelieu ayant achevé la ruine du pouvoir aristocratique, le parlement resta seul chargé de défendre le peuple contre la couronne, et une véritable révolution fut accomplie dans l'État. On a pu reprocher aux parlements quelques erreurs ; mais ces erreurs ne peuvent balancer les services qu'ils ont rendus à la France : ils l'ont éclairée dans les temps de ténèbres, défendue contre la barbarie féodale, et, après l'érection de la monarchie absolue sous Louis XIV, ils ont été, de fait, les seuls représentants, et souvent les représentants courageux de nos libertés.

L'Angleterre, partie du même but, arriva à un autre terme. Ses guerres d'Écosse n'étoient rien pour elle et ne menaçoient point son existence; ses guerres de France, soutenues par des François, furent heureuses. Rassurée contre les dangers du dehors, elle put s'occuper au dedans de son administration politique. Les querelles de ses rois affoiblirent la puissance monarchique et fortifièrent la partie aristocratique du gouvernement. La noblesse demeura longtemps souveraine : ce ne fut que sous le règne de Henri VII que les comtés, jusque alors héréditaires, se changèrent en titre de dignité. L'autorité militaire des gentilshommes ne diminua presque point, parce qu'on ne fut point obligé d'avoir de bonne heure, comme en France, des trouples disciplinées. Le génie d'Alfred, perpétué dans l'institution des jurés, avoit fait entrer par l'ordre judiciaire les idées démocratiques dans le principe de l'État. Le gouvernement féodal, inconnu des Saxons, introduit en Angleterre par la conquête des Normands, n'y jeta jamais de profondes racines. Plus tard, Édouard III renonça à la langue françoise, ordonna que les actes publics fussent écrits en anglois, et fit revivre ainsi une partie de l'ancien esprit des Germains.

Le parlement (autrement les états généraux) conserva pour toutes ces causes son autorité primitive : souvent assemblé, bientôt il ne fut plus possible au monarque de marcher sans lui. L'orgueil des grands barons anglois fit que le conseil du roi, ou la chambre des pairs, des barons, des lords (ce qui est la même chose sous différents noms), ne se mêla point aux chevaliers ou simples gentilshommes dans les assemblées de la nation. Les communes, appelées par Leicester, sous Henri VIII, à ces assemblées, se réunirent aux chevaliers, après en avoir été séparées quelque temps. Ainsi se formèrent dans le parlement d'Angleterre deux chambres distinctes, tandis qu'en France l'égalité des gentilshommes, pauvres ou riches, ne permit point à la noblesse de se diviser en deux corps, et nos états généraux, délibérant en commun bien qu'ils votassent par ordre, se trouvèrent avoir manqué l'établissement de la balance de leurs pouvoirs.

Enfin la révolution religieuse produite par la violence de Henri VIII diminua l'influence de l'ordre du clergé dans la chambre des lords. Le pouvoir aristocratique, affoibli à son tour par cet événement, vit par ce même événement s'augmenter le pouvoir démocratique dans la chambre des communes. A peu près égales en force, les trois puissances de la monarchie primitive s'attaquèrent, et en vinrent à une lutte sanglante, sous les règnes malheureux des Stuarts : aucune des trois n'étant parvenue à opprimer les deux autres, la constitution des Anglois sortit de ce terrible et dernier combat.

Ainsi, nous avons eu autrefois le même gouvernement que l'Angleterre; et nous conservons en nous, comme elle les avoit en elle-même, tous les principes de son gouvernement actuel. Voltaire observe très-bien quelque part que le parlement d'Angleterre n'est autre chose qu'une imitation perfectionnée de nos états généraux ; et d'Aguesseau dit, avec autant de fondement, que l'on retrouve toutes nos lois dans les vieilles lois de la Grande-Bretagne.

Dans des questions de cette importance et de cette nature, il faut marcher le flambleau de l'histoire à la main : c'est le moyen de se guérir de beaucoup de préventions et de préjugés. Il n'est donc pas question dans tout ceci de se faire Anglois ; l'Europe, qui penche avec nous vers un système de monarchie modérée, ne se fera pas angloise : ce que l'on a, ce que l'on va avoir est le résultat naturel des anciennes monarchies. L'Angleterre a devancé la marche générale d'un peu plus d'un siècle, voilà tout.

CHAPITRE XVII.

SUITE DES OBJECTIONS.
QUE NOUS AVONS ESSAYÉ INUTILEMENT DE DIVERSES CONSTITUTIONS. QUE NOUS NE SOMMES PAS FAITS POUR DES ASSEMBLÉES DÉLIBÉRANTES.

On se récrie avec une sorte de justice sur la multitude de nos constitutions ; mais est-ce une raison pour ne pas en trouver une qui nous convienne ? Combien de fois les Anglois en changèrent-ils avant d'arriver à celle qu'ils ont aujourd'hui ? Le rump, le conseil des officiers de Cromwell, les différentes sectes religieuses, enfantoient chaque jour des institutions politiques, que l'on se hâtoit de proclamer comme des chefs-d'œuvre : cela a-t-il rendu ridicule leur dernière constitution et nui à son excellence et à son autorité ?

Nous ne sommes pas faits, ajoute-t-on, pour des assemblées délibérantes. Mais n'en avons-nous jamais eu, de ces assemblées ? Autre erreur historique, plus frappante encore que la première. Nos pères étoient-ils moins ardents que nous ? Ces Francs, qu'Anne Comnène vit passer à Constantinople, qui étoient si impétueux, si vaillants, qui ne pouvoient consentir à se tenir découverts devant Alexis ; ces Francs irascibles, impatients, volontaires, n'avoient-ils pas des conseils de baronnie, des assemblées de province, des états-généraux de la langue d'oil et de la langue d'oc ? Lorsque, sous Philippe de Valois, s'éleva la querelle entre les juridictions seigneuriales et ecclésiastiques, vit-on jamais rien de plus grave que ce qui se passa alors ? C'étoient pourtant les deux premiers ordres de la monarchie qui, dans toute leur puissance, luttoient pour leurs priviléges. La cause fut plaidée devant Philippe : Pierre de Cugnières, chevalier, personnage vénérable, tenant à la fois à la robe et à l'épée, pour mieux convenir aux deux hautes parties contendantes, portoit la parole en qualité d'avocat général et de conseiller du roi. Cette première réclamation du droit civil contre le droit canonique produisit dans la suite l'*appel comme d'abus*, sauvegarde de la justice : dans le temps des bonnes mœurs, tout fait naître les bonnes lois. On admira dans cette grande affaire la piété et la justice du roi, la respectueuse hardiesse de l'orateur de la partie civile et la dignité du clergé. Ce fut un beau spectacle que celui de ces prélats et de ces chevaliers jurant sur leurs croix et sur leurs épées de s'en rapporter à l'intégrité du roi, plaidant la cause de la religion et de la noblesse devant un monarque fils aîné de l'Église et le premier comme le plus ancien gentilhomme de son royaume.

Quatre ou cinq siècles plus haut, nous trouvons ces mêmes François délibérant aux assemblées de Mars et de Mai ; et, pour que nous n'en puissions douter, le temps nous a transmis leurs décisions dans le recueil des Capitulaires. Plus haut encore, nous les verrons fixant par les lois gombette, allemande, ripuaire et salique, le tarif des blessures. Leur terrible justice consistoit alors à imposer leur épée : ils parloient éloquemment sur ce droit public de leur façon. Ils discutoient sur la longueur, la largeur et la profondeur de la plaie : s'ils avoient fait tomber une partie du crâne d'un homme, ils consentoient à payer quelques sous d'or ; plus si cet homme étoit Franc, moins s'il étoit Romain ou Gaulois. Mais il falloit que l'os abattu en valût la peine, et que lancé à travers un espace de douze pas, il fît résonner un bouclier. Enfin, dans les forêts de la Germanie, nous apercevons nos pères délibérant autour d'une épée nue, plantée au milieu du Mallus, ou décidant de la paix ou de la guerre, la coupe à la main : « alors que le cœur, dit Tacite, ne peut feindre, et qu'il est disposé aux entreprises généreuses ».

Pourquoi donc le peuple, qui a toujours parlé et délibéré en public dans les temps de sa barbarie, comme à l'époque de sa civilisation, qui a produit des ministres et des magistrats comme Suger, Nogaret, Pierre de Cugnières, Sully, L'Hospital, de Thou, Mathieu Molé, Lamoignon, d'Aguesseau ; des publicistes comme Bodin et Montesquieu ; des orateurs comme Massillon et Bossuet, n'entendroit-il rien aux lois et à l'éloquence ? Enfin, n'avons-nous pas déjà vingt-cinq années d'expérience ? Et n'est-ce rien, pour un peuple comme celui-ci, qu'un quart de siècle ? Quelques-uns de nos ministres actuels ont paru à la tribune avec éclat, et connoissent tous les fils qui font mouvoir le corps politique. Nos erreurs passées nous serviront de leçons ; nous en avons déjà la preuve dans la modération et le bon esprit des deux chambres.

CHAPITRE XVIII.

SUITE DES OBJECTIONS. NOTRE POSITION CONTINENTALE.

« Notre position continentale nous oblige à avoir une nombreuse armée : si cette armée dépend des chambres, nous serons envahis avant que les chambres aient délibéré ; si la couronne dispose des soldats, la couronne peut opprimer les deux chambres. »

Cette objection, la plus spécieuse de toutes, se résout comme celle de l'opposition, par la puissance de l'opinion. Croit-on de bonne foi que si l'ennemi étoit sur la frontière, les chambres pussent refuser une armée au roi ; que des propriétaires voulussent se laisser envahir ? Loin de se rendre populaires par ce refus, elles soulèveroient contre elles la nation. Chez un peuple si sensible à l'honneur, si épris de la gloire des armes, la foule passeroit à l'instant dans le parti de la couronne, et la constitution seroit anéantie. D'ailleurs une invasion est-elle si subite, si imprévue, que l'on n'en ait pas reçu des avis longtemps d'avance ? Est-ce avec une poignée de soldats qu'une nation voisine entreroit en France ? N'auroit-elle pas été obligée de rassembler des troupes, de les faire marcher ; n'aurions-nous rien su de ses mouvements et de ses préparatifs ?

Toutefois, comme il ne s'agit point d'imiter les Anglois, de se laisser dominer par des systèmes, d'adopter entièrement une constitution, sans égard aux habitudes, aux mœurs, à la position d'un peuple, comme si le même vêtement convenoit à tous les hommes, il est évident qu'il faut laisser au pouvoir exécutif en France une bien plus grande force qu'en Angleterre. Le roi doit être plus libre dans ses mouvements, parce que la France est plus grande, plus exposée aux combinaisons de la politique extérieure. L'Angleterre n'a rien à craindre pour son existence d'un ennemi étranger ; mais en France, il peut survenir une guerre qui mette l'État en péril. Beaucoup d'intérêts que l'on soumet à la discussion publique chez nos voisins demandent parmi nous du secret, et ne pourroient être débattus sans danger dans nos deux chambres. En France, il est essentiel de regarder toujours à deux choses : au gouvernement du dedans et aux affaires du dehors. Tandis qu'on se livreroit à des abstractions poliiques, et qu'on auroit l'œil fixé sur les astres, on pourroit tomber dans un abîme. Pour prévenir ce malheur, il faut que le trône, placé comme un bouclier devant nous, nous garantisse de tous les coups qu'on voudroit nous porter : il faut qu'il soit en avant-garde de la nation ; qu'environné d'éclat et de dignité ; il en impose par sa puissance et par sa splendeur. L'autorité du roi doit être dégagée de beaucoup d'entraves pour agir avec vigueur et rapidité ; elle doit avoir, dans certains cas, quelque chose de la dictature à Rome ; et c'est surtout dans ce moment que nous devons tendre à augmenter le pouvoir monarchique, à l'investir de toute la force nécessaire au salut de l'État. Notre monarchie, toute libre au dedans, doit rester toute militaire au dehors. En Angleterre, l'armée est presque une affaire de luxe ; en France, c'est une chose de première nécessité. C'est par cette raison que le militaire et la noblesse auront toujours dans notre France une tout autre considération que celle dont ils jouissent en Angleterre. Chez nos voisins, un riche brasseur de bière, un manufacturier opulent, peuvent paroître à la patrie aussi dignes des places et des honneurs qu'un capitaine, parce qu'en effet ils sont autant, et plus que lui, nécessaires à la prospérité commune ; mais en France le soldat qui nous met à l'abri de la conquête, qui nous garantit du joug étranger, est un homme qui non-seulement exerce la profession la plus noble, mais qui suit encore la carrière la plus utile à l'État. De là doivent naître des différences essentielles dans l'opinion des deux pays, et conséquemment des différences considérables dans les institutions politiques. L'air bourgeois ne convient point à notre liberté ; et les François ne la suivront qu'autant qu'elle saura cacher son bonnet sous un casque.

Mais ceci nous ramène à la seconde partie de l'objection. Si vous donnez, dit-on, au roi une pareille force, il détruira la liberté et opprimera les deux chambres.

Ce seroit sans doute un grand malheur si notre nouveau gouvernement plaçoit continuellement la France entre la servitude et la conquête, mais il n'en est pas ainsi. Le roi peut être absolu pour les affaires du dehors, sans être oppresseur au dedans. L'opinion publique vient encore ici à notre secours. Dans l'état actuel des choses, on ne pourroit faire impunément violence aux députés : à l'instant l'impôt seroit suspendu ; il faudroit, pour le lever, autant de régiments que de villages, autant d'armées que de provinces. Nous n'attribuons rien de trop ici à l'opinion. Elle est si puissante que Montesquieu n'a pas craint d'en faire le seul principe de la monarchie : la liberté est un principe, un fait ; mais l'honneur n'est que la plus belle des opinions.

Il a eu raison, Montesquieu ; et l'opinion a toujours tout fait en France. Nous en avons une preuve aussi noble qu'éclatante : tout esclave en mettant le pied sur le sol françois est libre. Est-ce en vertu d'une loi positive ? Non, c'est en vertu de l'opinion ; et cette opinion, transformée en coutume, a force de loi devant les tribunaux.

Sous l'ancienne monarchie l'opinion tenoit pour ainsi dire lieu de charte. Un couplet, une plaisanterie, une remontrance, arrêtoient, comme par enchantement, les entreprises du pouvoir. Tout devenoit un frein contre l'autorité absolue, jusqu'à la politesse de nos mœurs. Pourquoi donc cette opinion, si puissante autrefois, auroit-elle perdu sa force ? Pourquoi ne seroit-elle plus rien, précisément parce qu'elle peut s'exprimer avec plus de liberté ? Mais il n'en est pas ainsi : nous voyons tous les jours qu'un article de gazette fait nos craintes et nos espérances.

Il est aisé, dira-t-on, de se tirer d'affaire en répondant par des dénégations, en disant : « Cela n'arrivera pas ; » en se jetant dans de grands raisonnements sur l'opinion. Comme l'avenir n'est pas là pour vous démentir, on peut sortir ainsi d'embarras, mais on ne fait pas naître la conviction.

Nous comprendrions cette réplique si elle nous étoit faite par d'autres que par ceux qui pourroient nous l'adresser ; car, que disent ces personnes quand on attaque l'ancien ordre de choses, quand on leur soutient, par exemple, qu'aucun homme n'étoit à l'abri d'un coup d'État, de la violence d'un ministre ? Elles répondent que cela n'arrivoit pas, et que l'opinion s'opposoit à ces actes arbitraires du pouvoir. Elles ont raison de répondre ainsi, et leur réponse est fort bonne ; mais alors elles doivent trouver juste qu'on oppose à leur attaque les mêmes armes et qu'on se couvre du même bouclier. Remarquez qu'il ne seroit pas question, dans le cas qu'on nous propose, d'un fait obscur, d'une persécution individuelle et presque ignorée : il ne s'agiroit rien moins que des deux chambres refusant une armée au roi, ou du roi faisant marcher des soldats contre les deux chambres. Certes, si l'opinion peut avoir une influence prononcée, c'est dans un moment pareil.

Au reste, il y a des choses qui ne peuvent être appuyées de démonstrations mathématiques, et qui n'en restent pas moins prouvées. Tout n'est pas positif dans la science du gouvernement : le système des finances en Angleterre ne repose-t-il pas sur une fiction ? Il y a des mystères de politique, comme il y a des mystères de religion ; le jeu des constitutions, leur marche, leur influence, sont d'une nature inexplicable. Combinés avec les mœurs, les passions et les événements, les corps politiques, attirés, repoussés, balancés, combattus, produisent des effets que toute la sagacité humaine ne peut calculer. Ce vague, cette incertitude, ces grandes choses qui ne produisent rien, ces petites causes d'où sortent tant de grands résultats, ces illusions, cette puissance de l'opinion si souvent trompeuse, se retrouve dans tout ce qui touche aux gouvernements, dans tout ce qui prend place dans l'histoire. Par exemple, n'est-on pas toujours tenté de supposer des talents supérieurs à l'homme qui joue un rôle extraordinaire? Souvent cet homme est moins que rien; la gloire a ses méprises comme la vertu. Il y a des temps surtout où la fortune célèbre ses fêtes; espèces de saturnales où l'esclave s'assied sur le trône du roi. Quand on vient à regarder de près les hommes qui conduisent le monde dans ces temps de délire, on demeure plus étonné de leur néant qu'on n'étoit surpris de leur existence, on est frappé du peu de talent qu'il faut pour décider du sort des empires, et l'on reconnoît qu'il y a dans les affaires humaines quelque chose de fatal et de secret qu'on ne sauroit expliquer.

CHAPITRE XIX.

S'IL SEROIT POSSIBLE DE RÉTABLIR L'ANCIENNE FORME DE GOUVERNEMENT.

Enfin, quand les objections contre le nouvel ordre de choses seroient aussi fortes qu'elles nous semblent peu solides, voici qui répond à tout : on ne peut pas faire que ce qui est ne soit pas, et que ce qui n'est pas existe. Le roi nous a donné une charte : notre devoir est donc de la soutenir et de la respecter. Il y a d'ailleurs aujourd'hui une opinion générale qui domine toutes les opinions particulières : c'est l'opinion *européenne,* opinion qui oblige un peuple de suivre les autres peuples. Quand de toutes parts tout s'avance vers un but commun, il faut, bon gré, mal gré, se laisser aller au cours du temps.

Avant la découverte de l'imprimerie, lorsque l'Europe étoit sans chemins, sans postes, presque sans communications; lorsqu'il étoit difficile et dangereux d'aller de Paris à Orléans, parce que le seigneur de Montlhéry, un Montmorency, faisoit la guerre au roi de France, ce qui se passoit dans un pays pouvoit rester longtemps ignoré dans un autre. Mais aujourd'hui qu'une nouvelle arrive en quinze jours de Pétersbourg à Paris; que l'on reçoit en quelques minutes aux Tuileries une dépêche de Strasbourg et même de Milan; que toutes les nations se connoissent, se sont mêlées, savent mutuellement leur langue, leur histoire; que l'imprimerie est devenue une tribune toujours ouverte, où chacun peut monter et faire entendre sa voix, il n'est aucun moyen de s'isoler et d'échapper à la marche européenne.

Les hommes ont mis en commun un certain nombre de connoissances que vous ne pouvez plus leur retirer. Le roi l'a jugé ainsi, parce qu'il est profondément éclairé, et il nous a donné la Charte. Est-ce donc parce que nous manquions autrefois d'une constitution? Non, sans doute. Eh! pourquoi n'aurions-nous pas eu de constitution? Parce qu'elle n'étoit pas écrite? La constitution de Rome et celle d'Athènes l'étoient-elles? Seroit-il même exactement vrai de dire que celle dont l'Angleterre jouit actuellement est une constitution écrite? Certes, il seroit fort extraordinaire que la France eût existé comme nation pendant douze cents ans sans gouvernement et sans lois. L'ancienne constitution de la monarchie étoit excellente pour le temps : Machiavel, qui s'y connoissoit, en fait l'éloge. Rien n'étoit plus parfait que la balance des trois ordres de l'État tant que cette balance ne fut point rompue. Rien de plus admirable et de plus complet que les ordonnances des rois de France ; là se trouvent consacrés tous les principes de nos libertés. Il n'y a peut-être pas un seul cas d'oppression qui n'y soit prévu, et auquel nos monarques n'aient essayé d'apporter remède. Il est bien remarquable que les anciens troubles de la France aient eu pour cause des guerres étrangères et des opinions religieuses, et que jamais ces troubles n'aient été produits par l'ordre politique.

Les hommes dans l'ancienne France étoient classés moins par les divisions politiques que par la nature de leurs devoirs : ainsi, le premier ordre de l'État étoit celui qui prioit Dieu pour le salut de la patrie et qui soulageoit les malheureux. Cette fonction étoit regardée comme la plus sublime, et elle l'étoit en effet. Le guerrier suivoit le prêtre, parce que l'homme qui verse son sang pour la défense de la patrie, et dont le métier est de mourir, est un homme plus noble que celui qui s'est consacré à des travaux mécaniques. Remarquez qu'au temps de la féodalité, les vassaux allant à la guerre, il en résultoit que le laboureur étoit soldat : aussi, dans nos opinions, l'épée et le soc de la charrue étoient nobles, et le gentilhomme ne dérogeoit point en labourant le champ de son père. Les communes venoient ensuite, et s'occupoient des arts utiles à la société. On ne sauroit croire à combien de vertus cette division dans l'ordre des devoirs étoit favorable, à quels sacrifices elle condamnoit le prêtre, à quelle générosité, à quelle délicatesse dans les sentiments elle forçoit le gentilhomme, tandis qu'elle entretenoit dans la classe la plus nombreuse la fidélité, la probité, le respect des lois et des mœurs. C'est ce qui a fait, n'en doutons point, la longue existence de l'ancienne monarchie.

Malheureusement ce bel édifice est écroulé. Il ne s'agit pas de savoir s'il étoit plus solide et plus parfait que celui qu'on vient d'élever ; si l'ancien gouvernement, fondé sur la religion comme les gouvernements antiques, produit lentement par nos mœurs, notre caractère, notre sol, notre climat, éprouvé par les siècles, n'étoit pas plus en harmonie avec le génie de la nation, plus propre à faire naître de grands hommes et des vertus que le gouvernement qui le remplace aujourd'hui. Il n'est pas question d'examiner encore si ce qu'on appelle le progrès des lumières est un progrès réel ou une marche rétrograde de l'esprit humain, un retour vers la barbarie, une véritable corruption de la religion, de la politique et du goût. Tout cela peut se soutenir : ceux qui prendroient en main cette cause ne manqueroient pas de raisons puissantes et surtout de sentiments pathétiques pour justifier leur opinion. Mais il faut dans la vie partir du point où l'on est arrivé. Un fait est un fait. Que le gouvernement détruit fût excellent ou mauvais, il est détruit ; que l'on ait avancé, que l'on ait reculé, il est certain que les hommes ne sont plus dans la place où ils se trouvoient il y a cent ans, bien moins encore où ils étoient il y a trois siècles. Il faut les prendre tels qu'ils sont, et ne pas toujours les voir tels qu'ils ne sont pas et tels qu'ils ne peuvent plus être : un enfant n'est pas un homme fait, un homme fait n'est pas un vieillard.

Quand nous voudrions tous que les choses fussent arrangées autrement qu'elles le sont, elles ne pourroient l'être. Déplorons à jamais la chute de l'ancien gouvernement, de cet admirable système dont la durée seule fait l'éloge ; mais enfin notre admiration, nos pleurs, nos regrets ne nous rendront pas Du Guesclin, La Hire et Dunois. La vieille monarchie ne vit plus pour nous que dans l'histoire, comme l'oriflamme que l'on voyoit encore toute poudreuse dans le trésor de Saint-Denis sous Henri IV : le brave Crillon pouvoit toucher avec attendrissement et respect ce témoin de notre ancienne valeur ; mais il servoit sous la cornette blanche triomphante aux plaines d'Ivry, et il ne demandoit point qu'on allât prendre au milieu des tombeaux l'étendard des champs de Bouvines.

Nous avons montré ailleurs [1] que les éléments de l'ancienne monar-

---

1. *De l'Etat de la France au mois de mars et au mois d'octobre de la même année.* (Voyez p. 46.)

chie ont été dispersés par le temps et par nos malheurs : l'esprit du siècle a pénétré de toutes parts; il est entré dans les têtes et jusque dans les cœurs de ceux qui s'en croient le moins entachés.

Il y a plus : si ceux qui pensent, sans y avoir bien réfléchi, qu'il est possible de rétablir l'ancien gouvernement, obtenoient la permission de tenter cet ouvrage, nous les verrions bientôt, perdus dans un chaos inextricable, renoncer à leur entreprise. D'abord, pas un d'entre eux ne désireroit remettre les choses absolument telles qu'elles étoient : autant de provinces, autant d'avis, de prétentions, de systèmes; on voudroit détruire ceci, conserver cela; chacun iroit, à main armée, demander à son voisin compte de sa propriété.

Se représente-t-on ce que deviendroit la France le jour où l'on remettroit en vigueur les ordonnances relatives aux preuves de noblesse exigées des officiers de l'armée? Supposons encore que le roi régnant seul, et ayant toujours à payer 1700 millions de dettes, sans compter les dépenses courantes, eût dit à son ministre des finances de lui présenter un plan; que le ministre eût formé son plan tel que nous l'avons vu; que, sans pouvoir expliquer ses raisons, sans pouvoir entrer dans la discussion publique de ses moyens, le ministre, muni d'un arrêt du conseil, eût voulu mettre ce plan à exécution : nous demandons encore ce que seroit devenue la France. Le parlement de Paris, forcé à l'enregistrement, n'auroit-il fait aucune remontrance? Les parlements des provinces n'auroient-ils point élevé la voix? Les pays d'états n'auroient-ils point réclamé? La noblesse et le clergé n'auroient-ils point fait valoir leurs priviléges? Les peuples, toujours disposés à refuser l'impôt, émus par toutes ces oppositions, ne se seroient-ils point révoltés? Une pareille résistance au moment où un levain de discorde fermentoit encore parmi nous nous auroit, n'en doutons point, précipités dans une nouvelle révolution. Eh bien, grâce à la Charte, le budget discuté dans les deux chambres a semblé nécessaire par le fait, ingénieux dans ses ressources : il a passé paisiblement; et le peuple, satisfait d'avoir été consulté dans ses représentants, s'est soumis à des impôts qui jadis l'auroient soulevé d'un bout à l'autre de la France.

Mais il y a dans le nouvel ordre de choses des personnes qui vous déplaisent, qui vous semblent odieuses. Eh bien, elles passeront, la France restera. Les esprits, après une révolution, sont lents à se calmer. On se rappelle d'avoir vu tel homme dans telle circonstance : on ne peut se persuader que cet homme soit devenu un bon citoyen, qu'il puisse être employé utilement. C'est un mal inévitable; mais ce mal ne doit pas faire renoncer au bien de la patrie. En 1605 Henri IV partoit pour le Limousin; il y avoit déjà seize années qu'il étoit monté sur le trône, et pourtant Malherbe lui disoit :

> Un malheur inconnu glisse parmi les hommes,
> Qui les rend ennemis du repos où nous sommes :
> La plupart de leurs vœux tendent au changement;
> Et comme s'ils vivoient des misères publiques,
> Pour les renouveler ils font tant de pratiques,
> Que qui n'a point de peur n'a point de jugement.
> Nous voyons les esprits nés à la tyrannie,
> Ennuyés de couvrir leur cruelle manie,
> Tourner tous leurs conseils à notre affliction;
> Et lisons clairement dedans leur conscience
> Que s'ils tiennent la bride à leur impatience,
> Nous n'en sommes tenus qu'à sa protection (*d'Henri IV*).
>
> Qu'il vive donc, Seigneur, et qu'il nous fasse vivre!

Après la restauration de Charles II en Angleterre, les esprits restèrent agités. Le premier moment de joie une fois passé, les hommes qui avoient suivi des principes opposés dans le cours de la révolution continuèrent à se haïr. Les whigs et les tories descendirent de ces factions. Il y avoit même quelques furieux qui regardoient les régicides condamnés comme des martyrs de la *bonne vieille cause*, « of the old good cause ». Ils prétendoient qu'à leur mort Harrison, Cook et Peter avoient été très-certainement *revêtus du Seigneur*, « cloathed with the Lord ». Ils n'étoient couverts que du sang de leur roi.

Concluons de tout ceci que ceux qui regrettent l'ancien gouvernement doivent s'attacher au nouveau, parce qu'il est très-bon en soi, parce qu'il est le résultat obligé des mœurs du siècle, parce qu'enfin la fatale nécessité a détruit l'autre, et qu'on ne se soustrait point à la nécessité.

CHAPITRE XX.

QUE LE NOUVEAU GOUVERNEMENT EST DANS L'INTÉRÊT DE TOUS. SES AVANTAGES POUR LES HOMMES D'AUTREFOIS.

Il nous en a coûté beaucoup pour démontrer à des hommes dignes de tous les respects qu'ils ne peuvent pas obtenir ce qu'ils désirent. Nous regrettons peut-être autant et plus qu'eux ce qui a cessé d'exister; mais enfin nous ne pouvons pas faire que le XIX® siècle soit le XVI®, le XV®, le XIV®. Tout change, tout se détruit, tout passe. On doit pour bien servir sa patrie se soumettre aux révolutions que les siècles

amènent, et pour être l'homme de son pays il faut être l'homme de
son temps. Hé! qu'est-ce qu'un homme de son temps? C'est un homme
qui, mettant à l'écart ses propres opinions, préfère à tout le bonheur
de sa patrie; un homme qui n'adopte aucun système, n'écoute aucun
préjugé, ne cherche point l'impossible, et tâche de tirer le meilleur
parti des éléments qu'il trouve sous sa main; un homme qui, sans
s'irriter contre l'espèce humaine, pense qu'il faut beaucoup donner
aux circonstances, et que dans la société il y a encore plus de foiblesses
que de crimes : enfin, c'est un homme éminemment raisonnable,
éclairé par l'esprit, modéré par le caractère, qui croit, comme Solon,
que dans les temps de corruption et de lumière il ne faut pas vouloir
plier les mœurs au gouvernement, mais former le gouvernement pour
les mœurs.

Notre Charte constitutionnelle a précisément ce dernier caractère;
il nous reste à montrer qu'elle est également favorable aux intérêts
des sujets et du monarque.

Nous dirons à la noblesse[1] : De quoi pouvez-vous vous plaindre? La
Charte vous garantit tout ce qu'il y avoit d'essentiel dans votre
ancienne existence. Si elle n'a pu faire que vous jouissiez de quelques
droits depuis longtemps détruits dans l'opinion avant de l'être par les
événements, elle vous assure d'autres avantages. Vous occupiez les
places d'officiers dans l'armée : eh bien, vous pouvez encore les remplir; seulement vous les partagerez avec les François qui ont reçu
une éducation honorable. On ne vous fait en cela aucune injustice :
il en étoit ainsi autrefois dans la monarchie. Aux yeux de nos rois, le
premier titre d'un guerrier étoit la valeur. « Pour être faits chevaliers,
dit du Tillet, ils ont toujours choisi le chevalier le plus renommé en
prouesse et chevalerie, et non celui qui est du plus haut lignage,
n'ayant égard qu'à la seule vaillance[2]. »

Autrefois, quels étoient l'espoir et l'ambition d'un gentilhomme?
De devenir capitaine après quarante années de service, de se retirer
sur ses vieux jours avec la croix de Saint-Louis et une pension de
600 francs[3]. Aujourd'hui, s'il suit la carrière militaire, un avance-

---

1. Tout ce qui suit et tout ce qui précède mécontenta d'abord les hommes que je
voulois consoler : aujourd'hui ces mêmes hommes me rendent justice; ils ont pris
part au gouvernement représentatif, et ils en ont connu les ressources.

2. *Recueil des Lois de France.*

3. On a dit que c'étoit là précisément ce qu'il y avoit de beau dans l'ancien ordre
de choses : c'est confondre les choses, et mieux sentir que bien raisonner. Ne s'aperçoit-on pas que plus le *gentilhomme* se montre ici admirable, moins le *gouvernement*
paroît généreux, et que l'éloge de l'un est la critique de l'autre?

ment rapide le portera aux premiers rangs. A moins d'une étrange faveur ou d'une action extraordinaire, un cadet de Gascogne ou de Bretagne seroit-il jamais devenu sous l'ancien régime colonel, général, maréchal de France? Si, réunissant toute sa petite fortune, il faisoit un effort pour venir solliciter quelque emploi à Paris, pouvoit-il aller à la cour? Pour jouir de la vue de ce roi qu'il défendoit avec son épée, ne lui falloit-il pas être présenté, avoir monté dans les carrosses? Quel rôle jouoit-il dans les antichambres des ministres? Qu'étoit-ce, en un mot, aux yeux d'un monde ingrat et frivole qu'un pauvre gentilhomme de province? Souvent d'une noblesse plus ancienne que celle des courtisans qui occupoient sa place au Louvre, il ne recevoit de ces enfants de la faveur que des refus et des mépris. Ce brave représentant de l'honneur et de la force de la monarchie n'étoit qu'un objet de ridicule par sa simplicité, son habit et son langage : on oublioit que Henri IV parloit gascon, et que son pourpoint étoit percé au coude.

Le temps de ces dédains est passé : dans les provinces, vous gentilshommes, vous jouirez de la considération attachée à votre famille; à Paris, vous entrerez partout, en entrant dans le palais de vos rois. Une carrière immense et nouvelle s'ouvre pour vous auprès de cette ancienne carrière militaire qui ne vous est point fermée. Vous pouvez être élus membres de la chambre des députés : redoutables [1] à ces ministres qui vous repoussoient autrefois, vous serez courtisés par eux; devenus pairs du royaume, appelés peut-être au timon de l'État, nouveaux chefs de votre antique famille, et patrons de votre province, ce sort éclatant sera l'ouvrage de vos propres mains. Qu'est-ce que l'ancien gouvernement pouvoit vous offrir de comparable? Nous ne vous entretenons ici que de vos intérêts matériels; nous ne vous parlons pas de cette gloire, partage certain de celui qui consacre ses jours à défendre le roi, à protéger le peuple, à éclairer la patrie, de celui qui soutient, avec les autels de la religion, les droits de la raison universelle, et qui combat pour les principes de cette liberté sage sans laquelle, après tout, il n'y a rien de digne et de noble dans la vie humaine.

Burnet, réfléchissant sur la révolution qui a donné à l'Angleterre cette constitution tant admirée, observe que de son temps les gentilshommes anglois avoient de la peine à s'y soumettre, *trouvant mauvais que le roi ne fût pas assez roi* [2]. Eh bien, ces gentilshommes qui se

1. J'aurois l'air de prophétiser après l'événement, si heureusement les *Réflexions politiques* n'avoient été publiées au mois de décembre 1814.
2. *Réflex. sur les Mém. hist. de la Grande-Bretagne*, p. 54.

plaignoient alors sont les ancêtres des Pitt, des Burke, des Nelson, des Wellington ; leur roi est devenu un des plus puissants rois de la terre ; leur pays s'est élevé au plus haut degré de prospérité sous une constitution qui répugnoit d'abord à leur raison, à leurs mœurs, à leurs souvenirs.

Qui pourroit donc s'opposer, parmi nous, à la généreuse alliance de la liberté et de l'honneur ? Ces deux principes ne sont-ils pas, comme nous l'avons prouvé, ceux qui constituent essentiellement la noblesse ? Pourquoi un gentilhomme n'obtiendroit-il pas, dans l'ordre nouveau de la monarchie, toute la considération dont il jouissoit dans l'ordre ancien ? La constitution, loin de lui rien ravir, lui rend cette importance aristocratique qu'il avoit perdue, et dont les ministres du pouvoir, tantôt par ruse, tantôt par force, avoient mis tous leurs soins à le dépouiller. Excepté dans les cas si rares de l'assemblée des états généraux, quelle part la noblesse avoit-elle aux opérations du gouvernement ? N'étoit-ce pas le parlement de Paris qui exerçoit les droits politiques ! Il étoit pourtant assez dur pour l'antique corps de la noblesse de n'influer en rien dans la chose publique, de voir l'État marcher à sa ruine, sans être même appelé à donner son opinion [1]. Quelques droits féodaux tombés en désuétude valent-ils les droits politiques qui sont rendus aux gentilshommes ? Ces droits conservés par la chambre des pairs, tandis qu'ils peuvent (eux gentilshommes) entrer dans la chambre des députés, sont des biens qui compensent pour la noblesse les petits avantages de l'ancien régime, nous voulons dire de l'ancien régime tel qu'il étoit, tout affoibli et tout dénaturé à l'époque de la révolution. Rien n'empêche, après tout, un gentilhomme d'être citoyen comme Scipion, et chevalier comme Bayard : l'esclavage n'est point le caractère de la noblesse. Dans tous les temps, en mourant avec joie pour ses princes, elle a défendu respectueusement, mais avec fermeté, ses droits contre les prérogatives de la couronne. Elle redevient aujourd'hui une barrière entre le peuple et le trône, comme elle l'étoit autrefois. Lorsque Charles Ier leva l'étendard de la guerre civile, la noblesse angloise courut se ranger autour de son roi ; mais avant de combattre pour lui elle lui déclara qu'en le défendant contre les rebelles, elle ne prétendoit point servir à opprimer la liberté des peuples ; et que si l'on vouloit employer ses armées à un pareil usage, elle seroit obligée de se retirer. Ce généreux esprit anime également la noblesse françoise : nos chevaliers sont les défenseurs du pauvre et de l'orphelin. « Eh Dieu ! disoit Bertrand Du Guesclin à Charles V,

---

1. La noblesse n'exerçoit de droits politiques que dans les pays d'états.

faites venir avant les chaperons fourrés, c'est à savoir prélats et avocats qui mangent les gens. A telles gens doit-on faire ouvrir les coffres, et non pas à pauvres gens qui ne font que languir? Je vois aujourd'hui advenir le contraire : car celui qui n'a qu'un peu, on lui veut tollir; et celui qui a du pain, on lui en offre. »

Peut-être direz-vous que, dépouillés de certains hommages qu'on vous rendoit et qui vous distinguoient, vous avez perdu le caractère extérieur de la noblesse. Mais, à différentes époques, et dans diverses assemblées des états généraux, les gentilshommes avoient renoncé à d'importantes prérogatives. Ils avoient consenti à la répartition égale des impôts. Si donc les derniers états généraux se fussent séparés sans que la révolution eût eu lieu, la noblesse, privée de ses priviléges par l'abandon volontaire qu'elle en avoit fait, se fût-elle pour cela regardée comme anéantie? Non sans doute : appliquez ce raisonnement à l'état actuel. Toutefois il nous paroîtroit nécessaire qu'à l'avenir on accordât à la noblesse, comme aux chevaliers romains, quelques-uns de ces honneurs qui annoncent son rang aux yeux du peuple; sans quoi les degrés constitutionnels de la monarchie ne seroient point marqués, et nous aurions l'air d'être soumis au niveau du despotisme oriental. Il faut surtout que les pairs jouissent des plus grands priviléges, qu'ils aient des places désignées dans les fêtes publiques; qu'on leur rende des honneurs dans les provinces; qu'en un mot, on reconnoisse tout de suite en eux les premiers hommes de l'État.

Au reste, comme nous ne voulons rien dire qui ne soit fondé en raison et de la plus stricte vérité, nous ne prétendons pas que tous les avantages dont nous avons parlé dans ce chapitre puissent être recueillis immédiatement. La carrière militaire, par exemple, sera quelque temps fermée, à cause du grand nombre d'officiers demeurés sans emploi, et qui doivent être préférés. Mais quel qu'eût été le gouvernement établi par la restauration, cet inconvénient auroit toujours existé. La renaissance de l'ancienne monarchie n'auroit pu ni diminuer le nombre ni effacer les droits de tant de François qui ont versé leur sang pour la patrie. Ainsi la Charte n'entre pour rien dans cet embarras du moment. D'ailleurs, comme nous l'avons fait observer en parlant de l'émigration, un très-grand nombre de gentilshommes sont déjà placés dans l'armée. Enfin, ce n'est pas toujours pour soi qu'on bâtit dans cette vie. C'est aux peuples que sont permis *le long espoir et les vastes pensées*.

Quant à la haute noblesse, dont nous n'avons point parlé à propos de la Charte, elle y trouve si évidemment son avantage, qu'il seroit superflu de s'attacher à le montrer. Comme c'étoit elle surtout qui avoit le plus perdu dans la destruction du pouvoir aristocratique de la France, c'est elle aussi qui gagne le plus à l'ordre de choses qui rétablit ce pouvoir. Les hommes qui portent ces noms historiques auxquels la gloire a depuis longtemps accoutumé notre oreille rentrent dans la possession de leurs droits : c'est un sort assez remarquable de servir à fonder la nouvelle monarchie dans la chambre des pairs de Louis XVIII, après avoir formé la base de l'ancienne monarchie dans la cour des pairs de Hugues Capet.

Ainsi la Charte, qui rend aux gentilshommes leur ancienne part au gouvernement, et qui les rapproche en même temps du peuple pour le protéger et le défendre, ne fait que les rappeler au premier esprit de leur ordre. Les plus hautes et les plus brillantes destinées s'ouvrent devant eux : il leur suffit, pour y atteindre, de bien se pénétrer de leur position, sans regarder en arrière, et sans lutter vainement contre le torrent du siècle.

CHAPITRE XXI.

QUE LA CLASSE LA PLUS NOMBREUSE DES FRANÇAIS DOIT ÊTRE SATISFAITE DE LA CHARTE.

Ceci n'a plus besoin d'être prouvé. Tout ce que nous avons dit le démontre suffisamment : la Charte nous fait jouir enfin de cette liberté que nous avons achetée au prix du plus pur sang de la France. Elle donne un but à nos efforts, elle ne rend pas vains tant de malheurs et tant de gloire; en investissant l'homme de sa dignité, elle ennoblit nos erreurs. Chacun peut se justifier à ses propres yeux, chacun peut se dire : « Voilà ce que j'avois désiré. Les droits naturels sont reconnus ; tous les François appelés aux emplois civils, aux grades militaires, à la tribune des deux chambres, peuvent également s'illustrer au service de la patrie. » Ce n'est point une espérance, c'est un fait. Et tel homme qui peut se dire aujourd'hui : « Je suis pair de France sous le roi légitime, » doit trouver que la Charte est déjà une assez belle chose, et qu'il est un peu différent d'être pair sous Louis XVIII ou d'être sénateur sous Buonaparte.

Qu'auroient pu attendre les vrais républicains dans l'ordre politique que la restauration a détruit? L'égale admission aux places, aux honneurs? Ils en jouissent sous le roi légitime, ils n'en auroient jamais joui sous l'étranger. Déjà les distinctions les plus outrageantes étoient établies. Il étoit plus difficile d'approcher du dernier subalterne du palais que de pénétrer aujourd'hui jusqu'à la personne du monarque. Ceux qui ont voulu sincèrement la liberté doivent bénir la Charte. Pouvoient-ils raisonnablement espérer un résultat aussi heureux de leurs efforts et de nos discordes? Quel seroit l'homme assez insensé pour rêver la république après l'expérience? L'étendue de la France, le génie de la nation, mille souvenirs odieux ne s'opposent-ils pas d'une manière invincible à cette forme de gouvernement? Quiconque trouveroit qu'il est esclave avec la représentation des deux chambres, qu'il est esclave avec le droit de pétition, avec l'abolition de la confiscation, avec la sûreté des propriétés, l'indépendance personnelle, la garantie contre les coups d'État, prouveroit qu'il n'a jamais été de bonne foi dans ses opinions, et qu'il ne sera jamais digne d'être libre.

CHAPITRE XXII.

QUE LE TRÔNE TROUVE DANS LA CHARTE SA SURETÉ ET SA SPLENDEUR.

Quant au roi, seroit-il plus le maître en vertu des anciens règlements que par la Charte qu'il nous a donnée? D'un bout de la France à l'autre, une loi passée dans les deux chambres met à sa disposition notre vie, nos enfants, notre fortune. Qu'il parle au nom de la loi, et nous allons tous nous immoler pour lui. A-t-il à essuyer ces remontrances sans fin, souvent justes, mais quelquefois inconsidérées, quand il a besoin du plus foible impôt? Rencontre-t-il dans toutes les provinces, dans toutes les villes, dans tous les villages, des priviléges, des coutumes, des corps qui lui disputent les droits les plus légitimes, ôtent au gouvernement l'unité d'action et la rapidité de la marche? Derrière les deux chambres, rien ne peut l'atteindre; uni aux deux chambres, sa force est inébranlable. Les orages sont pour ses ministres; la paix, le respect et l'amour sont pour lui. S'il est entraîné vers la gloire militaire, qu'il demande, il aura des soldats. S'il chérit les arts et les talents, un gouvernement représentatif est surtout propre à les faire éclore. S'il se plaît aux idées politiques, s'il cherche à perfectionner les institutions de la patrie, oh! comme tout va seconder ce penchant vraiment royal! Et pourquoi les Bourbons seroient-ils ennemis de tout changement dans le système politique? Celui qui vient de finir avoit-il toujours existé? La monarchie a changé de forme de siècle en siècle.

La race auguste et immortelle des rois capétiens a vu, immobile sur ce trône, passer à ses pieds nos générations, nos révolutions et nos mœurs; elle a survécu aux coups que nos bras parricides lui ont quelquefois portés, et elle n'en recueille pas moins dans son sein ses enfants ingrats. Nous devons tout à cette famille sacrée, elle nous a faits ce que nous sommes; elle existoit pour ainsi dire avant nous; elle est presque plus françoise que la nation elle-même. Sous les deux premières races, tout étoit romain et tudesque, gouvernement, mœurs, coutumes et langage. La troisième race a affranchi les serfs, institué la représentation nationale par les trois ordres, les parlements ou cours de justice, composé le code de nos lois, établi nos armées régulières, fondé nos colonies, bâti nos forteresses, creusé nos canaux, agrandi et embelli nos cités, élevé nos monuments, et créé jusqu'à la langue qu'ont parlée Du Guesclin et Turenne, Ville-Hardouin et Bossuet, Alain Chartier et Racine. Louis XVIII nous rendra florissants et heureux avec deux chambres, de même que ses pères nous ont rendus puissants avec les états généraux. Il trouvera lui-même sa grandeur dans nos nouvelles destinées. La monarchie renaît dans ses antiques racines, comme un lis qui a perdu sa tige pendant la saison des tempêtes, mais qui sort au printemps du sein de la terre : *ex omnibus floribus orbis elegisti tibi lilium unum* [1].

CHAPITRE XXIII.

CONCLUSION.

Toute l'Europe paroît disposée à adopter le système des monarchies modérées : la France, qui a donné cette impulsion générale, est maintenant forcée de la suivre. Rallions-nous donc autour de notre gouvernement. Que l'amour pour le roi et pour le pays natal, que l'attachement à la Charte, composent désormais notre esprit!

Grâce au roi, au roi seul, nous conservons tout entière la France de Louis XIV. Vauban en a posé les limites mieux qu'elles ne seroient marquées par les fleuves et les montagnes. L'étendue naturelle d'un empire n'est point fixée par des bornes géographiques, quoi qu'on en puisse dire, mais par la conformité des mœurs et des langages : la France finit là où on ne parle plus françois. Ces citoyens de Hambourg et de Rome, qui corrompoient notre langue dans le sénat, qui n'avoient et ne devoient avoir pour nous qu'une juste haine, auroient amené

---

1. Esdr.

notre ruine comme peuple, de même que les Gaulois et les autres nations subjuguées détruisirent la patrie de Cicéron en entrant dans le sénat romain. Nous sommes encore ce que nous étions. Un million de soldats sont encore prêts, s'il le faut, à défendre des millions de laboureurs. Notre terre, comme une mère prévoyante, multiplie ses trésors et ses secours, bien au delà du besoin de ses enfants. Quatre cent mille étrangers et nos propres soldats ont ravagé nos provinces, et deux mois après on a été obligé de faire une loi pour la libre exportation des grains. Que manque-t-il à cet antique royaume de Clovis, dont saint Grégoire le Grand louoit déjà la force et la puissance? Nous avons du fer, des forêts et des moissons ; notre soleil mûrit les vins de tous les climats ; les bords de la Méditerranée nous fournissent l'huile et la soie, et les côtes de l'Océan nourrissent nos troupeaux. Marseille, qui n'est plus, comme du temps de Cicéron, *battue des flots de la Barbarie,* appelle le commerce du monde ancien, tandis que nos ports, sur l'autre mer, reçoivent les richesses du Nouveau Monde. A chaque pas se retrouvent dans la France les monuments de trois grands peuples, des Gaulois, des Romains et des François. Cette France fut surnommée la mère des rois : elle envoya ses enfants régner sur presque tous les trônes de l'Europe, et jusqu'au fond de l'Asie. Sa gloire, qui ne passera point, croîtra encore dans l'avenir. Transformés par de nouvelles lois, les François recommencent des destinées nouvelles. Nous aurons même un avantage sur les peuples qui nous ont précédés dans la carrière où nous entrons ; car ils y ont déjà vieilli, et nous, nous y descendons avec la vigueur de la jeunesse.

Accoutumés aux grands mouvements depuis tant d'années, remplaçons la chaleur des discordes et l'ardeur des conquêtes par le goût des arts et les glorieux travaux du génie. Ne portons plus nos regards au dehors ; écrions-nous, comme Virgile, à l'aspect de notre belle patrie :

> Salve, magna parens frugum. . . . .
> Magna virum !

Et pourquoi ne pas le dire avec franchise ? Certes, nous avons beaucoup perdu par la révolution ; mais aussi n'avons-nous rien gagné? N'est-ce rien que vingt années de victoires? N'est-ce rien que tant d'actions héroïques, tant de dévouements généreux? Il y a encore parmi nous des yeux qui pleurent au récit d'une noble action, des cœurs qui palpitent au nom de patrie.

Si la foule s'est corrompue, comme il arrive toujours dans les discordes civiles, il est vrai de dire aussi que dans la haute société les mœurs sont plus pures, les vertus domestiques plus communes ; que le caractère françois a gagné en force et en gravité. Il est certain que nous sommes moins frivoles, plus naturels, plus simples ; que chacun est plus soi, moins ressemblant à son voisin. Nos jeunes gens, nourris dans les camps ou dans la solitude, ont quelque chose de mâle ou d'original qu'ils n'avaient point autrefois. La religion, dans ceux qui la pratiquent, n'est plus une affaire d'habitude, mais le résultat d'une conviction forte ; la morale, quand elle a survécu dans les cœurs, n'est plus le fruit d'une instruction domestique, mais l'enseignement d'une raison éclairée. Les plus grands intérêts ont occupé les esprits ; le monde entier a passé devant nous. Autre chose est de défendre sa vie, de voir tomber et s'élever les trônes, ou d'avoir pour unique entretien une intrigue de cour, une promenade au bois de Boulogne, une nouvelle littéraire. Nous ne voulons peut-être pas nous l'avouer, mais au fond ne sentons-nous pas que les François sont plus hommes qu'ils ne l'étoient il y a trente ou quarante ans? Sous d'autres rapports, pourquoi se dissimuler que les sciences exactes, que l'agriculture et les manufactures ont fait d'immenses progrès? Ne méconnoissons pas les changements qui peuvent être à notre avantage ; nous les avons payés assez cher.

Cessons donc de nous calomnier, de dire que nous n'entendons rien à la liberté : nous entendons tout, nous sommes propres à tout, nous comprenons tout. En lui témoignant de la considération et de la confiance, cette nation s'élèvera à tous les genres de mérite. N'a-t-elle pas montré ce qu'elle peut être dans les moments d'épreuve? Soyons fiers d'être François, d'être François libres sous un monarque sorti de notre sang. Donnons maintenant l'exemple de l'ordre et de la justice, comme nous avons donné celui de la gloire ; estimons les autres nations sans cesser de nous estimer. Les révolutions et les malheurs ont des résultats heureux, lorsqu'on sait profiter des leçons de l'infortune : les fureurs de la Ligue ont sauvé la religion ; nos dernières fureurs nous laisseront un état politique digne des sacrifices que nous avons faits.

Que tous les bons esprits se réunissent pour prêcher une doctrine salutaire, pour créer un centre d'opinions d'où partiront tous les mouvements. Les Chambres doivent s'attacher étroitement au roi, afin que le roi soit plus libre d'exécuter les projets qu'il médite pour le bonheur de son peuple. Loyauté dans les ministres, bonne foi de tous les côtés, voilà notre salut. Respect et vénération pour notre souverain, liberté de nos institutions, honneur de notre armée, amour de notre patrie : voilà les sentiments que nous devons professer. Hors de là, nous nous perdrons dans des chimères, dans de vains regrets, dans des humeurs chagrines, des récriminations pénibles ; et après bien des contestations, le siècle nous ramènera de force à ces principes dont nous aurons voulu nous écarter. Nous le voyons, par exemple : il y a vingt-six ans que la révolution est commencée. Une seule idée a survécu ; l'idée qui a été la cause et le principe de cette révolution, l'idée d'un ordre politique qui protège les droits du peuple sans blesser ceux des souverains. Croit-on qu'il soit possible d'anéantir aujourd'hui ce que les fureurs révolutionnaires et les violences du despotisme n'ont pu détruire? La Convention nous a guéris pour jamais du penchant à la république; Buonaparte nous a corrigés de l'amour pour le pouvoir absolu. Ces deux expériences nous apprennent qu'une monarchie limitée, telle que nous la devons au roi, est le gouvernement qui convient le mieux à notre dignité comme à notre bonheur.

RAPPORT

SUR L'ÉTAT DE LA FRANCE

AU 12 MAI 1815,

FAIT AU ROI DANS SON CONSEIL, A GAND[1].

Sire,

Le seul malheur qui menaçât encore l'Europe, après tant de malheurs, est arrivé. Les souverains vos augustes alliés ont cru qu'ils pouvoient être impunément magnanimes envers un homme qui ne connoît ni le prix d'une conduite généreuse ni la religion des traités. Ce sont là de ces erreurs qui tiennent à la noblesse du caractère : une âme droite et élevée juge mal de la bassesse et de l'artifice, et le sauveur de Paris ne pouvoit pas bien comprendre le destructeur de Moscou.

Buonaparte, placé par une fatalité étrange entre les côtes de la France et de l'Italie, est descendu, comme Genséric, *là où l'appeloit la colère de Dieu*. Espoir de tout ce qui avoit commis et de tout ce qui méditoit un crime, il est venu ; il a réussi. Des hommes accablés de vos dons, le sein décoré de vos ordres, ont baisé le matin la main royale que le soir ils ont trahie. Sujets rebelles, mauvais François, faux chevaliers, les serments qu'ils venoient de vous faire à peine expirés sur leurs

---

1. Lorsque nous arrivâmes de Gand, de très-bons royalistes d'ailleurs, mais qui s'étoient laissé surprendre, cherchèrent à justifier leur enthousiasme pour un personnage trop fameux; ils disoient : Vous ne savez pas quels services il nous a rendus; vous n'étiez pas ici pendant les Cent-Jours; vous n'avez pas connu l'esprit de la France, etc.

Il est assez bizarre de supposer que des personnes qui avoient passé de longues années en France sous le règne de Buonaparte, qui n'en avoient été absentes que trois mois, qui pendant ces trois mois étoient restées à quelques lieues de la frontière; qui pendant ces trois mois recevoient tous les jours des nouvelles de Paris,

lèvres, ils sont allés, le lis sur la poitrine, jurer pour ainsi dire le parjure à celui qui se déclara si souvent lui-même traître, félon et déloyal.

Au reste, sire, le dernier triomphe qui couronne et qui va terminer la carrière de Buonaparte n'a rien de merveilleux. Ce n'est point une révolution véritable; c'est une invasion passagère. Il n'y a point de changement réel en France; les opinions n'y sont point altérées. Ce n'est point le résultat inévitable d'un long enchaînement de causes et d'effets. Le roi s'est retiré un moment; la monarchie est restée tout entière. La nation, par ses larmes et par le témoignage de ses regrets, a montré qu'elle se séparoit de la puissance armée qui lui imposoit des lois.

Ces bouleversements subits sont fréquents chez tous les peuples qui ont l'affreux malheur de tomber sous le despotisme militaire. L'histoire du Bas-Empire, celle de l'Empire Ottoman, celle de l'Égypte moderne et des régences barbaresques en sont remplies. Tous les jours au Caire, à Alger, à Tunis, un bey proscrit reparoît sur la frontière du désert; quelques mameloucks se joignent à lui, le proclament leur chef et leur maître. Pour réussir dans son entreprise, il n'a besoin ni d'un courage extraordinaire, ni de combinaisons savantes, ni de talents supérieurs : il peut être le plus commun des hommes, pourvu qu'il en soit le plus méchant. Animées par l'espoir du pillage, quelques autres bandes de la milice se déclarent : le peuple consterné tremble, regarde, pleure et se tait : une poignée de soldats armés en impose à la foule sans armes. Le despote s'avance au bruit des chaînes, entre dans la capitale de son empire, triomphe et meurt.

Sire, il y a longtemps que le ciel vous éprouve; il veut faire de vous un monarque accompli. Vos royales vertus, s'il y manquoit encore quelque chose, reçoivent aujourd'hui, sous la main de Dieu, leur dernière perfection. Dans tous les pays où vous avez porté la double majesté du trône et du malheur, oubliant vos propres infortunes, vous n'avez songé qu'à celles de votre peuple. Les yeux attachés sur cette

---

publiques ou secrètes, à vingt heures et quelquefois à seize heures de date; qui étoient au centre des armées et de la diplomatie européenne, et conséquemment au centre de toutes les intelligences et de tous les rapports; qui voyoient à chaque moment arriver auprès du roi des François de la capitale et des provinces; il est assez bizarre, dis-je, de supposer que la France étoit devenue pour ces personnes un pays totalement inconnu. Aussi, si l'on veut bien lire ce rapport avec quelque attention, on verra que nous n'étions pas trop mal instruit à Gand de ce qui se passoit à Paris; que nous avions bien prévu le prompt dénoûment de cette courte tragédie, et que nous avions peut-être mieux jugé le jeu des factions et l'état des partis que ceux qui étoient placés plus près du théâtre.

France, dont vous apercevez en quelque sorte la frontière, et dont vous voulez connoître les maux pour y apporter le remède, vous m'ordonnez de vous présenter le tableau de l'état politique et des dispositions morales de la nation. Je vais, sire, soumettre à vos lumières une suite de faits et de réflexions. Je parlerai sans détours : Votre Majesté, qui sait tout voir, saura tout entendre.

§ Ier.

Actes et décrets pour l'intérieur.

Buonaparte arrive à Paris le 20 mars au soir ; le ravisseur de nos libertés se glisse dans le palais de nos rois à l'heure des ténèbres ; le triomphateur, porté *sur les bras de ses peuples,* envahit le château des Tuileries par une issue secrète, tant il compte sur l'amour de ses sujets ! La frayeur et la superstition accompagnent ses pas dans ces salles, une seconde fois abandonnées, qui avoient revu la fille de Louis XVI.

L'histoire remarquera peut-être que Buonaparte est rentré cette année dans Paris à peu près à la même époque où les alliés y pénétrèrent l'année dernière. Son orgueil humilié le ramène dans cette ville, qui ne fut jamais prise sous nos rois, et que son ambition punie a livrée à la conquête ; il vient rétablir sa police là où un général russe exerça la sienne il n'y a pas encore un an, grâce au vaste génie, aux merveilleuses combinaisons de ce vrai conservateur de l'honneur françois ! Vous parûtes, sire, et les étrangers se retirèrent : Buonaparte revient, et les étrangers vont rentrer dans notre malheureuse patrie. Sous votre règne, les morts retrouvèrent leurs tombeaux, les enfants furent rendus à leurs familles ; sous le sien, on va voir de nouveau les fils arrachés à leurs mères, les os des François dispersés dans les champs : vous emportez toutes les joies, il rapporte toutes les douleurs.

A peine Buonaparte a-t-il repris le pouvoir, que le règne du mensonge commence. En lisant les journaux du 20 et ceux du 21 du mois de mars, on croit lire l'histoire de deux peuples. Dans les premiers, trente mille gardes nationales, trois mille volontaires, dix mille étudiants de toutes espèces poussoient des cris de rage contre le tyran : dans les seconds, ils bénissent sa présence ! L'enthousiasme éclatoit, dit-on, sur son passage, lorsqu'on sait qu'il n'a été reçu que par le silence de la consternation et de la terreur. Sire, votre triomphe étoit alors plus réel et plus touchant : c'étoit celui d'un père. Les bénédictions suivoient vos pas, et votre cœur est encore ému de ces derniers cris de *vive le roi!* que vous avez entendus retentir à travers les gémissements et les sanglots dans les dernières chaumières de la France!

Chaque jour a vu depuis éclore une imposture. Il a fallu d'abord avancer quelques mensonges hardis pour décourager les bons et encourager les méchants. Ainsi on a publié qu'il n'y auroit point de guerre, que Buonaparte s'entendoit avec les alliés, que l'archiduchesse Marie-Louise arrivoit avec son fils. La fausseté de ces faits devoit bientôt se découvrir : mais on gagnoit toujours du temps. Dans ce gouvernement, le mensonge est organisé, et entre comme moyen d'administration dans les affaires. Il y a des mensonges pour un quart d'heure, pour une demi-journée, pour un jour, pour une semaine. Un mensonge sert pour arriver à un autre mensonge, et dans cette série d'impostures l'esprit le plus juste a souvent de la peine à saisir le point de vérité.

Des proclamations ont annoncé d'abord l'oubli de tout ce qui a été fait, dit et écrit sous le gouvernement royal. Les individus ont été déclarés libres, la nation libre, la presse libre; on ne veut que la paix, l'indépendance et le bonheur du peuple. Tout le système impérial est changé. L'âge d'or va renaître : Buonaparte sera le Saturne de ce nouveau siècle d'innocence et de prospérité, et il ne dévorera plus ses enfants. Voyons si la pratique a déjà répondu à la théorie.

C'est au *champ de mai* que la nation doit être régénérée; on y donnera des aigles aux légions; on y couronnera (vraisemblablement par contumace) l'héritier de l'empire; on y fera le dépouillement des votes pour ou contre l'Acte additionnel aux constitutions. J'aurai soin d'indiquer, vers la fin de ce rapport, quel est vraisemblablement le but réel de cette grande assemblée.

En attendant l'acceptation de l'Acte additionnel qui va rendre le peuple françois à l'indépendance, on commence à faire jouir la France du gouvernement le plus libéral : Buonaparte l'a partagée en sept grandes divisions de police! Les sept lieutenants sont investis des mêmes pouvoirs qu'avoient autrefois ce qu'on appeloit les directeurs généraux. On sait encore aujourd'hui à Lyon, à Bordeaux, à Milan, à Florence, à Lisbonne, à Hambourg, à Amsterdam, ce que c'était que ces protecteurs de la liberté individuelle. Dans le nombre des sept personnes qui doivent rassurer les citoyens et les défendre du despotisme, quatre au moins ont eu ou auroient pu avoir la gloire, en 1793, d'être nommées à de semblables emplois.

Au-dessus de ces lieutenants se trouvent placés, dans une hiérarchie de plus en plus favorable à la liberté, des commissaires extraordinaires, à la manière des représentants du peuple sous le règne de la Convention.

La police nous apprend qu'elle ne va plus servir qu'à répandre la philosophie ; qu'elle n'agira plus que d'après des principes de vertu ; qu'elle est la source des lumières et la base de tous les gouvernements libres.

Elle enseigne à ses respectables agents qu'il faut, selon les circonstances, creuser à de *grandes profondeurs* ou savoir seulement écouter et entendre ; c'est-à-dire qu'il faudra, selon le besoin, corrompre le serviteur, inviter le fils à trahir son père, ou seulement répéter ce qu'on a reçu sous le sceau du secret.

La chose religieuse est aussi soumise à la police ; et la conscience, qui jadis relevoit immédiatement de Dieu, obéira maintenant à un espion.

Par le pouvoir constitutionnel de Votre Majesté, il étoit loisible à vos ministres pendant l'année 1815 d'éloigner des tribunaux de justice les magistrats qui ne paroîtroient plus avoir la confiance publique. Huit ou dix seulement ont été écartés, et l'on en connoît trop la raison.

Quelle mesure arbitraire ! s'écrie le gouvernement actuel de la France ; et à l'instant même il déplace une foule de magistrats irréprochables dans leur conduite, éminents par leurs lumières et étrangers à tous mouvements politiques.

Il s'étoit même permis une chose plus violente, sur laquelle l'opinion l'a forcé de revenir. L'acte qui institue les notaires étant de pure forme n'a jamais été annulé par les gouvernements révolutionnaires qui se sont succédé en France ; et toutefois Buonaparte a voulu révoquer celui qui instituoit trois avoués et huit notaires, uniquement parce qu'ils avoient été installés sous le gouvernement royal.

Il n'a pas plus respecté les places administratives et militaires. Sur quatre-vingt-trois préfets, vingt-deux seulement ont été conservés, et ces vingt-deux restants ont presque tous été changés de préfecture ; quarante-trois colonels ont reçu leur destitution.

Cette liberté entière, qui sort de la police comme de sa source ; ce respect pour les lois, les places et les hommes, viennent évidemment de la liberté de la presse, car la censure est abolie et la direction de la librairie supprimée. Il est vrai que si la presse est libre, Vincennes est ouvert ; et, par mesure de sûreté, les journaux et la librairie sont restés provisoirement sous la main de M. le duc d'Otrante.

La censure généreuse que les ministres de Buonaparte osent reprocher à votre ministère étoit bien plus établi pour eux que pour nous : elle forçoit le public à se taire sur le passé. Sous le roi, du moins, on ne parloit de certains hommes qu'avec le ton de l'impartialité, et encore uniquement pour repousser leurs imprudentes attaques.

Buonaparte a cherché un autre succès dans l'abolition de l'*exercice,* cette grande difficulté de l'impôt sur les boissons. D'abord, si les droits réunis étoient odieux, qui les avoit établis? N'étoit-ce pas Buonaparte? Il ne fait donc que changer son propre ouvrage; ensuite cette abolition décrétée n'aura son effet qu'au premier du mois de juin de cette année. Buonaparte, qui compte sur sa fortune, espère bien qu'avant cette époque quelque événement viendra à son secours. Il ne faut pas lui demander de quel droit le chef d'un peuple libre se permet de toucher à l'impôt et d'indiquer un mode de perception autre que celui prescrit par la loi; ce n'est pas une question pour lui : il sait, et cela lui suffit, que selon le besoin de sa politique il peut retrancher ou feindre de retrancher un impôt trop désagréable au peuple. S'il se trouve pressé par les événements, n'a-t-il pas la grande ressource de ne pas payer ses dettes? Le trésor est toujours assez plein quand la violence y pourvoit, et que l'on paye non ce que l'on doit, mais ce que l'on veut. Pour sortir d'embarras, il a encore les séquestres, les confiscations, les exactions, les dons *volontaires* forcés.

Vous, sire, qui régniez par les lois, l'ordre et la justice, qui ne pouviez ni ne vouliez chercher des trésors dans les mesures arbitraires et les larmes de vos sujets; vous qui mettiez votre bonheur à acquitter des dettes que vous n'aviez pas contractées, dettes d'autant moins obligatoires, qu'elles n'avoient été faites que pour vous fermer le chemin du trône; vous, sire, vous n'avez employé, en montant sur ce trône, d'autres moyens de plaire à vos peuples que ceux qui naissoient naturellement de vos vertus. La banqueroute faite ou projetée ne vous a pas paru un système de finance digne de la France et de vous. Supprimer dans le moment un impôt même odieux vous auroit paru une libéralité criminelle; mais je conviens que pour le maintenir il falloit tout le courage d'un roi légitime, dont les intentions paternelles sont connues et vénérées. Un usurpateur ne pouvoit prendre une résolution aussi noble, et préférer au présent cet avenir qu'il ne verra point.

Ce que je dis sur la ressource des futures spoliations n'est point, sire, une conjecture plus ou moins probable. Je ne me permets de parler à Votre Majesté que d'après des documents officiels. Les spoliations sont visiblement annoncées, la dépouille du citoyen est promise au soldat dans le rapport sur la Légion d'Honneur : il y est dit qu'on remplacera par des biens situés en France une partie des dotations de l'armée. Et de quels biens s'agit-il? Indubitablement des vignes de Bordeaux, des oliviers de Marseille, en un mot de tous les biens des particuliers et des villes qui auront manifesté leur attachement à la cause des Bourbons.

Sire, le soixante-sixième article de la Charte porte : « La peine de la confiscation des biens est abolie, et ne pourra être rétablie. » Ainsi Votre Majesté, dépouillée si longtemps de ses domaines par ses ennemis, n'a trouvé d'autres moyens de se venger d'eux qu'en abolissant l'odieux principe de la confiscation des biens. De quel côté est le gouvernement équitable? De quel côté est le véritable roi?

Vous aviez encore aboli la conscription; vous croyiez, sire, avoir pour jamais délivré de ce fléau votre peuple et le monde. Buonaparte vient de le rappeler; seulement il l'a produit sous une autre forme, en évitant une dénomination odieuse. Le décret sur la garde nationale est ce que la révolution a enfanté jusqu'à ce jour de plus effrayant et de plus monstrueux : trois mille cent trente bataillons se trouvent désignés, à raison de sept cent vingt hommes; ils formeront un total de deux millions deux cent cinquante-trois mille six cents hommes. A la vérité, il n'y a de rendus mobiles à présent que deux cent quarante bataillons, choisis parmi les chasseurs et les grenadiers, représentant cent soixante-douze mille huit cents hommes. On n'est pas encore assez fort pour faire marcher le reste; mais cela viendra à l'aide de la grande machine du champ de mai.

Cet immense coup de filet embrasse la population entière de la France, et comprend ce que les masses et les conscriptions n'ont jamais compris. En 1793 la Convention n'osa prendre que sept années les hommes de dix-huit à vingt-cinq ans. Ils marcheront aujourd'hui de vingt à soixante. Réformés, non réformés; mariés, non mariés; remplacés, non remplacés; gardes d'honneur, volontaires, tout enfin se trouve enveloppé dans cette proscription générale. Buonaparte, fatigué de décimer le peuple françois, veut l'exterminer d'un seul coup. On espère, par la terreur des polices, obliger les citoyens à s'inscrire. Des comités de réforme ne sont établis que par une nouvelle dérision, comme les anciennes commissions de la liberté de la presse et de la liberté individuelle auprès du sénat. Heureusement, sire, des faits matériels et des influences morales contribueront à diminuer le danger de cette désastreuse conscription. Il ne reste que très-peu de fusils dans les arsenaux de la France : par suite de l'invasion de l'année dernière, plusieurs manufactures d'armes ont été démontées ou détruites. Des piques seroient susceptibles d'être forgées assez vite pour être mises aux mains de la multitude ; mais cette arme offre peu de ressource, et l'on ne veut pas sans doute renouveler le décret pour la formation des compagnies en blouse bleue, en *braccha*, en bonnet gaulois. Quant à cette valeur, qui supplée chez les François à toutes les armes, il est certain que les gardes nationales ne l'emploieront point contre Votre Majesté. Toute la force morale de la France et le torrent de l'opinion sont absolument pour le roi. Dans beaucoup de départements la garde nationale ne se lèvera point, ou ne se formera qu'avec une difficulté extraordinaire ; enfin, le citoyen opprimé par le militaire se laissera moins subjuguer si on lui donne des armes ; et Buonaparte, au lieu de fondre un peuple qui le hait dans une armée qu'il séduit, perdra peut-être une soldatesque dévouée dans une population ennemie.

Pour contre-balancer ce grand arrêt de mort, on devoit s'attendre à quelque mesure philanthropique. Aussi Buonaparte, qui demande la vie de deux millions de François, s'attendrit sur le sort des habitants de la Bourgogne et de la Champagne. Il ne sauroit trop, il est vrai, dédommager les victimes de son ambition, puisque c'est lui qui attira les étrangers dans le cœur de la France ; qui les ramena, pour ainsi dire par la main, des plaines du Borysthène aux rives de la Loire : il est juste de secourir les malheureux qu'on a faits. Votre Majesté avoit mis à soulager les tristes victimes de l'usurpateur non la stérile ostentation d'un charlatan d'humanité, mais la bonté féconde d'un père. Votre auguste frère alloit, sire, dans les ruines des chaumières embrasées essuyer les larmes qu'il n'avoit pas fait répandre. La religion venoit au secours de ses œuvres charitables, et rouvroit dans tous les cœurs les sources de la pitié. Ce n'étoit point par des impôts pesants pour une autre partie du peuple qu'on secouroit le peuple ; le malheureux n'étoit point mis à contribution pour le malheureux ; l'humanité n'excluoit point la justice.

Sire, vous aviez tout édifié et Buonaparte a tout détruit. Vos lois abolissoient la conscription et la confiscation ; elles ne permettoient ni l'exil, ni l'emprisonnement arbitraire ; elles laissoient aux représentants du peuple le soin d'asseoir les contributions ; elles assuroient, avec un droit égal aux honneurs, la liberté civile et politique. Buonaparte paroît, et la conscription recommence, et les fortunes sont violées. La chambre des pairs et celle des députés sont dissoutes. L'impôt est changé, modifié, dénaturé par la volonté d'un seul homme ; les grâces accordées aux défenseurs de la patrie sont rappelées ou du moins contestées. Votre maison civile et militaire est condamnée ; un décret oblige quiconque a rempli des fonctions ministérielles à s'éloigner de

Paris, à prêter un serment, sous peine de prendre contre les contrevenants telle mesure qu'il appartiendra : mots vagues qui laissent le plus libre champ à l'arbitraire. Le tyran reprend ainsi une à une les victimes auxquelles il promettoit oubli et repos dans ses premières proclamations. On compte déjà de nombreux séquestres, des arrestations, des exils, des lois de bannissement; treize victimes sont portées sur une liste de mort. Sire... vous-même vous êtes proscrit, vous et les descendants de Henri IV, et la fille de Louis XVI ! Vous ne pourriez dans ce moment sans courir le risque de la vie mettre le pied sur cette terre où vous fîtes tant de bien, où vous essuyâtes tant de larmes, où vous rendîtes tant d'enfants à leurs pères, où vous ne répandîtes pas une goutte de sang, où vous apportâtes la paix et la liberté! Quand Votre Majesté, après vingt-trois ans de malheurs, remonta sur le trône de ses aïeux, elle trouva devant elle les juges de son frère. Et ces juges vivent! et vous leur avez conservé avec la vie tous les droits du citoyen! Et ce sont eux qui rendent aujourd'hui contre votre personne sacrée, contre votre auguste famille, contre vos serviteurs fidèles, des arrêts de mort et de proscription! Et tous ces actes où la violence, l'injustice, l'hypocrisie, le disputent à l'ingratitude, sont rendus au nom de la liberté!

§ II.

Extérieur.

La politique extérieure de Buonaparte offre les mêmes contradictions de conduite et de langage : tout étant faux dans sa puissance, tout étant en opposition avec son caractère, tout doit être faux dans ce qu'il dit et dans ce qu'il fait. Maintenant il veut tromper le monde entier, et il tombera dans ses propres piéges. Votre Majesté pénétrera, dans sa haute sagesse, les motifs qui le font agir, lorsque j'essayerai de développer l'esprit du gouvernement actuel de l'usurpateur et de montrer l'homme derrière le masque : à présent je ne m'occupe que des faits.

Le but de Buonaparte est d'endormir les puissances au dehors par des protestations de paix, comme il cherche à tromper les François au dedans par le mot de liberté. Cette paix est la guerre, cette liberté est l'esclavage. D'un côté il offre d'exécuter le traité de Paris, de l'autre il ne soutient l'esprit de son armée qu'en lui promettant la Belgique, les limites *naturelles* du Rhin, et cette belle Italie, objet de ses prédilections filiales. Le ministre des affaires étrangères de Buonaparte fait dans le *Moniteur* de singuliers raisonnements : « Son maître, dit-il, propose de tenir le traité de Paris. Les puissances alliées, pour toute réponse, font marcher leurs armées. Or, si les puissances n'en vouloient qu'à un seul homme, comme elles le prétendent, elles n'auroient pas besoin de six cent mille soldats pour l'attaquer. Donc, conclut M. le duc de Vicence, c'est au peuple françois qu'elles font la guerre. » Mais si ces puissances acceptent le traité de Paris avec Louis XVIII, et si elles le rejettent avec Buonaparte, n'est-il pas clair qu'un seul homme fait ici toute la différence, et qu'elles n'en veulent réellement qu'à un seul homme ?

Les puissances alliées n'ont pas le droit de s'immiscer dans les affaires de France. Non, et elles déclarent elles-mêmes qu'elles ne prétendent point régler nos institutions politiques. Mais quand les François, opprimés par une faction, voient reparoître à leur tête l'ennemi du genre humain, l'homme qui a porté le fer et la flamme chez toutes les nations de l'Europe, n'est-ce pas le devoir des souverains d'écarter le nouveau péril qui les menace ? Qui peut se fier à la parole de Buonaparte ? Qui croira à ses serments ? Par ses protestations pacifiques, il ne veut que gagner du temps et rassembler ses légions.

Convient-il à la France elle-même, convient-il aux États voisins de laisser subsister au centre du monde civilisé une poignée de militaires parjures, qui, maîtrisant jusqu'à l'armée, disposent à leur gré du sceptre de saint Louis, le donnent et le reprennent au gré de leur caprice ? Quoi ! un souverain légitime pourra être arraché des bras de son peuple par une horde de janissaires ! Quoi ! tous les gouvernements pourront être mis en péril, sans qu'on ait le droit de chercher à arrêter ces violences ! Ce qui se fait sans inconvénient pour l'Europe chez les corsaires de l'Afrique peut-il s'accomplir également chez les François sans danger pour l'ordre social ? Ne doit-on pas prendre contre les mœurs et les mamelucks de la moderne Égypte autant de précautions que contre la peste qui nous vient de ce pays ? Les souverains de la Russie, de l'Allemagne, de l'Angleterre, de l'Espagne, du Portugal, de la Sicile, de la Suède, du Danemark, consentiront-ils à recevoir, par droit d'exemple, la couronne de la main de leurs soldats ? Enfin, les nations qui chérissent les lois, la paix, la liberté, sont-elles décidées à mettre tous ces biens sous la protection du despotisme militaire ?

Si Buonaparte étoit aussi pacifique que ses ministres nous l'annoncent, feroit-il tous les jours des actes d'agression contre les cours étrangères? Il s'efforce, mais en vain, de rendre infidèles à leur patrie les régiments suisses; il promet la demi-solde aux officiers belges qui ont cessé d'être sujets de la France; il insulte le noble souverain qui, lui-même éprouvé par le malheur, a reçu si généreusement son illustre compagnon d'infortune. Buonaparte se flatte d'être aimé dans la Belgique; il se trompe, il y est détesté. Ses conscriptions, ses gardes d'honneur, ses persécutions religieuses, l'ont rendu un objet d'horreur pour les habitants de ces belles provinces.

Sire, je sens trop combien tout ce que je viens de dire est déchirant pour votre cœur. Nous partageons dans ce moment votre royale tristesse. Il n'y a pas un de vos conseillers et de vos ministres qui ne donnât sa vie pour prévenir l'invasion de la France. Sire, vous êtes François, nous sommes François! Sensibles à l'honneur de notre patrie, fiers de la gloire de nos armes, admirateurs du courage de nos soldats, nous voudrions, au milieu de leurs bataillons, verser jusqu'à la dernière goutte de notre sang pour les ramener à leur devoir, ou pour partager avec eux des triomphes légitimes. Nous ne voyons qu'avec la plus profonde douleur les maux prêts à fondre sur notre pays; nous ne pouvons nous dissimuler que la France ne soit dans le plus imminent danger: Dieu ressaisit le fléau qu'avoient laissé tomber vos mains paternelles, et il est à craindre que la rigueur de sa justice ne passe la grandeur de votre miséricorde! Ah! sire, à la voix de Votre Majesté, les étrangers, respectant le descendant des rois, l'héritier de la bonne foi de saint Louis et de Louis XII, sortirent de la France! Mais si les factieux qui oppriment vos sujets prolongeoient leur règne, si vos sujets, trop abattus, ne faisoient rien pour s'en délivrer, vous ne pourriez pas toujours suspendre les calamités qu'entraîne la présence des armées. Du moins votre royale sollicitude s'est déjà assurée par des traités qu'on respectera l'intégrité du territoire françois, qu'on ne fera la guerre qu'à un seul homme. Vous êtes encore accouru au secours de votre peuple, et vous avez transformé en amis généreux ceux qui auroient pu se montrer ennemis implacables.

§ III.

Reproches faits au gouvernement royal.

Tromper la France et l'Europe est donc le premier moyen employé par Buonaparte pour fonder sa nouvelle puissance; le second est de calomnier le gouvernement royal. Parmi les reproches faits au ministère de Votre Majesté, plusieurs sont appuyés sur des faits évidemment faux; un grand nombre sont absurdes. Quelques-uns ont un côté vrai, à les considérer isolément, et non dans l'ensemble des choses.

Buonaparte assure que le domaine extraordinaire ayant été dissipé par le gouvernement royal, il compte le remplacer *par des biens* en France, qui serviront à la donation de qui il appartiendra.

Le domaine extraordinaire et le domaine privé représenteroient à peu près la somme de 480 millions. Sur cette somme totale, 150 ou 157 millions du domaine extraordinaire, et 100 millions du domaine privé, ont servi dans le dernier budget à payer les dettes de l'État, ou plutôt ont été portés en déduction de ces dettes. Étoit-ce le roi qui les avoit contractées, ces dettes? Étoit-il le dévastateur ou le réparateur de l'État?

150 millions dus par les puissances étrangères entroient dans le calcul des 480 millions du domaine extraordinaire. Les alliés sont venus chercher en France la quittance de ces 150 millions; et ce n'est pas encore le roi qui l'a donnée, puisque c'est Buonaparte qui a conduit les étrangers à Paris. Voilà donc plus de 400 millions du domaine extraordinaire qui ont nécessairement disparu, et dont votre ministère ne peut être responsable.

Les 100 millions restants du domaine extraordinaire se composoient de l'emprunt de Saxe, montant de 13 à 17 millions; de 15 ou 20 millions sur le Mont-Napoléon de Milan; de quelques millions sur le Mont-Napoléon de Naples; de cent dix actions sur les canaux; de quelques millions sur les salines du Peccais; de plusieurs maisons; des sommes dues par la famille de Buonaparte et par différents particuliers; les billets des débiteurs, entre autres un billet de Jérôme Buonaparte pour la somme d'un million, sont demeurés avec les valeurs ci-dessus énoncées dans la caisse du domaine extraordinaire. La seule somme prélevée par le ministère de Votre Majesté sur le domaine extraordinaire est une somme de 8 millions en effets sur la place, appliquée aux réparations du Louvre, à celles de Versailles et à l'achat de plusieurs maisons sur le Carrousel. De ces 8 millions, 4 seulement avoient été dépensés à l'époque du 20 mars.

Dénué des documents qui pourroient donner à ces calculs une précision rigoureuse, il se peut faire que des erreurs se soient glissées dans le résultat que j'offre ici à Votre Majesté; mais ces erreurs ne sont ni graves ni nombreuses, et cet aperçu général suffit pour prouver la mauvaise foi et détruire les calomnies de Buonaparte.

Quant au séquestre mis sur les biens de la famille de Buonaparte, entre les raisons d'État, trop évidentes aujourd'hui, qui obligeoient le ministère de faire apposer promptement ce séquestre, on vient de voir que la famille de Buonaparte devoit plusieurs millions à la France : les billets de ces dettes se trouvoient à la caisse du domaine extraordinaire, et représentoient une valeur empruntée à ce domaine. La saisie des biens des débiteurs absents étoit une conséquence nécessaire des sommes qu'ils devoient à l'État.

Pour parler sans doute aux passions de la dernière classe du peuple, on a prétendu que les diamants de la couronne étoient une propriété de l'État.

Si quelque chose appartient aux Bourbons, héritiers des Capets et des Valois, ce sont des diamants achetés de leurs propres deniers, et par cette raison même appelés *joyaux de la couronne*. Le plus beau de ces joyaux, le Régent, offre dans son nom seul la preuve incontestable qu'il étoit une propriété particulière. Je ne parle pas, sire, du droit que vous avez, et que consacre la Charte, de prendre toute mesure nécessaire au salut de l'État dans les temps de crise : mettre à couvert les richesses qui peuvent tomber entre les mains de l'ennemi est pour le roi un de ses devoirs les plus impérieux. Loin donc de faire un crime aux ministres de Votre Majesté d'avoir soustrait à Buonaparte les propriétés de l'État, on pourroit plutôt leur reprocher de lui avoir laissé 30 millions en espèces, et 42 millions en effets. Dans une pareille circonstance, Buonaparte auroit-il manqué de vider le trésor public et même de spolier la Banque? Bien plus, son gouvernement n'essaya-t-il pas l'année dernière d'emporter aussi les diamants de la couronne? Tous ces reproches sont donc un mélange de dérision et d'absurdité. Votre ministère, en laissant à Buonaparte 72 millions, pourroit être accusé d'un excès de bonne foi; mais ce sont là de ces fautes que commet la probité et que la conscience absout.

On a voulu dire que le gouvernement royal, infidèle à la Charte et à ses promesses, avoit tourmenté les acquéreurs de domaines nationaux. Pour prendre connoissance de ces prétendus délits, une commission a été nommée par Buonaparte. Quel a été le résultat de ses recherches?

Le gouvernement royal méconnoissoit, dit-on, la gloire de l'armée! Qui a plus admiré nos guerriers que les Bourbons? qui les a plus noblement récompensés? Qu'il me soit permis de rappeler que dans un écrit publié sous les yeux de Votre Majesté, écrit qu'elle a daigné honorer de sa sanction royale, j'ai parlé des sentiments et des triomphes de notre armée avec une justice qui a paru exciter la reconnoissance du soldat[1]. Faut-il se repentir de ces éloges? Non, sire, l'infidélité de quelques chefs et la foiblesse d'un moment ne peuvent effacer tant de gloire : les droits de l'honneur sont imprescriptibles, malgré les fautes passagères qui peuvent en ternir l'éclat.

Enfin, sire, vient la grande accusation de despotisme. Le despotisme des Bourbons! Ces deux mots semblent s'exclure. Et c'est Buonaparte qui accuse Louis XVIII de despotisme! Il faut bien compter sur la stupidité ou sur la perversité des hommes pour avancer des calomnies aussi grossières. Les plus audacieux mensonges ne coûtent rien à l'usurpateur; il ne rougit point de tomber dans les contradictions les plus manifestes; car en même temps qu'il représente le gouvernement royal comme violent et tyrannique, il lui reproche l'incapacité et la foiblesse.

Étoit-il tyrannique, le gouvernement qui craignoit si fort de blesser les lois qu'il a mieux aimé s'exposer aux plus grands périls que d'employer l'autorité arbitraire pour arrêter des conspirateurs? Étoit-il tyrannique, le gouvernement qui, armé de la loi de la censure, laissoit publier contre lui les écrits les plus séditieux?

A-t-on vu sous le règne de Louis XVIII, comme sous celui de Buonaparte, plus de sept cents personnes retenues dans les prisons après avoir été acquittées par les tribunaux?

Le roi a-t-il cassé les décisions des jurés? Le général Exelmans a-t-il été arrêté depuis le jugement qui déclaroit son innocence? Si les généraux d'Erlon et Lallemant avoient tenté sous Buonaparte ce qu'ils ont fait sous le roi, vivroient-ils encore?

Quoi, sire, vous avez pardonné non-seulement toutes les fautes, mais encore tous les crimes! Après tant de malheurs, tant de souvenirs amers, tant de sujets de vengeance, un généreux oubli a tout effacé! Vous avez reçu dans votre palais et ceux qui vous avoient servi et ceux qui vous avoient offensé ; vous n'avez fait aucune distinction entre le fils innocent et le fils repentant; vous avez réalisé dans toute son étendue, dans toute sa simplicité la touchante parabole de l'enfant prodigue, et on ose parler de la tyrannie des Bourbons!

Ah, sire, quand tout le peuple rassemblé sous vos fenêtres, la veille de votre départ, témoignoit, tantôt par sa morne tristesse, tantôt par ses cris d'amour, combien il chérissoit son père; quand les paysans de l'Artois et de la Flandre vous suivoient en vous comblant de bénédictions, ce n'étoit pas un tyran qu'ils pleuroient! Que le fils que vous avez privé de son père, que le citoyen que vous avez dépouillé se lève

---

1. Voyez, ci-dessus, les *Réflexions politiques.*

et vous accuse. Buonaparte osera-t-il porter le même défi à la France?

Mais, sire, vos ministres n'étoient pas de bonne foi : ils vouloient détruire la Charte. Le nouveau gouvernement de la France, employant les moyens les plus odieux pour attaquer le gouvernement royal, a fait rechercher soigneusement tous les papiers qui pouvoient accuser celui-ci. On a trouvé dans une armoire secrète de l'appartement d'un de vos ministres des lettres qui devoient révéler d'importants mystères. Eh bien, qu'ont-elles appris au public, ces lettres confidentielles, inconnues, cachées, qu'on a eu la maladresse de publier (car la passion fait aussi des fautes, et les méchants ne sont pas toujours habiles)? Elles ont appris que vos ministres, différant entre eux sur quelques détails, étoient tous d'accord sur le fond; qu'ils pensoient qu'on ne pouvoit régner en France que par la Charte et avec la Charte, et que les François aimant et voulant la liberté, il falloit suivre les mœurs et les opinions du siècle.

Si nous possédions les papiers secrets de Buonaparte, il est probable que nous y trouverions des révélations d'une tout autre nature.

Oui, sire, et c'est ici l'occasion d'en faire la protestation solennelle : tous vos ministres, tous les membres de votre conseil sont inviolablement attachés aux principes d'une sage liberté; ils puisent auprès de vous cet amour des lois, de l'ordre et de la justice, sans lesquels il n'est point de bonheur pour un peuple. Sire, qu'il nous soit permis de vous le dire avec le respect profond et sans bornes que nous portons à votre couronne et à vos vertus : Nous sommes prêts à verser pour vous la dernière goutte de notre sang, à vous suivre au bout de la terre, à partager avec vous les tribulations qu'il plaira au Tout-Puissant de vous envoyer, parce que nous croyons devant Dieu que vous maintiendrez la constitution que vous avez donnée à votre peuple; que le vœu le plus sincère de votre âme royale est la liberté des François. S'il en avoit été autrement, sire, nous serions toujours morts à vos pieds pour la défense de votre personne sacrée, parce que vous êtes notre seigneur et maître, le roi de nos aïeux, notre souverain légitime ; mais, sire, nous n'aurions plus été que vos soldats, nous aurions cessé d'être vos conseillers et vos ministres.

Sire, un roi qui peut écouter un pareil langage n'est pas un tyran; ceux à qui votre magnanimité permet de tenir ce langage ne sont pas des esclaves. Avec la même sincérité, sire, nous avouerons que votre ministère a pu tomber dans quelques méprises. Quel est le gouvernement établi au milieu d'une invasion étrangère, du choc de tous les intérêts, des cris de toutes les passions, qui n'eût pas commis de plus graves erreurs? Le gouvernement usurpateur vient de nous donner une leçon utile : il n'a pas perdu un moment pour éloigner des préfectures et des tribunaux les hommes qu'il a présumés ennemis de son autorité ou indifférents à sa cause ; il a pensé qu'un magistrat qui le matin avoit administré dans un sens ne pouvoit pas le soir administrer dans un autre : il ne faut jamais placer un homme entre la honte et le devoir, et le forcer, pour éviter l'une, à trahir l'autre.

Si le ministère de Votre Majesté n'a pas suivi rigoureusement ce principe, c'étoit pour s'attacher plus scrupuleusement à la lettre de vos proclamations royales, qui, par une bonté infinie, promettoient à tous les François la conservation de leurs places et de leurs honneurs. Ainsi, ce n'est pas le défaut de sincérité, c'est toujours le trop de bonne foi qu'il faudroit reprocher à vos ministres.

Éviter les excès de Buonaparte, ne pas trop multiplier, à son exemple, les actes administratifs, étoit une pensée sage et utile. Cependant, depuis vingt-cinq ans les François s'étoient accoutumés au gouvernement le plus actif que l'on ait jamais vu chez un peuple : les ministres écrivoient sans cesse ; les ordres partoient de toutes parts : chacun attendoit toujours quelque chose ; le spectacle, l'acteur, le spectateur, changeoient à tous les moments. Quelques personnes semblent donc croire qu'après un pareil mouvement, détendre trop subitement les ressorts seroit dangereux. C'est, disent-elles, laisser des loisirs à la malveillance, nourrir les dégoûts, exciter des comparaisons inutiles. L'administrateur secondaire, accoutumé à être conduit dans les choses même les plus communes, ne sait plus ce qu'il doit faire, quel parti prendre. Peut-être seroit-il bon, dans un pays comme la France, si longtemps enchanté par les triomphes militaires, d'administrer vivement dans le sens des institutions civiles et politiques, de s'occuper ostensiblement des manufactures, du commerce, de l'agriculture, des lettres et des arts. De grands travaux commandés, de grandes récompenses promises, des distinctions éclatantes accordées aux talents, des prix, des concours publics, donneroient une autre tendance aux mœurs, une autre direction aux esprits : le génie du prince, particulièrement formé pour le règne des arts, répandroit sur eux un éclat immortel. Certains de trouver dans leur roi le meilleur juge, le politique le plus habile, l'homme d'État le plus instruit, les François ne craindroient plus d'embrasser une nouvelle carrière ; les triomphes de la paix leur feroient oublier les succès de la guerre ; ils croiroient n'avoir rien perdu en changeant laurier pour laurier, gloire pour gloire.

Votre ministère, malgré sa vigilance, ses soins, son attention de tous les moments, n'a pu prévenir ce qui étoit hors de sa puissance :

quelques vanités ont choqué quelques vanités. Il est bien essentiel de soigner, en France, cet amour-propre si dangereux et si susceptible ; si on le satisfait à peu de frais, il s'aigrit pour peu de chose ; et de cette source misérable peuvent encore renaître d'épouvantables révolutions. Mais les ministres établis pour diriger les affaires humaines ne peuvent pas toujours régler les passions des hommes.

Enfin, sire, vous vous apprêtiez à couronner les institutions dont vous aviez posé la base, en attendant dans votre sagesse l'instant propre à l'accomplissement de vos projets. Vous saviez qu'en politique il ne faut rien précipiter ; vous vous étiez donné quelque temps pour essayer nos mœurs, connoître l'esprit public, étudier les changements que la révolution et vingt-cinq années d'orages avoient apportés dans le caractère national. Suffisamment instruit de toutes ces choses, vous aviez déterminé une époque pour le commencement de la pairie héréditaire ; le ministère eût acquis plus d'unité ; les ministres seroient devenus membres des deux chambres, selon l'esprit même de la Charte ; une loi eût été proposée afin qu'on pût être élu membre de la chambre des députés avant quarante ans, et que les citoyens eussent une véritable carrière politique. On alloit s'occuper d'un code pénal pour les délits de la presse, après l'adoption de laquelle loi la presse eût été entièrement libre ; car cette liberté est inséparable de tout gouvernement représentatif. On avoit d'ailleurs reconnu l'inutilité ou plutôt le danger d'une censure, qui, n'empêchant pas le délit, rendoit les ministres responsables des imprudences des journaux.

Dieu a ses voies impénétrables et ses jugements imprévus ; il a voulu suspendre un moment le cours des bénédictions que Votre Majesté répandoit sur ses sujets. De ces Bourbons, qui avoient ramené le bonheur dans notre patrie désolée, il ne reste plus en France que les cendres de Louis XVI ! Elles règnent, sire, dans votre absence ; elles vous rendront votre trône comme vous leur avez rendu un tombeau.

Mais, au milieu de tant d'afflictions, combien aussi de consolations pour le cœur de Votre Majesté ! L'amour et les regrets de tout un peuple vous suivent et vous accompagnent ; des prières s'élèvent de toutes parts pour vous vers le ciel ; votre retraite d'un moment est une calamité publique. Je vois autour de leur roi les vieux compagnons de son infortune, ces vétérans de l'exil et du malheur, qui sont revenus à leur poste ; j'aperçois ces grands capitaines, si chers à l'armée, qu'ils n'ont jamais conduite que dans les sentiers de l'honneur, vrais représentants de la valeur françoise et de la foi militaire. D'autres maréchaux, qui n'ont pu suivre vos pas, ont refusé de violer les serments qu'ils vous avoient faits, plus glorieux dans leur repos que lorsqu'ils triomphoient sur les champs de bataille. Une foule de généraux, de colonels, d'officiers et de soldats, déposent aussi des armes qu'ils ne peuvent plus porter pour leur roi. Les gardes nationales du royaume, celles de Paris à leur tête, expriment leur douleur par le silence de leurs rangs incomplets et déserts, et rappellent de tous leurs vœux le père qu'ils gardoient, le noble chef que vous leur aviez donné. Dans les emplois civils, dans la magistrature, Votre Majesté a pareillement trouvé une multitude de sujets fidèles : les uns ont quitté leurs places, les autres ont refusé d'humiliantes faveurs. Il s'est rencontré des hommes qui, se croyant négligés, auroient pu être tentés de suivre une autre fortune; et pourtant ils n'ont point trahi le devoir : ainsi, dans ces jours d'épreuve, l'honneur, comme la honte, a eu ses triomphes et ses surprises.

Parmi vos ministres, sire, les uns ont été assez heureux pour s'attacher à vos pas, les autres pour souffrir sous la main de Buonaparte. Les chefs les plus habiles de leurs administrations ont imité leur exemple : plus leurs talents sont éminents, plus ils sont heureux de les consacrer à Votre Majesté et de les refuser à l'usurpateur.

Le clergé n'a point perdu l'habitude des persécutions : reprenant avec joie sa croix nouvelle, il refuse à l'impie cette touchante prière qui demande au ciel le salut du roi. Les deux chambres, qui conservoient avec Votre Majesté le dépôt sacré de la liberté publique, l'ont courageusement défendue. Rome, dans le siècle des Fabricius, eût nommé avec orgueil un citoyen tel que le président de la chambre des députés. Sa proclamation, sa protestation, au sujet des avis de M. le duc d'Otrante, resteront, sire, comme un monument de votre règne et des nobles sentiments que vous savez inspirer.

Ajoutons, sire, que votre famille vient d'attacher à votre couronne une nouvelle gloire. Si Monsieur, votre digne frère, si Mgr le duc de Berry, si Mgr le duc d'Orléans, placés dans des circonstances pénibles, n'ont pu rallier une foule désarmée, ils ont montré, au milieu des trahisons et des perfidies, l'élévation, le courage, la loyauté naturels au sang des Bourbons. Ne croit-on pas voir et entendre le Béarnois lorsque Mgr le duc de Berry, sortant des portes de Béthune, se précipitant au-devant d'une troupe de rebelles, les appelant à la fidélité ou au combat, les trouvant sourds à sa voix, répond à ceux qui l'invitoient à faire un exemple : « *Comment voulez-vous frapper des gens qui ne se défendent pas ?* »

L'entreprise héroïque de Mgr le duc d'Angoulême prendra son rang parmi les hauts faits d'armes de notre histoire. Sagesse et audace du plan, hardiesse d'exécution, tout s'y trouve. Le prince, jusque alors éloigné des champs de bataille par la fortune, se précipite sur la gloire aussitôt qu'il l'aperçoit, et la ressaisit comme une portion du patrimoine de ses pères : mais la trahison arrête un fils de France aux mêmes lieux où elle avoit laissé passer Buonaparte. Que de malheurs Mgr le duc d'Angoulême eût évités à notre patrie s'il avoit pu arriver jusqu'à Lyon! Un soldat rebelle, qui avoit vu ce prince au milieu du feu, disoit, en admirant sa valeur : « *Encore une demi-heure, et nous allons crier vive le roi!* »

Mais que dire de la défense de Bordeaux par Madame? Non, ce n'étoient pas des François que les hommes qui ont pu tourner leurs armes contre la fille de Louis XVI! Quoi! c'est l'orpheline du Temple, celle qui a tant souffert par nous et pour nous, celle à qui nous ne pouvons jamais offrir trop d'expiations, d'amour et de respects, que l'on vient de chasser à coups de canon de sa terre natale! Grand Dieu! et pour mettre à sa place l'assassin du duc d'Enghien, le tyran de la France et le dévastateur de l'Europe! Les balles ont sifflé autour d'une femme, autour de la fille de Louis XVI! Si elle rentre en France, on lui appliquera les décrets contre les Bourbons, c'est-à-dire qu'on la traînera à l'échafaud de son père et de sa mère! Elle a paru, au milieu de ces nouveaux périls, telle qu'elle se montra, dans sa première jeunesse, au milieu des assassins et des bourreaux. Fille de France, héritière de Henri IV et de Marie-Thérèse, nourrie de tribulations et de larmes, éprouvée par la prison, les persécutions et les dangers, que de raisons pour savoir mépriser la vie! Je ne voudrois en preuve de la réprobation du gouvernement de Buonaparte que d'avoir laissé insulter Mme la duchesse d'Angoulême; la représenter baisant les mains des soldats pour les engager à rester fidèles, l'appeler une *femme furieuse*, à l'instant où ses vertus, ses malheurs et son courage excitoient l'admiration de toute la terre, c'est se condamner au mépris comme à l'exécration du genre humain.

§ IV.

Esprit du gouvernement.

Sire, les empires se rétablissent autant par la mémoire des choses passées que par le concours des faits présents. Les souvenirs que Votre Majesté et son auguste famille ont laissés en France vous y préparent un prompt retour. Mais il est encore d'autres causes qui rendent la chute de Buonaparte infaillible. Je ne parle pas de la guerre étrangère, elle suffiroit seule pour le renverser ; je parle des principes de mort qui existent dans son gouvernement même : c'est par l'examen de la nature et de l'esprit de son gouvernement que je terminerai ce rapport.

A peine, sire, votre retraite momentanée eut-elle suspendu le règne des lois, que votre royaume se vit menacé d'une alliance hideuse entre le despotisme et la démagogie : on promit à vos peuples une liberté d'une espèce nouvelle. Cette liberté devoit naître au champ de mai, le bonnet rouge et le turban sur la tête, le sabre du mamelouck et la hache révolutionnaire à la main, entourée des ombres de ces milliers de victimes sacrifiées sur les échafauds, dans les campagnes brûlantes de l'Espagne, dans les déserts glacés de la Russie : le marchepied de son trône eût été le corps sanglant du duc d'Enghien, et son étendard la tête de Louis XVI.

Buonaparte, rentré en France, a senti qu'il ne pouvoit régner dans le premier moment par les principes qui avoient contribué à précipiter sa chute. Le gouvernement du roi avoit répandu une si grande liberté, qu'on ne pouvoit se jeter tout à coup dans l'arbitraire sans révolter les esprits. Le roi, tout absent qu'il étoit, forçoit le tyran à ménager les droits du peuple ; bel hommage rendu à la légitimité ! D'une autre part, l'homme que l'on avoit vu tremblant sous les pieds des commissaires étrangers qui le conduisoient comme un malfaiteur à l'île d'Elbe, n'étoit plus aux yeux de la nation le vainqueur d'Austerlitz et de Marengo ; il ne pouvoit plus commander de par la Victoire. Déjà contenu dans ses excès par la nouvelle direction de l'opinion publique, il trouvoit encore devant lui des hommes disposés à lui disputer le pouvoir.

Ces hommes étoient d'abord ceux qu'on peut appeler les républicains de bonne foi : délivrés des chaînes du despotisme et des lois de la monarchie, ils désiroient garder cette indépendance républicaine impossible en France, mais qui du moins est une noble erreur. Venoient ensuite ces furieux qui composoient l'ancienne faction des Jacobins. Humiliés de n'avoir été sous l'empire que des espions de police d'un despote, ils étoient résolus à reprendre pour leur propre compte cette liberté de crimes dont ils avoient cédé pendant quinze années le privilége à un tyran.

Mais ni les républicains, ni les révolutionnaires, ni les satellites de Buonaparte, n'étoient assez forts pour établir leur puissance séparée, ou pour se subjuguer les uns les autres. Menacés au dehors d'une invasion formidable, poursuivis au dedans par l'opinion publique, ils comprirent que s'ils se divisoient, ils étoient perdus. Afin d'échapper au danger, ils ajournèrent leurs querelles : les uns apportoient à la défense commune leurs systèmes et leurs chimères ; les autres, leur contingent de terreur, de tyrannie et de perversité. Il est probable qu'ils n'étoient pas de bonne foi dans ce pacte effrayant ; chacun se promit en secret de le tourner à son avantage aussitôt que le péril seroit passé, et chacun chercha d'avance à s'assurer de la victoire.

Dans les premiers jours, les indépendants semblèrent être les plus forts, et Buonaparte paroissoit subjugué. Il s'étoit vu forcé d'appeler aux premières places de l'État des hommes qu'intérieurement il déteste : il en coûte à son orgueil d'obéir à ceux qu'il avoit condamnés à le servir ou à se taire. Au commencement du consulat, il fut de même obligé de feindre des sentiments qui n'étoient pas dans son cœur ; mais il sapa peu à peu les fondements de l'édifice qu'il avoit élevé ; à mesure que ses forces croissoient, il se débarrassoit de quelques principes et de quelques hommes. Le tribunat fut d'abord épuré, ensuite détruit ; il ne conserva que deux corps politiques, subjugués par la terreur, l'un pour lui livrer l'or, l'autre pour lui prodiguer le sang de la France.

Il suit aujourd'hui la même route : il n'embrasse la liberté que pour l'étouffer. L'assemblée du champ de mai est sa grande machine. A la faveur d'un spectacle nouveau, de ces scènes préparées d'avance, qu'il joue d'une manière si habile, au milieu des cris des soldats, il espère obtenir une levée en masse, ou, ce qui revient au même, faire décréter la marche de toutes les gardes nationales du royaume : ce qu'il veut avant tout, ce sont les moyens de la victoire ; quand il l'aura obtenue, il jettera le masque, se rira de la constitution qu'il aura jurée, et reprendra à la fois son caractère et son empire. Aujourd'hui, avant le succès, les mameloucks sont jacobins ; demain, après le succès, les jacobins deviendront mameloucks : Sparte est pour l'instant du danger, Constantinople pour celui du triomphe.

Il étoit impossible que les gens habiles dont Buonaparte est environné ne devinassent pas sa pensée ; mais comment le prévenir ? D'un côté, ils ne veulent plus le tyran pour maître ; de l'autre, ils en ont encore besoin pour général ; ils redoutent ses triomphes, et ses triomphes leur sont nécessaires ; il faut qu'ils se défendent contre l'Europe, et Buonaparte seul peut les défendre. Dans cette position désespérée, liés, associés avec lui par la force des événements, ils avoient conçu l'espoir de l'enchaîner si fortement qu'il seroit hors d'état de leur nuire quand la guerre lui auroit rendu des forces. Ils retomboient ainsi dans l'erreur où ils étoient déjà tombés au commencement du consulat ; ils croyoient de nouveau dominer Buonaparte par l'ascendant d'une république, quoiqu'ils dussent être détrompés par l'expérience. Pleins de cette pensée, ils laissoient quelques enfants perdus presser les mesures révolutionnaires : les bonnets rouges avoient reparu; on entendoit chanter *la Marseilloise;* un club établi à Paris correspondoit et correspond encore avec d'autres clubs dans les provinces; on annonçoit la résurrection du *Journal des Patriotes.* On oublioit que le peuple est las, que tout tend aujourd'hui au repos, comme en 1793 tout tendoit au mouvement : les déclamations, les formes, les enseignes révolutionnaires, que l'on essayoit de reproduire, ayant cessé d'être l'expression d'une opinion réelle, ne sont plus que la révoltante parodie d'une tragédie épouvantable. Et quelle confiance pourroient inspirer aujourd'hui les hommes de 1793? Ne sait-on pas ce qu'ils entendent par la liberté, l'égalité, les droits de l'homme? Sont-ils plus moraux, plus sincères, plus sages après leurs crimes qu'avant leurs crimes? Est-ce parce qu'ils se sont souillés de tous les excès qu'ils sont devenus capables de toutes les vertus? On n'abdique pas le crime aussi facilement qu'on abdique une couronne; et le front que ceignit l'affreux diadème en conserve des marques ineffaçables.

Toutefois, sire, ces graves considérations n'arrêtoient pas les partis en France. Il ne s'agissoit pas pour eux de savoir ce qui étoit possible dans l'avenir, mais d'obéir à ce que le présent commandoit : ainsi quelques hommes se berçoient toujours du projet d'une constitution républicaine. Il paroît qu'on avoit conçu la pensée de faire descendre Buonaparte du haut rang d'empereur à la condition modeste de généralissime ou de président de la république. Juste punition de son orgueil ! il ne seroit sorti de l'île d'Elbe avec tous ses projets d'ambition, de grandeur, de dynastie, que pour humilier sa pourpre, ses faisceaux, ses aigles, ses victoires devant d'insolents citoyens. Le bonnet rouge apprit à Buonaparte à porter des couronnes; le bonnet rouge dont on charge aujourd'hui la tête de ses bustes lui annonce-t-il de nouveaux diadèmes? Non : c'est une vie qui s'accomplit, c'est le cercle qui se ferme : on ne recommence pas sa fortune.

Les républicains se promettoient la victoire ; tout sembloit favoriser leurs projets. On parloit de placer le prince de Canino au ministère de l'intérieur, le lieutenant général comte Carnot au ministère de la guerre, le comte Merlin à celui de la justice. Buonaparte, en apparence abattu, ne s'opposoit point à des mouvements révolutionnaires, qui en dernier résultat fournissoient des hommes à son armée. Il se laissoit même attaquer dans des pamphlets : on lui prêchoit, en le tutoyant, la liberté et l'égalité ; il écoutoit ces remontrances d'un air contrit et docile. Tout à coup, échappant aux liens dont on avoit cru l'envelopper, il renverse les barrières républicaines, et proclame de sa propre autorité non une constitution, mais un *Acte additionnel* aux constitutions de l'empire. Les citoyens seront appelés à consigner leurs votes touchant cet Acte sur des registres ouverts aux secrétariats des diverses administrations; et tout le travail de l'assemblée du champ de mai se réduira au dépouillement d'un scrutin.

Buonaparte gagne par cette publication deux points essentiels : supposant d'abord que rien n'est détruit dans ce qu'il appelle *ses constitutions*, il regarde l'empire comme existant; il évite les contestations sur son titre et sur sa réélection. Ensuite il se place hors de l'atteinte du champ de mai, puisqu'il soustrait l'Acte additionnel à l'acceptation des électeurs, et leur interdit par le fait toute discussion politique. Ainsi cette assemblée, à qui l'on attribuera peut-être le droit de voter la mort de deux millions de François, n'aura pas celui de décréter leur liberté.

Au reste, sire, la nouvelle constitution de Buonaparte est encore un hommage à votre sagesse : c'est, à quelques différences près, la Charte constitutionnelle. Buonaparte a seulement devancé, avec sa pétulance accoutumée, les améliorations et les compléments que votre prudence méditoit. Quelle simplicité de croire que s'il n'avoit rien à craindre de l'Europe, il respecteroit tout ce qu'il promet dans son Acte additionnel, qu'il laisseroit écrire tout ce qu'on voudra, qu'il n'exileroit, ne fusilleroit personne! Il en seroit de la chambre des pairs et de celle des députés comme il en a été du tribunat, du sénat et du corps Législatif.

Nous voyons, sire, dans le considérant de l'Acte additionnel que Buonaparte, s'occupant d'une grande *confédération* européenne (c'est-à-dire la conquête des États voisins), avoit ajourné la liberté de la France.

Il en est arrivé ce léger malheur, que quatre ou cinq millions de François morts pour le *système fédératif* n'ont pu jouir de la liberté que Buonaparte réservoit aux générations présentes. Que diront aujourd'hui ceux qui trouvoient mauvais que Votre Majesté s'intitulât *roi par la grâce de Dieu*, qu'elle eût gardé l'initiative des lois, qu'elle se fût réservé l'espace d'une année pour l'épuration des tribunaux et la nomination des juges à vie? L'Acte additionnel conserve ces dispositions. Que diront ceux qui oseroient blâmer le roi d'avoir donné la Charte de sa pleine autorité, au lieu de l'avoir reçue du peuple? Buonaparte imite cet exemple. — Mais il soumet sa constitution à l'acceptation de la nation ! A qui la soumet-il? à des citoyens qui iront s'inscrire sur un registre dans une municipalité. Si les votes sont peu nombreux, s'ils sont contre l'Acte additionnel, aura-t-on égard à ces oppositions? Qui vérifiera les signatures? N'en introduira-t-on pas sur les rôles autant que bon semblera? Qui osera réclamer? Comment l'assemblée du champ de mai s'assure-t-elle de la fidélité des maires, des sous-préfets, chargés de recueillir les votes, surtout lorsque les *commissaires extraordinaires* auront renouvelé les administrations d'un bout de la France à l'autre? Si quelque chose pouvoit ressembler à l'assentiment du peuple, ne seroit-ce pas celui des colléges électoraux au champ de mai? Et pourquoi interdit-on tout examen aux électeurs? Mais pourquoi me perdre moi-même dans cet examen inutile? Je raisonne comme s'il étoit encore question de régularité, de pudeur, de bonne foi : et l'acceptation de l'Acte est préjugée par un décret, et sa promulgation ordonnée d'avance!

Dans l'Acte additionnel je n'aperçois rien sur l'abolition de la confiscation des biens : je vois que la propriété n'est plus une condition nécessaire pour être élu membre de la chambre des représentants; que l'armée est appelée à donner son suffrage, que les anciennes constitutions, les sénatus-consultes ne sont point rapportés et deviennent comme des armes secrètes dans les arsenaux de la tyrannie.

Voilà Buonaparte tout entier : il se réserve la confiscation des biens, remet aux non-propriétaires la défense de la propriété, pose les principes du gouvernement militaire, et cache ses desseins dans les chaos de ses lois. Ceux qui chérissent sincèrement les idées libérales peuvent-ils supporter des choses aussi monstrueuses? Tout cela n'est-il pas un mélange de dérision et d'impudence? N'est-ce pas à la fois et dans le même moment reconnoître et violer un principe, admettre la souveraineté du peuple et s'en moquer? N'est-ce pas toujours montrer la même astuce, la même mauvaise foi, la même domination de caractère?

Oserai-je parler au roi du dernier article de l'Acte additionnel? Par cet article, le peuple françois cède tous ses droits à l'usurpateur, excepté celui de rappeler les Bourbons : donc si Buonaparte vouloit ouvrir à Votre Majesté les chemins de la France, il ne le pourroit plus; et si, d'un autre côté, le peuple vouloit vous rapporter votre couronne, cela lui seroit impossible, parce que Buonaparte, en vertu des institutions impériales, a seul le droit d'assembler le peuple. Si l'on avoit pu douter des sentiments de la France, ce dernier article les proclameroit : les mauvaises consciences se trahissent; l'excès de la précaution annonce l'excès de la crainte; interdire au peuple françois le droit de rappeler son roi, c'est prouver qu'il veut le rappeler.

Toutefois Buonaparte s'est embarrassé dans ses propres adresses :

l'Acte additionnel lui sera fatal. Si cet Acte est observé, il y a dans son ensemble assez de liberté pour renverser le tyran ; s'il ne l'est pas, le tyran n'en deviendra que plus odieux. D'un autre côté, Buonaparte perd tout à la fois, par cet Acte, et la faveur des républicains et la force révolutionnaire du jacobinisme : les démagogues ne veulent ni de la pairie ni des deux chambres ; ce qu'ils veulent surtout, c'est l'égalité absolue : ils préféreroient même à ces institutions de Buonaparte son ancien despotisme : du moins ce joug étoit un niveau. Enfin, comme l'Acte additionnel n'est après tout que la Charte, qu'est-ce que les François auront gagné au retour de l'usurpateur? Vont-ils de nouveau soutenir une guerre cruelle, exposer leur patrie à une seconde invasion pour obtenir précisément ce qu'ils avoient sous le roi, avec la paix, la considération et le bonheur? Ne se trouvent-ils pas à peu près dans la même position que les alliés par rapport au traité de Paris? Ceux-ci disent à Buonaparte : « Nous voulons le traité de Paris, mais nous le voulons sans vous, parce qu'un autre que vous en tiendra toutes les conditions, et que vous n'en remplirez aucune. »

Les François diront à Buonaparte : « Nous voulons la Charte constitutionnelle, mais nous ne la voulons qu'avec le roi, parce qu'il y sera fidèle et que vous l'auriez bientôt violée. » Ainsi, quelque parti que prenne Buonaparte, qu'il soit tyran, jacobin, constitutionnel, on trouve toujours que ses triomphes sont des défaites, et que son despotisme, ses violences, ses ruses, viennent, sire, échouer devant votre autorité légale, votre modération constante et votre parfaite sincérité.

Il n'y a de salut que dans le roi : l'Europe connoît sa foi, sa loyauté, sa sagesse ; elle ne peut trouver de garantie que dans son trône et dans sa parole. Sire, vous êtes l'héritier naturel de tous les pouvoirs usurpés dans votre royaume. Toutes les révolutions en France se feront pour vous. Indépendamment de ses droits, Votre Majesté a sur ses ennemis un avantage immense : son gouvernement est le seul qui depuis vingt-cinq ans ait paru raisonnable à tous ; le seul qui, en consacrant les principes d'une liberté sage, ait donné ce que la révolution a tant de fois promis et qu'elle promet encore. On a reconnu, sire, par l'essai qu'on a fait de vos vertus, que vous êtes le prince qui convient le mieux à la France ; que l'ordre des choses établi pouvoit subsister. Quelques années auroient suffi pour le porter à sa perfection ; il avoit en lui tous les principes de durée, et il n'a été momentanément suspendu que par l'unique chance qui pouvoit en arrêter le cours.

Mais déjà tout se prépare pour le prompt rétablissement du trône. La France commence à revenir de sa surprise, les illusions se dissipent, la vérité perce de toutes parts. On se trouve avec épouvante sous le règne de la terreur et de la guerre. Chacun se demande si, après tant d'années de souffrances, de sang et de meurtres, il faut recommencer la révolution. Les François se voient une seconde fois isolés au milieu de l'Europe, séparés du monde, comme des hommes atteints d'une maladie contagieuse. Les portes de leur beau pays, ouvertes par le roi à la foule des voyageurs, se sont tout à coup fermées. L'Europe se tait; et dans ce silence effrayant on n'entend retentir que les pas d'un million d'ennemis qui s'avancent de toutes parts vers les frontières de la France.

Les citoyens, alarmés, tournent les yeux vers leur roi, ils l'appellent à leur secours; et son silence se joignant à celui du monde civilisé semble annoncer quelque catastrophe terrible. Les soldats eux-mêmes s'étonnent; ils se demandent qu'est devenue la fille des Césars, où sont les dépouilles qui leur avoient été promises? Un grand nombre désertent; des officiers se retirent; la garde même est triste et découragée; les finances s'épuisent; les soixante-douze millions restés au trésor sont déjà dissipés. Plusieurs départements refusent de payer l'impôt et de fournir des hommes. Les provinces de l'ouest et du midi ne sont pas entièrement soumises; elles n'attendent qu'un nouveau signal pour reprendre les armes. La foiblesse de Buonaparte s'accroît à mesure que la force du roi augmente. La comparaison de ce que la France étoit il y a un mois et de ce qu'elle est aujourd'hui frappe tous les esprits, et reporte avec douleur la pensée sur les biens qu'on a perdus.

Le 28 du mois de février dernier[1] la France étoit en paix avec toute la terre; son commerce commençoit à renaître, ses colonies à se rétablir; ses dettes s'acquittoient, ses blessures se fermoient; elle reprenoit dans la balance politique de l'Europe sa prépondérance et son utile autorité. Jamais elle n'avoit eu de meilleures lois, jamais elle n'avoit joui de plus de liberté; elle sortoit de ses débris et de ses tombeaux heureuse, brillante et rajeunie. Dix mois d'une restauration accomplie au milieu de tous les genres d'obstacles avoient suffi à Louis XVIII pour enfanter ces merveilles.

Le 1er de mars[2] la France est en guerre avec le monde entier. Elle redevient l'objet de la haine et de la crainte de l'univers. Elle voit renaître dans son sein les factions qui l'ont déchirée : ses enfants vont être de nouveau traînés au carnage, ses lois détruites, ses propriétés bouleversées. Courbée sous un double despotisme, elle ne conserve de sa restauration que des regrets, de sa liberté qu'une vaine ombre.

1. 1815.   2. *Ibid.*

Voilà les autres merveilles opérées dans un moment par Buonaparte : vingt-quatre heures séparent et tant de biens et tant de maux.

Sire, vous reparoîtrez, et le bonheur rentrera dans notre chère patrie. Vos sujets verront l'abîme où quelques factieux les ont entraînés : ils se hâteront d'en sortir; ils accourront à vous, les uns pour recevoir la récompense due à leur fidélité, les autres pour implorer cette miséricorde dont ils n'ont pu épuiser les trésors. Oui, sire, innocents ou coupables, ils trouveront leur salut en se jetant dans vos bras ou à vos pieds.

Mais tandis que je m'efforce de fixer sous les yeux de Votre Majesté le tableau de l'intérieur de la France, ce tableau n'est déjà plus le même : demain il changera encore. Quelque rapidité que je puisse mettre à le retracer, il me seroit impossible de suivre les mouvements convulsifs d'un homme agité par ses propres passions et par celles qu'il a si follement soulevées. Je disois au roi que Buonaparte avoit remporté une victoire sur le parti républicain, et ce parti l'a vaincu de nouveau. La publication de l'Acte additionnel lui a enlevé, comme nous l'avions prévu, le reste de ses complices. Attaqué de toutes parts, il recule, il retire à ses commissaires extraordinaires la nomination des maires des communes, et rend cette nomination au peuple. Effrayé de la multiplicité des votes négatifs, il abandonne la dictature, et convoque la chambre des représentants en vertu de cet Acte additionnel qui n'est point encore accepté. Errant ainsi d'écueil en écueil, il se replie en cent façons pour éluder ses engagements et ressaisir le pouvoir qui lui échappe : à peine délivré d'un danger, il en rencontre un nouveau. Ce souverain d'un jour osera-t-il instituer une pairie héréditaire? Comment gouvernera-t-il ses deux chambres, qu'il est forcé de réunir? Montreront-elles à ses ordres une obéissance passive? N'élèveront-elles pas la voix? Ne chercheront-elles point à sauver la patrie? Quels seront les rapports de ces chambres avec l'assemblée du champ de mai, qui n'a plus de véritable but, puisque l'Acte additionnel est mis à exécution avant que les suffrages aient été comptés? Cette assemblée du champ de mai, composée de trente mille électeurs, ne se croira-t-elle pas la véritable représentation nationale, supérieure en autorité à cette chambre des représentants qu'elle aura elle-même choisis? Il est impossible à l'intelligence humaine de prévoir ce qui sortira d'un pareil chaos ; ces changements subits, cette étrange confusion de toutes choses annoncent une espèce d'agonie du despotisme : la tyrannie usée et sur son déclin conserve encore l'intention du mal, mais elle paroît en avoir perdu la puissance. On diroit en effet que Buonaparte, jouet de tout ce qui l'environne, ne prend plus conseil que du moment, esclave de cette destinée à laquelle il sembloit commander jadis. La licence règne à Paris, l'anarchie dans les provinces : les autorités civiles et militaires se combattent. Ici on menace de brûler les châteaux et d'égorger les prêtres ; là on arbore le drapeau blanc et l'on crie *vive le roi!* Cependant, au milieu de ces désordres, le temps marche et les événements se précipitent. L'Europe entière est arrivée sur les frontières de la France : chaque peuple a pris son poste dans cette armée des nations, et n'attend plus que le dernier signal. Que fera l'auteur de tant de calamités? S'il quitte Paris, Paris demeurera-t-il tranquille? S'il ne rejoint pas ses soldats, ses soldats combattront-ils sans lui? Un succès peut-il changer sa fortune? Non : un succès retarderoit à peine sa chute. Peut-il, d'ailleurs, l'espérer, ce succès? L'arrêt est parti d'en haut, la victoire s'est déclarée, et Buonaparte est déjà vaincu dans Murat : un appel a été fait aux passions des peuples d'Italie, et ces peuples ont répondu par un cri de fidélité. Puissent les François imiter cet exemple! Puissent-ils abandonner le fléau de la terre à la justice du ciel! Ah, sire, espérons que, désarmé par les prières du fils de saint Louis, le Dieu des batailles épargnera le sang de notre malheureuse patrie! Vous conserverez à la France, pour son bonheur, ce reste de sang qu'elle a trop prodigué pour sa gloire! Le moment approche où Votre Majesté va recueillir le fruit de ses vertus et de ses sacrifices : à l'ombre du drapeau blanc les nations jouiront enfin de ce repos après lequel elles soupirent, et qu'elles ont acheté si cher.

DE LA

DERNIÈRE DÉCLARATION

DU CONGRÈS.

Gand, le 2 juin 1815.

La déclaration émanée du congrès de Vienne, en date du 12 mai 1815, fait autant d'honneur aux plénipotentiaires qui l'ont signée qu'aux souverains dont elle est pour ainsi dire la dernière profession de foi.

Rien de plus clair et de plus précis que la manière dont les trois questions sont posées et résolues dans le rapport de la commission, inséré au procès-verbal. En effet, le succès de l'invasion de Buonaparte est *un fait* et non *un droit :* le succès ne peut rien changer à l'esprit de la déclaration du 13 mars. Cette vérité, resserrée à dessein dans la solution de la première question, seroit susceptible de longs développements.

Soutenir, par exemple, que l'Europe, à qui l'on reconnoissoit le droit d'attaquer Buonaparte encore errant dans les montagnes du Dauphiné, n'auroit pas celui de s'armer contre Buonaparte redevenu le maître de la France, ne seroit-ce pas une véritable absurdité?

La déclaration du 13 mars prévoyoit et supposoit évidemment le succès, autrement elle devenoit ridicule : on ne fait pas marcher un million de soldats pour combattre douze cents hommes. Buonaparte pouvoit-il entreprendre la conquête d'un grand royaume avec quelques satellites, sans y être appelé par une conspiration redoutable? Le caractère connu de l'usurpateur devoit confirmer dans cette pensée les princes réunis à Vienne : cet homme n'est point un partisan qui sait faire la guerre à la tête d'une bande déterminée, sur les rochers et dans les bois; il ne retrouve sa force et son audace qu'en remuant des masses et en employant des moyens immenses. Les souverains avoient donc jugé le péril avec sagesse. L'empereur de Russie apprit le 3 mars, à deux heures de l'après-midi, que Buonaparte avoit quitté l'île d'Elbe; et le même jour, à cinq heures du soir, une estafette porta à Pétersbourg l'ordre de faire partir la garde impériale russe; les autres souverains expédièrent des courriers aux ministres et aux commandants de leurs provinces; en moins d'une semaine le signal fut donné à toutes les armées de l'Europe : ce n'étoit pas, nous le répétons, contre douze cents hommes, qu'un seul pont rompu pouvoit arrêter dans les défilés de Gap, qu'étoit dirigée tant de prévoyance, de résolution et d'activité.

La seconde question du procès-verbal porte sur le traité de Paris, que Buonaparte offre de sanctionner, tout en affectant de l'appeler un traité honteux. Le congrès répond avec raison, et conformément à la déclaration du 31 mars 1814, que Buonaparte, si les alliés lui eussent accordé la paix, *n'auroit point obtenu les conditions favorables de ce traité*. On eût exigé de lui des garanties qu'on n'a pas demandées à Louis XVIII. Il eût été obligé de payer des contributions, de céder des provinces. Sa parole n'eût pas suffi pour délivrer, comme par enchantement, la France de quatre cent mille étrangers. Oseroit-on prétendre que la politique ne doive pas faire entrer dans ses motifs et dans ses considérations le caractère moral des chefs des nations? L'Angleterre soumit à l'arbitrage de saint Louis de graves débats qu'elle n'eût pas fait juger par un capitaine de la Ligue. Si la France a été de nos jours exposée à la conquête, c'est par Buonaparte; si la France est sortie entière des mains de l'ennemi, elle le doit à Louis XVIII. La France auroit peut-être pu garder son tyran par *un* traité de Paris; mais en gardant son esclavage, elle eût perdu ses provinces et son honneur.

On nous assure que Buonaparte est bien changé. Non; ce n'est pas à quarante-cinq ans, quand on est né sans entrailles, quand on s'est enivré du pouvoir absolu, que l'on change dans l'espace de huit mois. Buonaparte, traîné par des commissaires à l'île d'Elbe, se cachant sous leurs pieds pour se soustraire aux vengeances du peuple, n'a pas été ennobli par le malheur, mais dégradé par la honte : il n'y a rien à espérer de lui.

Il est donc vrai *que la France n'a eu aucune raison de se plaindre du traité de Paris... Que ce traité étoit même un bienfait immense pour un pays réduit, par le délire de son chef, à la situation la plus désastreuse*[1]. Le maréchal Ney, dans sa lettre du 5 avril 1814, adressée à M. le comte de Talleyrand, avoue que Buonaparte reconnoissoit le danger de

---

1. Extrait du procès-verbal du 6 mai.

cette situation : *Convaincu,* dit-il, *de la position où il* (Buonaparte) *a placé la France, et de l'impossibilité où il se trouve de la sauver lui-même, il a paru se résigner et consentir à l'abdication entière et sans aucune restriction.*

Dans quel abîme, en effet, n'avoit-il pas précipité la France!

Lors des conventions du 23 avril 1814, quelques esprits prévenus, oubliant notre position, ne parurent pas les approuver dans toutes leurs parties; elles rendoient, disoient-ils, aux alliés, sans conditions, les places de l'Allemagne, encore occupées par nos troupes. Quoi! Paris, Bordeaux, Toulouse, Lyon, ne valent pas Dantzig, Hambourg, Torgau, Anvers! C'étoit rendre ces dernières villes sans *conditions,* que d'en faire l'objet d'un pareil échange, que d'obtenir à ce prix la retraite des alliés! A l'époque du 23 avril 1814, les alliés occupoient la France depuis les Pyrénées occidentales jusqu'à la Gironde, depuis les Alpes jusqu'au Rhône, depuis le Rhin jusqu'à la Loire; quarante départements, c'est-à-dire près de la moitié du royaume, étoient envahis; cent mille prisonniers, répartis dans les provinces où les alliés n'avoient pas encore pénétré, menaçoient de se joindre à leurs compatriotes; quatre cent mille étrangers sur le sol de la patrie, les réserves des Russes, des Autrichiens, des Prussiens, des Allemands prêtes à passer le Rhin, les Suédois et les Danois venant grossir cette inondation d'ennemis, telle étoit la position de la France. Chaque jour on voyoit tomber quelques-unes des places que nous tenions encore sur l'Oder, le Weser, l'Elbe et la Vistule; et les landwehr, qui avoient formé le blocus de ces places, prenoient aussitôt la route de notre malheureux pays. Au milieu de tant de calamités présentes, de tant de craintes pour l'avenir, que pouvoit exiger le gouvernement provisoire? Quelle force auroit-il opposée aux alliés, s'il avoit plutôt consulté l'ambition que la justice, ou si les alliés avoient préféré leur agrandissement à leur sûreté? L'armée n'avoit point encore vu à sa tête le prince noble dépositaire des pouvoirs du roi; et trop séduite par les prestiges de la gloire, on peut juger à présent qu'elle eût été moins fidèle à ses devoirs qu'à ses souvenirs; désorganisée, découragée par la retraite honteuse de Buonaparte, eût-elle essayé, sous les ordres de son nouveau chef, de renouveler des combats qu'elle étoit déjà lasse de soutenir sous son ancien général? Aux premiers signes de mésintelligence, les alliés, occupant la capitale et la moitié du royaume, se seroient emparés des caisses publiques, auroient levé l'impôt à leur profit, frappé de contributions les villages et les villes, et enlevé au gouvernement toutes ses ressources. Ils auroient appelé leurs nouvelles armées d'au delà du Rhin, des Alpes et des Pyrénées;

les Anglois, les Espagnols, les Portugais, partant de Toulouse et de Bordeaux, les Russes et les Prussiens, de Paris et d'Orléans, les Bavarois et les Autrichiens, de Dijon, de Lyon et de Clermont, auroient opéré leur jonction dans nos provinces non encore envahies. Le roi n'étoit point arrivé : auroit-il pu se faire entendre au milieu de ce chaos? Sans doute il est impossible de conquérir la France. Les Espagnols, les Portugais, les Russes, les Prussiens, les Allemands ont prouvé, et les François auroient prouvé à leur tour, qu'on ne subjugue point un peuple qui combat pour son nom et son indépendance. Mais combien de temps cette lutte se fût-elle prolongée? Que de malheurs n'eût-elle point produits? Est-ce du sein de ces bouleversements intérieurs que nos soldats auroient marché à la délivrance de Dantzig, de Hambourg et d'Anvers? Ces places n'auroient-elles point ouvert leurs portes avant le triomphe de nos armées, avant la fin des guerres civiles et étrangères allumées dans nos foyers? Car il est probable que dans le premier moment nous nous fussions divisés. Enfin, après bien des années de ravages, lorsque la paix eût mis un terme à nos maux, cette paix nous eût-elle fait obtenir les citadelles rendues aux alliés par les conventions du 23 avril 1814?

Que si quelqu'un pouvoit avoir le droit de reprocher le traité de Paris à ceux qui l'ont signé, ce ne seroit pas certainement Buonaparte, qui a donné lieu à ce traité en introduisant les alliés jusque dans le cœur de la France. Dans tous les cas, il est insensé de soutenir qu'il falloit prolonger nos révolutions, recommencer des guerres désastreuses, compromettre l'existence de la patrie, afin de conserver quelques places, peut-être même quelques provinces, conquises, il est vrai, par notre valeur, mais enlevées, après tout, à leurs possesseurs légitimes par l'injustice et la violence.

Au reste, pour juger en homme d'État les conventions du 23 avril 1814 et le traité du 30 mai, qui en est la suite, on ne doit point les prendre isolément : il faut examiner leurs causes et leurs effets, considérer la place qu'ils occupent dans la chaîne des actes diplomatiques; non-seulement ils firent cesser les calamités de la France, mais ils fondèrent dans l'avenir les droits des souverains et des peuples, la sûreté et la liberté de l'Europe.

Si ces traités forcèrent Buonaparte à descendre d'un trône usurpé, ne sont-ce pas ces mêmes traités qui le condamnent aujourd'hui de nouveau? Sans l'existence de ces actes salutaires, il pourroit dire que l'Europe n'a pas le droit de s'armer contre lui ; mais il se trouve qu'en vertu même du traité du 30 mai 1814, ce ne sont pas les étrangers qui attaquent le fugitif de l'île d'Elbe, c'est lui qui a troublé la paix du monde.

En effet, quelles sont les bases du traité de Paris?

1° La déclaration des alliés du 31 mars 1814, qui annonce *que si les conditions de la paix devoient renfermer de plus fortes garanties, lorsqu'ils s'agissoit d'enchaîner l'ambition de Buonaparte, elles devoient être plus favorables lorsque, par un retour vers un gouvernement sage, la France elle-même offrira l'assurance de ce repos* ; QUE LES SOUVERAINS ALLIÉS NE TRAITERONT PLUS AVEC NAPOLÉON BUONAPARTE NI AVEC AUCUN DE SA FAMILLE; *qu'ils respectent l'intégrité de l'ancienne France, telle qu'elle a existé sous ses rois légitimes;*

2° L'acte de déchéance du 3 avril 1814, prononcé par le sénat de Buonaparte, acte qui rappelle une partie des crimes par lesquels l'usurpateur avoit attenté à la liberté de la France et de l'Europe ;

3° L'acte d'abdication du 11 avril de la même année, dans lequel Buonaparte lui-même reconnoît qu'*étant* LE SEUL *obstacle au rétablissement de la paix en Europe, il renonce pour lui et ses héritiers aux trônes de France et d'Italie ;*

4° La convention du même jour, qui répète en des termes encore plus formels la renonciation exprimée par l'acte d'abdication ;

5° Les conventions du 23 avril, où les puissances alliées déclarent qu'elles veulent donner la paix à la France, parce que la FRANCE EST REVENUE *à un gouvernement dont les principes offrent les garanties nécessaires pour le maintien de la paix.*

Ainsi, sans toutes ces conditions préalables, établies dans les actes ci-dessus mentionnés, le traité de Paris n'eût point été conclu, et toutes ces conditions se réduisent à une seule : *exclure formellement Buonaparte et les siens du trône de France, tant par l'action d'une force étrangère que par l'acquiescement de sa propre volonté.*

Cela posé, Buonaparte, violant des engagements si sacrés, reprenant le titre d'*empereur des François,* rompt de fait la paix que le traité de Paris avoit établie, et est condamné par le traité même.

Pour nous résumer : le succès momentané de Buonaparte n'a pu changer la déclaration du 13 mars dernier, comme le prouve la seconde déclaration du 12 mai.

La base, la condition *sine qua non* du traité de Paris étoit l'abolition du pouvoir de Buonaparte.

Or Buonaparte, venant rétablir ce pouvoir, renverse le fondement du traité ; il se replace volontairement et replace la France qui le souffre dans la situation politique antérieure au 31 mars 1814 : donc c'est Buonaparte qui déclare la guerre à l'Europe, et non l'Europe à la France.

Ajoutons et répétons encore que le traité de Paris, quoi qu'en dise

Buonaparte, étoit nécessaire et très-honorable à la France : c'est ce que nous croyons avoir démontré. Plus on examinera les transactions politiques qui ont préparé et suivi la restauration, plus on admirera les princes et l'habile ministre qui ont si parfaitement jugé les intérêts pressants de la patrie, si bien connu les choses et les hommes. Le 31 mars 1814, des armées innombrables occupoient la France; quatre mois après, toutes les armées ennemies avoient repassé nos frontières, sans avoir emporté un écu, tiré un coup de fusil, versé une goutte de sang, depuis la rentrée des Bourbons à Paris. La France se trouve agrandie sur quelques-unes de ses frontières; on partage avec elle les vaisseaux et les magasins d'Anvers; on lui rend trois cent mille de ses enfants, exposés à périr dans les prisons des alliés si la guerre se fût prolongée; après vingt-cinq années de combats, le bruit des armes cesse subitement d'un bout de l'Europe à l'autre. Quel pouvoir a opéré ces merveilles? Le ministre d'un gouvernement à peine établi, deux princes revenus de la terre étrangère, sans force, sans suite et sans armes, deux simples traités signés CHARLES et LOUIS!

RAPPORT

FAIT AU ROI DANS SON CONSEIL

SUR LE DÉCRET

DE NAPOLÉON BUONAPARTE

DU 9 MAI 1815.

Sire,

La France entière demande son roi; les sujets de Votre Majesté ne dissimulent plus leurs sentiments : les uns viennent se ranger autour d'elle, les autres font éclater dans l'intérieur du royaume leur amour pour leur souverain légitime et l'espoir de retrouver bientôt la paix sous son autorité tutélaire. Mais plus l'opinion publique se manifeste, plus Buonaparte, épouvanté, appesantit son joug sur les François. Il appelle l'anarchie au secours du despotime; il veut, mais vainement, ébranler la fidélité des faubourgs de Paris, armer la dernière classe du peuple. Pour soutenir sa tyrannie, il cherche, sous les lambeaux de la misère, des bras ensanglantés dans les massacres de septembre; il fouille dans les archives révolutionnaires pour y découvrir quelques lois propres à seconder ses fureurs. C'est cet esprit de violence qui a dicté le dernier rapport du ministre de la police de Buonaparte. Ce rapport, en date du 7 mai, a été suivi d'un décret rendu le 9 par le prétendu chef du gouvernement de la France; et le soi-disant ministre de la justice a couronné ce rapport et ce décret par sa circulaire du 11, adressée aux procureurs généraux.

Déjà l'application de ces principes d'iniquité a été faite dans plusieurs départements : des agents secondaires se sont hâtés de répondre au signal donné, en portant la rigueur et l'injustice à un excès inouï, même dans les fastes de la révolution. Nous reviendrons plus bas sur l'arrêté du lieutenant général de police Moreau : nous ne faisons ici que l'indiquer à Votre Majesté.

Ce décret du 9 mai, dont la première lecture a si vivement affligé le cœur du roi, ordonne, par le premier article, à tous les François (autres que ceux compris dans l'article ii de l'amnistie du 12 mars dernier) qui se trouvent hors de France au service de Votre Majesté ou des princes de votre maison de rentrer en France dans le délai d'un mois, à peine d'être poursuivis aux termes d'un décret du 6 avril 1809.

Ce décret du 6 avril 1809 condamne à mort, par l'article 1er du titre Ier, tous les François portant les armes contre la France, conformément à l'article iii de la section Ire de la deuxième partie du Code pénal du 8 octobre 1791. Par différents articles des titres ii, iii et iv du même décret, tous les François qui exercent à l'étranger des fonctions politiques, administratives ou judiciaires, sont déclarés morts civilement, et leurs biens meubles et immeubles confisqués.

Le troisième article du décret du 9 mai enjoint aux procureurs généraux et soi-disant impériaux de poursuivre les auteurs de toutes relations et correspondances qui auroient lieu de l'intérieur de la France avec Votre Majesté et les princes de votre maison, ou leurs agents, lorsque cesdites relations ou correspondances auroient pour objet les complots ou manœuvres spécifiés dans l'article 77 du Code pénal.

Cet article 77 du Code pénal porte peine de mort et confiscation de biens contre quiconque aura pratiqué des manœuvres ou entretenu des intelligences avec les ennemis de l'État.

Les quatrième, cinquième et sixième articles du décret du 9 mai, sont dirigés contre ceux des sujets de Votre Majesté qui enlèveroient le drapeau tricolore, contre les communes qui ne s'opposeroient point à cet enlèvement, et contre les individus qui porteroient des signes de ralliement autres que la cocarde tricolore.

A tous ces prétendus délits sont appliqués l'article 257 du Code pénal, la loi du 10 vendémiaire an iv, relative à la responsabilité des communes, et l'article 11 de la loi du 27 germinal an iv, sans préjudice de l'article 91 du Code pénal.

L'article 257 du Code pénal prononce un emprisonnement d'un mois à deux ans, ou une amende de 100 francs à 500 francs, contre quiconque aura abattu des monuments destinés à l'utilité publique, etc.

La loi de la Convention nationale relative à la solidarité des communes par le titre Ier et le premier article, rend garants tous les habitants de la même commune des attentats commis soit envers les personnes, soit contre les propriétés ; et par le titre iie, article 1er, cette responsabilité tombe sur la tête même des enfants lorsqu'ils ont atteint l'âge de douze ans.

Nous passons, sire, à l'arrêté dont nous avons parlé plus haut. Le lieutenant de police du troisième arrondissement a pris, à Nantes, le 15 mai, cet arrêté, dont le considérant et les dispositions sont également remarquables. Attribuant l'agitation des départements de l'ouest aux *ex-nobles*, il désire, dit-il, ôter tout prétexte *à la calomnie,* et fournir à ces *ex-nobles* les moyens de se *justifier*. En conséquence, l'arrêté porte que tous les gentilshommes des douze départements formant le troisième arrondissement de la police seront tenus de se rendre, dans le délai de dix jours, auprès du préfet de leur département. Si le préfet juge que leur conduite passée n'offre pas de garantie suffisante, il les enverra en surveillance dans une commune de l'intérieur; et dans le cas où ils ne se présenteroient pas devant le préfet, on leur appliquera le premier article du décret du 9 mai.

Le ministre de la police de France avoit dit, dans son rapport, qu'il ne proposeroit pas à Buonaparte d'*excéder les bornes de son pouvoir constitutionnel;* et voilà qu'un simple lieutenant de police porte un arrêt d'exil, de confiscation et de mort contre un ordre entier de citoyens qui ne sont pas même compris dans le décret du 9 mai! C'est là ce qu'on appelle se renfermer dans les bornes du pouvoir constitutionnel! Malgré ce que nous avons vu depuis vingt-cinq ans, on est toujours confondu d'un abus de mots si scandaleux, d'entendre toujours attester la liberté pour établir l'esclavage, la constitution pour sanctionner l'arbitraire, et les lois pour proscrire.

Afin de punir la fidélité, la loyauté et l'honneur, il étoit impossible d'invoquer et d'inventer des lois plus monstrueuses. En lisant la circulaire du ministre de la justice, on croit relire cette loi des suspects qui semble l'expression de toutes les terreurs que la tyrannie éprouve et de toutes les vengeances qu'elle médite. Un ministre de la justice invite des juges à se défendre d'une *imprudente pitié* pour des délits qui, de son aveu même, appellent plutôt l'indulgence que la rigueur; il ose dire qu'il ne faut *pas absoudre ou condamner un homme sur le fait dont on l'accuse, parce que ce fait peut n'offrir en lui-même rien de répréhensible;* mais il veut que l'on *prononce sur l'ensemble des circonstances,* c'est-à-dire, en d'autres termes, qu'on peut traîner un homme à l'échafaud, selon l'opinion qu'il plaira aux juges de supposer à cet homme. Sire, où en seroient aujourd'hui vos ennemis, si vous aviez fait usage contre eux des principes qu'ils mettent en avant pour persécuter vos sujets? Nous ne proposerons point à Votre Majesté d'adopter de pareils principes : ils sont contraires à ses vertus et à l'esprit d'un gouvernement légal et paternel ; mais la bonté même du roi lui fait un devoir de défendre la fidélité contre la rébellion, et nous le supplions de menacer de la vengeance des lois ceux qui oseroient se rendre complices d'une autorité illégitime.

Après avoir entendu ce rapport, Sa Majesté a rendu l'ordonnance suivante :

Ordonnance du roi.

LOUIS, par la grâce de Dieu, ROI DE FRANCE ET DE NAVARRE,
A tous ceux qui ces présentes verront, salut :

Au moment où les mesures les plus odieuses se renouvellent en France, notre devoir le plus cher, comme notre besoin le plus pressant, est de défendre les droits de nos peuples contre l'oppression et la tyrannie.

Nous avons vu avec une profonde douleur la vie, la liberté et les propriétés de tous les François restés fidèles à leur devoir, compromises par le décret que le chef du prétendu gouvernement de la France a rendu le 9 de ce mois, et par les arrêtés de quelques-uns de ses agents.

Ce décret et ces arrêtés, qui rappellent les lois révolutionnaires les plus atroces, sont encore en contradiction formelle avec notre Charte, notamment avec l'article 66, par lequel la confiscation des biens demeure à jamais abolie.

A ces causes, notre conseil entendu, nous avons ordonné et ordonnons ce qui suit :

Article 1er. Tous les procureurs généraux et soi-disant impériaux, tous les membres d'un tribunal quelconque, soit civil, soit militaire, tous les agents de la police, qui, en vertu du décret de Buonaparte en date du 9 mai 1815, ou en vertu des mesures prises, soit en application, soit en extension de ce même décret, par des autorités quelconques, feroient des poursuites relatives aux prétendus délits y spécifiés, et appliqueroient les peines prononcées par le décret, seront responsables dans leur personne et dans leurs biens, et seront traduits par-devant nos cours et tribunaux, pour y être jugés conformément aux lois de notre royaume.

2. Les préfets, sous-préfets, maires, adjoints, et tous autres agents de l'administration qui auroient concouru aux poursuites ordonnées par le décret du 9 mai, soit en faisant arrêter les personnes, soit en faisant mettre des séquestres ou apposer des scellés, soit enfin en procédant à des ventes mobilières ou immobilières, sont également res-

ponsables, et devront aussi être traduits devant nos tribunaux, tant à la poursuite de nos procureurs généraux et royaux, que sur la plainte de ceux qui, en vertu de la précédente ordonnance, auroient droit à des indemnités.

3. Tout juge de paix, greffier, commissaire-priseur, huissier, et autres, qui concourront à la vente des propriétés mobilières ou des fruits des propriétés immobilières, tous ceux qui se seront rendus sciemment acquéreurs des objets vendus, seront solidairement responsables de la valeur desdits objets.

4. Nos ministres sont chargés, chacun en ce qui le concerne, de l'exécution de la présente ordonnance.

Donné à Gand, le vingtième jour du mois de mai de l'an de grâce mil huit cent quinze et de notre règne le vingtième.

Signé : LOUIS.

Et plus bas : Par le roi,

Le chancelier de France,

Signé : D'AMBRAY.

DE LA MONARCHIE

SELON LA CHARTE

PRÉFACE

DE LA PREMIÈRE ÉDITION

Si, n'étant que simple citoyen, je me suis cru obligé dans quelques circonstances graves d'élever la voix et de parler à ma patrie, que dois-je donc faire aujourd'hui ? Pair et ministre d'État, n'ai-je pas des devoirs bien plus rigoureux à remplir, et mes efforts pour mon roi ne doivent-ils pas être en raison des honneurs dont il m'a comblé ?

Comme pair de France, je dois dire la vérité à la France, et je la dirai.

Comme ministre d'État, je dois dire la vérité au roi, et je la dirai.

Si le conseil dont j'ai l'honneur d'être membre étoit quelquefois assemblé, on pourroit me dire : « Parlez dans le conseil. » Mais ce conseil ne s'assemble pas : il faut donc que je trouve le moyen de faire entendre mes humbles remontrances et de remplir mes fonctions de ministre.

Si j'avois besoin de prouver par des exemples que les hommes en place on le droit d'écrire sur les matières d'État, ces exemples ne me manqueroient pas : j'en trouverois plusieurs en France, et l'Angleterre m'en fourniroit une longue suite. Depuis Bolingbroke jusqu'à Burke, je pourrois citer un grand nombre de lords, de membres de la chambre des communes, de membres du conseil privé, qui ont écrit sur la politique, en opposition directe avec le système ministériel adopté dans leur pays.

Eh quoi! si la France me semble menacée de nouveaux malheurs; si la légitimité me paroit en péril, il faudra que je me taise, parce que je suis pair et ministre d'État? Mon devoir, au contraire, est de signaler l'écueil, de tirer le canon de détresse et d'appeler tout le monde au secours. C'est par cette raison que, pour la première fois de ma vie, je signe mes titres, afin d'annoncer mes devoirs et d'ajouter, si je puis, à cet ouvrage, le poids de mon rang politique.

Ces devoirs sont d'autant plus impérieux, que la liberté individuelle et la liberté de la presse sont suspendues. Qui oseroit parler ? Puisque la qualité de pair de France me donne, en vertu de la Charte, une sorte d'inviolabilité, je dois en profiter pour rendre à l'opinion publique une partie de sa puissance. Cette opinion me dit : « Vous avez fait des lois qui m'entravent : prenez donc la parole pour moi, puisque vous me l'avez ôtée. »

Enfin, le public m'a prêté quelquefois une oreille bienveillante : j'ai quelque chance d'être écouté. Si donc en écrivant je peux faire un peu de bien, ma conscience m'ordonne encore d'écrire.

Cette préface se borneroit ici, si je n'avois quelques explications à donner.

Le mot de *royaliste* dans cet ouvrage est pris dans un sens très-étendu : il embrasse tous les royalistes, quelle que soit la nuance de leurs opinions, pourvu que ces opinions ne soient pas dictées par les intérêts *moraux* révolutionnaires[1].

Par *gouvernement représentatif* j'entends la monarchie telle qu'elle existe aujourd'hui en France, en Angleterre et dans les Pays-Bas, soit qu'on veuille ou qu'on ne veuille pas convenir de la justesse rigoureuse de l'expression.

Quand je parle des fautes, des systèmes, des ordonnances, des projets de loi d'un ministère, je ne fais la part ni du bien ni du mal à chacun des ministres qui composoient ou qui composent ce ministère. Ainsi je n'ai point ménagé des ministères dans lesquels même j'avois des amis. Je fais, par exemple, profession d'un respect particulier pour M. le chancelier de France : j'ai souvent eu l'occasion de reconnoître en lui cette candeur, cette droiture d'esprit et de cœur, cette rare probité de notre ancienne magistrature. Mes sentiments pour M. le comte de Blacas sont bien connus : je les ai consignés dans mes écrits, dans mes discours à la chambre des pairs. Le roi n'a pas de serviteur plus noble et plus dévoué que M. de Blacas. Il prouve en ce moment même son habileté par la manière dont il conduit les négociations difficiles dont il est chargé. Plût à Dieu qu'il eût exercé une plus grande influence sur le ministère dont il faisoit partie ! Mais enfin ce ministère est tombé dans des fautes énormes, et je l'ai jugé rigoureusement, sans parler ni de M. le chancelier ni de M. de Blacas, qui, loin de partager les systèmes de l'administration, n'avoient pas cessé un moment de les combattre. Toutefois, dans un écrit où je traite des principes de la *Monarchie représentative*, j'ai dû admettre le principe qu'une mesure ministérielle est l'ouvrage du ministère.

1. On verra dans le cours de cet ouvrage ce que j'entends par les intérêts *moraux* révolutionnaires.

PRÉFACE

DE L'ÉDITION DE 1827.

La Monarchie selon la Charte est divisée en deux parties, ainsi que je l'ai déjà dit dans ma préface générale : la partie théorique est maintenant indépendante de celle qui n'avoit rapport qu'aux circonstances du moment.

La publication de *La Monarchie selon la Charte* a été une des grandes époques de ma vie : elle m'a fait prendre rang parmi les publicistes, et elle a servi à fixer l'opinion sur la nature de notre gouvernement. Je ne cesserai de le répéter : hors la Charte point de salut. C'est le seul abri qui nous reste contre la république et contre le despotisme militaire : qui ne voit pas cela est aveugle-né.

Comme ce qui m'arrive ne ressemble à rien, *La Monarchie selon la Charte* me fit ôter une place obtenue à Gand, et réputée jusque alors inamovible. Ce que je regrettai, ce ne fut pas cette place : ce fut la vente de mes livres, forcée par ma nouvelle situation, et surtout de la petite retraite que j'avois plantée de mes mains et acquise du fruit des succès du *Génie du Christianisme*. L'homme de vertu qui a depuis habité cette retraite m'en a rendu la perte moins pénible. Mais il n'est pas bon de se mêler, même accidentellement, à ma fortune : cet homme de vertu n'est plus.

J'ai eu l'honneur d'être dépouillé trois fois pour la légitimité : la première, pour avoir suivi les fils de saint Louis dans leur exil; la seconde, pour avoir écrit en faveur des principes de la monarchie que le roi nous avoit octroyée; la troisième, pour m'être tu sur une loi funeste, et pour avoir contribué à maintenir l'Europe en paix pendant cette campagne si glorieuse pour un fils de France, et qui a rendu une armée au drapeau blanc.

Les bourreaux qui avoient tué mon frère ne m'ont pas laissé mon patrimoine : c'est dans l'ordre; mais je ne puis m'empêcher d'engager les ministres futurs à se défendre de ces mesures précipitées, sujettes à de graves inconvénients. En me frappant, on n'a frappé qu'un dévoué serviteur du roi, et l'ingratitude est à l'aise avec la fidélité; toutefois il peut y avoir tels hommes moins soumis et telles circonstances dont il ne seroit pas bon d'abuser : l'Histoire le prouve. Je ne suis ni le prince Eugène, ni Voltaire, ni Mirabeau; et quand je posséderois leur puissance, j'aurois horreur de les imiter dans leur ressentiment. Mais comme j'ai eu lieu de connoître mieux qu'un autre le mal que font à mon pays les divisions et les injustices, j'exhorte les hommes en pouvoir à les éviter. Il y a quelques mois que je me serois bien gardé de faire ces réflexions, dans la crainte qu'on ne les prît ou pour la menace de la forfanterie, ou pour le regret de l'ambition, ou pour la plainte de la foiblesse : on ne les sauroit considérer aujourd'hui que comme un conseil aussi important que désintéressé.

DE LA MONARCHIE

SELON LA CHARTE

PREMIÈRE PARTIE.

CHAPITRE PREMIER.

EXPOSÉ.

La France veut son roi légitime.
Il y a trois manières de vouloir le roi légitime :
1º Avec l'ancien régime ;
2º Avec le despotisme ;
3º Avec la Charte.
Avec l'ancien régime, il y a impossibilité : nous l'avons prouvé ailleurs [1].
Avec le despotisme, il faut avoir, comme Buonaparte, six cent mille soldats dévoués, un bras de fer, un esprit tourné vers la tyrannie : je ne vois rien de tout cela. Je sais bien comment on établit le despotisme ; je ne sais pas comment on feroit un despote dans la famille des Bourbons.
Reste donc la monarchie avec la Charte.
C'est la seule bonne aujourd'hui : c'est d'ailleurs la seule possible ; cela tranche la question.

---

[1]. Cet ouvrage étant comme la suite des *Réflexions politiques*, partout où je me trouverai sur le chemin des mêmes vérités, pour m'épargner les répétitions, je citerai en note les *Réflexions*. Par la même raison, je citerai aussi le *Rapport fait au roi à Gand*, rapport qui découle également des principes posés dans les *Réflexions politiques*.

CHAPITRE II.

SUITE DE L'EXPOSÉ.

Partons donc de ce point que nous avons une Charte, que nous ne pouvons avoir autre chose que cette Charte.

Mais depuis que nous vivons sous l'empire de la Charte, nous en avons tellement méconnu l'esprit et le caractère, que c'est merveille.

A quoi cela tient-il? A ce qu'emportés par nos passions, nos intérêts, notre humeur, nous n'avons presque jamais voulu nous soumettre à la conséquence, tout en disant que nous adoptions le principe ; à ce que nous prétendons maintenir des choses contradictoires et impossibles ; à ce que nous résistons à la nature du gouvernement établi, au lieu d'en suivre le cours; à ce que, contrariés par des institutions encore nouvelles, nous n'avons pas le courage de braver de légers inconvénients pour acquérir de grands avantages; en ce qu'ayant pris la liberté pour base de ces institutions, nous nous effrayons, et nous sommes tentés de reculer jusqu'à l'arbitraire, ne comprenant pas comment un gouvernement peut être vigoureux sans cesser d'être constitutionnel.

Je vais essayer de poser quelques vérités d'un usage commun dans la pratique de la monarchie représentative. Je traiterai des *principes* : je tâcherai de démontrer ce qui manque à nos institutions, ce qu'il faut créer, ce qu'il faut détruire, ce qui est raisonnable, ce qui est absurde. Je parlerai ensuite des *systèmes :* je dirai quels sont ceux que l'on a suivis jusqu'ici dans l'administration. J'indiquerai le mal; je finirai par offrir ce que je crois être le remède. Au reste, je ne m'écarterai pas des premières notions du sens commun. Mais il paroît que le sens commun est une chose plus rare que son nom ne semble l'indiquer : la révolution nous a fait oublier tant de choses ! En politique comme en religion, nous en sommes au catéchisme.

CHAPITRE III.

ÉLÉMENTS DE LA MONARCHIE REPRÉSENTATIVE.

Qu'est-ce que le gouvernement représentatif? Quelle est son origine? comment s'est-il formé en Europe? Comment fut-il établi autrefois en France et en Angleterre? Comment se détruisit-il chez nos aïeux, et pourquoi subsista-t-il chez nos voisins? Par quelles voies y sommes-nous revenus? Pour toutes ces questions, voyez les *Réflexions politiques*.

Or, le gouvernement établi par la Charte se compose de quatre éléments : de la royauté ou de la prérogative royale, de la chambre des pairs, de la chambre des députés, du ministère. Cette machine, moins compliquée que l'organisation de l'ancienne monarchie avant Louis XIV, est cependant plus délicate, et doit être touchée avec plus d'adresse : la violence la briseroit, l'inhabileté en arrêteroit le mouvement.

Voyons ce qui manque, et quels embarras se sont rencontrés jusqu'ici dans la nouvelle monarchie.

CHAPITRE IV.

DE LA PRÉROGATIVE ROYALE. PRINCIPE FONDAMENTAL.

La doctrine sur la prérogative royale constitutionnelle est que rien ne procède directement du roi dans les actes du gouvernement; que tout est l'œuvre du ministère, même la chose qui se fait au nom du roi et avec sa signature, projets de loi, ordonnances, choix des hommes.

Le roi dans la monarchie représentative est une divinité que rien ne peut atteindre : inviolable et sacrée, elle est encore infaillible; car s'il y a erreur, cette erreur est du ministre, et non du roi. Ainsi, on peut tout examiner sans blesser la majesté royale, car tout découle d'un ministère responsable.

CHAPITRE V.

APPLICATION DU PRINCIPE.

Quand donc les ministres alarment des sujets fidèles, quand ils emploient le nom du roi pour faire passer de fausses mesures, c'est qu'ils abusent de notre ignorance ou qu'ils ignorent eux-mêmes la nature du gouvernement représentatif. Le plus franc royaliste dans les chambres peut, sans témérité, écarter le bouclier sacré qu'on lui oppose, et aller droit au ministère; il ne s'agit que de ce dernier, jamais du roi.

Et tout cela est fondé en raison.

Car le roi étant environné de ministres responsables, tandis qu'il s'élève au-dessus de toute responsabilité, il est évident qu'il doit les laisser agir d'après eux-mêmes, puisqu'on s'en prendra à eux seuls de l'événement. S'ils n'étoient que les exécuteurs de la volonté royale, il y auroit injustice à les poursuivre pour des desseins qui ne seroient pas les leurs.

Que fait donc le roi dans son conseil ? Il juge, mais il ne force point le ministre. Si le ministre obtempère à l'avis du roi, il est sûr de faire une chose excellente et qui aura l'assentiment général ; s'il s'en écarte et que, pour maintenir sa propre opinion, il argumente de sa responsabilité, le roi n'insiste plus : le ministre agit, fait une faute, tombe ; et le roi change son ministre.

Et quand bien même le roi dans le conseil eût adopté l'avis du ministère, si cet avis entraîne une fausse mesure, le roi n'est encore pour rien dans tout cela : ce sont les ministres qui ont surpris sa sagesse, en lui présentant les choses sous un faux jour, en le trompant par corruption, passion, incapacité. Encore un coup, rien n'est l'ouvrage du roi que la loi sanctionnée, le bonheur du peuple et la prospérité de la patrie.

J'ai appuyé sur cette doctrine, parce qu'elle a été méconnue : on a profité de la passion que la chambre des députés a pour le roi, afin de donner des scrupules à cette chambre admirable. Les députés ont été quelque temps à démêler les véritables intérêts du trône, quand on se servoit du nom même du roi pour l'opposer à ses intérêts. Passons du principe général à quelques détails.

CHAPITRE VI.

SUITE DE LA PRÉROGATIVE ROYALE. INITIATIVE. ORDONNANCE DU ROI.

La prérogative royale doit être plus forte en France qu'en Angleterre [1] ; mais il faudra tôt ou tard la débarrasser d'un inconvénient dont le principe est dans la Charte : on a cru fortifier cette prérogative en lui attribuant exclusivement l'initiative, on l'a au contraire affoiblie.

La forme ici n'a pas moins d'inconvénients que le fond : les ministres apportent aux chambres leur projet de loi dans une ordonnance

---

1. *Réflexions politiques.*

royale. Cette ordonnance commence par la formule : *Louis, par la grâce de Dieu*, etc. Ainsi les ministres sont forcés de faire parler le roi à la première personne : ils lui font dire qu'il a médité dans sa sagesse leur projet de loi, qu'il l'envoie aux chambres dans sa puissance : puis surviennent des amendements qui sont admis par la couronne ; et la sagesse et la puissance du roi reçoivent un démenti formel. Il faut une seconde ordonnance pour déclarer, encore par la grâce de Dieu, la sagesse et la puissance du roi, que le roi (c'est-à-dire le ministère) s'est trompé.

Et voilà comment un nom sacré se trouve compromis. Il est donc nécessaire que l'ordonnance soit réservée pour la loi complète, ouvrage de la couronne assistée des deux autres branches de la puissance législative, et non pour le projet de loi, qui n'est que le travail des ministres.

En tout, il faut désormais user des ordonnances avec sobriété : le style de l'ordonnance est absolu, parce qu'autrefois le roi étoit seul souverain législateur ; mais aujourd'hui qu'il a consenti, dans sa magnanimité, à partager les fonctions législatives avec les deux chambres, il est mieux, en matière de loi, que la couronne ne parle impérieusement que pour la loi achevée. Autrement vous placez le pair et le député entre deux puissances législatives, la loi et l'ordonnance, entre l'ancienne et la nouvelle constitution, entre ce qu'on doit à la loi comme citoyen, et ce que l'on doit à l'ordonnance comme sujet. Comment alors travailler librement à la loi sans blesser la prérogative, ou se taire devant la prérogative sans cesser d'obéir à sa conscience en votant sur les articles de la loi ? Le nom du roi, mis en avant par les ministres, produiroit à la longue l'un ou l'autre de ces graves inconvéniens : ou il imprimeroit un tel respect que, toute liberté disparoissant dans les deux chambres, on tomberoit sous le despotisme ministériel ; ou il n'enchaîneroit pas les volontés, ce qui conduiroit au mépris de cette autorité royale, sans laquelle pourtant il n'est point de salut pour nous.

Toutes les convenances seroient choquées en Angleterre si un membre du parlement s'avisoit de citer l'auguste nom du monarque pour combattre ou pour faire passer un bill.

CHAPITRE VII.

OBJECTIONS.

Mais si les chambres ont seules l'initiative, ou si elles la partagent avec la couronne, ne va-t-on pas voir recommencer cette manie de faire des lois, qui perdit la France sous l'Assemblée constituante?

On oublie dans ces comparaisons, si souvent répétées, que l'esprit de la France n'étoit pas tel alors qu'il est aujourd'hui; que la révolution commençoit et qu'elle finit; que l'on tend au repos, comme on tendoit au mouvement; que loin de vouloir détruire, la plus forte envie est de réparer.

On oublie que la constitution n'étoit pas la même; qu'il n'y avoit qu'une assemblée ou deux conseils de même nature, et que la Charte a établi deux chambres formées d'éléments divers; que ces deux chambres se balancent, que l'une peut arrêter ce que l'autre auroit proposé imprudemment.

On oublie que toute motion d'ordre faite et poursuivie spontanément n'est plus possible; que toute proposition doit être déposée par écrit sur le bureau; que si les chambres décident qu'il y a lieu de s'occuper de cette proposition, elle ne peut être développée qu'après un intervalle de trois jours; qu'elle est ensuite envoyée et distribuée dans les bureaux : ce n'est qu'après avoir passé à travers toutes ces formes dilatoires qu'elle revient aux chambres, modifiée et comme refroidie, pour y rencontrer tous les obstacles, y subir tous les amendements des projets de loi; encore la discussion peut-elle en être retardée, s'il se trouve à l'ordre du jour d'autres affaires qui aient la priorité.

On oublie enfin que le roi a puissance absolue pour rejeter la loi, pour dissoudre les chambres, si le besoin de l'État le requéroit.

D'ailleurs, de quoi s'agit-il? D'ôter l'initiative des lois à la couronne? Pas du tout : laissez l'initiative à la couronne, qui s'en servira dans les grandes occasions, pour quelque loi bien éclatante, bien populaire; mais donnez-la aussi aux chambres, qui l'exercent déjà par le fait, puisqu'elles ont le droit de la proposition de loi.

Le développement de la proposition est secret, répond-on, et avec l'initiative la discussion est publique : les assemblées délibérantes ont fait tant de mal à la France, qu'on ne sauroit trop se prémunir contre elles.

Mais alors pourquoi une Charte? pourquoi une constitution libre?

pourquoi n'avoir pas pris les choses telles qu'elles étoient, un sénat passif, un corps législatif muet? Et voilà comment, par une inconséquence funeste, on veut et on ne veut pas ce que l'on a.

Sait-on ce qui arrivera si nous ne sommes pas plus décidés dans nos vœux, pas plus d'accord avec nous-mêmes? Ou nous détruirons la constitution (et Dieu sait ce qui en résultera), ou nous serons emportés par elle : prenons-y garde, car dans l'état actuel des choses, elle est probablement plus forte que nous.

CHAPITRE VIII.

CONTRE LA PROPOSITION SECRÈTE DE LA LOI.

Proposition secrète de la loi : idée fausse et contradictoire, élément hétérogène dont il faudra se débarrasser. La proposition secrète de la loi ne peut même jamais être si secrète qu'elle ne parvienne au public défigurée : l'initiative franche est de la nature du gouvernement représentatif. Dans ce gouvernement tout doit être connu, porté au tribunal de l'opinion. Si la discussion aux chambres devient orageuse, cinq membres, en se réunissant, peuvent, aux termes de l'article 44 de la Charte, faire évacuer les tribunes. On conserveroit donc, par l'initiative, les avantages du secret sans perdre ceux de la publicité; il n'y a donc rien à gagner à préférer la proposition à l'initiative. C'est vouloir se procurer par un moyen ce qu'on obtient déjà par un autre ; c'est compliquer les ressorts, pour se donner ce qu'on peut avoir par un procédé simple et naturel.

L'initiative accordée aux chambres fera disparoître en outre ces définitions de principes généraux, qui cette année ont entravé la discussion de chacune de nos lois. On n'entendroit plus parler aussi de l'éternelle doctrine des amendements. Le bon sens veut que les chambres admises à la confection des lois aient le droit de proposer dans ces lois tous les changements qui leur semblent utiles (excepté pour le budget, comme je vais le dire). Vouloir fixer des bornes au droit d'amendement; trouver le point mathématique où l'amendement finit, où la proposition de loi commence; savoir exactement quand cet amendement empiète, quand il n'empiète pas sur la prérogative, c'est se perdre dans une métaphysique politique, sans rivages et sans fond.

Permettez l'initiative aux chambres : que la loi, si vous le voulez, puisse être également proposée par le gouvernement, mais sans ordonnance formelle, et toutes ces questions oiseuses tomberont. Au lieu de crier à tout propos à la violation de la Charte, à la violation de la prérogative royale ; au lieu de rejeter un amendement, non parce qu'il est mauvais en lui-même, mais parce qu'il contrarie une théorie, on sera obligé de combattre son adversaire par des raisons prises dans la nature même de la loi proposée. On s'accusera plus mutuellement, les uns de rappeler des principes démocratiques, les autres de prêcher l'obéissance passive : les esprits deviendront plus justes, les cœurs plus unis ; il y aura moins de temps perdu.

CHAPITRE IX.

CE QUI RÉSULTE DE L'INITIATIVE LAISSÉE AUX CHAMBRES.

D'ailleurs l'initiative laissée aux chambres est manifestement dans les intérêts du roi : la couronne ne se charge alors que de la proposition des lois populaires, et laisse aux pairs et aux députés tout ce qu'il peut y avoir de rigoureux dans la législation. Ensuite, si la loi ne passe pas, le nom du roi ne s'est pas trouvé mêlé à des discussions où souvent le mouvement de la tribune fait sortir de la convenance. D'une autre part, les ministres ne viendront plus violenter votre conscience, en s'écriant : « C'est la proposition du roi, c'est sa volonté ; jamais il ne consentira à cet amendement. »

Enfin si les ministres sont habiles, l'initiative des chambres ne sera jamais que l'initiative ministérielle, car ils auront l'art de faire proposer ce qu'ils voudront. C'est l'avantage de l'anonyme pour un auteur : si l'ouvrage est bon, l'auteur le réclame après le succès ; s'il ne réussit pas, il le laisse à qui la critique veut le donner. Encore le ministre est-il mieux placé que l'auteur ; car, bonne ou mauvaise, la loi que ce ministre a chargé ses amis de proposer doit toujours passer aux chambres, à moins qu'il n'ait adopté le *système de la minorité,* si ingénieusement inventé dans la dernière session. Renoncer à la majorité, c'est vouloir marcher sans pieds, voler sans ailes ; c'est briser le grand ressort du gouvernement représentatif : je le montrerai plus loin.

CHAPITRE X.

OU CE QUI PRÉCÈDE EST FORTIFIÉ.

Voilà les inconvénients de la proposition secrète de la loi par les chambres et de l'initiative par la couronne ; en voici les absurdités :

Si la proposition passe aux chambres, elle va à la couronne ; si la couronne l'adopte, elle revient aux chambres en forme de projet de loi.

Si les chambres jugent alors à propos de l'amender, elle retourne à la couronne, qui peut à son tour introduire de nouveaux changements, lesquels doivent encore être adoptés par les deux chambres pour être présentés ensuite à la sanction du roi, qui peut encore ajouter ou retrancher.

Il y a dans le Kiang-Nan, province la plus polie de la Chine, un usage : deux mandarins ont une affaire à traiter ensemble ; le mandarin qui a reçu le premier la visite de l'autre mandarin ne manque pas par politesse de l'accompagner jusque chez lui ; celui-ci à son tour, par politesse, se croit obligé de retourner à la maison de son hôte, lequel sait trop bien vivre pour laisser aller seul son honorable voisin, lequel connoît trop bien ses devoirs pour ne pas reconduire encore un personnage si important, lequel… Quelquefois les deux mandarins meurent dans ce combat de bienséance, et l'affaire avec eux [1].

CHAPITRE XI.

CONTINUATION DU MÊME SUJET.

L'initiative et la sanction de la loi sont visiblement incompatibles ; car dans ce cas c'est la couronne qui approuve ou désapprouve son propre ouvrage. Outre l'absurdité du fait, la couronne est ainsi placée dans une position au-dessous de sa dignité : elle ne peut confirmer un projet de loi que les ministres ont déclaré être le fruit des méditations royales, avant que les pairs et les députés n'aient examiné et pour ainsi dire approuvé ce projet de loi. N'est-il pas plus noble et plus dans l'ordre que les chambres proposent la loi, et que le roi la juge ? Il se présente alors comme le grand et le premier législateur, pour dire :

---

1. *Lettres édif.*

« Cela est bon, cela est mauvais; je veux ou ne veux pas. » Chacun conserve son rang : ce n'est plus un sujet obscur qui s'avise de contrôler une loi proposée au nom du souverain maître et seigneur.

L'initiative, loin d'être favorable au trône, est donc anti-monarchique, puisqu'elle déplace les pouvoirs : les Anglois l'ont très-raisonnablement attribuée aux chambres.

CHAPITRE XII.

QUESTION.

Dans le gouvernement représentatif, s'écrie-t-on, le roi n'est donc qu'une vaine idole ? On l'adore sur l'autel, mais il est sans action et sans pouvoir.

Voilà l'erreur. Le roi dans cette monarchie est plus absolu que ses ancêtres ne l'ont jamais été, plus puissant que le sultan à Constantinople, plus maître que Louis XIV à Versailles.

Il ne doit compte de sa volonté et de ses actions qu'à Dieu.

Il est le chef ou l'évêque extérieur de l'Église gallicane.

Il est le père de toutes les familles particulières, en les rattachant à lui par l'instruction publique.

Seul il rejette ou sanctionne la loi : toute loi émane donc de lui; il est donc souverain législateur.

Il s'élève même au-dessus de la loi, car lui seul peut faire grâce et parler plus haut que la loi.

Seul il nomme et déplace les ministres à volonté, sans opposition, sans contrôle : toute l'administration découle donc de lui; il en est donc le chef suprême.

L'armée ne marche que par ses ordres.

Seul il fait la paix et la guerre.

Ainsi, le premier dans l'ordre religieux, moral et politique, il tient dans sa main les mœurs, les lois, l'administration, l'armée, la paix et la guerre.

S'il retire cette main royale, tout s'arrête.

S'il l'étend, tout marche.

Il est si bien tout par lui-même, qu'ôtez le roi, il n'y a plus rien.

Que regrettez-vous donc pour la couronne ? Seroient-ce les millions d'entraves dont la royauté étoit jadis embarrassée, et le pouvoir qu'un ministre avoit de vous mettre à la Bastille ? Vous vous trompez encore quand vous supposez que la couronne pouvoit agir autrefois avec plus d'indépendance ou plus de force qu'aujourd'hui. Quel roi de France dans l'ancienne monarchie auroit pu lever l'impôt énorme que le budget a établi? Quel roi auroit pu faire usage d'un pouvoir aussi violent que celui dont les lois sur la liberté de la presse, la liberté individuelle et les cris séditieux ont investi la couronne?

De l'examen de la prérogative royale passons à l'examen de la chambre des pairs.

CHAPITRE XIII.

DE LA CHAMBRE DES PAIRS. PRIVILÉGES NÉCESSAIRES.

Si avant d'avoir reçu de la munificence toute gratuite du roi la haute dignité de la pairie je n'avois pas réclamé pour la chambre des pairs ce que je vais encore demander aujourd'hui, une certaine pudeur m'empêcheroit peut-être de parler; mais mon opinion imprimée[1] ayant devancé des honneurs qui surpassent de beaucoup les très-foibles services que j'ai pu rendre à la cause royale, je puis donc m'expliquer sans détours.

Il manque encore à la chambre des pairs de France, non dans ses intérêts particuliers, mais dans ceux du roi et du peuple, des priviléges, des honneurs et de la fortune.

Néanmoins, dans le rapport que j'eus l'honneur de faire au roi à Gand dans son conseil, en indiquant la nécessité d'instituer l'hérédité de la pairie (tant pour consacrer les principes de la Charte que pour prouver que l'on vouloit sincèrement ce que l'on avoit promis), je ne prétendois pas conseiller de faire à la fois tous les pairs héréditaires. Un certain nombre de pairs, pris parmi les anciens et les nouveaux pairs, m'auroit d'abord paru suffire. Le ministère dont l'ordonnance du 19 août 1815 est l'ouvrage n'a peut-être pas assez vu tout ce que cette ordonnance enlevoit à la couronne. Le roi providence de la France, et qui, comme cette providence, répand les bienfaits à pleines mains, a consenti à une générosité toujours au-dessous de sa munificence : il ne s'est rien réservé de ce qu'il pouvoit donner. Et pourtant quelle source de récompenses est tarie par l'acte ministériel! Quel noble sujet enlevé à une noble ambition! Que n'eût point fait un pair à vie pour devenir pair héréditaire, pour constituer dans sa famille une si haute et si importante dignité!

La même ordonnance semble ôter au roi la faculté de faire à l'ave-

1. *Réflexions politiques. Rapport fait au roi à Gand.*

nir des pairs à vie; mais il y a sans doute sur ce point quelque vice de rédaction. La Charte, article 27, dit positivement : « Le roi peut nommer les pairs *à vie* ou les rendre héréditaires, selon sa volonté. »

CHAPITRE XIV.

SUBSTITUTIONS : QU'ELLES SONT DE L'ESSENCE DE LA PAIRIE.

Je ne répéterai point sur les honneurs et les priviléges à accorder à la pairie ce que j'ai dit dans les *Réflexions politiques*. J'ajouterai seulement qu'il faudra tôt ou tard rétablir pour les pairs l'usage des substitutions, par ordre de primogéniture. Passées des lois romaines dans nos anciennes lois, mais pour y maintenir d'autres principes, les substitutions entrent dans la constitution monarchique. Le retrait lignager en seroit un appendice heureux : inventé à l'époque où les fiefs devinrent héréditaires, il rattacheroit la dignité à la glèbe, et la terre noble feroit le noble plus sûrement que la volonté politique.

Stat fortuna domus, et avi numerantur avorum.

Tel est le moyen de rétablir en France des familles aristocratiques, barrières et sauvegarde du trône. Sans priviléges et sans propriétés, la pairie est un mot vide de sens, une institution qui ne remplit pas son but. Si la chambre des pairs a moins d'honneurs et de propriétés territoriales que la chambre des députés, la balance est rompue : le principe de l'aristocratie est déplacé, et va se réunir au principe démocratique dans la chambre des députés. Cette dernière chambre acquerra alors une prépondérance inévitable et dangereuse, en joignant à sa popularité naturelle l'égalité des titres et la supériorité de la fortune.

Quand et comment faut-il exécuter ce que je propose pour la chambre des pairs? On l'apprendra du temps; mais, quoi qu'on fasse, il faudra en venir là, ou la monarchie représentative ne se constituera pas en France.

Au reste, les séances de la chambre des pairs doivent être publiques, sinon par la loi, du moins par l'usage, comme en Angleterre. Sans cette publicité, la chambre des pairs n'a pas assez d'action sur l'opinion, et laisse encore un trop grand avantage à la chambre des députés.

L'intérêt du ministère réclame également cette publicité : l'attaque légale contre les ministres commence à la chambre des députés, et la défense a lieu dans la chambre des pairs. L'attaque est donc publique, tandis que la défense est secrète. Les principes de deux jurisprudences opposées sont donc employés dans le même procès. Il y a contradiction dans la loi et lésion pour la partie.

Quittons la chambre des pairs : venons à la chambre des députés.

CHAPITRE XV.

DE LA CHAMBRE DES DÉPUTÉS. SES RAPPORTS AVEC LES MINISTRES.

Notre chambre des députés seroit parfaitement constituée si les lois sur les élections et sur la responsabilité des ministres étoient faites ; mais il manque encore à cette chambre la connoissance de quelques-uns de ses pouvoirs, de quelques-unes de ces vérités filles de l'expérience.

Il faut d'abord qu'elle sache se faire respecter. Elle ne doit pas souffrir que les ministres établissent en principe qu'ils sont indépendants des chambres ; qu'ils peuvent refuser de venir lorsqu'elles désireroient leur présence. En Angleterre, non-seulement les ministres sont interrogés sur des bills, mais encore sur des actes administratifs, sur des nominations, et même sur des nouvelles de gazette.

Si on laisse passer cette grande phrase, que les ministres du roi ne doivent compte qu'au roi de leur *administration,* on entendra bientôt par *administration* tout ce qu'on voudra : des ministres incapables pourront perdre la France à leur aise ; et les chambres, devenues leurs esclaves, tomberont dans l'avilissement.

Quel moyen les chambres ont-elles de se faire écouter ? Si les ministres refusent de répondre, elles en seront pour leur interpellation, compromettront leur dignité et paroîtront ridicules, comme on l'est en France quand on fait une fausse démarche.

La chambre des députés a plusieurs moyens de maintenir ses droits.

Posons donc les principes :

Les chambres ont le droit de demander tout ce qu'elles veulent aux ministres.

Les ministres doivent toujours répondre, toujours venir, quand les chambres paroissent le souhaiter.

Les ministres ne sont pas toujours obligés de donner les explications qu'on leur demande ; ils peuvent les refuser, mais en motivant ce refus sur des raisons d'État dont les chambres seront instruites quand il en sera temps. Les chambres traitées avec cet égard n'iront pas plus loin. Lorsqu'un ministre a désiré d'obtenir un crédit de six millions sur le grand-livre, il a donné sa parole d'honneur, et les députés n'ont pas demandé d'autres éclaircissements. *Foi de gentilhomme* est un vieux gage sur lequel les François trouveront toujours à emprunter.

D'ailleurs les chambres ne se mêleront jamais d'administration, ne feront jamais de demandes inquiétantes, elles n'exposeront jamais les ministres à se compromettre, si les ministres sont ce qu'ils doivent être, c'est-à-dire maîtres des chambres par le *fond,* et leurs serviteurs par la *forme.*

Quel moyen conduit à cet heureux résultat? Le moyen le plus simple du monde : le ministère doit disposer la majorité et marcher avec elle; sans cela, point de gouvernement.

Je sais bien que cette espèce d'autorité que les chambres exercent sur le ministère pendant les sessions rappelle à l'esprit les envahissements de l'Assemblée constituante; mais, encore une fois, toute comparaison de ce qui est aujourd'hui à ce qui fut alors est boiteuse. L'expérience de nos temps de malheurs n'autorise point à dire que la monarchie représentative ne peut pas s'établir en France : le gouvernement qui existoit à cette époque n'étoit point la monarchie représentative fondée sur des principes naturels, par la véritable division des pouvoirs. Une assemblée unique, un roi dont le *veto* n'étoit pas absolu! Qu'y a-t-il de commun entre l'ordre établi par l'Assemblée constituante et l'ordre politique fondé par la Charte? Usons de cette Charte : si rien ne marche avec elle, alors nous pourrons affirmer que le génie françois est incompatible avec le gouvernement représentatif; jusque là nous n'avons pas le droit de condamner ce que nous n'avons jamais eu.

CHAPITRE XVI.

QUE LA CHAMBRE DES DÉPUTÉS DOIT SE FAIRE RESPECTER AU DEHORS PAR LES JOURNAUX.

La chambre des députés ne doit pas permettre qu'on l'insulte *collectivement* dans les journaux, ou qu'on altère les discours de ses membres.

Tant que la presse sera captive, les députés ont le droit de demander compte au ministère des délits de la presse; car dans ce cas ce sont les censeurs qui sont coupables, et les censeurs sont les agents des ministres.

Lorsque la presse deviendra libre, les députés doivent mander à la barre le libelliste, ou le faire poursuivre dans toute la rigueur des lois par-devant les tribunaux.

En attendant l'époque qui délivrera la presse de ses entraves, il seroit bon que la chambre eût à elle un journal où ses séances, correctement imprimées, deviendroient la condamnation ou la justification des gazettes officielles.

Mais ce qu'il faut surtout, c'est la liberté de la presse. Que la chambre se hâte de la réclamer : je vais en donner les raisons.

CHAPITRE XVII.

DE LA LIBERTÉ DE LA PRESSE.

Point de gouvernement représentatif sans la liberté de la presse. Voici pourquoi :

Le gouvernement représentatif s'éclaire par l'opinion publique, et est fondé sur elle. Les chambres ne peuvent connoître cette opinion si cette opinion n'a point d'organes.

Dans un gouvernement représentatif, il y a deux tribunaux : celui des chambres, où les intérêts particuliers de la nation sont jugés; celui de la nation elle-même, qui juge en dehors les deux chambres.

Dans les discussions qui s'élèvent nécessairement entre le ministère et les chambres, comment le public connoîtra-t-il la vérité si les journaux sont sous la censure du ministère, c'est-à-dire sous l'influence d'une des parties intéressées? Comment le ministère et les chambres connoîtront-ils l'opinion publique, qui fait la volonté générale, si cette opinion ne peut librement s'expliquer?

CHAPITRE XVIII.

QUE LA PRESSE ENTRE LES MAINS DE LA POLICE ROMPT LA BALANCE CONSTITUTIONNELLE.

Il faut dans une monarchie constitutionnelle que le pouvoir des chambres et celui du ministère soient en harmonie. Or, si vous livrez la presse au ministère, vous lui donnez le moyen de faire pencher de son côté tout le poids de l'opinion publique et de se servir de cette opinion contre les chambres : la constitution est en péril.

CHAPITRE XIX.

CONTINUATION DU MÊME SUJET.

Qu'arrive-t-il lorsque les journaux sont, par le moyen de la censure, entre les mains du ministère? Les ministres font admirer dans les gazettes qui leur appartiennent tout ce qu'ils ont dit, tout ce qu'a fait, tout ce qu'a dit leur parti *intra muros et extra*. Si dans les journaux dont ils ne disposent pas entièrement ils ne peuvent obtenir les mêmes résultats, du moins ils peuvent forcer les rédacteurs à se taire.

J'ai vu des journaux non ministériels suspendus pour avoir loué telle ou telle opinion.

J'ai vu des discours de la chambre des députés mutilés par la censure sur l'épreuve de ces journaux.

J'ai vu apporter les défenses spéciales de parler de tel événement, de tel écrit qui pouvoit influer sur l'opinion publique d'une manière désagréable aux ministres[1].

J'ai vu destituer un censeur qui avoit souffert onze années de détention comme royaliste, pour avoir laissé passer un article en faveur des royalistes.

Enfin, comme on a senti que des ordres de la police envoyés par

---

1. Cet ouvrage offrira sans doute un nouvel exemple de ces sortes d'abus. On défendra aux journaux de l'annoncer, ou on le fera déchirer par les journaux. Si quelques-uns d'entre eux osoient en parler avec indépendance, ils seroient arrêtés à la poste, selon l'usage. Je vais voir revenir pour moi le bon temps des Fouché : n'a-t-on pas publié contre moi, sous la police royale, des libelles que le duc de Rovigo avoit supprimés comme trop infâmes? Je n'ai point réclamé, parce que je suis partisan sincère de la liberté de la presse, et que dans mes principes je ne puis le faire tant qu'il n'y a pas de loi. Au reste, je suis accoutumé aux injures, et fort au-dessus de toutes celles qu'on pourra m'adresser. Il ne s'agit pas de moi ici, mais *du fond* de mon ouvrage ; et c'est par cette raison que je préviens les provinces, afin qu'elles ne se laissent pas abuser. J'attaque un parti puissant, et les journaux sont exclusivement entre les mains de ce parti : la politique et la littérature continuent de se faire à la police. Je puis donc m'attendre à tout; mais je puis donc demander aussi qu'on me lise, et qu'on ne me juge pas en dernier ressort sur le rapport de journaux qui ne sont pas libres.

MÉLANGES POLITIQUES. 177

écrit aux bureaux des feuilles publiques pouvoient avoir des inconvénients, on a tout dernièrement supprimé cet ordre, en déclarant aux journalistes qu'ils ne recevroient plus que des *injonctions verbales*. Par ce moyen les preuves disparoîtront, et l'on pourra mettre sur le compte des *rédacteurs* des gazettes tout ce qui sera l'ouvrage des *injonctions ministérielles*.

C'est ainsi que l'on fait naître une fausse opinion en France, qu'on abuse celle de l'Europe; c'est ainsi qu'il n'y a point de calomnies dont on n'ait essayé de flétrir la chambre des députés. Si l'on n'eût pas été si contradictoire et si absurde dans ces calomnies; si, après avoir appelé les députés des aristocrates, des ultra-royalistes, des ennemis de la Charte, des *jacobins blancs,* on ne les avoit pas ensuite traités de démocrates, d'ennemis de la prérogative royale, de factieux, de *jacobins noirs,* que ne seroit-on pas parvenu à faire croire?

Il est de toute impossibilité, il est contre tous les principes d'une monarchie représentative de livrer exclusivement la presse au ministère, de lui laisser le droit d'en disposer selon ses intérêts, ses caprices et ses passions, de lui donner moyen de couvrir ses fautes et de corrompre la vérité. Si la presse eût été libre, ceux qui ont tant attaqué les chambres auroient été traduits à leur tour au tribunal, et l'on auroit vu de quel côté se trouvoient l'habileté, la raison et la justice.

Soyons conséquents : ou renonçons au gouvernement représentatif, ou ayons la liberté de la presse : il n'y a point de constitution libre qui puisse exister avec les abus que je viens de signaler.

CHAPITRE XX.

DANGERS DE LA LIBERTÉ DE LA PRESSE. JOURNAUX. LOIS FISCALES.

Mais la liberté de la presse a des dangers. Qui l'ignore? Aussi cette liberté ne peut exister qu'en ayant derrière elle une loi forte, *immanis lex*, qui prévienne la prévarication par la ruine, la calomnie par l'infamie, les écrits séditieux par la prison, l'exil, et quelquefois par la mort : le Code a sur ce point la loi unique. C'est aux risques et périls de l'écrivain que je demande pour lui la liberté de la presse; mais il la faut, cette liberté, ou, encore une fois, la constitution n'est qu'un jeu.

Quant aux journaux, qui sont l'arme la plus dangereuse, il est d'abord aisé d'en diminuer l'abus, en obligeant les propriétaires des feuilles périodiques, comme les notaires et autres agents publics, à fournir un cautionnement. Ce cautionnement répondroit des amendes, peine la plus juste et la plus facile à appliquer. Je le fixerois au capital que suppose la contribution directe de 1000 francs, que tout citoyen doit payer pour être élu membre de la chambre des députés. Voici ma raison :

Une gazette est une tribune : de même qu'on exige du député appelé à discuter les affaires que son intérêt, comme propriétaire, l'attache à la propriété commune, de même le journaliste qui veut s'arroger le droit de parler à la France doit être aussi un homme qui ait quelque chose à gagner à l'ordre public et à perdre au bouleversement de la société.

Vous seriez par ce moyen débarrassé de la foule des papiers publics. Les journalistes, en petit nombre, qui pourroient fournir ce cautionnement, menacés par une loi formidable, exposés à perdre la somme consignée, apprendroient à mesurer leurs paroles. Le danger réel disparoîtroit : l'opinion des chambres, celle du ministère et celle du public seroient connues dans toute leur vérité.

L'opinion publique doit être d'autant plus indépendante aujourd'hui que l'article 4 de la Charte est suspendu. En Angleterre, lorsque l'*habeas corpus* dort, la liberté de la presse veille : sœur de la liberté individuelle, elle défend celle-ci tandis que ses forces sont enchaînées et l'empêche de passer du sommeil à la mort[1].

CHAPITRE XXI.

LIBERTÉ DE LA PRESSE PAR RAPPORT AUX MINISTRES.

Les ministres seront harcelés, vexés, inquiétés par la liberté de la presse ; chacun leur donnera son avis. Entre les louanges, les conseils et les outrages, il n'y aura pas moyen de gouverner.

Des ministres véritablement constitutionnels ne demanderont jamais que pour leur épargner quelques désagréments on expose la constitution. Ils ne sacrifieront pas aux misérables intérêts de leur amour-propre la dignité de la nature humaine ; ils ne transporteront point

---

1. On se retranche dans la difficulté de faire une bonne loi sur la liberté de la presse. Cette loi est certainement difficile, mais je crois la savoir possible. J'ai là-dessus des idées arrêtées, dont le développement seroit trop long pour cet ouvrage.

sous la monarchie les irascibilités de l'aristocratie. « Dans l'aristocratie, dit Montesquieu, les magistrats sont de petits souverains, qui ne sont pas assez grands pour mépriser les injures. Si dans la monarchie quelque trait va contre le monarque, il est si haut que le trait n'arrive point jusqu'à lui. Un seigneur aristocratique en est percé de part en part. »

Que les ministres se persuadent bien qu'ils ne sont point des seigneurs aristocratiques. Ils sont les agents d'un roi constitutionnel dans une monarchie représentative. Les ministres habiles ne craignent point la liberté de la presse; on les attaque, et ils survivent.

Sans doute les ministres auront contre eux des journaux, mais ils auront aussi des journaux pour eux : ils seront attaqués et défendus, comme cela arrive à Londres. Le ministère anglois se met-il en peine des plaisanteries de l'opposition et des injures du *Morning Chronicle?* Que n'a-t-on point dit, que n'a-t-on point écrit contre M. Pitt? Sa puissance en souffrit-elle? Sa gloire en fut-elle éclipsée?

Que les ministres soient des hommes de talent; qu'ils sachent mettre de leur parti le public et la majorité des chambres, et les bons écrivains entreront dans leurs rangs, et les journaux les mieux faits et les plus répandus les soutiendront. Ils seront cent fois plus forts, car ils marcheront alors avec l'opinion générale. Quand ils ne voudront plus se tenir dans l'exception et contrarier l'esprit des choses, ils n'auront rien à craindre de ce que l'humeur pourra leur dire. Enfin tout n'est pas fait dans un gouvernement pour des ministres : il faut vouloir ce qui est de la nature des institutions sous lesquelles on vit, et, encore une fois, il n'y a pas de liberté constitutionnelle sans liberté de la presse.

Une dernière considération importante pour les ministres, c'est que la liberté de la presse les dégagera d'une responsabilité fâcheuse envers les gouvernements étrangers. Ils ne seront plus importunés de toutes ces notes diplomatiques que leur attirent l'ignorance des censeurs et la légèreté des journaux, et, n'étant plus forcés d'y céder, ils ne compromettront plus la dignité de la France.

CHAPITRE XXII.

LA CHAMBRE DES DÉPUTÉS NE DOIT PAS FAIRE LE BUDGET.

La chambre des députés connoîtra donc ses droits et sa dignité; elle demandera donc le plus tôt possible la liberté de la presse : voilà ce qu'elle doit faire. Voici ce qu'elle ne doit pas faire : elle ne doit pas faire un budget. La formation d'un budget appartient essentiellement à la prérogative royale.

Si le budget que les ministres présentent à la chambre des députés n'est pas bon, elle le rejette.

S'il est bon seulement par parties, elle l'accepte par parties; mais il faut qu'elle se garde de jamais remplacer elle-même les impôts non consentis par des impôts de sa façon, ni de substituer au système de finances ministériel son propre système de finances; voici pourquoi :

Elle se compromet. Le ministre restant est l'exécuteur de ce nouveau budget; il a à venger son amour-propre, à justifier son œuvre. Dès lors, ennemi secret de la chambre, ce ne seroit que par une vertu extraordinaire qu'il pourroit mettre du zèle à seconder un plan qui a cessé d'être le sien : il est plus naturel de supposer qu'il l'entravera et le fera manquer dans les points les plus essentiels. Puis, à la prochaine session, il viendra, d'un air modestement triomphant, annoncer à la chambre qu'elle avoit fait un excellent budget, mais que malheureusement il n'a pas réussi.

Qu'est-ce que les députés répondront? Notre budget, diront-ils, n'étoit peut-être pas excellent, mais il étoit meilleur que le vôtre. Soit, répliquera le ministre; mais il y a un déficit : vous ne pouvez vous en prendre qu'à vous-mêmes, et n'avez rien à me reprocher.

Règle générale : le budget doit être fait par le ministère, et non par la chambre des députés, qui est le juge de ce budget. Or, si elle fait le budget, elle ne peut demander compte de son propre ouvrage, et le ministère cesse d'être responsable dans la partie la plus importante de l'administration : ainsi les éléments de la constitution sont déplacés.

Mais ces déviations de la ligne constitutionnelle, ces agitations, ces efforts, proviennent, comme tout le reste, dans la dernière session, de la lutte du ministère contre la majorité. Que le ministère consente à retourner aux principes, et le budget, convenu d'avance entre lui et la majorité, passera sans altercation : les choses reprendront leur cours naturel, et l'on sera étonné du silence avec lequel les affaires marcheront en France.

Soit dit ainsi de la prérogative royale, de la chambre des pairs, de la chambre des députés : parlons du ministère.

CHAPITRE XXIII.

DU MINISTÈRE SOUS LA MONARCHIE REPRÉSENTATIVE.
CE QU'IL PRODUIT D'AVANTAGEUX.
SES CHANGEMENTS FORCÉS.

Un avantage incalculable de la monarchie représentative, c'est d'amener les hommes les plus habiles à la tête des affaires, de créer une hérédité forcée de lumières et de talents [1].

La raison en est sensible. Avec des chambres, un ministère foible ne peut se soutenir; ses fautes, rappelées à la tribune, répétées dans les journaux, livrées à l'opinion publique, amènent en peu de temps sa chute.

Je ne cherche donc point dans un gouvernement représentatif de causes trop privées aux changements des ministres. Quand ces changements sont fréquents, c'est tout simplement que ces ministres ont embrassé de faux systèmes, méconnu l'esprit public, ou qu'ils ont été incapables de supporter le poids des affaires.

Sous une monarchie absolue on peut s'effrayer de la succession rapide des ministres, parce que ces révolutions peuvent annoncer un défaut de discernement dans le prince ou une suite d'intrigues de cour.

Sous une monarchie constitutionnelle les ministres peuvent et doivent changer jusqu'à ce qu'on ait trouvé les hommes de la chose, jusqu'à ce que les chambres et l'opinion aient fait sortir l'habileté des rangs où elle se tenoit cachée. Ce sont des eaux qui cherchent à prendre leur niveau; c'est un équilibre qui veut s'établir.

Il y aura donc changement tant que l'harmonie ne sera pas exactement établie entre les chambres et le ministère.

CHAPITRE XXIV.

LE MINISTÈRE DOIT SORTIR DE L'OPINION PUBLIQUE
ET DE LA MAJORITÉ DES CHAMBRES.

Il suit de là que sous la monarchie constitutionnelle c'est l'opinion publique qui est la source et le principe du ministère, *principium et fons*; et par une conséquence qui dérive de celle-ci le ministère doit

---

1. *Réflexions politiques.*

sortir de la majorité de la chambre des députés, puisque les députés sont les principaux organes de l'opinion populaire.

C'est assez dire aussi que les ministres doivent être membres des chambres, parce que représentant alors une partie de l'opinion publique, ils entrent mieux dans le sens de cette opinion et sont portés par elle à leur tour. Ensuite le ministre député se pénètre de l'esprit de la chambre, laquelle s'attache à lui par une réciprocité de bienveillance et de patronage.

CHAPITRE XXV.

FORMATION DU MINISTÈRE : QU'IL DOIT ÊTRE UN. CE QUE SIGNIFIE L'UNITÉ MINISTÉRIELLE.

Le ministère une fois formé doit être *un* [1]. Cela ne veut pas dire que la différence d'opinions politiques dans des hommes de mérite, lorsqu'ils sont encore isolés, soit un obstacle à leur réunion dans un ministère. Ils peuvent y entrer par ce qu'on appelle en Angleterre une coalition [2], convenant d'abord entre eux d'un système général, faisant chacun les sacrifices commandés par l'opinion et la position des affaires. Mais une fois assis au timon de l'État, ils ne doivent plus gouverner que dans un même esprit.

L'unité du ministère ne veut pas dire encore que la couronne ne puisse changer quelques membres du conseil sans changer les autres; il suffit que les membres entrants forment un système homogène d'administration avec les membres restants. En Angleterre, il y a assez fréquemment des mutations partielles dans le ministère; et la totalité ne tombe que quand le premier ministre s'en va.

CHAPITRE XXVI.

QUE LE MINISTÈRE DOIT ÊTRE NOMBREUX.

Le ministère doit être composé d'un plus grand nombre de membres responsables qu'il ne l'est aujourd'hui : il y a tel ministère dont le travail surpasse physiquement les forces d'un homme.

1. *Réflexions politiques. Rapport au roi.*
2. M. Canning, avant d'entrer au ministère britannique, s'étoit battu avec lord Castlereagh pour cause d'opinions politiques.

On gagne à augmenter le conseil responsable : 1° de diviser le travail et de multiplier les moyens ; 2° d'augmenter le nombre des amis et des défenseurs du ministère dans les chambres et hors des chambres ; 3° de diminuer autour du ministère les intrigues des hommes qui prétendent au ministère, en satisfaisant un plus grand nombre d'ambitions.

CHAPITRE XXVII.

QUALITÉS NÉCESSAIRES D'UN MINISTRE SOUS LA MONARCHIE CONSTITUTIONNELLE.

Ce qui convient à un ministre sous une monarchie constitutionnelle, c'est d'abord la facilité pour la parole : non qu'il ait besoin de cette *grande et notable éloquence, compagne de séditions, pleine de désobéissance, téméraire et arrogante, n'étant à tolérer aux cités bien constituées* [1] ; non qu'on ne puisse être un homme très-médiocre avec un certain talent de tribune ; mais il faut au moins que le ministre puisse dire juste, exposer avec propriété ce qu'il veut, répondre à une objection, faire un résumé clair, sans déclamation, sans verbiage. Cela s'apprend, comme toute chose, par l'usage.

Ce ministre aura du liant dans le caractère, de la perspicacité pour juger les hommes, de l'adresse pour manier leurs intérêts. Toutefois il faut qu'il soit ferme, résolu, arrêté dans ses plans, que l'on doit connoître pour les suivre et pour s'attacher à son système. Sans cette fermeté il n'auroit aucun partisan : personne n'est de l'avis de celui qui est de l'avis de tout le monde.

CHAPITRE XXVIII.

QUI DÉCOULE DU PRÉCÉDENT.

Un tel ministre aura assez d'esprit pour bien connoître celui des chambres, et toutes les chambres n'ont pas la même humeur, la même allure.

Aujourd'hui, par exemple, la chambre des députés est une chambre pleine de délicatesse : vous la cabreriez à la moindre mesure qui lui

---

1. DU TILLET.

paroîtroit blesser la justice ou l'honneur. Ne croyez pas gagner quelque chose en engageant dans vos systèmes ses chefs et ses orateurs, elle les abandonneroit : la majorité ne changeroit pas, parce que son opposition est une opposition de conscience, et non une affaire de parti. Mais prenez cette chambre par la loyauté, parlez-lui de Dieu, du roi, de la France ; au lieu de la calomnier, montrez-lui de la considération et de l'estime, vous lui ferez faire des miracles. Le comble de la maladresse seroit de prétendre la mener où vous désirez en lui débitant des maximes qu'elle repousse.

Pensez-vous qu'il soit nécessaire de lui faire adopter quelque mesure dans le sens de ce que vous appelez les *intérêts révolutionnaires*, gardez-vous de lui faire l'apologie de ces intérêts : dites qu'une fatale nécessité vous presse ; que le salut de la patrie exige ces nouveaux sacrifices ; que vous en gémissez ; que cela vous paroît affreux ; que cela finira. Si la chambre vous croit sincère dans votre langage, vous réussirez peut-être. Si vous allez, au contraire, lui déclarer que rien n'est plus juste que ce que vous lui proposez, qu'on ne sauroit trop donner de gages à la révolution, vous remporterez votre loi.

Un ministre anglois est plus heureux, sa tâche est moins difficile : chacun va droit au fait à Londres, pour son intérêt, pour son parti. En France, les places données ou promises ne sont pas tout. L'opposition ne se compose pas des mêmes éléments [1]. Une politesse vous gagnera ce qu'une place ne vous obtiendroit pas ; une louange vous acquerra ce que vous n'achèteriez pas par la fortune. Sachez encore *et converser et vivre* : la force d'un ministre françois n'est pas seulement dans son cabinet : elle est aussi dans son salon.

CHAPITRE XXIX.

QUEL HOMME NE PEUT JAMAIS ÊTRE MINISTRE SOUS LA MONARCHIE CONSTITUTIONNELLE.

Partout où il y a une tribune publique, quiconque peut être exposé à des reproches d'une certaine nature ne peut être placé à la tête du gouvernement. Il y a tel discours, tel mot, qui obligeroit un pareil ministre à donner sa démission en sortant de la chambre. C'est cette impossibilité résultant du principe libre des gouvernements représentatifs que l'on ne sentit pas lorsque toutes les illusions se réunirent,

---

1. *Réflexions politiques.*

comme je le dirai bientôt, pour porter un homme fameux au ministère, malgré la répugnance trop fondée de la couronne. L'élévation de cet homme devoit produire l'une de ces deux choses : ou l'abolition de la Charte, ou la chute du ministère à l'ouverture de la session. Se représente-t-on le ministre dont je veux parler écoutant à la chambre des députés la discussion sur les catégories, sur le 21 janvier, pouvant être apostrophé à chaque instant par quelque député de Lyon, et toujours menacé du terrible *tu es ille vir !* Les hommes de cette sorte ne peuvent être employés ostensiblement qu'avec les muets du sérail de Bajazet ou les muets du corps législatif de Buonaparte.

CHAPITRE XXX.

DU MINISTÈRE DE LA POLICE. QU'IL EST INCOMPATIBLE AVEC UNE CONSTITUTION LIBRE.

Comme il y a des ministres qui ne peuvent l'être sous une monarchie constitutionnelle, il y a des ministères qui ne sauroient exister dans cette sorte de monarchie : c'est indiquer la police générale.

Si la Charte, qui fonde la liberté individuelle, est suivie, la police générale est sans action et sans but.

Si la liberté individuelle est suspendue par une loi transitoire, on n'a pas besoin de la police générale pour exécuter la loi.

En effet, si les droits de la liberté constitutionnelle sont dans toute leur plénitude, et que néanmoins la police générale se permette les actes arbitraires qui sont de sa nature, tels que suppressions d'ouvrages, visites domiciliaires, arrestations, emprisonnements, exils, la Charte est anéantie.

La police n'usera pas de cet arbitraire : eh bien, elle est inutile.

La police générale est une police politique ; elle tend à étouffer l'opinion ou à l'altérer : elle frappe donc au cœur le gouvernement représentatif. Inconnue sous l'ancien régime, incompatible avec le nouveau, c'est un monstre né dans la fange révolutionnaire, de l'accouplement de l'anarchie et du despotisme.

CHAPITRE XXXI.

QU'UN MINISTRE DE LA POLICE GÉNÉRALE DANS UNE CHAMBRE DES DÉPUTÉS N'EST PAS A SA PLACE.

Voyez un ministre de la police générale dans une chambre de députés : qu'y fait-il ? il fait des lois pour les violer, des règlements de mœurs pour les enfreindre. Comment peut-il sans dérision parler de la liberté, lui qui en descendant de la tribune peut faire arrêter illégalement un citoyen ? Comment s'exprimera-t-il sur le budget, lui qui lève des impôts arbitraires ? Quel représentant d'un peuple que celui-là qui donneroit nécessairement une boule noire contre toute loi tendant à supprimer les établissements de jeu, à fermer les lieux de débauche, parce que ce sont les égouts où la police puise ses trésors ! Enfin, les opinions seront-elles indépendantes en présence d'un ministre qui ne les écoute que pour connoître l'homme qu'il faut un jour dénoncer, frapper ou corrompre ? C'est le devoir de sa place. Nous prétendons établir parmi nous un gouvernement constitutionnel, et nous ne nous apercevons seulement pas que nous voulons y faire entrer jusqu'aux institutions de Buonaparte.

CHAPITRE XXXII.

IMPOTS LEVÉS PAR LA POLICE.

J'ai dit que la police levoit des impôts qui ne sont pas compris dans le budget. Ces impôts sont au nombre de deux : taxe sur les jeux[1], taxe sur les journaux.

La ferme des jeux rapporte plus ou moins : elle s'élève aujourd'hui au-dessus de cinq millions.

La contribution levée sur les journaux, pour être moins odieuse, n'en est pas moins arbitraire.

La Charte dit, article 47 : *La chambre des députés reçoit toutes les propositions d'impôts*. Article 48 : *Aucun impôt ne peut être établi ni perçu s'il n'a été* CONSENTI *par les deux chambres et sanctionné par le roi.*

---

[1]. Il y a aussi une taxe sur les prostituées, mais elle est établie au profit d'une autre police.

Je ne suis pas assez ignorant des affaires humaines pour ne pas savoir que les maisons de jeu ont été tolérées dans les sociétés modernes. Mais quelle différence entre la tolérance et la protection, entre les obscures rétributions données à quelques commis sous la monarchie absolue, et un budget de cinq ou six millions levés arbitrairement par un ministre qui n'en rend point compte, et sous une monarchie constitutionnelle!

CHAPITRE XXXIII.

AUTRES ACTES INCONSTITUTIONNELS DE LA POLICE.

La police se mêle des impôts : elle tombe comme concussionnaire sous l'article 56 de la Charte ; mais de quoi ne se mêle-t-elle pas ? Elle intervient en matière criminelle : elle attaque les premiers principes de l'ordre judiciaire, comme nous venons de voir qu'elle viole le premier principe de l'ordre politique.

A l'article 64 de la Charte, on lit ces mots : *Les débats seront* PUBLICS *en matière criminelle, à moins que cette publicité ne soit dangereuse pour l'ordre et les mœurs, et dans ce cas* LE TRIBUNAL LE DÉCLARE PAR UN JUGEMENT.

Si quelques-uns des agents de la police se trouvent mêlés dans une affaire criminelle comme complices volontaires, afin de pouvoir devenir délateurs ; si dans l'instruction du procès les accusés relèvent cette double turpitude qui tend à les excuser en affoiblissant les dépositions d'un témoin odieux, la police défend aux journaux de parler de cette partie des débats. Ainsi l'*entière* publicité n'existe que pour l'accusé, et n'existe pas pour l'accusateur ; ainsi l'opinion, que la loi a voulu appeler au secours de la conscience du juré, se tait sur le point le plus essentiel ; ainsi la plus grande partie du public ignore si le criminel est la victime de ses propres complots ou s'il est simplement tombé dans un piége tendu à ses passions et à sa foiblesse. Et nous prétendons avoir une Charte! et voilà comme nous la suivons!

CHAPITRE XXXIV.

QUE LA POLICE GÉNÉRALE N'EST D'AUCUNE UTILITÉ.

Il faudroit certes que la police générale rendît de grands services sous d'autres rapports pour racheter des inconvénients d'une telle nature; et néanmoins à l'examen des faits on voit que cette police est inutile. Quelle conspiration importante a-t-elle jamais découverte, même sous Buonaparte? Elle laissa faire le 3 nivôse; elle laissa Mallet conduire MM. Pasquier et Savary, c'est-à-dire la police même, à La Force. Sous le roi elle a permis pendant dix mois à une vaste conspiration de se former autour du trône : elle ne voyoit rien, elle ne savoit rien. Les paquets de Napoléon voyageoient publiquement par la poste, les courriers étoient à lui; les frères Lallemand marchoient avec armes et bagages; le Nain Jaune parloit des *plume de Cannes*; l'usurpateur venoit de débarquer dans ce port, et la police ignoroit tout. Depuis le retour du roi tout un département s'est rempli d'armes, des paysans se sont formés en corps et ont marché contre une ville; et la police générale n'a rien empêché, rien trouvé, rien su, rien prévu. Les découvertes les plus importantes ont été dues à des polices particulières, au hasard, à la bonne volonté de quelques zélés citoyens. La police générale se plaint de ces polices particulières; elle a raison, mais c'est son inutilité et la crainte même qu'elle inspire qui les ont fait naître; car si elle ne sauve pas l'État, elle a du moins tous les moyens de le perdre.

CHAPITRE XXXV.

QUE LA POLICE GÉNÉRALE, INCONSTITUTIONNELLE ET INUTILE, EST DE PLUS TRÈS-DANGEREUSE.

Incompatible avec le gouvernement constitutionnel, insuffisante pour arrêter les complots, lors même qu'elle ne trahit pas, que sera-ce si vous supposez la police infidèle? Et ce qu'il y a d'incroyable et de prouvé, c'est qu'elle peut être infidèle sans que son chef le soit lui-même.

Les secrets du gouvernement sont entre les mains de la police; elle connoît les parties foibles et le point où l'on peut attaquer. Un ordre sorti de ses bureaux suffit pour enchaîner toutes les forces légales; elle pourroit même faire arrêter toutes les autorités civiles et militaires, puisque l'article 4 de la Charte est légalement suspendu. Sous sa protection les malveillants travaillent en sûreté, préparent leurs moyens, sont instruits du moment favorable. Tandis qu'elle endort le gouvernement, elle peut avertir les vrais conspirateurs de tout ce qu'il est important qu'ils sachent. Elle correspond sans danger sous le sceau inviolable de son ministère, et par la multitude de ses invisibles agents elle établit une communication depuis le cabinet du roi jusqu'au bouge du fédéré.

Ajoutez que les hommes consacrés à la police sont ordinairement des hommes peu estimables, quelques-uns d'entre eux des hommes capables de tout. Que penser d'un ministère où l'on est obligé de se servir d'un infâme tel que Perlet? Il n'est que trop probable que Perlet n'est pas le seul de son espèce. Comment donc, encore une fois, souffrir un tel foyer de despotisme, un tel amas de pourriture au milieu d'une monarchie constitutionnelle? Comment, dans un pays où tout doit marcher par les lois établir une administration dont la nature est de les violer toutes? Comment laisser une puissance sans bornes entre les mains d'un ministre que ses rapports forcés avec ce qu'il y a de plus vil dans l'espèce humaine doivent disposer à profiter de la corruption et à abuser du pouvoir?

Que faut-il pour que la police soit habile? Il faut qu'elle paye le domestique afin qu'il vende son maître; qu'elle séduise le fils afin qu'il trahisse son père; qu'elle tende des piéges à l'amitié, à l'innocence. Si la fidélité se tait, un ministre de la police est obligé de la persécuter pour le silence même qu'elle s'obstine à garder, pour qu'elle n'aille pas révéler la honte des demandes qu'on lui a faites. Récompenser le crime, punir la vertu, c'est toute la police.

Le ministre de la police est d'autant plus redoutable, que son pouvoir entre dans les attributions de tous les autres ministres, ou plutôt qu'il est le ministre unique. N'est-ce pas un roi qu'un homme qui dispose de la gendarmerie de la France, qui lève des impôts, perçoit une somme de sept à huit millions dont il ne rend pas compte aux chambres? Ainsi tout ce qui échappe aux piéges de la police vient tomber devant son or et se soumettre à ses pensions. Si elle médite quelque trahison, si tous ses moyens ne sont pas encore prêts, si elle craint d'être découverte avant l'heure marquée, pour détourner le soupçon, pour donner une preuve de son affreuse fidélité, elle invente une conspiration, immole à son crédit quelques misérables, sous les pas desquels elle sait ouvrir un abîme.

Les Athéniens attaquèrent les nobles de Corcyre, qui, chassés par la faction populaire, s'étoient réfugiés sur le mont Istoni. Les bannis capitulèrent, et convinrent de s'abandonner au jugement du peuple d'Athènes ; mais il fut convenu que si l'un d'eux cherchoit à s'échapper, le traité seroit annulé pour tous. Des généraux athéniens devoient partir pour la Sicile ; ils ne se soucioient pas que d'autres eussent l'honneur de conduire à Athènes leurs malheureux prisonniers. De concert avec la faction populaire, ils engagèrent secrètement quelques nobles à prendre la fuite, et les arrêtèrent au moment même où ils montoient sur un vaisseau. La convention fut rompue, les bannis livrés aux Corcyréens, et égorgés [1].

CHAPITRE XXXVI.

MOYEN DE DIMINUER LE DANGER DE LA POLICE GÉNÉRALE SI ELLE EST CONSERVÉE.

Mais il ne faut donc pas de police? Si c'est un mal nécessaire, il y a un moyen de diminuer le danger de ce mal.

La police générale doit être remise aux magistrats et émaner immédiatement de la loi. Le ministre de la justice, les procureurs généraux et les procureurs du roi sont les agents naturels de la police générale. Un lieutenant de police à Paris complétera le système légal. Les renseignements qui surviendront par les préfets iront directement au ministre de l'intérieur, qui les communiquera à celui de la justice. Les préfets ne seront plus obligés d'entretenir une double correspondance avec le département de la police et le département de l'intérieur : s'ils ne rapportent pas les mêmes faits aux deux ministres, c'est du temps perdu ; s'ils mandent des choses différentes ou s'ils présentent ces choses sous divers points de vue, selon les principes divers des deux ministres, c'est un grand mal.

C'est assez parler du ministère de la police en particulier : revenons au ministère en général.

1. Thucyd.

CHAPITRE XXXVII.

PRINCIPES QUE TOUT MINISTRE CONSTITUTIONNEL DOIT ADOPTER.

Quels sont les principes généraux d'après lesquels doivent agir les ministres ?

Le premier, et le plus nécessaire de tous, c'est d'adopter franchement l'ordre politique dans lequel on est placé et de n'en point contrarier la marche, d'en supporter les inconvénients.

Ainsi, par exemple, si les formes constitutionnelles obligent, dans de certains détails, à de certaines longueurs, il ne faut point s'impatienter.

Si l'on est obligé de ménager les chambres, de leur parler avec égard, de se rendre à leurs invitations, il ne faut pas affecter une hauteur déplacée.

Si l'on dit quelque chose de dur à un ministre à la tribune, il ne faut pas jeter tout là et s'imaginer que l'État est en danger.

Si dans un discours il est échappé à un pair, à un député, des expressions étranges, s'il a énoncé des principes inconstitutionnels, il ne faut pas croire qu'il y ait une conspiration secrète contre la Charte, que tout va se perdre, que tout est perdu. Ce sont les inconvénients de la tribune, ils sont sans remède. Lorsque six à sept cents hommes ont le droit de parler, que tout un peuple a celui d'écrire, il faut se résigner à entendre et à lire bien des sottises. Se fâcher contre tout cela seroit d'une pauvre tête ou d'un enfant.

CHAPITRE XXXVIII.

CONTINUATION DU MÊME SUJET.

Le ministère, accoutumé à voir nos dernières constitutions marcher toujours avec l'impiété et s'appuyer sur les doctrines les plus funestes, a cru mal à propos qu'on en vouloit à la Charte lorsqu'en parlant de cette Charte on a aussi parlé de morale et de religion. Comme si la liberté et la religion étoient incompatibles ! comme si toute idée généreuse en politique ne pouvoit pas s'allier avec le respect que l'on doit aux principes de la justice et de la vérité ! Est-ce donc se jeter dans les réactions que de blâmer ce qui est blâmable, que de vouloir réparer tout ce qui n'est pas irréparable?

Prenons bien garde à ce qu'on appelle des réactions; distinguons-en de deux sortes. Il y a des réactions physiques et des réactions morales. Toute réaction physique, c'est-à-dire toute voie de fait, doit être réprimée : le ministère sur ce point ne sera jamais assez sévère. Mais comment pourroit-il prévenir les réactions morales? Comment empêcheroit-il l'opinion de flétrir toute action qui mérite de l'être? Non-seulement il ne le peut pas, mais il ne le doit pas; et les discours qui attaquent les mauvaises doctrines, rétablissent les droits de la justice, louent la vertu malheureuse, applaudissent à la fidélité méconnue, sont aussi utiles à la liberté qu'au rétablissement de la monarchie.

Et à qui prétend-on persuader, d'ailleurs, que les hommes de la révolution sont plus favorables à la Charte que les royalistes? Ces hommes, qui ont professé les plus fiers sentiments de la liberté sous la république, la soumission la plus abjecte sous le despotisme, ne trouvent-ils pas dans la Charte deux choses qui sont antipathiques à leur double opinion : un roi, comme républicains; une constitution libre, comme esclaves?

Le ministère croit-il encore la Charte plus en sûreté quand elle est défendue par les disciples d'une école dont je parlerai bientôt? Cette école professe hautement la doctrine que les deux chambres ne doivent être qu'un conseil passif, qu'il n'y a point de représentation nationale, qu'on peut tout faire avec des ordonnances. Les royalistes ont défendu les vrais principes de la liberté dans les questions diverses qui se sont présentées (notamment dans la loi sur les élections), tandis que la doctrine de la passive obéissance a été prêchée par les hommes qui ont bouleversé la France au nom de la liberté.

Si des ministres pensent donc que sous l'empire d'une constitution où la parole est libre ils n'entendront pas des opinions de toutes les sortes, s'ils prennent ces opinions solitaires pour des indications d'une opinion générale ou d'un dessein prémédité, ils n'ont aucune idée de la nature du gouvernement représentatif : ils seront conduits à d'étranges folies en agissant d'après leur humeur et leurs suppositions. La règle dans ce cas est de peser les résultats et les faits. Un homme d'État ne considère que la fin; il ne s'embarrasse pas si la chose qu'il désiroit, et qui étoit bonne, a été produite par les passions ou par la raison, par le calcul ou par le hasard. Si vous sortez des faits en politique, vous vous perdez sans retour.

CHAPITRE XXXIX.

QUE LE MINISTÈRE DOIT CONDUIRE OU SUIVRE LA MAJORITÉ.

Les ministres doivent, en administration, suivre l'opinion publique, qui leur est marquée par l'esprit de la chambre des députés. Cet esprit peut très-bien n'être pas le leur, ils pourroient très-bien préférer un système qui seroit plus dans leurs goûts, leurs penchants, leurs habitudes; mais il faut qu'ils changent l'esprit de la majorité ou qu'ils s'y soumettent. On ne gouverne point hors la majorité.

Je dirai ailleurs comment on est arrivé à cette hérésie politique, que le ministère peut marcher avec la minorité; cette hérésie fut inventée en désespoir de cause, pour justifier de faux systèmes et des opinions imprudemment avancées.

Si l'on dit que les ministres peuvent toujours demeurer en place malgré la majorité, parce que cette majorité ne peut pas physiquement les prendre par le manteau et les mettre dehors, cela est vrai. Mais si c'est garder sa place que de recevoir tous les jours des humiliations, que de s'entendre dire les choses les plus désagréables, que de n'être jamais sûr qu'une loi passera, tout ce que je sais alors, c'est que le ministre reste et que le gouvernement s'en va.

Point de milieu dans une constitution de la nature de la nôtre : il faut que le ministère mène la majorité ou qu'il la suive. S'il ne peut ou ne veut prendre ni l'un ni l'autre de ces partis, il faut qu'il chasse la chambre ou qu'il s'en aille : mais aujourd'hui c'est à lui de voir s'il se sent le courage d'exposer, même éventuellement, sa patrie pour garder sa place; c'est à lui de calculer en outre s'il est de force à frapper un coup d'État, s'il n'a rien à craindre aux élections pour la tranquillité du pays; s'il a le pouvoir de déterminer ces élections dans le sens qu'il désire, ou si, n'étant pas sûr du triomphe, il ne vaut pas mieux ou se retirer ou revenir aux opinions de la majorité.

Dans ce dernier cas, se décider promptement est chose nécessaire; car il n'est pas clair qu'une majorité trop longtemps aigrie et contrariée consentît à marcher avec le ministère quand il plairoit à celui-ci de rentrer dans la majorité.

CHAPITRE XL.

QUE LES MINISTRES DOIVENT TOUJOURS ALLER AUX CHAMBRES.

Autre hérésie : un ministre, dit-on, n'est pas obligé de suivre aux chambres ses projets de loi ; il peut très-bien se dispenser d'y venir.

C'est le même principe qui fait dire aussi qu'un ministre n'est point obligé de donner des éclaircissements que les chambres pourroient désirer ; qu'il ne doit compte de rien qu'au roi, etc.[1].

Tout cela est insoutenable et contraire à la nature du gouvernement représentatif. Si un ministre ne daigne pas défendre le projet de loi qu'il a apporté, comment ses amis le défendroient-ils ? Est-ce avec du dédain et de l'humeur que l'on traite les affaires ? Pourquoi est-on ministre, si ce n'est pour remplir les devoirs d'un ministre ?

Et qu'ont donc les ministres de plus important à faire que de paroître aux chambres et d'y discuter les lois ? Quoi ! ils trouveront plus utile de traiter dans leur cabinet quelques détails d'administration que de veiller aux grandes mesures qui doivent mettre en mouvement tout un peuple !

Si les chambres, à leur tour, alloient suivre la même méthode et ne vouloir pas s'occuper des projets de loi qu'on leur auroit apportés, que deviendroit le gouvernement ?

Suivez la dictée du bon sens et les routes battues, revenez à la majorité, vous n'aurez plus de répugnance à vous rendre à des assemblées où vous serez toujours sûrs de triompher, où vous n'aurez à recueillir que des choses agréables.

Les faux systèmes gâtent et perdent tout.

1. Voyez le chapitre xv.

DEUXIÈME PARTIE.

CHAPITRE PREMIER.

QUE DEPUIS LA RESTAURATION UNE MÊME ERREUR A ÉTÉ SUIVIE PAR LES TROIS MINISTÈRES.

Mais qu'entends-je par de faux systèmes en administration? J'entends tout ce qui est contraire au principe des institutions établies, tout ce qui fait qu'une chose doit inévitablement se détruire.

Eh bien, depuis la restauration, une grande et fatale erreur a été constamment suivie : les ministères qui se sont succédé ont marché sur les mêmes traces, avec les seules différences que les caractères particuliers des ministres apportent dans les affaires publiques, et avec les lenteurs plus ou moins grandes produites par la résistance courageuse de la minorité dans les ministères.

Avant de passer à l'examen de ces systèmes, il est nécessaire de dire quelque chose de la composition et de l'esprit des trois ministères par qui ces systèmes ont été si malheureusement établis.

CHAPITRE II.

DU PREMIER MINISTÈRE. SON ESPRIT.

Lorsqu'en 1814 le ministre des affaires étrangères fut parti pour Vienne, il laissa derrière lui une administration polie, spirituelle, mais incapable de travail, portant dans les affaires, pour lesquelles elle n'était point faite, cette humeur que nous ressentons lorsque notre secret se découvre et que notre réputation nous échappe.

Quand on en est venu à ce point, on est bien près de se précipiter dans les faux systèmes. Effrayé de l'habileté que demande la direction d'un gouvernement représentatif, incapable de concevoir une vraie liberté, aigri contre une sorte d'opposition que les principes constitutionnels font naître à chaque pas, manquant de force ou d'adresse pour conduire les choses et se sentant entraîné par elles, on finit par ne vouloir plus les gouverner. Alors on s'en prend à tout ce qui n'est pas soi, à la nature des institutions, aux corps, aux individus, du mécompte qu'on éprouve, et, croyant faire une excellente critique de ce que l'on a, lorsqu'on ne fait que montrer sa foiblesse, on laisse périr la France au nom de la Charte.

C'est ce qui arriva au premier ministère. Il ne demanda aucune loi répressive, hors la mauvaise loi contre la liberté de la presse; il ne songea à se garantir d'aucun danger, et lorsqu'on lui disoit de prendre telle ou telle mesure, il répondoit : La Charte s'y oppose. Le ministère se divisa et s'affoibit encore par cette division.

On vit éclore dans la majorité du ministère cette opinion développée depuis dans l'école, que les chambres ne sont qu'un conseil assemblé par le roi, qu'il n'y a point de gouvernement représentatif, que toutes ces comparaisons de la France et de l'Angleterre sont ridicules, qu'on peut très-bien se passer de lois et gouverner avec des ordonnances.

Les buonapartistes s'arrangèrent parfaitement de ce commentaire de la Charte : il étoit au moins impolitique, par conséquent il pouvoit amener une catastrophe, et ils ne demandoient pas mieux. Si cette application des principes constitutionnels ne produisoit pas une crise, elle conduisoit au despotisme, et, malgré leur premier amour pour la liberté, le despotisme est fort du goût de nos fiers républicains. Ainsi tout étoit à merveille.

Quand on a assez de lumières pour s'apercevoir qu'on se trompe et trop de vanité pour en convenir, au lieu de retourner en arrière, on s'enfonce dans ses propres erreurs. C'est la marche et la consolation de l'orgueil. L'esprit du ministère s'exaspéra. Lorsqu'on alloit se plaindre d'un mauvais choix ou proposer un royaliste, on répondoit : « Nous irions chercher partout un buonapartiste habile pour le placer, s'il vouloit l'être. » Les buonapartistes n'ont pas manqué, et Buonaparte est revenu. Peu à peu il fut reconnu qu'aucun homme n'avoit de talent s'il n'avoit servi la révolution ; et cette doctrine, transmise soigneusement de ministère en ministère, est devenue aujourd'hui un article de foi.

Et pourtant la majorité du ministère qui fonda cette doctrine comptoit parmi ses membres d'excellents royalistes connus par leurs généreux efforts contre la révolution, des hommes d'une conduite pure, d'un caractère désintéressé, et qui n'avoient fléchi le genou devant aucune idole. Ainsi la sentence qu'ils avoient portée retomboit sur eux ; car, s'étant tenus noblement à l'écart dans les temps de bassesse, ils se déclaroient par leur propre système incapables d'être ministres : il est vrai que leur exemple a justifié leur doctrine.

Au reste, rien n'est plus commun que de voir la vanité blessée embrasser, contre son propre intérêt, les plus étranges opinions. Quiconque aujourd'hui, par exemple, fait une faute passe aussitôt dans le système révolutionnaire. Les amours-propres humiliés se donnent rendez-vous sous ce grand abri de tous les crimes et de toutes les folies : là se rencontrent la plupart des hommes qui se sont mêlés plus ou moins des affaires de France depuis 1789 jusqu'à 1816. Différents, sans doute, par une foule de rapports, ils se touchent du moins dans ce point : mécontents d'eux-mêmes et des autres, ils mettent en commun les remords de la médiocrité et ceux du crime.

CHAPITRE III.

ACTES DU PREMIER MINISTÈRE.

Ce ministère étoit pourtant trop spirituel pour prétendre marcher sans la majorité : il l'eut, et n'en profita pas. Une seule loi importante, la loi sur la liberté de la presse, fut proposée. On ne donna que des motifs puérils pour engager les chambres à la supprimer ; il ne fut question que de l'honneur des femmes, des insultes au pouvoir (c'est-à-dire aux ministres) ; mais des raisons générales et constitutionnelles, point. Étoient-ce, en effet, des raisons dignes seulement d'être examinées pour ceux qui ne voient dans les deux chambres qu'un conseil passif sans action et sans droit? Au reste, la loi ne réprimoit rien, et donnoit au gouvernement l'apparence de l'arbitraire, en laissant tout empire à la licence.

Quant aux ordonnances, il n'y en eut qu'une remarquable, et, au lieu de régler l'éducation, elle la bouleversa.

Les chambres eurent alors l'avantage des bonnes propositions opposées aux mauvais projets de loi. La seule vue vraiment grande et politique autant qu'elle est juste et généreuse, présentée dans la session de 1814, appartient à un maréchal de France.

Le premier ministère fut emporté par la tempête qu'il avoit laissée se former, et cette tempête fut sur le point d'emporter la France.

CHAPITRE IV.

DU SECOND MINISTÈRE. SA FORMATION.

Le principal ministre du premier ministère fut porté d'un commun accord à la tête du second. La plus belle carrière s'ouvroit devant lui ; il pouvoit achever son ouvrage et consolider le trône qu'il avoit puissamment contribué à relever. Il lui suffisoit de bien sentir sa position, de renoncer franchement à la révolution et aux révolutionnaires, d'embrasser avec franchise la monarchie constitutionnelle, mais en l'asseyant sur les bases de la religion, de la morale et de la justice ; en lui donnant pour guides des hommes irréprochables, nécessairement fixés dans les intérêts de la couronne.

Le nom de ce ministre, ses talents, son expérience des affaires, son crédit en Europe, tout l'appeloit à remplir ce rôle aussi brillant pour lui qu'utile à la France. Il auroit joui dans la postérité du double éclat de ces hommes extraordinaires qui perdent et qui sauvent les empires. A force de gloire, il eût forcé ses ennemis au silence.

Naturellement enclin à embrasser ce parti, et par l'empire de sa haute naissance et par la rare perspicacité de son jugement, il en fut détourné par une de ces fatalités qui changent toute une destinée. Trop longtemps absent de la France, il n'en connoissoit pas bien le véritable esprit : il interrogea des hommes qui le trompèrent ; car il est peut-être encore plus habile à juger les choses que les hommes. Le ministre rentra donc, comme malgré lui, dans des systèmes dont il sentoit la nécessité de sortir.

CHAPITRE V.

SUITE DU PRÉCÉDENT.

Ces systèmes se fortifièrent encore quand un homme resté à Paris fut, par une autre fatalité, jeté dans le ministère.

Ce personnage fameux, qui n'avoit pris d'abord aucun parti, mais qui dans toutes les chances vouloit se ménager des ressources, faisoit porter des paroles à Gand, comme il en faisoit probablement porter ailleurs. Une coalition puissante se formoit pour lui à mesure que nous avancions en France. Il ne fut plus possible d'y résister en approchant de Paris. Tout s'en mêla, la religion comme l'impiété, la vertu comme le vice, le royaliste comme le révolutionnaire, l'étranger comme le François. Je n'ai jamais vu un vertige plus étrange. On croit de toutes parts que sans le ministre proposé il n'y avoit ni sûreté pour le roi ni salut pour la France; que lui seul avoit empêché une grande bataille, que lui seul avoit déjà sauvé Paris, que lui seul pouvoit achever son ouvrage.

Qu'on me permette une vanité : je ne parlerois pas de l'opinion que je manifestai alors, si elle avoit été ignorée du public. Je soutins donc que dans aucun cas il ne falloit admettre un tel ministre; que si jamais on lui livroit la conduite des affaires, il perdroit la France, ou ne resteroit pas trois mois en place. Ma prédiction s'est accomplie.

Outre les raisons morales qui me faisoient penser ainsi, deux raisons me sembloient sans réplique.

En politique, comme en toute chose, la première loi est de vouloir le possible : or, dans la nomination proposée il y avoit deux impossibilités.

La première naissoit de la position particulière où se trouveroit le ministre par rapport à son maître;

La seconde venoit de cet empêchement constitutionnel qui fait le jugement du xxxixe chapitre de la première partie de cet ouvrage.

Si l'on croyoit qu'un homme de cette nature étoit utile, il falloit le laisser derrière le rideau, le combler de biens, élever sa famille en proportion des services qu'il pouvoit avoir rendus, prendre en secret ses conseils, consulter son expérience. Mais on auroit dû éviter de faire violence à la couronne pour le porter ostensiblement au ministère. Au reste, il fut presque impossible aux meilleurs esprits d'échapper à la force des choses et à l'illusion du moment.

Je me rappellerai toute ma vie la douleur que j'éprouvai à Saint-Denis. Il étoit à peu près neuf heures du soir : j'étois resté dans une des chambres qui précédoient celle du roi. Tout à coup la porte s'ouvre : je vois entrer le président du conseil, s'appuyant sur le bras du nouveau ministre... O Louis le Désiré! ô mon malheureux maître! vous avez prouvé qu'il n'y a point de sacrifices que votre peuple ne puisse attendre de votre cœur paternel!

CHAPITRE VI.

PREMIER PROJET DU SECOND MINISTÈRE.

Le conseil installé, il falloit qu'il adoptât une marche ; le nouveau ministre admis voulut lui faire prendre la seule possible dans ses intérêts particuliers. Il sentoit l'incompatibilité de son existence ministérielle avec le jeu de la monarchie représentative. Il comprit très-bien que si la force armée *illégitime* et la force politique pareillement *illégitime* n'étoient pas conservées, sa chute étoit inévitable. Il savoit qu'on ne lutte pas contre la force des choses ; et comme il ne pouvoit s'amalgamer avec les éléments d'un gouvernement légal, il voulut rendre ces éléments homogènes à sa propre nature.

Son plan fut sur le point de réussir : il créa une terreur factice avant que la cour entrât dans Paris. Supposant des dangers imaginaires, il prétendoit forcer la couronne à reconnoître les deux chambres de Buonaparte, et à accepter la déclaration des *droits* qu'on s'étoit hâté de finir. Louis XVIII eût été roi par les constitutions de l'empire ; le peuple lui auroit fait la grâce de le choisir pour chef ; il eût daté les actes de son gouvernement de l'an Ier de son règne ; les gardes du corps et les compagnies rouges eussent été licenciés, l'armée de la Loire conservée, et la cocarde blanche, arrachée à quelques soldats fidèles arrivés de l'exil avec le roi, eût été remplacée par la cocarde tricolore des rebelles, encore armés contre le souverain légitime.

Alors la révolution eût été en effet consommée ; la famille royale fût restée là quelque temps, jusqu'au jour où le peuple souverain et les ministres, plus souverains encore, eussent jugé bon de changer et le monarque et la monarchie. A cette époque la faction révolutionnaire murmuroit même quelques mots de la nécessité d'exiler les princes ; le projet étoit d'isoler le roi de sa famille.

CHAPITRE VII.

SUITE DU PREMIER PLAN DU SECOND MINISTÈRE.

Cependant on continuoit d'être la dupe de tout ce qu'il plaisoit au parti de débiter. Les plus chauds royalistes accouroient pour nous dire, de la meilleure foi du monde que, si le roi entroit dans Paris avec sa maison militaire, cette maison seroit massacrée ; que si l'on ne prenoit pas la cocarde tricolore, il y auroit une insurrection générale. En vain la garde nationale passoit par-dessus les murs de Paris pour venir protester de son dévouement : on assuroit que cette garde étoit mal disposée. La faction avoit fermé les barrières pour empêcher le peuple de voler au-devant de son souverain : il y avoit conjuration autant contre ce pauvre peuple que contre le roi. L'aveuglement étoit miraculeux; car alors l'armée françoise, qui auroit pu faire le seul danger, se retiroit sur la Loire; cent cinquante mille soldats étrangers occupoient les postes, les avenues et les barrières de Paris, où ils alloient entrer dans vingt-quatre heures par capitulation, et l'on prétendoit toujours que le roi, avec ses gardes et ses alliés, n'étoit pas assez fort pour pénétrer dans une ville où il ne restoit pas un soldat, où il n'y avoit plus que des bourgeois fidèles, très-capables à eux seuls de contenir une poignée de fédérés, si ceux-ci s'étoient avisés de vouloir faire un mouvement.

Il se passa cependant quelque chose de bien propre à dessiller les yeux : le gouvernement provisoire fut dissous, mais il le fut par une espèce d'acte [1] d'accusation contre la couronne; c'étoit la pierre d'attente sur laquelle on espéroit bâtir la révolution à l'avenir. Quelques personnes furent un peu étonnées ; mais le ministre ayant assuré qu'il n'avoit pas eu d'autre moyen de dissoudre le gouvernement provisoire, on le crut. Or, remarquez que le ministre *lui seul* avoit toute la puissance dans ce gouvernement, et que s'il avoit voulu laisser faire, ces directeurs, si difficiles à chasser avec cent cinquante mille alliés et toute la maison du roi, auroient été jetés dans la Seine par cinquante hommes de la garde nationale.

CHAPITRE VIII.

RENVERSEMENT DU PREMIER PLAN DU SECOND MINISTÈRE.

Toute cette comédie finit par je ne sais quel hasard : le nouveau Directoire, les pairs et les représentants de Buonaparte furent chassés : la maison du roi ne fut point dissoute ; on ne prit point la cocarde tricolore, grâce aux nobles sentiments du noble héritier de Henri IV, qui déclara qu'il aimeroit mieux retourner à Hartwel; le drapeau blanc

---

1. J'ai acheté dans les rues de Paris cet acte imprimé pour le peuple, sur papier à l'*aigle*, avec deux ou trois phrases qui ne sont pas dans le *Moniteur,* et où il est dit que les honnêtes gens, *forcés* de s'éloigner, doivent garder leurs bonnes intentions *pour de plus heureux jours.*

flotta sur les Tuileries; on entra paisiblement dans Paris, et, au grand ébahissement des dupes, jamais le roi ne fut mieux reçu, jamais les gardes du corps ne furent mieux accueillis. La prétendue résistance que l'on devoit rencontrer ne se montra nulle part, et les obstacles, qui n'avoient jamais existé, s'évanouirent.

C'étoit une chose curieuse à observer que l'air stupéfait et un peu honteux qui régna sur les visages pendant quelque temps dans les sociétés de Paris. Chacun vouloit encore, pour se justifier, soutenir que le choix du nouveau ministre étoit un choix indispensable; mais à mesure que l'opinion de la province et de l'Europe se faisoit connoître (et la province et l'Europe n'eurent pas un moment d'illusion), à mesure que la terreur cessoit à Paris, on revenoit au bon sens : on ne tarda pas à découvrir l'impossibilité absolue de garder en entier ce ministère, qu'on avoit demandé à la couronne avec une sorte de fureur. N'accusons personne : il étoit tout simple que ceux qui s'étoient crus protégés pendant les Cent Jours (et qui auroient été cruellement détrompés si la bataille de Waterloo eût été perdue par les alliés), il étoit tout simple, dis-je, que ceux-là fussent sous l'illusion de la reconnoissance. Mais puisqu'ils ont été si promptement forcés de reconnoître leur erreur, cela leur devroit donner moins d'assurance dans leurs nouvelles assertions. Quand ils excusent aujourd'hui toutes les fautes que l'on peut faire, quand ils soutiennent avec la même conviction que sans tel ou tel ministre nous serions inévitablement perdus, qu'ils se rappellent leur enthousiasme pour un autre personnage, le ton tranchant avec lequel ils affirmoient que rien ne pouvoit aller sans lui, leurs grands raisonnements, leur colère contre les profanes qui n'admiroient pas, qui osoient douter de l'infaillibilité du ministre : alors ils apprendront à se méfier de leur propre jugement et seront plus réservés dans la distribution de leurs anathèmes.

CHAPITRE IX.

DIVISION DU SECOND MINISTÈRE.

Le plan général ayant avorté, le ministre qui l'avoit conçu, s'il eût été sage, eût donné sa démission, car d'un côté les deux impossibilités de sa position naturelle l'empêchoient, comme je l'ai dit, d'entrer dans le système du gouvernement légitime, et de l'autre il ne pouvoit plus suivre le système révolutionnaire, puisque celui-ci venoit de manquer par la base. Si cette retraite avoit eu lieu, le ministère amélioré auroit pu se soutenir; il ne se seroit pas trouvé engagé dans la fausse position qui devint la cause de ses fausses démarches et précipita sa chute.

Le président du conseil, dégagé du tourbillon qui l'avoit d'abord entraîné, revenoit à des idées plus justes, et désiroit administrer dans le sens royaliste et constitutionnel. A cette fin, il falloit une chambre des députés, et cette chambre fut convoquée. Les électeurs adjoints, les présidents des colléges électoraux furent généralement choisis parmi les hommes attachés à la royauté. Mais précisément ce qu'il y avoit de bon dans ces mesures tendoit à dissoudre l'administration, puisque par là se trouvoit menacé le ministre attaché à la révolution : ce ministre, en s'efforçant même d'entrer dans la chambre des députés, montroit de son côté une ignorance complète de sa position.

Comment un homme étoit-il devenu si aveugle sur son intérêt politique après avoir été d'abord si clairvoyant? C'est qu'ayant été arrêté dans son premier plan, il ne pouvoit plus empêcher la constitution de marcher, ni l'arbre de produire son fruit; c'est qu'il se fit peut-être illusion; qu'il pensa que la chambre des députés entreroit dans le système révolutionnaire. Et d'ailleurs, vain et mobile, ce ministre, dont le nom rappellera éternellement nos malheurs, se croit seul capable de maîtriser les tempêtes, parce qu'il a l'expérience des naufrages, et sa légèreté semble être en raison inverse de la gravité des affaires qu'il a traitées.

Lorsque Cromwell signa la sentence de mort de Charles Ier, il barbouilla d'encre le visage de Marten, autre régicide auquel il passoit la plume. C'est une prétention des grands criminels de supporter gaiement les douleurs de la conscience.

CHAPITRE X.

ACTES DU SECOND MINISTÈRE, ET SA CHUTE.

Les actes émanés d'un ministère aussi divisé ne pouvoient être que contradictoires : quelques-uns sont excellents, quelques autres sont déplorables, et laisseront dans nos institutions les traces les plus désastreuses. La justice oblige de reconnoître que si les ministres actuels se sont trouvés enveloppés dans des difficultés inextricables, la plupart de ces difficultés sont nées des ordonnances rendues sous leurs prédécesseurs.

Un seul exemple suffira pour montrer à quel point le second ministère se trompa dans les choses les plus importantes. Au moment où il saisit les rênes de l'État, il eût dû purger le sol de la France, traduire devant les tribunaux les grands criminels, comprendre dans une autre catégorie ceux qui devoient s'éloigner, et publier une amnistie pleine et entière pour le reste : ainsi les coupables eussent été punis, les foibles rassurés. Au lieu de prendre une mesure si clairement indiquée, on laissa planer des craintes sur la tête de tous les François. Appelées, longtemps après le délit, à prendre connoissance de ce délit, les chambres ont été forcées d'agiter des questions qui remuent trop de passions et réveillent trop de souvenirs. Les jugements partiels et sans termes se sont prolongés jusqu'au moment où j'écris ; et comme tel prévenu a été absous, et tel autre condamné en apparence pour le même crime, il en est résulté que l'indulgence et la rigueur ont eu l'air de s'accuser mutuellement d'injustice.

L'humeur augmentoit : les ministres désunis commençoient à chercher des appuis dans les opinions opposées que chaque parti du ministère auroit voulu voir triompher. L'affaire du Muséum accrut le mécontentement public. La divulgation de deux fameux rapports déroula tout ce plan révolutionnaire que j'ai expliqué, et qu'on essaya de faire adopter avant l'entrée du roi à Paris. Mais ces rapports ne pouvoient plus rien changer à l'état des choses ; le temps des craintes chimériques étoit passé : les rapports n'étoient plus que l'expression du désespoir d'une cause perdue et d'une ambition trompée. Du reste, médiocres en tout, ils étoient erronés dans les faits, vagues dans les vues et décousus dans les moyens.

Tant de contradictions, de tâtonnements, de faux systèmes, hâtèrent la catastrophe que tout le monde prévoyoit. La session alloit s'ouvrir : l'ombre des chambres suffit pour faire disparoître un ministère trop exposé à la franchise de la tribune. Quand les ministres furent tombés, on en trouva d'autres, bien qu'on eût assuré qu'il n'y en avoit plus.

CHAPITRE XI.

DU TROISIÈME MINISTÈRE. SES ACTES. PROJETS DE LOI.

Les nouveaux ministres entrèrent en pouvoir au moment même de l'ouverture de la session. Les projets de loi qu'ils présentèrent à la chambre des députés étoient urgents et nécessaires : ils furent tous adoptés, quoique avec des améliorations considérables.

Ainsi, cette chambre dont le ministère ne tarda pas à faire de si grandes plaintes n'a jamais commis une faute ni contre le roi, qu'elle aime avec idolâtrie, ni contre le peuple, dont elle devoit défendre les droits. Par les lois sur la suspension de la liberté individuelle, sur les cris séditieux, sur les cours prévôtales, sur l'amnistie, elle s'est empressée d'armer la couronne de tous les pouvoirs; en amendant le projet de loi d'élections et en faisant, contre ses propres intérêts comme chambre, un meilleur budget, elle a maintenu les intérêts du peuple.

Si le ministère avoit consenti, pour son repos comme pour celui de la France, à suivre le principe constitutionnel, à marcher avec la majorité, jamais travaux politiques plus importants et plus brillants à la fois n'auroient consolé un peuple après tant de folies et d'erreurs.

Les projets de loi des ministres furent de grands actes d'administration : mieux dirigés, ils auroient passé sans difficulté.

Les propositions des chambres[1] furent de leur côté matière à grandes lois; accueillies par le ministère, elles se fussent perfectionnées.

De faux systèmes dérangèrent tout, et ce qui devoit être un point d'union devint un champ de bataille.

Entrons donc dans l'examen de ces systèmes qui ont déjà perdu la France au 20 mars, qui nous font et nous feront encore tant de mal.

CHAPITRE XII.

QUELS HOMMES ONT EMBRASSÉ LES SYSTÈMES QUE L'ON VA COMBATTRE, ET S'IL IMPORTE DE LES DISTINGUER.

Il y a des administrateurs qui ont embrassé les systèmes, en vigueur depuis la restauration, voyant très-bien le but caché, désirant très-vivement la conséquence de ces systèmes.

Il y a des hommes d'État qui y sont tombés, faute de lumières et de jugement; d'autres s'y sont précipités en haine de tels ou tels hommes; d'autres y tiennent par orgueil, passion, caractère, entêtement, humeur.

Il est clair que ces systèmes ont leurs dupes et leurs fripons,

---

1. J'étois entré dans de longs détails relatifs aux propositions des chambres et aux projets des ministres, mais je les ai supprimés depuis la publication de l'*Histoire de la Session de* 1815, par M. Fiévée. Cet important sujet est supérieurement traité dans la troisième partie de son ouvrage. Je ne pourrois rien y ajouter.

comme toute opinion dans ce monde; mais puisque dupes et fripons nous conduisent également à l'abîme, peu nous importe les motifs divers qui les ont déterminés à suivre le même chemin.

Fairfax s'étoit laissé entraîner par la faction parlementaire; il s'aperçut trop tard qu'il avoit été trompé. Il voulut trop tard arracher le roi à ses bourreaux. Le jour de l'exécution de Charles Ier, il se mit en prière avec Harrison pour demander des conseils à Dieu. Harrison savoit que le coup alloit être porté; il prolongeoit exprès la fatale oraison, afin d'ôter au général le temps de sauver le monarque. On apporte la nouvelle : « Le ciel l'a voulu! » s'écrie Harrison en se levant. Fairfax fut consterné, mais le roi étoit mort.

Sans donc nous occuper des hommes, ne parlons que des systèmes. Si je parviens à en prouver la fausseté, à montrer l'écueil aux pilotes chargés de nous conduire, je croirai avoir rendu un grand service à la France, convaincu, comme je le suis, que si l'on continue à suivre la route où nous sommes engagés, on mènera la monarchie légitime au naufrage.

CHAPITRE XIII.

SYSTÈME CAPITAL, FONDEMENT DE TOUS LES AUTRES SYSTÈMES SUIVIS PAR L'ADMINISTRATION.

Le grand système d'après lequel on administre depuis la restauration, le système qui est la base de tous les autres, celui d'où sont nées ces hérésies : *Il n'y a point de royalistes en France; la chambre des députés n'est point dans le sens de l'opinion générale; il ne faut point suivre la majorité de cette chambre; il ne faut point d'épurations; les royalistes sont incapables,* etc., etc. ; ce système, qu'on ne peut soutenir qu'en niant l'évidence des faits, qu'en calomniant les choses et les hommes, qu'en renonçant aux lumières du bon sens, qu'en abandonnant un chemin droit et sûr, pour prendre une voie tortueuse et remplie de précipices, ce système, enfin, est celui-ci : IL FAUT GOUVERNER LA FRANCE DANS LE SENS DES INTÉRÊTS RÉVOLUTIONNAIRES.

Cette phrase, bien digne des révolutionnaires par sa barbarie, renferme l'instruction entière d'un ministre. Tout homme qui ne la comprend pas est déclaré incapable de s'élever à la hauteur de l'administration. Il ne vaut pas la peine qu'on daigne lui expliquer les secrets des têtes *fortes*, des esprits *positifs* et des génies *spéciaux* [1].

---

1. Jargon d'une petite coterie politique bien connue à Paris. Cette note est pour la province et pour l'étranger.

CHAPITRE XIV.

QU'AVEC CE SYSTÈME ON EXPLIQUE TOUTE LA MARCHE DE L'ADMINISTRATION.

Servez-vous de ce système comme d'un fil, et vous pénétrerez dans tous les replis de l'administration; vous découvrirez la raison de ce qui vous a paru le plus inconcevable; vous trouverez la cause efficiente des déterminations ministérielles : je le prouve.

Il n'y a que deux espèces d'hommes qui peuvent gouverner dans le sens des intérêts révolutionnaires : ceux qui sont eux-mêmes engagés fortement dans ces intérêts; ceux qui sans les partager sont néanmoins convaincus que la majorité de la France est révolutionnaire.

Que les premiers administrent au profit de la révolution, cela est tout naturel; que les seconds, par d'autres motifs, s'attachent au même système, c'est tout naturel encore; car étant faussement persuadés, mais enfin étant persuadés, que toute résistance à l'ordre de choses révolutionnaire est inutile, que cette résistance amèneroit des crises et des bouleversements, ils doivent gouverner selon l'opinion qu'ils croient dominante et insurmontable.

Cela posé, il faut favoriser de toutes parts les hommes et les choses de la révolution, parce qu'on les regarde comme seuls puissants, seuls à craindre, tandis que, par une conséquence contraire, on doit écarter les hommes et les choses qui ne tiennent pas à cette révolution, parce qu'ils ne sont ni puissants ni à craindre.

Or, n'est-ce pas ce qu'on a toujours fait depuis la restauration? Partez donc du système des intérêts révolutionnaires, et toute l'administration est expliquée.

Cette administration a-t-elle sauvé, a-t-elle perdu, perdra-t-elle la France? voilà la question.

Si elle sauve la France, le système est vrai : il faut le suivre.

Si elle a déjà perdu, si elle doit perdre encore la France, le système est faux : qu'on se hâte de l'abandonner.

Et moi je soutiens que le système des intérêts révolutionnaires nous a précipités et nous précipitera encore dans un abîme d'où nous ne sortirons plus.

Je dis qu'il est inconcevable que des ministres attachés à la couronne retombent dans les fautes qui ont produit la leçon du 20 mars.

Je dis que je ne saurois comprendre comment ces ministres sacrifient la France pour gagner des gens qu'on ne gagnera jamais; comment ils en sont encore à ce pitoyable système de fusion et d'amalgame que Buonaparte lui-même n'a pu exécuter avec un bras de fer et six cent mille hommes; comment ils croient avoir trouvé un moyen de salut quand ils n'emploient qu'un moyen de destruction.

Je ferai toucher au doigt et à l'œil les conséquences terribles du système des intérêts révolutionnaires pris pour base de l'administration ; mais il faut d'abord l'attaquer dans son principe, ainsi que les autres systèmes dérivés de ce système capital.

CHAPITRE XV.

ERREURS DE CEUX QUI SOUTIENNENT LE SYSTÈME DES INTÉRÊTS RÉVOLUTIONNAIRES.

Voici l'erreur de ceux qui veulent gouverner de bonne foi dans le sens des intérêts révolutionnaires : ils confondent les intérêts *matériels* révolutionnaires et les intérêts *moraux* de la même espèce. Protégez les premiers ; poursuivez, détruisez, anéantissez les seconds.

J'entends par les intérêts *matériels* révolutionnaires la possession des biens nationaux, des droits politiques développés par la révolution et consacrés par la Charte.

J'entends par les intérêts *moraux*, ou plutôt immoraux de la révolution, l'établissement des doctrines antireligieuses et antisociales, la doctrine du gouvernement de fait, en un mot, tout ce qui tend à ériger en dogme, à faire regarder comme indifférents, ou même comme légitimes, le manque de foi, le vol et l'injustice.

CHAPITRE XVI.

CE QU'IL FAUT FAIRE EN ADMETTANT LA DISTINCTION NOTÉE AU PRÉCÉDENT CHAPITRE.

Ainsi, punissez quiconque se porteroit à des voies de fait contre les acquéreurs de biens nationaux ; veillez à la conservation de tous les avantages que la constitution accorde aux diverses classes de citoyens : cette part faite aux intérêts révolutionnaires, c'est une erreur déplorable autant qu'odieuse de se croire obligé de soutenir toutes les opinions impies et sacriléges nées de la fange de la révolution : c'est prendre pour des *intérêts* réels des *principes* destructeurs de toute société humaine.

CHAPITRE XVII.

EXEMPLE A L'APPUI DE CE QU'ON VIENT DE DIRE.

Faut-il, par exemple, parce qu'on a vendu des biens qui ne nous appartenoient pas, que la Charte a reconnu cette vente (pour ne pas amener de nouveaux troubles), faut-il déclarer qu'il est légal de garder ceux qui ne sont pas encore aliénés? Une injustice commise devient-elle un droit pour commettre une autre injustice? Craindroit-on, en rendant ce qui reste des domaines de l'Église, d'avouer qu'on a eu tort de vendre ce qui ne reste plus et ce qu'on ne redemande pas? Cet aveu ne doit-il jamais être fait?

Singulière doctrine de ces hommes qui prétendent aimer la liberté! Ne diroit-on pas que les droits consacrés par la Charte n'ont été établis qu'au profit de ceux qui ont tout contre ceux qui n'ont rien? L'inviolabilité des propriétés que l'on invoque pour la France nouvelle n'existe point pour l'ancienne France : la peine de la confiscation n'est plus connue pour crime de lèse-majesté, mais elle continue de l'être pour crime de fidélité.

Malheur à la nation dont la loi, comme la règle de plomb de certains architectes de la Grèce, se ploie pour s'appliquer à différentes formes! Malheur au juge qui a deux poids et deux mesures! Malheur au citoyen réclamant pour lui la justice qu'il dénie à son voisin! Sa prospérité sera passagère, il sera frappé de cette même adversité qui ne le touche pas en autrui.

Au temps de Philippe de Valois, il y eut une peste : durant la mortalité, il advint que deux religieux de Saint-Denis chevauchoient à travers champs; ils arrivèrent à un village où ils trouvèrent les hommes et les femmes dansant au son des tambourins et des cornemuses. Ils en demandèrent la raison : les paysans répondirent qu'ils voyoient tous les jours mourir leurs voisins, mais que la contagion n'étant pas entrée dans leur village, ils avoient bonne espérance et se tenoient en joie. Les deux religieux continuèrent leur route. Quelque temps après, ils repassèrent par le même village : ils n'y rencontrèrent que peu d'habitants, et ces habitants avoient l'air abattu et le visage triste. Les religieux s'enquirent où étoient les hommes et les femmes qui menoient naguère une si grande fête : « Beaux seigneurs, répondirent les paysans, le courroux du ciel est descendu sur nous [1]. »

1. *Chronique de France.*

CHAPITRE XVIII.

CONTINUATION DU MÊME SUJET.

Poursuivez, et voyez où vous arrivez avec le système que j'attaque.

On doit s'opposer au rétablissement de la religion, parce que les intérêts révolutionnaires sont contraires à la religion.

On ne doit jamais faire aucune proposition, présenter aucun projet de loi tendant à rétablir les institutions morales et chrétiennes, parce que les rétablir c'est menacer la révolution; c'est en outre supposer que ces institutions ont été renversées, par conséquent faire un reproche indirect à la révolution qui les a détruites. N'ai-je pas entendu blâmer comme impolitiques les honneurs funèbres rendus à Louis XVI, à Marie-Antoinette, au jeune roi Louis XVII, à Mme Élisabeth? Si c'est comme cela qu'on sauve la monarchie, je suis étrangement trompé.

Si des choses on passe aux hommes, on trouvera qu'il ne faut rien faire pour ceux qui ont combattu la révolution, de peur d'alarmer les intérêts révolutionnaires; qu'il faut combler au contraire les amis de la révolution pour les gagner et se les attacher. Je présenterai les détails du tableau quand je peindrai l'état actuel de la France.

Enfin, tous ces discours où l'on retrouve les mots d'honneur, de religion, de royalisme, sont des discours de factieux : parler ainsi, c'est blesser les intérêts révolutionnaires.

Avant la révolution, les prédicateurs, effrayés par l'esprit du siècle, n'osoient presque plus nommer Jésus-Christ : ils tâchoient, par des périphrases, de faire entendre de qui ils vouloient parler.

Aujourd'hui, à cause des intérêts moraux révolutionnaires, évitez toutes les paroles qui pourroient blesser des oreilles délicates; *restitution,* par exemple, est un mot si affreux, qu'on doit le bannir, lui et ses dérivés, de la langue françoise. Il y a de bonnes gens qui consentiroient presque à la dotation de l'autel, à condition qu'on *donnât,* mais non pas qu'on *rendît* au clergé ce qui reste des biens de l'Église; car, comme ils le disent très-sensément, *il faut maintenir le principe!*

Si cela continue, grâce aux intérêts révolutionnaires, dans peu d'années il y aura une foule de mots que l'on n'entendra plus, et l'on sera obligé de les expliquer dans les nouveaux dictionnaires.

CHAPITRE XIX.

QUE LE SYSTÈME DES INTÉRÊTS RÉVOLUTIONNAIRES,
PRIS A LA FOIS DANS LE SENS PHYSIQUE ET MORAL,
MÈNE A CET AUTRE SYSTÈME, SAVOIR :
QU'IL N'Y A POINT DE ROYALISTES EN FRANCE.

Gouverner dans le sens des intérêts révolutionnaires, sous le rapport moral, est un système si directement opposé aux principes du gouvernement légitime, il paroît si insensé de caresser toujours ses ennemis et de repousser toujours ses amis, qu'il a bien fallu s'appuyer sur quelque raison décisive.

Qu'a-t-on alors imaginé? On a dit : Il n'y a point de royalistes en France! C'est justifier une erreur par une erreur.

« Combien êtes-vous? s'écrioit un jour un homme spécial : deux royalistes contre cent révolutionnaires : subissez donc votre sort! *Væ victis!* Un gouvernement ne connoît que la majorité, et n'administre que pour elle. Des faits, et non des mots : comptons. »

Eh bien, comptons.

Vous dites donc qu'il y a deux royalistes contre cent personnes attachées aux principes de la révolution, ou, pour me servir de votre phrase habituelle, vous dites qu'il n'y a point de royalistes en France. Vous en concluez qu'il faut gouverner dans le sens des intérêts révolutionnaires, non-seulement matériels, mais encore moraux, sans avoir égard à la distinction que je prétends établir.

Je tirerois de ce fait, s'il étoit véritable, une conséquence tout opposée ; mais je commence par le nier.

CHAPITRE XX.

QUE LES ROYALISTES SONT EN MAJORITÉ EN FRANCE.

Loin que les royalistes soient en minorité en France, ils sont en majorité.

S'ils étoient en majorité, répond-on, la révolution n'eût pas eu lieu.

Et depuis quand, dans les révolutions des peuples, la majorité a-t-elle fait la loi? L'expérience n'a-t-elle pas prouvé que c'est le plus souvent la minorité qui l'emporte? La nation vouloit-elle le meurtre de Louis XVI? vouloit-elle la Convention et ses crimes? vouloit-elle le Directoire et ses bassesses? vouloit-elle Buonaparte et sa conscription? Elle ne vouloit rien de tout cela : mais elle étoit contenue par une minorité active et armée. Doit-on inférer que parce que la majorité se tait, ses intérêts n'existent pas dans un pays? Dans ce cas, il faudroit presque toujours conclure contre l'opprimé en faveur de l'oppresseur.

Mais délivrez du joug cette majorité, et vous verrez ce qu'elle dira. L'exemple en est récent et sous vos yeux. Des colléges électoraux formés par Buonaparte sont appelés à des élections sous le roi : que feront-ils? Entraînés par l'opinion populaire, et puisant, pour ainsi dire, eux-mêmes dans cette opinion, ils nomment pour députés les plus déterminés royalistes. Je dirai plus : il a fallu toute la puissance ministérielle d'alors pour parvenir à faire élire certains chefs que l'esprit public repoussoit. Loin qu'on veuille encore des révolutionnaires, on en est las : le torrent de l'opinion coule aujourd'hui dans un sens tout à fait opposé aux idées qui ont amené le bouleversement de la France.

Renfermons-nous dans les faits. Que chacun se rappelle les départements, les villes, les villages, les hameaux où il peut avoir des relations, des intérêts de famille ou d'amitié. Dans tous ces lieux, il lui sera facile de compter le très-petit nombre d'hommes connus par leurs principes révolutionnaires. Y en a-t-il un millier par département, une centaine par ville, une douzaine par village, bourg et hameau? C'est beaucoup; et vous ne les trouveriez pas.

Ceux qui n'ont parcouru que nos provinces les plus dévastées par deux invasions consécutives, qui n'ont suivi que la route militaire, ravagée par douze cent mille étrangers, ceux-là ont vu des paysans au milieu de leurs moissons détruites, de leurs chaumières en cendres. Seroit-il juste de conclure que des propos arrachés à l'impatience de la misère sont la manifestation d'une opinion nationale? Et comment se fait-il que ces provinces dépouillées aient nommé des députés tout aussi royalistes que ceux du reste de la France? Ignore-t-on même que les départements du nord sont remarquables par l'ardeur de leur royalisme! Voyagez à l'ouest et au midi, et vous serez frappé de la vivacité de cette opinion, qui est portée jusqu'à l'enthousiasme. Voilà des faits et des calculs.

CHAPITRE XXI.

CE QUI A PU TROMPER LES MINISTRES SUR LA VÉRITABLE OPINION DE LA FRANCE.

L'illusion du ministère sur la véritable opinion de la France tient encore à une autre cause. Il prend pour une chose existante hors de lui une chose inhérente à lui-même, et il s'émerveille de découvrir ce qui est le résultat forcé de la position où il a placé l'ordre politique.

Le ministère ne voit pas que sur la question de l'opinion générale il n'a pour guide et pour témoin qu'une opinion intéressée. La plupart des places étoient et sont encore entre les mains des partisans de la révolution ou de Buonaparte. Les ministres ne correspondent qu'avec les hommes en place; ils leur demandent des renseignements sur l'opinion de la France. Ces hommes tout naturellement ne manquent pas de répondre que les administrés pensent comme eux, hors une petite poignée de chouans et de Vendéens. Comptez l'armée des douaniers, des employés de toutes les sortes, des commis de toutes les espèces, et vous reconnoîtrez que l'administration, dans sa presque totalité, tient aux intérêts révolutionnaires. Or, si le gouvernement voit l'opinion de la France dans les *administrateurs,* et non dans les *administrés,* il en résulte qu'il doit croire, contre la vérité évidente, qu'il y a très-peu de royalistes en France. Et comme ce sont des administrateurs qui parlent, qui écrivent, qui disposent des journaux et de la voix de la renommée; comme, enfin, ce sont eux qui forment les autorités publiques, il est clair qu'il y a de quoi prendre là des idées fausses sur la France, de quoi se tromper soi-même et tromper l'Europe.

CHAPITRE XXII.

OBJECTION RÉFUTÉE.

Un homme d'esprit, consulté sur l'opinion de la France, après avoir dit que les royalistes sont les meilleures gens du monde, qu'ils sont pleins de zèle et de dévouement (précaution oratoire à l'usage de tous ceux qui veulent leur nuire), ajoutoit : Mais ces honnêtes gens sont en si petit nombre, ils sont si peu de chose comme parti, qu'ils n'ont pas pu, le 20 mars, sauver le roi à Paris, ni défendre MADAME à Bordeaux.

Eh, grand Dieu! quels sont donc ceux qui emploient de tels raisonnements pour prouver la minorité des royalistes? Ne seroient-ce point des hommes qui chercheroient une excuse à des événements qui les condamnent? Ne seroient-ce point des administrateurs auteurs et fauteurs du merveilleux système qu'il faut gouverner dans les intérêts révolutionnaires, par conséquent ne placer que des amis de Buonaparte, que des élèves de la révolution?

Quoi! c'est vous qui refusiez de croire à tout ce qu'on vous dénonçoit; qui traitiez d'alarmistes ceux qui osoient vous parler des dangers de la France; qui n'ouvriez pas même les lettres qu'on vous écrivoit des départements; qui n'avez pas pu garder un bras de mer avec toute la flotte de Toulon; qui vous êtes montrés si pusillanimes au moment du danger, si incapables de prendre un parti, de suivre un plan, de concevoir une idée; qui n'avez su que vous cacher en aissant 35 millions comptant à l'usurpateur, tant il vous sembloit difficile de trouver quelques chariots! C'est vous qui reprochez aux royalistes écartés, désarmés par vous, de n'avoir pas pu sauver le roi! Ah! qu'il vaudroit mieux garder le silence que de vous exposer à vous faire dire que tous les torts viennent de vous, de vos funestes systèmes! Si vous n'aviez pas mis des révolutionnaires dans toutes les places, si vous n'aviez pas éloigné les royalistes de tous les postes, l'usurpateur n'auroit pas réussi. Ce sont vos préfets révolutionnaires, vos commandants buonapartistes qui ont ouvert la France à leur maître. Ne lui aviez-vous pas ingénieusement envoyé des maréchaux de logis dans tout le midi, en semant sur son chemin ses créatures? Il avoit raison de dire que ses aigles voleroient de clocher en clocher : il alloit de préfecture en préfecture coucher chaque soir, grâce à vos soins, chez un de ses amis. Et vous osez vous en prendre aux royalistes! Qui ne sait que dans tout pays ce sont les autorités civiles et militaires qui font tout, parce qu'elles disposent de tout; que la foule désarmée ne peut rien? Où l'usurpateur a-t-il rencontré quelque résistance, si ce n'est là même où, par hasard, il s'est rencontré des hommes qui n'étoient pas dans les intérêts révolutionnaires? Vos agents, ces habiles que vous aviez comblés de faveurs pour les attacher à la couronne, arrêtoient les royalistes, empêchoient les Marseillois de sortir de Marseille. Vous sied-il bien de mettre sur le compte de la prétendue foiblesse des sujets fidèles ce qui n'est que le fruit de la pauvreté de vos conceptions? Abandonnez un moyen de défense aussi maladroit qu'imprudent, puisqu'au lieu de prouver la bonté de votre système il en démontre le vice.

CHAPITRE XXIII.

QUE S'IL N'Y A PAS DE ROYALISTES EN FRANCE, IL FAUT EN FAIRE.

Après avoir nié la majeure, je change d'argument, et j'accorde aux adversaires tout ce qu'ils voudront. Je dis alors : Fût-il vrai qu'il n'y eût pas de royalistes en France, le devoir du ministère seroit d'en faire : loin de gouverner dans le sens de la révolution, de fortifier les principes révolutionnaires, essentiellement républicains, il seroit coupable de ne pas employer tous ses efforts pour amener le triomphe des opinions monarchiques.

Ainsi, trouvant sous sa main, par miracle, une chambre de députés purement royalistes, le ministère devroit s'en servir pour changer la mauvaise opinion qu'il supposoit exister dans la majorité de la France. Et qu'il ne soutienne pas que ce changement eût été impossible : les moyens d'un gouvernement sont toujours immenses. C'est bien après avoir été témoin de toutes les variations que la révolution a produites, de tous les rôles que la plupart des hommes ont joués, de tous ces serments prêtés à la république, à la tyrannie, à la royauté, au gouvernement de droit, au gouvernement de fait, que l'on peut désespérer de ramener à la légitimité des caractères si flexibles! Et si au lieu de supposer la majorité révolutionnaire, je la suppose seulement indifférente et passive, quelle facilité de plus pour la faire pencher vers les principes de la religion et de la royauté! C'est donc par goût et par choix que vous la déterminez à tomber du côté de la révolution? Vous avez dit à la tribune qu'un ministre doit diriger l'opinion : eh bien, je vous prends par vos paroles ; faites des royalistes, ou je vous accuse de n'être pas royalistes vous-mêmes.

CHAPITRE XXIV.

SYSTÈME SUR LA CHAMBRE ACTUELLE DES DÉPUTÉS.

Ce qui embarrasse le plus les partisans des intérêts révolutionnaires, lorsqu'ils soutiennent qu'il n'y a point de royalistes en France, c'est la composition de la chambre des députés.

Le système des intérêts révolutionnaires amène le système de la minorité des royalistes en France ; ce second système produit nécessairement celui-ci, savoir, que la chambre actuelle des députés n'a point été élue dans le sens de l'opinion générale. C'est de ce quatrième système qu'est née l'absurdité inconstitutionnelle d'après laquelle on prétend que le ministère n'a pas besoin de la majorité de la chambre. Le mal engendre le mal.

Voici comment on raisonne pour détruire l'objection tirée du royalisme de la chambre des députés :

« L'opinion de la majorité de la chambre des députés ne représente point, dit-on, l'opinion de la majorité de la France. Cette chambre, élue par surprise, fut convoquée au milieu d'une invasion. Dans le trouble et la confusion, les colléges électoraux se sont hâtés de nommer des royalistes, croyant que ceux-ci alloient être tout-puissants, quoique l'opinion de ces colléges fût opposée à la nature des choix mêmes qu'ils faisoient. L'opinion de la majorité des François est précisément celle de la minorité actuelle de la chambre des députés : voilà pourquoi les ministres ont suivi cette minorité, voulant marcher avec la France, et non pas avec une faction. »

CHAPITRE XXV.

RÉFUTATION.

Je vois d'abord dans cet exposé une chose qui, si elle étoit réelle, confirmeroit ce que j'ai avancé plus haut : il est facile de faire des royalistes en France, en supposant qu'il n'y en ait pas.

En effet, des colléges électoraux sont assemblés : dans la simple supposition que les royalistes vont être puissants, que le gouvernement va prendre des mesures en leur faveur, ces colléges nomment sur-le-champ, contre leurs intérêts, leurs penchants et leurs opinions, des députés royalistes ! On est donc bien coupable, je le répète, de ne pas rendre toute la France royaliste, lorsqu'on le peut à si peu de frais, lorsque la moindre influence la détermine à faire aussi promptement ce qu'elle ne veut pas que ce qu'elle veut.

Pour moi, je m'en tiens au positif, et, comme ceux dont je combats le système, je ne veux que des faits.

J'ai eu l'honneur de présider un collége électoral dans une ville dont la garnison étrangère n'étoit séparée de l'armée de la Loire que par un pont. S'il devoit y avoir oppression, confusion, incertitude quelque part, c'étoit certainement là. Je n'ai vu que le calme le plus parfait, que la gaieté même, que l'espérance, l'absence de toutes craintes, que les opinions les plus libres. Le collége étoit nombreux; il n'y manquoit presque personne. On y remarquoit des hommes de tous les caractères, de toutes les opinions; des malades s'y étoient fait porter : le résultat de tout cela fut la nomination de quatre royalistes pris dans l'administration, la magistrature et le commerce. Il y en auroit eu vingt de nommés si l'on avoit eu vingt choix à faire, car il ,n'y eut concurrence qu'entre des royalistes. On n'auroit trouvé de difficulté ou plutôt d'impossibilité qu'à faire élire les partisans des intérêts révolutionnaires.

Je suis peut-être suspect ici par mes opinions. Il y a d'autres présidents qui ne l'étoient pas, et ils ont rapporté comme moi des nominations royalistes. Si donc il y avoit tant de calme et d'indépendance à Orléans, les départements éloignés de Paris et du théâtre de la guerre devoient être encore plus libres de suivre leurs véritables opinions.

Une preuve de plus que l'opinion de la majorité de la chambre des députés étoit l'opinion de la majorité de la France, c'est la réception que les départements ont faite à leurs députés. Je ne parle pas des témoignages de satisfaction donnés aux hommes les plus éclatants; on pourroit répondre que l'esprit de parti s'en est mêlé. Je parle de la manière dont les députés les plus obscurs ont été accueillis presque partout, par cela seul qu'ils avoient voté avec la majorité. On a dit que la police avoit envoyé des ordres secrets pour que de semblables honneurs attendissent aussi les membres de la minorité : ce sont des propos de la malveillance.

Si les départements avoient élu des députés qu'ils n'aimoient pas, il faut avouer qu'ils avoient eu le temps de revenir de leur surprise, de s'apercevoir que les royalistes n'avoient ni puissance ni faveur : alors ces départements, mécontents eux-mêmes de tout ce qui s'étoit passé dans la session, auroient pu montrer combien ils se repentoient de leurs choix. Point du tout : ils en paroissoient de plus en plus satisfaits. Voilà une abnégation de soi-même, une frayeur, une surprise, qui durent bien longtemps!

Que n'avoit-on point tenté toutefois pour égarer l'opinion! Que de calomnies répandues, que d'insultes dans les journaux! Tantôt les députés vouloient ramener l'ancien ordre de choses et revenir sur tout ce qui avoit été fait; tantôt ils attaquoient la prérogative et prétendoient résister au roi. Comment dans les provinces auroit-on démêlé la vérité, quand la presse n'étoit pas libre, quand elle étoit entre les mains des ministres, quand on ne pouvoit rien expliquer au delà de la barrière de Paris, ni faire comprendre la singulière position où l'on plaçoit les plus fidèles serviteurs du roi? Pour couronner l'œuvre, les chambres avoient été renvoyées immédiatement après le rapport sur le budget à la chambre des pairs; et les députés, sans pouvoir répondre, étoient retournés chez eux, chacun avec un acte d'accusation dans la poche : cependant la vérité a été connue.

Trompé comme on l'est dans les cercles de Paris, où chacun ne voit et n'entend que sa coterie, où l'on prend ce qu'on désire pour la vérité, où l'on est la dupe des bruits et des opinions que l'on a soi-même répandus, où la flatterie attaque le dernier commis comme le premier ministre, on disoit avec une généreuse pitié que le ministère seroit obligé de protéger les députés quand ils retourneroient dans les provinces; que ces malheureux seroient insultés, bafoués, maltraités par le peuple : *Ride, si sapis!*

Il me semble que les départements commencent à se soustraire à cette influence de Paris, qui les a dominés depuis la révolution et qui date de loin en France. Lorsque le duc de Guise le Balafré montroit à sa mère la liste des villes qui entroient dans la ligue : « Ce n'est rien que tout cela, mon fils, disoit la duchesse de Nemours : si vous n'avez Paris, vous n'avez rien. »

Que l'administration, par maladresse, accroisse aujourd'hui le dissentiment entre les provinces et Paris, il en résultera une grande révolution pour la France.

CHAPITRE XXVI.

CONSEILS DES DÉPARTEMENTS.

Le sophisme engendre l'illusion; l'illusion détrompée produit l'humeur, anime l'amour-propre : on se pique au jeu. Il seroit plus simple de dire : J'ai tort, et de revenir; mais on ne le fait pas.

Les départements avoient bien reçu leurs députés; cette réception tendoit à prouver que l'opinion étoit royaliste, mais il restoit une ressource : les conseils des départements alloient s'assembler. S'ils se plaignoient des députés ou ne montroient pour leurs travaux que de l'indifférence, le triomphe étoit encore possible. On eût fait valoir les adresses des conseils; on se seroit écrié : « Vous le voyez! nous vous l'avions bien dit. Voilà la véritable opinion de la France. Êtes-vous maintenant convaincus que la chambre n'a point été choisie dans le sens de l'opinion générale, opinion qui est toute dans les intérêts révolutionnaires? Écoutez les conseils généraux : ils sont les organes de l'opinion publique. »

Qu'est-il arrivé? Les conseils ont aussi fait l'éloge des députés. Eh bien, les conseils ne sont plus les organes de l'opinion publique. On *sait* que toutes ces louanges *sont des coups montés, des affaires de cabale et de parti*. On sait que l'on *rédige une adresse comme on veut*, etc.

Ordre aux journaux de se moquer des honneurs rendus aux députés; ordre aux conseils généraux de ne députer personne à Paris, parce qu'on ne veut pas qu'on vienne dire au pied du trône combien la France est satisfaite de ses mandataires. On ne recevra que les adresses des conseils ; et ces adresses, on ne les mettra que par extrait dans Le Moniteur, en ayant soin d'en retrancher tous les éloges de la chambre.

Enfin, comme les conseils votent des remerciements et des témoignages d'estime à leurs députés, ordre encore de n'accorder ces remerciements et ces témoignages d'estime qu'avec la permission de la couronne. Pour motiver cet ordre extraordinaire, il faut faire violence à toute l'histoire ; il faut dire que la couronne eut seule en tout temps le droit de décerner des honneurs, tandis qu'il n'est personne qui ne sache que depuis Clovis jusqu'à nos jours les villes, les corps, les confréries, ont été en possession de ce droit; jusque-là qu'on tiroit quelquefois le canon pour un écolier qui avoit remporté un prix à l'université.

Et quand il eût été vrai que ce droit n'eût pas existé sous la monarchie absolue, ne dérive-t-il pas tout naturellement de la monarchie constitutionnelle? Si les départements ont le droit d'élire des députés, n'ont-ils pas celui de dire à ces députés qu'ils sont contents de leurs services? Quelle pitié que tout cela!

Tel est le fatal esprit du système : quiconque en est possédé ferme les yeux à la vérité. Les hommes de la meilleure foi du monde se donnent l'air de tout ce qui est opposé à la bonne foi; avec les idées les plus généreuses, ils gouvernent comme Buonaparte, par les moyens les moins généreux. Mais pour administrer ainsi ont-ils la force de Buonaparte? Les adresses sont connues ; elles arrivent de toutes parts; chacun les reçoit; chacun voit pourquoi on cherche à les étouffer : on rit ou l'on rougit, en restant convaincu plus que jamais que la majorité de la chambre des députés est dans le sens de l'opinion de la France.

CHAPITRE XXVII.

QUE L'OPINION MÊME DE LA MINORITÉ DE LA CHAMBRE DES DÉPUTÉS N'EST POINT EN FAVEUR DU SYSTÈME DES INTÉRÊTS RÉVOLUTIONNAIRES.

Que si l'on s'appuie de l'opinion de la minorité réelle des députés, comme représentant l'opinion générale de la France, je dis encore que cette opinion, à la prendre à son origine, serviroit elle-même à battre en ruine le système des intérêts révolutionnaires.

Quand la chambre s'est rassemblée, elle étoit presque unanime dans ses sentiments. Il a fallu que le ministère travaillât avec une persévérance incroyable pour parvenir à la diviser. On conçoit à peine comment des hommes de sens trouvant sous leur main un instrument aussi parfait, aussi bien disposé pour tous les usages, n'aient pas voulu ou n'aient pas pu s'en servir; on conçoit à peine que ces hommes de sens aient mis autant de soins à se créer une minorité qu'un ministère en met ordinairement à acquérir la majorité.

Que de mouvements il a fallu se donner en effet, que de démarches, de sueurs répandues, pour avoir le plaisir de voir refaire ou rejeter les lois! Que d'adresse pour perdre la partie! Un club n'a d'abord rien produit. La chambre tout entière étoit si franchement royaliste, que ce n'est qu'en abusant du nom du roi, en répétant sans cesse que le roi désiroit, vouloit, ordonnoit ceci, cela, qu'on est parvenu à ébranler quelques hommes. Ces honnêtes gens se sont détachés, comme malgré eux, d'une majorité qu'ils n'ont pas crue assez soumise à la volonté du monarque. Cela est si vrai, que, dans une foule d'occasions, comme dans l'affaire des régicides, ils ont voté par acclamation dans le sens de la majorité. Or, le bannissement des régicides étoit un coup mortel porté aux *intérêts révolutionnaires*.

Ainsi on ne peut pas même argumenter de l'opinion de la minorité de la chambre des députés en faveur du système de ces intérêts; car cette opinion, loin d'être l'opinion réelle de la minorité, n'est que la reproduction de l'opinion ministérielle par laquelle elle a été formée.

CHAPITRE XXVIII.

DERNIER FAIT QUI PROUVE QUE LES INTÉRÊTS NE SONT PAS RÉVOLUTIONNAIRES EN FRANCE.

Faisons la contre-épreuve du tableau. Si les intérêts étoient révolutionnaires en France, toutes les fois qu'il y a un mouvement politique, ce mouvement seroit infiniment dangereux. Aussi à chaque conspiration ne manque-t-on pas de s'écrier : « Voilà ce que vos paroles imprudentes ont fait ! les intérêts révolutionnaires se sont crus menacés : à l'instant la tranquillité a été troublée. Cette étincelle peut produire un vaste incendie. »

On regarde, et cette étincelle ne produit rien ; personne ne remue. On voit avec indifférence et mépris quelques jacobins isolés tomber dans le gouffre qu'ils ont tenté de rouvrir. Ce parti, sans force, n'a aucune racine dans l'opinion : il n'est dangereux (mais alors il l'est beaucoup) que quand on a l'imprudence de l'employer. La vipère est foible et rampante ; vous pouvez l'écraser d'un coup de pied, mais elle vous tuera si vous la mettez dans votre sein.

CHAPITRE XXIX.

QU'ON NE FAIT PAS DES ROYALISTES PAR LE SYSTÈME DES INTÉRÊTS RÉVOLUTIONNAIRES.

Passons sur un autre champ de bataille.

J'ai dit qu'il falloit faire des royalistes, s'il n'y en avoit pas en France. C'est précisément pour cela, répond-on, que l'on gouverne dans le sens des intérêts révolutionnaires. Le chef-d'œuvre du ministère sera de rattacher au roi tous ses ennemis. On gagnera tous les hommes qui n'ont à se reprocher qu'un excès d'énergie, et qui mettront à défendre le trône la force qu'ils ont mise à le renverser.

Et moi aussi j'ai prêché cette doctrine ; et moi aussi j'ai dit qu'il falloit fermer les plaies, oublier le passé, pardonner l'erreur. Quel éloge n'ai-je point fait de l'armée ! Je dois même le confesser : je suis trop sensible à la gloire militaire, et je raisonne mal quand j'entends battre un tambour. Mais ce que je concevois avant le 20 mars, je ne le conçois plus après. Être un bon homme, soit ! mais un niais, non! Je serois aussi trop honteux d'être deux fois dupe.

Vous prétendez rendre royalistes les hommes qui vous ont déjà perdus! Et que ferez-vous pour eux qu'on n'eût point fait alors? Ils occupoient toutes les places, ils dévoroient tout l'argent, ils étoient chargés de tous les honneurs. On donnoit à quelques régicides mille écus par mois pour avoir fait tomber la tête de Louis XVI. Serez-vous plus libéral? Les Cent Jours ont envenimé la plaie; il ont ajouté aux passions premières la honte d'avoir tenté sans succès une nouvelle trahison. Par cette raison, la légitimité est devenue de plus en plus odieuse à de certains hommes : ils ne seront satisfaits que par son entière destruction. Je le répéterai : essayer encore après le 20 mars de gagner les révolutionnaires, remettre encore toutes les places entre les mains des ennemis du roi, continuer encore le système de fusion et d'amalgame, croire encore qu'on enchaîne la vanité par les bienfaits, les passions par les intérêts; en un mot, retomber dans toutes les fautes qu'on a faites après une leçon si récente, une expérience si rude, disons-le sans détour, il faut que quelque arrêt fatal ait été prononcé contre cet infortuné pays.

CHAPITRE XXX.

DES ÉPURATIONS EN GÉNÉRAL.

Ceci nous amène à traiter des épurations.

Avant l'ouverture de la session, les colléges électoraux avoient demandé l'épuration des autorités. A l'ouverture de la session, les deux chambres répétèrent la même demande dans leurs adresses. Le ministère répondit qu'il surveilleroit ses agents; qu'il prenoit, d'ailleurs, les événements sous sa responsabilité.

Mais, d'abord, qu'est-ce que la responsabilité des ministres? La loi qui doit la définir n'est point encore faite. Jusque ici cette terrible responsabilité, de loin *vaisseau de haut bord,* de près n'est *que bâton flottant sur l'onde.* Le premier ministre étoit sans doute dévoué à la cause de la royauté : cependant a-t-il pu prévenir l'infidélité des bureaux et des commis? Dans une foule de cas le ministre ne peut voir que par les sous-ordres qui l'environnent; sa foi peut être surprise. Si, par exemple, les administrations sont remplies d'hommes qui calomnient les amis du roi, le ministre n'agira-t-il pas dans le sens des rapports qu'on lui fera? Ne sera-t-il pas trompé sur les véritables intérêts de la patrie?

A ce mot d'épuration on s'écrie : Vous voulez des vengeances, vous demandez des réactions.

J'ai dit dans une autre occasion que la justice n'est point une vengeance, que l'oubli n'est point une réaction. Il ne faut persécuter personne ; mais il n'est pas nécessaire et il est tout à fait dangereux de confier les places aux ennemis du roi. Pourquoi s'élève-t-il une si grande rumeur parmi une certaine classe d'hommes lorsqu'on hasarde le mot de justice? Parce que ces hommes sentent très-bien que toute la question est là ; que si une fois on en vient à la justice, tout est perdu pour ceux qui nourrissent encore de coupables espérances. Ne croyez pas qu'ils se soucient du tout de la Charte et de la liberté, dont ils invoquent sans cesse les noms : tout ce qu'ils veulent, c'est le pouvoir. Le salut ou la perte de la France leur paroît tenir à la perte ou à la conservation de leur place.

Lorsqu'on étoit trop pressé par l'opinion publique, on se retranchoit dans la nécessité d'une sage temporisation. On fera peu à peu, disoit-on, les épurations nécessaires ; mais on ne peut pas désorganiser à la fois tous les ministères et paralyser l'action du gouvernement.

Cette objection peut paroître invincible à un administrateur ; elle n'arrête pas un homme d'État. Ne vaut-il pas mieux, dans tous les cas, avoir des agents inexpérimentés que des agents infidèles?

Mais, si vous exécutiez tous ces changements, vous feriez au gouvernement une multitude d'ennemis.

Ces ennemis sont-ils plus dangereux en dehors qu'en dedans des administrations? L'influence d'un homme en place, quelque médiocre que soit cette place, n'est-elle pas mille fois plus grande que quand il est rendu à la vie privée? D'ailleurs, je vous l'ai dit, vous ne gagnerez pas ces hommes que vous prétendez réconcilier à vos principes : vos caresses leur semblent une fausseté, car ils sentent bien que vous ne pouvez pas les aimer ; le système de fusion que vous suivez les fait rire, car ils savent que ce système vous mène à votre perte. Et, pour prouver que vous êtes incapables de gouverner, pour justifier leurs nouveaux complots, ils apporteront en témoignage contre vous votre indulgence et vos bienfaits.

Enfin, je veux que les autorités ne s'abandonnent pas à leurs inimitiés politiques ; mais comment les empêcherez-vous d'être fidèles à des penchants plus excusables sans doute, et toutefois aussi dangereux? Dans le système des administrations actuelles, les vertus d'un homme sont aussi à craindre que ses vices. Il faut qu'il étouffe, pour vous servir, les plus doux sentiments de la nature ; il faut qu'il arrête son ennemi, qu'il poursuive peut-être son bienfaiteur; vous le placez entre ses penchants et ses devoirs, et vous faites dépendre votre sûreté de son ingratitude.

CHAPITRE XXXI.

QUE LES ÉPURATIONS PARTIELLES SONT UNE INJUSTICE.

Après tout, puisqu'on avoit embrassé le système des intérêts révolutionnaires, c'étoit une chose forcée que de repousser celui des épurations. Mais lorsqu'on suit une route, il faut y marcher franchement, rondement; et c'est ce qu'on ne fit pas. On prit encore le plus mauvais parti, dans un mauvais parti : on en vint aux épurations partielles, et l'on convertit ainsi un grand acte de justice en une injustice criante.

Il y a un esprit de justice chez les hommes qui fait qu'on ne se plaint point d'une mesure générale, lorsqu'elle est fondée sur la raison et sur les faits; mais une mesure particulière, qui n'a l'air que du caprice, révolte tout le monde, et ne satisfait personne.

Quel a été le résultat des épurations partielles? Tel homme a perdu sa place ou sa pension pour avoir signé une seule fois l'Acte additionnel; tel autre qui l'a signé quatre ou cinq fois, en quatre ou cinq qualités différentes, conserve ses places et ses pensions.

Celui-ci aura accepté un emploi pendant les Cent Jours, et il sera déclaré indigne de le garder aujourd'hui; celui-là se sera conduit de la même manière, et conserve ce qu'il avoit mal acquis.

Un fonctionnaire public descend du haut rang qu'il avoit conservé sous Buonaparte après l'avoir reçu de Louis XVIII, on le punit; mais son voisin avoit sollicité de l'usurpateur le même rang, et ne l'avoit point obtenu. Dédaigné de Buonaparte, il jouit du témoignage d'une conscience pure, de la gloire de la fidélité et des faveurs du gouvernement légitime.

Des fédérés ont reçu l'institution royale, et un magistrat qui dans une cour obscure a prêté un misérable serment éprouve toute la sévérité de l'épuration.

Comme il faut que tout soit compensé dans cette vie, des juges royalistes, des citoyens qui se sont conduits avec courage pendant les Cent Jours ont perdu leur emploi, et on a mis à leur place des partisans de l'usurpateur : tant on s'est piqué d'impartialité! Encore n'a-t-on pas réellement écarté certains fonctionnaires désignés par l'opinion publique; on les a seulement ôtés d'une province, pour les faire passer avec plus d'avantages dans une autre.

Un homme que je ne connoissois pas, et qui avoit été éloigné par l'effet des épurations, vint un jour me demander quelques services : il eut la naïveté de me dire qu'un ministre lui avoit promis de le replacer aussitôt que *cette chambre furibonde* seroit renvoyée. J'admirai la grandeur de la Providence, et je bénis Dieu de ce que cet honnête homme étoit venu s'adresser à moi.

Ces demi-épurations prolongées produisent encore un autre mal : elles sèment la division dans les provinces; elles encouragent les petites vengeances, les jalousies secrètes, les dénonciations. Chacun, dans l'espoir d'obtenir la place de son voisin, ne manque pas de raconter ce qu'a fait ce voisin ou d'inventer sur son compte quelques calomnies. Si l'on avoit d'abord frappé un grand coup, qu'on en fût venu à une large épuration, on se seroit soumis, et la vindicte publique eût été satisfaite. On se plaint aujourd'hui des dénonciations, et on a raison ; mais à qui la faute? N'est-ce pas les tergiversations et les demi-mesures qui les ont fait naître? Il faut savoir ce que l'on veut quand on administre : mieux auroit-il fallu dire : « Il n'y aura point d'épuration, » et tenir ferme, que de n'avoir la force ni de suivre le système opposé, ni de le rejeter entièrement.

CHAPITRE XXXII.

SUR L'INCAPACITÉ PRÉSUMÉE DES ROYALISTES ET LA PRÉTENDUE HABILETÉ DE LEURS ADVERSAIRES.

Enfin, et c'est ici la dernière opinion qui nous reste à examiner, on prétend que les royalistes sont incapables; qu'il n'y a d'habiles que les hommes sortis de l'école de Buonaparte ou formés par la révolution.

Apporte-t-on quelque raison en preuve de cette assertion? Aucune; mais on regarde la chose comme démontrée. « Nous voulons bien des royalistes, nous dit-on ; mais donnez-nous-en que nous puissions employer : faute de quoi nous prendrons les administrateurs de Buonaparte, puisque eux seuls ont du talent. »

Ainsi, l'on remonte encore la chaîne, et l'on retourne au premier anneau : les royalistes ne peuvent être utiles, parce qu'ils manquent de capacité et de savoir : l'épuration est donc impossible, parce qu'on n'auroit plus personne pour administrer. Il faut donc gagner les hommes habiles qu'on est forcé d'employer : donc il faut ménager les intérêts révolutionnaires.

J'ai une question préliminaire à proposer. La plupart de ceux qui ont gouverné la France depuis la restauration étoient-ils des royalistes? Si l'on répond par l'affirmative, j'avoue que le système qui condamne les serviteurs du roi comme incapables n'est que trop vrai. Les fautes ont été énormes! Mais il y aura du moins cette petite consolation : si l'incapacité est le caractère distinctif du royalisme, il faut convenir qu'on a calomnié certains administrateurs, lorsqu'on a prétendu qu'ils n'étoient pas attachés à la monarchie : je les tiens pour les sujets les plus fidèles qui furent onques dans le royaume de saint Louis.

Résout-on la question que j'ai faite par la négative, je demande alors si la manière dont la France a été conduite les deux dernières années prouve que les administrateurs sortis de la révolution sont d'habiles gens. Qu'auroient fait de pis les royalistes, s'ils eussent été appelés au maniement des affaires? C'est une chose vraiment curieuse que des hommes qui sont tombés au moindre choc, qui n'ont pas fait un pas sans faire une chute, qui ont laissé Buonaparte revenir de l'île d'Elbe et la France périr entre leurs mains, que ces hommes osent se vanter de leur capacité, se donner l'air de mépriser les serviteurs du roi. Et comment pouvez-vous dire que les royalistes sont incapables, puisque vous ne les avez pas employés? Vous, dont l'administration a été si funeste, vous n'avez pas le droit de les juger dédaigneusement avant de les avoir mis à l'œuvre. Essayez une fois ce qu'ils peuvent : s'ils se montrent plus ignares que vous, s'ils font plus de fautes que vous n'en avez fait, vous reprendrez alors les rênes, et tous vos systèmes seront justifiés.

On peut affirmer une chose : avant l'époque du 20 mars 1815, si toutes les administrations eussent été royalistes, elles n'auroient peut-être pas empêché le retour de l'homme de l'île d'Elbe; mais, à coup sûr, elles n'auroient ni trahi le roi ni servi l'usurpateur pendant les Cent Jours. Quatre-vingt-trois préfets, imbéciles si l'on veut, mais résistant à la fois sur la surface de la France, seroient devenus assez fâcheux pour Buonaparte. Dans certains cas, la fidélité est du talent, comme l'instinct du bon La Fontaine étoit du génie.

CHAPITRE XXXIII.

DANGER ET FAUSSETÉ DE L'OPINION QUI N'ACCORDE D'HABILETÉ
QU'AUX HOMMES DE LA RÉVOLUTION.

C'est un bien faux et bien dangereux système, un système dont l'expérience nous a coûté bien cher, que celui qui ne voit de talent pour la France que dans les hommes de la révolution. Buonaparte, a dit mon noble ami M. de Bonald, a pu former des administrateurs, mais il n'a pu créer des hommes d'État ; belle observation, dont voici le commentaire.

Qu'est-ce qu'un ministre sous un despote ? C'est un homme qui reçoit un ordre, qui le fait exécuter, juste ou injuste, et qui, dispensé de toute idée, ne connoît que l'arbitraire, n'emploie que la force.

Transportez ce ministre dans une monarchie constitutionnelle, obligez-le de penser pour son propre compte, de prendre un parti, de trouver les moyens de faire marcher le gouvernement, en respectant toutes les lois, en ménageant toutes les opinions, en se glissant entre tous les intérêts ; vous verrez se rapetisser cet homme, que vous regardiez peut-être comme un géant. Tous ses chiffres, tous ses résultats positifs, tous ses résumés de statistique lui manqueront à la fois. Il ne lui servira plus de rien de savoir combien un département renferme de bétail, combien tel autre fournit de légumes, de poules et d'œufs ; Smith et Malthus lui deviendront inutiles. Aussitôt que les combinaisons morales et politiques entreront pour quelque chose dans la science du gouvernement, cette tête carrée se trompera sur tout, cet administrateur distingué ne sera plus qu'un sot.

J'ai vu les coryphées de la tyrannie déconcertés, étonnés, et comme égarés au milieu d'un gouvernement libre. Étrangers aux moyens naturels de ce gouvernement, la religion et la justice, ils vouloient toujours appliquer les forces physiques à l'ordre moral. Moins propres à cet ordre de choses que le dernier des royalistes, ils se sentoient arrêtés par des bornes invisibles ; ils se débattoient contre une puissance qui leur étoit inconnue. De là leurs mauvaises lois, leurs faux systèmes, leur opposition à tous les vrais principes. Ce qui fut esclave ne comprend pas l'indépendance ; ce qui est impie est mal à son aise au pied des autels. Ne croyons pas que tous les hommes de la révolution aient conservé leur fatal génie ! Sous un gouvernement moral et régulier, ce qu'ils possédoient de facultés pour le mal est devenu inutile. Ils sont pour ainsi dire morts au milieu du monde nouveau qui s'est formé autour d'eux ; et nous ne voyons plus errer parmi nous que leurs ombres ou leurs cadavres inanimés.

CHAPITRE XXXIV.

QUE LE SYSTÈME DES INTÉRÊTS RÉVOLUTIONNAIRES, AMENANT INDIRECTEMENT LE RENVERSEMENT DE LA CHARTE, MENACE DE DESTRUCTION LA MONARCHIE LÉGITIME.

Je crois avoir démontré que le système des intérêts révolutionnaires ne s'appuie que sur des principes erronés ; qu'en le suivant on a été obligé de se jeter dans les hérésies les plus inconstitutionnelles ; que les mesures administratives prises en conséquence de ce système ont amené des oppositions, résultat inévitable de l'ordre faux dans lequel on a placé les choses et les hommes.

Ce n'est pas tout : je n'ai considéré jusque ici que le peu de solidité du système ; je vais en faire voir le danger.

Il conduit d'abord indirectement à la subversion de la Charte ; car si nous avons toujours, comme on doit l'espérer, des députés courageux et libres, ils combattront les maximes révolutionnaires ; et pour se débarrasser de ces surveillants importuns, il faudra bien violer la constitution. Aussi, qu'est-ce que les ministériels ne disent point de la Charte, même à la tribune? Comme ils l'expliquent et l'interprètent! à quoi ne la réduiroient-ils point s'ils étoient les maîtres! Et pourtant, à les entendre, c'est nous qui ne sommes pas constitutionnels ; c'est moi peut-être qui ne veux pas de la Charte !

Quand le système des intérêts révolutionnaires ne produiroit que la destruction du plus bel ouvrage du roi, ce seroit déjà, je pense, un assez grand mal ; mais je soutiens de plus que c'est un des principaux moyens employés par la faction révolutionnaire pour renverser de nouveau la monarchie légitime.

Il faut parler : le temps des ménagements est passé. Puissé-je être un prophète menteur! Puissent mes alarmes n'avoir d'autre source que l'excès de mon amour pour mon roi, pour son auguste famille! Mais dussé-je attirer sur ma tête les haines de parti, les fureurs des intérêts personnels, j'aurai le courage de tout dire. Si je me fais illusion, s'il n'y a pas de danger, le vent emportera mes paroles ; s'il y a, au contraire, conspiration et péril, je pourrai faire ouvrir les yeux aux hommes de bonne foi. Complot dévoilé est à demi détruit : ôtez aux factions leur masque, vous leur enlevez leur force.

CHAPITRE XXXV.

QU'IL Y A CONSPIRATION CONTRE LA MONARCHIE LÉGITIME.

Je dis donc qu'il y a une véritable conspiration formée contre la monarchie légitime.

Je ne dis pas que cette conspiration ressemble à une conspiration ordinaire, qu'elle soit le résultat de machinations d'un certain nombre de traîtres prêts à porter un coup subit, à tenter un enlèvement, un assassinat, bien qu'il s'y mêle aussi des dangers de cette sorte. Je dis seulement qu'il existe une conspiration, pour ainsi dire forcée, d'intérêts *moraux* révolutionnaires, une association naturelle de tous les hommes qui ont à se reprocher quelque crime ou quelque bassesse ; en un mot, une conjuration de toutes les illégitimités contre la légitimité.

Je dis que cette conspiration agit de toutes parts et à tous moments ; qu'elle s'oppose par instinct à tout ce qui peut consolider le trône, rétablir les principes de la religion, de la morale, de la justice et de l'honneur. Elle ignore le moment de son succès ; diverses causes peuvent le hâter ou le retarder ; mais elle se croit sûre de ce succès. En attendant elle travaille à le préparer ; et le principal moyen d'action lui est fourni par *le système des intérêts révolutionnaires*.

CHAPITRE XXXVI.

DOCTRINE SECRÈTE CACHÉE DERRIÈRE LE SYSTÈME DES INTÉRÊTS RÉVOLUTIONNAIRES.

Derrière le système que l'on prétend devoir suivre pour la sûreté du trône, pour la paix de l'État, se cachent les motifs secrets qui l'ont fait adopter, la doctrine dont il doit amener le triomphe.

Il passe pour constant dans un certain parti qu'une révolution de la nature de la nôtre ne peut finir que par un changement de dynastie ; d'autres plus modérés disent par un changement dans l'ordre de successibilité à la couronne : je me donnerai garde d'entrer dans les développements de cette opinion criminelle.

Qui veut-on mettre sur le trône à la place des Bourbons? A cet égard les avis sont partagés, mais ils s'accordent tous sur la *nécessité* de déposséder la famille légitime. Les Stuarts sont l'exemple cité : l'histoire les tente. Sans l'échafaud de Charles Ier, la France n'auroit point vu celui de Louis XVI : tristes imitateurs, vous n'avez pas même inventé le crime !

Comment puis-je prouver qu'une doctrine aussi épouvantable est mystérieusement voilée sous le système des intérêts révolutionnaires?

Il me suffit de jeter un coup d'œil sur les pamphlets et les journaux des Cent Jours.

J'ai lu depuis, et d'autres ont lu comme moi, des écrits qui ne laissent rien dans l'ombre, pas même le nom. Dans les épanchements de la table, ou dans la chaleur de la discussion, autre sorte d'ivresse, la franchise et la légèreté se sont souvent trahies.

Mais quand les preuves directes me manqueroient pour être convaincu, je n'aurois qu'à regarder *ce qui se passe* autour de moi : partout où j'observe un plan uniforme dont les parties se lient et se coordonnent entre elles, je suis forcé de convenir que ce dessin régulier n'a pu être tracé par les caprices du hasard : une conséquence me fait chercher un principe, et par la nature de l'effet j'arrive à connoître le caractère de la cause.

Marquons le but et suivons la marche de la conspiration.

CHAPITRE XXXVII.

BUT ET MARCHE DE LA CONSPIRATION.
ELLE DIRIGE SES PREMIERS EFFORTS CONTRE LA FAMILLE ROYALE.

Ce que j'appelle la conspiration des intérêts moraux révolutionnaires a pour but principal de changer la dynastie, pour but secondaire d'imposer au nouveau souverain les conditions que l'on vouloit faire subir au roi à Saint-Denis : prendre la cocarde tricolore, se reconnoître roi par la grâce du peuple, rappeler l'armée de la Loire et les représentants de Buonaparte, si ceux-ci existent encore au moment de l'événement. Ce projet, qui n'a jamais été abandonné, va sortir tout entier de l'observation des faits placés sous nos yeux.

Il est convenu qu'on parlera du roi comme les royalistes mêmes ; qu'on reconnoîtra en lui ces hautes vertus, ces lumières supérieures que personne ne peut méconnoître. Le roi, qu'on a tant outragé pendant les Cent Jours, est devenu le très-juste objet des louanges de ceux qui l'ont indignement trahi, qui sont prêts à le trahir encore.

Mais ces démonstrations d'admiration et d'amour ne sont que les excuses de l'attaque dirigée contre la famille royale. On affecte de craindre l'ambition des princes, qui dans tous les temps se sont montrés les plus fidèles et les plus soumis des sujets. On parle de l'impossibilité d'administrer, dans un gouvernement constitutionnel, avec *divers centres* de pouvoir. On a éloigné les princes du conseil; on a été jusqu'à prétendre qu'il y avoit des inconvénients à laisser au frère du roi le commandement suprême des gardes nationales du royaume, et on a cherché à restreindre et à entraver son autorité. Mgr le duc d'Angoulême a été proposé pour protecteur de l'université, comme une espèce de prince de la jeunesse : c'est un moyen d'attacher les générations naissantes à une famille qu'elle connoît à peine; les enfants sont susceptibles de dévouement et d'enthousiasme : rien ne seroit plus éminemment politique que de leur donner pour tuteur le prince qui doit devenir leur roi. Cela sera-t-il adopté? Je ne l'espère pas.

La raison de cette conduite est facile à découvrir : la faction qui agit sur des ministres loyaux et fidèles, mais qui ne voient pas le précipice où on les pousse, cette faction veut changer la dynastie : elle s'oppose donc à tout ce qui pourroit lier la France à ses maîtres légitimes. Elle craint que la famille royale ne jette de trop profondes racines; elle cherche à l'isoler, à la séparer de la couronne; elle affecte de dire, elle ne cesse de répéter que les affaires pourront se soutenir en France pendant la vie du roi, mais qu'après lui nous aurons une révolution : elle habitue ainsi le peuple à regarder l'ordre des choses actuel comme transitoire. On renverse plus aisément ce que l'on croit ne pas devoir durer.

Si l'on cherche à ôter toute puissance aux héritiers de la couronne, on cherche, on essaye, mais bien vainement, de leur enlever le respect et la vénération des peuples : on calomnie leurs vertus; les journaux étrangers sont chargés de cette partie de l'attaque par des correspondants officieux. Et dans nos propres journaux, n'a-t-on pas vu imprimées des choses aussi déplacées qu'étranges? A qui en veut-on, lorsqu'on publie les intrigues de quelques subalternes? Si elles ne compromettent que ces hommes, méritent-elles d'occuper l'Europe? Si elles touchent par quelque point à des noms illustres, quel singulier intérêt met-on à les faire connoître? Ceux qui ne veulent pas de la liberté de la presse conviendront du moins que dans des questions aussi embarrassantes cette liberté fourniroit une réponse, sinon satisfaisante, du moins sans réplique.

Apprenons à distinguer les vrais des faux royalistes : les premiers sont ceux qui ne séparent jamais le roi de la famille royale, qui les confondent dans un même dévouement et dans un même amour, qui obéissent avec joie au sceptre de l'un, et ne craignent point l'influence de l'autre ; les seconds sont ceux qui, feignant d'idolâtrer le monarque, déclament contre les princes de son sang, cherchent à planter le lis dans un désert, et voudroient arracher tous les rejetons qui accompagnent sa noble tige.

On peut dans les temps ordinaires, quand tout est tranquille, quand aucune révolution n'a ébranlé l'autorité de la couronne, on peut se former des maximes sur la part que les princes doivent prendre au gouvernement ; mais quiconque après nos malheurs, après tant d'années d'usurpation, ne sent pas la nécessité de multiplier les liens entre les François et la famille royale, d'attacher les peuples et les intérêts aux descendants de saint Louis ; quiconque a l'air de craindre pour le trône les héritiers du trône plus qu'il ne craint les ennemis de ce trône est un homme qui marche à la folie ou court à la trahison.

CHAPITRE XXXVIII.

LA CONSPIRATION SE SERT DES INTÉRÊTS RÉVOLUTIONNAIRES POUR METTRE SES AGENTS DANS TOUTES LES PLACES.

Attaquer par toutes sortes de moyens la famille royale ; avoir toujours en perspective un malheur que tout bon François voudroit racheter de sa vie, et qu'il se flatte de ne jamais voir ; espérer, comme suite de ce malheur, l'exil éternel des princes, s'endormir et se réveiller sur ces effroyables espérances, voilà ce que la secte ennemie recommande d'abord à ses initiés.

Ensuite elle fait les derniers efforts pour soutenir, étendre et propager le système des intérêts révolutionnaires : elle le présente aux timides comme un port de salut, aux sots comme une idée de génie, aux dupes comme un moyen d'affermir la royauté.

Par l'établissement complet de ce système, les révolutionnaires espèrent que toutes les places se trouveront dans leurs mains au moment de la catastrophe. Les autorités diverses étant alors dans le même intérêt, le changement s'opérera, comme au 20 mars, d'un commun accord, sans résistance, sans coup férir. Qu'en coûte-t-il à ces hommes pour tourner le dos à leurs maîtres? N'ont-ils pas abandonné Buonaparte lui-même? Dans l'espace de quelques mois, n'ont-ils pas pris, quitté et repris tour à tour la cocarde blanche et la cocarde tricolore? Le passage d'un courrier à travers la France faisoit changer les cœurs et la couleur du ruban. Voyez avec quelle simplicité admirable ils vous parlent de leur signature au bas de l'Acte additionnel! ils n'ont rien fait de mal; ils sont innocents comme Abel. Ils ont écrit contre les Bourbons des calomnies abominables; ils les ont insultés par des proclamations trop connues : eh bien, ils vont faire aujourd'hui la cour à nos princes avec ces proclamations dans la poche. Ils parlent monarchie légitime, loyauté, dévouement, sans grimacer; on diroit qu'ils sortent des forêts vendéennes, et ils arrivent du champ de mai. Ils ont raison, puisque toutes les fois qu'ils violent la foi jurée ils obtiennent un emploi de plus. Comme on compte l'âge des vieux cerfs aux branches de leur ramure, on peut aujourd'hui compter les places d'un homme par le nombre de ses serments.

C'est donc bien vainement que vous espérez qu'ils vous demeureront attachés, quand vous leur aurez confié les autorités de la France. Comme avant le 20 mars, ils ne recherchent les places que pour mieux vous perdre. Déjà ils se vantent de leurs succès; ils deviennent insolents; ils ne peuvent contenir leur joie en voyant prospérer le système des intérêts révolutionnaires.

« Si nous vous avons trahis, disent-ils, c'est que vous ne nous aviez donné que les trois quarts des places. Donnez-nous-les toutes, et vous verrez comme nous serons fidèles. » Augmentez la dose du poison, et vous verrez qu'au lieu de vous tuer, il vous guérira! Et il y a de prétendus royalistes qui soutiennent eux-mêmes cette monstrueuse absurdité! Tout ce qu'on peut dire, c'est que s'ils ont été royalistes, ils ne le sont plus.

CHAPITRE XXXIX.

CONTINUATION DU MÊME SUJET.

La faction demande donc toutes les places dans tous les ministères, et elle réussit plus ou moins à les obtenir. Elle s'éleva avec chaleur contre l'inamovibilité des juges : de vertueux jacobins, qui ne peuvent plus être dépossédés, sont des hommes très-utiles; ils gardent en sûreté le feu sacré et tendent une main secourable à leurs frères.

Aux finances et dans les directions qui en dépendent le système des intérêts révolutionnaires s'est maintenu avec vigueur. Un commis retourne dans le village où il a été trop connu pendant les Cent Jours. Que pensent les gens de la campagne en revoyant cet homme? Que cet homme avoit raison de leur annoncer la catastrophe du 20 mars avant les Cent Jours, et qu'il a sans doute encore raison lorsqu'il se sert, en parlant, de cette phrase si connue : *Quand* L'AUTRE *reviendra*.

A l'intérieur, les intérêts révolutionnaires avoient d'abord succombé : l'alarme a été au camp ; l'impulsion royaliste donnée aux préfectures a fait peur : le parti a réuni ses forces. On a d'abord mis un obstacle aux nominations et aux destitutions trop franches, en faisant soumettre ces nominations et ces destitutions à l'examen du conseil des ministres : de sorte que le ministre de la justice peut faire des officiers généraux, et le ministre de la guerre des hommes de loi.

Si cette bizarre solidarité étoit également admise pour tous les ministres, il faudroit se contenter de rire ; mais elle ne s'applique qu'aux ministres soupçonnés de royalisme. Ceux qui sont connus pour soutenir franchement le système des intérêts révolutionnaires ont toute liberté de placer des hommes suspects et d'éloigner des hommes dévoués.

Ces arrangements n'ont pas rassuré le parti ; il est parvenu à faire renverser le ministre : alors les espérances se sont ranimées. On se flatte de faire perdre au royalisme tout le terrain qu'il avoit gagné dans cette partie de l'administration. La garde nationale a été attaquée. Déjà des préfets *trop royalistes* ont été rappelés ; d'autres sont menacés. On aura soin surtout de déplacer les amis du trône, si on est assez heureux pour obtenir la dissolution de la chambre des députés, et qu'il faille en venir à des élections nouvelles : alors il sera plus facile au parti de diriger et d'influencer les choix.

CHAPITRE XL.

LA GUERRE.

C'est avec difficulté que d'autres ministres, connus par leur royalisme, se maintiennent dans leur place ; mais on en veut surtout au ministre de la guerre : on ne lui pardonne pas son noble dévouement ; on lui pardonne encore moins d'avoir formé une gendarmerie excellente et une armée qui brûle du désir de verser son sang pour son roi : il faut, à tout prix, détruire cet ouvrage, qui rendroit vains les efforts des conspirateurs. Si l'on ne peut d'abord renverser le ministre, il faut essayer de le dépopulariser dans le parti royaliste; il faut l'obliger à donner des *gages*, le forcer à quelques destitutions fâcheuses, à quelque choix malheureux. On cherche en même temps à faire revivre l'armée de la Loire : estimons son courage, mais donnons-nous garde de lui rendre un pouvoir dont elle a trop abusé. L'armée de Charles VII se retira aussi sur les bords de la Loire ; mais La Hire et Dunois combattoient pour les fleurs de lis, et Jeanne d'Arc sauva Orléans pour le roi comme pour la France.

CHAPITRE XLI.

LA FACTION POURSUIT LES ROYALISTES.

La faction s'empare ainsi de tous les postes, recule lentement quand elle y est forcée, avance avec célérité quand elle voit le moindre jour, et profite de nos fautes autant que de ses victoires. Pateline et audacieuse, son langage ne prêche que modération, oubli du passé, pardon des injures; ses actions annoncent la haine et la violence. En même temps qu'elle soutient ses amis, qu'elle les porte au pouvoir, qu'elle les établit dans les places, afin de s'en servir au moment critique, elle décourage, insulte, persécute les royalistes pour ne pas les trouver sur son chemin dans ce même moment.

Elle a inventé un nouveau jargon pour arriver à son but. Comme elle disoit au commencement de la révolution les *aristocrates,* elle dit aujourd'hui les *ultra-royalistes.* Les journaux étrangers à sa solde ou dans ses intérêts écrivent tout simplement les *ultra*. Nous sommes donc des *ultra*, nous, tristes héritiers de ces aristocrates dont les cendres reposent à Picpus et au cimetière de La Madeleine! Par le moyen de la police, la faction domine les papiers publics, et se moque en sûreté de ceux à qui la défense n'est pas permise. La grande phrase reçue, c'est qu'*il ne faut pas être plus royaliste que le roi*. Cette phrase n'est pas du moment; elle fut inventée sous Louis XVI : elle enchaîna les mains des fidèles, pour ne laisser de libre que le bras du bourreau.

Si les royalistes essayent de se réunir pour se reconnoître, pour se prémunir contre les coalitions des méchants, on s'empresse de les disperser. Des autorités avancent cette abominable maxime : qu'il faut proscrire un bon principe qui a de mauvais résultats, comme on proscriroit un principe pervers : frappez donc la vertu, car presque toujours dans ce monde ce qu'elle entreprend tourne à sa ruine. Un royaliste est assimilé à un jacobin, et, par une équité bien digne du siècle, la justice consiste à tenir la balance égale entre le crime et l'innocence, entre l'infamie et l'honneur, entre la trahison et la fidélité.

CHAPITRE XLII.

SUITE DU PRÉCÉDENT.

Le dévouement est l'objet éternel des plaisanteries de ces hommes qui ne craindroient pas le supplice inventé par les anciens peuples de la Germanie pour les infâmes : on les enseveliroit dans la boue, qu'ils y vivroient comme dans leur élément. Le voyage de Gand est appelé par eux *le voyage sentimental*. Ce bon mot est sorti du cerveau de quelques commis, qui, toujours fidèles à leur place, ont servi avant, pendant et après les Cent Jours ; de ces honnêtes employés, bien payés aujourd'hui par le roi, qui ont applaudi de tout leur cœur au voyageur sentimental de l'île d'Elbe, et qui attendent son retour de Sainte-Hélène.

Allez proposer un soldat de l'armée de Condé à ces loyaux administrateurs : « Nous ne voulons, répondent-ils, que des hommes qui ont envoyé des balles au nez des alliés. » J'aimerois autant ceux qui ont envoyé des balles au nez des Buonapartistes.

On met sur la même ligne La Rochejaquelein, tombant en criant *vive le roi!* dans les mêmes champs arrosés du sang de son illustre frère, et l'officier mort à Waterloo en blasphémant le nom des Bourbons. On donne la croix d'Honneur au soldat qui combattit à cette journée ; et le volontaire royal qui quitta tout pour suivre son roi n'a pas même le petit ruban qu'on promit à Alost à sa touchante fidélité. Ainsi, tandis qu'on exécute les décrets de Buonaparte, datés des Tuileries au mois de mai 1815, on ne reconnoît point les ordonnances du roi signées à Gand dans le même mois. On paye l'officier à demi-solde, chevalier de la Légion d'Honneur, et l'on fait fort bien ; mais le chevalier de Saint-Louis, courbé par les ans, est à l'aumône : trop heureux ce dernier quand on lui achète une méchante redingote pour couvrir sa nudité, ou quand on lui donne un billet avec lequel il pourra du moins faire panser par les filles de la Charité de vieilles blessures méprisées comme la vieille monarchie. Enfin, c'est une sottise, une faute, un crime, de n'avoir pas servi Buonaparte. N'allez pas dire, si vous voulez placer ce jeune homme, qu'il s'est racheté de la conscription au prix d'une partie de sa fortune ; qu'il a été errant, persécuté, emprisonné, pour ne pas prêter son bras à l'usurpateur ; qu'il n'a jamais fait un serment, accepté une place ; qu'il s'est conservé pur et sans tache pour son roi ; qu'il l'a accompagné dans sa dernière retraite, au risque de s'exposer avec lui à un exil éternel : ce sont là autant de motifs d'exclusion. « Il n'a pas servi, nous répondra-t-on froidement ; il ne sait rien. » Mais il sait l'honneur. Pauvre principe ! le siècle est plus avancé que cela.

Mais venez : proposez, pour vous dédommager de ce refus, un homme qui aura tout accepté, depuis la haute dignité de porte-manteau jusqu'à la place de marmiton impérial : parlez ; que voulez-vous? Choisissez dans la magistrature, l'administration, l'armée : cent témoins vont déposer en faveur de votre client ; ils attesteront qu'ils l'ont vu veiller dans les antichambres avec un courage extraordinaire. Il ne veut qu'une décoration ; c'est trop juste. Vite un chevalier pour lui donner l'accolade ; attachez à sa boutonnière la croix de Saint-Louis : c'est un homme prudent, il la mettra dans sa poche en temps et lieu.

Celui-là étoit facile à placer, j'en conviens : il étoit sans tache. Mais vous hésitez à présenter celui-ci. Il a foulé sa croix de Saint-Louis aux pieds pendant les Cent Jours. Bagatelle, excès d'énergie : ce caractère bouillant est un vin généreux que le temps adoucira.

Un homme pendant les Cent Jours a été l'écrivain des charniers de la police ; faites-lui une pension : il faut encourager les talents. Un autre est venu à Gand, au péril de sa vie, proposer au roi de l'argent et des soldats ; il sollicite une petite place dans son village : donnez cette place au douanier qui tira sur cet *ultra*-royaliste lorsqu'il passoit à la frontière.

Vous n'avez pas obtenu la nomination de ce juge? Mais ne saviez-vous pas qu'elle étoit promise à un prêtre marié? Un ci-devant préfet avoit prévariqué : un rapport étoit prêt ; on arrête ce rapport, et pourquoi? « Ne voyez-vous pas, répond-on, que le rapport vous empêcheroit de placer cet homme? »

Où sont vos certificats? dit-on au meilleur royaliste qui sollicite humblement la plus petite place. Il y a vingt-cinq ans qu'il souffre pour le roi ; il a tout perdu, sa famille et sa fortune. Il a des recommandations des princes, de cette princesse, peut-être, dont la moindre parole est un oracle pour quiconque reconnoît la puissance de la vertu, de l'héroïsme et du malheur. Ces titres ne sont pas jugés suffisants. Arrive un Buonapartiste ; les fronts se dérident ; ses papiers *étoient à la police* ; il les a perdus lors du renvoi de M. Fouché. C'est un malheur ; on le croit sur sa parole : « Entrez, mon ami, voilà votre brevet. » Dans le système des intérêts révolutionnaires on ne sauroit trop tôt employer un homme des Cent Jours : qu'il aille encore, tout chaud de sa trahison nouvelle, souiller le palais de nos rois, comme Messaline rapportoit dans celui des césars la honte de ses prostitutions impériales.

CHAPITRE XLIII.

CE QUE L'ON SE PROPOSE EN PERSÉCUTANT LES ROYALISTES.

Cette tactique a pour but de fatiguer les amis du trône, d'enlever à la couronne ses derniers partisans : on espère les jeter dans le désespoir, les pousser à des imprudences dont on profiteroit contre eux et contre la monarchie légitime; on se flatte du moins qu'ils feront ce qu'ils ont toujours fait et ce qui les a toujours perdus, qu'ils se retireront.

Depuis le commencement de la révolution, tel a été le sort des royalistes : dépouillés d'abord, on n'a cessé depuis de triompher de leur malheur. On prend à tâche de leur répéter qu'ils n'ont rien, qu'ils n'auront rien, qu'ils ne doivent compter sur rien. On leur a rouvert la France; mais on a écrit pour eux sur la porte, comme sur celle des enfers : « Entre, qui que tu sois, et laisse l'espérance. » On reprend la loi qui les a frappés ; on l'aiguise, on la retourne dans le sein comme un poignard. Offrent-ils ce qui leur reste, leurs bras et leurs services, on les repousse. Le nom de royaliste semble être un brevet d'incapacité, une condamnation aux souffrances et à la misère. Aux partisans du système des intérêts révolutionnaires se joignent les prédicateurs de l'ingratitude. Les royalistes, disent-ils, ne sont pas dangereux; il est inutile de s'occuper de leur sort. S'il survient un orage, nous les retrouverons. Et vous ne craignez pas de flétrir par des propos inconsidérés, de laisser languir dans l'oppression et la pauvreté ceux dont vous avez une si haute idée! Quels hommes que ceux-là que vous repoussez dans la fortune et dont vous vous réservez la vertu pour le temps de vos malheurs !

Vous avez raison! ils ne se lasseront pas; ils consommeront leur sacrifice : leur patience est inépuisable comme leur amour pour leur roi.

CHAPITRE XLIV.

LA FACTION POURSUIT LA RELIGION.

Les royalistes défendroient leur roi, il faut les écarter ; l'autel soutiendroit le trône, il faut l'empêcher de se rétablir. Le système des intérêts révolutionnaires est surtout incompatible avec la religion ; les plus grands efforts du parti se dirigent contre elle, parce qu'elle est la pierre angulaire de la légitimité.

On a tâché d'abord d'exciter une guerre civile dans le midi, avec le dessein d'en rejeter l'odieux sur les catholiques. On a rendu vains les projets des chambres : aucune des propositions religieuses adoptées par elles n'est sortie du portefeuille des ministres : double avantage pour les intérêts révolutionnaires ; le prêtre marié continue à toucher sa pension et le curé meurt de faim.

Ainsi, l'on n'a encore presque rien fait depuis le retour du fils aîné de l'Église, pour guérir les plaies ou mettre fin au scandale de l'Église; et pourtant que ne doit point ce royaume à la religion catholique ! Le premier apôtre des François dit au premier roi des François montant sur le trône : « Sicambre, adore ce que tu as méprisé ; brûle ce que tu as adoré. » Le dernier apôtre des François dit au dernier roi des François descendant du trône : « Fils de saint Louis, montez au ciel. » C'est entre ces deux mots qu'il faut placer l'histoire des rois très-chrétiens, et chercher le génie de la monarchie de saint Louis.

On n'a point adopté les propositions favorables au clergé, mais on a regretté vivement la loi du 23 septembre. On sait très-bien que cette loi est une mauvaise loi de finances, mais c'est une bonne mesure révolutionnaire. On sait très-bien que 10 millions de rentes restitués aux églises ne feroient pas la fortune du clergé, mais ce seroit un acte de justice et de religion, et il ne faut ni justice ni religion, parce qu'elles contrarient le système des intérêts révolutionnaires.

Toutes choses allant comme elles vont, dans vingt-cinq ans d'ici il n'y aura de prêtres en France que pour attester qu'il y avoit jadis des autels. Le parti connoît le calcul ; et pour empêcher la race sacerdotale de renaître, il s'oppose à ce qu'on lui fournisse les moyens d'une existence honorable. Il n'ignore pas que des pensions insuffisantes, précaires, soumises à toutes les détresses du fisc et à tous les événements politiques, ne présentent pas assez d'avantages aux familles pour qu'elles consacrent leurs enfants à l'état ecclésiastique. Les mères ne vouent pas facilement leurs fils au mépris et à la pauvreté : la partie est donc sûre, si elle est jouée avec persévérance. Je ne sais si la patience appartient à l'enfer comme au ciel, à cause de son éternité ; mais je sais que dans ce monde elle est donnée au méchant. La destruction physique et matérielle du culte est certaine en France, pourvu que les ennemis secrets de la légitimité, tantôt sous un prétexte, tantôt sous un autre, parviennent à tenir le clergé dans l'état d'abjection où il est maintenant plongé.

Au milieu de ses enfants massacrés, sur le champ de bataille où elle est tombée, en défendant le trône de saint Louis, la religion blessée étend encore ses mains défaillantes pour parer les coups qu'on porte au roi ; mais ceux qui l'ont renversée sont attentifs, et toutes les fois qu'elle fait un effort pour se relever, ils frappent un coup pour l'abattre. Un prélat vénérable avoit obtenu la direction des affaires religieuses ; la distribution du pain des martyrs n'étoit plus confiée à ceux qui l'ont pétri avec l'ivraie, et qui ne vendent pas même à bon poids ce pain amer. On a forcé un ministre honorable de remettre les choses telles et pires qu'elles étoient sous Buonaparte : le prêtre est rentré sous l'autorité du laïque, et la religion est venue se replacer sous la surveillance du siècle.

Lorsqu'un vicaire veut toucher le mois échu de sa pension, il faut qu'il présente un certificat de vie au maire du lieu ; celui-ci en écrit au sous-préfet, qui s'adresse à son tour au préfet, dont la prudence en peut référer au chef de division de l'intérieur chargé de la direction des cultes : le chef peut en parler au ministre. Enfin, cette grande affaire mûrement examinée, on compte 12 liv. 10 s. sur quittance à l'homme qui console les affligés, partage son denier avec les pauvres, soulage les infirmes, exhorte les mourants, donne la sépulture aux morts, prie pour ses ennemis, pour la France et pour le roi.

Quelques biens ecclésiastiques étoient aliénés sans contrat légal ; on les a découverts : on a craint que leurs détenteurs ne trouvassent le moyen de les rendre aux églises ; vite, on s'est hâté de rappeler les biens aux domaines.

Ce n'est pas assez d'empêcher le prêtre de vivre, il faut encore lui ôter, s'il est possible, toute considération aux yeux des peuples. Ce qu'on n'avoit pas vu sous le règne des athées, on a trouvé piquant de le montrer sous le règne du roi très-chrétien : un prêtre a été cité, comme un criminel, à comparoître au tribunal de la police correctionnelle ; il y est venu, en soutane et en rabat, s'asseoir sur les bancs des prostituées et des filous. Le peuple a été étonné, et la cause a cessé d'être publique.

Cette haine de la religion est le caractère distinctif de ceux qui ont fait notre perte, qui méditent encore notre ruine. Ils détestent cette religion parce qu'ils l'ont persécutée, parce que sa sagesse éternelle et sa morale divine sont en opposition avec leur vaine sagesse et la corruption de leur cœur. Jamais ils ne se réconcilieront avec elle. Si quelques-uns d'entre eux montroient seulement quelque pitié pour un prêtre, tout le parti se croiroit dégénéré de ses vertus et menacé d'un grand malheur. Rome au temps de ses mœurs fut consternée de voir une femme plaider devant les tribunaux : ce manque de pudeur parut à la république annoncer quelque calamité, et le sénat envoya consulter l'oracle.

Mais comment comprendre que ceux qui peuvent quelque chose sur nos destinées, qui prétendent vouloir la monarchie légitime, rejettent la religion? L'impiété ne nous a-t-elle pas fait assez de mal? Le sang et les larmes n'ont-ils pas assez coulé? N'y a-t-il pas eu assez de proscriptions, de spoliations, de crimes? Non : on remet encore en question les injustices révolutionnaires; on entend encore débiter les mêmes sophismes qu'en 1789. Les prêtres, après le massacre des Carmes, les déportations à la Guiane, les mitraillades de Lyon, les noyades de Nantes, après le meurtre du roi, de la reine, de Mme Élisabeth, du jeune roi Louis XVII, les prêtres, dépouillés de tout, sans pain, sans asile, sont encore pour des hommes d'État des *Calotins*. Eh bien! si nous en sommes là, je ne crains pas d'annoncer que le souhait du philosophe Diderot s'accomplira.

CHAPITRE XLV.

HAINE DU PARTI CONTRE LA CHAMBRE DES DÉPUTÉS.

Quelque chose dans l'ordre politique, comme dans l'ordre religieux, contrarie-t-il le système des intérêts révolutionnaires, et conséquemment s'oppose-t-il au renversement de la famille légitime, le parti frémit, se soulève, tonne, éclate : de là sa fureur contre la chambre des députés. Quelle pitié d'entendre aujourd'hui les *constitutionnels* nier l'existence des gouvernements représentatifs, soutenir qu'une chambre de députés doit se réduire à la passive obéissance, combattre la liberté de la presse, préconiser la police, enfin changer entièrement de rôle et de langage! Ils traitoient d'esprits bornés, d'esclaves, d'ennemis des lumières, ceux qui professoient les principes qu'ils adoptent aujourd'hui. Sont-ils convertis? Non, c'est toujours le même *libéralisme.* Mais les doctrines constitutionnelles ont enfin armé la chambre actuelle des députés; mais cette chambre veut à la fois la liberté et la religion, la constitution et le roi légitime : furieux contre ce résultat de vingt-cinq ans de rébellion, ils ne veulent plus de la chambre. Alors il faut déclamer contre le gouvernement représentatif, parce qu'ils sont arrêtés par sa vigilance; contre la liberté de la presse, qui ne seroit plus à leur profit, quittes à reprendre les principes libéraux lorsque la dynastie sera changée et qu'on n'aura plus à craindre le rétablissement des autels.

Il faut convenir que la chambre des députés a fait deux choses qui ont dû la faire prendre en horreur aux partisans du système des intérêts révolutionnaires. En bannissant les régicides, en arrêtant la vente des domaines nationaux, elle a arrêté la révolution : comment jamais lui pardonner?

Aussi que n'a-t-on point tenté pour la détruire après l'avoir tant calomniée! Élue par les colléges électoraux, choisie parmi les plus grands propriétaires de la France, dans tous les rangs de la société, n'a-t-on pas voulu persuader aux étrangers qu'il n'y avoit personne aux colléges électoraux qui l'ont élue, et qu'elle n'est composée que d'émigrés sans propriétés? Quel bonheur si au lieu de ces députés fanatiques, qui n'entendent qu'au nom de Dieu et du roi, on avoit pu avoir des révolutionnaires éclairés, souples, qui, rampant sous l'autorité, n'auroient opposé aucune résistance aux volontés des ministres jusqu'au jour où, tout étant arrangé, ils auroient déclaré, au nom du peuple souverain, que le peuple vouloit changer son maître!

Mille projets ont été formés pour se débarrasser de la chambre : tantôt on vouloit la dissoudre : mais il n'y a pas de loi d'élections; tantôt on prétendoit en renvoyer un cinquième : mais comment régler les séries? Et d'ailleurs gagneroit-on quelque chose à cette foible réélection? Enfin, la passion a été poussée si loin, qu'on a rêvé l'ajournement indéfini des chambres, la suspension de la Charte et la continuation de l'impôt par des ordonnances. Nous avons vu dans le journal officiel de la police l'éloge d'un ministère étranger qui a remis à un autre temps la constitution promise, qui gouverne *seul* avec une modération parfaite, paye scrupuleusement les dettes de l'État, et se fait adorer du peuple. Entendez-vous, peuple françois, peuple grossier?

> . . . Quoi! toujours les plus grandes merveilles
> Sans ébranler ton cœur frapperont tes oreilles!

Une chambre de bons jacobins, qu'on appelleroit des *modérés*, ou point de chambres, voilà le système du parti. Dans l'une ou l'autre chance, il y a tout à gagner pour lui : avec des *modérés* de cette nature, on peut tout détruire ; avec un ministère à soi, on arrive également à tout. Bientôt ces *libéraux*, qui poussent à l'arbitraire, feroient un crime à la couronne de cet arbitraire qu'ils conseillent.

Je frémis en déroulant un plan si bien ordonné, et dont le résultat est infaillible, à moins qu'on ne se hâte d'y apporter remède. Qui ne seroit inquiet en voyant une armée qui manœuvre si bien, qui mine, attaque, envahit, fait usage de toutes les armes, enrôle les ambitieux et séduit les foibles, qui se donne les honneurs d'une opinion indépendante, en prêchant l'autorité absolue ; faction pourtant sans talents réels, mais douée d'astuce ; faction lâche, poltronne, facile à écraser, que l'on peut faire rentrer en terre d'un seul mot, mais qui, lorsqu'elle aura tout gangrené, tout corrompu, lorsqu'il n'y aura plus de danger pour elle, lèvera subitement la tête, arrachera sa couronne de lis, et prenant le bonnet rouge pour diadème, offrira cette pourpre à l'illégitimité ?

Mais comment pouvez-vous croire, me dira-t-on, que tels et tels hommes, si connus par leurs sentiments royalistes, par leurs actions même, par leur caractère moral et religieux, parce qu'ils sont dans un système politique contraire au vôtre, entrent dans une conjuration contre les Bourbons ?

Cette objection est grande pour ceux qui n'y regardent pas de près et qui jugent sur les dehors ; la réponse est facile.

Celui-ci donc a servi le roi toute sa vie ; mais il est ambitieux, il n'a point de fortune, il a besoin de places, il a vu la faveur aller à une certaine opinion, et il s'est jeté de ce côté. Celui-là avoit été irréprochable jusqu'aux Cent Jours ; mais pendant les Cent Jours il a été foible, et dès lors il est devenu irréconciliable ; on punit les autres de la faute qu'on a faite, surtout quand cette faute décèle autant le manque de jugement que la foiblesse du caractère ; les grands intérêts sont moins ennemis des Bourbons que les petites vanités.

Tel pendant les Cent Jours a été héroïque, mais depuis les Cent Jours son orgueil a été blessé, une querelle particulière l'a fait passer sous les drapeaux qu'il a combattus. Tel est religieux, mais on lui a persuadé qu'en parlant *à présent* des intérêts de l'Église on manquoit de prudence, et qu'on nuisoit à ces intérêts par trop de précipitation. Tel chérit la monarchie légitime, mais abhorre la noblesse et n'aime pas les prêtres. Tel est attaché aux Bourbons, les a servis, les serviroit encore : mais il veut aussi la liberté, les résultats politiques de la révolution, et il s'est mis ridiculement en tête que les royalistes veulent détruire la liberté et revenir sur tout ce qui a été fait. Tel pourroit croire à quelques dangers, s'il n'étoit convaincu que ceux qui les signalent ne crient que parce qu'ils sont mécontents, que parce qu'ils ont été déjoués dans leurs intrigues et leurs ambitions particulières. Tels enfin, et c'est le plus grand nombre, sont frivoles ou pusillanimes, ne veulent que la tranquillité et les plaisirs, craignent jusqu'à la pensée de ce qui pourroit les troubler, et se rangent du côté de la puissance, croyant embrasser le parti du repos.

Toutes ces personnes ne trahissent pas la monarchie légitime, mais elles servent d'instruments à la faction qui la trahit : en les voyant soutenir des hommes pervers et des opinions révolutionnaires, la foule, qui ne raisonne pas, croit que la raison est du côté de ces opinions et de ces hommes pervers. Ils entraînent ainsi par l'autorité de leur exemple et affoiblissent le bataillon des fidèles. Quand l'événement viendra les réveiller; quand, surpris par la catastrophe, ils s'apercevront qu'ils ont été les dupes des misérables qu'ils protègent, qu'ils ont servi de marchepied à l'usurpation, alors ils se feront loyalement tuer aux pieds du monarque, mais la monarchie sera perdue.

CHAPITRE XLVI.

POLITIQUE EXTÉRIEURE DU SYSTÈME DES INTÉRÊTS RÉVOLUTIONNAIRES.

Comment parlerai-je du dernier appui que cherchent les intérêts révolutionnaires? Qui auroit jamais imaginé que des François, pour conserver de misérables places, pour faire triompher les principes de la révolution, pour amener la destruction de la légitimité, iroient jusqu'à s'appuyer sur des autorités autres que celles de la patrie, jusqu'à menacer ceux qui ne pensent pas comme eux de forces qui, grâce au ciel! ne sont pas entre leurs mains?

Mais vous qui nous assurez, les yeux brillants de joie, que les étrangers veulent vos systèmes (ce que je ne crois pas du tout), vous qui semblez mettre vos nobles opinions sous la protection des baïonnettes européennes, ne reprochiez-vous pas aux royalistes de revenir dans les bagages des alliés? Ne faisiez-vous pas éclater une haine furieuse contre les princes généreux qui vouloient délivrer la France de la plus infâme oppression? Que sont donc devenus ces sentiments héroïques? François si fiers, si sensibles à l'honneur, c'est vous-mêmes qui cherchez aujourd'hui à me persuader qu'on vous PERMET *tels* sentiments, ou qu'on vous COMMANDE *telle* opinion. Vous ne mou-

riez pas de honte lorsque vous proclamiez pendant la session qu'un
ambassadeur vouloit absolument que le projet du ministère passât,
que la proposition des chambres fût rejetée. Vous voulez que je vous
croie, quand vous venez me dire aujourd'hui (ce qui n'est sûrement
qu'une odieuse calomnie) qu'un ministre françois a passé trois heures
avec un ministre étranger pour aviser au moyen de dissoudre la
chambre des députés! Vous racontez confidemment qu'on a communiqué une ordonnance à un agent diplomatique, et qu'il l'a fort
approuvée : et ce sont là des sujets d'exaltation et de triomphe pour
vous! Quel est le plus François de nous deux, de vous qui m'entre-
tenez des étrangers quand vous me parlez des lois de ma patrie, de
moi qui ai dit à la chambre des pairs les paroles que je répète ici :
« Je dois sans doute au sang françois qui coule dans mes veines cette
impatience que j'éprouve quand pour déterminer mon suffrage on
me parle d'opinions placées hors de ma patrie; et si l'Europe civilisée
vouloit m'imposer la Charte, j'irois vivre à Constantinople. »

Ainsi la faction a mis les royalistes dans cette position critique :
s'ils veulent combattre le système des intérêts révolutionnaires, on
les menace de l'Europe pour les forcer au silence; si cette menace
leur ferme la bouche, on fait marcher en paix le système destructeur,
et avec lui la conspiration contre la légitimité.

Eh bien! ce sera moi qui, à mes risques et périls, élèverai la voix;
moi qui signalerai cette abominable intrigue du parti qui veut notre
perte. Et comment les mauvais François qui soutiennent leurs sentiments par une si lâche ressource ne s'aperçoivent-ils pas qu'ils vont
directement contre leur but? Ils connoissent bien peu l'esprit de la
nation. S'il étoit vrai qu'il y eût du danger dans les opinions royalistes, vous verriez par cette raison même toute la France s'y précipiter : un François passe toujours du côté du péril, parce qu'il est sûr
d'y trouver la gloire.

Au reste, faut-il s'étonner que des hommes qui ont été offrir la couronne des Bourbons à quiconque vouloit la prendre, qui demandoient,
selon leur expression, *une pique et un bonnet de cosaque* plutôt qu'un
descendant de Henri IV, faut-il s'étonner que leur politique ressemble
à leurs affections? Comprendroient-ils que ce n'est pas en se mettant
sous les pieds d'un maître qu'on se fait respecter; qu'une conduite
noble est sans danger? Tenez fidèlement vos traités; payez ce que vous
devez; donnez, s'il le faut, votre dernier écu ; vendez votre dernier mor-
ceau de terre, la dernière dépouille de vos enfants, pour payer les dettes
de l'État; le reste est à vous; vous êtes nus, mais vous êtes libres.

Éloignons de vaines terreurs : les princes de l'Europe sont trop magnanimes pour intervenir dans les affaires particulières de la France. Ils ont adopté cette haute politique de Burke : « La France, dit ce grand homme d'État, doit être conquise et rétablie par elle-même, en la laissant à sa propre dignité. Il seroit peu honorable, il seroit peu décent, il seroit encore moins politique pour les puissances étrangères, de se mêler des petits détails de son administration intérieure, dans lesquels elles ne pourroient se montrer qu'ignorantes, incapables et oppressives[1]. » Les alliés ont eux-mêmes délivré leur propre pays du joug des François ; ils savent que les nations doivent jouir de cette indépendance qu'on peut leur arracher un moment, mais qu'elles finissent toujours par reconquérir : *spoliatis arma supersunt.* Si, lors même que notre roi n'étoit pas encore rentré dans sa patrie, les monarques de l'Europe ont eu la générosité de déclarer qu'ils ne s'immisceroient en rien dans le gouvernement intérieur de la France, nous persuadera-t-on aujourd'hui qu'ils veulent s'en mêler? Nous persuadera-t-on qu'ils s'alarment de ces débats, qui sont de la nature même du gouvernement représentatif? qu'ils ont trouvé mauvais que nous ayons discuté l'existence de la cour des comptes et l'inamovibilité des juges? qu'ils vont s'armer parce que nos députés veulent rendre quelque splendeur à des autels arrosés du sang de tant de martyrs, ou parce qu'ils ont cru devoir éloigner les assassins de Louis XVI? N'est-ce pas insulter ces grands monarques que de nous les représenter accourant au secours d'un spoliateur ou d'un régicide, faisant marcher leurs soldats pour soutenir un receveur d'impôts qui chancelle ou un ministre qui tombe?

L'Europe n'a pas moins d'intérêt que les vrais François à défendre la cause de la religion et de la légitimité : elle doit voir avec plaisir le zèle de nos députés à repousser les doctrines funestes qui l'ont mise à deux doigts de sa perte. Quand nos tribunes retentissoient de blasphèmes contre Dieu et contre les rois, les rois, justement épouvantés, ont pris les armes : vont-ils aujourd'hui marcher contre ceux qui font des efforts pour ramener les peuples à la crainte de Dieu et à l'amour des rois? Qui a fait la guerre à l'Europe? qui l'a ravagée? qui a insulté tous les princes? qui a ébranlé tous les trônes? Ne sont-ce pas les hommes que les royalistes combattent? Certes, si, par la permission de la divine providence, on voyoit aujourd'hui les princes de la terre soutenir les auteurs de tous leurs maux ; s'ils prêtoient la main à la destruction des autels, au renversement de la morale et de la justice, de la véritable liberté et de la royauté légitime, il faudroit reconnoître

---

1. *Remarks on the Policy of the Allies with respect to France*, p. 146. Octobre 1793.

que la révolution françoise n'est que le commencement d'une révolution plus terrible ; il faudroit reconnoître que le christianisme, prêt à disparoître de l'Europe, la menace, en se retirant, d'un bouleversement général. Les grandes catastrophes dans l'ordre politique accompagnent toujours les grandes altérations dans l'ordre religieux : tant il est vrai que la religion est le vrai fondement des empires !

Hommes de bonne foi, qui ne suivez que par une sorte de fatalité le système des intérêts révolutionnaires, j'ai rempli ma tâche ; vous êtes avertis ; vous voyez maintenant où ce système vous mène : me croirez-vous ? Je ne le pense pas. Vous prendrez pour les passions d'un ennemi ce qui est la franche et sincère conviction d'un honnête homme. Un jour peut-être il n'en sera plus temps ; vous regretterez de ne m'avoir pas écouté : vous reconnoîtrez alors quels étoient et quels n'étoient pas vos amis. Vous vous confiez aujourd'hui à des hommes qui flattent vos passions, caressent votre humeur, chatouillent vos foiblesses ; à des hommes qui vous égarent, qui tiennent derrière vous sur votre compte les propos les plus méprisants, et sont les premiers à rire de ce qu'ils appellent votre incapacité. Ils vous poussent à des fautes dont ils profitent. Vous croyez qu'ils vous servent avec zèle : les uns ne veulent que votre place, les autres que la ruine du trône que vous soutenez. Je vous le prédis, et j'en suis certain, vous n'arriverez point au but en suivant le système des intérêts révolutionnaires : vous pouvez y toucher ; une fatale illusion vous trompe. Athamas, jouet d'une puissance ennemie, croyoit déjà reconnoître le port d'Ithaque, le temple de Minerve, la forteresse et la maison d'Ulysse ; il croyoit déjà voir au milieu de ses sujets tranquilles, dans l'antique palais de Laerte, ce roi si fameux par sa sagesse, qui revenu de l'exil, éprouvé par le malheur, avoit appris à connoître les hommes : mais quand le nuage vint à se dissiper, Athamas ne vit plus qu'une terre inconnue, où vivoit un peuple en butte aux factions, en guerre avec ses voisins, et que gouvernoit un roi étranger, poursuivi par la colère des dieux.

CHAPITRE XLVII.

EST-IL UN MOYEN DE RENDRE LE REPOS A LA FRANCE ?

Je laisserois trop d'amertume dans le cœur des bons François en terminant ainsi mon travail. L'ouvrage, d'ailleurs, ne seroit pas complet. Si j'ai exposé sans déguisement les périls dont nous sommes menacés, parce que j'ai pensé qu'il étoit nécessaire de nous réveiller au bord de l'abîme; si j'ai des craintes vives et fondées, j'ai aussi des espérances qui balancent ces craintes : le mal est grand, le remède est infaillible.

Dans aucun de mes écrits, je n'ai jamais rien avancé qu'avec défiance. Pour la première fois de ma vie, j'oserai prendre le langage affirmatif; j'oserai proposer un moyen que je crois propre à rendre le repos à la France. Ce moyen s'est sans doute présenté à beaucoup d'autres esprits : il est si simple! mais il n'a jusque ici, du moins que je sache, été suivi ni développé par personne. Les préjugés, les passions, les intérêts, empêcheront peut-être de l'employer aujourd'hui; mais je n'hésite point à prononcer qu'il faudra ou que l'administration l'adopte ou que la France périsse.

Je vais dérouler mon plan; ce n'est point une utopie : en fait de gouvernement, il ne faut que des choses pratiques.

CHAPITRE XLVIII.

PRINCIPES GÉNÉRAUX DONT ON S'EST ÉCARTÉ.

Les premières sociétés ont pu être formées par une agrégation d'hommes que réunissoient des intérêts et des passions; mais elles ne se sont conservées qu'autant qu'elles ont établi dans leur sein la religion, la morale et la justice.

Aucune révolution n'a fini que l'on ne soit revenu à ces trois principes fondamentaux de toute humaine société.

Aucun changement politique chez un peuple n'a pu se consolider qu'il n'ait eu pour base l'ancien ordre politique auquel il a succédé.

Quand les rois disparurent de Rome, il n'y eut presque rien de changé dans Rome; les dieux surtout restèrent au Capitole.

Quand Charles II remonta sur le trône de ses pères, la religion recouvra sa force, ses richesses et sa splendeur. On punit quelques criminels; on écarta quelques hommes foibles. Le parlement conserva les droits politiques qu'il avoit acquis; le reste reprit son cours et marcha avec les anciennes mœurs.

Voilà ce que nous n'avons pas voulu faire; et voilà pourquoi la monarchie légitime est menacée de nouveaux malheurs.

CHAPITRE XLIX.

SYSTÈME D'ADMINISTRATION A SUBTITUER A CELUI DES INTÉRÊTS RÉVOLUTIONNAIRES.

D'après les principes que je viens de rappeler, voici le système à suivre pour sauver la France. Il faut conserver l'ouvrage politique, résultat de la révolution, consacré par la Charte, mais extirper la révolution de son propre ouvrage, au lieu de l'y renfermer, comme on l'a fait jusqu'à ce jour.

Il faut, autant que possible, mêler les intérêts et les souvenirs de l'ancienne France dans la nouvelle, au lieu de les en séparer ou de les immoler aux intérêts révolutionnaires.

Il faut bâtir le gouvernement représentatif sur la religion, au lieu de laisser celle-ci comme une colonne isolée au milieu de l'État.

Ainsi je veux toute la Charte, toutes les libertés, toutes les institutions amenées par le temps, le changement des mœurs et le progrès des lumières, mais avec tout ce qui n'a pas péri de l'ancienne monarchie, avec la religion, avec les principes éternels de la justice et de la morale, et surtout *sans* les hommes trop connus qui ont causé nos malheurs.

Quelle singulière chose de prétendre donner à un peuple des institutions généreuses, nobles, patriotiques, indépendantes, et d'imaginer qu'on ne peut établir ces institutions qu'en les confiant à des mains qui n'ont été ni généreuses, ni nobles, ni patriotiques, ni indépendantes! de croire qu'on peut former un présent sans un passé, planter un arbre sans racines, une société sans religion! C'est faire le procès à tous les peuples libres; c'est renier le consentement unanime des nations, c'est mépriser l'opinion des plus beaux génies de l'antiquité et des temps modernes.

Mon projet a du moins l'avantage d'être conforme aux règles du sens commun et d'accord avec l'expérience des siècles. L'exécution en est facile; il vaut la peine d'être essayé. Qu'avons-nous gagné à suivre l'ornière où nous nous traînons depuis trois ans? Tâchons d'en sortir. Nous avons déjà brisé le char une fois; si nous nous obstinons de nouveau, nous n'arriverons pas au terme du voyage.

CHAPITRE L.

DÉVELOPPEMENT DU SYSTÈME :
COMMENT LE CLERGÉ DOIT ÊTRE EMPLOYÉ
DANS LA RESTAURATION.

Lorsque Dagobert fit rebâtir Saint-Denis, il jeta dans les fondations de l'édifice ses joyaux et ce qu'il avoit de plus précieux : jetez ainsi la religion et la justice dans les fondations de notre nouveau temple.

Toutes les propositions de la chambre des députés relativement au clergé non-seulement étoient justes autant que morales, mais encore éminemment politiques. Les esprits superficiels n'ont point vu cela : mais que voient-ils ?

Voulez-vous faire aimer et respecter les institutions nouvelles ? Que le clergé aime et prêche de cœur les institutions. Conduisez-les à l'antique autel de Clovis avec le roi ; qu'elles y soient marquées de l'huile sainte ; que le peuple assiste à leur sacre, si j'ose m'exprimer ainsi, et leur règne commencera. Jusqu'à ce moment la Charte manquera de sanction aux yeux de la foule : la liberté qui ne nous viendra pas du ciel nous semblera toujours l'ouvrage de la révolution, et nous ne nous attacherons point à la fille de nos crimes et de nos malheurs. Que seroit-ce en effet qu'une Charte que l'on croiroit en péril toutes les fois que l'on parleroit de Dieu et de ses prêtres ? une liberté dont les alliés naturels seroient l'impiété, l'immoralité et l'injustice ?

Mais pour que le clergé s'attache à votre gouvernement, levez donc l'espèce de proscription dont il est encore frappé, et qui semble tenir à ce gouvernement même ; faites que celui qui distribue le pain de vie puisse donner la charité au lieu de la recevoir, et que, prenant part lui-même à l'ordre politique, le ministre de Dieu ne soit plus étranger aux hommes.

Ainsi, permettez aux Églises d'acquérir ; rendez-leur le reste des domaines sacrés non encore vendus. Il est prouvé, par l'exemple de la Grande-Bretagne, que l'existence d'un clergé propriétaire n'est point incompatible avec celle d'un gouvernement constitutionnel. Dire que parce que l'Église possédera quelques terres le clergé redeviendra un corps politique en France, c'est une chimère que les ennemis de la religion mettent en avant sans y croire. Ils savent parfaitement combien nos mœurs et nos idées s'opposent aujourd'hui à tout envahissement du clergé. Ne voyons-nous pas des gens tout aussi sincères craindre à présent la puissance de la cour de Rome ? Ceux qui crient aujoud'hui aux *papistes,* disoit le docteur Johnson, auroient crié au feu pendant le déluge.

On fait valoir la générosité, la patience, la résignation du clergé, qui ne demande rien, qui souffre en silence pendant que tout le monde murmure et réclame quelque chose. Il est curieux d'argumenter de ses vertus pour le laisser mourir de faim ; c'est pour ces vertus mêmes qu'il faut lui donner.

Qui recevra les biens dont je veux qu'on remette la jouissance au clergé? Les biens n'appartenoient pas aux églises en général : ils étoient le patrimoine particulier d'ordres monastiques, d'abbayes, d'évêchés même qui n'existent plus.

Que j'aime à voir ces tendres sollicitudes et ces soucis vraiment paternels! Mais rendez toujours, et laissez faire ceux à qui vous aurez rendu. Il est probable que l'Église, qui ne s'entend pas trop mal en administration, trouvera moyen, aussi bien que vous, de gérer et de répartir quelques chétives propriétés.

Le clergé sera donc organisé ; il aura donc un conseil administratif. Quel mal cela vous fera-t-il? Les villes, les communes, les fabriques, les hôpitaux, ne possèdent-ils pas, n'ont-ils pas aussi des assemblées pour diriger leurs affaires?

Par cette opération salutaire, le peuple se trouvera d'abord soulagé d'une partie de l'impôt qu'il paye pour le culte. A mesure que les églises acquerront, on diminuera les secours que l'État est obligé de leur fournir.

Le clergé reprendra en même temps cette dignité qui naît de l'indépendance. Devenu propriétaire, ou du moins trouvant une existence honorable dans les propriétés de l'Église, il s'intéressera à la propriété commune. Cet acte de justice l'attachera au gouvernement ; engagé par la reconnoissance, vous aurez bientôt dans vos rangs un auxiliaire dont la force égalera le zèle.

Augmentez ensuite son penchant pour la monarchie nouvelle, en lui rendant, partout où cela sera possible, la tenue des registres de l'état civil.

Quand le législateur peut choisir entre deux institutions, il doit préférer la plus morale à celle qui l'est moins. Le chrétien reçu par un prêtre en venant au monde, inscrit sous le nom et la protection d'un saint à l'autel du Dieu vivant, semble, pour ainsi dire, protester, en naissant, contre la mort, et prendre acte de son immortalité. L'Église, qui l'accueille à son premier soupir, paroît lui apprendre encore que les premiers devoirs de l'homme sont les devoirs de la religion, et ceux-là renferment tous les autres. Ces idées si nobles et si utiles ne s'attachent point aux registres purement civils : c'est un catalogue d'esclaves pour la loi et de conscrits pour la mort.

Il n'y a aucun doute que l'éducation publique ne doive être remise entre les mains des ecclésiastiques et des congrégations religieuses aussitôt qu'on le pourra : c'est le vœu de la France.

Que la pairie appartienne au siége de tous les archevêchés de France; qu'il y ait dans la chambre des pairs le banc des évêques, comme il existe dans la chambre des lords en Angleterre. Je ne vois rien qui puisse empêcher encore qu'un ecclésiastique soit élu membre de la chambre des députés; la Charte ne s'y oppose pas, s'il est propriétaire; cela ne blesseroit ni nos mœurs ni nos souvenirs, puisque le clergé formoit autrefois le premier ordre de nos états généraux, et que nous sommes également accoutumés à l'entendre parler dans la chaire et dans les assemblées politiques.

Je ne doute point que le clergé, tenant au sol de la France par la propriété des églises, prenant une part active à nos institutions civiles et politiques, ne fournît en même temps une classe de citoyens aussi dévoués que nous-mêmes à la Charte. Depuis le commencement de la monarchie jusqu'à nos jours il est incontestable que les talents supérieurs se sont trouvés placés dans l'Église; elle a fourni nos plus grands ministres, comme elle nous a donné nos plus éloquents orateurs et nos premiers écrivains. Répandus dans le corps social, les prêtres y porteroient une influence salutaire; ils guériroient les plaies faites par la révolution, apaiseroient le bouillonnement des esprits, corrigeroient les mœurs, rétabliroient peu à peu les idées d'ordre et de justice, déracineroient les fausses doctrines, introduiroient de toutes parts la religion, qui est le ciment des institutions humaines, et la morale, qui donne la perpétuité à la politique.

Mais l'esprit du clergé ne sera-t-il pas en opposition avec l'esprit du gouvernement constitutionnel? Et depuis quand la religion chrétienne est-elle ennemie d'une liberté réglée par les lois? L'Évangile n'a-t-il pas été prêché à toute la terre? N'est-ce pas un de ses caractères divins que de pouvoir s'appliquer à toutes les formes de la société?

Dans le moyen âge, l'Italie étoit couverte de républiques, et l'Italie étoit catholique comme aujourd'hui. Les trois cantons d'Uri, de Schwitz et d'Underwald ne professent-ils pas également la religion catholique? Et n'y a-t-il pas déjà quatre siècles qu'ils ont donné à l'Europe barbare l'exemple de la liberté? En Angleterre, un clergé riche et puissant est le plus ferme appui du trône, comme de la constitution britannique; et le temps n'est pas éloigné sans doute où le clergé catholique irlandois jouira des bienfaits de cette belle constitution.

Enfin, si vous laissez, comme on l'a fait jusque ici, le clergé en dehors de tout, vous le rendrez nécessairement ennemi, ou du moins indifférent; une grande partie de l'opinion le suivra, et se détachera de vous. Ce clergé, tout pauvre, tout misérable que vous l'aurez laissé, créera malgré vous un empire dans un empire. Il se rappellera bien plus le rang qu'il occupoit jadis en France quand vous le tiendrez à l'écart que lorsque vous l'aurez admis à tout ce qu'il peut être. S'il se plaignoit alors, ce seroit sans justice, car il faut bien qu'il supporte les modifications éprouvées par les ordres de l'État.

Au reste, lorsque j'insiste, comme premier moyen de salut, sur la nécessité de faire rentrer la religion dans la monarchie, je ne prétends aller ni au delà ni en deçà du siècle : la raison est mon guide, et je sais très-bien ce qui se peut et ce qui ne se peut pas. Sur ce point, j'ai exposé ma doctrine à la chambre des pairs; qu'il me soit permis de la rappeler.

« Plus le haut rang de la pairie, disois-je en parlant sur la loi des élections, semble nous éloigner de la foule, plus nous devons nous montrer les zélés défenseurs des priviléges du peuple. Attachons-nous fortement à nos nouvelles institutions, empressons-nous d'y ajouter ce qui leur manque. Pour relever l'autel avec des applaudissements unanimes, pour justifier la rigueur que nous avons déployée dans la poursuite des criminels, soyons généreux en sentiments politiques; réclamons sans cesse tout ce qui appartient à l'indépendance et à la dignité de l'homme. Quand on saura que notre sévérité religieuse n'est point de la bigoterie; que la justice que nous demandons pour les prêtres n'est point une inimitié secrète contre les philosophes; que nous ne voulons point faire rétrograder l'esprit humain; que nous désirons seulement une alliance utile entre la morale et les lumières, entre la religion et les sciences, entre les bonnes mœurs et les beaux arts, alors rien ne nous sera impossible, alors tous les obstacles s'évanouiront, alors nous pourrons espérer le bonheur et la restauration de la France. Trois choses, messieurs, feront notre salut : le roi, la religion et la liberté. C'est comme cela que nous marcherons avec le siècle et avec les siècles, et que nous mettrons dans nos institutions la convenance et la durée. »

CHAPITRE LI.

COMMENT LA NOBLESSE DOIT ENTRER DANS LES ÉLÉMENTS DE LA RESTAURATION.

La noblesse, comme le clergé, doit se mêler à nos institutions, pour apporter dans la société nouvelle la tradition de l'ancien honneur, la délicatesse des sentiments, le mépris de la fortune, le désintéressement personnel, la foi des serments, cette fidélité dont nous avons un si grand besoin, et qui est la vertu distinctive d'un gentilhomme; mais sur ce point j'ai peu de choses à désirer, et la noblesse est venue tout naturellement, en vertu de la Charte, prendre place dans le nouveau gouvernement.

Je me suis fort étendu dans les *Réflexions politiques* sur l'ancienne noblesse de France et sur les avantages qu'elle trouveroit dans la monarchie représentative. Je lui avois prédit que ceux de ses membres qui n'entreroient pas d'abord dans la chambre des pairs trouveroient la plus belle carrière ouverte dans la chambre des députés. Je lui avois prédit encore qu'elle prendroit goût à l'ordre politique actuel. Avois-je tort? il y a tel gentilhomme aujourd'hui député qui certes n'auroit jamais cru arriver aux opinions où il est parvenu dans le cours de la session dernière. C'est le résultat naturel des choses : on s'attache à ce que l'on fait, on aime ce qui nous procure des succès. Je le demande à ceux qui ont brillé dans cette assemblée, à ceux dont on a retenu les discours, à ceux dont la France et l'Europe répètent les noms, si le gouvernement représentatif leur paroît aujourd'hui contraire à leurs intérêts véritables? Combien ils doivent être heureux de se voir environnés d'hommages, reçus en triomphe, pour avoir défendu à la fois le roi et le peuple, pour avoir fait entendre le langage de la religion, de la justice, de la loyauté et de l'honneur, depuis si longtemps oublié!

Les jalousies entre les ordres de l'État, premier principe de notre révolution, disparoîtront nécessairement un jour, par la composition naturelle de la chambre des députés : ce qu'on appeloit autrefois le noble et le bourgeois, réunis pour le bien de la patrie, apprendront à s'estimer les uns les autres. Fiers de porter ensemble le beau nom de députés du peuple françois, ils n'admettront plus entre eux que cette inégalité qui vient de la différence des talents et de la diversité des vertus.

Je suis donc persuadé que l'ancienne noblesse de France, qui a déjà rejoint à l'armée tous ses nouveaux compagnons d'armes, faits nobles par le courage et par l'honneur, cette noblesse qui vient de prendre une part si brillante à l'ordre politique, aura bientôt fait taire tous les regrets, et qu'elle deviendra un aussi ferme soutien de la monarchie représentative qu'elle le fut de l'ancienne monarchie. La liberté n'est point étrangère à la noblesse françoise, et jamais elle ne reconnut dans nos rois de puissance absolue que sur son cœur et sur son épée.

CHAPITRE LII.

CONTINUATION DU PRÉCÉDENT.
QU'IL FAUT ATTACHER LES HOMMES D'AUTREFOIS A LA MONARCHIE NOUVELLE. ÉLOGE DE CETTE MONARCHIE.
CONCLUSION.

Depuis la restauration, quelques hommes de bonne foi, dupes des intérêts révolutionnaires, se sont efforcés de convertir les hommes d'aujourd'hui à l'ancienne royauté : c'est le contre-pied du vrai système. Ce sont les hommes d'autrefois qu'il faut réconcilier avec les nouvelles institutions.

Je conviens que nos malheurs ont pu faire naître contre le gouvernement représentatif des préjugés fort légitimes. Mais si l'ancien régime ne peut se rétablir, comme je crois l'avoir rigoureusement démontré dans les *Réflexions politiques*, que voudroit-on mettre à sa place? Et d'ailleurs cet ancien régime, tout admirable qu'il pouvoit être, n'avoit-il pas eu, comme l'ordre des choses actuel, ses temps de crise et de détresse? Nos vieillards, se rappelant les jours sereins qui ont précédé nos tempêtes, peuvent croire qu'un calme aussi parfait étoit uniquement dû à la bonne constitution de l'ancien gouvernement; mais si nous pouvions interroger nos pères qui vivoient du temps de la Ligue, nous les entendrions peut-être accuser ce gouvernement aujourd'hui l'objet de nos regrets. Tout peut devenir cause de crimes, les principes les meilleurs, les plus saints établissements ; les hommes conserveroient peu de chose s'ils rejetoient toutes les institutions qui ont été le prétexte ou le résultat de leurs malheurs.

La monarchie représentative peut n'être pas parfaite, mais elle a des avantages incontestables. Y a-t-il guerre au dehors, agitation au dedans, elle se change en une espèce de dictature par la suspension de certaines lois. Une chambre est-elle factieuse, elle est arrêtée par l'autre, ou dissoute par le roi. Le temps fait-il monter sur le trône un prince ennemi de la liberté publique, les chambres préviennent l'invasion de la tyrannie. Quel gouvernement peut imposer des taxes plus pesantes, lever un plus grand nombre de soldats? Les lettres et les arts fleurissent particulièrement sous cette monarchie : qu'un roi meure dans un empire despotique, les travaux qu'il a commencés sont interrompus. Avec des chambres toujours vivantes, sans cesse renouvelées, rien n'est jamais abandonné. Elles ressemblent sous ce rapport à ces grands corps religieux et littéraires qui ne mouroient point, et qui amenoient à terme les immenses ouvrages que des particuliers n'auroient jamais pu entreprendre, encore moins perfectionner et finir.

Chaque homme trouve sa place naturelle dans cette sorte de gouvernement, qui emploie nécessairement les talents et les lumières, qui sait se servir de tous les rangs comme de tous les âges.

En France, autrefois, que devenoient la plupart des hommes lorsqu'ils avoient atteint l'âge *destiné à recueillir les fruits que la jeunesse a promis*[1]? Que leur restoit-il à faire dans la plénitude de leurs ans, alors qu'ils jouissoient de toutes les facultés de leur esprit? A charge aux autres et à eux-mêmes, dépouillés de ces passions qui animent la jeunesse, ou de ces avantages qui la font rechercher, ils vieillissoient dans une garnison, dans un tribunal, dans les antichambres de la cour, dans les sociétés de Paris, dans le coin d'un vieux château, oisifs par état, soufferts plutôt que désirés, n'ayant pour toute occupation que l'historiette de la ville, la séance académique, le succès de la pièce nouvelle, et pour les grands jours la chute d'un ministre. Tout cela étoit bien peu digne d'un homme. N'étoit-il pas assez dur de ne servir à rien dans l'âge où l'on est propre à tout? Aujourd'hui les mâles occupations qui remplissoient l'existence d'un Romain, et qui rendent la carrière d'un Anglois si belle, s'offriront à nous de toutes parts. Nous ne perdrons plus le milieu et la fin de notre vie; nous serons des hommes quand nous aurons cessé d'être jeunes gens. Nous nous consolerons de n'avoir plus les illusions du premier âge, en cherchant à devenir des citoyens illustres : on n'a rien à craindre du temps quand on peut être rajeuni par la gloire.

Telles sont les considérations qu'il est à propos de présenter aux hommes de probité et de vertu, qui, déjà repoussés par votre ingratitude et vos faux systèmes, n'auroient encore pour nos institutions nouvelles que de l'éloignement et du dégoût. Hâtons-nous de les

---

1. Cic., *de Senect.*

appeler à notre secours. On a fait tant d'avances pour gagner des gens suspects! faisons quelques efforts pour environner le trône de serviteurs fidèles. C'est à ceux-ci qu'il appartient de diriger les affaires : ils rendront meilleur tout ce qui leur sera confié ; les autres gâtent tout ce qu'ils touchent. Qu'on ne mette plus les honnêtes gens dans la dépendance des hommes qui les ont opprimés, mais qu'on donne les bons pour guides aux méchants : c'est l'ordre de la morale et de la justice. Confiez donc les premières places de l'État aux véritables amis de la monarchie légitime. Vous en faut-il un si grand nombre pour sauver la France ? Je n'en demande que sept par département : un évêque, un commandant, un préfet, un procureur du roi, un président de la cour prévôtale, un commandant de gendarmerie, et un commandant de gardes nationales. Que ces sept hommes-là soient à Dieu et au roi, je réponds du reste.

Mais il ne faut pas qu'un ministère entrave, retienne, paralyse, tracasse, tourmente, persécute et destitue ces sept hommes ; qu'il leur donne tort en toute occasion contre les malveillants et les conspirateurs. Aussi, point de ministres et de chefs de direction suspects, ou dans le système des intérêts moraux révolutionnaires. Que les premiers administrateurs ne persécutent personne ; qu'ils soient doux, indulgents, tolérants, humains ; qu'ils ne souffrent aucune réaction ; qu'ils embrassent franchement la Charte, et respectent toutes nos libertés. Mais qu'en même temps ils aient l'horreur des méchants ; qu'ils donnent la préférence à la vertu sur le vice ; qu'ils ne fassent pas consister l'impartialité à placer ici un honnête homme et là un homme pervers ; qu'ils favorisent toutes les lois justes ; qu'ils appuient hautement et ouvertement la religion ; qu'ils soient dévoués au roi et à la famille royale, jusqu'à la mort, s'il le faut, et la France sortira de ses ruines.

Quant à ces hommes capables, mais dont l'esprit est faussé par la révolution, à ces hommes qui ne peuvent comprendre que le trône de saint Louis a besoin d'être soutenu par l'autel et environné des vieilles mœurs, comme des vieilles traditions de la monarchie, qu'ils aillent cultiver leur champ. La France pourra les rappeler, quand leurs talents, lassés d'être inutiles, seront sincèrement convertis à la religion et à la légitimité.

Pour ce qui est du troupeau des administrateurs subalternes, il seroit insensé de les juger avec rigueur : donnez-leur des chefs fidèles, des gardiens sûrs et vigilants, et vous n'aurez rien à craindre ; d'ailleurs le temps des épurations est passé.

Dans le mouvement à donner aux affaires, consultez le génie des

François ; que l'administration soit économe sans être mesquine ; qu'elle soit surtout ferme, surveillante et animée.

« Sire, disois-je au roi dans mon *Rapport fait à Gand*, éviter les excès de Buonaparte, ne pas trop multiplier, à son exemple, les actes administratifs, étoit une pensée sage et utile. Cependant, depuis vingt-cinq ans les François s'étoient accoutumés au gouvernement le plus actif que l'on ait jamais vu chez un peuple : les ministres écrivoient sans cesse ; des ordres partoient de toutes parts ; chacun attendoit toujours quelque chose ; le spectacle, l'acteur, le spectateur, changeoient à tous les moments. Quelques personnes semblent donc croire qu'après un pareil mouvement, détendre trop subitement les ressorts seroit dangereux. C'est, disent-elles, laisser des loisirs à la malveillance, nourrir les dégoûts, exciter des comparaisons inutiles. L'administrateur secondaire, accoutumé à être conduit dans les choses même les plus communes, ne sait plus ce qu'il doit faire, quel parti prendre. Peut-être seroit-il bon, dans un pays comme la France, si longtemps enchanté par les triomphes militaires, d'administrer vivement dans le sens des institutions civiles et politiques, de s'occuper ostensiblement des manufactures, du commerce, de l'agriculture, des lettres et des arts. De grands travaux commandés, de grandes récompenses promises, des prix, des distinctions éclatantes accordées aux talents, des concours publics, donneroient une autre tendance aux mœurs, une autre direction aux esprits. Le génie du prince, particulièrement formé par le règne des arts, répandroit sur eux un éclat immortel. Certains de trouver dans leur roi le meilleur juge, le politique le plus habile, l'homme d'État le plus instruit, les François ne craindroient plus d'embrasser une nouvelle carrière. Les triomphes de la paix leur feroient oublier les succès de la guerre ; ils croiroient n'avoir rien perdu en changeant laurier pour laurier, gloire pour gloire. »

Les sessions des chambres doivent être courtes, mais rapprochées. Que les projets de loi soient préparés d'avance avec soin. On apprendra un jour à les resserrer comme en Angleterre. C'est un vice capital de notre législation que les articles innombrables de nos projets de loi : ils amènent de force des discussions interminables et des amendements sans fin. Quand les chambres ne seront plus contrariées, loin d'entraver, elles accroîtront la force et l'action du gouvernement.

Je ne poursuivrai pas plus loin les développements de mon système. J'ai déjà signalé les principes les plus utiles dans les premiers chapitres de cet écrit. Il me resteroit encore beaucoup de choses à indiquer touchant l'éducation, les lettres et les arts; mais il faut finir, et me borner aux grandes lignes politiques.

Je me résume en quelques mots.

La religion, base du nouvel édifice, la Charte et les honnêtes gens, les choses politiques de la révolution, et non les hommes politiques de la révolution : voilà tout mon système.

Le contraire de ce sytème est précisément ce que l'on a adopté. On a toujours voulu les hommes beaucoup plus que les choses. On a gouverné pour les intérêts, nullement pour les principes. On a cru que l'œuvre et le chef-d'œuvre de la restauration consistoit à conserver chacun à la place qu'il occupoit. Cette stérile et timide idée a tout perdu : car les principaux auteurs de nos troubles ayant des intérêts opposés aux intérêts de la monarchie légitime, ne pouvant d'ailleurs que détruire, et étant inhabiles à fonder, la restauration n'a point marché, et la France a été replongée dans l'abîme.

On se rassure vainement sur l'excellent esprit de la garde et de l'armée, sur la bonne composition de la gendarmerie : ce sont deux grandes choses sans doute, mais elles ne suffisent pas. Le système des intérêts révolutionnaires auroit bientôt détruit ce bel ouvrage. Partout où il s'insinue, il empoisonne, gâte et corrompt tout. Il détériore le bien, arrête les choses le plus heureusement commencées, persécute les hommes fidèles, les force à se retirer, décourage le zèle, favorise les malveillants; et il triompheroit tôt ou tard de la monarchie légitime.

Dans mon plan, le succès de cette monarchie est assuré; mais je sais qu'il faut du courage pour le suivre. Il est plus facile d'attaquer les choses qui se taisent que les hommes qui crient. Il est plus aisé de renverser une Charte qui ne se défend pas que des intérêts personnels qui font une vive résistance. Je n'en suis pas moins persuadé qu'il n'y a de salut que dans la vérité politique que j'expose ici. Si les uns croyoient que l'on peut revenir à toutes les anciennes institutions; si les autres pensoient qu'on ne doit gouverner la France qu'avec les mains qui l'ont déchirée, ce seroit de part et d'autre la méprise la plus funeste. La France veut les intérêts politiques et matériels créés par le temps et consacrés désormais par la Charte; mais elle ne veut plus ni les principes ni les hommes qui ont causé nos malheurs. Hors de là tout est illusion, et l'administration qui ne sentira pas cette vérité tombera dans des fautes irréparables.

Ma tâche est remplie. Je n'ai jamais écrit un ouvrage qui m'ait tant coûté. Souvent la plume m'est tombée des mains; et dans des moments de découragement et de foiblesse, j'ai quelquefois été tenté de jeter le manuscrit au feu. Quel que soit le succès de cet ouvrage, je le compterai au moins au nombre des bonnes actions de ma vie. *Fais ce que tu dois, arrive ce que pourra.* Pour avertir la France, qui me paroît en péril, pour la réveiller au bord de l'abîme, il m'a fallu ne rien calculer. J'ai été obligé de tout dire, de heurter de front bien des hommes, de froisser une multitude d'intérêts. J'ai cru voir le salut de la patrie, comme je le disois à la chambre des pairs, dans l'union des anciennes mœurs et des formes politiques actuelles, du bon sens de nos pères et des lumières du siècle, de la vieille gloire de Du Guesclin et de la nouvelle gloire de Moreau ; enfin dans l'alliance de la religion et de la liberté fondée sur les lois : si c'est là une chimère, les cœurs nobles ne me la reprocheront pas.

POST-SCRIPTUM.

La chambre des députés est dissoute. Cela ne m'étonne point ; c'est le système des intérêts révolutionnaires qui marche : je n'ai donc rien à changer à cet écrit. J'avois prévu le dénoûment, et je l'ai plusieurs fois annoncé. Cette mesure ministérielle sauvera, dit-on, la monarchie légitime. Dissoudre la seule assemblée qui depuis 1789 ait manifesté des sentiments purement royalistes, c'est, à mon avis, une étrange manière de sauver la monarchie !

On a vu, aux chap. IV, V et VI de la Ire partie la doctrine constitutionnelle sur les ordonnances dans la monarchie représentative. Sous l'ancien régime une ordonnance du roi était une loi, et personne n'avoit le droit de la discuter. Dans notre nouvelle constitution, une ordonnance n'est forcément qu'une mesure des ministres : tout citoyen a donc le droit de l'examiner ; et ce qui est un droit pour chaque citoyen est un devoir pour les pairs et pour les députés. Si une ordonnance mettoit la France en péril, les chambres pourroient en accuser les ministres. Ceux-ci sont donc les véritables auteurs de ces ordonnances, puisqu'ils peuvent être poursuivis pour ces ordonnances.

Je vais donc, conformément à la raison et aux principes constitutionnels, examiner sans scrupule l'ordonnance du 5 septembre.

D'abord il eût été mieux de ne faire précéder cette ordonnance par aucun considérant. Le roi dissout la chambre, parce qu'il en a le *droit*, parce qu'il le *veut*. Souverain maître et seigneur, il ne doit compte de ses raisons à personne : quand il parle *seul*, tout doit obéir avec joie dans un profond et respectueux silence. On court aux élections parce qu'il l'ordonne ; et quand il dit à ses sujets : *Je veux,* la loi même a parlé. Mais les ministres ayant donné des motifs dans le considérant, la chose change de nature. Il faut toujours respecter, adorer la volonté royale ; hésiter un moment à s'y soumettre seroit un crime. Le roi ne peut vouloir que notre bien, ne peut ordonner que notre bien ; mais les motifs ministériels sont livrés à nos disputes.

Les ministres rappellent ces sages paroles de l'admirable discours du roi à l'ouverture de la dernière session : « Aucun de nous ne doit oublier qu'auprès de l'avantage d'améliorer est le danger d'innover. »

Il peut paroître d'abord un peu singulier que les ministres aient cité cette phrase, car sur qui le reproche d'innovation tombe-t-il ? Ce n'est pas sur la chambre, qui n'a rien innové : c'est donc sur l'ordonnance du 13 juillet 1815, qui avoit changé quelques articles de la Charte. C'est donc une querelle d'ordonnance à ordonnance, de ministère à ministère.

Les ministres, qui ont lu le discours du roi (puisqu'ils en citent une phrase dans l'ordonnance du 5 septembre), n'ont-ils point lu dans ce même discours ce passage, si remarquable : « Messieurs, c'est pour donner plus de poids à vos délibérations, c'est pour en recueillir moi-même plus de lumières que j'ai créé de nouveaux pairs, et que le nombre des députés des départements a été augmenté ? »

Puisqu'ils ont également oublié le considérant de l'ordonnance du 13 juillet 1815, je vais le leur remettre sous les yeux :

« Nous avions annoncé que notre intention étoit de proposer aux chambres une loi qui réglât les élections des députés des départements. Notre projet étoit de modifier, conformément à la leçon de l'expérience et au vœu bien connu de la nation, plusieurs articles de la Charte touchant les conditions d'éligibilité, le nombre des députés, et quelques autres dispositions relatives à la formation de la chambre, à l'initiative des lois et au mode de ses délibérations.

« Le malheur des temps ayant interrompu la session des deux chambres, nous avons pensé que maintenant le nombre des députés des départements se trouvoit, par diverses causes, beaucoup trop réduit pour que la nation fût suffisamment représentée ; qu'il importoit surtout dans de telles circonstances que la représentation nationale fût nombreuse, que ses pouvoirs fussent renouvelés, qu'ils émanassent plus directement des colléges électoraux ; qu'enfin les élections servissent comme d'expression à l'opinion actuelle de nos peuples.

« Nous nous sommes donc déterminé à dissoudre la chambre des députés et à en convoquer sans délai une nouvelle ; mais le mode des élections n'ayant pu être réglé par une loi, non plus que les modifications à faire à la Charte, nous avons pensé qu'il étoit de notre justice de faire jouir dès à présent la nation des avantages qu'elle doit recueillir d'une représentation plus nombreuse et moins restreinte dans les conditions d'éligibilité; mais voulant cependant que dans aucun cas aucune modification à la Charte ne puisse devenir définitive que d'après les formes constitutionnelles, les dispositions de la présente ordonnance seront le premier objet des délibérations des chambres. Le pouvoir législatif, dans son ensemble, statuera sur la loi des élections, sur les changements à faire à la Charte dans cette partie, changements dont nous ne prenons ici l'initiative que dans les points les plus indispensables et les plus urgents, en nous imposant même l'obligation de nous rapprocher, autant que possible, de la Charte et des formes précédemment en usage. »

Que de choses dans les motifs de cette ordonnance! Les ministres qui l'ont faite disent : Qu'il faut modifier plusieurs articles de la Charte conformément à la *leçon de l'expérience* et au *vœu bien connu de la nation;* ils assurent que le nombre des députés des départements se trouve, par diverses causes, *beaucoup trop réduit* pour que la nation *soit suffisamment représentée;* ils prétendent qu'il est important que *la représentation nationale soit nombreuse;* que les élections *servent comme d'expression à l'opinion de la France.* Enfin, insistant sur le même principe, ils déclarent que bien que le mode des élections n'eût pu encore être réglé par une loi, il étoit de la justice de faire jouir dès à présent la nation *des avantages qu'elle doit recueillir* d'une représentation *plus nombreuse* et moins *restreinte* dans les *conditions* de l'éligibilité.

Tout cela étoit vrai il y a à peine un an : ce n'est donc plus vrai aujourd'hui? *Le vœu bien connu de la nation* a donc changé? *La leçon de l'expérience et le vœu* BIEN CONNU *de la nation* demandoient alors la *révision* de quelques articles de la Charte; et à présent les ministres nous disent que *les vœux* et *les besoins* des François sont pour conserver *intacte* la Charte constitutionnelle! Il falloit au moins changer les mots. Que penser lorsqu'on voit des hommes qui avoient applaudi avec transport à la première ordonnance, applaudir avec fureur à la seconde? On s'est donc trompé, lorsqu'on a cru que le nombre des députés des départements étoit *beaucoup trop réduit?*

La nation, composée de vingt-quatre millions d'habitants, sera donc suffisamment représentée par deux cent soixante députés? Les départements de la Lozère, des Hautes et Basses-Alpes, par exemple, qui n'auront qu'un seul député à la chambre, seront-ils pleinement satisfaits? Si nous changeons de ministres tous les ans, aurons-nous d'année en année un nouveau mode d'élections? Qui m'assure que les ministres de l'année prochaine ne trouveront pas encore la représentation de cette année trop nombreuse? Une centaine de leurs commis (toujours légalement assemblés) ne leur paroîtront-ils pas former une chambre plus convenable et plus dans les intérêts de la France? On s'en tiendra désormais à la Charte, me dira-t-on : Dieu le veuille! c'est tout ce que je demande. Mais je ne suis pas du tout tranquille. En vertu de l'article 14 de la Charte, qui donne au roi le *pouvoir de faire les règlements et ordonnances nécessaires pour l'exécution des lois et la sûreté de l'État,* les ministres ne pourront-ils pas voir la sûreté de l'État partout où ils verront le triomphe de leurs systèmes? Il y a tant de constitutionnels qui veulent gouverner aujourd'hui avec des ordonnances, qu'il est possible qu'un beau matin toute la Charte soit confisquée au profit de l'article 14.

Il est dur de voir toujours remettre en question le sort de notre malheureuse patrie : on joue encore notre destinée sur une carte; on frappe le crédit public, que toute secousse alarme et resserre; on donne à nos institutions une instabilité effrayante, et par la contradiction des ordonnances on compromettroit la majesté du trône, si le sceptre n'étoit aux mains d'un de ces rois qui d'un seul regard rétablissent l'ordre autour d'eux, et dont le caractère est la sagesse, le calme et la dignité même.

Que sortira-t-il de ces élections où les passions peuvent être émues, où les partis vont se trouver en présence? Fatale prévoyance! Je disois à la chambre des pairs, au sujet de la loi des élections, dans la séance du 3 avril : « Une ordonnance, messieurs, a pu suffire au commencement de la présente session, parce qu'il y avoit *force majeure,* parce que les événements *commandoient* ces mesures extraordinaires que l'article 14 de la Charte autorise dans les temps de dangers. Mais aujourd'hui, quelle nécessité si violente justifieroit un pareil coup d'État?... Vous sentez-vous assez de courage, messieurs, pour prendre sur votre responsabilité tout ce qui peut arriver dans l'intervalle d'une session à l'autre, dans le cas où vous repousseriez la loi d'élection? Ah! si, par une fatalité inexplicable, les colléges, de nouveau convoqués, alloient nommer des députés dangereux pour la France, quels reproches ne vous feriez-vous point? Pourriez-vous entendre le cri de douleur de votre patrie? Pourriez-vous ne pas craindre le jugement de la postérité? »

Ce discours, que je tenois aux pairs de France, je l'adresse aujourd'hui aux ministres; qu'ils voient la consternation des honnêtes gens, le triomphe des révolutionnaires, et je les fais juges eux-mêmes de ce qu'ils ont fait. Si une fille sanglante de la Convention alloit sortir des colléges électoraux, ne regretteroient-ils point cette chambre, qui a pu contrarier leurs systèmes, mais où se rencontroit l'élite des vrais François, où se trouvoient des hommes qui, en partageant jadis l'exil du roi, avoient retenu quelque chose des vertus de leur maître ? Les ministres apprendroient alors à leurs dépens, et malheureusement à ceux de la France, que leurs prétendus amis sont moins faciles à conduire que leurs prétendus ennemis : ils verroient s'il est plus commode d'avoir affaire à une assemblée d'ambitieux révolutionnaires qu'à une chambre dont le roi regardoit les députés comme *introuvables*, comme un bienfait de la Providence.

Et si les révolutionnaires ne dominent pas tout à fait dans la nouvelle chambre, les ministres n'ont-ils point à craindre qu'une assemblée divisée en deux partis violents ne présente à l'Europe le spectacle et ne promette les résultats d'une diète de Pologne ?

Vous la dissoudrez encore : quoi ! tous les mois de nouvelles élections !

Enfin, si la nouvelle chambre n'est composée que d'hommes nuls et passifs, incapables, si l'on veut, de faire le mal, mais incapables aussi de l'arrêter ; si cette chambre devenait l'instrument aveugle de la faction qui pousse à l'illégitimité, je demande encore ce que deviendroit notre malheureuse patrie.

Quels motifs impérieux ont donc pu porter les ministres à avoir recours à la prérogative royale ? Quel avantage peut balancer les inconvénients de toutes les sortes que présente dans ce moment la convocation des colléges électoraux ? Voici la grande raison pour laquelle on met encore la France en loterie : le parti qui entraîne la France à sa perte veut, par-dessus tout, la vente des bois du clergé : il la veut, non comme un bon système de finance, mais comme une bonne mesure révolutionnaire ; non pour payer les alliés, mais pour consacrer la révolution : et comme il savoit bien que la chambre des députés n'eût jamais consenti à cette vente, il a profité de l'humeur et des fausses terreurs du ministère pour lui persuader, très-mal à propos, que son existence étoit incompatible avec celle de la chambre. On a craint encore que cette chambre n'éclairât le roi sur la véritable opinion de la France. Enfin, je l'ai déjà dit, le parti n'a jamais pu pardonner aux députés d'avoir démêlé ses projets et frappé dans les régicides les princes de la révolution.

Cependant, que les bons François ne perdent point courage ; qu'ils ne se retirent point ; qu'ils se présentent en foule aux élections. Ils auront sans doute à vaincre bien des obstacles ; il leur faudra lutter contre la puissance d'un parti qui, ne daignant même pas prendre la peine de dissimuler ses intentions, les manifeste par des choix d'hommes, des actes publics et des coups d'autorité. Mais, encore une fois, que les bons François se soutiennent les uns les autres, qu'ils ne soient point abattus, si l'on crée autour d'eux une défaveur momentanée, une opinion factice. S'ils lisent dans les journaux de grands articles à la louange de la dissolution de la chambre, qu'ils se rappellent que la presse n'est pas libre, qu'elle est entre les mains des ministres, que ce sont les ministres qui ont fait dissoudre la chambre et qui font les journaux. S'ils remarquent la hausse des fonds, qu'ils sachent que le jour où l'ordonnance du 5 fut publiée, on fit faire un mouvement à la Bourse. Un agioteur osa s'écrier : « Les brigands ne reviendront plus ! » Il parloit des députés.

Ce n'est pas à des François que je prêcherai le désintéressement. Je ne leur dirai rien des places que l'on pourra leur promettre. Mais qu'ils se mettent en garde contre une séduction à laquelle il nous est si difficile d'échapper ! On leur parlera du *roi*, de sa *volonté*, comme on en parloit aux chambres. Les entrailles françoises seront émues, les larmes viendront aux yeux ; au nom du roi on ôtera son chapeau, on prendra le billet présenté par une main ennemie, et on le mettra dans l'urne. Défiez-vous du piége. N'écoutez point ces hommes qui dans leur langage seront plus royalistes que vous : sauvez le roi ! *quand même.*

Et que veut d'ailleurs le roi ? S'il étoit permis de pénétrer dans les secrets de sa haute sagesse, ne pourroit-on pas présumer qu'en laissant constitutionnellement toute liberté d'action et d'opinion à ses ministres *responsables*, il a porté ses regards plus loin qu'eux ? On a souvent admiré, dans les affaires les plus difficiles, la perspicacité de sa vue et la profondeur de ses pensées. Il a peut-être jugé que la France satisfaite lui renverroit ces mêmes députés dont il étoit si satisfait ; que l'on auroit une chambre nouvelle aussi royaliste que la dernière, bien que convoquée sur d'autres principes, et qu'alors il n'y auroit plus moyen de nier la véritable opinion de la France.

Voilà ce que j'avois à dire à mes concitoyens, à ceux qui pourroient ignorer ce qui se passe et laisser surprendre leur foi. Je ne fais point porter cet écrit par des messagers secrets ; je le publie à la face du soleil. Je n'ai aucune puissance pour favoriser mes *intrigues*, hors celle que je tire de ma conscience et de mon amour pour mon roi. Grâce à Dieu, je n'ai encore manqué aucune occasion quand il s'est agi du sang ou des intérêts de mes maîtres.

François, si ma voix ne vous est point étrangère, si je vous fis quelquefois entendre les accents de la religion et de l'honneur, écoutez-moi : présentez-vous aux élections. Le salut ou la perte de votre pays sont peut-être attachés aux choix que vous allez faire. Ne nommez que des hommes dont la vertu, la fidélité et les sentiments françois vous soient connus. Qu'ils viennent alors, ces députés chers à la patrie; qu'ils viennent mettre au pied du trône leur respect, leur dévouement et leur amour, et que, donnant à la fois tous les exemples, ils disent aux ministres, dans un esprit de paix, de modération et de concorde : « Nous n'avons point été, nous ne sommes point, nous ne serons point vos ennemis; mais renoncez à des systèmes qui perdront le roi et la France! »

LE
VINGT-UN JANVIER
MIL HUIT CENT QUINZE.

Le 21 janvier approche. On se demande depuis longtemps : Que ferons-nous? Que fera la France? Laissera-t-on passer encore ce jour de douleur sans aucune marque de regret? Où sont les cendres de Louis XVI? Quelle main les a recueillies? Sans la pitié d'un obscur citoyen, à peine sauroit-on aujourd'hui où repose la sainte dépouille de ce roi qui devoit dormir à Saint-Denis auprès de Louis XII et de Charles le Sage. Pendant quelques années on a voulu que le jour de la mort de ce juste fût un jour de réjouissance; mais combien les factions s'aveugloient! Tandis qu'elles prétendoient soulever le crêpe funèbre qui couvroit notre patrie, tandis qu'elles ordonnoient des pompes dérisoires, les citoyens multiplioient les marques de leur douleur; chacun pleuroit dans la solitude, ou faisoit célébrer en secret le sacrifice expiatoire. En vain quelques hommes appeloient la foule à d'abominables spectacles; la tristesse publique sembloit leur dire : *Non, la France n'est point coupable avec vous; elle ne prend aucune part à vos crimes et à vos fêtes.*

Louis XVI dès le commencement de son règne avoit aboli les corvées, amélioré les branches de l'administration, relevé sur la mer la gloire de nos armes, et fait retentir nos victoires sur les côtes de l'Inde et de l'Amérique. Au milieu des orages de la révolution, malgré la chaleur des partis, on fut si persuadé de ses vertus, qu'on le nomma d'une commune voix *le plus honnête homme de son royaume.* Abreuvé d'amertume, accablé d'outrages, on l'amena à Paris, précédé de la tête de quelques-uns de ses gardes; on l'y réduisit à vivre dans les fers, à languir dans la douleur. Mais ce n'est point devant la famille royale qu'il convient d'achever le récit de telles adversités.

L'orpheline est là, et sa seule présence nous en dit assez. Témoins et juges, vous vivez : vos yeux ont vu ce qu'il y eut de public, et votre conscience vous racontera ce qu'il y a de secret dans l'histoire de nos malheurs.

A Dieu ne plaise qu'aucun de nous cherche à trouver des coupables et à alimenter des haines! Mais, si nous prétendons aux vertus, il faut avoir le courage d'être hommes : il faut, à l'exemple des peuples de l'antiquité, que notre caractère soit assez mâle pour soutenir la vue de nos propres fautes. Quiconque craint de se repentir ne tire aucun fruit de ses erreurs. Oublions donc le criminel, mais souvenons-nous toujours du crime. Eh bien, si tandis que nous pleurerons quelques hommes se croient obligés de fuir nos larmes, cette innocente vengeance ne nous seroit-elle pas permise? Faut-il que tout un peuple étouffe dans son cœur la morale et la religion, qu'il renonce à toute justice, qu'il ait l'air d'approuver dans sa raison ce que sa foiblesse lui fit supporter, parce qu'il est des consciences ombrageuses, qui ne croient la patrie tranquille qu'autant qu'elles ne sont point troublées par leurs remords, et qui prennent la voix de ces remords pour le cri de nos factions?

Chez presque tous les peuples on a vu de grands crimes, et partout on a établi des sacrifices pour les expier. Lorsque Agis périt à Lacédémone en voulant, comme Louis, donner à son peuple de meilleures lois, « les citoyens de Sparte estimèrent, dit Plutarque, qu'il n'avoit oncques été commis un si cruel, si malheureux ni si damnable forfait depuis que les Doriens étoient venus habiter le Péloponèse. »

Après la restauration de Charles II en Angleterre, on éleva une statue sur le lieu même où Charles Ier avoit été décapité, et le jour anniversaire de la mort de ce roi devint un jour de jeûne et de prière.

Mais il ne s'agit ici d'imiter aucune nation étrangère : tous les bons exemples peuvent être trouvés parmi nous. Après la bataille de Poitiers, les états de la langue d'oc ordonnèrent « qu'homme ni femme pendant l'année, si le roi (Jean) n'étoit délivré, ne porteroient sur leurs habits or, argent ni perles, et qu'aucuns ménestriers ni jongleurs ne joueroient de leurs instruments. »

Nos pères furent plus heureux que nous : ils purent se livrer à leur naïve douleur aussitôt qu'ils l'éprouvèrent. Cette douleur même cessa bientôt : le roi Jean revint de sa captivité. Mais les marques de nos regrets seront éternelles : Louis XVI ne reparoîtra plus parmi nous.

Du moins nous allons voir s'accomplir ce que nous avons tant désiré, ce que toute l'Europe attendoit : notre douleur, si longtemps comprimée, va enfin sortir du fond de notre âme ; le roi vient encore pour ainsi dire au-devant du besoin de nos cœurs ; il va satisfaire à la piété de son peuple, nous rendre aux idées morales et religieuses, comme de sa paisible main il nous a soustraits au despotisme et rangés sous l'empire de nos antiques lois.

Le 21 janvier Monsieur, Mgr le duc d'Angoulême, Mgr le duc de Berry, se rendront au cimetière de la Madeleine, appartenant aujourd'hui à M. Descloseaux. Le terrain a été légalement reconnu ; on s'est assuré d'avance du lieu où repose le corps du roi ; on croit pouvoir aussi retrouver les cendres de la reine. Par un hasard touchant, les Suisses tués à la journée du 10 août sont enterrés aux pieds de Louis XVI. La fosse où notre monarque fut jeté avoit dix pieds de profondeur. On n'a pas voulu remuer la terre avant le moment de l'exhumation. Rien ne doit être secret dans cet acte saint : toute la France a vu mourir son roi, toute la France doit voir reparoître au même moment sa dépouille mortelle. Ah ! que ne sentiront point les spectateurs quand la terre enlevée laissera voir les os blanchis de Louis XVI, son tronc mutilé, sa tête déplacée et déposée à l'autre extrémité de son corps, signe auquel on doit reconnoître le descendant de tant de rois ! Se représente-t-on bien les trois princes tombant à genoux avec le clergé dans ce moment redoutable, la religion entonnant son hymne de paix et de gloire, les reliques du martyr sortant triomphantes du sein de la terre pour protéger désormais notre patrie et attirer par leur intercession la bénédiction du ciel sur tous les François !

Les restes sacrés du roi étant retrouvés ainsi que les cendres de la reine, le cortége se mettra aussitôt en route pour Saint-Denis. Les malheurs de Louis XVI feront toute la magnificence de cette pompe funèbre. La modestie convient au triomphe de tant de vertus, et la simplicité à la grandeur de tant d'infortunes. Les passions humaines ne doivent point troubler le calme et la majesté de cette cérémonie. Tout ce qui accuse en sera banni ; on n'y verra que ce qui console : le père de famille en retrouvant son tombeau veut que tous ses enfants ensevelissent dans ce tombeau leurs dissensions et leurs inimitiés.

Le convoi suivra la route que prit, il y a six siècles, celui de saint Louis, premier aïeul des Bourbons. « Et leva, dit Joinville, le saint corps l'archevêque de Rheims, et après qu'il fut levé, frère Jehan de Seymours le prêcha. Et entre autres de ses faits ramenta souvent une chose que je lui avois dicte du bon roi : c'estoit de sa grande loyauté... Quand le sermon fut fini, ajoutent les chroniques, le roi (Philippe le

Hardi) prit son père sur son col, et se mit à la voie tout à pied à aller droict à Sainct-Denys en France. »

Quel abîme de réflexions! quelle comparaison à faire entre les événements, le temps, les lieux et les pompes funèbres de saint Louis et de Louis martyr!

Le cortége se rendra donc à l'église de l'apôtre de la France, mais les successeurs de ces religieux qui vinrent avec l'oriflamme au-devant de la châsse de saint Louis ne recevront point le descendant du saint roi. *Dans ces demeures souterraines, où dormoient ces rois et ces princes anéantis; dans ces sombres lieux, où les rangs étoient si pressés qu'on pouvoit à peine y placer Mme Henriette*, Louis XVI se trouvera seul!... Comment tant de morts se sont-ils levés? Pourquoi Saint-Denis est-il désert? Demandons plutôt pourquoi son toit est rétabli, pourquoi son autel est debout. Quelle main a reconstruit la voûte de ses caveaux et préparé ces tombeaux vides? La main de ce même homme qui étoit assis sur le trône des Bourbons. O Providence! il croyoit préparer des sépulcres à sa race, et il ne faisoit que bâtir le tombeau de Louis XVI! L'injustice ne règne qu'un moment: il n'y a que la sagesse qui compte des aïeux et laisse une postérité. Voyez en même temps le maître de la terre tomber au milieu de ses violences, Louis XVIII ressaisir le sceptre et Louis XVI retrouver la sépulture de ses pères. La royauté des légitimes monarques avoit dormi pendant vingt années; mais leurs droits, fondés sur leurs vertus, étoient indestructibles comme leur noblesse. Dieu finit d'un seul coup cette révolution épouvantable, et les rois de France reprennent à la fois possession de leur trône et de leur tombeau.

Tandis que les restes mortels de Louis XVI et de Marie-Antoinette seront portés à Saint-Denis, on posera la première pierre du monument qui doit être élevé sur la place Louis XV.

Ce monument représentera Louis XVI [1] qui déjà, quittant la terre, s'élance vers son éternelle demeure. Un ange le soutient et le guide, et semble lui répéter ces paroles inspirées: *Fils de saint Louis, montez au ciel!* Sur un des côtés du piédestal paroîtra le buste de la reine dans un médaillon ayant pour exergue ces paroles si dignes de l'épouse de Louis XVI: *J'ai tout su, tout vu, et tout oublié*. Sur une autre face de ce piédestal, on verra un portrait en bas-relief de Mme Élisabeth. Ces mots seront écrits autour: *Ne les détrompez pas;* mots sublimes qui lui échappèrent dans la journée du 20 juin, lorsque des assassins menaçoient ses jours en la prenant pour la reine. Sur le

---

1. On a changé le projet de quelques-uns de ces monuments.

troisième côté sera gravé le Testament de Louis XVI, où on lira en plus gros caractères cette ligne évangélique :

JE PARDONNE DE TOUT MON CŒUR A CEUX QUI SE
SONT FAITS MES ENNEMIS.

La quatrième face portera l'écusson de France avec cette inscription : *Louis XVIII à Louis XVI.* Les François solliciteront sans doute l'honneur d'unir au nom de Louis XVIII le nom de la France, qui ne peut jamais être séparée de son roi.

Ce monument sera aussi touchant qu'admirable. Un autel funèbre au milieu de la place Louis XV n'eût été convenable sous aucun rapport. Cette place est une espèce de grand chemin où la foule passe pour courir à ses plaisirs ou pour étaler ses vanités. Dans les distractions naturelles à la foiblesse de nos cœurs, les accents de la joie auroient trop souvent profané un monument de douleur. Non, aucun François ne sera obligé de détourner ses pas ou ses regards du monument projeté : les uns y trouveront dans le Testament de Louis XVI l'origine et la confirmation de l'article de notre Charte qui les met à l'abri de toutes recherches ; les autres y recueilleront ces souvenirs qui dépouillés par le temps de leur amertume ne laissent au fond de l'âme qu'un attendrissement religieux. Le roi, qui jusqu'à présent n'a osé fouler *le champ du sang,* pourra peut-être y passer un jour, sinon sans tristesse, du moins sans horreur, tandis que le juge de Louis XVI, à l'abri du monument de miséricorde, pourra lui-même traverser cette place, sinon sans remords, du moins sans crainte. Enfin, ce monument expiatoire deviendra pour tous les François une source de consolations : nos enfants y puiseront à l'avenir ces graves leçons, ces utiles pensées qui forment dans tous les temps et dans tous les pays les grands peuples et les grands hommes.

Ce monument ne sera pas le seul consacré au malheur et au repentir. On élèvera une chapelle sur le terrain du cimetière de la Madeleine. Du côté de la rue d'Anjou, elle représentera un tombeau antique ; l'entrée en sera placée dans une nouvelle rue que l'on percera lors de l'établissement de cette chapelle. Pour mieux envelopper les différentes sépultures, l'édifice entier se déploiera en forme d'une croix latine, éclairée par un dôme qui n'y laissera pénétrer qu'une clarté religieuse. Dans toutes les parties du monument on placera des autels où chacun ira pleurer une mère, un frère, une sœur, une épouse, enfin toutes ces victimes, compagnes fidèles, qui pendant vingt ans ont dormi auprès de leur maître dans ce cimetière abandonné : c'est là qu'on viendra particulièrement honorer la mémoire de M. de Malesherbes. On nous pardonnera peut-être d'associer ici le nom du sujet au souvenir du roi : il y a dans la mort, le malheur et la vertu, quelque chose qui rapproche les rangs.

Le roi fondera à perpétuité une messe dans cette chapelle : deux prêtres seront chargés d'y entretenir les lampes et les autels. A Saint-Denis, une autre fondation plus considérable sera faite, au nom de Louis XVI, en faveur des évêques et des prêtres infirmes qui, après un long apostolat, auront besoin de se reposer de leurs saintes fatigues. Ils remplaceront l'ordre religieux qui veilloit aux cendres de nos rois. Ces vieillards, par leur âge, leur gravité et leurs travaux, deviendront les gardiens naturels de cet asile des morts, où eux-mêmes seront près de descendre. Le projet est encore de rendre à cette vieille abbaye les tombeaux qui la décoroient, et auprès desquels Suger faisoit écrire notre histoire, comme en présence de la mort et de la vérité.

Quand on songe que le prince qui vient de consacrer nos libertés; que le prince qui sans verser une seule goutte de sang a fait cesser nos divisions et rendu le repos à la France; que le prince qui par la politique la plus généreuse défend au dehors les droits des souverains malheureux, quand on songe que ce prince est le même monarque par qui de si grands exemples de religion vont être donnés, peut-on trouver assez de bénédictions pour les répandre sur sa tête? Et qui ne voit déjà que les siècles le placeront au rang des meilleurs et des plus grands rois de sa race?

Pendant la cérémonie funèbre, Madame se retirera à Saint-Cloud. Nous avons dit que les princes accompagneroient les cendres de Louis XVI à Saint-Denis; le roi seul restera à Paris, pour confier sa douleur à son peuple, pour mêler des consolations à nos pleurs et pour adoucir l'amertume de nos regrets par sa présence vénérable.

DE

L'EXCOMMUNICATION

DES COMÉDIENS.

FÉVRIER 1815.

Il y a quelque temps que l'on a beaucoup parlé de la scène scandaleuse qui s'est passée aux funérailles de Mlle Raucourt. Ce n'étoit qu'une répétition de celle qui eut lieu en 1802 à l'enterrement de Mlle Chamerois, avec cette différence qu'à la première époque on ne profana point l'église de Saint-Roch, et que le curé remporta une espèce de victoire, bien qu'il souffrît dans la suite des mesures du despotisme. Maintenant que les passions sont tranquilles, mais que l'opinion publique n'est pas encore fixée sur le sujet qui les avoit émues, il nous semble utile d'examiner, une fois pour toutes, la question de l'excommunication des comédiens. Nous la soumettrons au bon sens des lecteurs. Quoi qu'on en dise, il y a aujourd'hui beaucoup de raison en France : c'est un fruit de notre expérience et de nos malheurs. Les hommes des partis les plus opposés, las enfin de nos discordes, ne demandent qu'à se rallier à la vérité toutes les fois qu'on la leur montrera simplement, franchement, loyalement.

Deux choses doivent être considérées dans le sujet que nous prétendons examiner : 1° la cause de l'aversion de l'Église contre les spectacles ; 2° le degré d'autorité qu'un curé peut et doit exercer dans son église, lorsqu'il ne fait que suivre les canons et obéir aux ordres de ses supérieurs.

Il faut remonter jusqu'aux premiers siècles du christianisme pour trouver la cause de la sévérité de l'Église et de la rigueur de ses règlements contre le théâtre. « Tout l'appareil de ces pompes, dit Tertullien, est fondé sur l'idolâtrie. » De là, examinant l'origine des spectacles admis chez les Romains, il fait voir qu'ils tiroient presque tous leur nom de quelque divinité du paganisme : les jeux de Bacchus *Libériaux, Apollinaires, Céréaux, Neptunaux, Floraux, Olympiens.* Le Cirque étoit consacré, ou plutôt, comme le dit ce premier Bossuet, étoit prostitué au Soleil. Les théâtres s'élevoient sous l'invocation de Bacchus et de Vénus. Aujourd'hui les dieux n'étant plus pour nous que les fictions ingénieuses d'Homère, nous ne pouvons nous faire une idée de l'horreur qu'ils inspiroient à l'Église, lorsqu'ils étoient adorés comme des êtres réels, protecteurs des passions et des crimes, comme de véritables démons persécuteurs des chrétiens.

La prostitution et le meurtre souilloient encore ces spectacles, que l'idolâtrie rendoit déjà abominables aux yeux des fidèles. Des femmes publiques paroissoient sur le théâtre aux fêtes de Flore; et ces malheureuses, dit encore Tertullien, étoient, du moins une fois l'an, condamnées à rougir. A l'amphithéâtre, que voyoit-on? Les combats des gladiateurs ou les souffrances des martyrs ! « Chrétiens, s'écrie l'auteur de l'*Apologétique*, demandez-vous des luttes, des combats, des victoires? Le christianisme vous en offre de toutes parts. Voyez l'impureté vaincue par la chasteté, la perfidie par la foi, la cruauté par la miséricorde, l'impudence par la modestie : c'est dans ces jeux qu'il faut mériter des couronnes. Voulez-vous du sang répandu? Vous avez celui de Jésus-Christ. »

Si les spectacles furent si justement proscrits par les premiers chrétiens, il étoit tout simple que l'acteur demeurât frappé de l'anathème dont la pièce étoit atteinte. En cela même les fidèles ne s'écartèrent point de l'usage des païens. A Rome les comédiens, les bouffons, les cavaliers du Cirque, les gladiateurs, étoient exclus de la cour, du barreau, du sénat, de l'ordre des chevaliers et de toutes les charges publiques; ils perdoient le droit de citoyen. Une loi des empereurs Valentinien, Valence et Gratien, *permet* aux évêques de conférer le baptême à un comédien en danger de mort; elle ordonne de plus que si ce comédien baptisé revient à la vie, il ne sera point forcé de suivre son ancienne profession. Une autre loi contraint les comédiennes à demeurer au théâtre, à moins qu'elles n'aient embrassé le christianisme. Mais la même loi, renouvelée quelque temps après, ajoute que si ces femmes devenues chrétiennes, et dispensées par cette raison de jouer devant le public, continuent de vivre dans le désordre, on les obligera de reparoître sur la scène. Quelle condamnation du théâtre et quel éloge de la religion ! La profession d'acteur étoit donc si peu estimée des Romains qu'elle devenoit comme le partage exclusif de quelques familles, dotées par la loi de ce brillant, mais malheureux héritage.

Des préjugés si cruels chez le peuple, des lois si dures, émanées du sénat et des empereurs romains, nous montrent assez que cette prévention contre le théâtre ne doit point être attribuée uniquement à ce qu'on affecte d'appeler la *barbarie* du christianisme : elle prend naturellement sa source dans la morale et dans la gravité des lois. L'opinion de l'Église sur les spectacles n'est pas plus sévère que celle de Tacite et de Sénèque. Ovide, et son autorité n'est pas suspecte, exhorte Auguste à supprimer les théâtres, comme une école de corruption :

> . . . . . Ludi quoque semina præbent
> Nequitiæ : tolli theatra jube.

Dans la patrie même de Sophocle, dans ces heureux climats où les Muses firent éclater leurs prodiges, les femmes ne paroissoient point sur la scène et n'assistoient point aux jeux du théâtre.

L'Église ne fit donc que suivre le penchant des lois lorsque, dans les premiers siècles, déterminée par les raisons que nous avons déjà déduites, elle lança ses foudres contre les spectacles. Ceux-ci s'abolirent par degrés dans le monde romain, à mesure qu'il se convertit au christianisme et qu'il passa sous la domination des barbares. Tandis que le bruit de ces jeux trop célèbres se perdoit dans le bruit de la chute des empires, il est curieux de voir ces mêmes jeux renaître obscurément parmi ces Francs, ces Huns, ces Vandales, qui venoient de les détruire : tant le cœur humain est toujours le même, tant l'homme a besoin de ces plaisirs qui le consolent un moment! Clovis, dans les dernières années de sa vie, rassasié de victoires et de conquêtes, entretenoit auprès de lui un mime que lui avoit envoyé Théodoric : c'est à ce mime du premier roi des François qu'il faut aller, à travers les siècles, rattacher la nouvelle pompe de nos spectacles. Tout le monde connoît l'histoire et l'origine de notre théâtre : tout le monde sait que les *Mystères* joués par les *confrères de la Passion* furent les avant-coureurs de *Cinna* et d'*Athalie*.

Mais pourquoi l'Église auroit-elle montré plus d'indulgence pour ces nouveaux spectacles? La religion y étoit profanée, les mœurs outragées, la satire poussée jusqu'à la calomnie. Enfin, quand notre scène s'épura, l'Église, toujours scrupuleuse lorsqu'il s'agit de la conservation des mœurs, ne vit pas de raisons suffisantes pour renoncer à ses souvenirs, pour abandonner ses traditions et ses lois. Bossuet, Bourdaloue, Fléchier, continuèrent à condamner le théâtre avec toute l'autorité de leur éloquence et de leur génie. L'auteur des *Oraisons funèbres* ne dédaigna pas de prendre la plume pour réfuter une Apologie des spectacles, attribuée à un religieux, et imprimée en 1694, à la tête d'une édition des comédies de Boursault. La lettre de Bossuet et ses *Dissertations* sur la comédie sont des chefs-d'œuvre, où Rousseau a puisé une partie des arguments qu'il emploie dans sa fameuse *lettre à d'Alembert*. Pourroit-on faire un crime à l'Église d'avoir pensé sur la comédie comme le philosophe J.-J. Rousseau?

Tout ceci prouve-t-il qu'il faut abolir les spectacles et ne pas enterrer les comédiens? Non. Mais cela prouve que si ceux qui blâment la rigueur de l'Église, sans avoir examiné la question, avoient bien voulu consulter l'histoire, ils se seroient moins hâtés de condamner à la fois l'antiquité païenne et l'antiquité chrétienne. Aujourd'hui que nos mœurs sont changées, l'Église doit-elle se relâcher de quelque chose sur la discipline des spectacles? On doit tout confier à sa sagesse. « Rome, dit Voltaire, a toujours su tempérer ses lois selon les temps et selon les besoins. » Elle ne fut jamais ennemie des beaux-arts, quand ils se renfermèrent dans des bornes légitimes. Le cardinal de Richelieu, en établissant son théâtre, fit enregistrer au parlement une déclaration du roi, par laquelle il renouvelle les peines prononcées contre les comédiens qui useront d'*aucunes paroles lascives ou à double entente, qui pourroient blesser l'honnêteté publique; mais au cas qu'ils soient modestes, ils ne seront pas notés d'infamie*. Maintenant que notre théâtre est devenu plus chaste, que les acteurs ont suivi le progrès général de la société, que plusieurs d'entre eux joignent à des talents distingués des qualités morales dont s'honoreroient tous les hommes, ne doit-on pas les placer au rang de ces artistes estimables et estimés qui nous font jouir des chefs-d'œuvre du génie? Nos préjugés contre le théâtre se sont affoiblis, parce que tous nos liens religieux se sont relâchés. Si l'on pouvoit tout à coup nous rendre chrétiens zélés et fervents, il seroit très-bon sans doute de maintenir la rigueur des canons : mais qui sait si l'Église ne jugera pas à propos de mettre un accord plus général entre sa discipline et l'état actuel de nos mœurs? Cette discipline est-elle uniforme sur ce qui regarde le théâtre? Dans une partie de l'Italie et de l'Allemagne, les comédiens ne sont pas excommuniés : le saint-siége et les conciles généraux ne se sont jamais expliqués sur ce sujet d'une manière très-positive. Clément XIII avoit fait fermer le théâtre *Albertini* à Rome; Clément XIV crut devoir en tolérer le rétablissement. Innocent XI défendit seulement aux femmes de paroître sur la scène. En 1696, les comédiens françois ayant fait présenter une requête à Innocent XII, pour être relevés des censures ecclésiastiques, ce pape, sans les condamner absolument, se contenta de les renvoyer à l'ar-

chevêque de Paris pour être traités comme de droit : *Ut provideat eis de jure*. La modération est le caractère distinctif de l'Église gallicane[1]. « En ce qui regarde ce que l'Église défend, dit Bossuet, les évêques ont souvent jugé selon toute la rigueur des canons : quelquefois aussi ils ont toléré beaucoup de choses selon la nécessité des temps; et quand ils n'ont point vu de danger pour la foi ou pour les mœurs, ils ont consenti à quelque adoucissement, non toutefois par un relâchement de discipline aveugle ou inconsidéré, mais pour céder à une nécessité de telle nature qu'elle auroit pu même faire changer les lois; c'est par cette raison que les saints Pères, et même le saint-siége, ont tant de fois loué cet adoucissement des canons... Selon les expressions d'Yves de Chartres, « pourvu qu'on ne touche pas au fon-
« dement de la foi et à la règle générale des mœurs, on peut user de
« quelque tempérament, quand il sembleroit approcher de la foi-
« blesse... » Accusera-t-on pour cela l'Église de légèreté? Dira-t-on, pour user des termes de saint Paul, qu'il y a en elle le *oui* et le *non?* A Dieu ne plaise! mais assurée qu'elle est de son éternité et immuablement attachée à la vérité même, elle s'accommode en quelque façon, par ce qu'elle a d'extérieur, aux choses humaines, moins pour céder à la nécessité des temps que pour servir au salut des âmes. »

Ne pourroit-on pas espérer de la sagesse du clergé qu'il prendra en considération le changement des mœurs et des temps? Mais cette part une fois faite à l'esprit du siècle, avons-nous le droit de devancer la décision de l'Église et de nous porter à des violences pour nous faire à nous-mêmes ce qu'il nous plaît d'appeler *justice?* Non, sans doute. Ceci nous ramène à la seconde partie de la question.

Un curé ne fait que suivre la loi qui lui est imposée lorsqu'il refuse de recevoir le corps d'un homme notoirement frappé des censures ecclésiastiques. Quand par sa charité naturelle il seroit disposé à en agir autrement, il ne le pourroit pas sans transgresser les canons auxquels, comme prêtre et comme curé, il est nécessairement assujetti. Si un soldat a reçu une consigne, peut-il violer ou laisser violer cette consigne, sous prétexte qu'elle a des inconvénients? Est-il le juge et l'interprète des ordres de ses supérieurs? Que deviendroit toute la discipline si chaque soldat, au lieu d'obéir, se mettoit à examiner les raisons de la conduite de son général, à blâmer ses motifs, ses plans, ses desseins? Nous nous servons de cette comparaison chez une nation

---

1. *Lettre de l'Assemblée du clergé au pape*, du 3 février 1682, t. IX des OEuvres de Bossuet

toute militaire, qui en sentira la justesse. Un curé est seul maître dans son église, comme un officier au poste qu'on lui a confié ; nul n'a le droit de venir lui imposer des lois qu'il ne peut pas reconnoître. Eh! combien est-on plus coupable encore si on mêle à la violence qu'on lui fait le scandale public, l'insulte au culte de la patrie et la profanation des autels!

Mais les comédiens, dit-on, jouissent de tous les droits de citoyens : ils peuvent parvenir à toutes les places, ils sont enrôlés dans la garde nationale, etc. C'est précisément ce qui rendroit leur cause moins favorable, si leurs amis, par une ignorance fâcheuse, ou par un zèle inconsidéré, continuoient à se porter pour eux à des excès qui n'ont point d'excuse. Il ne s'agit plus pour les acteurs de réclamer les lois générales de l'État, de constater leur existence civile : ils en sont en pleine possession. De quoi s'agit-il donc? De droits purement religieux. Or, une religion a ses rites, ses usages, dont elle ne peut se départir. On ne force personne à suivre cette religion : on est chrétien ou on ne l'est pas ; voilà tout : cela ne change rien à la condition civile d'un homme. Mais si l'on se prétend, par exemple, catholique, apostolique et romain, n'est-ce pas le curé qui est juge naturel de cette prétention? N'est-ce pas lui qui sait, d'après les règles de son culte, si la personne qui se présente a conservé ou perdu la qualité d'enfant de l'Église?

Ajoutez que le droit de citoyens étant rendu aux acteurs, le curé ne peut plus être taxé d'inhumanité quand il refuse son ministère à leurs funérailles : car ce refus n'emporte plus la privation de la sépulture commune. Le curé ne fait que rentrer dans ses droits naturels : c'est une coutume de toutes les religions de la terre de n'accorder leurs honneurs funèbres qu'à leurs disciples. Le corps d'un chrétien mort à Constantinople seroit-il reçu dans une mosquée? Un ministre protestant, à Philadelphie, ne renverroit-il pas le corps d'un catholique à son curé, celui d'un presbytérien à son église, celui d'un quaker à ses frères, celui d'un juif à sa synagogue? Vous voulez qu'un curé enterre un homme qui n'avoit pas vécu dans la communion catholique : mais si le curé prétendoit s'emparer à son tour du corps d'un citoyen qui n'auroit pas voulu mourir sous la loi chrétienne, ne crieriez-vous pas au fanatisme, à l'intolérance? N'avons-nous pas vu des prêtres repoussés du lit d'un mourant avec mépris, et des moribonds préférer aux paroles consolantes de l'homme de Dieu les stériles pompes d'un nouveau paganisme? Accordez donc au prêtre la même indépendance que vous réclamez pour vous-mêmes : si vous n'êtes point forcés de l'appeler à votre dernier soupir, pourquoi seroit-il obligé de veiller à votre dernier asile ? par quelle dérision ceux qui ont su toute leur vie, sans y attacher aucune importance, qu'ils étoient hors de l'Église catholique, veulent-ils y rentrer après leur mort ? S'ils ont cru à la puissance de l'anathème, il est trop tard pour la réconciliation ; s'ils n'y ont pas cru, ils n'ont donc voulu produire que du scandale ? Si, comme autrefois, les registres des naissances, des mariages et des décès étoient tenus par les curés des diverses paroisses ; si, comme autrefois encore, ces curés étoient les maîtres de refuser l'inhumation en terre sainte, on pourroit dire que l'excommunication trouble l'état civil, en empêchant un citoyen d'être inscrit sur le rôle des morts et de reposer auprès d'eux ; mais il n'en est pas ainsi, puisque tous les actes publics se font aux municipalités, et que la puissance temporelle est séparée de la puissance spirituelle. Qui empêchoit Mlle Raucourt de se faire porter en pompe au cimetière, environnée de ses amis et de tous ceux qui attachoient quelque prix à ses talents? Qu'auroient demandé de plus les admirateurs de Molière? Voltaire, au lieu de déplorer le sort de Mlle Le Couvreur, n'auroit-il pas chanté la tolérance du siècle qui eût accordé à cette actrice de pareilles funérailles?

Et regardons encore à quel point l'Église gallicane pousse la douceur et la charité : que faut-il à un comédien pour que ses cendres soient reçues dans l'église? Il suffit qu'un domestique, un témoin, affirment que le moribond avant d'expirer a demandé les secours d'un prêtre. Lorsqu'on a négligé de donner ces légères marques de respect au culte antique de la patrie, à la religion de tant de grands hommes, sied-il bien de venir lui demander les dernières prières qu'elle offre pour le repos de ses enfants? Mais en même temps quel aveu de l'insuffisance de l'homme pour consoler les cendres de l'homme ! Vainement nous avons paru mépriser la religion dans notre passage sur la terre, il s'élève de notre cercueil une voix qui réclame ses espérances et ses bénédictions.

DE

LA GUERRE D'ESPAGNE.

12 OCTOBRE 1823.

Le roi, dans son discours à l'ouverture de la dernière session, avoit dit :

« Si la guerre est inévitable, je mettrai tous mes soins à en resserrer le cercle, à en borner la durée ; elle ne sera entreprise que pour conquérir la paix que l'état de l'Espagne rendroit impossible.

« Que Ferdinand VII soit libre de donner à ses peuples les institutions qu'ils ne peuvent tenir que de lui, et qui en assurant leur repos dissiperoient les justes inquiétudes de la France, dès ce moment les hostilités cesseront : j'en prends devant vous, messieurs, le solennel engagement. »

Les paroles royales se sont accomplies ; et malgré les bruits que la malveillance avoit fait courir en sens divers, jamais on ne s'est écarté du principe posé par le roi, lors même qu'au prix de quelques concessions on pouvoit terminer une entreprise si importante au salut de la France et de l'Europe. Le premier drapeau ennemi que les soldats de la légitimité rencontrèrent fut le drapeau tricolore ; la révolution espagnole l'avoit pris pour enseigne et pour abri ; il annonçoit des principes et des victoires dont le moment étoit passé. Un seul coup de canon mit fin au prestige, et trente années d'illusion s'évanouirent.

Alors s'ouvrit cette campagne dont le plan tracé, par Mgr le duc d'Angoulême, fait l'admiration des hommes qui s'occupent de l'art militaire. La Catalogne eut son armée à part, où les généraux Damas, Donnadieu, Curial, d'Éroles, sous les ordres d'un vieux maréchal plein d'honneur, ont montré tout ce que peuvent l'activité, la patience et le courage. En même temps les places fortes de la Navarre et des Biscayes furent masquées par les généraux Hohenlohe, Canuel et d'Espagne. Les provinces en deçà de l'Èbre étant ainsi occupées, deux colonnes partirent, l'une sous la conduite du général Molitor, l'autre sous les ordres du général Bourcke : la première commençant par le combat de Logrono, et forçant Ballesteros à capituler devant Grenade, après avoir délivré du joug révolutionnaire la Catalogne et les royaumes de Valence et de Murcie, la seconde chassant les rebelles des Asturies et des Galices, et déterminant la soumission de Morillo.

Au centre de ces deux colonnes, qui, nettoyant les côtes occidentales et orientales de l'Espagne, étoient destinées à se rejoindre sous les murs de Cadix, marchoit la colonne qui, sous les ordres mêmes du prince généralissime, devoit arriver par un chemin plus direct au dernier rempart de la révolution. Le prince s'arrête un moment à Madrid, organise le gouvernement espagnol, que les grandes puissances du continent reconnoissent, envoie devant lui les généraux Bourmont et Bordesoulle, dirige le mouvement des divisions Bourcke et Molitor, lorsqu'elles sont parvenues à la hauteur déterminée, va lui-même emporter le Trocadéro, bombarder Cadix, forcer cette ville réputée impénétrable à lui ouvrir ses portes et à lui rendre le royal prisonnier.

Une nouvelle réserve entroit toutefois en Espagne sous les ordres du maréchal Lauriston, pour enlever Pampelune, se porter ensuite sur Lerida, et hâter la réduction de la Catalogne, où Figuières tomboit par le brillant fait d'armes de Llers et Llado. Figuières, Pampelune, Saint-Sébastien, Santona, élargissoient, en capitulant, la barrière par laquelle nous étions entrés en Espagne, et dégageoient vingt à vingt-cinq mille hommes qui pouvoient se porter partout où leur présence auroit été nécessaire. Ainsi, en moins de six mois, l'armée françoise s'est avancée des rives de la Bidassoa à la baie de Cadix, en touchant à tous les points de l'Espagne. Dans ce court espace de temps, elle a parcouru plus de mille lieues de terrain, livré des combats, fait des siéges, emporté des forteresses d'assaut, pour venir étouffer la révolution espagnole au lieu même de sa naissance, dans cette île demeurée inaccessible à la puissance de Buonaparte. Un des derniers noms que nous voyons figurer sur le champ de bataille pour la cause des Bourbons d'Espagne est celui de La Rochejaquelein : le sang vendéen n'a point perdu sa vertu dans les plaines de l'Estramadure.

Il seroit injuste d'oublier la part que notre marine renaissante a prise à ces succès : par les blocus qu'elle a formés, par son attaque à Algesiras, elle a amené la reddition de places importantes; par la prise du fort de Santi-Petri, elle nous a ouvert l'île de Léon, où elle se préparoit à débarquer nos soldats. Tout a été grand, noble, chevaleresque dans la délivrance de l'Espagne. La France légitime conservera éternellement la gloire d'avoir interdit l'armement en course, d'avoir la première rétabli sur mer ce droit de propriété respecté dans toutes les guerres sur terre par les nations civilisées, et dont la violation dans le droit maritime est un reste de la piraterie des temps barbares.

Avant notre entrée en Espagne, il s'agissoit de savoir si nous existions ou si nous n'existions pas ; si nous avions ou non une armée ; si cette armée étoit fidèle, quand on faisoit tout pour la corrompre ; si nous pouvions sans danger réunir quelques bataillons au drapeau. Force étoit de sortir de ce doute qui avoit pénétré dans les meilleurs esprits, par la constance des calomniateurs à le répandre ; il étoit impossible de rien établir dans un pareil état d'incertitude. Une occasion naturelle de trancher la question s'est présentée : il a fallu défendre la France de la contagion morale des troubles de l'Espagne. L'expérience a été faite, et le même événement qui nous a délivrés du retour de la révolution a prouvé que la légitimité a des soldats.

Parmi les circonstances qui signalent cet événement extraordinaire, il en est une que nous voulons particulièrement remarquer pour les intérêts politiques de notre pays. C'est la première fois, depuis le commencement de la monarchie, que la France a fait la guerre sous un gouvernement constitutionnel régulièrement organisé, et en présence de la liberté de la presse ! Que de personnes disoient à l'ouverture de la campagne qu'il seroit impossible de marcher sans suspendre les libertés publiques ! Qu'on se figure en effet ce que seroient devenues les opérations militaires de Buonaparte si une opposition active avoit pu en attaquer les succès, en exagérer les revers. Et nous, au sortir d'une révolution de trente années ; et nous, en proie à l'esprit de parti ; et nous, menacés par une faction qui se sentoit attaquée au cœur par la guerre d'Espagne, nous avons osé entreprendre cette guerre sans condamner l'opinion au silence !

Quoi ! la première fois que le drapeau blanc reparoissoit sur le champ de bataille, avec une armée dont on avoit intérêt à calomnier la fidélité, on a eu la témérité de laisser la presse libre, lorsqu'on avoit une loi qui permettoit de la suspendre ! N'étoit-il pas évident, comme cela en effet est arrivé, qu'on alloit dénaturer les faits, nier les victoires, inventer des défaites, blâmer les plans, calomnier les intentions, juger les généraux, flétrir le principe même d'une guerre juste, et se faire le champion des ennemis ? Eh bien, le roi légitime s'est senti assez fort pour braver ces dangers ; il n'avoit pas de conscription à demander, de projets ambitieux à cacher ; il étoit obligé de recourir aux armes pour soutenir les droits de la monarchie : cela peut se dire tout haut, aucune loi d'exception n'étoit nécessaire. La

France a prouvé qu'avec un gouvernement ferme et vigoureux la monarchie constitutionnelle de Louis XVIII peut obtenir des triomphes aussi éclatants que la monarchie absolue de Louis XIV.

Deux révolutions abattues d'un seul coup, deux rois arrachés des mains des factieux, tels sont les effets immédiats d'une campagne de six mois. D'autres résultats immenses et incalculables sortent pour nous de cet événement. Pour ne parler que de celui qui frappe à présent tous les yeux, nos succès en Espagne font remonter notre patrie au rang militaire des grandes puissances de l'Europe, et assurent notre indépendance.

Les victoires de la révolution ne sont point effacées, mais elles n'exercent plus sur le souvenir une influence dangereuse; d'autres victoires sont venues se placer entre le trône des Bourbons et celui de l'usurpateur. Un caractère particulier d'ordre et de modération, le caractère de la légitimité, a marqué des succès auxquels ne s'attache aucun sentiment pénible : on sent qu'ils sont faits pour tout conserver, comme les autres pour tout détruire.

Les soldats françois, qui se modèlent toujours sur leur capitaine, se sont montrés religieux, disciplinés, intrépides, et ont réfléchi, pour ainsi dire, dans chacun de leurs combats l'image et les vertus de leur chef illustre. Et quel chef! l'héritier de soixante-huit rois; le prince qui, instruit par l'adversité, doit monter un jour sur le trône et servir d'exemple à l'enfant du miracle; le prince qui, longtemps opprimé par une révolution dont il alloit renverser l'empire, n'a trouvé dans son cœur au milieu du triomphe que de la générosité pour les vaincus, de la miséricorde pour les coupables; d'une main plantant le drapeau de la victoire, de l'autre arrêtant les vengeances et sauvant les victimes!

L'Europe attentive a contemplé avec étonnement ce nouveau spectacle d'une armée qui n'a rien coûté au pays qu'elle a délivré, d'une armée dans les rangs de laquelle tous les partis cherchoient un abri, d'une armée qui va se retirer après ses conquêtes, n'emportant rien, ne demandant rien que l'amour du peuple qu'elle a sauvé; d'un prince qui ne laissera après lui qu'une mémoire adorée et des conseils d'indulgence et de sagesse qu'il plaira à la Providence de faire écouter, car elle ne permettra pas que les passions corrompent et défigurent cet immortel ouvrage.

Prince objet du respect et de l'admiration publique, agréez ce tribut d'hommages qui vous est si justement dû. On peut louer des victoires que la religion bénit et que la morale réclame; des victoires qui consolident la restauration, qui donnent de la stabilité à l'avenir, qui nous assurent des alliés confiants dans notre force et dans nos principes comme nous le sommes dans les leurs, qui terminent la révolution en Europe et commencent un nouvel ordre de choses dans les affaires humaines.

Il y a loin de la France de 1815 à la France de 1823, et six mois ont suffi pour achever une renaissance qu'on n'espéroit que des années. Quel cœur françois ne seroit attendri en voyant le bonheur que la Providence avoit réservé à cette famille si éprouvée, à ce roi si sage et si éclairé, à son auguste frère, dont le cœur paternel avoit tant besoin d'être consolé, à cette orpheline du Temple, qui retrouve un mari dans le héros et le libérateur de l'Espagne, à cette illustre veuve, associée si jeune à de si longs malheurs, et qui ne peut se réjouir de la gloire du prince son frère sans songer qu'il auroit pu avoir un rival! Tous les François, quelles que soient leurs opinions, doivent prendre part à la nouvelle gloire de la France : pour les uns elle est sans tache, car elle orne le trône légitime ; pour les autres elle est sans péril, car elle ne détruira point la liberté.

DU SYSTÈME POLITIQUE

SUIVI PAR LE MINISTÈRE.

AVERTISSEMENT.

C'est un usage établi dans le parlement d'Angleterre de s'enquérir de temps en temps de l'état de la nation. Cet usage sert puissamment les libertés et les intérêts de la patrie. Un combat corps à corps s'engage entre l'opposition et le ministère; et le public, intéressé à ce combat, en est à la fois le spectateur et le juge. Les règlements de nos deux chambres n'admettent pas cette manière de procéder; il seroit à désirer qu'elle fût introduite parmi nous : c'est pour y suppléer qu'on s'est déterminé à composer ce petit écrit et à le publier au commencement de la présente session.

Avant de le livrer à l'impression, on a cru devoir le communiquer à plusieurs membres de la chambre des pairs et de la chambre des députés : ils ont pensé que la publication de cet écrit seroit utile, et que, dans tous les cas, elle ne pourroit avoir d'inconvénient que pour l'auteur.

On a voulu faire entendre que les royalistes, *par des obstacles accumulés, arrêtent la marche du gouvernement, l'ébranlent, le compromettent peut-être un moment.*

Les royalistes n'ont pas besoin d'être justifiés. On sait s'ils ont défendu la monarchie : leurs malheurs le disent assez. On fera peut-être dans le cours de cet écrit retomber sur la tête de leurs accusateurs une accusation si injuste ; on prouvera peut-être que ce ne sont pas les royalistes qui *compromettent* le gouvernement, mais les hommes qui par un faux système de politique retardent l'union de tous les François.

Et puisque l'on s'obstine à défendre ce système, puisqu'un ministre dernièrement encore l'a vanté comme un chef-d'œuvre, il faut donc montrer qu'il n'est qu'un chef-d'œuvre d'inconséquences : à la fois violent et foible, fixe pour la haine, changeant par la peur, ce système offense les amours-propres et est antipathique au caractère françois. Vous commandez l'union, et vous divisez ; vous établissez la liberté en théorie, et l'arbitraire en pratique ; vous ne parlez que de la Charte, et vous demandez sans cesse des lois d'exception ; vous vantez l'égalité des droits, et vous vous efforcez de ravir à des classes de citoyens leur droit d'éligibilité ; enfin, vous isolez le pouvoir, et vous faites du ministère le gardien des intérêts de l'homme en place, et non le protecteur des intérêts de tous.

Comment le ministère, qui favorise ou qui subit le système, a-t-il traité les hommes et les opinions?

Dans quel esprit a-t-il rédigé les lois?

Quel caractère politique la chambre des députés a-t-elle pris entre ses mains? et dans ses communications avec cette chambre, le ministère a-t-il bien compris l'esprit de la Charte?

Voilà les points qu'il convient d'examiner.

La chambre des députés de 1815 déplut au ministère, qui s'étoit placé dans la minorité, et qui crut pendant quelque temps qu'on pouvoit marcher de la sorte. Il s'aperçut bientôt que la chose étoit plus difficile qu'il ne l'avoit d'abord pensé. L'ordonnance du 5 septembre répara cette petite erreur.

Alors, nouvelles élections, circulaire du ministre de la police générale pour empêcher que les choix ne tombassent sur des individus trop ardents dans la cause du trône ; surveillances levées, afin que les hommes frappés de mesures de haute police pussent aller voter aux colléges électoraux ; ordres donnés par les différentes directions à tous les employés d'user de leur influence aux élections, s'ils ne veulent perdre sans retour la confiance du gouvernement ; commissaires envoyés dans les départements pour prévenir la nomination de MM. de Bonald, Grosbois, Brenet, Villèle, Castelbajac, Forbin, Siryès, Lachaise-Murel, Clermont Mont-Saint-Jean, Kergorlay, Corbière, etc. Il faudroit nommer tous les membres de la majorité de la chambre de 1815, puisque M. le préfet d'Arras disoit dans sa fameuse lettre : « Je suis autorisé à le dire, à le répéter, à l'écrire : le roi verra avec mécontentement siéger dans la nouvelle chambre ceux des députés qui se sont signalés dans la dernière session par un attachement prononcé à la majorité opposée au gouvernement. »

Ces précautions prises, les élections commencent : dans quelques endroits elles se font aux cris d'*à bas les prêtres! à bas les nobles*[1]! Des colléges électoraux se séparent sans pouvoir terminer leurs opérations; trois départements ne sont point représentés, et d'autres ne complètent que le tiers ou la moitié de leurs élections.

Déclaré d'une manière aussi furibonde et aussi inconstitutionnelle contre les royalistes, le ministère se vit dans la nécessité de les poursuivre à outrance. Il y a longtemps que Tacite a dit : On ne pardonne point l'injure qu'on a faite. Alors se multiplièrent les mesures annoncées dans *La Monarchie selon la Charte*. En conséquence de ces mesures, la condition des royalistes est devenue pire qu'elle ne l'a été depuis qu'on a cessé de les proscrire; car alors, s'ils n'avoient rien, du moins étoient-ils respectés; s'ils ne pouvoient entrer comme éléments dans le gouvernement usurpateur, du moins on estimoit leur caractère, leur constance, leur opinion même; on se fioit à leur probité, on comptoit sur leur parole. Aujourd'hui quel rôle jouent-ils? Ils sont restés nus comme ils l'étoient sous Buonaparte; mais ils n'ont plus ce qu'ils avoient, la considération pour supporter le présent, l'espérance pour attendre l'avenir. Qu'avant la restauration ils subissent le joug, c'étoit une conséquence inévitable de leur position; aujourd'hui la chose est-elle aussi naturelle? Haïs comme des vainqueurs, dépouillés comme des vaincus, ils s'entendent dire : « N'êtes-vous pas contents? N'avez-vous pas le gouvernement que vous appeliez de tous vos vœux, pour lequel vous avez tout sacrifié? » D'autres les poursuivent avec l'ancien cri des assassinats, en appelant sur eux la proscription comme nobles, comme méditant l'envahissement des propriétés nationales. Et pourtant les acquéreurs de biens d'émigrés cultivent en paix leurs champs au milieu même de la Vendée : immortel exemple de l'obéissance aux lois et de la religion du serment chez les royalistes! Ce sont de tels hommes que l'on condamne à rester sous la tutelle ministérielle, dont on met l'honneur en surveillance, et qui sont inquiétés comme suspects de fidélité : il est vrai, ils peuvent être recherchés pour ce crime.

Non content de les traiter avec tant de sévérité, on les livre encore à la moquerie publique : on essaye de les faire passer pour des imbéciles tombés dans une espèce d'enfance[2]. Si Montesquieu avoit vécu

1. « Un ministre a dit à la chambre des députés qu'il n'avoit point eu connoissance qu'on eût exprimé dans les colléges électoraux de 1816 ce vœu : *Nous ne voulons point de nobles*. Avoit-il donc oublié mon Rapport en date du 7 octobre?» (*Mémoire de M. de Curzay*.)

2. On a répondu, dans *La Monarchie selon la Charte*, à ce ridicule reproche d'incapacité fait aux royalistes. Il y a des gens qui prennent la probité pour de la bêtise.

jusqu'à nos jours, je doute que le ministère l'eût trouvé capable d'entrer au conseil d'État. Il semble qu'on s'efforce, par tous les moyens possibles, même par ceux de l'amour-propre, d'extirper le royalisme pour arracher les racines du trône : on voudroit qu'il ne restât de la race fidèle que quelques tombeaux épars sur les rives de la Drôme et dans les champs de la Vendée.

Et pourquoi attaque-t-on les royalistes avec tant de courage? Pourquoi? Parce qu'ils ne se défendent pas! Leur vertu les perd; leur honneur fait leur foiblesse : on les frappe sans crainte, sûr que l'on est qu'ils ne repousseront jamais les coups qu'on leur porte au nom du roi.

On s'excuse en disant que les intérêts de la révolution sont puissants, et qu'il faut beaucoup leur accorder. Cela est juste; mais ces intérêts sont garantis par la Charte et par les lois. On doit les protéger; d'accord : s'ensuit-il nécessairement qu'il faille persécuter les royalistes? Dans tous temps on a méconnu quelques services; mais il n'appartenoit qu'à la nouvelle école ministérielle de faire de l'ingratitude un principe de gouvernement.

« Les royalistes sont en si petit nombre! » dites-vous. Seroit-ce une raison pour les proscrire? Les royalistes sont très-nombreux, et les élections en offrent la preuve; quand ils ne le seroient pas, quel avantage les ministres d'un roi trouvent-ils donc à prouver qu'il n'y a point de royalistes? N'est-il pas de leur devoir d'en augmenter la race? Au contraire, ils ont pris à tâche de multiplier les hommes d'une opinion différente. J'avois dit : Faites des royalistes : on a mieux aimé faire autre chose. Tel qui au retour du roi se seroit estimé heureux d'être oublié a appris qu'il étoit un personnage, et qu'on parloit de lui donner des garanties. D'abord il n'osoit se montrer, il sollicitoit humblement les amis du trône de lui faire obtenir son pardon : voilà qu'on lui déclare que c'est à lui de protéger les amis du trône. Tout étonné, il sort de sa retraite, il en croit à peine ses yeux, il est persuadé qu'on se moque de lui; mais enfin il reconnoît, sans pouvoir le comprendre, que la chose est très-réelle, très-sérieuse; que c'est à lui qu'appartiennent les récompenses et les honneurs; que lui seul est un esprit éclairé, un homme habile, un grand citoyen. Il accepte avec dédain ce qu'on lui offre avec empressement : bientôt il devient exigeant, il parle de ses droits : c'est lui qui est l'opprimé, le persécuté; il réclame, il n'est pas satisfait : il ne le sera que quand il aura renversé la monarchie légitime.

Voilà comme de ce qui n'étoit rien on a fait quelque chose. On s'est plu à ranimer un feu dont les dernières étincelles commençoient à s'éteindre. Déplorable effet du système adopté : pour embrasser ce système, on fut obligé de soutenir que la France étoit révolutionnaire ; ensuite, pour n'avoir pas le démenti de ce qu'on avoit avancé, on se vit dans la nécessité de créer un parti qu'on supposa être celui de la révolution. Tel est l'enchaînement de nos vanités et de nos malheurs !

On a voulu, dites-vous, tenir la balance égale, ne placer le gouvernement à la tête d'aucun parti.

C'est d'abord une chose singulière que de regarder les royalistes comme un parti sous la royauté. Ensuite il n'est pas vrai qu'on ait tenu la balance égale. Les royalistes sont chassés ; leurs plus petites fautes sont punies avec une rigueur inflexible ; et la rébellion, les outrages aux drapeaux et au nom du roi trouvent des cœurs indulgents, excitent la pitié, la miséricorde. On s'attendrit sur le sort des conspirateurs. « Ce sont les royalistes qui les ont poussés à bout ! » On destitue les autorités qui ont réprimé des rébellions. Ce n'est pas un moyen de plaire aux champions du système, que de découvrir des complots qui en révèlent la foiblesse et en démontrent le danger.

Sous un rapport seulement on agit avec impartialité : le ministère veut bien oublier les outrages commis et les services rendus pendant les Cent Jours. Ce n'est rien d'avoir demandé aux alliés un roi quelconque à l'exclusion du roi légitime ; mais aussi ce n'est rien d'avoir été amené pieds et poings liés à Paris, pour être fusillé en qualité de commissaire du roi. Je me trompe ; ici même il n'y a pas égalité : on est amnistié pour avoir été à Gand... Je supprime l'autre terme de comparaison.

On triomphe néanmoins, parce que tout marche encore paisiblement, que les dernières conséquences de ce système sont encore cachées dans l'avenir. Les petits esprits sont dans l'exaltation et dans la joie ; mais qu'ils attendent. La révolution n'enfantera que la révolution ; pour consolider le gouvernement de droit, il ne faut pas administrer d'après les maximes du gouvernement de fait ; pour n'avoir rien à craindre autour de soi, il ne faut pas que les agents du pouvoir écartent ses véritables amis : foible et imprudente politique ! Les méchants mêmes ne croient point à la durée du bien qu'on leur fait, quand ils voient le mal qu'on fait aux honnêtes gens. Leur conscience leur crie : « Si l'on traite ainsi le bois vert, que fera-t-on du bois sec ? » On espère retrouver les royalistes dans le danger ; on compte sur leur conscience, et on a raison. Mais pourquoi ne pas aussi garder leurs cœurs ? Deux sûretés valent mieux qu'une.

En dispersant les anciens amis du trône, on achevoit de remporter sur les royalistes une victoire si utile à la royauté ; en pesant sur le grand ressort révolutionnaire, ce ressort ayoit produit son effet accoutumé. Des brochures remplies de l'esprit de ces paroles de bénédiction : *Guerre aux châteaux, paix aux chaumières !* avoient heureusement ranimé, pour la paix et le bonheur de la France, la haine contre la noblesse et contre la religion, c'est-à-dire contre deux principes du moins consacrés par la Charte, si on ne veut pas considérer le premier comme un élément naturel de la monarchie, et le second comme le fondement de toute société. Mais voici tout soudain un changement de scène : voici qu'au milieu du triomphe un cri de détresse se fait entendre. On avoit fait passer une loi des élections dans les meilleures intentions du monde ; seulement on n'en avoit pas prévu les résultats. La frayeur s'empare des esprits : il n'est plus question du système ; on ne pense plus à ce qu'on a fait aux premières élections contre les royalistes : on les appelle au secours. Le 22 septembre on s'écrie : « Royalistes purs, royalistes constitutionnels, royalistes avant ou après la Charte, réunissez-vous : c'est votre cause qui va se juger. » (*Journal des Débats.*) Et il falloit que les royalistes (dans un article précédent déclarés ennemis de la loi des élections) accourussent vite pour empêcher le mal qu'alloit faire cette loi ; et l'on supposoit des partis, des divisions, des nuances, après avoir répété cent fois que tous les partis étoient éteints ; et l'on proclamoit des périls, après avoir soutenu qu'il n'y avoit plus de périls, et que, grâce au système de l'administration, nous étions tous heureux et tranquilles. Le 23 septembre on disoit : « Choisissez des hommes contre lesquels il ne soit pas possible d'alléguer le 20 mars, quand ils parleront de justice et de liberté. Royalistes, votre opinion est divisée en plusieurs nuances ; mais toutes ces nuances se réunissent lorsqu'on les oppose à des noms qui rappellent la république ou l'usurpation des Cent Jours. Il y a tel choix qui, sans importance immédiate par lui-même, seroit un danger, uniquement parce qu'il seroit un scandale. » (*Journal des Débats.*) On disoit le 24 septembre : « Ce ne sont pas les rédacteurs de l'Acte additionnel qui peuvent mériter de parler au nom de la Charte dans l'assemblée de la nation. . . . . La Charte, ouvrage du roi, ne sera pas remise entre les mains des hommes qui ont voté à la tribune l'exil de sa dynastie. » (*Journal des Débats*). Et l'on oublioit que la chambre actuelle des députés compte dans son sein plusieurs représentants de la chambre de Buonaparte, lesquels votent avec le ministère ; on oublioit que d'autres *représentants* présidoient des colléges électoraux, et que le ministère, par conséquent, les avoit tacitement désignés au choix de leurs concitoyens ; et l'on oublioit qu'il y avoit tel département où dans ce moment même on portoit en entier la députation des Cent jours; et l'on s'attiroit la juste réponse d'un candidat qui, se croyant insulté, trouvoit étrange que le parti ministériel stigmatisât les hommes du 20 mars, quand on pouvoit en remarquer jusque dans les places les plus élevées.

On niera sans doute à présent la terreur que l'on a éprouvée, les confessions naïves qui en furent la suite : « La loi étoit défectueuse, on s'étoit trompé, on reviendra sur cette loi ! » On ne parloit que d'union et de concorde; on conjuroit les plus obscurs royalistes de voler au secours du ministère; on faisoit l'éloge de ces royalistes, « gens, s'écrioit-on, pleins d'honneur et de probité ». Victoire obtenue, frayeur oubliée : la veille on avoit embrassé les royalistes; on leur tourna le dos le lendemain. « On se sert des traîtres, mais on ne les aime pas, » disoit jadis un ministre. C'est ce que semblent dire nos ministres aujourd'hui.

Est-ce donc ainsi, au milieu des lumières du XIXe siècle, dans un royaume parvenu au dernier degré de la civilisation, chez une nation éclairée par sa récente expérience et par ses longs malheurs, est-ce ainsi que l'on traite des hommes raisonnables? Est-ce donc ainsi qu'on se précipite en moins d'un an dans les contraires? A-t-on le droit de désigner comme ne pouvant pas être élus membres de la chambre des députés des hommes qui remplissent d'ailleurs toutes les conditions de l'éligibilité? Les royalistes ont été dénoncés dans tous les journaux, pour les écarter des élections précédentes, une autre classe de citoyens a été flétrie dans ces mêmes journaux pour l'éloigner des dernières élections. Si les gazettes étoient libres, leurs opinions seroient sans conséquence; mais elles sont esclaves, et ce qu'elles renferment devient la pensée du gouvernement. Au moment où il est le plus important sous un régime constitutionnel de connoître l'opinion publique, on n'a entendu que l'opinion, sans doute excellente, de quelques hommes en place, mais qui pourtant en avoient une toute contraire il y a neuf mois, puisqu'ils envoyoient voter aux élections de 1816 les hommes qu'ils déclaroient indignes d'être élus aux élections de 1817.

Ces déplorables variations nous annoncent-elles un nouveau système politique? Allons-nous voir le retour des royalistes? Autre inconséquence : on n'en veut point. A la seconde restauration on fit des épurations dans un sens, on appela quelques royalistes, puis on les destitua pour remettre en place les premiers *épurés;* et maintenant ces hommes de choix sont traités une seconde fois en ennemis. Quand en finirons-nous? On embrasse un système; puis on en a peur, puis on n'a pas la force d'en changer; on blesse toutes les opinions, on se rend suspect à tous; et au milieu des haines qu'on a ranimées, n'effaçant point les maux du passé, ne préparant point le bonheur de l'avenir, on reste environné d'une multitude d'ennemis qui, fatigués par leurs souffrances, vous déclarent ou peu sincères ou incapables de conduire les affaires humaines.

Voilà, considéré dans son esprit général, ce système politique offert à notre admiration et à celle de la postérité. Voyons maintenant quelles lois on a proposées et si on a mieux compris sous ce rapport les intérêts de la monarchie légitime et les principes de la Charte.

Commençons par la loi des élections.

On évitera de répéter ici ce qu'on a dit contre cette loi : jamais discussion ne fut mieux approfondie dans les deux Chambres[1].

Lorsqu'on songe que l'article principal de cette loi n'a été emporté dans la chambre des députés que par une majorité de douze voix, et dans la chambre des pairs que par une majorité de quatorze; qu'ainsi sept voix dans la chambre des députés et huit dans la chambre des pairs passant à la minorité auroient suffi pour changer toute l'économie de la loi; lorsqu'on songe que pour obtenir la victoire il fallut faire venir à la chambre des pairs ceux de ses membres dont les infirmités demandent habituellement le repos; que cinq ou six pairs opposés à la loi n'assistèrent pas à la séance, il y a certes de quoi faire hésiter les ministres eux-mêmes dans le jugement qu'on doit porter de cette loi.

Chez nos voisins, un bill fondamental que n'auroit pas accueilli un plus grand nombre de suffrages eût été retiré par le ministère. Les ministres françois, plus éclairés sans doute, continuent à s'applaudir de la loi des élections. « *L'ordonnance du 5 septembre,* vient de nous dire l'un d'eux, *et la loi des élections lui ont appris* (au peuple) *quels étoient les véritables défenseurs, les véritables amis de la Charte et de la liberté.* » (*Discours de M. le ministre de la police générale.*) Paroles étranges après la frayeur que l'on a montrée lors des élections et après les articles de journaux que je viens de citer!

On n'entrera point dans les raisons de la terreur éprouvée relativement à certains candidats; terreur injurieuse pour ceux qui l'inspiroient, et qu'auroient dû cacher ceux qui l'ont ressentie. Admettons un moment, contre notre conviction intime, que ces raisons soient fondées. Quoi! parce que des hommes dont les principes effrayoient les ministres n'auront manqué leur nomination que d'un petit nombre

---

1. Si on désiroit en revoir le tableau, on le trouvera supérieurement exposé dans l'*Histoire de la session de* 1816, par M. Fiévée.

de voix, vous chanterez victoire! Vous êtes contents de la loi des élections, je vous en félicite; mais je ne vous félicite pas d'avoir appris à la France et à l'Europe, par des journaux soumis à votre censure, qu'il y a tel département où près de la moitié des électeurs présents ont donné leur voix à des hommes qui, selon l'expression de ces mêmes journaux, ont voté à la tribune l'éternel exil de la dynastie des Bourbons.

La question touchant la loi des élections n'est donc pas, pour le ministère, de savoir si on évitera une fois, deux fois peut-être, par un concours fortuit de circonstances, des députés tels que ceux qu'il a proclamés dangereux d'une manière si inconstitutionnelle, pour ne pas me servir d'un mot plus dur; il s'agit de dire si dans un temps donné ces députés n'arriveront pas, malgré l'opposition de l'autorité. Le problème peut se résoudre par une simple opération d'arithmétique : combien faut-il de réélections pour que les candidats dénoncés par les journaux soient en majorité dans la chambre? Faites la règle de proportion et additionnez.

On reproduira sans doute le puissant raisonnement qu'on a coutume de faire : « Puisque les hommes que nous craignons sont si forts, il faut donc les caresser. Donc, au lieu de réviser la loi des élections, il faut nous jeter dans les bras de ceux que nous avons déclarés nos ennemis. »

Mais pourquoi donc alors avez-vous voulu les écarter des élections? Vous caresserez ceux que vous venez d'outrager? Ils vous mépriseront : l'empire romain paya tribut aux Francs pour acheter momentanément une paix avilissante, qui finit par une guerre d'extermination.

Si donc on ne veut d'abord considérer la loi des élections que dans les intérêts des hommes en place qui l'ont proposée, il est évident que ces hommes ont méconnu leur foiblesse; ils ont cru qu'il existoit un parti moyen avec lequel ils remporteroient la victoire. Dans cette persuasion, ils ont méprisé et les royalistes qu'ils avoient repoussés des élections de 1815, et les indépendants[1] qu'ils vouloient exclure des élections de 1816. Cependant, quand on administre, on ne devrait pas ignorer les faits : or, les faits, les voici :

La loi des élections désigne en général une classe d'électeurs où

---

1. C'est surtout dans un écrit de ce genre qu'il faut être clair et se faire entendre de tout le monde. On a donc été forcé d'employer les noms sous lesquels les différentes opinions sont classées aujourd'hui. Ce n'est pas toutefois sans un profond regret : les royalistes savent trop combien de souvenirs douloureux s'attachent à ces désignations, qui commencent par n'exprimer que des opinions et finissent par marquer des victimes.

les royalistes ne sont peut-être pas aussi nombreux que dans les classes qui payent moins ou plus de cent écus de contribution. Malgré ce désavantage de la loi, il est cependant prouvé, par une moyenne proportionnelle prise dans les départements appelés aux dernières élections, que les opinions se sont montrées dans les rapports suivants : deux cinquièmes de royalistes, deux cinquièmes d'indépendants, un cinquième de ministériels; de sorte encore que si tantôt les royalistes dans la crainte des indépendants, tantôt les indépendants dans la crainte des royalistes n'eussent passé aux ministériels, ceux-ci n'auroient pas eu un seul député; de sorte encore que si l'année prochaine les indépendants et les royalistes votent constamment dans leur ligne, sans se joindre aux ministériels, les élections seront toutes indépendantes et toutes royalistes ; de sorte encore que si les royalistes, fatigués d'une lutte aussi pénible, las d'un dévouement aussi mal apprécié, se retiroient des colléges électoraux[1], les indépendants obtiendroient un triomphe complet.

Dans cette circonstance, que fera le ministère? Il cassera la chambre! Le peut-il aujourd'hui, d'après son opinion même, sans danger pour lui ou pour la légitimité?

Sans danger pour lui, si les élections sont royalistes et indépendantes.

Sans danger pour la légitimité, si les élections sont purement indépendantes, à en juger par tout ce qu'il a voulu nous faire entendre dans son attaque contre les indépendants.

Ne seroit-ce pas une chose funeste si le premier essai qu'on a fait de la loi des élections mettoit sous le présent ministère un obstacle moral à l'exercice de la prérogative la plus importante de la couronne?

Que quelques hommes se fussent trompés dans leurs intérêts particuliers, il faudroit bien s'en consoler ; cela prouveroit seulement qu'ils ont eu tort de blesser les deux classes les plus nombreuses de la France, en croyant qu'elles n'étoient rien et qu'ils étoient tout. Mais s'ils s'étoient mépris sur les intérêts de la monarchie, il faudroit déplorer cette erreur. Il est bien à craindre qu'une loi des élections où l'influence légale de la grande propriété et le patronage des grands dignitaires ne balancent pas assez l'action populaire ne sème de nouveau dans nos institutions les germes du républicanisme. Le projet de loi de recrutement vient encore augmenter les craintes des amis de la monarchie.

Ce projet viole ouvertement plusieurs articles de la charte : sans

---

1. Dès cette année un grand nombre d'électeurs royalistes ne se sont point rendus aux élections : ils ont eu tort.

m'arrêter à ses nombreux inconvénients, le titre de l'*avancément* dépouilleroit la couronne de sa plus importante prérogative; le roi cesseroit pour ainsi dire d'être le maître de l'armée, et une fatale confusion feroit passer le pouvoir exécutif au pouvoir législatif; ce fut la grande faute de l'Assemblée constituante. Ainsi la révolution ne nous auroit rien appris! La même témérité qui nous poussoit au milieu des écueils avant la tempête nous suivroit encore après le naufrage.

Dans les républiques mêmes, l'avancement dans l'armée n'a jamais été réglé par une loi; dans une monarchie, c'est tout au plus matière à une ordonnance. Le roi même n'a pas le droit de se dépouiller de sa puissance exécutive : elle est inhérente à la royauté; elle existe une et entière dans la couronne, pour le salut du peuple, pour la paix comme pour la gloire de la patrie.

On a encore reproduit cette année une triste loi d'exception pour les journaux : la discussion de cette loi a donné lieu à un reproche auquel il faut d'abord répondre.

On reproche donc à la minorité royaliste, qui vote aujourd'hui pour la liberté de la presse, d'avoir laissé passer en 1815, lorsqu'elle étoit majorité, la loi sur la censure des journaux.

Remarquez d'abord que c'est la chambre des députés de 1814, et non pas celle de 1815, qui avoit établi provisoirement la censure : la chambre de 1815 n'a fait que la proroger relativement aux journaux; mais dans quelle circonstance l'a-t-elle fait? Après les Cent-Jours, au moment où la France venoit d'être bouleversée, où l'on étoit environné de tant de factions, où tant d'intérêts froissés, tant de passions émues menaçoient l'existence de la monarchie, où tant d'hommes comblés des bienfaits du roi s'étoient livrés à la plus inconcevable trahison, où les alliés occupoient Paris, Lyon, Marseille, la France, enfin, jusqu'à la Loire!

Si les deux chambres, dans des circonstances aussi graves, ont cru devoir accorder une répression temporaire de la presse, sied-il bien au ministère, qui demande encore cette répression, de le leur reprocher aujourd'hui? Et parce qu'elles ont voté alors pour la censure, sont-elles obligées de maintenir cette même censure lorsque les circonstances ont changé? Quand le parlement d'Angleterre suspend l'*habeas corpus* s'oblige-t-il à le suspendre d'année en année? Nous refusons la censure aujourd'hui, précisément parce qu'on l'a accordée hier, et parce que, n'étant plus utile au salut de l'État, elle ne sert que les passions d'une autorité qui en abuse.

On insiste. Comment se fait-il que la liberté des journaux (il ne reste plus à présent que cette question à traiter), comment se fait-il que cette liberté soit réclamée et par ceux qui pensent qu'elle est indispensable dans un gouvernement représentatif, et par ceux qui la tiennent pour dangereuse ? — Cela vient de l'abus que l'on a fait de la censure. Si on eût laissé une honnête liberté d'opinions dans les gazettes; si aucun homme n'y eût été calomnié, sans pouvoir au moins s'y défendre; si l'on n'eût pas fait de la censure une arme de parti ; si tout ouvrage eût pu être annoncé avec louange ou blâme, selon l'opinion du critique; si la censure se fût réduite à retrancher ce qu'elle eût voulu d'un article, mais sans y rien ajouter ; si l'on n'eût jamais forcé un rédacteur à recevoir, contre son gré, ces paragraphes politiques qui sentent encore les bureaux d'où ils sortent ; si, enfin, on eût respecté les propriétés des journalistes soumis à la censure, il n'y a pas de doute que, par cette conduite adroite, on eût diminué les partisans de la liberté de la presse parmi ceux qui n'entendent pas bien la question constitutionnelle; mais quand la censure ne sert qu'à faire le mal et à s'opposer au bien, quand les plus indignes libelles, quand les plus mauvais journaux circulent sans obstacles, tandis que les ouvrages les plus utiles et les journaux les mieux intentionnés sont de toutes parts entravés, l'homme le moins favorable à la liberté de la presse devient partisan de cette liberté; et puisqu'il se sent perdu par l'esclavage des journaux, comme il craint de l'être par leur liberté, il aime mieux se ranger à une opinion qui lui donne un espoir de salut que d'embrasser un parti qui, en le privant de tout moyen de défense, ne lui laisse pas même la chance du combat.

Mais ce ne sont là que des raisons tirées des opinions individuelles. En entrant dans le fond des choses, on sentira que des journaux dans la dépendance de la police changent et dénaturent le gouvernement représentatif, au point qu'on ne le reconnoît plus.

Sous le rapport de la politique extérieure, les membres des deux chambres sont laissés dans une ignorance complète : nous sommes réduits à chercher dans les feuilles publiques étrangères les choses les plus importantes pour notre patrie. Un correspondant de Paris écrit dans le *Courrier anglois* : il y calomnie souvent les hommes, mais il apprend aussi aux Anglois ce que font nos ambassadeurs; quelles négociations sont commencées, quels traités vont se conclure : nous, nous ne valons pas la peine d'être instruits de ce qui nous touche[1]. Ces nouvelles cependant seroient aussi bien à leur place

---

[1]. L'année dernière, j'ai révélé à la chambre des pairs l'existence d'un traité (entre la France et la ville de Hambourg), imprimé dans toute l'Europe, excepté en France. Cette année, le concordat a été imprimé dans tous tous les journaux de l'Europe, et

dans nos gazettes que dans le *Courrier*, et cela seroit plus honorable pour la France.

Sous le rapport de la politique intérieure, on a dit ailleurs [1] comment la censure attaque jusqu'aux principes de l'ordre judiciaire, en défendant aux journaux, lorsqu'ils rendent compte d'un procès criminel, de parler de la partie des débats où se trouveroient mêlés quelques agents de la police [2].

Au reste, la police a un si grand intérêt à disposer des journaux pour jouir de l'impôt illégal de 550,000 fr., qu'il est tout naturel qu'elle veuille les retenir dans sa dépendance. Si nous étions en possession de nos libertés, à quoi serviroit la police, et de quoi vivroit-elle? Espérons, pour l'avenir, que, sa dépense étant portée au budget, elle sera plus libérale sur la censure des journaux, qu'elle nous donnera le tableau de ses recettes et de ses dépenses, et imprimera la liste exacte de ses pensions!

Il y a imprévoyance dangereuse à ne pas accorder aujourd'hui la liberté des journaux avec une bonne loi de répression. C'est une maxime d'État, qu'un gouvernement ne doit pas refuser ce que la force des choses est au moment de lui ravir : aujourd'hui vous obtiendrez une liberté de la presse, demain on vous forcera peut-être d'en supporter la licence.

Tout le monde veut que les journaux soient libres, puisque ceux même qui s'opposent à l'abolition de la censure cette année nous la promettent dans un an. Si tout se réduit à une question de temps, tout se réduit donc à savoir quelle sera l'époque la plus favorable pour établir la liberté de la presse : or, pense-t-on qu'il sera moins dangereux de l'accorder lorsque les alliés se retireront, et que la loi des élections aura changé un autre cinquième de la chambre des députés? Ne seroit-il pas plus sage de nous habituer à cette liberté tandis que nous savons encore où nous sommes et que nous marchons dans nos vieux sentiers? Du moins le premier effet seroit passé quand tout changera de face en France; cette explosion ne viendroit pas se

---

même dans quelques journaux de nos départements, deux ou trois mois avant qu'on en ait permis la publication dans les journaux de Paris!

1. Voyez *La Monarchie selon la Charte.*
2. Faudroit-il croire, dans un autre genre de procédure ralative aux délits de la presse, ce que j'ai lu dans les *dernières conclusions* attribuées à MM. Comte et Dunoyer? Il résulteroit de ces conclusions que les auteurs du *Censeur* auroient été recherchés pour des notes contre les missionnaires et contre des officiers vendéens; notes qu'on leur avoit communiquées, et qu'ils ont pu croire sorties d'une source ministérielle. On attend encore l'explication, qui seule peut faire cesser un pareil scandale.

joindre à celle que produira nécessairement la délivrance de notre territoire. Si l'on songeoit un peu plus aux intérêts de la patrie, et que l'on ne vît pas toujours dans la question des journaux les soucis particuliers du ministère, on feroit attention à ce que je dis ici.

N'apprendrons-nous jamais les affaires, et verrons-nous encore se passer sous nos yeux les choses dont nous sommes les tristes témoins? En vain une majorité est acquise si les lois qu'on lui présente sont tellement défectueuses que la raison les repousse et que la bienveillance la plus décidée ne puisse les admettre sans amendements ; forcée de voter contre son penchant, cette majorité accuse par son vote les auteurs de la loi encore plus que la loi elle-même.

Le concordat passera-t-il? Non pas vraisemblablement sans éprouver une grande opposition; et cette opposition viendra peut-être du côté où le ministère a cherché son appui. Cela prouveroit qu'il n'a pas bien connu les hommes. Des raisons secrètes ou publiques, comme on l'a dit un moment, feront-elles retirer le concordat? L'opinion ne pardonne guère ces tâtonnements ; et la déconsidération marche, pour les hommes d'État, à la suite des essais et des demi-partis.

Enfin, remarquez le sort de la loi sur la liberté de la presse : on en sépare d'abord le dernier article de la manière la plus insolite, pour en faire une loi particulière, sans égard au rang qu'il occupoit dans la série des articles, sans égard à l'influence qu'il a pu avoir sur les opinions, sur la manière dont il a pu déterminer des amendements, des suppressions ou des adoptions, lorsqu'il faisoit partie de la loi générale. Vite on porte à la chambre des pairs ce qui n'étoit dans l'origine ni un projet de loi, ni un article d'un projet de loi, ni un amendement de la chambre des députés à un projet de loi, mais un amendement de la commission de la chambre des députés fait au dernier article d'une loi composée de vingt-sept articles. On ne sait précisément quel sera le terme de l'existence de cet *être* extraordinaire, partie *périssable* d'une loi *immortelle* à laquelle il étoit attaché : la durée de sa vie dépend de la durée de la prochaine session.

Tandis que la loi générale est discutée lentement dans la chambre des députés, le malheureux fragment de la loi a à peine le temps de paroître à la chambre des pairs : il faut qu'il soit voté avant le 31 décembre, afin que l'ancienne loi expirante ait la consolation de voir son héritière avant de mourir : moins heureuse que l'esclave romain, la pensée n'aura pas même dans l'année un jour de fête où, sous la protection de quelque divinité, elle puisse déposer ses chaînes.

A peine les ministres étoient-ils parvenus à faire distraire de la loi générale l'article concernant les journaux, qu'ils exploient ce succès en perdant la majorité sur un autre article : bientôt ils sont encore battus sur un autre. Ils ont triomphé, il est vrai, en faisant rejeter l'amendement en faveur du jury. Déplorable triomphe pour la France et pour le ministère lui-même! Quand on livre aux disputes humaines ces questions qui touchent à la fois aux intérêts les plus chers et aux passions les plus vives, il faudroit du moins que le prix de la victoire en compensât le péril. Enfin la loi est adoptée! Quelques voix seulement la livrent comme à regret au ministère, qui ne craindra pas de présenter à l'approbation de la chambre des pairs, à la sanction du roi et au respect de la nation un projet de loi auquel une majorité de dix suffrages donne à peine un commencement d'existence!

L'article sur les journaux sera peut-être admis par la chambre des pairs; mais comme il n'a d'effet que jusqu'à la fin de la session suivante, l'année prochaine les débats recommenceront. Rien de plus imprudent que de remettre chaque année en question les principes de l'ordre social. Que résultera-t-il donc de ces derniers débats? La profonde affliction que causent à tous les François des mesures si fausses, des projets si mal conçus, des méprises si fatales sur les choses et sur les hommes.

Il reste à considérer le ministère dans ses rapports avec la constitution, à examiner ce qu'est devenue la chambre des députés sous son influence, quelle notion il a du gouvernement représentatif, et quel est à cet égard son savoir ou son ignorance : cela fait, on aura parcouru tout son système.

La chambre des députés présente un aspect aussi singulier qu'il est nouveau. Une main peu sûre l'a laissée se briser en plusieurs parties. Aux deux extrémités se présentent les hommes qu'on voulut exclure des élections en 1815 et en 1816. Ils forment deux minorités : ceux qui composent la première sont les plus nombreux.

Au centre, dans ce qui devroit être la majorité, s'est formé un tiers parti. Ce tiers parti semble composé d'hommes éclairés, qui n'ont pu faire le sacrifice de leurs lumières à des ministres qu'ils regrettent de ne pouvoir suivre.

Ici l'on doit sentir, sous le simple rapport du ministère, l'inconvénient d'une représentation diminuée, et combien étoient dans l'erreur ceux qui prétendoient qu'une chambre réduite à deux cent cinquante-sept membres seroit plus facile à conduire qu'une chambre composée de quatre cents membres et plus. Dans une assemblée peu nombreuse, dix ou douze hommes qui se groupent et s'isolent deviennent importants et changent la majorité. Le ministère est forcé d'entamer des négociations avec ces petites puissances; il est à la merci de quelques voix, qu'il ne perdroit pas peut-être si l'assemblée, plus nombreuse, lui permettoit de les négliger.

La petite minorité dont le germe existoit dans la chambre dès la session dernière a pris des forces cette année. Elle vient de paroître avec mesure et talent, et a défendu, comme l'ancienne minorité, les principes conservateurs de la Charte.

Quant à cette ancienne minorité formée de la majorité de la chambre de 1815, elle est tout juste dans la position où elle se trouvoit l'année dernière : elle continuera d'émettre son opinion selon sa conscience. La religion, la légitimité, la Charte avec toutes ses libertés, non pas arbitrairement suspendues par les lois d'exception, mais sagement réglées par des lois permanentes! voilà ce que veut cette minorité : tous ceux, sans exception d'hommes, qui voudront venir sur ce terrain sont sûrs de la trouver : c'est là que, sans intrigues, sans ambition, elle tiendra d'une main ferme le drapeau blanc à la tribune, et soutiendra une opinion qu'on cherche à décourager. La lassitude des royalistes seroit le plus grand malheur qui pût arriver à la royauté; pour ne pas sentir cette lassitude, il faut avoir une dose peu commune de longanimité.

La politique adoptée en donnant naissance aux minorités royalistes des deux chambres a fait un mal incalculable. Ce sont des minorités contre nature : on ne s'accoutume point à voir dans l'opposition les plus fidèles soutiens du trône. De tous les devoirs que les royalistes aient eu à remplir jusque ici, le plus douloureux peut-être est d'être obligé de voter contre des projets qu'on leur présente comme émanés de la volonté du roi.

L'opposition naturelle aujourd'hui seroit une opposition démocratique combattue par une forte majorité royaliste [1]. Avec cette opposition le ministère et l'État marcheroient sans craintes et sans entraves; mais quatre-vingts membres dans la chambre des députés, soixante au moins dans la chambre des pairs, presque tous connus par leurs sacrifices et pour leur attachement à la monarchie, plusieurs au service particulier du monarque et nobles compagnons de ses exils, forment des minorités trop extraordinaires pour ne pas annoncer un vice radical dans l'administration.

Vous avez beau dire que ce sont des hommes honnêtes, mais égarés : une erreur peut appartenir à un homme, à quelques hommes, elle n'est pas le partage d'un nombre considérable de sujets loyaux, dé-

1. On a le bonheur de se rencontrer ici avec un orateur de la chambre des députés, M. Benoist, qui a très-bien exprimé et développé cette idée.

voués, sincères, religieux. Qui peut donc les pousser à une opposition si pénible pour eux? L'ambition? Mais dans ces nobles vieillards de la chambre des pairs, fatigués des traverses d'une longue vie, on n'a jamais remarqué que l'ambition de s'attacher aux pas d'un monarque malheureux, de lui aider à soutenir sa couronne, lorsqu'elle pesoit sur sa tête royale. Courtisans des temps de son adversité, ils ne veulent point être ses ministres au jour de sa fortune. Ils ont un plus beau titre à garder, un titre que la fidélité leur donne, qu'aucune puissance ne peut leur ravir : ils sont les amis du roi.

On ne voit dans l'ancienne minorité de la chambre des députés que des citoyens modestes, fidèlement attachés ou noblement revenus au trône. Qui les console dans leurs pénibles travaux? Ont-ils, comme en Angleterre, des journaux qui les défendent, des fortunes, une existence, qui les dédommagent de la perte de la faveur? Les rencontre-t-on chez les ministres? Intriguent-ils dans les antichambres? Ils vivent entre eux dans la simplicité de leurs mœurs, sans prétention, sans autre but que celui de faire triompher la monarchie légitime, sacrifiant en silence jusqu'aux intérêts de leur famille, enveloppée dans leur disgrâce, et n'opposant aux calomnies que le témoignage de leur conscience. Ils ne tirent aucun parti de leur renommée; ils la quittent pour ainsi dire avec leur habit, et ne la reprennent qu'à la tribune : ces hommes de bien, si redoutables aux ministres, si estimés dans toute la France, sont à peine aperçus dans Paris.

Une opposition pareille a nécessairement une influence considérable sur l'opinion. Par quelle fatalité a-t-on fait deux choses de la royauté et des royalistes? Les gens simples ne comprennent rien à cette distinction bizarre; ils ne savent où est la vérité, de quel côté il faut qu'ils se rangent; ainsi se trouve rompu ce faisceau de volontés sur lequel la France doit s'appuyer et dont elle doit tirer sa défense et sa force.

On entend une clameur : *Les royalistes voter avec les indépendants! Les royalistes inscrits avec eux pour parler contre la même loi! Quel malheureux esprit de parti!*

Mais qui donc élève cette clameur? Qui donc est si jaloux de l'honneur des royalistes? Seroit-ce par hasard leurs ennemis? Ils ont donc une idée bien haute de notre vertu! Depuis deux ans on calomnie les royalistes de la manière la plus honteuse : on essaye d'armer contre eux l'opinion publique; tous les journaux, même les journaux étrangers à la solde françoise, les déchirent : on voudroit les perdre dans toute l'Europe; et quand l'histoire fouillera les archives, aujourd'hui fermées à ses recherches, elle y découvrira peut-être des documents qui prouveront à quel point la haine a poursuivi la fidélité. On a tout fait souffrir aux royalistes ; et parce qu'on s'est mis dans une position périlleuse, on trouvera mauvais que les royalistes ne s'empressent pas de tendre la main à leurs imprudents persécuteurs? C'est la patrie, dit-on, qu'il s'agit de sauver! Et qu'est-ce qui a compromis la patrie? N'est-ce pas une politique étroite et passionnée qui a produit les divisions existantes aujourd'hui? Si on ne change pas de système, le plus grand malheur ne seroit-il pas de maintenir au pouvoir ceux qui nous perdent par ce système? Leur retraite dans ce cas n'est-elle pas la première condition du salut de la France?

L'ancienne minorité de la chambre des députés voter avec elle! Et pourquoi ceux qui se scandalisent de cette coïncidence de votes sont-ils plus scrupuleux pour les royalistes que pour eux-mêmes? Ne votèrent-ils pas pour la loi des élections avec ces mêmes hommes dont la faveur est passée aujourd'hui? On eut besoin des indépendants pour faire un 5 septembre contre les royalistes : voudroit-on aujourd'hui employer les royalistes pour faire un autre 5 septembre contre les indépendants?

Les royalistes défendirent l'année dernière la liberté de la presse : falloit-il qu'ils changeassent d'avis cette année, parce qu'une autre minorité partage leur opinion? Et que deviendroient leurs discours de l'autre session? S'ils pouvoient changer si subitement de doctrine sans raison palpable et motivée, ne seroient-ils pas et ne mériteroient-ils pas d'être la fable de l'Europe et de la France? On disoit que les royalistes étoient incapables; et on va trouver mauvais à présent qu'ils ne se précipitent pas sur des hommes qui sont d'accord avec eux dans une discussion capitale!

Grâce à Dieu, la querelle des hommes tire à sa fin entre tout ce qui ne veut pas le despotisme ministériel : les bons esprits sentent la nécessité de se fixer dans des principes qui n'aient pas la mobilité des passions. Tout ministère qui ne sera pas franc dans l'exercice de la constitution, qui n'embrassera pas le gouvernement représentatif avec toutes ses libertés, toutes ses conséquences, tous ses inconvénients comme tous ses avantages tombera écrasé sous le poids de ce gouvernement. Bonne foi et talent, voilà ce qu'il faut maintenant pour nous conduire; et la bonne foi et le talent ne sont point le partage exclusif d'une classe d'hommes. Les royalistes ne repoussent que la lâcheté et le crime, ils ne sont point ennemis des opinions. Quant à l'auteur de cet écrit, il pense qu'on peut rencontrer des amis sincères de la monarchie constitutionnelle jusque dans les rangs des anciens partisans de la république (lorsqu'ils n'ont pas commis de crimes), parmi ces hommes dont les premières erreurs ont eu un fonds de noblesse ; il croit encore que les enfants de nos victoires récentes sont désormais disposés à se joindre aux vieux soldats de notre antique gloire : aimer l'honneur, c'est déjà aimer le roi. Mais défions-nous de ces suppôts de la tyrannie, prêts à servir comme à trahir tous les maîtres, qui, toujours attendant l'événement, en ont toujours profité, esclaves que rien ne peut rendre libres et dont la Charte n'a fait que des affranchis.

Que faut-il conclure de la rencontre des deux minorités dans des principes communs de liberté et de justice ? Que cette réunion est la plus sévère critique du système que l'on suit et l'accusation la plus grave que l'on puisse former contre ce système.

Enfin, on s'écrie que c'est par esprit de parti que les royalistes combattent pour la Charte, pour la liberté de la presse ; qu'au fond ils n'aiment pas ces libertés. Cet argument est usé : la persévérance des royalistes dans leurs opinions détruit à cet égard toutes les insinuations de la calomnie ; mais pour trancher la question d'une façon péremptoire, qu'il me soit permis de citer un exemple :

Dans un rapport sur l'état de la France fait au roi dans son conseil, à Gand, je m'exprimois de la sorte :

« Sire, vous vous apprêtiez à couronner les institutions dont vous aviez posé la base, en attendant dans votre sagesse l'accomplissement de vos projets. . . . . Vous aviez déterminé une époque pour le commencement de la pairie héréditaire : le ministère eût acquis plus d'unité ; les ministres seroient devenus membres des deux chambres, selon l'esprit même de la Charte ; une loi eût été proposée afin qu'on pût être élu membre de la chambre des députés avant quarante ans et que les citoyens eussent une véritable carrière politique[1]. On alloit s'occuper d'un code pénal pour les délits de la presse, après l'adoption de laquelle loi la presse eût été entièrement libre, car cette liberté est inséparable de tout gouvernement représentatif[2]. On avoit d'ailleurs reconnu l'inutilité ou plutôt le danger d'une censure, qui, n'empêchant pas le délit, rendoit les ministres responsables de l'imprudence des journaux. . . . . .

« Sire, et c'est ici l'occasion d'en faire la protestation solennelle, tous vos ministres, tous les membres de votre conseil sont inviolablement attachés aux principes d'une sage liberté. Ils puisent auprès de

---

1. On peut remarquer que l'ordonnance du 13 juillet 1815 étoit basée sur ces principes.
2. Voilà, je pense, la liberté de la presse assez franchement demandée, et l'époque de la demande n'est pas suspecte.

vous cet amour des lois, de l'ordre et de la justice, sans lesquels il n'est point de bonheur pour un peuple. Sire, qu'il nous soit permis de vous le dire avec le respect profond et sans bornes que nous portons à votre couronne et à vos vertus, nous sommes prêts à verser pour vous la dernière goutte de notre sang, à vous suivre au bout de la terre, à partager avec vous les tribulations qu'il plaira au Tout-Puissant de vous envoyer, parce que nous croyons devant Dieu que vous maintiendrez la constitution que vous avez donnée à votre peuple, que le vœu le plus sincère de votre âme royale est la liberté des François. S'il en avoit été autrement, sire, nous serions toujours morts à vos pieds pour la défense de votre personne sacrée, parce que vous êtes notre seigneur et maître, le roi de nos aïeux, notre souverain légitime ; mais, sire, nous n'aurions plus été que vos soldats, nous aurions cessé d'être vos conseillers et vos ministres[1]. »

Que ceux qui accusent les royalistes de n'être pas de bonne foi dans leur attachement à la Charte, de n'avoir pris qu'un masque de circonstance, que ceux-là disent pourquoi à Gand un royaliste qui ignoroit quel seroit le terme de son exil et l'issue des événements, qui n'étoit ni pair de France ni opposé à un ministère dont l'existence même ne pouvoit pas être prévue, qu'ils disent pourquoi ce royaliste réclamoit si hautement les libertés constitutionnelles. Qu'ils disent si le langage qu'il tenoit alors diffère de celui qu'il tient aujourd'hui ; si sa franchise à la tribune a surpassé celle qu'il a montrée dans le conseil. Un homme qui, suivant son prince malheureux, a pu faire à ses pieds, en terre étrangère, une pareille profession de foi, a peut-être quelques droits d'en être cru sur parole lorsqu'il soutient des principes généreux et qu'il les allie à d'inaltérables sentiments d'amour et de fidélité pour son roi.

Ce qui à chaque session, à chaque question nouvelle, semble remettre en doute l'influence du ministère sur les chambres, c'est qu'il ne s'est pas bien pénétré des doctrines du gouvernement constitutionnel.

Lorsque la restauration est venue nous sauver, par un mouvement naturel on s'est reporté au commencement de nos troubles, et les

---

1. Il n'a été permis à aucun journal d'annoncer ces *Mélanges*, apparemment à cause de la préface qui commence le recueil, et de *La Monarchie selon la Charte*, qui le finit ; car je ne suppose pas que la brochure *De Buonaparte et des Bourbons*, les *Réflexions politiques* dont Louis XVIII avoit daigné approuver l'impression, quelques morceaux écrits à Gand pour les affaires du roi et mes *Opinions* à la chambre des pairs soient mis à l'*index* de la police. Qui sait pourtant ?
(*Note de l'ancienne édition.*)

vingt-cinq années de nos malheurs s'évanouissant comme un mauvais songe, on a repris la monarchie là où on l'avoit laissée. Cependant les choses n'étoient plus les mêmes : le roi, dans sa magnanimité, nous avoit donné une Charte : avec cette Charte, nos devoirs avoient changé. Mais les hommes appelés au pouvoir virent que le rétablissement du trône avoit réveillé dans nos cœurs cet amour inné des François pour les enfants de saint Louis. Ils se hâtèrent de profiter de ce sentiment pour échapper aux entraves de la Charte. Au lieu de rester à leur poste devant le roi, ils passèrent derrière, afin de couvrir la responsabilité du ministre de l'inviolabilité du monarque. Ainsi retranchés, ils se flattèrent de conduire la monarchie nouvelle avec les maximes de l'ancienne monarchie. De là le combat qui s'est engagé entre le ministère et les chambres : le ministère s'exprimant d'un ton absolu, s'efforçant d'emporter tout de haute lutte au nom sacré du roi ; les chambres réclamant la liberté de leurs opinions et voulant renfermer le ministère dans les principes.

Telle est la première cause qui empêcha certaines personnes de bien comprendre l'esprit de la Charte. Il y a une autre raison qui rend aussi quelques hommes étrangers à l'ordre actuel : ils conservent le souvenir des institutions de Buonaparte. On n'a d'un côté pour conduire la monarchie représentative que les traditions de la monarchie absolue, et de l'autre que l'expérience du pouvoir arbitraire. Remarquez la manière dont on interprète les lois, le soin avec lequel on va déterrer celles qui furent inventées par le vandalisme conventionnel ou par la tyrannie impériale ; lisez les discours prononcés dans quelques tribunaux, vous y découvrirez une antipathie secrète pour l'ordre constitutionnel. Ne répète-t-on pas que les chambres sont moins un contre-poids qu'un conseil pour l'autorité royale? N'entend-on pas dire qu'on peut gouverner avec des ordonnances ; que les François ne sont pas faits pour une monarchie représentative ; qu'ils sont las de ces corps politiques auxquels ils attribuent tous leurs malheurs? Tantôt on confond le ministère avec le trône, on soutient qu'attaquer le premier c'est attaquer le second ; tantôt, pour un autre motif, on en fait une puissance séparée ; on parle des principes *qui lient le ministère au roi et le roi au ministère,* créant ainsi en théorie de petits souverains qui sembleroient avoir des principes et un pouvoir indépendants de ceux du monarque. On perpétue des lois d'exception, qui perpétuent le ministère de la police générale ; tribunal d'inquisition politique, qui dans un moment de crise a pu avoir son utilité, mais dont l'existence est définitivement incompatible avec un gouvernement constitutionnel. On a surtout horreur de cette liberté des journaux, qui déjoueroit tant de petits projets, qui mettroit à nu tant de médiocrités. On introduit dans l'administration ce despotisme sauvage qui déplace les hommes, sans égard à leur position, afin de briser les volontés et de n'avoir partout que des machines. Buonaparte a disparu, mais il nous a laissé les muets de son sérail pour étouffer la liberté.

Il est au fond de la nature humaine quelque chose qui semble militer en faveur du pouvoir absolu : ce pouvoir se présente comme une idée simple ; et sous ce pouvoir il faut moins d'habileté à l'ambition pour parvenir. Quand on n'a pas les vertus nécessaires pour n'obéir qu'aux lois, on a un penchant naturel pour être l'esclave des hommes ; mais quiconque voudroit ramener avec la maison de France le despotisme de l'usurpateur perdroit la légitimité.

Il est tout simple cependant que des hommes jadis en pouvoir sous Buonaparte aient un penchant secret pour son système d'administration. L'admiration qu'ils ont pour ce système est une illusion d'amour-propre. « Tout alloit bien, disent-ils en eux-mêmes : nous gouvernions. » Et ils s'imaginent qu'ils avoient fait Buonaparte, et ils ne voient pas que c'est Buonaparte qui les avoit faits ! Instruments de la force, ils obéissoient comme des machines qui taillent le fer, qui font des ouvrages prodigieux par la violence du torrent qui les pousse ou du feu qui les soulève ; ôtez le moteur, il ne reste plus que des pièces inertes et impuissantes.

Les efforts du ministère entre les trois divisions de la chambre des députés seront-ils couronnés du succès? Nous l'ignorons ; mais nous savons que dans une monarchie représentative le gouvernement doit avoir une majorité compacte, sûre, imperturbable. Un ministère, obligé de négocier entre un tiers parti et deux minorités pour acquérir la majorité ; un ministère forcé de s'appuyer de l'une ou de l'autre de ces minorités pour faire passer les lois, un tel ministère n'est maître de rien et doit tout perdre.

On seroit tenté de regarder l'existence du ministère actuel comme un phénomène. Il ne se rattache point à l'opinion royaliste ; il ne s'appuie pas sur l'opinion indépendante ; une partie des hommes qui le suivoient semble se séparer de lui : à quoi tient-il donc? Nécessairement les opinions diverses des différentes parties de la chambre des députés offrent la réunion complète des opinions de la France, et le ministère ne se trouve dans aucune de ces opinions. Auroit-il conçu le projet de les combattre toutes et de se maintenir par une portion de chacune? Plus d'une fois à ce jeu funeste on a perdu les États.

En y regardant de plus près, on trouve que le ministère, isolé de la nation, a cependant un parti.

Ceux qui dans l'origine donnèrent naissance au système politique si menaçant aujourd'hui, ce furent une trentaine d'hommes qui s'arrangèrent pour renfermer l'autorité administrative dans leur petit cercle et la conserver à tout prix. Tenant entre leurs mains les places qui séduisent, l'argent qui enchaîne, les journaux qui trompent, ils parvinrent à diriger les ministères, à créer une opinion factice, à faire un moment illusion à l'Europe. Ils nous ont mis à peu près dans la position où nous étions à Saint-Denis, lorsqu'on prétendoit qu'il étoit impossible d'entrer à Paris avec la maison du roi, une garde nationale et un peuple qui n'attendoient Louis le Désiré que pour le bénir. Une poignée de fédérés tenoit les barrières fermées, et pour vaincre cette grande résistance il ne s'agissoit rien moins que d'ouvrir une négociation et de prendre la cocarde tricolore. Ainsi quelques hommes sans force réelle gardent les avenues de la monarchie et disent à la foule des honnêtes gens : « Vous ne pouvez pas entrer, personne ne veut de vous; vous n'êtes pas assez forts; prenez nos couleurs. »

Ces trente inventeurs du système sont donc des génies extraordinaires? Pas du tout : ce n'est qu'une coterie poussée par une faction[1] : cette coterie a été forcée de prendre son point d'appui dans cette faction. C'est de là qu'elle tire sa puissance, c'est de là que viendra sa perte. Pour se maintenir, elle sera obligée d'exagérer ses propres principes, parce que dans les choses humaines tout ce qui ne croît plus est prêt à décroître. C'est par cette cause que le ministère, soumis malgré lui à l'action du système, tend continuellement à *s'épurer*, à se dégager des hommes qui ne sont pas assez prononcés dans un certain sens, pour les remplacer par des hommes plus décidés ou plus soumis. Il arrivera qu'à force d'épurations l'esprit du gouvernement se trouvera changé, qu'une opinion aura pris la place d'une autre sans qu'on s'en soit aperçu. Si alors, justement saisi d'épouvante, le ministère veut reculer, il perdra l'appui de la faction; s'il continue d'avancer, la faction l'engloutira.

Des hommes plus zélés que judicieux ont coutume de citer l'Europe en témoignage de la sagesse du système qu'on se permet de combattre dans cet écrit.

Est-il certain que l'Europe favorise un système dont elle a été la victime? Voit-elle sans inquiétude se rassembler les éléments des tem-

---

1. Voyez *La Monarchie selon la Charte.*

pêtes qui l'ont ébranlée? Elle n'a rien à redouter des principes qui peuvent consolider en France la monarchie légitime; elle auroit tout à craindre des doctrines qui rétabliroient parmi nous l'empire de la révolution. Si je traitois ce côté de la question, j'y trouverois de grands avantages, en inspirant aux rois une crainte salutaire; mais je suis arrêté par un sentiment d'honneur : ma cause me sembleroit mauvaise si je tirois mes arguments d'une source étrangère. Je respecte l'opinion de l'Europe, mais elle ne sera jamais une autorité pour moi en ce qui touche les intérêts particuliers de mon pays : je suis trop françois pour oublier un moment ce que je dois à l'indépendance de la France.

J'ai dit quelques vérités; je n'ai pas cru devoir me tenir dans ce milieu d'où l'on ne peut atteindre à rien et où aucun intérêt ne vient aboutir. Des raisons et des phrases affoiblies manquent leur effet : c'est avoir l'inconvénient et n'avoir pas le courage de son opinion. Un imprudent système a gâté le bien qu'il étoit si facile d'opérer. Si par des raisons de parti, des craintes mal fondées de réaction et de vengeance, on a cru devoir verser du côté de la révolution, a-t-on bien songé où l'on seroit inévitablement conduit? A-t-on pensé à ce qui arrivera, lorsque, la France devenue libre par la retraite des troupes étrangères, nous nous trouverons seuls en présence des passions que nous aurons armées? Sommes-nous sûrs de pouvoir rétrograder? Sera-t-il temps de revenir? Déjà le mouvement nous entraîne; déjà ceux qui sont dans ce moment ne s'aperçoivent plus de sa rapidité. Ils nous crient que tout est tranquille, parce que le tourbillon qui les emporte roule et se précipite avec eux. Les illusions sont grandes autour de nous. A Paris, des devoirs à remplir, des plaisirs à suivre occupent la journée; il faut conserver sa place, soigner sa faveur, faire son chemin, garder les bienséances de la société, ne choquer l'opinion de personne. L'atmosphère des cours a quelque chose qui porte à la tête et change l'aspect des objets. Toutefois ceux qui ont vu Buonaparte dans ses succès, les rois de la terre formant son cortége, huit cent mille soldats (et quels soldats!) soutenant sa couronne, tous les talents travaillant à immortaliser sa mémoire, savent combien il faut se défier du sourire de la fortune. Vingt-cinq ans ont suffi pour enlever la légitimité et l'usurpation du même palais : l'une avec sa vieille monarchie de quatorze siècles, l'autre avec son vaste empire de quatorze ans : *Transivi, et ecce non erat.* Rien n'est stable que la religion et la justice : heureusement le trône de Louis XVI étoit fondé sur ces bases, et c'est pour cette raison qu'il est aujourd'hui rétabli. Ah! ne permettons pas qu'il soit exposé à de nouvelles secousses; veillons à la garde de la couronne du meilleur et du plus révéré des monarques; rétablissons nos autels, épurons nos mœurs, corrigeons nos lois en fondant nos libertés : ne lassons pas la patience du ciel, de peur d'aller grossir le nombre de ces nations punies pour des fautes qu'elles n'ont pas voulu reconnoître et des crimes qu'elles n'ont pas assez pleurés.

REMARQUES

SUR

LES AFFAIRES DU MOMENT[1].

Paris, 31 juillet 1818.

J'avois renoncé à la politique; des travaux historiques, depuis long-temps entrepris, sollicitoient mon retour à l'étude. Tout n'avoit pas été perdu pour ces travaux dans mon rapide passage à travers les affaires humaines : les hommes apprennent à connoître les hommes, et je portois dans l'examen des principes qui servirent à l'établissement de notre monarchie les lumières que j'avois pu acquérir, en voyant de plus près les causes de sa destruction.

C'est au milieu de ces occupations, lorsque je fouillois dans les tombeaux de nos ancêtres, que, déroulant les vieux titres de notre gloire, je cherchois à élever à la France un monument; c'est dans cet instant même que l'on me peint comme un indigne enfant de cette France! La plus lâche et la plus noire calomnie arrête ma plume sur la ligne même où je venois d'exprimer mon amour et mon admiration pour ma patrie. Je recherchois l'origine de la noble race de saint Louis, et voilà que je suis dénoncé comme un ennemi de cette race dont j'ai cependant défendu les droits et partagé l'exil. On m'arrache à mes paisibles recherches; on vient me provoquer au milieu de la poussière des livres. J'étois déterminé au silence, à la paix, à l'oubli, et l'on ne veut ni de ce silence, ni de cette paix, ni de cet oubli : on me jette le gant, je le relève.

---

[1]. Ce n'est ni un ouvrage ni même une brochure que je publie. Quand les journaux cesseront d'être sous une censure qui détruit le gouvernement représentatif par sa base, alors ils seront naturellement chargés de combattre la calomnie : jusque là tout homme qui jouit de quelque liberté est obligé en conscience de s'en servir pour éclairer l'opinion publique : c'est pourquoi je fais paroître cette *réclamation*.
(AVIS *qui précédoit la première édition.*)

Non-seulement je dois soutenir mon honneur, mais je dois défendre les royalistes[1]. Une trop touchante fraternité de malheur m'unit à ces hommes pour qu'ils ne me retrouvent pas quand ils ont besoin de moi. Tout conspire aujourd'hui contre eux, et nos journaux, enchaînés par la censure, et les pamphlets libres, mais dirigés par une opinion hostile, et les feuilles étrangères sous l'influence de notre argent ou de nos passions. On craint de plaider la cause de ces victimes de la fidélité; on parle de leurs services avec les ménagements qu'on prendroit pour parler d'un crime; leur innocence fait peur, et il semble qu'on n'ose en approcher. Ils peuvent du moins compter sur moi. Trop longtemps les calomniateurs anonymes ont joui de l'impunité; ils ont trop espéré dans leur bassesse : je cesse de reconnoître leur privilége, et ils réclameront en vain l'inviolabilité du mépris.

On n'a peut-être pas encore tout à fait oublié *La Monarchie selon la Charte*. Quel que soit le jugement qu'on ait porté de cet écrit, on conviendra du moins que je me suis peu écarté de la vérité. Qu'on veuille bien jeter les yeux sur les chapitres XXXVI, XXXVII, XXXVIII, XXXIX, XL, XLI, XLII, XLIII, XLIV de la deuxième partie, et l'on verra que j'ai calculé la suite des choses avec une précision effrayante. Les injures, les déclamations, les libelles ne détruisent point les faits : j'ai dit qu'on chasseroit les royalistes de toutes les places; qu'après avoir épuré le civil, on chercheroit à épurer l'armée : tout cela est arrivé, et si ponctuellement, que ce n'est pas moi qui semble avoir prévu l'événement, mais les auteurs du *système*, qui paroissent avoir pris à tâche de suivre la route que j'avois tracée.

J'avois dit encore que la doctrine secrète des ennemis de la légitimité est celle-ci : « *Une révolution de la nature de la nôtre ne finit que par un changement de dynastie*[2]. J'avois dit que les plus grands ennemis du roi *affecteroient pour lui le plus grand amour; qu'ils reconnoîtroient en lui ces hautes vertus, ces lumières supérieures que personne ne peut méconnoître; que le roi, qu'on a tant outragé pendant les Cent Jours, deviendroit le très-juste objet des hommages de ceux qui l'ont*

---

[1]. C'est surtout dans un écrit de ce genre qu'il faut être clair et se faire entendre de tout le monde. On a donc été forcé d'employer les noms sous lesquels les différentes opinions sont classées aujourd'hui. Ce n'est pas toutefois sans un profond regret : les royalistes savent trop combien de souvenirs douloureux s'attachent à ces désignations, qui commencent par n'exprimer que des opinions et finissent par marquer des victimes. (*Note tirée de l'écrit précédent sur le* Système *suivi par le ministère.*)

[2]. *Monarchie selon la Charte*, chap. XXXVI de la deuxième partie.

trahi et qui sont prêts à le trahir encore. J'ajoutois que ces *démonstrations d'admiration et d'amour ne seroient que l'excuse des attaques dirigées contre la famille royale; qu'on affecteroit de craindre l'ambition de ces princes qui dans tous les temps se sont montrés les plus fidèles et les plus soumis des sujets; qu'on essayeroit de leur enlever le respect et la vénération des peuples; qu'on calomnieroit leurs vertus; que les journaux étrangers seroient chargés de cette partie de l'attaque par des correspondants officieux*[1]. La prédiction s'est-elle accomplie? Y a-t-il eu un moment, un seul moment où l'on se soit écarté du système annoncé, où l'on ait cessé de se servir des mêmes moyens, d'employer les mêmes manœuvres? Lorsqu'une fois on est sur le penchant du précipice, ceux qui ont eu l'imprudence de s'y placer sont entraînés sans ressource.

Il faut en effet que nous soyons déjà bien engagés dans la descente, puisque nous en sommes aux conspirations. Depuis longtemps on murmuroit, dans un certain parti, la *nécessité* de découvrir une conspiration royaliste. Ne falloit-il pas un contre-poids aux conspirations de Grenoble et de Lyon? N'étoit-il pas affligeant de trouver que des jacobins s'étoient soulevés tandis que des Vendéens restoient tranquilles? N'étoit-il pas évident à tous les yeux que des hommes qui se sont fait massacrer pendant vingt-cinq ans pour le trône veulent le renversement de ce trône comme les hommes qui ont conduit Louis XVI à l'échafaud?

Je vois dans des journaux étrangers, endoctrinés par des *correspondants,* que deux, que trois colonels devoient échelonner leurs régiments de Saint-Cloud à Vincennes le jour où un crime devoit être commis. En conséquence de ces infâmes calomnies, le juge se trouve forcé d'envoyer un mandat de comparution à l'un de ces colonels, afin qu'il vienne déclarer ce qu'il pourroit savoir d'une conspiration contre le roi. Ce brave militaire reçoit le mandat l'anniversaire du jour où son père et son grand-père périrent les premiers pour la monarchie! Qu'un autre colonel ne prétende point en appeler aux cendres de ses deux frères; qu'il ne vienne point montrer sur son visage les blessures qu'il obtint au service de sa patrie, ni sur son corps celles qu'il reçut pour son roi dans les Cent Jours; qu'il cesse d'étaler l'orgueil d'un nom qui représente l'honneur de la vieille France, et qui reste comme un immortel débris d'un grand naufrage, c'est *un conspirateur contre le roi!!!* Il devoit... Je n'oserois achever le blasphème dans le pays qui voit encore les ruines des chaumières de la Vendée. Les calomnia-

---

1. *Monarchie selon la Charte*, chap. XXXVII de la deuxième partie.

teurs françois ont reculé eux-mêmes devant leur propre calomnie ; ils n'ont osé la répandre que sur une terre étrangère.

Il faut que l'on sache qu'il existe une certaine *correspondance privée* dont la source est à Paris. Cette correspondance *privée* est confiée à des hommes qui osent tout, excepté signer leur nom, ce qui prouve au moins qu'ils rougissent de quelque chose. Sous le voile de l'anonyme, calomniateurs sans périls, et par conséquent doublement lâches, ils n'ont pas même le courage de l'assassin, qui peut être tué par celui qu'il veut égorger. Si dans votre patrie on porte des accusations contre vous, du moins on sait qui vous êtes ; vous êtes là, vos amis sont là : le public n'est pas longtemps dans l'erreur. Mais qui redressera le tort qu'on vous fait si l'on noircit votre réputation dans un autre pays? Les plus grossiers mensonges ne peuvent-ils pas être adoptés comme des vérités par des hommes qui ne vous connoissent pas? Une opinion étrangère se forme, s'enracine, se propage avant même que vous en soupçonniez l'existence, et vous pouvez ainsi porter toute votre vie la marque de la sale main qui vous a souillé en vous touchant.

Qu'est donc devenu en nous le sentiment de la dignité nationale? Quoi! ce sont les lecteurs des journaux de l'Allemagne et de l'Angleterre que nous instruisons de nos discordes! Dans quel rang inférieur nous plaçons-nous donc? Nous avouons-nous vaincus, et, comme des esclaves, débattons-nous nos différends devant nos maîtres? Nous voyons ce que nous n'avions pas encore vu dans l'histoire de nos malheurs, nous voyons des François [1] acheter au poids de l'or une place dans les feuilles publiques étrangères, pour y flétrir des François. Qu'on ne s'y trompe pas : ces outrages faits à des particuliers retombent sur la nation entière. Nous ne pouvons nous attirer que le mépris de nos voisins en nous déchirant ainsi dans leurs journaux. Si l'on y représente comme des scélérats les plus honnêtes gens de la France, qu'est-ce donc que le reste de la France? Voit-on les étrangers nous imiter, payer leur déshonneur dans nos gazettes? Qu'il seroit plus françois, plus généreux, plus patriotique, de dérober nos misères aux regards des autres peuples, de nous parer des réputations et des talents qui nous restent! Nous avons souffert tant de vices, ne pouvons-nous supporter quelques vertus?

Une correspondance *privée* dit donc que nous sommes coupables de haute trahison ; que les auteurs de *certain Mémoire*, entre lesquels je suis particulièrement désigné, sont aussi les auteurs de *certaine*

---

1. Je veux bien encore ne pas les désigner autrement.

conspiration. Je reviendrai sur le Mémoire. Examinons auparavant ce que peut être une conspiration dans une monarchie constitutionnelle.

Plus on étudie le gouvernement représentatif, plus on l'admire. Indépendamment de ses autres avantages, c'est encore de toutes les espèces de gouvernement celui qui est le moins exposé aux dangers d'une conspiration. Dans les républiques, le gouvernement peut périr, quand un des pouvoirs de l'État attaque les autres pouvoirs. A Rome, une partie des sénateurs et du peuple entre dans la conjuration de Catilina contre une autre partie des sénateurs et du peuple : ôtez Cicéron, et le Capitole est en cendres. Dans les monarchies absolues, un coup de poignard peut tout changer : Henri III meurt, et la France est livrée aux fureurs de la Ligue. A Constantinople, la patiente servitude, le soir endormie sous un tyran, le matin réveillée sous un autre, abaisse son front devant la nouvelle idole, ouvrage d'un eunuque ou d'un janissaire. Un homme étoit encore à minuit dans une maison de détention : il franchit les murs d'un jardin, va chercher quelques soldats à Vincennes, revient à Paris, tire un coup de pistolet dans la tête d'un gouverneur : s'il en eût tiré un second, il devenoit le maître de celui qui étoit encore le maître du monde : tant est foible le plus fort despotisme !

A quoi parviendroient des conspirateurs dans notre monarchie constitutionnelle ? Ils n'auroient de chance de brouiller que dans un seul cas : s'il s'agissoit de remettre le despotisme de la révolution à la place de la légitimité et de la Charte. Alors appelant tous ceux qui ont servi ce despotisme, séduisant les soldats, alarmant les intérêts, ils parviendroient peut-être à exciter quelques troubles.

Mais si l'on suppose qu'il existe une conspiration dont les membres sont tous des serviteurs dévoués au monarque ; que cette conspiration ait pour but de forcer ce monarque à changer ses ministres, y a-t-il là une ombre de probabilité ? Quand un ministère seroit enlevé ; quand un prince opprimé auroit consenti à tout, ne resteroit-il pas les deux chambres ? Croit-on qu'à l'ouverture de la session aucune voix ne se feroit entendre ; qu'une si abominable scène n'attireroit l'attention d'aucun pair, d'aucun député ? Ce seroit alors que les deux autres parties du pouvoir législatif, restées libres, s'armeroient bien justement, et qu'une loi forgée comme la foudre tombant sur la tête des conspirateurs rendroit au roi son inviolabilité, à la nation son indépendance.

Les conspirateurs se seroient débarrassés des chambres ? Je l'ai dit ailleurs, et je le répète ici : La Charte est plus forte que nous; quiconque voudra la détruire sera détruit par elle. Quelle autorité auroit une poignée d'obscurs conspirateurs pour renverser le produit du temps et l'œuvre de la sagesse du roi? Retranchez la Charte, et demain vous n'aurez pas un écu dans le trésor.

Sur des renseignements qu'il ne nous est pas donné de connoître et qu'il ne nous est pas permis d'interpréter, des mandats de dépôt ont été lancés contre quelques personnes. Le magistrat a cru devoir agir par des raisons dont il ne doit compte à personne. Jusque là tout est dans l'ordre et dans les attributions de la justice. Mais aussitôt l'esprit de parti s'empare de l'affaire; les *correspondances privées* sont mises en mouvement, elles répandent au dehors les plus odieuses calomnies. Au dedans les passions se jettent sur leur proie; ceux-ci s'attachent par haine à certains noms, ceux-là se laissent troubler par foiblesse; les uns adoptent les rumeurs populaires par amour de l'étrange et du nouveau, les autres les propagent sans y croire, afin de cacher des desseins plus dangereux. La perversité, la cupidité, la bassesse, profitent de ce moment pour gagner leur salaire. On crie dans les rues : *Grande conspiration!* quand il n'y a pas encore d'accusés. Les journaux impriment des articles injurieux[1], et les conseils des détenus ne peuvent obtenir, même par sommation judiciaire, qu'on leur déclare le nom des accusateurs de leurs malheureux clients. Le *secret* vient ajouter l'effroi du silence au scandale du bruit. Dans ce chaos le bon sens se perd, le jugement s'égare : autant de villages, autant d'opinions, ou plutôt, chose affreuse! tandis qu'on diffère sur les moyens, sur le but et les agents secondaires d'une conspiration qu'on ne connoît pas, la plus criminelle des calomnies demeure invariable; et c'est l'honneur, la religion et la vertu qu'on ose placer à la tête du crime!

Il n'appartient à qui que ce soit de se placer entre le juge et le justiciable. Je respecte profondément et l'auguste fonction du magistrat, et l'arrêt qu'il pourra prononcer : sans la soumission la plus complète aux lois et aux tribunaux, tout est perdu. Je ne préjuge donc rien des personnes maintenant détenues : mais je dois, avec la loi, les supposer innocentes, puisqu'elles ne sont ni accusées ni même en état de prévention; il m'est surtout permis de les plaindre, parce qu'elles souffrent et que je suis homme : il est dur pour le général Canuel, après avoir combattu dans la Vendée pendant les Cent Jours, et sauvé le roi et la France à Lyon, d'être aujourd'hui plongé dans les cachots : l'intérêt pour lui doit redoubler, puisqu'il est venu se remettre lui-même si noblement entre les mains de ses juges. J'admets donc, je

---

[1]. Voyez les excellentes *Observations préliminaires pour le baron Canuel*, par M. Berryer fils, avocat.

dois donc admettre que les détenus seront pleinement justifiés, qu'ils recouvreront bientôt leur liberté.

Dans cette supposition, que tout bon citoyen doit adopter jusqu'à ce que la justice ait prononcé, il se présente une question.

Des hommes déclarés innocents par la justice peuvent-ils poursuivre leurs dénonciateurs? Quand ils ont souffert une détention plus ou moins longue, n'y a-t-il pour eux aucune indemnité, aucun dédommagement? s'en iront-ils tout simplement déplorer leurs malheurs dans leurs familles, et reprendre le cours de leur vie, comme si rien ne leur étoit arrivé? Oui : tel est le vice de notre Code Pénal : il suffiroit seul pour détruire la Charte. Un homme est soupçonné d'un complot, et en conséquence mis en prison : on peut l'y garder tant que le juge instructeur croira n'avoir pas complété l'instruction secrète. Celui-ci peut appeler tous les témoins qu'il lui plaît d'entendre, et si ces témoins sont aux colonies, il faudra les faire venir. La Charte n'existe plus pour un homme frappé d'un mandat de dépôt : or, comme tout le monde peut se trouver dans ce cas, personne n'étant à l'abri d'une fausse dénonciation, il en résulte qu'avec le Code Pénal, s'il arrivoit jamais que des juges se laissassent intimider ou corrompre par la puissance, on pourroit toujours, et aussi longtemps qu'on voudroit, disposer de la liberté d'un citoyen. Nous n'avons rien à craindre d'un tel malheur aujourd'hui; mais il n'en est pas moins instant de réformer notre Code Pénal, car il faut toujours faire dépendre la sûreté de la société de l'inflexible pouvoir des lois, et non de la volonté des hommes, sujets à changer et à faillir.

Quand je dis que l'homme détenu et déclaré innocent sort de prison comme il y est entré, je me trompe : on peut prononcer qu'il n'y a pas lieu à le poursuivre, que les preuves judiciaires ont manqué; mais les ennemis n'ont-ils pas la ressource des *preuves morales?* N'est-ce pas déjà ce que commencent à dire les *correspondances privées?* L'infortuné échappé au glaive de la loi n'échappe pas au supplice de la calomnie. Avec les prétendues *preuves morales,* tout est gagné : une source inépuisable de calomnie est ouverte aux outrages, aux persécutions, aux destitutions.

Quoi qu'il en soit, je suis encore à comprendre que des mensonges infâmes aient été insérés dans les feuilles étrangères, qu'ils aient été répétés dans quelques-uns de nos ouvrages périodiques, sans qu'on se soit mis en peine de leur donner un démenti formel dans nos journaux censurés. Est-ce par quelques phrases insignifiantes, jetées comme à regret dans nos gazettes, qu'on arrêtera ce débordement d'outrages? Si les ministres étoient compromis, que de braves prendroient leur défense! que de champions en campagne! Mais les personnages les plus augustes sont attaqués, et mille voix ne s'élèvent pas pour étouffer celle du mensonge! Quand il faudroit tonner, on reste muet; quand on devroit instruire les départements, les détromper, les rassurer, on laisse la contagion se répandre. L'opinion est égarée; qui la redressera, si ce ne sont ceux qui disposent du plus sûr moyen pour la diriger? Le devoir le plus impérieux des hommes en puissance n'est-il pas de défendre la légitimité? « Apprenons à distinguer les vrais des faux royalistes : les premiers sont ceux qui ne séparent jamais le roi de la famille royale, qui les confondent dans un même dévouement et dans un même amour, qui obéissent avec joie au sceptre de l'un, et ne craignent point l'influence de l'autre; les seconds sont ceux qui, feignant d'idolâtrer le monarque, déclament contre les princes de son sang, cherchent à planter le lis dans un désert, et voudroient arracher les rejetons qui accompagnent sa noble tige. On peut dans les temps ordinaires, quand tout est tranquille, quand aucune révolution n'a ébranlé l'autorité de la couronne, on peut se former des maximes sur la part que les princes doivent prendre au gouvernement; mais quiconque après nos malheurs, après tant d'années d'usurpation, ne sent pas la nécessité de multiplier les liens entre les François et la famille royale, d'attacher les peuples et les intérêts aux descendants de saint Louis; quiconque a l'air de craindre pour le trône les héritiers du trône plus qu'il ne craint les ennemis de ce trône est un homme qui marche à la folie ou court à la trahison [1]. »

Il seroit bien temps que le scandale finît. Une des grandes choses dont on se servoit pour le propager étoit un *certain Mémoire* des royalistes dont on ne parloit qu'avec horreur. Ce Mémoire, disoit-on, se lioit à la conspiration; il en expliquoit *le prétexte et le but*. Dans ce Mémoire, il ne s'agissoit rien moins (suivant les bienveillants interprètes) que d'engager les étrangers à rester en France et à supprimer la Charte. De là on partoit pour traiter les auteurs de ce Mémoire de mauvais François, de gens abominables : on les déclaroit, dans une *Correspondance privée*, coupables du double crime de trahison envers la France et envers le roi. J'étois particulièrement désigné, et par toutes les lettres de mon nom, pour l'auteur de ce Mémoire.

Avant d'aller plus loin, je demanderai à ceux qui donnent si facilement des brevets de conspirateurs aux meilleurs serviteurs du roi s'ils sont eux-mêmes des hommes si fidèles? N'ont-ils jamais abandonné

---

1. *Monarchie selon la Charte*, chap. XXXVII de la deuxième partie.

Buonaparte? N'ont-ils point pendant les Cent Jours manqué à d'autres serments? Où étoient-ils alors? Étoient-ils à Gand, dans la Vendée, sur les bords de la Drôme? Quelles places occupoient-ils? Vous qui osez nous appeler des conspirateurs, héritiers de tous les gouvernements de fait, êtes-vous bien descendus dans le fond de votre conscience? Au mot de *trahison* ne devriez-vous point rougir? Quand vous accusez, ne vous condamnez-vous pas? Vous parlez de Biron! Ah! du moins, il avoit servi longtemps son maître avant d'être coupable, et vous, vous n'avez jamais su que trahir les vôtres!

Accusé d'avoir fait le Mémoire secret, j'ordonnai sur-le-champ d'attaquer devant les tribunaux le journal anglois où une *correspondance privée* avoit déposé la calomnie. Il y avoit quelque chose de clair, de net, de tranchant dans mon affaire : *je n'ai fait ni rédigé de Mémoire secret d'aucune sorte.*

Il paroît que la fermeté de cette dénégation a poussé à bout mes ennemis, et que pour n'en avoir pas le démenti, pour prouver qu'il existoit un Mémoire, ils ont tout à coup produit au grand jour cette *œuvre d'iniquité.*

J'avoue que lorsqu'on m'apprit la publication d'un Mémoire, il me vint en pensée qu'on auroit fabriqué quelque pièce horrible pour la mettre sur le compte des royalistes. En ce genre les exemples n'ont pas manqué dans le cours de la révolution : les Mémoires de *Cléry* ont été falsifiés de la manière la plus infâme; tout dernièrement, pendant les Cent Jours, le manifeste du roi, si éloquemment écrit par M. de Lally-Tollendal, a été interpolé, et mon rapport au roi défiguré.

J'ouvre donc en tremblant la *note secrète.* Quelle fut ma surprise! cette note devoit, assuroit-on, demander la prolongation de séjour des troupes alliées en France et le renversement de la Charte. Or, voici comment l'auteur de la note s'exprime sur le premier point. Il se fait cette question; savoir : Si on peut partager la France ou l'occuper militairement.

« J'avoue, dit-il, que mon sang françois se révolte à cette pensée, et que je ne pourrois la discuter politiquement. . . . . La France a deux fois souffert l'invasion, parce que les alliés portoient avec eux, et pour ainsi dire sur leurs drapeaux, de grandes espérances, celles d'un gouvernement qui avoit pour lui de grands souvenirs de bonheur et des garanties d'un repos durable. Ces espérances ont été déçues; et cette fois on ne les verroit plus arriver qu'avec l'horreur qu'inspire l'ennemi qui n'a plus rien à nous offrir en compensation des maux de la guerre. Le prince qui les rappelleroit, faute d'avoir su gouverner lui-même, deviendroit odieux à la nation entière; et le parti qui chercheroit son appui dans leurs armes seroit aussi ennemi que les étrangers et seroit repoussé avec eux. D'ailleurs, que seroient cent vingt mille hommes qui devroient occuper la France contre le sentiment profond d'horreur qui s'établiroit contre eux dans toutes les classes de la nation? Croiroit-on qu'on auroit le temps, les moyens de rassembler encore une fois un million d'hommes pour les jeter sur cette malheureuse France? On ne le pourroit pas dans un an; et dans vingt jours la France entière seroit un camp, une citadelle impénétrable, dont la population entière formeroit la garnison. »

Est-ce là un homme qui demande *la prolongation du séjour des troupes alliées en France?*

Mais peut-être demande-t-il le renversement de la Charte. Écoutons-le :

« Quelle violence ne faudroit-il pas pour arracher aujourd'hui à la France les concessions qu'elle a reçues du roi? Elles ont été consacrées par les puissances qui le replaçoient sur le trône; par l'usage qu'on en a fait, par les garanties qu'on y a trouvées, enfin *par leur adoption franche et entière de la part de ceux même qui y étoient le moins préparés*

« On ne pourroit pas rétablir ce qu'on appelle l'ancien régime; tous les éléments en sont brisés, et la poussière même en est dispersée. On ne retrouveroit pas même le fantôme de ces grands corps de l'État qui, à la fois défenseurs des droits de la couronne et des priviléges des peuples, se balançoient noblement dans le cercle qui étoit tracé et garantissoient à la fois les libertés de la nation et l'inviolabilité du trône. Ce seroit donc un despotisme nu et hideux qu'il faudroit mettre à la place de ces belles et irréparables institutions des temps anciens; un despotisme sans force, sans institutions, sans garanties; un despotisme tel que la France ne l'a jamais connu et ne sauroit jamais le supporter; un despotisme enfin qu'il faudroit maintenir par la force des armes, et qui attacheroit à la légitimité tous les inconvénients et tous les malheurs de l'usurpation. Un pareil gouvernement répugneroit à la France entière et répugneroit bien plus encore au noble caractère des princes légitimes...

« Et en faveur de qui prétendroit-on exécuter une pareille subversion? Ce ne seroit pas dans les intérêts du pays, qui ne trouveroit plus dans le gouvernement légitime aucun gage de stabilité; ce ne seroit pas dans les intérêts de l'Europe, qui s'engageroit à soutenir par la force le gouvernement qu'elle auroit imposé par la force : ce ne seroit donc que dans l'intérêt de quelques *noms propres*, qui croiroient ainsi se maintenir plus facilement au pouvoir...

« Il restera donc démontré à tout esprit judicieux que toutes les tentatives que l'on feroit pour détruire en France le gouvernement qu'on y a établi seroient dangereuses ; que ces formes constitutionnelles sont les mieux adaptées aux circonstances où la France se trouve placée ; qu'elles conviennent à l'esprit des hommes et des temps ; qu'elles sont un pacte raisonnable entre les institutions anciennes, qu'on ne sauroit rétablir, et les théories de la révolution, qu'il est si essentiel de détruire[1]. »

Quel est le vrai François, quel est l'homme attaché aux principes de la liberté qui ne voudroit avoir écrit ces pages ? Ici je dois remarquer une chose qui fait grand honneur aux royalistes : c'est que toujours ce que l'on appelle leur *doctrine secrète* est parfaitement conforme à leur *doctrine publique*. La minorité dans les deux chambres[2] a-t-elle parlé en public autrement que l'auteur du Mémoire en secret ? Nos ennemis peuvent-ils en dire autant, et leur doctrine secrète est-elle bien la légitimité et la charte ?

On ne sauroit expliquer les vertiges qui s'emparent quelquefois des hommes : chacun se demande comment les ennemis des royalistes ont fait la sottise d'imprimer une *note* qui justifie complétement ceux qu'ils prétendoient accuser. Dans l'impossibilité de trouver la solution de cette maladresse, les uns disent que c'est un tour des royalistes ; les autres mettent ce tour sur le compte des indépendants, tandis que tout semble prouver que l'impression de cette *note* a été l'œuvre irréfléchie de la colère. On aura été emporté par l'idée de rendre publique la *doctrine secrète* des royalistes. Qui sait si, dans la séduction de cette idée, on se sera donné la peine de lire la *note ?* En France, les personnages les plus graves sont bien légers. Cependant, il est certain qu'on étoit mieux placé pour le succès dans les ténèbres : en parlant mystérieusement d'un mémoire *honteux,* en annonçant un crime invisible dans lequel se trouvoient enveloppés tous ceux qu'on vouloit proscrire, l'attaque étoit plus formidable, plus difficile à repousser. La publication du Mémoire est vraiment la *Journée des Dupes.*

---

1. Un écrit périodique a rendu compte de cette note, et en a cité quelques passages. La passion ne se fait-elle pas trop voir dans le jugement du critique. Est-il bien équitable d'avancer que l'auteur de la note demande *la permanence de l'armée d'occupation,* lorsqu'il nous montre, au contraire, avec tant de chaleur, l'impossibilité d'occuper militairement la France ? Est-il bien impartial de dire qu'il agite la question de savoir *si on peut détruire le gouvernement représentatif,* et de ne pas rapporter le beau passage de la note à ce sujet ?

2. Voyez les notes, à la fin du volume.

Pour rendre la chose complète, il a fallu que le ridicule vînt se joindre à ces déplorables mensonges : au titre simple de *Note*, qui étoit apparemment le titre original, on a cru devoir joindre cette phrase à l'usage de la populace : *Note secrète exposant les prétextes et le but de la dernière conspiration.* On ouvre le livre, et l'on trouve que les *prétextes* et le but de la *conspiration* sont de prouver que les alliés ne peuvent ni partager ni occuper militairement la France, et que le gouvernement représentatif est le seul qui convienne aujourd'hui à notre patrie. Une préface, peut-être écrite par un homme d'esprit qui n'en avoit pas ce jour-là, déclare que la *Note* est un acte de *souveraineté*, un *manifeste* et un *plan de conspiration;* et cet acte de *souveraineté* a été exercé par *un souverain* que l'on ne connoît pas; et ce *manifeste* est une *Note secrète,* et ce plan de *conspiration* est pour le *maintien de la légitimité et de la Charte!*

L'auteur de la *Note* examine cinq questions, savoir : si l'on peut partager la France ou l'occuper militairement; si l'on peut changer la dynastie; si l'on peut renverser la Charte; si les ministres peuvent revenir aux principes qui sauveroient la monarchie; enfin, s'il seroit désirable que le roi changeât ses ministres. Les éditeurs ont imprimé ces titres de chapitres en caractères ordinaires, excepté le dernier, qui se lit en caractères *italiques*. Occuper la France, changer la dynastie, renverser la Charte, revenir à de meilleurs principes; propositions indifférentes, qu'il est très-loisible d'examiner; mais agiter la question de savoir s'il seroit heureux que le roi changeât ses ministres, *quel crime abominable,* surtout dans un gouvernement représentatif! Il faut souligner ces mots affreux pour dévouer à l'exécration de la postérité le conspirateur qui a osé les écrire.

Que les royalistes ne se laissent ni abattre, ni effrayer de tout ce bruit : leur innocence, tôt ou tard, percera le nuage. Je dois surtout les avertir de ce qui pourroit les égarer. J'entends quelquefois dire : Les royalistes sont sans force, parce qu'ils sont isolés, dispersés sur la surface de la France; personne ne les rallie, ne combat pour eux en public. C'est là une grave erreur : les royalistes n'ont point de chef et ne doivent point en avoir.

Dans un gouvernement représentatif on ne se place point derrière un homme, mais derrière une opinion. Les royalistes sont aujourd'hui dans l'opposition : leur guide alors est la minorité des deux chambres. C'est là qu'ils doivent mettre leur espoir : tous leurs efforts doivent tendre à augmenter cette minorité : ils doivent se rendre aux élections, se secourir, s'entr'aider; ils doivent avoir leurs choix faits d'avance, et les maintenir invariablement. La maxime connue des ministériels est celle-ci : « Alliance avec les jacobins le plus tard possible ; avec les royalistes, jamais. » A cette haineuse et illibérale maxime les royalistes doivent opposer celle-ci : « Alliance avec les honnêtes gens de toutes les opinions. »

Les royalistes sont sur un excellent terrain : il n'est plus possible de nier qu'ils se soient ralliés franchement à la Charte. Toute leur force est là. Tant que dans les deux chambres ils soutiendront le parti de la liberté, ils auront un immense avantage, car ils ajouteront alors à leur force politique toute la force morale de leur caractère. On les représente comme un parti foible, repoussé par l'opinion, sans capacités, sans esprit, n'ayant pour tout éclat qu'une fidélité surannée. Cela est faux : ils sont plus nombreux que les indépendants, et ils ne faut pas qu'ils s'élèvent bien haut pour atteindre à l'esprit ministériel. Enfin, puisque j'ai tant parlé de conspiration, persuadons-nous bien que sous l'empire de la Charte il n'y a de vraies conspirations que celles de l'esprit et des talents. « Ce fut ainsi que M. Pitt conspira contre ses opposants et qu'il les chassa du ministère. »

Il faut que j'ôte en finissant un espoir et une joie aux ennemis de la légitimité : ils croient qu'en persécutant les royalistes ils les fatigueront, les dégoûteront, et enlèveront ainsi à la maison de Bourbon son plus ferme appui. Pauvres gens ! vous avez déjà usé vos échafauds contre notre fidélité, et vous espérez encore nous vaincre ! Elle a comparu, cette fidélité, devant vos tribunaux révolutionnaires, et elle se rit des conspirations que vous pourriez inventer. Notre foi, éprouvée par vingt-cinq ans de malheurs, s'est encore accrue par la vertu du sang de nos pères et de nos frères immolés. Souvenez-vous que la balle qui si souvent a cassé la tête des serviteurs de Louis XVI, de Louis XVII et de Louis XVIII, n'est jamais arrivée assez vite pour empêcher le dernier cri de *vive le roi !*

PREMIÈRE LETTRE

A UN PAIR DE FRANCE.

Paris, 8 novembre 1824.

Vous voudriez, mon noble ami, que j'examinasse dans des lettres qui vous seroient adressées les questions politiques du jour; vous y voyez un moyen d'éclairer le public et de servir le roi, surtout aux approches de la réunion des chambres. Votre idée me paroît utile, je l'adopte, sans toutefois admettre que mon influence sur l'opinion soit aussi considérable que votre amitié se plaît à le supposer.

Au moment de la mort de Louis XVIII, je n'ai pu, je n'ai dû penser qu'à son successeur; je me serois à jamais reproché toute parole qui n'eût pas été pour le nouveau règne. Maintenant que je me suis acquitté de devoirs chers à mon cœur, vous me pressez d'en remplir d'autres assez pénibles; vous croyez que j'aurai un peu plus de force et d'autorité pour développer des vérités importantes, après avoir prouvé, comme je l'ai fait, qu'aucun ressentiment ne conduit ma plume.

Qui plus que moi désire voir cesser les oppositions royalistes? Le penchant naturel des cœurs vers un monarque qui les enchaîne par tant de qualités a disposé les esprits à l'union. Il n'y a plus qu'un seul combat, c'est celui de l'opinion générale contre le ministère; mais ce combat qui se reproduit sur tous les points de la France trouble le bonheur public et fait gémir les honnêtes gens. On prétend que la liberté de la presse le prolonge, et l'on entend répéter une objection que je crois important de réfuter. Je vais faire de l'examen de cette objection le sujet de ma première lettre, et j'entre tout de suite en matière.

On dit donc, mon noble ami :

« En affectant de rabaisser les agents du pouvoir et d'élever le monarque jusqu'aux nues, on ne trompe personne. Loin d'agréer l'encens qu'on lui prodigue, la couronne le rejette avec dédain ; on veut détacher le prince de ses meilleurs serviteurs, on veut semer la division entre l'administration et le souverain ; on n'y parviendra pas. »

Il faut espérer qu'on ne s'aperçoit pas de ce qu'il y a d'injurieux pour l'autorité royale dans cette manière d'argumenter.

Quoi! parce que les ministres seroient tombés dans des erreurs, il faudroit s'interdire toute marque d'admiration pour le roi, de peur que les ministres ne la considérassent comme un reproche indirect à leur personne, ou bien il faudroit ne pas exposer les erreurs des ministres, dans la crainte que la couronne ne s'en voulût rendre solidaire! Quelle confusion d'idées!

Ensuite, pour diviser les hommes, il faut qu'il y ait entre eux égalité. Dire que l'on peut faire naître la division entre les ministres et le monarque, c'est supposer que les ministres sont une puissance capable de lutter avec la pouvoir royal ; avancer qu'on flatte le roi dans le dessein de l'engager à renvoyer ses ministres, c'est supposer qu'on ne le loue que conditionnellement, et qu'on cessera de le louer s'il ne fait pas ce qu'on attend de lui ; toutes suppositions indignes, et qui pourroient aller jusqu'à mériter la répression des lois.

Non, mon noble ami, il n'y a point de coexistence entre le roi et les ministres : il est tout, et ils ne sont quelque chose que par lui. Il les brise ou les conserve comme des instruments fragiles dans sa main puissante. Il n'entre point dans leurs étroites vanités ; il n'épouse point leurs petites querelles. Il ne peut pas être plus flatté des hommages qu'on lui offre à part de ses ministres qu'il ne seroit jaloux des éloges qu'on leur donneroit s'ils les méritoient. On ne peut l'unir aux ministres, par la raison qu'il n'y a rien de commun dans l'espèce entre le maître et les serviteurs : des ministres qui prétendroient qu'on ne les blâme et qu'on ne loue le roi que pour semer des mésintelligences seroient des téméraires qui n'auroient une idée juste ni de leur néant ni de la grandeur de la royauté.

Je vois quelque chose de plus dangereux que cette prétendue confusion qu'on voudroit faire et qu'on ne fera jamais du prince et de ses délégués ; ce seroit un ministère ou un ministre qui s'attribueroit tout l'honneur de la prospérité de l'État, qui insinueroit que rien ne se fait que par lui, qui se mettroit sans cesse devant le trône, qui substitueroit son nom à celui du monarque, qui se proclameroit indispensable, laissant entendre que sans lui il n'y a point de majorité dans les chambres. Heureusement le péril ne seroit pas aujourd'hui de longue durée : sans flatterie comme sans critique, nous avons plus que Louis XIII et moins que Richelieu.

Au raisonnement que je viens de combattre on en ajoute un autre, qui n'est pas plus logique :

« Ces attaques multipliées, dit-on, produisent un effet tout opposé à celui qu'on espère; elles blessent la majesté royale, et il importe à la dignité de la couronne de ne pas céder lorsqu'on prétend lui enlever le ministère pour ainsi dire l'épée à la main. »

Il n'est pas question ici de la dignité de la couronne. La royauté tient ses attributs du souverain Maître : elle n'a ni colère ni humeur; elle rejette les prières injustes; elle accueille les vœux légitimes. Dieu renverse les tyrans quand le cri des peuples opprimés est monté jusqu'à lui; un roi renvoie ses ministres quand la voix publique les a convaincus ou de forfaiture ou d'incapacité.

Ce seroit entièrement méconnoître le gouvernement représentatif que d'exiger le silence de l'opinion. Quelle que soit la supériorité du prince, encore faut-il qu'il soit instruit des faits. Où sont les cours souveraines, les ordres privilégiés, les états de province qui lui adresseroient d'humbles représentations? Dans son conseil, il n'entend que la plaidoirie d'une des parties intéressées. Vous n'avez dans la monarchie constitutionnelle, pour suppléer aux grands corps de la monarchie absolue, que la liberté de la presse. La conséquence nécessaire de cette liberté, c'est que chacun dise ce qu'il pense.

Les esprits *impartiaux* répondent qu'ils ne condamnent point une opposition, mais qu'ils la voudroient modérée, toujours dirigée contre les choses, jamais contre les personnes.

Ceci est véritablement puéril. Les génies sont divers : chacun écrit avec son talent et son caractère : toutes les troupes n'ont pas la même arme. En Angleterre, l'attaque est personnelle, et l'on ne croit pas que tout est dans les choses, quand souvent les choses ne sont mauvaises que par les hommes. La forme sans doute fait valoir le fond; mais le fond peut être excellent lors même que la forme est défectueuse.

Ainsi, le raisonnement que j'analyse porte à faux : on oublie toujours les institutions sous lesquelles on vit; on argumente toujours comme dans l'ancien ordre de choses. Si la presse devoit être muette, il s'ensuivroit que les ministres prévaricateurs seroient plus à l'abri dans la monarchie représentative que dans la monarchie absolue, puisqu'ils n'auroient à craindre ni les remontrances *imprimées* d'un parlement ni les dénonciations des corps privilégiés de l'État.

« Ils seroient renversés par les chambres, » réplique-t-on.

Inconséquence de l'esprit humain! on ne veut pas que la couronne s'éclaire de l'opinion librement exprimée par la presse, et l'on est d'avis qu'elle se rende aux instances des chambres! On prétend qu'elle doit se soustraire à une influence morale qui n'a d'autre force que celle des faits qu'elle allègue, et on la verroit sans alarmes se soumettre à une espèce de violence physique exercée par des pairs ou des députés! On ne trouveroit aucun danger à mettre en lutte les pouvoirs politiques de l'État!

Allons plus loin : l'opinion extérieure peut non-seulement dans un cas particulier être un meilleur guide que les chambres législatives, mais elle peut encore servir de sauvegarde contre l'autorité égarée de ces chambres.

En effet, des ministres corrupteurs ne pourroient-ils pas se rendre maîtres des votes de deux chambres ambitieuses ou intéressées? Si même ces ministres, sans parvenir à séduire les pairs et les députés, n'apportoient à la tribune que des lois insignifiantes ou des lois commandées par une impérieuse nécessité, où seroit le point d'attaque? Dans l'adresse? Rien n'est plus hasardeux et plus difficile. Dans le budget? Refuse-t-on en France, et peut-on refuser un budget? Alors il est évident qu'il ne resteroit aucun moyen d'éclairer la couronne sur les dangers d'un ministère, s'il falloit s'interdire toutes réclamations par la voie de la presse.

Serrons nos adversaires, et leur raisonnement nous mène à ce résultat, savoir : que la couronne seroit perpétuellement et nécessairement en lutte avec l'opinion publique, puisque celle-ci demande toujours quelque chose. Or, s'il suffisoit que cette opinion parlât, pour qu'aussitôt on crût de la dignité de la couronne de ne pas l'entendre, la division seroit éternelle. Quoi de plus absurde!

Mais on insiste, mon noble ami :

« Il importe, s'écrie-t-on, surtout au commencement d'un règne, que la couronne se montre ferme et libre. Une fois qu'on auroit appris le secret de sa noblesse, tout seroit perdu. Si on lui arrachoit un ministre aujourd'hui, on lui en enlèveroit un autre demain. C'est ainsi que Louis XVI a succombé; on le louoit aussi, le roi-martyr, aux dépens de ses ministres! C'est ainsi que les monarchies périssent; c'est ainsi que les souverains, de concession en concession, s'enfoncent dans l'abîme, en obéissant à une prétendue opinion qui varie sans cesse, à une opinion quelquefois pervertie tout entière, et qui n'est souvent que l'expression de la haine et des passions. »

Un mot d'abord sur les louanges qu'on donnoit à Louis XVI aux dépens de ses ministres. Qu'est-ce qu'il y a de semblable dans les temps et dans les hommes de 1789 et de 1824? Aux jours de la révolution, étoit-ce l'opinion royaliste qui parloit, comme elle parle aux jours de la restauration? Sans doute il y a des louanges intéressées, des censures suspectes ; mais il faut savoir de quelle bouche elles sortent, et ne pas comparer ceux qui verseroient la dernière goutte de leur sang pour le roi et ceux qui ont répandu ou contribué à faire répandre le sang du roi.

Nous trouvons des exemples dans deux augustes frères : Louis XVI a cédé à l'opinion révolutionnaire ; il a renvoyé des serviteurs fidèles, et il a succombé. Louis XVIII a prêté une oreille indulgente à l'opinion monarchique ; il a écarté des hommes qui s'égaroient, et il a été sauvé. Sa puissance en a-t-elle été amoindrie ? Voit-on que dans la guerre d'Espagne les soldats n'aient pas obéi à un roi constitutionnel ? Les ministres actuels ont trouvé très-bon que l'opinion les appelât ; il est tout simple qu'ils trouvent mauvais aujourd'hui que l'opinion les rejette ; il est encore tout simple qu'ils érigent leur intérêt en principe ; mais cette inconséquence est-elle une raison ?

Ceux qui renient l'opinion et ceux qui veulent qu'on la méprise en reconnoissent plus que moi l'ascendant ; car dans leur système il y aura coercition pour la couronne, soit que l'opinion, en désignant des ministres, la force à les prendre, soit qu'en les attaquant elle l'oblige à les garder. Et n'est-ce pas d'ailleurs toujours l'opinion qui, sous toutes les formes de gouvernement et dans toutes les espèces de monarchies, désigne les sujets à choisir ? Où un roi les prendroit-il, ses ministres, s'ils ne lui étoient indiqués par une renommée de probité ou de talent ? Ne pas admettre cette vérité obligeroit à conclure que les hommes ne peuvent arriver aux affaires que par les intrigues de cour, ou la protection des valets, des favoris et des maîtresses.

Maintenant est-il vrai que la couronne, en consultant l'opinion publique, lorsqu'elle est générale et appuyée sur des raisons frappantes, s'engage à l'écouter toutes les fois qu'elle parlera, dans une position qui ne sera pas la même ? Le cas extraordinaire où nous nous trouvons peut-il se représenter ? Quel est ce cas extraordinaire ? C'est, mon noble ami, de voir non une portion, mais l'universalité de l'opinion se prononcer contre un ministère, et ce ministère conserver sa position.

Un fait unique dans l'histoire des monarchies existe au moment où j'écris : l'acquiescement général et complet au nouveau règne, l'opposition générale et complète à l'administration.

Les royalistes, les constitutionnels, les anciens ministériels sont aux pieds de Charles X et s'élèvent à la fois contre le ministère : leur opinion compose dans ses trois divisions l'opinion totale de la France.

Le fait que nous signalons est inouï au commencement d'un règne, mais incontestable. Il est certain, très-certain que le monarque est aussi populaire que le ministère l'est peu. Les causes de la popularité du roi sont multipliées à l'infini.

Louis XVIII avoit succédé à la révolution : les partis, fatigués, pouvoient regarder son règne comme une trêve, non comme une paix : la solution de la question étoit dans l'avénement de l'héritier de Louis XVIII.

Le fondateur de la monarchie représentative meurt au moment où l'expédition d'Espagne a ruiné toutes les espérances de discorde : dix ans de liberté ont rendu le peuple reconnoissant : six mois de gloire ont donné une armée fidèle au drapeau blanc. Charles X monte au trône, appuyé sur le sceptre de son frère, couronné des lauriers de son fils. La légitimité triomphe de toutes parts; car, pour quelques anciens opposants à principes antilégitimes, le droit est devenu le fait, et en reconnoissant le nouveau souverain ils semblent rester fidèles à leurs doctrines.

Charles *le Bon*, qui mériteroit mieux ce surnom populaire qu'un grand prince de sa race, se montre digne de sa destinée : il subjugue tous les cœurs : il accueille tous ses sujets, dans quelque opposition qu'ils aient jadis été placés. On trouve avec ravissement un monarque tout l'opposé du portrait qu'en avoit tracé la calomnie révolutionnaire : modéré, indulgent, sans cesser d'être juste; il écoute, il observe, il étudie la France; son oreille n'est fermée à aucune réclamation. Il assemble souvent ses conseils, se livre avec une assiduité religieuse à ses devoirs de roi : on voit qu'il en connoît l'étendue, qu'il sent le poids du sceptre, et pour se soulager dans ses fonctions sacrées, il associe son glorieux fils à ses travaux.

Le roi et la France paroissent plus grands qu'ils ne l'ont jamais été. A la mort de Louis XVIII, la légitimité a fait trois choses immenses : elle a attaché sans effort le diadème au front du nouveau monarque; elle a, par la volonté de ce monarque, rétabli les libertés publiques; enfin, elle a rallié au trône une opinion qui en étoit restée séparée depuis 1814. La France, trouvant sûreté et dignité dans la couronne, a poussé un cri d'amour et de reconnoissance.

Tandis que tout ce qui sortoit du principe de la monarchie au début du nouveau règne avoit tant de simplicité et de grandeur, que faisoit l'administration ? Je n'en sais rien, mon noble ami : elle se reposoit peut-être dans sa légitimité; elle pensoit que les successeurs des trente-huit ministres de la restauration n'avoient pas plus à faire pour recueillir une couronne que l'héritier de soixante-neuf rois.

Charles X, qui est venu déranger bien des petits arrangements, a rompu en montant au trône les toiles d'araignée qu'on avoit suspendues au marchepied de ce trône. Par le seul acte de l'abolition de la censure il a déclaré qu'il vouloit entendre l'opinion publique, puisqu'il lui rendoit la voix. L'opinion est un pouvoir qui échappe aux vivacités de l'impatience comme aux fureurs de la persécution : s'irriter contre elle est folie, ne pas y croire est péril.

On affirmera que si cette opinion ne se trompe pas à l'égard du roi, elle peut se tromper sur les ministres.

Je conviendrai de très-bonne foi que l'opinion, comme on l'a dit, peut être quelquefois entièrement pervertie ; mais ce n'est jamais que dans les grandes crises intérieures de l'État, ou lorsque les animosités politiques d'un peuple contre un autre peuple ont été réveillées par quelque circonstance majeure. Ainsi, pendant les guerres civiles Mazarin étoit détesté; le ridicule de la Fronde n'empêchoit pas le sang de couler. Ainsi l'on a vu en Angleterre un ministère, devenu odieux parce qu'il n'étoit pas assez antifrançois, se retirer devant lord Chatam, dont le génie étoit sa haine pour la France. Au commencement des troubles de la révolution, des ministres honnêtes gens, et même quelquefois capables, se sont abîmés devant les violences populaires et les fureurs antimonarchiques; mais on n'a jamais vu qu'en pleine paix, sans guerre civile, sans mouvements précurseurs des révolutions, l'opinion se soit tout entière égarée sur le compte d'un ministère.

Il est possible qu'aujourd'hui la voix de quelques intérêts particuliers se mêle à celle des intérêts généraux et vienne augmenter le bruit; mais les causes de l'impopularité du ministère sont aussi faciles à trouver que les causes de la popularité du monarque ; et tous les jours la presse périodique signale et révèle les unes et les autres.

Je sais que pour convaincre l'opinion générale de prévention contre les ministres, pour démontrer que cette opinion n'est qu'une coalition d'amours-propres froissés et d'ambitions déçues on cite les prospérités de la France.

Il y a sans doute en France des prospérités, mais des prospérités qui tiennent à la légitimité, aux vertus, à la présence de nos rois, à l'admirable conduite du prince libérateur, à la bravoure de l'armée, aux institutions de la Charte, à des lois que l'administration actuelle n'a pas faites, et qu'on l'accuse d'avoir voulu corrompre ou détruire.

L'ordre monarchique tempéré produit de lui-même un bien qu'il ne faut pas confondre avec cette félicité qui naît d'une gestion habile. Lorsque dans un État la base politique est bonne, comme en France, que les principales libertés ont résisté aux entreprises de l'arbitraire ministériel, que cet arbitraire n'a pu descendre encore jusque dans les classes inférieures de la société, une certaine exubérance de richesses natives se fait remarquer : c'est une terre féconde qui étale ses trésors, bien qu'elle puisse être mal cultivée.

Avancer qu'on n'a pas droit de se plaindre parce qu'on jouit, tellement quellement, des lois fondamentales, et qu'après tout le soleil brille et les récoltes sont abondantes, cette manière de conclure seroit étrange. En Angleterre, tous les ministères seroient bons : ils ne périroient jamais que par la mort, comme les monarques; car dans ce pays il n'y a rien à faire au fond des choses, et le crédit, l'industrie, l'agriculture, y ont atteint leur plus haut point de perfection. Souvent une administration pèche moins par ce qu'elle fait que par ce qu'elle ne fait pas ou par ce qu'elle veut défaire. Il suffit même pour qu'elle trébuche d'être antipathique au génie du peuple qu'elle conduit : si ce peuple vivoit de gloire et d'honneur, le régime contraire conviendroit mal à son tempérament; si une monarchie étoit toute grandeur, il ne faudroit pas qu'une petite administration s'accrochât au manteau royal pour retenir les pas de cette monarchie. La politesse grecque et la splendeur latine auroient repoussé un instinct obscur et grossier.

Il n'y a donc, je le répète, ni division ni partage dans les esprits; et l'opinion qui repousse l'administration est en général celle qui depuis trente ans soutient la couronne. Il seroit singulier que l'administration eût raison contre cette opinion.

Ajoutez que le sentiment des magistrats, blessés dans leur indépendance, se réunit à l'opinion générale, et que la chambre des pairs met comme le sceau à l'opposition de la magistrature et de la politique.

Voilà, mon noble ami, toutes les choses qu'il est essentiel d'observer lorsqu'on parle de la couronne et de l'opinion, lorsqu'on dit que si la première favorise une fois la dernière, elle sera obligée d'en supporter ensuite les caprices. Les circonstances et les faits, en résumant ce que je viens de déduire, sont faciles à distinguer. Il faut savoir :

1º Si l'opinion tout entière est pervertie par une faction armée dans l'intérieur, par l'approche d'une grande révolution, par des haines nationales de peuple à peuple;

2º Si cette opinion est l'expression de la majorité ou de la minorité, si elle est générale ou limitée;

3º Si ce sont des amis ou des ennemis qui parlent, des hommes qui dans tous les temps ont combattu pour le trône ou des hommes qui cherchent à le renverser.

Que l'on imagine un nouveau ministère, choisi ou parmi les royalistes ou parmi les anciens ministériels, ou parmi les constitutionnels : réuniroit-il contre lui les constitutionnels, les anciens ministériels et les royalistes? Sans doute il y auroit toujours une opposition; mais seroit-elle toujours générale? Cette opposition pourroit même être virulente : M. Pitt a été poursuivi avec acharnement, quelquefois avec de sanglants outrages; mais M. Pitt n'étoit-il pas défendu avec la même chaleur qu'il étoit attaqué? Georges III s'est-il cru obligé de le sacrifier à une opinion divisée, à la minorité violente de l'opinion, à la majorité même de la chambre des communes, qui étoit d'abord en contradiction avec la majorité de l'opinion extérieure? Non; il l'auroit abandonné au vœu de l'opinion complète et générale.

Pour que la couronne soit éclairée, sans jamais être accablée par l'opinion, elle n'a rien à faire que de rester ce qu'elle est par sa nature, impassible. Le point juste où elle doit se tenir est celui où elle trouve gloire et tranquillité : elle sera placée dans ce parfait équilibre lorsqu'elle aura rencontré des ministres, non sans contradicteurs, ce qui est impossible, mais sans ennemis raisonnables; des ministres, en un mot, qui seront portés par la majorité d'une opinion indépendante.

Enfin, s'il étoit de la dignité de la couronne d'échapper aux vœux de ses sujets, voyons ce qui pourroit arriver à l'ouverture de la prochaine session.

Nous supposerons que la chambre élective ait éprouvé l'influence de l'opinion publique; car il n'est possible de raisonner que dans l'analogie des choses. Cette influence pourroit avoir augmenté l'opposition dans cette chambre : la majorité est perdue depuis longtemps pour les ministres dans la chambre héréditaire. Les ministres imploreroient-ils la couronne, afin qu'elle sollicitât des voix pour accroître ou former leur majorité?

Si, au contraire, la couronne n'agissoit point, elle laisseroit donc les ministres succomber? elle se rendroit donc au désir de la chambre populaire? Et l'on parle de la dignité de la couronne! et l'on ne voit pas que dans ce système sa condescendance seroit bien plus marquée que dans celui où elle prendroit d'elle-même l'initiative d'après l'espèce de rendu-compte ou de doléance de l'opinion!

Lorsqu'on soutient qu'en s'élevant contre une administration on veut forcer la couronne à la dissoudre, on prend l'effet pour la cause. On n'a pas l'audace coupable de dire à la couronne : « Renvoyez vos ministres, parce qu'ils ne nous conviennent pas; » on dit : « Les ministres ont fait telles et telles fautes. » On montre le mal qu'on voit ou qu'on croit voir; on n'indique point le remède, on sait seulement qu'il existe dans la couronne, d'où vient le salut de tous.

On ne peut se dissimuler, mon noble ami, que la lutte engagée entre le ministère et l'opinion ne produise une scission de la nature la plus grave.

Si la haute administration peut résister quelque temps, l'administration inférieure est promptement ébranlée. Chaque ville, chaque bourgade, chaque hameau devient un champ de bataille, où, depuis le préfet jusqu'à l'adjoint du maire, les fonctionnaires publics ont des assauts à soutenir : perdant confiance dans la durée du pouvoir de leurs chefs, bientôt ils ne leur obéissent plus, ou ils accroissent l'opposition en exécutant leurs ordres. A peine toute la majesté de la couronne, tout l'amour qu'on porte au roi suffisent-ils pour faire le contre-poids du mal produit par une administration que chacun repousse.

Il y auroit un dénoûment fort simple à cette complication politique; un parti que l'honneur conseille seroit pris sans hésiter par de vrais royalistes qui voudroient soulager la couronne, dussent-ils croire qu'ils succombent à une injuste prévention. Lorsqu'une position politique est gâtée de manière qu'on ne puisse plus faire le bien, il ne reste qu'à se décider entre l'estime personnelle et une puissance flétrie.

Cette puissance ministérielle, il faut qu'elle en convienne, s'est porté elle-même de rudes coups. On n'a point oublié, on n'oubliera jamais les circulaires électorales, le système de captation avoué du haut de la tribune, la violence chargée d'achever l'ouvrage de la ruse, l'attaque directe aux tribunaux et aux libertés publiques, la censure venant, comme une espèce de banqueroute, solder l'arriéré des brocanteurs de consciences, et réduisant de force au silence des écrivains qu'on n'avoit plus besoin de payer pour les faire parler ou se taire. On n'efface point de pareils souvenirs : le pouvoir tiré de la corruption ne ressemble point à l'or de Vespasien; il retient toujours quelque chose de son origine.

Admettrons-nous qu'une généreuse impulsion ne puisse être donnée à des intérêts ministériels? Ces intérêts, qui tantôt sont si scrupuleux sur la dignité de la couronne, quand il s'agit de se couvrir, qui tantôt font si bon marché de cette dignité, quand ils ont besoin qu'elle s'abaisse pour les sauver; ces intérêts, disons-nous, s'obstineroient-ils à vouloir que le prince leur servît toujours d'égide et condamnât l'opinion publique au silence?

Le prince pourroit tout ce qu'il voudroit : on obéiroit; personne n'a la prétention de résister ou de donner des leçons à la volonté souveraine. Mais quels seroient les meilleurs serviteurs du roi, ou de ceux qui conseilleroient une politique opposée au génie des institutions octroyées, ou de ceux qui, ayant une plus haute idée du trône, penseroient que sa gloire est de vivifier les institutions qui découlent de lui?

Dans ce second cas, l'opinion écoutée deviendroit une force nouvelle pour la monarchie; dans le premier cas, l'opinion dédaignée se soumettroit avec une respectueuse résignation. Les hommes qui valent quelque chose, et qui comptent chez les peuples, se tiendroient à l'écart; ils diminueroient l'existence publique de tout ce qu'ils donneroient à leur vie privée. La couronne seroit toujours chérie, toujours vénérée; on seroit toujours prêt à lui sacrifier repos, fortune, famille et vie: on n'en offriroit pas moins pour elle les vœux les plus ardents au ciel; mais les bénédictions qui sortent d'un cœur attristé ont-elles la même puissance pour la prospérité des États?

Veut-on que le moment de se mettre d'accord avec l'opinion générale ne puisse jamais arriver pour des ministres? Veut-on qu'ils se maintiennent au pouvoir en dépit de cette opinion? Alors se présenteroit une question toute nouvelle en politique.

Si après avoir censuré jusqu'aux arrêts des tribunaux, si après avoir bravé ou la majorité ou une minorité parlementaire imposante, des ministres bravoient encore la liberté de la presse, dont la force est doublée par l'évidence des faits qu'elle expose; si tous les matins, traduits au tribunal du public, ils usoient le reproche, défioient les vérités comme les sauvages défient les tourments, et fatiguoient le fouet de l'opinion, que deviendroit un peuple sous de tels hommes?

Je n'ai point, mon noble ami, de solution à ce problème. En tous temps, en tous lieux, l'opinion publique, armée du bon droit, a remporté la victoire: comment nous seroit-il possible de dire ce qui arriveroit si cette opinion étoit vaincue par la faculté dont seroit doué un ministère de tout souffrir, de tout dévorer? Des Mithridates politiques qui se seroient habitués à digérer les poisons nous placeroient dans un ordre de choses où l'expérience ordinaire ne peut plus servir de guide.

Que l'on recherche, si l'on peut, sans être épouvanté ce que deviendroit un peuple dont les institutions seroient entièrement perverties; ce que deviendroit un gouvernement prétendu représentatif dont l'opinion ne seroit plus le principal ressort; un gouvernement qui n'auroit plus d'affinités avec ses propres éléments, et qui mentiroit à toutes ses doctrines. Que seroit-ce que deux chambres législatives passées au service d'un ministère contempteur de la liberté, qui ne seroient plus que des machines d'oppression, battant monnoie, forgeant des conscrits et imprimant des lois pour des esclaves appelés *constitutionnels?*

Non, la France ne produira point de ministres capables de porter ainsi la gangrène jusqu'au fond des entrailles de la société! Toutefois, si la Providence, par un conseil impénétrable, permettoit jamais à de tels hommes de paroître au milieu de nous, nous leur dirions:

« Épargnez au monde une corruption effroyable ; épargnez-nous la moquerie de tout ce qu'il y a de beau, de saint et de juste. Rendez-nous un service, dont nous serons reconnoissants : détruisez franchement la liberté ; mettez les mœurs publiques en réserve dans le despotisme, elles s'y conserveront peut-être de la même manière que la dépouille des morts dans certains caveaux funèbres. Du moins quelque innocence pourra se cacher encore dans le sein des familles, du moins nous pourrons conserver la foi de la vertu, nous figurer qu'il existe hors de votre influence des gouvernements sincères, des institutions généreusement observées ; et peut-être nous sera-t-il permis de nous consoler quelquefois, en rêvant, au delà de vous et de votre siècle, des jours d'indépendance et d'honneur pour notre postérité délivrée. »

Écartons ces tristes présages ; il y auroit une sorte d'impiété à s'y livrer. J'aime à le redire, mon noble ami, nous n'avons point à craindre de pareils ministres, et s'il s'en trouvoit, ils ne réussiroient pas ; les traits de l'opinion publique ne seroient pas lancés impunément contre eux : on n'est pas invulnérable parce qu'on est insensible, et la dépravation ne produit pas le même effet que la vertu. Des hommes de cette nature seroient aussi sans influence sur les chambres. Il y a chez les François un sentiment d'indépendance et d'honneur que rien ne peut étouffer.

Enfin, dominant et l'opinion et la puissance parlementaire, Charles X ne seroit-il pas là pour nous secourir ? n'a-t-il pas déclaré qu'il maintiendroit comme roi ce qu'il a juré comme sujet ? Rien ne peut se détruire que par sa volonté, et sa volonté n'est point soumise aux hommes qu'il daigne admettre en sa présence. Il retirera sa main quand et comment il le voudra. L'opinion publique ne sera point méprisée, car l'opinion publique est sur le trône dans la personne même de notre auguste monarque. S'il étoit jamais quelques hommes qu'il trouvât à propos d'éloigner de ses conseils, il prononceroit la sentence, et la France appliqueroit la peine : l'oubli.

Je termine ici ma première lettre : je me propose de vous entretenir dans les autres de l'indemnité des émigrés et des intérêts des rentiers, de l'indépendance de la magistrature, des lois à faire, du rôle que la France pourroit jouer en Europe, de la position de l'Espagne et de ses colonies, des destinées futures de la Grèce, etc.

En attendant, tout à vous, mon noble ami.

DEUXIÈME LETTRE

A UN PAIR DE FRANCE.

AVERTISSEMENT.

On peut aujourd'hui comparer les projets de loi présentés à la chambre élective avec celui qui se trouve indiqué dans cette *Lettre*, et juger lequel des deux plans est le plus sûr et le plus moral. La plupart des objections que l'on avoit faites contre un système alors éventuel s'appliquent maintenant à un système connu. Sous ce rapport, la *Lettre* dont on publie la seconde édition a quelque intérêt.

Il faut le dire : il ne semble presque pas possible que les projets de loi sur les indemnités et sur les rentes soient de l'auteur à qui on les attribue, tant ils pèchent sous le simple rapport financier.

Il est d'abord contre tout principe de constituer ou de reconnoître une dette (et cette dette n'est que d'un milliard !) sans établir un fonds pour le service des intérêts de cette dette ou pour la liquidation de son capital.

Or, que propose-t-on? D'abord 3 millions rachetés chaque année par les 77,500,000 francs, montant de l'amortissement, tel qu'il sera conservé, et ces 3 millions rachetés seront tout juste la moitié de 6 millions émis annuellement pour l'indemnité. Ensuite les 3 autres millions seront soldés sur l'accroissement présumé des taxes qui frappent les transactions et les consommations des populations de la France.

On comprend que pour l'émission annuelle des 6 millions d'indemnité les rachats de la caisse d'amortissement fourniront ou absorberont annuellement 3 millions. Mais les bénéfices présumés sur les taxes n'agissent pas de la même manière; ils ne sont pas des capitaux; ils ne feront que couvrir ou servir la première année les 3 millions excédant les rachats de la caisse d'amortissement. Il dériveroit pourtant de l'exposé du projet de loi qu'on a supposé que le service des 3 millions non rachetés la première année cesseroit la seconde, et ainsi de suite.

Pour que le rachat annuel des 3 millions d'indemnité par la caisse d'amortissement fût complet, il faut en outre être certain que les 5 pour 100 et les 4 et demi pour 100 ne tomberont pas au-dessous du pair, et bien convenir aussi de ce qu'on entend par le pair. Ces singulières aberrations viennent peut-être de ce qu'on s'est mal expliqué; on aime à le croire pour l'honneur des hommes qui se mêlent de finances.

Ainsi les indemnités successivement payées dans l'espace de cinq ans auront pour hypothèque les caprices de la fortune; il faut que pendant cinq ans rien de nouveau n'arrive en Europe; que la France sommeille en paix aux cris des citoyens luttant pêle-mêle à la Bourse. Si le plus petit événement venoit déranger ce beau songe, l'opération s'arrêteroit; les indemnités, dont les fonds qui ne sont pas faits reposent sur des éventualités, ne pourroient plus se payer, et les expropriés resteroient privés d'une partie plus ou moins forte de leur dû, selon l'époque où l'événement les auroit surpris. Les 3 pour 100, à qui la caisse d'amortissement, totalement appliquée, auroit produit une hausse subite et disproportionnée au mouvement naturel du crédit, tomberoient de même subitement : banqueroute envers les émigrés, catastrophes dans les autres fortunes, tel seroit le résultat de la loi. L'opération avorteroit pour jamais, et mieux auroit valu cent fois qu'elle n'eût point été conçue.

Ces observations, qui n'échapperont à personne, forceront les expropriés à se hâter de vendre en herbe leurs moissons. Des bandes se formeront pour acheter à vil prix leurs espérances : sur 900 millions, peut-être plus de 400 millions iront dans la poche des entremetteurs [1].

En examinant de près les nouveaux projets de loi, on les voit s'évanouir peu à peu comme une ombre; ils n'ont rien de palpable, si ce n'est l'addi-

---

[1]. On ne pourroit affoiblir ce danger qu'en formant des associations contraires; mais il faut gémir sur une loi qui obligeroit à se défendre contre elle et à prendre de pareilles précautions.

tion d'un milliard à la dette publique, sans atteindre le but qu'on devoit se proposer.

En puisant simplement à la caisse d'amortissement, en laissant de côté les rentiers et toutes ces combinaisons plus subtiles que praticables, on auroit évité bien des périls.

On comprend difficilement, pour peu qu'on ait des idées saines en finances, le raisonnement de l'administration sur la caisse d'amortissement. On la réserve, dit-on, pour les besoins qui pourroient survenir, pour un cas de guerre, par exemple. L'Angleterre, notre devancière et notre modèle en matière de crédit, ne raisonne pas de la sorte : elle rend aux contribuables les fonds de l'amortissement, lorsqu'ils lui semblent excéder les besoins de l'État ; elle remet cet argent au peuple, qui le fait fructifier dans les propriétés particulières. Un cas d'urgence arrive-t-il, elle retrouve dans un accroissement de crédit les sommes nécessaires : les fonds qui ont accru la prospérité publique, qui ne sont pas restés morts comme le trésor de réserve dans les anciens systèmes de finances, deviennent l'hypothèque d'un nouvel emprunt. Voilà la marche naturelle d'une administration paternelle et bien entendue.

Puisqu'on tient à une énorme caisse d'amortissement, comment n'a-t-on pas vu qu'il y avoit un moyen simple d'obvier à une diminution sensible, en chargeant cette caisse du service des indemnités ? Il suffisoit de la doter des éventualités qu'on applique aux indemnités mêmes ; et alors, si les prospérités qu'on nous prédit se réalisoient, la caisse d'amortissement au bout de cinq ans auroit payé les indemnités, et se retrouveroit à peu près aussi riche qu'elle l'est aujourd'hui.

On ne seroit pas reçu à dire que cela ne se passeroit pas de la sorte ; car si l'on admet que des bénéfices surviendront pour couvrir les indemnités, on ne peut pas soutenir que les mêmes bénéfices ne se trouveroient plus quand il s'agiroit de les donner à la caisse d'amortissement.

Dans tous les cas, on auroit l'immense avantage, en faisant servir les indemnités par la caisse d'amortissement, de ne pas suspendre ces indemnités en l'air, de leur assigner une base, de ne pas faire d'une grande opération politique un coup de fortune, un billet de loterie, une fantasmagorie, le rêve d'un joueur, la fable du *Pot au lait*.

La loi des indemnités proprement dite est défectueuse. Elle a sans doute été faite de la meilleure foi du monde ; malheureusement elle n'en a pas l'air. Dire qu'on rembourse intégralement quand on donne 60 francs pour 100 francs, la fiction est un peu forte. Et pourquoi les rentiers à 5 pour 100 auroient-ils 75 francs, et les expropriés seulement 60 francs? On voit bien pourquoi; mais cela est-il juste?

Quelques-unes des bases d'estimation rendront les indemnités prodigieusement inégales : l'un aura beaucoup, l'autre n'aura rien, ou presque rien.

L'arbitraire dans l'exécution n'est pas évité : c'est un préfet, c'est une commission nommée par le ministère, c'est le conseil d'État, et au sommet de tout cela, c'est le ministre des finances. Personne, sans doute, ne songeroit à réclamer contre de pareils juges, si l'on n'avoit déclaré du haut de la tribune que tout fonctionnaire public qui ne fait pas ce que désire le pouvoir ministériel doit être destitué. Après la proclamation de cette doctrine, il est permis d'être alarmé sur l'indépendance des agents de l'autorité.

Les 5 pour 100 sont visiblement menacés; on va jusqu'à se vanter de les avoir tués; on dit qu'ils sont remboursables. On trouve dans la présente *Lettre* des documents contre cette assertion, qui méritent au moins d'être pesés.

Que si l'on désire avoir des effets de différentes valeurs et de différentes époques, la création des 3 pour 100 en faveur des expropriés suffit pour cela sans présenter aux 5 pour 100 une conversion nécessaire. Si les porteurs de cette dernière rente trouvent un intérêt à prendre des 3 pour 100 de l'indemnité, ils sauront bien en acheter en vendant leurs 5 pour 100, sans que le gouvernement en fasse une opération expresse. On a dit dans la *Lettre* que ce n'étoit pas en réduisant violemment la rente que l'on devoit faire baisser l'intérêt de l'argent, mais que c'étoit l'intérêt de l'argent qui, en diminuant dans le commerce, devoit faire descendre le taux de la rente. Amoindrir de force la rente, c'est confondre deux choses diamétralement opposées, c'est prendre une loi de *maximum* pour une loi de *réduction*.

On ne parlera pas des divers jeux offerts dans la loi des rentes. Il est clair qu'on a voulu satisfaire des pairs et des députés qui la session précédente, en désespoir de cause, proposèrent des amendements. Si on trouve bons cette année ces amendements, si on les transforme en loi, que ne les adoptoit-on l'année dernière? Que de bruit, de colères, de ruptures, d'attaques aux libertés publiques on se seroit épargnés! Et en même temps combien le projet actuel justifie ceux qui combattirent le projet de 1823!

On a cru sans doute qu'on ne pouvoit proposer de reconnoître la dette de la justice et de l'honneur sans offrir la perspective d'un dégrèvement d'impôts; on a été séduit par l'idée d'indemniser les expropriés sans nuire au crédit, sans établir de nouvelles taxes, sans distraire les fonds affectés aux différents services publics : c'est une noble ambition ; mais pourquoi les projets de loi ne répondent-ils pas à la confiance qu'avoit inspirée le discours de la couronne?

C'est un grand malheur que cette loi des rentes accolée à la loi des indemnités : quoi qu'on fasse et dise, elle nuit à la cause sacrée du malheur et de la fidélité. Cela est injuste sans doute ; mais il étoit du devoir des hommes d'État d'apporter une grande attention à cette disposition des esprits.

Un bien plus grand malheur encore, c'est d'avoir donné à une loi de justice l'allure d'une loi d'agiotage. Non content de mettre l'ancienne propriété foncière de la France en papier sur la place, on appelle autour du tapis la propriété rentière : on va jouer sur quatre milliards !

Au commencement d'un nouveau règne, et à la fin d'une révolution de trente années, il y a peut-être quelque imprudence à remuer ainsi les fortunes, parce que c'est remuer les mœurs ; à tenter toutes les foiblesses, à ranimer toutes les cupidités, à faire sortir toutes les familles de cet état de repos et de modération dans lequel elles commençoient à se complaire. Espérons que l'autorité sera frappée des observations que ses amis pourront lui soumettre, et qu'elle se hâtera de retirer (pour amender l'un et annuler l'autre) des projets de loi obscurs qui n'ont entre eux aucun rapport obligé ; des projets de loi qui en dérangeant nos fonds portent le crédit vers les fonds étrangers ; des projets de loi, enfin, qui blessent une multitude d'intérêts et effrayent les hommes attachés à leur pays.

DEUXIÈME LETTRE.

Paris, 2 décembre 1824.

Parlons aujourd'hui, mon noble ami, de l'indemnité due aux propriétaires dépouillés pendant la captivité ou l'absence de nos souverains légitimes ; indemnité qui fera, nous assure-t-on, la matière d'une loi dont nous aurons à nous occuper dans le cours de la session qui va s'ouvrir.

Est-ce un effet *de mon malheur* ou de mon zèle, depuis la restauration, de n'avoir jamais manqué de signaler à l'opinion publique un sujet important pour la monarchie ? J'ai tort de dire de mon malheur ; car si personnellement j'en ai souffert, j'ai eu la satisfaction de voir presque toujours adopter mes idées : on me condamnoit d'abord, on me jugeoit ensuite, et l'on me réhabilitoit après. Soit : je tiens moins à ma personne qu'à ma mémoire.

J'écrivois donc ces paroles en 1819, en exposant ce que feroient les royalistes s'ils arrivoient jamais au pouvoir :

« Une autre mesure importante seroit encore prise par l'administration royaliste ; cette administration demanderoit aux chambres, tant dans l'intérêt des acquéreurs que dans celui des anciens propriétaires, une juste indemnité pour les familles qui ont perdu leurs biens dans le cours de la révolution. Les deux espèces de propriété qui existent parmi nous, et qui créent pour ainsi dire deux peuples sur le même sol, sont la grande plaie de la France. Pour la guérir, les royalistes n'auroient que le mérite de faire revivre la proposition de M. le maréchal Macdonald : on apprend tout dans les camps françois, la justice comme la gloire. »

Ce passage fut attaqué à la tribune de la chambre élective. Un député prit ma défense, et termina son discours par ces mots :

« Je n'ai point été dépossédé par la révolution ; je n'ai rien perdu de mon patrimoine; mais quand il faudroit donner une partie de ma fortune pour arriver à ce grand moyen de conciliation qui étoit dans le vœu du noble pair, ce sacrifice seroit bien loin de m'en paroître un. »

Quand on est resté immobile, il est souvent pénible de regarder derrière et devant soi.

Oui, mon noble ami, les confiscations ont été, avec le jugement de Louis XVI, la grande plaie de la révolution. Des massacres accompagnés de circonstances plus ou moins atroces, une tyrannie transitoire, soit qu'elle vienne du peuple ou d'un soldat, produisent beaucoup de maux, mais laissent peu de traces, surtout en France, où l'on pourroit se venger comme ailleurs si on avoit le temps d'y penser. Mais la condamnation d'un roi, laquelle commence une jurisprudence à l'usage de la révolte, une condamnation que le crime transforme en principe pour se justifier; mais les spoliations, qui apprennent à ceux qui n'ont rien qu'on peut déposséder ceux qui ont quelque chose, voilà ce qui bouleverse les empires jusque dans leurs fondements.

La gravité de ces désordres s'accroît ou s'affoiblit de l'état des mœurs à l'époque où ils arrivent. Lorsque Charles Ier périt en Angleterre, que les propriétés furent confisquées en Irlande, le monde sans doute étoit sorti de la barbarie, mais pourtant la société n'étoit pas parvenue au point de civilisation où elle l'est aujourd'hui : les communications entre les peuples n'avoient pas acquis cette fréquence et cette facilité qu'elles ont maintenant; la presse, et surtout la presse périodique, ne transportoit pas les nouvelles en quelques jours des bords de la Tamise à ceux du Volga, du Danube, du Tibre et du Guadalquivir. On savoit peu les langues étrangères, et la langue angloise moins que toute autre; les débats sur un crime atroce se réduisoient à des injures latines échangées entre Saumaise et Milton. L'immense majorité des populations ne savoit pas lire. Combien y avoit-il en Europe de prolétaires et de propriétaires qui eussent entendu dire qu'on avoit confisqué quelques domaines au fond de l'Ulster ou du Connaught? La mer, en isolant la Grande-Bretagne, amortissoit encore le retentissement des événements de Londres et de Dublin.

Mais quelle région de la terre a ignoré ce qui s'est passé dernièrement en France, dans cette France placée au centre de l'Europe, à l'époque de la plus grande civilisation des peuples, à l'époque où ces peuples sont unis par les mêmes usages, comme ils l'étoient autrefois par le même culte? Où n'avons-nous pas porté sur le continent nos doctrines et nos armes? où n'avons-nous pas prêché la mort des tyrans, jusqu'au jour où nous avons voulu en établir partout? où n'avons-nous pas élevé des prisons et des échafauds, en criant *vive la liberté?* où n'avons-nous pas vendu le bien d'autrui? où n'avons-nous pas créé des domaines nationaux, dressé des listes de proscription? La nouvelle France avoit soumis les étrangers à ses douleurs, comme l'ancienne à ses modes.

Plus l'exemple que nous avons donné au monde est pernicieux, plus il nous convient d'en détruire l'effet : il importe à la société tout entière qu'il soit prouvé qu'on ne viole pas les propriétés impunément.

En reprenant la couronne, Louis XVIII se hâta de proclamer le grand principe de l'inviolabilité de la propriété. Ce roi, roi sur le trône comme il l'avoit été dans l'exil, au milieu des propriétés déplacées, au milieu du domaine de ses pères envahi ou démembré, abolit la confiscation. Il ne pouvoit pas dire : « Ce qui a été fait n'est pas fait; » il dit : « Ce qui a été fait n'arrivera plus. Il se flattoit ainsi d'étouffer la tyrannie dans son germe, d'anéantir la principale cause des proscriptions politiques et de faire disparoître les révolutions en détruisant l'appât révolutionnaire.

Il savoit toutefois que cette déclaration ne suffisoit pas; il avoit devant les yeux l'exemple de son auguste frère. Louis XVI aussi avoit aboli la confiscation; la date de cette première abolition est du 21 janvier 1790 : comme on paya le bienfait, le 21 janvier 1793! L'Assemblée nationale, s'unissant à son souverain, décréta que dans aucun cas les propriétés ne seroient confisquées, et trois ans après les deux tiers de la propriété de la France étoient sous le séquestre, et l'on vendoit à l'encan le bien de la veuve et de l'orphelin.

Buonaparte pendant les Cent Jours, dans son *Acte additionnel,* introduisit une partie de la Charte, mais il eut soin d'en exclure l'article qui abolit la confiscation : l'usurpation connoissoit trop bien la source de sa puissance. Justinien, qui eut la gloire de rayer cette confiscation du Code romain, n'avoit pu l'empêcher de souiller les lois des barbares : l'odieux principe régna partout où le droit coutumier ne fut pas remplacé par le droit écrit.

Des lois et des règlements sont donc d'impuissantes barrières contre la cupidité, l'envie, l'ambition et les autres passions humaines; mais à une déclaration de principes ajoutez un fait : accordez une indemnité aux propriétaires dépouillés, et la leçon fructifiera, et la société sera sauvée.

Ceci nous conduit naturellement, mon noble ami, à nous enquérir d'où sort la loi projetée. Elle sort de deux articles de la Charte.

Le roi, en rentrant dans la plénitude de sa puissance, a pu dire, article 9 de la Charte : « Toutes les propriétés sont inviolables, sans aucune exception de celles qu'on appelle *nationales,* la loi ne mettant aucune différence entre elles. » Il a dû déclarer ce principe, poser ce fait, en vertu de ce droit de haut domaine, *eminens dominium,* qui investit le souverain du pouvoir de demander la cession d'une propriété particulière pour le bien de l'État. Les ordonnances du Louvre offrent partout des preuves de l'exercice de ce droit. Il étoit maintenu dans les constitutions de 1791, de l'an III et de l'an VIII. Le monde ancien l'a connu comme le monde moderne.

Mais ce droit a été partout soumis à une condition d'équité, sans laquelle il devient nul : il faut qu'une indemnité équivalant au prix de la propriété soustraite dédommage le propriétaire.

C'est pourquoi l'article 9 de la Charte est immédiatement suivi d'un autre article explicatif du précédent, lequel énonce que l'État peut exiger le sacrifice d'une propriété pour cause d'intérêt public légalement constatée, mais avec une indemnité préalable.

Ainsi les articles 9 et 10 ne peuvent être détachés l'un de l'autre. L'article 9 déclare le fait, l'article 10 établit le droit : l'un dit que toutes les propriétés sont inviolables sans aucune exception; l'autre règle la condition de cette inviolabilité.

Supprimez l'article 10, l'article 9 devient infirme pour les propriétés nationales, car les anciens possesseurs de ces propriétés n'étant point dédommagés, on n'auroit pas le droit de retenir leurs immeubles.

De l'autre côté, ne pas exécuter l'article 10 seroit retomber dans le cas du non-dédommagement, et le possesseur évincé auroit le droit incontestable de rentrer dans la possession de son bien.

Ni le haut domaine ni aucune loi ne peut rendre un souverain maître de la propriété des citoyens sans un dédommagement, sinon préalable, du moins subséquent ; il ne peut donner à l'un ce qui appartient à l'autre. A Constantinople même cette transportation n'est pas licite, et la loi religieuse supplée à cet égard au silence de la loi civile : d'où il résulte que la loi des indemnités est une loi forcée pour rendre valide l'article 9 de la Charte en accomplissant l'article 10.

L'honneur de l'initiative de cette loi appartient à M. le maréchal duc de Tarente. Dans la séance de la chambre des pairs du 3 décembre 1814, il prononça un discours remarquable sur le projet de loi relatif aux biens non vendus des émigrés. « J'ai témoigné les regrets, dit-il, que le projet de loi ne présente pas pour le moment des ressources plus étendues à un si grand nombre d'infortunés. J'ai aussi exprimé le vœu adopté par la commission, et que M. le comte Pastoret a si éloquemment développé, que le roi fût supplié de prendre les moyens les plus prompts et les plus sûrs qu'il avisera dans sa haute sagesse de concilier avec l'état des finances un système général d'indemnité.

« .... La loi que vous discutez rend des biens non vendus qui, par leur nature, appartenoient en général aux premières familles de l'État, mais ceux qu'un dévouement peut-être plus exalté a arrachés des rangs de l'armée ou de leurs antiques manoirs, sans qu'ils eussent jamais participé à la puissance et aux faveurs de la cour ; ceux qui se sont associés sans espoir de retour aux infortunes du monarque et qui chaque année voyoient avec indifférence passer dans des mains étrangères les débris d'un patrimoine longtemps préservé par la médiocrité ; ces exilés volontaires, que le soin de leurs intérêts ne put détacher de la cause du malheur, seront-ils punis d'y être restés fidèles? »

Le noble maréchal développa, dans la séance du 10 décembre 1814, la proposition qu'il avoit faite dans la séance du 3 du même mois : « Les exilés, dit-il, reparoissent au milieu de nous, protégés par la vieillesse et le malheur ; ce sont des espèces de croisés qui ont suivi l'oriflamme en terre étrangère et nous racontent ces longues vicissitudes, ces tempêtes qui les ont enfin poussés dans le port où ils avoient perdu l'espoir d'aborder. . . . .
. . . . Descendons dans nos cœurs, messieurs, pour juger de nos semblables ; plaçons-nous par la pensée dans la position que je décris ; ajoutons au sentiment qu'elle nous inspireroit cette fierté compagne de l'infortune ; reconnoissons des François au calme du désintéressement de la plupart d'entre eux. »

Je me suis laissé entraîner au plaisir de rappeler ces généreuses et éloquentes paroles. Doivent-elles nous étonner ? Notre collègue, qui a obtenu une gloire unique dans l'histoire, celle de recevoir le bâton de maréchal sur le champ de bataille, est un soldat françois ; il descend d'une famille d'exilés fidèle à ses rois : à ce double titre il sentoit le prix des beaux sacrifices et de la loyauté malheureuse. Comme les émigrés, il n'apporta sur un sol étranger que son épée ; la France accepta cette épée pour prix d'une patrie : le marché a été bon des deux côtés.

Il avoit bien raison, le duc de Tarente, de vanter le désintéressement des exilés françois ! Nous les voyons tous les jours non pas vivre, mais mourir à la porte de l'habitation paternelle qu'ils ne possèdent plus, sans exprimer un regret, sans élever un murmure : Dieu et le Roi l'ont voulu ; ils obéissent. L'Irlande est encore agitée par les confiscations qui ont eu lieu il y a près de deux siècles, et la France est tranquille au milieu des terres aliénées dont les anciens propriétaires sont encore vivants. Qui le croira jamais! dans les champs de la Vendée les acquéreurs de biens nationaux n'ont jamais été inquiétés. Le paysan royaliste, à peine à l'abri dans les ruines de sa chaumière, voit moissonner sans le réclamer le sillon que son héroïque père arrosa de son sang, quand il ne lui fut plus permis de le féconder de ses sueurs.

Un ancien chef des royalistes, M. le marquis de La Boissière, aujourd'hui membre de la chambre des députés, qui prononça à la dernière session un magnifique éloge de la Vendée, fut obligé, après les Cent Jours, de venir témoigner dans une affaire déplorable; il fit à la cour d'assises d'Angers cette déclaration que les anciens auroient gravée en lettres d'or sur les tables de leur loi : « Le roi, dit-il, m'avoit ordonné à Gand de faire respecter la Charte pendant la lutte qui alloit s'entamer et d'y faire revenir aussitôt qu'il se pourroit, alors que les circonstances auroient momentanément rendu impossible de s'y conformer. La crise finie, j'ai pu dire au roi : Sire, il n'y a pas eu d'infraction; si Votre Majesté avoit prévu des impossibilités éventuelles dans l'exercice de la Charte, rien n'a été impossible à l'amour obéissant de vos Bretons. Victorieux dans la lutte au milieu du tumulte des armes, alors que toutes les infractions auroient été nécessairement excusées et couvertes, la surface de la Bretagne n'a pas offert un seul exemple d'un chef qui se soit permis un seul acte de propriété sur ses propres biens confisqués, *et entre les mains d'un ennemi de Votre Majesté portant les armes contre elle.* »

Louis XVIII connoissoit bien ces vertus lorsque, voulant passer dans la Vendée, il écrivoit ces magnanimes paroles au duc d'Harcourt : « Il n'y a rien à craindre pour le roi, qui ne meurt jamais en France. Si je reste en arrière, si je n'emploie pas non-seulement ma tête, mais mon bras, pour monter sur mon trône, toute considération personnelle, je la perds; et si l'on pouvoit croire que ce fût de mon plein gré que je n'ai pas joint mes fidèles sujets, mon règne seroit plus malheureux que celui de Henri III. . . . .
Que me reste-t-il donc? La Vendée. Qui peut m'y conduire? L'Angleterre. Insistez de nouveau sur cet article; dites aux ministres, en mon nom, que je leur demande mon trône ou mon tombeau. »

M. le maréchal Macdonald estima à quatre milliards la valeur des biens nationaux de toutes classes, etc. Il supposa que les propriétés particulières frappées de confiscation formoient à peu près le quart de la confiscation générale.

900 millions lui parurent le capital de la rente à créer pour l'établissement d'une indemnité.

Il diminuoit sur ce capital 300 millions payés aux créanciers des François expropriés.

Il pensoit que 300 autres millions devoient être déduits pour les levées des séquestres depuis vingt-trois ans.

Ces deux soustractions faites, 300 millions restoient pour base de l'indemnité. Enfin, différents calculs lui faisoient supposer qu'une création de rente de 12 millions suffiroit à la mesure.

Des renseignements plus exacts acquis dans la suite ont démontré que les calculs de notre illustre collègue n'étoient pas tout à fait assez élevés.

Les Cent Jours arrivèrent : l'ouragan qui passa sur la France produisit l'effet de ces vents qui répandent la contagion dans l'Orient. Il altéra les esprits les plus sains; le délire étoit si grand que l'on se figura qu'un régicide pouvoit être le ministre d'un roi dont il avoit conduit le frère à l'échafaud. Au retour de Gand, on étoit presque un *contre-révolutionnaire* lorsqu'on rappeloit la proposition de M. le duc de Tarente. Le mouvement dura dans toute sa force jusqu'à la mort de ce fils de France dont j'étois destiné à retracer l'histoire. Prince infortuné ! vous nous promettiez un grand roi. Vous aviez commencé dans les camps comme Henri IV; vous deviez finir comme lui : vous n'avez évité de ses malheurs que la couronne.

Cependant, grâce à la protection de la Charte, le courage et la raison n'avoient pas été étouffés. La tribune et la presse avoient fait entendre la vérité à travers les erreurs du moment; des écrits en faveur des indemnités avoient paru, et ils avoient réveillé les questions déjà examinées dans de premiers mémoires publiés en 1814. Ces écrits se multiplièrent à mesure que les changements de ministres donnoient plus de vivacité ou d'indépendance à l'opinion. Parmi les ouvrages que j'ai lus avec fruit et qui m'ont servi à me confirmer dans mes sentiments, il faut distinguer, entre plusieurs autres également utiles, une discussion solide sur *la nécessité et la légalité de demandes en indemnités,* par un homme de lettres ; plusieurs digressions savantes et lumineuses sur *la restitution des biens des émigrés*, sur *le rétablissement des rentes foncières,* sur *les moyens de faire cesser la différence qui existe dans l'opinion entre la valeur des biens patrimoniaux et des biens dits nationaux,* etc., par un jurisconsulte; enfin, une petite brochure *sur la propriété,* par un vieillard célèbre ; brochure où l'on trouve sur la nature de la propriété foncière et le caractère de la propriété industrielle quarante pages qui sont un véritable chef-d'œuvre.

Cependant la question n'étoit pas arrivée à son point de maturité, et l'auteur du dernier écrit que je viens de citer fut mis en jugement. M. de Richelieu ne perdoit pas néanmoins de vue l'indemnité des émigrés : il en faisoit le rêve glorieux de son ministère. Des recherches furent ordonnées pour constater le montant des biens vendus ; il paroît même que M. Corvetto rédigea un projet de loi.

M. de Richelieu quitta le ministère ; un écrit dont on avoit autorisé l'impression pour être distribué aux deux chambres fut mis à l'écart : c'étoit une maxime du jour, que plus on est soupçonné d'être attaché à la monarchie légitime, moins on a de force pour la servir.

Le dernier roi, qui voyoit sa fin approcher et qui vouloit achever sa gloire, sentit que le moment de nos triomphes en Espagne étoit favorable à la demande des indemnités, que le drapeau blanc rapporté par les mains victorieuses du prince libérateur pourroit servir d'appareil aux dernières plaies de la révolution. La pensée royale, glissée dans une loi que repoussoit l'opinion publique, fut sans effet ; et le chef de l'opposition royaliste dans la chambre populaire enleva aux ministres l'initiative de la proposition la plus honorable. Par un effort qui dut leur coûter, ils se virent même obligés de la combattre ; ou du moins ils se retranchèrent dans une de ces promesses vagues que, selon les temps, on remplit ou l'on oublie.

Dans cet historique de la loi projetée, vous reconnoîtrez comme moi, mon noble ami, l'heureuse influence de ces institutions qui nous ont sauvés et qui porteront la France à son plus haut point de prospérité, si quelque génie fatal n'en corrompt les principes.

Dans un gouvernement constitutionnel, mettez un projet en avant ; l'opinion s'en empare, le discute : s'il est utile, la majorité finit par se déclarer en sa faveur, et les hommes d'État n'ont plus qu'à exécuter ce qui est devenu le vœu du public.

Ainsi, dans l'espace de dix années s'est élaborée l'idée d'une indemnité à donner aux propriétaires dépouillés : la chose même qui avoit semblé dangereuse paroît salutaire, et l'on en est venu à ce point que tout le monde demande aujourd'hui la loi que presque personne n'osoit d'abord espérer. Tels sont les triomphes de la liberté de la presse ; telle est l'excellence de la monarchie représentative.

Mais qui ne trembleroit, mon noble ami, en voyant que l'autorité ministérielle n'a encore rien fait connoître de ses projets sur la loi des indemnités ? On pourroit même supposer qu'elle a craint qu'on les devinât, car elle a eu soin de faire démentir par un article inséré au *Moniteur* les bruits qui circuloient dans Paris. Nous sommes à vingt jours de l'ouverture de la session, et le public ignore une loi qui touche à la propriété des deux tiers de la France. Cette loi devroit être l'objet des discussions politiques ; la presse périodique l'auroit dû saisir pour en travailler les éléments, pour en rendre les débats moins obscurs à la tribune : point ; tout reste secret.

Il en seroit donc de cette loi comme de celle des rentes? On la jetteroit donc tout à coup au milieu de la chambre élective? Une loi si compliquée, qui demande des connoissances si spéciales, des études si profondes, seroit donc livrée à des esprits non préparés? Si elle étoit bonne, tant mieux; si elle étoit mauvaise, tant pis : elle n'en seroit pas moins présentée. Viendroit-on nous dire : « Comme vous voudrez, c'est à prendre ou à laisser. Vous n'en voulez pas? très-bien : il n'y aura pas d'indemnité pour les émigrés. Cela vous convient-il? » Et ainsi, le pistolet sur la gorge, on se verroit comme forcé d'adopter une loi peut-être désastreuse, une loi qui n'iroit pas à sa fin, ou qui seroit créée dans des intérêts étrangers au but que l'on doit désirer d'atteindre.

Il seroit fâcheux d'être obligé de supposer qu'il existe dans l'administration un esprit antipathique à la Charte, un esprit qui a horreur de la publicité et qui ne peut se résoudre à reconnoître la puissance de l'opinion. En attendant que l'on déchire les voiles et que l'on nous frappe d'une loi comme d'un coup d'autorité, il n'y a qu'une chose à faire pour être utile : c'est d'examiner ce qui pourroit contribuer à vicier les bases de la loi projetée ou à en consolider les fondements.

Je conçois l'embarras bien naturel de l'administration ; la matière est difficile à traiter, si l'on ne veut pas sortir des anciens systèmes. L'administration sent aussi qu'elle n'a pas l'honneur d'un projet de loi qui commence à M. le duc de Tarente et finit à M. le comte de La Bourdonnaie, après avoir été demandé, discuté par tous les écrivains royalistes. Ce projet, qui sans doute est dans les intentions de l'administration, mais qui pourtant a l'air de lui être arraché, ne doit pas produire chez elle l'amour que l'on a pour son propre ouvrage, l'ardeur que l'on met à exécuter son propre dessein.

Une des choses les plus funestes seroit, relativement à la loi en question, de se laisser surprendre par ce qu'on appelleroit un projet *simple,* renfermant dans un court énoncé les combinaisons de l'arbitraire. Le projet de loi de la réduction des rentes étoit aussi très-bref, et l'on a vu tout ce qu'il contenoit de long.

La loi des indemnités doit être une loi détaillée, une espèce de code de la propriété, dans laquelle, autant que possible, il ne faut rien souffrir de processif, d'obscur et de douteux. Si l'on venoit nous dire, par exemple :

« Un crédit de 600,000,000 fr. plus ou moins sera ouvert au ministre des finances pour donner une juste indemnité, etc. ; » si le projet, après avoir fixé une ou plusieurs bases variables de l'estimation des biens, après avoir tranché la question des créanciers antérieurs à l'émigration, renvoyoit tout le reste à des règlements administratifs, il ne pourroit être voté qu'avec le plus grand péril pour les propriétaires et pour l'État.

Un pareil projet ne seroit qu'une lettre de 600, de 800,000,000 de fr. livrée à un homme. Ne demandons point de blanc-seing pour les confiscations : il seroit aussi nuisible qu'il l'eût été pour l'affaire des rentes, et c'est déjà trop d'en avoir donné un pour les bons royaux. De cet aveugle abandon de la fortune publique découleroit une source inépuisable d'arbitraire.

Arbitraire dans la forme à établir pour la vérification et la discussion des titres, puisque la loi se tairoit sur ce sujet, et n'indiqueroit ni les moyens d'examen ni les recours en appel.

Des commissions seroient nommées pour régler ces affaires ; mais ne le sont-elles pas sur la présentation du ministre ? Que d'abus pourroient se glisser dans de pareilles commissions !

Arbitraire dans l'ordre d'admission des liquidations. Cet ordre pourroit être fait au gré du caprice, de l'intérêt, de la faveur, de l'intrigue, de la corruption même, qui se mêle à tout : les riches pourroient passer avant les pauvres, les grandes fortunes à moitié retrouvées avant les petites fortunes tout à fait perdues.

Il en seroit peut-être d'un émigré comme d'un commis ; il faudroit savoir comment il pense, comment il vote ; et de même qu'on renvoie un magistrat parce qu'il a écouté la voix de sa conscience, de même on éconduiroit un fidèle serviteur du roi qui n'auroit conservé de tous ses biens que son indépendance.

Un vieux gentilhomme de l'armée de Condé, chargé d'années, couvert de blessures, pourroit se voir préférer l'intrigant qui auroit fait de son exil un temps de plaisir sur le pavé des capitales de l'Europe.

D'une loi qui doit être l'honneur du règne de Charles X, comme la Charte a fait la gloire du règne de Louis XVIII ; de cette loi qui doit fermer les dernières plaies de la révolution, on feroit une loi fiscale dans un intérêt privé.

Cette loi, flétrie dans sa fleur l'année dernière par la seule idée de l'accoler à la loi des rentes, seroit séchée cette année dans sa racine. Le ministère des finances deviendroit une espèce de mont-de-piété où l'émigration porteroit ses vieux gages ; on feroit *une affaire* sur un nantissement fourni par des malheureux. Les lambeaux de la France, rassemblés et convertis en papier, iroient enrichir ceux qui entendent le négoce des dépouilles.

Encore ne fourniroit pas qui voudroit sa part à ce commerce : l'exilé de province transmettroit à la préfecture de son département ses titres, qui seroient envoyés à Paris, où ils resteroient ensevelis dans les bureaux, en attendant qu'un protecteur vînt en secouer la poussière. Dans notre manière actuelle d'administrer, combien il faut d'écritures pour réparer une ruine! En faudroit-il autant pour secourir un homme? Mais l'homme n'attend pas comme la ruine, et tombe plus vite qu'elle.

On conçoit que, dans les idées qui dominent, la perfection du système seroit d'appeler les liquidations de l'indemnité à Paris, de centraliser jusqu'à nos malheurs; on conçoit que des administrateurs aimeroient assez à devenir des notaires universels, qui, tenant dans leur cabinet tous les titres des propriétés de la France, seroient chargés des intérêts de toutes les familles. Ils pourroient se servir de l'importance que leur donneroit cette position pour se perpétuer au pouvoir, malgré l'opinion et presque malgré la couronne. Mais cela peut-il convenir à la monarchie, à la France? Six cents, huit cents millions à la disposition d'un seul homme et de ses agents! Moyens d'influence d'autant plus dangereux, que l'on vient de détruire tous ces contrôles si bien organisés par Buonaparte, et qui rendoient les mécomptes presque impossibles.

Singulier rapprochement! il arriveroit à la fin des confiscations pour les biens rachetés ce qui est arrivé au commencement pour les bien vendus. La Convention, voulant se débarrasser des plaintes et des réclamations relatives aux ventes des biens des émigrés, décréta « que toutes les pétitions et questions relatives à ces ventes seroient exclusivement renvoyées au comité des finances, section des domaines. » (1er fructidor an III.)

Hâtons-nous de publier une loi que la religion, la morale, l'honneur, l'humanité, la politique, réclament également; mais ne faisons pas d'une loi de justice et de probité une loi d'immoralité et d'agiotage, et surtout ne créons pas par cette loi une dictature incompatible avec la royauté.

La loi des indemnités doit être considérée sous deux rapports : sous le rapport civil et sous le rapport financier.

Sous le premier rapport, elle doit être élaborée par des jurisconsultes habiles et des magistrats intègres. Ce ne sont pas là des matières que l'on travaille avec quelques commis, au milieu des autres embarras d'une administration sous laquelle on succombe.

Cette loi doit être pénétrée de l'esprit du nouveau et de l'ancien droit françois, puisqu'elle doit toucher à toutes les questions de l'ancienne et de la nouvelle jurisprudence.

Elle doit énoncer les héritiers et leurs ayant-cause dans la succession directe ou collatérale, jusqu'à un terme qu'elle fixera.

Dire que les parties se pourvoieront devant qui de droit, c'est consommer la ruine des hommes qu'on veut secourir.

Dire que l'on réglera tout cela par des ordonnances, selon l'échéance des cas, c'est dire qu'on fera justice quand il n'en sera plus temps, qu'on donnera la règle quand la règle aura été transgressée. Et où appelleroit-on d'une ordonnance ministérielle? Au conseil d'État? Mais le conseil d'État ne doit juger qu'en matière contentieuse et non en matière civile : c'est devant les tribunaux qu'il faut aller, et la loi seule peut en ouvrir les portes.

On pourroit prendre les ministres à partie? Oublie-t-on qu'il faudroit en obtenir l'autorisation du conseil d'État? que les membres du conseil d'État sont amovibles et dans la dépendance des ministres? C'est parcourir le cercle vicieux.

Quelques personnes pensent qu'au lieu d'une loi *simple* ou d'une loi *détaillée*, il faudroit faire trois ou quatre lois réglant la matière. Dangereuse idée s'il en fut! S'il advenoit qu'une, ou deux, ou trois de ces lois fussent rejetées, et que la quatrième passât, que deviendroit-elle? comment seroit-elle exécutée ?

Si cette seule loi admise étoit (comme c'est probable) celle même qui renfermât le principe de la loi, il arriveroit ou que ce principe ne seroit qu'un énoncé stérile, sans résultat pour les expropriés, ou qu'au défaut des lois corrélatives, ce principe seroit mis en mouvement par des règlements, et l'on retomberoit ainsi dans le gouffre de l'arbitraire administratif.

Ce système de plusieurs lois séparées peut convenir à ceux qui voudroient se débarrasser de l'exécution d'une loi capitale, en se contentant de l'honneur d'en faire voter le principe, ou à ceux qui voudroient s'emparer du principe, en se dégageant de toute contrainte pour l'exécution : cette piperie doit être surveillée.

On parle encore d'un autre système : ce seroit de payer les indemnisés en 3 pour 100 au taux de 75, et de donner en même temps aux rentiers l'option de prendre des 3 pour 100 au même taux ou de garder leurs 5 pour 100 ; dans ce dernier cas, la caisse d'amortissement n'opéreroit plus sur les 5 pour 100, mais seulement sur les 3 pour 100. De plus, sitôt qu'un *transfert* dans les 5 pour 100 auroit lieu, soit par vente ou succession, ladite rente transférée seroit forcément convertie en 3 pour 100.

Il n'y a rien à dire contre ce projet, sinon qu'il seroit illégal et injuste. La caisse d'amortissement n'a point été créée pour éteindre une dette particulière ou pour soutenir un fonds particulier, mais pour agir sur toutes les rentes en général. L'affecter uniquement aux 3 pour 100, ce seroit créer un privilége aux dépens des 5 pour 100. Qu'ont donc fait ces malheureux rentiers possesseurs des 5 pour 100? De quel crime se sont-ils rendus coupables pour être toujours ainsi menacés par la loi? La caisse d'amortissement, agissant sur une seule espèce de rentes, produiroit des hausses énormes et spontanées, suivies de baisses aussi terribles, qui renouvelleroient une partie des accidents du système de Law. Le public ne verroit dans ce projet que la consolation et le dédommagement de la loi sur la réduction des rentes.

Et pourquoi les porteurs des 5 pour 100 ne pourroient-ils vendre et acheter sans être forcés à un rachat d'une espèce particulière?

Qu'ils gardent leurs fonds, dit-on, et ils auront leurs 5 pour 100. S'ils veulent jouer, on a le droit alors de leur dire que l'État a besoin de baisser l'intérêt de l'argent.

Voilà une autorité ministérielle bien scrupuleuse : elle ne veut pas que l'on joue, et elle établiroit une immense table de jeu! Ce seroit donc à son profit seulement? Mais les rentiers, dont une partie ont été dépouillés par des réductions et des banqueroutes, seroient-ils si coupables de chercher à user du crédit public pour retrouver leurs capitaux sans perdre en même temps leurs intérêts? C'est d'ailleurs une violation manifeste du droit de propriété que de vouloir forcer le propriétaire à garder cette propriété ou à la vendre dans une forme imposée : c'est aller contre tous les principes des lois.

On pourroit acheter des 3 pour 100 : on ne pourroit donc plus acheter des 5, puisque les 5 ne pourroient être vendus sans être convertis en 3? Ou, pour parler plus clairement, les 5 pour 100 ne seroient plus transférables ; ils s'éteindroient nécessairement dans un temps donné, et c'est ce qui explique pourquoi ils n'auroient plus besoin de l'action de la caisse d'amortissement. Qu'est-ce que tout cela? Pourquoi toutes ces inventions, et qu'ont-elles de commun avec la mesure qui doit réparer une grande injustice?

Quant aux indemnisés, en leur donnant des rentes à 3 pour 100, comme 100 fr. à 3 pour 100 ne valent que 75, selon les idées qui dominaient dans le projet de la réduction des rentes, et qu'elles ne valent que 65 francs à la Bourse au taux actuel des 5 pour 100, il est évident que l'indemnisé qui recevroit 100,000 fr. en 3 pour 100 ne toucheroit réellement que les trois quarts ou même que les deux tiers de cette somme.

Si donc le montant des indemnités, défalcation faite des dettes payées par le gouvernement, est de 600 millions, en donnant cette somme en 3 pour 100 au pair, on ne paye plus aux indemnisés que 400 millions. Il y auroit déception manifeste dans ce mode de payement ; la perte du malheureux indemnisé s'accroîtroit encore de sa propre détresse, qui l'obligeroit à vendre promptement son effet au négociateur assez riche pour le garder.

Et si, d'une autre part, les rentiers devenoient les héritiers forcés des 3 pour 100, il arriveroit que, par une combinaison au moins singulière, on ne donneroit pas aux expropriés ce qui leur est dû et on ôteroit aux rentiers quelque chose de ce qu'ils ont.

Enfin, par quelle fatalité faudroit-il encore que le sort des expropriés se trouvât lié à celui des rentiers ? Quoi ! toujours écartant les simples idées de morale et de justice, on s'obstineroit à ne chercher dans la loi des indemnités qu'une double opération et l'établissement d'un jeu de hasard !

La bonne foi a aussi son habileté et son influence : une loi grave, sincère, lucide, dont tout le monde verroit le fond et pénétreroit la pensée, seroit selon moi plus favorable au crédit que les combinaisons les plus déliées de l'agiotage.

Deux idées fixes, mon noble ami, dominent aujourd'hui notre système de finances : ne pas toucher à la caisse d'amortissement ; créer des valeurs au-dessous des 5 pour 100, pour faire baisser le taux de l'intérêt dans le commerce.

Idées également erronées : la caisse d'amortissement est trop forte ; et ce n'est pas l'État qui peut agir sur la réduction de l'intérêt de l'argent dans le commerce, mais le commerce qui doit amener l'abaissement du taux de l'intérêt pour l'État.

J'ignore ce que fera l'administration ; je ne la cherche point dans les ténèbres : je serai charmé qu'elle dise, quand j'attaque de fausses théories, que tels ne sont point ses projets et que j'ai poursuivi des fantômes : que la loi soit bonne, voilà tout ! Mais pourtant il faut bien admettre que l'on fera un emprunt ou que l'on aura recours à la caisse d'amortissement pour les indemnités, car il n'y a que ces deux manières de procéder.

Et c'est ici qu'un vrai François doit déplorer la position fâcheuse où la précipitation a placé le pouvoir administratif. Si ce pouvoir fait un emprunt, les objections les plus graves s'élèvent de toutes parts. S'il puise à la caisse d'amortissement, il se soumet donc à toutes les idées qu'il a si obstinément combattues ? Combien de fois n'a-t-il pas déclaré que toucher à la caisse d'amortissement seroit toucher à l'arche sainte !

Et il commettroit le sacrilége! Alors pourquoi le fracas de l'année dernière? Pourquoi ces cris contre les ennemis, ces séparations violentes des amis, si l'on étoit réduit à faire ce que l'on refusoit d'entendre? Jadis on a prononcé les plus beaux discours contre la censure, et l'on a établi la censure; naguère on a tout brisé pour repousser un système de finances qu'on admettroit aujourd'hui. Mais qu'importe que l'on se contredise, pourvu que les contradictions soient au profit de la liberté et de la prospérité de la France!

En jetant un regard sur la partie financière du projet de loi, telle qu'on peut la concevoir sans recourir à des combinaisons extraordinaires, on trouve d'abord que M. le duc de Tarente avoit proposé, article 4 de sa résolution : « Que la quotité de rentes à créer en faveur des anciens propriétaires fût évaluée, ou sur le tiers du revenu (valeur de 1790) des biens aliénés, et dans ce cas les créanciers des propriétaires desdits biens seroient réduits au tiers, ou sur le pied de 2 et demi pour 100 du capital desdits biens, à la même époque de 1790, et dans ce cas les créanciers non liquidés conserveroient leurs droits; bien entendu que dans les deux hypothèses il seroit fait sur la valeur desdits biens défalcation des créances éteintes par la liquidation. »

Quoi qu'il en soit, la loi, mon noble ami, devra d'abord stipuler que les propriétaires dépossédés seront, si la chose est possible, dédommagés intégralement de la perte de leurs biens; autrement, elle ne rempliroit son objet qu'à moitié. L'homme d'État doit considérer beaucoup moins le but d'une justice particulière, le soulagement accordé au malheur et à la fidélité, que la consécration du principe de l'inviolabilité de la propriété.

Considérez que même avec l'indemnité intégrale (dans les cas où elle ne dépassât pas les bornes du possible) vous auriez fait suffisante et bonne justice, mais vous n'auriez pas tout rendu, vous n'auriez rendu ni l'usage de l'immeuble ni les fruits de la terre; vous n'auriez rendu au propriétaire ni son berceau ni sa tombe. Ce champ dont il tiroit sa considération, qui fournissoit à ses modestes besoins comme à ses honnêtes plaisirs; ce toit où s'attachoient les traditions de sa famille et de son enfance, les souvenirs du passé, les espérances de l'avenir, seront-ils remplacés pour lui par une rente sur le grand-livre? C'est bien assez qu'il perde tout cela sans lui retenir encore une portion de son capital; c'est bien assez qu'il cesse d'être un paisible cultivateur pour devenir un joueur à la Bourse.

Il n'est pas donné à l'homme de réparer ce qui est irréparable, mais il est en son pouvoir d'être juste, autant qu'une inflexible nécessité peut le permettre. Pour quelques millions de plus, on ne doit pas mutiler une opération qui, si elle ne ferme pas la dernière plaie de la révolution, pourroit les raviver toutes. Qu'on y songe sérieusement, il y va peut-être du salut de la France!

L'indemnité intégrale (que j'aime à supposer possible) étant arrêtée, la manière la plus franche, la plus claire, la plus morale de payer cette indemnité, est de transporter au propriétaire dépouillé des rentes rachetées par la caisse d'amortissement.

Dans ce projet, point d'émission d'un nouveau papier, point d'impôt, point d'emprunt, par conséquent point de compagnie de banquiers entre l'État et les propriétaires indemnisés, point de traités secrets, point de ces conditions qui dévoreroient une partie des fruits de la mesure; rien de mystérieux, de menaçant, de louche dans ce grand acte de la justice royale et nationale. Ce n'est pas ici une opération de banque, c'est une mesure législative, c'est pour ainsi dire la reconstruction des bases de la société.

Maintenant si l'on suppose que l'indemnité s'élève à 30 millions de rentes, il en resteroit encore dans la caisse plus qu'il n'en faut pour un fonds d'amortissement, et on pourroit encore ôter à cette caisse quelques millions de rentes, en diminution des contributions directes.

Il y a quelque chose d'étrange dans l'idée de créer de nouvelles rentes, au lieu de faire usage de celles acquises par la caisse d'amortissement. C'est comme si un particulier, après avoir fait des économies sur son revenu et se trouvant avoir besoin d'une somme d'argent, aimoit mieux charger sa terre d'une nouvelle hypothèque que de recourir à ses économies.

Prétendra-t-on que l'État emploie ses économies, puisqu'il les applique à l'amortissement de ses anciennes dettes? N'est-ce pas chercher à se tromper soi-même que d'avoir la prétention d'acquitter d'anciennes dettes quand on en contracte de nouvelles?

En outre, l'État est dans une plus mauvaise situation que ne seroit un particulier qui agiroit de la sorte : un particulier ne rend jamais que la somme qu'il a empruntée, avec les intérêts échus; mais par le système de l'amortissement l'État doit toujours racheter la dette publique à un taux plus élevé que celui auquel elle a été livrée.

Si le gouvernement a besoin de 30 millions de rentes, en supposant qu'il fasse une création d'autant de rentes et qu'il les rachète au même prix qu'il les a émises, il est évident qu'il feroit aussi bien de les prendre dans la caisse d'amortissement, puisqu'il éviteroit les frais d'un double emploi.

Et si, comme cela ne manquera guère d'arriver, il rachète les nouvelles rentes avec la caisse d'amortissement à 10 ou 20 pour 100 au-dessus du prix de leur création, il est clair qu'il perd la différence entre les deux prix.

L'objection contre le système de diminuer le fonds d'amortissement en y puisant les rentes nécessaires aux indemnités est que cette réduction de la caisse occasionneroit une baisse dans la rente, et qu'ainsi le gain que l'État paroîtroit avoir fait seroit illusoire.

D'abord une assertion n'est pas une chose prouvée, et la vraisemblance d'une baisse considérable n'est pas démontrée. Maintenant que le gouvernement françois est aussi solidement établi qu'aucun autre en Europe, et que son crédit est égal à sa force, peut-on croire qu'il faille une caisse d'amortissement dotée de près de 80 millions pour soutenir 140 millions de rentes à 5 pour 100, au pair ou un peu au-dessus, et cela quand les 3 pour 100 en Angleterre sont à 96 ?

Mais quelque hasardée que soit cette opinion, la question n'est pas là : il s'agit de savoir si une création de 30 millions de rentes nouvelles, avec la caisse d'amortissement actuelle, ne feroit pas baisser le taux de la rente autant que si sans aucune création nouvelle on diminuoit de 30 millions la dotation de la caisse et qu'on les donnât pour l'indemnité. L'expérience prouve que le crédit public ne suit pas nécessairement le mouvement de la dette nationale. C'est depuis que nos voisins ont diminué de moitié la dotation de leur caisse d'amortissement que les 3 pour 100 ont monté si prodigieusement en Angleterre.

Mais, dira-t-on, non-seulement vous diminuez la caisse d'amortissement de 30 millions, mais vous remettez en circulation 30 millions de rentes rachetées. En couvrant la place d'une aussi grande quantité d'effets de même valeur que ceux qui s'y négocient, comment espérez-vous éviter une baisse ?

Les 30 millions de rentes ne seront pas jetés à la fois sur la place, puisqu'ils ne peuvent être émis qu'au fur et à mesure des liquidations. Supposez que vous preniez sept ans pour écouler ces 30 millions ; en les divisant en portions égales, cela vous donnera à peu près pour chaque année une émission de 4,285,714 francs, émission que les fonds peuvent très-bien porter sans en être matériellement affectés.

Mais ceci nous fait voir que la quotité successive et régulière de l'émission de rentes doit être déterminée par la loi, dût-elle être dans l'année au-dessus ou au-dessous des liquidations épurées. Dans l'un ou dans l'autre cas, ou l'argent dormiroit à la caisse des consignations, ou le propriétaire dont la liquidation seroit établie attendroit à l'année suivante. Je dirai bientôt comment les intérêts de ce propriétaire devroient être ménagés.

Rien ne seroit plus dangereux qu'une émission de rentes spontanée, menaçant toujours la Bourse, et qui dépendroit de la volonté d'un homme. Quelle que fût la pureté de cet homme, il sauroit d'avance la quantité de rentes nouvelles qui doivent venir chaque matin ou chaque mois au marché, et par conséquent il lui seroit aisé de calculer le prix auquel elles se vendroient. Comme cet homme ne pourroit pas être seul dans le secret, on peut juger quel parti pourroient tirer de ce secret ceux qui en auroient connoissance.

Il faut donc que la loi brise ce levier de puissance et d'agiotage, sans quoi la fortune de l'État et celle des particuliers seroient à la merci de cette probité humaine qui n'est pas toujours un sûr rempart contre les tentations.

Toutefois, quoique la liquidation ne puisse et ne doive être que successive, il seroit juste que les intérêts de ces liquidations présumées courussent à dater de la promulgation de la loi. Autrement, il arriveroit qu'il y auroit une différence de pertes et de bénéfices considérable entre le propriétaire qui seroit indemnisé la première année de la liquidation et celui qui ne le seroit que la dernière.

Il faut aussi que la rente soit donnée aux indemnisés à un taux fixe, au pair, quel que soit celui de la Bourse; sans cela un indemnisé recevroit plus ou moins qu'un autre, selon l'époque où sa créance seroit liquidée.

Une fois que la loi aura déclaré que les 30 millions pris dans les rentes rachetées par la caisse de liquidation sont destinés aux indemnités, ils n'appartiennent plus à cette caisse. Ils doivent en être séquestrés et déposés à la caisse des consignations. Cette caisse en recevra les valeurs; et l'État, devenu le tuteur de l'indemnisé, lui tiendra compte, au jour de la liquidation, de sa créance.

Une loi dont l'exécution sera successive amènera des accidents qu'il faut prévoir : il arrivera, par exemple, que le droit d'une famille s'éteindra avant que cette famille ait été liquidée par la mort de l'héritier placé au degré de successibilité admis. Il arrivera que tel immeuble sans réclamants retrouvera tout à coup un propriétaire. Ces bonifications ou ces déchets doivent trouver un emploi ou une ressource : la loi doit y pourvoir.

Si l'ordre des liquidations doit être fixé, un terme fatal doit être prescrit. La France doit mesurer sa générosité à sa force; on ne peut pas la tenir éternellement sur le bord d'une dette sans fond.

Il ne peut pas être question de faire une confusion des dettes liquidées sur le prix des immeubles vendus ; chaque indemnisé doit supporter le poids de sa dette personnelle et ne pas s'en décharger sur son voisin, qui ne devoit rien.

Mais enfin, malgré tout ce que j'ai allégué de contraire, voudroit-on dans la loi des indemnités (sous prétexte d'empêcher une chute de fonds) avoir recours à ces opérations compliquées, à ces revirements de parties, à ces concurrences de valeurs, à ces espèces d'escamotages qui trompent la foule ébahie? Soutiendroit-on toujours que les 5 pour 100 seroient affectés en baisse par la remise en circulation dans l'espace de quelques années de 30 millions de ces 5 pour 100? Il y a un moyen, honnête d'en faire hausser le prix, et ce moyen, je le présente en toute confiance.

L'année dernière on avoit mêlé l'idée d'une indemnité en faveur des propriétaires dépouillés au projet de la réduction de la rente : faites le contraire aujourd'hui : en même temps que vous demanderez l'indemnité, déclarez que vous n'agiterez point la question de la rente avant l'expiration du nombre d'années nécessaires à la liquidation de l'indemnité : à l'instant même les fonds publics s'élèveront, et vous ferez bénir le roi, et vous aurez un crédit immense.

On a été un peu vite dans la solution des problèmes de finances les plus ardus : c'est ainsi qu'on a décidé avec une grande hauteur que la rente étoit remboursable. L'article du Code qui déclare que toute rente établie à perpétuité est essentiellement remboursable pourroit fort bien être combattu par l'article de la Charte qui déclare que la propriété est inviolable, et par celui qui établit (article 70) que *la dette publique est garantie et que toute espèce d'engagement pris par l'État avec ses créanciers est inviolable*. En Angleterre les intérêts commerciaux règlent communément ces matières : en France peut-on partir du même principe?

La rente parmi nous est moins un bien-meuble qu'un immeuble. Elle représente aussi souvent le revenu d'un champ ou le fonds de ce champ vendu et converti en argent qu'elle représente les profits de l'industrie : son origine la rattache aux lois qui gouvernent la propriété territoriale.

Si la rente est un bien-meuble, que signifie l'article de la Charte déjà cité sur la garantie de la dette publique? L'établissement des majorats en rentes ne prouve-t-il pas que du moins dans certains cas la rente est considérée comme immeuble?

Remarquons ensuite que toutes les rentes constituées avant le XVIe siècle n'étoient jamais remboursables : la portion de rentes qui reste de cette espèce est donc de droit non remboursable.

Au commencement du xvie siècle, le parlement décida que dans certains cas particuliers les rentes seroient remboursables; mais il prononça sur l'espèce et non sur le genre, lequel resta soumis au même principe, en vertu de la maxime de droit. Aussi voyons-nous, sous Louis XV, qu'un emprunt fut déclaré *remboursable,* ce qui suppose que les autres ne l'étoient pas.

On a voulu que le mot *consolidé*, emprunté des Anglois, signifiât *confusion, agglomération*. Il est pourtant certain qu'on ne l'entendit point ainsi dans l'origine. Nos 5 pour 100 appelés par Buonaparte *les 5 pour 100 consolidés* s'appeloient auparavant le *tiers consolidé*, et certes on ne pouvoit pas dire qu'il y avoit agglomération de fonds dans une propriété dont on voloit les deux tiers. Il est évident que ce mot *consolidé* étoit employé pour rassurer le rentier et lui persuader qu'on ne lui feroit pas banqueroute du reste. Mais voici des documents qui tranchent la question, et qui auroient produit une grande sensation s'ils eussent été fournis au moment de la discussion sur la réduction de la rente.

Le 8 vendémiaire an vi (29 septembre 1797), M. Crétet, chargé du rapport sur le projet de loi de finances après la banqueroute, s'exprima ainsi dans le Conseil des Anciens :

« C'est une vérité sentie par tous ceux qui connoissent les allures du crédit public, que la portion de la dette *bien consolidée* pourroit un jour se vendre beaucoup au delà du pair, parce qu'elle est la mieux fondée de toutes celles qui existent en Europe. »

Il est d'abord évident que l'idée de la rente *remboursable* ne s'offroit même pas au rapporteur, et qu'il s'adressoit à des législateurs également persuadés qu'elle ne l'étoit point.

Quatre ans après, lors de la présentation de la loi du 21 floréal an x, qui donne le nom de 5 *pour* 100 *consolidés* à la partie de la dette perpétuelle, le même M. Crétet prononça ces paroles devant le corps législatif :

« L'individu qui confie sa fortune au gouvernement compte sur deux choses : la stabilité de sa créance et le payement exact des intérêts... Cette définition est justifiée par le projet de loi qui, en affectant les produits de la contribution foncière au payement des intérêts de la dette perpétuelle, en consacre *la consolidation* par une délégation immuable. »

Ces paroles sont-elles équivoques ?

Enfin, le même orateur, soutenant le projet de loi dans la séance du 21 floréal, s'énonça encore avec plus de clarté, et dit :

« La dette perpétuelle se compose de la fortune du créancier et de celle de sa postérité; elle admet l'emploi des deniers dotaux et pupillaires, de ceux des établissements publics et des communes, caractères qui la placent dans l'ordre des choses le plus à surveiller par la loi et par le gouvernement. Cette dette N'ÉTANT POINT REMBOURSABLE, elle seroit une richesse inactive si les créanciers ne pouvoient la transmettre qu'avec un désavantage ; autre circonstance qui commande à la loi d'en protéger la valeur vénale. »

Telle a été la doctrine à l'égard de la dette publique sous la république et sous l'empire. Cette dette étoit tenue NON REMBOURSABLE. C'est le même orateur qui, parlant au nom du gouvernement, proclame trois fois le même principe. Par quel malheur, par quelle déplorable fatalité ce principe seroit-il abandonné sous la monarchie légitime?

Je dois remercier ici, mon noble ami, un de nos collègues : il avoit rassemblé ces documents pour soutenir un amendement qu'il comptoit proposer lui-même dans cette discussion financière, qui a fait un si grand honneur à la chambre des pairs, et il a bien voulu me les communiquer. Son discours, qui n'a point été prononcé, et dont j'ai le manuscrit sous les yeux, renferme cette apostrophe remarquable :

« Que dites-vous, messieurs, de cette doctrine (la doctrine énoncée au corps législatif et au tribunat)? Que dites-vous de ces expressions? sont-elles assez positives, assez formelles, assez explicatives en faveur de ces malheureux rentiers qui, ayant subi la réduction de la moitié de leur créance, lorsqu'elle ne se montoit qu'au-dessous de 600 fr. de rente, et des deux tiers lorsqu'elle étoit au-dessus, recevoient, par la dénomination même conservée dans la nouvelle loi, la confirmation consolante d'un principe qui ne leur permettoit plus de craindre à l'avenir des dispositions semblables à celles que nous discutons aujourd'hui? »

Voilà, mon noble ami, des faits qui peuvent conduire à de graves réflexions; maintenant il faut convenir avec candeur qu'ils n'étoient pas généralement connus l'année dernière. Au milieu d'une discussion animée, on n'avoit pas eu le temps d'approfondir la matière ; les esprits les plus sains, les hommes de la meilleure foi du monde purent hésiter, ou même avoir une opinion différente de celle qu'ils manifesteroient aujourd'hui. Lorsque le péril a été passé, et qu'on a regardé en arrière, l'étude et la réflexion ont fait voir des choses dont on ne s'étoit pas même douté. Puisse l'expérience nous corriger à jamais de ces improvisations de lois qui peuvent avoir les conséquences les plus funestes! Ce n'est pas à la tribune que l'on tranche ces importantes questions de droit qui embarrassent les jurisconsultes les plus habiles.

A mon tour, je ne décide rien ; mais je crois mettre les choses dans une voie salutaire en demandant que le projet de loi soit précédé d'une déclaration en vertu de laquelle la question de la réduction et du remboursement de la rente sera ajournée à dix ans. On pourroit même soutenir que la rente (et c'est mon opinion) ne doit être réduite que par l'effet de la caisse d'amortissement et par la dépréciation annuelle des espèces d'or et d'argent ; dépréciation qui se précipiteroit de plus de 30 pour 100 en peu d'années si les mines du Mexique et du Pérou venoient à être exploitées par les compagnies européennes.

Telle est à peu près, mon noble ami, ce que j'avois d'important à vous dire sur le grand sujet des indemnités. Les détails demanderoient des volumes ; j'ai choisi ce qu'il y a de plus solide dans la matière, et les bases que j'ai posées peuvent, ce me semble, porter le monument :

1° Rembourser, autant que possible, intégralement les propriétaires dépossédés ;

2° Mettre la loi en rapport avec le Code Civil et entrer dans les plus grands développements ;

3° Ne point faire d'emprunt ;

4° Payer les indemnités avec les rentes acquises par le fonds d'amortissement ;

5° Fixer année par année l'ordre et la quotité des liquidations ;

6° Déclarer qu'on ne s'occupera ni de la réduction ni du remboursement des 5 pour 100 (et j'espère qu'on ne s'en occupera jamais) avant le terme de dix ans ;

7° Ne laisser rien ou ne laisser que le moins possible à l'arbitraire dans la loi et dans l'exécution de la loi.

Or, pour arriver à cette heureuse fin, voici ce qui me paroîtroit le plus expédient ;

Dans une affaire où il s'agit de la propriété presque entière du royaume, je ne connois aucun homme assez élevé en dignité, science et vertu pour la diriger : des ministres qui passent avec leur système ne sont point en rapport avec les intérêts permanents de la France.

Il n'y a que le père commun des familles, il n'y a que le chef d'une race antique qui a vu naître l'ancienne propriété et qui voit se former la nouvelle, d'une race qui veilla au berceau de la monarchie et qui présidera à ses dernières destinées ; il n'y a que le roi, en un mot, dont l'autorité soit assez sacrée, le caractère assez impassible, l'esprit assez éclairé, le cœur assez haut, la parole assez sûre pour que les François remettent avec joie le sort de leur fortune aux mains de ce souverain arbitre. Investi de tout pouvoir, qu'il exécute la loi qu'il aura lui-même conçue ; qu'il descende dans nos propriétés ; qu'il vienne replacer la borne des héritages, et que, comme ses pères, il rende la justice à ses sujets au pied d'un chêne.

Mais il faut qu'il soit assisté dans cette tâche royale : son conseil privé paroît naturellement appelé à cet honneur; ne pourroit-on y adjoindre un certain nombre de prélats, de pairs, de députés, de magistrats et de conseillers d'État?

Le roi, assisté de M. le Dauphin, et ayant sous lui le chancelier de France, présideroit les séances générales.

Le conseil privé, qui n'est presque d'aucun usage, trouveroit ainsi une immense et noble occupation.

Dans le ressort de chaque cour royale, ne seroit-il pas possible de former un comité composé du président et de quelques conseillers de la cour? Des membres des conseils généraux des départements sur lesquels s'étendroit la juridiction de cette cour ne pourroient-ils leur être adjoints? Les papiers et pièces relatifs aux liquidations ouvertes dans ces départements ne pourroient-ils être transmis à ce comité? Le travail se feroit ainsi sous les yeux des parties intéressées, et chaque comité enverroit son travail à la section du conseil privé chargé de la correspondance.

La solennité de cette administration annonceroit la solennité de la mesure et fixeroit les regards des peuples, comme nous intéressés au maintien de la propriété.

Tant qu'il n'existera point de loi sur la responsabilité ministérielle, et que la responsabilité morale sera méprisée comme elle l'est aujourd'hui, puisqu'on se fait gloire de braver l'opinion, ce ne seroit qu'avec une défiance fort naturelle que les intérêts majeurs de la société se verroient à la merci d'un pouvoir sans contrôle. Tout seroit sincère, tout seroit monarchique dans le projet que j'ai osé esquisser : il rattacheroit par de nouveaux liens la France au roi et le roi à la France.

C'est ainsi que le feu roi de Sardaigne, Victor-Emmanuel, avoit nommé, par son édit d'indemnité, des commissions provinciales dans ses villes de Chambéry et de Nice, correspondant avec une délégation placée auprès de lui à Turin. Le roi régnant a conservé ces dispositions. Vingt-un articles composent l'édit royal, d'où l'on peut tirer d'excellentes choses. Ces princes de Savoie, dont le sang, mêlé à celui de Henri IV, coule dans les veines de M. le dauphin, ont la gloire singulière de dédaigner le trône s'ils n'y trouvent l'honneur, d'arrêter les révolutions en refusant d'être leurs complices, et de conserver des couronnes en les abdiquant.

Autant, mon noble ami, la loi projetée seroit pernicieuse, fatale, pleine de divisions et d'alarmes si elle est mal faite, autant elle sera salutaire, heureuse, conciliatrice si un esprit d'équité et de franchise préside à sa rédaction. Elle rétablira l'harmonie entre les citoyens; elle effacera les dernières traces révolutionnaires; elle ôtera aux esprits turbulents tout prétexte de troubles, tout moyen d'agir sur les intérêts et les passions.

La légitimité du trône se fortifiera des légitimités qu'elle aura fondées, et cessera d'être isolée dans la France de la république et de l'empire. On verra tarir à la fois la source et s'arrêter les conséquences des révolutions; car ce sont les spoliations de la propriété qui tentent les novateurs et éternisent les discordes.

N'apercevoir dans la loi attendue que des bannis et une affaire de finances, la repousser ou l'admettre par esprit de parti, c'est ne pas se placer assez haut pour la juger, c'est n'y rien comprendre.

Que les propriétaires dépouillés, que leurs enfants et leurs familles souffrent encore de la confiscation, ou qu'ils en aient reçu une sorte de dédommagement par des pensions et des honneurs, que ces propriétaires se trouvent aujourd'hui dans des places que les anciennes mœurs leur auroient autrefois interdites; qu'ils restent mécontents ou satisfaits de l'indemnité que l'État pourra leur accorder, on doit les plaindre s'ils sont infortunés, les congratuler s'ils sont heureux; mais la loi s'occupe d'un tout autre objet. Elle n'est point une loi de reconnoissance de la couronne, de grâce de l'État; elle n'est point une loi que des passions repoussent, que des passions appellent, elle n'est point une loi de système, une loi de démocratie ou d'aristocratie; elle est loi de justice, loi de propriété.

Si un roi seul, ou un roi avec un corps politique, ou des corps politiques sans un roi, peuvent, dans un temps quelconque, spolier les propriétés de presque tout un État, ils pourront demain ce qu'ils ont pu hier.

Ne vous assurez point dans votre position sociale; une assemblée plébéienne a-t-elle ravi les héritages patriciens, une assemblée patricienne s'emparera des champs plébéiens.

Vous voulez que l'on garde le bien d'autrui et qu'on n'en restitue pas la valeur dans une proportion possible? Attendez ma fortune: à mon tour je vous dépouillerai, et je vous refuserai l'indemnité légale, et je m'autoriserai de votre exemple et de vos principes. Qu'aurez-vous à me dire, sinon qu'il fut un temps où vous étiez le plus fort, et que je le suis aujourd'hui?

Qu'on y prenne garde; si le droit de propriété n'est pas sacré, la liberté est violée, car c'est la propriété qui est le rempart de la liberté. La liberté défend à son tour la propriété; mais avec la propriété on peut refaire la liberté, et avec la liberté seule on ne refait pas la propriété.

Si celui qui possède quelque chose ce matin peut ce soir ne posséder rien et retomber dans la dépendance qui s'attache au prolétaire, alors plus de mœurs nationales, car les mœurs ne se forment que par la permanence des choses : or, il n'y a point de mœurs là où l'habitant de la campagne n'est pas sûr de laisser son héritage à son fils ; alors plus de famille, car il n'est point de famille là où le foyer paternel peut être envahi, là où le chêne planté par les aïeux peut tomber sous la cognée du premier bûcheron.

Et non-seulement il n'y a plus de société durable, mais dans les courts intervalles qui sépareroient les confiscations politiques cette société chancelante, toujours attendant une révolution, cette société, n'osant semer que la moisson de l'année, n'osant planter que l'arbre qui dure quelques jours, cette société seroit encore troublée par des haines. La propriété mobilière peut disparoître sans laisser de souvenirs ; il n'en est pas ainsi de la propriété immobilière ; les pas de l'homme sont ineffaçables sur la poussière qu'il a foulée ; il mêle son nom à la terre comme ses cendres. Inutilement la charrue étrangère bouleverse le champ usurpé ; vainement le hoyau le déchire : le nom de l'antique possesseur repousse avec le nouvel épi, et il se trouve comme une vérité importune au fond de la coupe de vin qui devoit réjouir le banquet du vendangeur légitime.

Répétons-le mille fois : presque toujours dans l'ordre politique les vertus politiques tiennent au sol, et elles croulent si le sol tremble sous les pieds du propriétaire. C'étoit une forte conception de nos pères barbares, que d'avoir attribué des qualités à la terre, chose que l'antiquité a ignorée et qui n'est pas moins prodigieuse ; la noblesse étoit pour eux l'indépendance, et ils avoient fait des terres nobles. Supposez qu'ils eussent entendu la liberté comme nous la comprenons aujourd'hui, ils auroient, en l'attachant au sillon, établi une société libre dont le principe ne se fût pas détruit comme dans les cités ordinaires, parce qu'un sillon ne devient pas esclave comme un homme, parce qu'on peut tuer un propriétaire et qu'on ne tue pas une propriété. Ces seigneuries républicaines auroient fait et perpétué des citoyens, comme les seigneuries féodales ont fait et perpétué pendant neuf siècles des ducs, des marquis et des comtes.

L'esprit de la loi d'indemnité est donc d'apprendre aux propriétaires, pour leur sûreté mutuelle, qu'ils sont solidaires, tant ceux qui ont profité de la vente des domaines nationaux que ceux qui n'en ont pas profité. Il faut qu'on sache qu'un gouvernement qui ne seroit pas arrêté par des idées de morale et d'équité doit l'être du moins par un intérêt matériel ; il faut qu'on sache qu'on ne doit pas s'emparer du patrimoine des particuliers, parce qu'il faut tôt ou tard qu'on en fournisse une indemnité équivalente. Or, comme le contribuable qui paye n'est pas le pouvoir qui a pris, il en résultera ou que les confiscations dans la suite ne trouveront plus d'acquéreurs, ou que les propriétaires s'opposeront à une spoliation qui seroit un jour rachetée aux dépens de leur innocente postérité.

Le roi aura ordonné le plus grand acte de justice qui ait jamais été fait sur la terre, et la France, digne de son roi, aura fourni le moyen de l'accomplir. Louis XVI a porté sa tête sur l'échafaud, et Louis XVIII a prononcé le pardon ; les propriétés ont été envahies, et Charles X en aura fait restituer la valeur. Comme la clémence a surpassé le crime, la réparation égalera le désastre.

Il faudroit plaindre des hommes infidèles à leurs doctrines comme à leurs amis, qui s'obstineroient à troubler tant d'éléments de prospérité, et qui seuls resteroient étrangers dans la France à ces miracles de gloire et de miséricorde, de liberté et de justice.

Cette lettre, mon noble ami, s'est fort étendue sous ma plume. J'ai été au moment de la diviser en deux lettres, parce qu'elle a deux fois la longueur de la première ; mais, après mûre réflexion, j'ai pensé qu'il étoit plus utile de vous présenter dans son ensemble l'important sujet de la loi des indemnités. A présent, sans être Cicéron, je vous dirai comme lui : *Tum ad quos dies rediturus sim, scribam ad te.*

# DE LA PRESSE

PRÉFACE

DE L'ÉDITION DE 1828.

Si l'on réunit aux écrits ci-après ce que j'ai dit de la liberté de la presse dans *La Monarchie selon la Charte*, dans mes anciens *Discours et Opinions*, et jusque dans ma *Polémique*, on sera forcé de convenir qu'aucun homme n'a plus souvent et plus constamment que moi réclamé la liberté sur laquelle repose le gouvernement constitutionnel. J'ai quelque droit à m'en regarder comme un des fondateurs parmi nous, car je ne l'ai trahie dans aucun temps. Je l'ai demandée dans les premiers jours de la restauration, je l'ai voulue à Gand [1] comme à Paris ; prêchée par un royaliste, elle cessoit d'être suspecte à des yeux qui s'en effrayoient, à des esprits qui n'en vouloient pas, à un parti qui ne l'aimoit guère. Que ce parti la répudie de nouveau aujourd'hui, cela peut être ; mais il ne la détruira plus. Quand je n'aurois rendu que ce service à mon pays, je n'aurois pas été tout à fait inutile dans mon passage sur la terre.

La liberté de la presse a été presque l'unique affaire de ma vie politique ; j'y ai sacrifié tout ce que je pouvois y sacrifier : temps, travail ou repos. J'ai toujours considéré cette liberté comme une constitution entière ; les infractions à la Charte m'ont paru peu de chose tant que nous conservions la faculté d'écrire. Si la Charte étoit perdue, la liberté de la presse la retrouveroit et nous la rendroit ; si la censure existoit, c'est en vain qu'il y auroit une Charte. N'allons pas chicaner sur le plus ou moins de perfection de la loi qu'on doit soumettre aux chambres ; elle abolit, dit-on, la censure : eh bien, tout est là. C'est par la liberté de la presse que les droits des citoyens

---

1. Voyez le *Rapport fait au roi dans son conseil à Gand*, p. 116.

sont conservés, que justice est faite à chacun selon son mérite ; c'est la liberté de la presse, quoi qu'on en puisse dire, qui à l'époque de la société où nous vivons est le plus ferme appui du trône et de l'autel. Charles X nous délivra de la censure en prenant la couronne; pour affermir cette couronne, il ne veut pas même que les ministres à venir trouvent dans la loi un moyen de violer la plus *vitale de nos libertés* [1]. Cette noble et salutaire résolution doit rendre tous les cœurs profondément reconnoissants; elle suffiroit seule pour immortaliser le règne d'un prince aussi loyal que généreux.

Si donc le gouvernement se détermine, comme il y a lieu de le croire, à apporter une loi pour l'abolition de la censure facultative, pour la suppression de la poursuite en tendance et pour l'établissement des journaux sans autorisation préalable, je verrai s'accomplir ce que je n'ai cessé de solliciter depuis quatorze ans.

Sous l'empire, j'ai cherché, par le *Génie du Christianisme*, à contribuer au rétablissement des principes religieux; lors de la restauration, j'ai promulgué dans *La Monarchie selon la Charte* les vérités qui doivent désormais servir de fondement à notre croyance politique. J'ose quelquefois me flatter que ce double effort n'a pas été vain, puisque les doctrines que j'ai déduites ont été peu à peu adoptées : descendues dans la nation, elles sont remontées au pouvoir. Les obstacles que j'avois signalés dans les hommes et dans les choses ont été graduellement écartés; mes prévisions funestes, réalisées comme mes espérances, ont montré qu'en mal et en bien je ne m'étois pas tout à fait trompé sur les caractères, les préjugés, les passions et les vertus de l'ancienne et de la nouvelle France. Ainsi mon rôle, comme défenseur de nos libertés publiques, touche à son terme; la censure va disparoître pour toujours; un triomphe fécond en résultats heureux se trouve placé au bout de ma carrière constitutionnelle; je n'en réclame pas les palmes; *tulit alter honores :* peu importe; il ne s'agit pas de moi, mais de la France.

Toutefois un retour sur le passé me sera-t-il un moment permis? Que de haines et de calomnies entassées sur ma tête depuis quatorze années, pour en venir à faire ce qui m'a attiré ces haines et ces calomnies ! S'évanouiront-elles? Je le souhaite plus que je ne l'espère ; on m'en voudra peut-être en secret d'avoir eu raison si longtemps contre des autorités successives. D'un autre côté, de quelle prospérité nous jouirions aujourd'hui si dès le point de départ on eût marché dans les voies de la Charte comme je ne cessois

---

1. Belle expression de M. Villemain.

d'y inviter ! Mais apparemment qu'il en est des vérités comme des fruits : ceux-ci ne tombent que quand ils sont mûrs.

Mille cris s'élevèrent lorsque j'entrai une dernière fois dans les rangs de l'opposition; on auroit trouvé plus prudent et plus sage que j'eusse attendu à l'écart et en silence l'occasion de me glisser de nouveau au ministère. Sans doute, comme calcul d'ambition personnelle, cela eût valu beaucoup mieux; mais les libertés publiques, que deviendroient-elles si chacun pour les défendre ne consultoit que son intérêt? Dans une monarchie représentative, les convenances des salons et la politique des courtisans sont-elles admissibles? Que celui qui ne peut rien quand il est tombé se taise; qu'il se mette en embuscade dans une antichambre et qu'il guette le pouvoir au passage pour le reprendre par une intrigue, à la bonne heure; mais que celui dont la voix a été quelquefois entendue avec bienveillance se range parmi les muets, rien de plus absurde dans un gouvernement constitutionnel. N'est-il pas clair aujourd'hui que j'ai suivi la vraie route pour arriver à ce qui me paroissoit être le bien de mon pays?

DE LA CENSURE

QUE L'ON VIENT D'ÉTABLIR EN VERTU DE L'ARTICLE 4 DE LA LOI
DU 17 MARS 1822.

AVERTISSEMENT DE LA PREMIÈRE ÉDITION.

La censure n'a pas permis qu'on annonçât cette brochure dans les journaux ; cependant le titre de ce petit écrit n'a rien de séditieux : *De la censure que l'on vient d'établir.* Y a-t-il là quelque chose contre le roi et la loi ? Ce titre même fait-il connoître si l'auteur de l'ouvrage est pour ou contre la censure ? Quel instinct dans les censeurs ! quelle merveilleuse sagacité ! Mais je ne dis pas tout : mon nom est imprimé en tête de la brochure ! pourroit-on croire que nous en soyons là sous le ministère de MM. Corbière et de Villèle ?

AVERTISSEMENT DE LA DEUXIÈME ÉDITION.

Le public a enlevé la première édition de cette brochure plus rapidement encore que je ne l'ai écrite, bien que la censure n'ait pas permis de l'annoncer, et qu'à la poste on ait refusé d'expédier les exemplaires destinés aux départements. Cela ne prouve rien pour le mérite de l'ouvrage, mais cela montre à quel point l'opinion s'est prononcée en faveur des tribunaux, avec quelle ardeur elle réclame les libertés publiques et repousse le système ministériel.

J'ai à peine eu le temps de faire disparoître quelques incorrections de style, échappées à ce que je pourrois appeler une improvisation écrite. J'ai ajouté peu de chose au texte, mais je veux consigner ici un nouveau fait de la censure actuelle.

La censure avoit mutilé dans le *Journal des Débats* un article relatif à

Mgr le duc d'Orléans; elle a été plus rigoureuse envers *Le Constitutionnel*, qui s'est avisé de parler de Mgr le duc d'Angoulême.

La chose m'avoit paru si improbable que pour le croire j'ai voulu voir l'article supprimé, supposant qu'il y avoit au moins à cette témérité censoriale une ombre, une apparence de prétexte. On en va juger; voici l'article :

« Nous publions avec un vrai plaisir l'avis suivant, qui nous est adressé du cabinet de S. A. R. le duc d'Angoulême :

« Messieurs les membres de la Société royale des Prisons sont invités à se
« trouver jeudi, 19 de ce mois, à une heure, à la séance de la Société, pré-
« sidée par Son Altesse Royale, et qui se réunira chez Monseigneur. »

« Puissent tous les abus qui sont si malheureusement enracinés dans le régime des prisons, et qui excitent depuis si longtemps la sollicitude de tous les vrais amis de l'humanité et de la religion, être connus du prince! Puisse l'administration, docile à sa voix, réformer des scandales affligeants pour toutes les âmes sensibles! Puisse-t-elle purifier le séjour infect où tant de victimes diverses sont si malheureusement confondues! Ce que nous désirons surtout, c'est que l'intéressant ouvrage que vient de publier M. Appert soit mis sous les yeux du prince, et qu'on ne lui cache aucun de ceux qui sont de nature à l'éclairer sur un objet si digne de sa bienfaisance et de son humanité. »

Il ne s'agit pas des doctrines du *Constitutionnel*, qui sous tant de rapports ne sont pas les miennes; cette feuille d'ailleurs m'épargne trop peu pour qu'on puisse me soupçonner d'avoir un grand penchant pour elle; mais il s'agit de la raison, de la bonne foi, de l'équité des principes. Y a-t-il rien dans l'article précité qui ait pu mériter la colère des rogneurs de phrases? Il ne sera donc plus permis de parler d'humanité, ni même de *religion*, car le mot se trouve dans l'article : ainsi le nom d'un prince restaurateur de notre armée, ce nom que l'Europe respecte, que la France a inscrit dans les fastes de sa gloire, est rayé par quelques censeurs obscurs dans un bureau de la police! Il est vrai que ce prince, tout chrétien qu'il est, est soupçonné d'aimer la Charte; il est vrai qu'en Espagne tous les partis ont trouvé un abri derrière son épée; qu'il a prêché la concorde au milieu des divisions, qu'il a réprimé les écarts de la liberté comme les fantaisies de l'arbitraire, qu'il s'est opposé aux réactions et aux vengeances, qu'il n'a pas souffert que des proscriptions déshonorassent ses armes et que les bûchers de l'inquisition devinssent les autels élevés à ses victoires.

Paris, le 20 août 1824.

AVERTISSEMENT DE LA TROISIÈME ÉDITION.

Je voulois laisser passer cette troisième édition sans un nouvel avertissement. J'avois vu, il est vrai, dans un journal une espèce d'amende honorable, une explication par laquelle un écrivain officieux prétendoit prouver que ses maîtres, en établissant la censure, n'avoient pas voulu attaquer les tribunaux : ce misérable désaveu d'un fait patent ne peut inspirer que de la pitié [1].

Je n'aurois donc pas songé à grossir ce petit ouvrage de quelques lignes, si un autre article, d'une tout autre gravité, n'avoit attiré mon attention.

Lorsque j'ai dit que les ministres seroient obligés, pour prolonger leur existence politique, de pousser leurs systèmes jusqu'aux dernières conséquences ; lorsque j'ai demandé quel seroit le parti qu'ils prendroient en cas d'opposition de la part des chambres législatives, je n'ai rien exagéré, et l'on ne m'a pas fait attendre longtemps la réponse à mes questions.

Un article inséré dans *Le Drapeau blanc* a été répété par *L'Étoile* : la censure, en le laissant passer dans d'autres journaux, a achevé de lui donner un caractère semi-officiel : il mérite la peine d'être transcrit et commenté ; le voici :

« Les conseils généraux de département s'assemblent ; appelés par la loi fondamentale à donner leur avis sur tout ce qui intéresse la prospérité du commerce et de l'agriculture, vue à la vérité d'une manière locale, *il ne leur est pas interdit pour cela de traiter les plus hautes considérations législatives lorsqu'elles se rattachent aux besoins particuliers des subdivisions territoriales.* Ne sont-ce pas les cahiers des conseils généraux qui les premiers ont indiqué la nécessité

---

1. On m'écrit de toutes parts pour me signaler de nouvelles vexations de la censure. *Le Courrier françois*, par exemple, avoit annoncé que M. Michaud, qui vient de perdre sa place à l'Imprimerie royale, étoit frère de M. Michaud, rédacteur de *La Quotidienne*. La censure a rayé cette annonce factieuse, disant qu'elle avoit permis au *Journal des Débats* de dire que M. Michaud le renvoyé étoit frère de M. Michaud de l'*Académie françoise*. On sent tout ce qu'il y a d'ingénieux et de profond dans cette distinction faite par la censure entre M. Michaud de l'*Académie* et M. Michaud de *La Quotidienne*.

Dans un petit journal littéraire, on a retranché un passage du sermon de Bossuet sur *l'honneur :* on ignore quel est le docteur de Sorbonne à la police qui a mis à l'*index* le dernier Père de l'Église. Je suis honteux de descendre dans le détail de ces platitudes ; mais il est nécessaire de livrer la censure à l'opinion, afin qu'elle soit méprisée comme elle mérite de l'être. Quand voudra-t-on se persuader enfin que nous vivons au xixe siècle ?

d'une loi sur la voirie vicinale et qui ont posé le principe de la double prestation? Les modifications apportées aux tarifs de l'enregistrement n'avoient-elles pas été invoquées par les mêmes organes? La plupart des grandes améliorations n'ont-elles pas pris leur source dans ces assemblées qui, par la manière dont elles ont été composées depuis la restauration, offrent toutes les garanties désirables de dévouement, de sagesse, de lumières, d'indépendance et de bonne foi?

« Aux yeux du gouvernement, comme pour tous les hommes éclairés, les vrais organes de l'opinion publique sont les conseillers choisis par le roi sous le titre de *pairs* et ceux envoyés devers lui par la nation sous le nom de *députés*. Mais dans une circonstance aussi où l'une des chambres a cru devoir rejeter ce qu'une autre avoit adopté, où même celle qui a voté négativement a offert un partage à peu près égal d'opinions, où enfin le rejet n'a été qu'une sorte de *plus ample informé*, il nous paroît non-seulement convenable, mais encore de toute justice, que le ministère accueille ce que les conseils d'arrondissement et de département croiront devoir exprimer au sujet de la loi des rentes. Ces conseils, composés de propriétaires, de négociants, de magistrats, enfin de ce que nos provinces ont de plus honorable, ne peuvent que jeter une grande lumière sur un objet qui touche aussi essentiellement à la fortune publique. C'est sous de tels auspices que la grande question débattue pendant la dernière session pourra se représenter, forte d'un assentiment presque unanime; ou bien, si elle est proscrite dans le sein de ces assemblées, le gouvernement sera autorisé à mettre fin à une incertitude qui ne sauroit se prolonger sans inconvénient. »

Examinons cette pièce curieuse.

Comparer d'abord les conseils généraux d'aujourd'hui aux bailliages, aux sénéchaussées d'autrefois, aux anciennes communes des villes et des campagnes, à tout ce qui formoit le régime municipal de la France, c'est une étrange ignorance ou une bizarre aberration d'esprit.

Quand on nous parle de *cahiers des conseils généraux*, ne s'aperçoit-on pas de la confusion des mots, des idées et des doctrines qui se trouve dans cette seule phrase? Des cahiers! Il y a donc des *mandataires*? Sont-ce les membres des conseils généraux qui sont *les mandataires du peuple*, lequel pourtant ne les a pas nommés? Sont-ce les députés qui doivent être regardés comme les mandataires des conseils généraux, quoiqu'ils ne soient pas élus par ces conseils? Enfin, seroient-ce les ministres qui se trouveroient chargés des pleins pouvoirs de ces conseils? Et néanmoins tous les jours, à la tribune le ministère s'élève contre le système des *mandataires*, et soutient qu'il n'y a point de *représentants*. Quelle tour de Babel! Je ne parle pas des députés, dont on ne fait plus que des *conseillers* de la couronne : singuliers conseillers qui peuvent voter ou refuser l'impôt, mettre les ministres en accusation, etc.! On voit bien où tout cela tend, et où l'on en veut venir. Mais, sans trop nous arrêter, tâchons de trouver ce qui sort des ténèbres de l'article.

Ce qui en sort, c'est la loi sur la réduction des rentes. Tout ce galimatias est pour nous dire qu'on n'a point abandonné l'ancien projet; que les cent trente boules noires de la chambre des députés, que la majorité des vingt-trois voix contre la loi dans la chambre des pairs, que les nombreux écrits publiés contre cette loi, que l'opinion presque générale des hommes instruits dans la matière, n'ont pu ébranler l'obstination d'un ministre; qu'on se tienne pour averti qu'un seul homme en France a le privilége d'avoir toujours raison.

Et comment un esprit si sûr de son fait semble-t-il avoir besoin de se faire appuyer? On nous parle des vœux que les conseils généraux pourront émettre : mais lorsque les chambres ont rejeté ou qu'une des chambres a refusé l'adoption d'une loi, à quel titre les conseils généraux interviendroient-ils? Auroit-on le dessein de les faire sortir du cercle de leurs attributions? Voudroit-on créer dans l'État un nouveau pouvoir politique? Auroit-on déjà quelques inquiétudes sur la disposition de la chambre élective, et pour la rendre favorable à la loi renouvelée, le ministère viendroit-il présenter cette loi non plus comme son ouvrage, mais comme le vœu des départements? La sagesse des conseils généraux nous rassure ; mais l'imprudence des hommes qui pourroient agir sur eux nous effraye.

On a souvent fait entendre dans les discussions de la loi que si Paris repoussoit le projet, les départements le désiroient, bien qu'on ait cent fois prouvé que cette réduction de la rente, loin de faire refluer les capitaux dans les provinces, les attireroit à Paris. Est-ce l'œuvre d'un bon François de chercher à rappeler, dans des articles censurés, la prétendue différence d'intérêts que l'on suppose faussement devoir exister entre Paris et le reste de la France?

Venons au dernier paragraphe de l'article :

« Ces conseils (les conseils généraux), composés de propriétaires, de négociants, de magistrats, enfin de ce que nos provinces ont de plus honorable, ne peuvent que jeter une grande lumière sur un objet qui touche aussi essentiellement à la fortune publique. C'est sous de tels auspices que la grande question débattue pendant la dernière session pourra se présenter, forte d'un assentiment presque unanime; ou bien, si elle est proscrite dans le sein de ces assemblées, le gouvernement sera autorisé à mettre fin à une incertitude qui ne sauroit se prolonger sans inconvénient. »

Qu'est-ce que cela signifie?

Cela veut-il dire que si les conseils généraux sont d'avis du projet de loi, on le présentera de nouveau aux chambres, sans égard au changement d'opinion qui pourroit être survenu dans la chambre élective, sans considération pour le vote négatif de la chambre héréditaire? Mais les chambres, tout en respectant l'opinion des conseils généraux, ont une volonté; elles écoutent leurs consciences, elles consultent leurs lumières, et ne règlent point le vote d'après des délibérations étrangères à leurs séances.

On nous fait entrevoir que les conseils généraux pourroient bien être unanimes dans leur opinion. Auroit-on fait menacer de destitution les membres de ces conseils qui occupent des places dans le gouvernement, s'ils n'opinoient pas pour la loi des rentes? M. le ministre de l'intérieur nous a fait connoître ses principes sur la liberté des votes; et comme les membres des conseils généraux sont révocables, il ne peut manquer d'avoir action sur des corps qu'il peut faire composer, décomposer et recomposer, selon l'inspiration de son patriotisme.

Mais si les conseils généraux sont d'un avis, et les chambres d'un autre, comment arrivera-t-il, selon la phrase ministérielle, *que le gouvernement sera autorisé à mettre fin à une incertitude qui ne sauroit se prolonger sans inconvénient?* Qu'entend-on par là, et de quelle manière mettra-t-on fin à cette incertitude?

Comment y sera-t-on encore autorisé si la *grande question débattue pendant la dernière session est proscrite dans le sein de ces assemblées*, c'est-à-dire dans le sein des *conseils généraux*, en supposant que l'on parle françois? Ou ces phrases sont de purs *non-sens*, ou elles renferment une menace. Quand on considère tout ce que l'on a déjà entrepris contre nos libertés, on est trop disposé à penser que le ministère tenteroit les choses les plus étranges plutôt que d'abandonner son système. Un pareil article n'a pu être publié que sous le régime de la censure; il n'a d'importance que parce que les journaux sont censurés; autrement la liberté de la presse périodique en auroit fait bonne justice.

Puisque ma voix est encore entendue malgré ce qu'on fait pour l'étouffer, sentinelle vigilante, je ne cesserai d'avertir du danger. Je suis loin d'être tranquille sur nos institutions : non que je croie que les mains qui les menacent soient capables de les renverser ; mais elles peuvent faire beaucoup de mal au trône et à la patrie, parce que le mal est une chose facile, à l'usage des intelligences communes : le bien seul, qui vient de Dieu, a besoin des talents qui viennent du ciel pour être mis en œuvre.

Paris, 26 août 1824.

DE LA CENSURE

QUE L'ON VIENT D'ÉTABLIR.

Dans la séance de la chambre des pairs du 13 mars 1823, je disois, en répondant à un orateur :

« Un noble baron a présenté pour résultat de l'expédition d'Espagne la France envahie, toutes nos libertés détruites. Quant à l'invasion de la France et à la perte de nos libertés publiques, une chose servira du moins à me consoler : c'est qu'elles n'auront jamais lieu tandis que moi et mes collègues serons ministres. Le noble baron qui professe avec talent des sentiments généreux me pardonnera cette assertion : elle sort de la conscience d'un François. »

Ces paroles et l'établissement de la censure expliquent assez les raisons pour lesquelles j'ai cessé d'être ministre et les causes du traitement que j'ai éprouvé de mes collègues. Je les avois associés à mes sentiments; ils les renient aujourd'hui. Il a donc fallu qu'ils se séparassent de moi, quand ils ont médité de suspendre la plus importante de nos libertés.

Laissons ma personne : parlons de la France.

Je ne répéterai pas ce que j'ai dit cent fois à la tribune dans mes discours, ce que j'ai imprimé cent fois dans mes ouvrages : point de gouvernement représentatif sans la liberté de la presse.

Avec la censure des journaux, la monarchie constitutionnelle devient ou beaucoup plus foible ou beaucoup plus violente que la monarchie absolue : c'est une languissante machine ou une machine désordonnée, qui s'arrête par l'embrouillement des roues ou se brise par l'énergie de son mouvement. Je ne dis rien de ce commerce de mensonges qui s'établit au profit de quelques hommes dans les feuilles sans liberté, et des diverses espèces de turpitudes, suite inévitable de la censure.

Pourquoi m'étendrois-je sur tout cela? Il s'agit bien de principes! On n'en est pas à ces niaiseries. On reconnoît sans doute qu'on a dépensé en vain des sommes considérables pour s'emparer de l'opinion des journaux : il faut donc achever par la violence ce qu'on avoit commencé par la corruption. On prend l'entêtement pour du caractère, l'irritation de l'amour-propre pour de la grandeur d'esprit, sans songer que l'homme le plus débile peut dans un accès de fièvre mettre le feu à sa maison. Cet état de démence est-il une preuve de force?

L'article 4 de la loi du 17 mars 1822 est ainsi conçu :

« Si dans l'intervalle des sessions des chambres des circonstances *graves* rendoient momentanément insuffisantes les mesures de garantie et de répression établies, les lois des 31 mars 1820 et 26 juillet 1821 pourront être remises immédiatement en vigueur, en vertu d'une ordonnance du roi, délibérée en conseil et contre-signée par trois ministres. »

Je me demande si le cas prévu par la loi est arrivé. Des armées étrangères sont-elles à nos portes? Quelque complot dans l'intérieur a-t-il éclaté? La fortune publique est-elle ébranlée? Le ciel a-t-il déchaîné quelques-uns de ses fléaux sur la France? Le trône est-il menacé? Un de nos princes chéris est-il tombé sous le fer d'un nouveau Louvel? Non! heureusement non!

Qu'est-il donc advenu? Que le ministère a fait des fautes ; qu'il a perdu la majorité dans la chambre des pairs ; qu'il s'est vu mettre en scène devant les tribunaux, pour avoir été mêlé à de honteuses négociations dont le but étoit d'acheter des opinions ; qu'il a gâté la plupart des résultats de l'expédition d'Espagne ; qu'il s'est séparé des royalistes ; en un mot, qu'il paroît peu capable, et qu'on le lui dit. Voilà les *circonstances graves* qui l'obligent à nous ravir la liberté fondamentale des institutions que nous devons à la sagesse du roi! Si les circonstances étoient graves, il les auroit faites : c'est donc contre lui-même qu'il auroit établi la censure.

L'expédition d'Espagne a été commencée, poursuivie, achevée en présence de la liberté de la presse : une fausse nouvelle pouvoit compromettre l'existence de Mgr le duc d'Angoulême et le salut de son armée ; elle pouvoit occasionner la chute des fonds publics, exciter des troubles dans quelques départements, faire faire un mouvement aux puissances de l'Europe : ces circonstances n'étoient pas assez *graves* pour motiver la suppression de la liberté de la presse périodique. Mais on ose dire la vérité à des ministres ; le François, né moqueur, se permet quelquefois de rire de ses ministres : vite la censure, ou la France est perdue! Quelle pitié!

Il ne manquoit au couronnement de l'œuvre que la raison alléguée pour l'établissement de la censure. On auroit pu avoir recours aux lieux communs contre la liberté de la presse, parler de ses excès, de ses dangers, en affectant de la confondre avec la licence; on auroit pu dire que les lois actuelles de répression ne suffisent pas, bien qu'elles soient extrêmement dures, bien qu'elles aient obligé par le fait tous les journaux à se renfermer dans de justes limites. Ce n'est pas cela : on ne se plaint pas des *journaux*, on se plaint des *tribunaux*! La censure est nécessaire parce que de vrais, de dignes magistrats ont défendu la liberté de la presse, parce qu'ils ont rendu un arrêt dans l'intégrité de leur conscience et l'indépendance de leur caractère, parce qu'ils ont admis pour les journaux une existence de *droit*, indépendante de leur existence de *fait*. Et le moyen du droit paroît peu pertinent sous la monarchie légitime, après le fait de la révolution, après le fait des Cent Jours! Un ministre de la justice s'expose à blâmer par sa signature la sentence d'un tribunal! il se prononce indirectement contre la *chose jugée*! Quel exemple donné aux peuples! Trois ministres osent mettre, pour ainsi dire, en accusation devant l'opinion publique les deux premières cours du royaume, la cour de cassation, la cour royale et le tribunal de première instance; car ces trois tribunaux ont prononcé tous trois dans la même cause! On attaque ainsi le monde judiciaire tout entier, depuis le sommet jusqu'à la base : même le ministère public à la cour de cassation a opiné dans le sens de l'arrêt de cette cour.

Tous les ministres étoient-ils présents au conseil lorsque cette dangereuse résolution a été prise? Si l'un d'eux étoit absent, comme on le dit, il doit bien se repentir d'avoir été privé de l'honneur de se retirer.

Les cours de justice, direz-vous, se sont trompées! Qui vous le prouve? Êtes-vous plus sages, plus éclairés qu'elles? Y a-t-il eu à peu près partage égal des voix entre les magistrats dans ces cours? Je n'en sais rien. On assure toutefois que la cour de cassation, dont le savoir est si connu, a prononcé à la presque unanimité dans l'affaire de *L'Aristarque*.

Mais la résurrection de ce journal alloit faire renaître plusieurs autres journaux. Pourquoi pas, s'ils ont réellement le droit de reparoître? Pourquoi la loi, pourquoi la justice, ne seroient-elles pas égales pour tous? Les faits ne sont pas même exacts : il est douteux qu'il y ait d'autres journaux dans le cas précis de *L'Aristarque*.

N'existe-t-il pas, d'ailleurs, une loi redoutable qui a suffi pour réprimer les excès de la presse? Les tribunaux, dont on blâme la jurisprudence, n'ont-ils pas souvent porté des sentences de condamnation contre des journalistes? Si l'on additionnoit les sommes exigées pour les amendes, les jours, les mois et les années fixés pour les emprisonnements, on trouveroit un total de peines qui satisferoit les esprits les plus sévères. La rigueur que les magistrats ont déployée dans leurs premiers jugements prouve que la douceur de leurs derniers arrêts est l'œuvre de la plus impartiale justice.

Et pouvoient-ils, par exemple, sans se déshonorer, ces magistrats, ne pas juger comme ils ont jugé dans l'affaire de *La Quotidienne?* Pourquoi le ministère ne s'est-il pas opposé à ce que cette cause, où il jouoit un rôle, fût portée devant les cours de justice? Inconcevable imprévoyance! car on ne doit pas supposer qu'on se fît illusion sur des choses honteuses ou sur la conscience des juges.

On dit que la jurisprudence des cours fournit un moyen d'éluder la suspension, la suppression des journaux. Ainsi, ce n'étoit pas la *répression* des délits qu'on cherchoit; c'étoit la *suspension,* la *suppression* des journaux, c'est-à-dire la suppression de la liberté de la presse périodique. Votre secret vous échappe. Voilà ce que vous voyez dans la loi ; voilà comme vous comprenez le gouvernement constitutionnel. Nous savions déjà ce que vous en pensiez; nous avions lu votre brochure.

La justice est le pain du peuple : il en est affamé, surtout en France. Les corps politiques avoient depuis longtemps disparu dans ce pays ; ils avoient été remplacés par les corps judiciaires, leurs contemporains, et presque leurs devanciers. Nos cours souveraines se rattachoient par les liens de la civilisation, par les besoins de la société, par la tradition de la sagesse des âges, par l'étude des codes de l'antiquité, se rattachoient, dis-je, au berceau du monde. La nation, vivement frappée des vertus de nos magistrats, s'étoit accoutumée à les aimer comme l'ordre, à les respecter comme la loi vivante. Les Harlay, les Lamoignon, les Molé, les Seguier, dominent encore nos souvenirs : nous les voyons toujours protecteurs comme le trône, incorruptibles comme la religion, sévères comme la liberté, probes comme l'honneur, dont ils étoient les appuis, les défenseurs et les organes.

Et ce sont les successeurs de ces magistrats immortels que des hommes d'un jour osent attaquer? des hommes soumis à toutes les chances de la fortune, des hommes qui rentreront demain dans leur néant si la faveur royale se retire ; ces hommes viennent gourmander des juges inamovibles qui parcourent honorablement une carrière fermée à toute ambition et consacrée aux plus pénibles travaux !

Vous vous tenez pour offensés lorsque les chambres n'accueillent pas vos lois; vous vous irritez quand les tribunaux jugent d'après leurs lumières. Vous ne voulez donc rien dans l'État que votre volonté, que vous seuls, que vos personnes?

Mais si vous parveniez à ébranler chez les peuples la confiance qu'ils doivent avoir dans leurs juges; si vous déclariez, comme vous le faites réellement, que la jurisprudence des tribunaux est dangereuse sur un point, n'en résulte-t-il pas qu'elle peut l'être sur d'autres? Dites-nous alors que deviendroit la société où vous auriez semé de pareils soupçons, vous autorité, vous pouvoir ministériel? Tous les jours ces tribunaux prononcent sur la fortune et la vie des citoyens : vous m'exposez donc à soupçonner tous les jours qu'un bien a peut-être été injustement ravi, qu'un innocent a peut-être péri sur l'échafaud?

Imprudents, qui ne voyez pas le désordre que vous jetez dans les esprits par de pareils actes! Et quelle est votre valeur morale pour condamner d'un trait de plume des cours entières, pour substituer vos ignorances ministérielles à la science des magistrats qui tiennent de l'auteur de toute justice la balance pour peser, le glaive pour punir?

Pourquoi tant d'humeur contre *L'Aristarque?* Seroit-ce qu'il a pour propriétaires trois députés de l'opposition? Le ministère est plus riche que cela : n'a-t-il pas pour lui tous ces journaux achetés sur la place, plus ou moins cher, selon la hausse ou la baisse du prix des consciences?

Mais est-il permis à des ministres de n'avoir pas étudié les lois qu'ils sont chargés de faire exécuter? S'ils s'étoient un peu plus occupés de celles qui doivent réprimer les délits de la presse, ils auroient vu que la censure n'y étoit placée qu'éventuellement pour un cas si rare, pour un cas si grave, que dans tous les cas ordinaires l'exercice de cette censure rendoit impraticables quelques articles de ces mêmes lois : tant il avoit été loin de la pensée du législateur de faire de cette censure l'ordre commun, le droit coutumier!

Aux termes de l'article 2 de la loi du 25 mars 1822, j'ai le droit de répondre à tout ce qu'on peut me dire dans un journal; mais si le censeur a permis l'attaque et s'il ne permet pas la défense, s'il trouve dans ma réponse quelque chose qui mérite d'être marqué du signe de sa proscription, de son encre rouge, voilà donc un article de la loi qui ne sera pas exécuté? Que ferai-je? poursuivrai-je l'éditeur responsable? L'éditeur me renverra au censeur, et le censeur au gouvernement. Je ne puis mettre un ministre en cause que par un arrêté du conseil d'État. Il résulte de tout cela que je suis calomnié sans pouvoir confondre la calomnie, que la loi est violée, que je ne puis avoir recours aux tribunaux, lesquels eux-mêmes se trouvent paralysés par l'exercice d'un pouvoir extra-légal en matière judiciaire.

Le fait de la censure est par lui-même destructif de tout gouvernement constitutionnel. Mais outre le *fond,* il y a la *forme;* et la forme est quelque chose entre gens bien élevés, quoiqu'on sache que nous n'y tenons pas beaucoup.

Comme on a été vite, on n'avoit pas le temps de nommer une commission; et comme une vérité pouvoit échapper dans vingt-quatre heures, au grand péril de la monarchie, il a fallu envoyer provisoirement à la police tous les journaux pris en flagrant délit de liberté.

Jugez quel malheur si on les avoit laissés écrire un seul mot contre la mesure de la censure! Ils ont donc été mystérieusement censurés à l'hôtel de la direction de la police : une main invisible, peut-être celle d'un valet de chambre, Caton inconnu, a mutilé le soir la pensée du maître qu'il avoit servi le matin, et cela pour la plus grande sûreté des ministres. On ignorera à jamais comment étoit provisoirement composé ce saint-office d'espions, chargé de décider de l'orthodoxie des doctrines constitutionnelles.

Mais encore ici les choses sont-elles légales?

L'article 1er du Code Civil porte : « Les lois seront exécutées dans chaque partie du royaume, du moment où la promulgation pourra en être connue.

« La promulgation faite par le roi sera réputée connue dans le département de la résidence royale un jour après celui de la promulgation. »

Or, les journaux ont reçu l'ordre de se soumettre à la censure douze heures seulement après la publication de l'ordonnance dans *Le Moniteur*.

Et ce censeur qui a signé les premières censures étoit-il légalement connu lorsqu'il a exercé ses fonctions? L'ordonnance qui le nommoit avoit-elle été communiquée aux journalistes?

Tout cela est très-attaquable devant les tribunaux: et il n'est pas permis lorsqu'on est ministre, et surtout lorsqu'on a appartenu à des corps judiciaires, de se montrer aussi despote, aussi ignorant.

Une commission est maintenant ordonnée, sous la présidence du directeur de la police, à l'honneur des lumières et des lettres. On avoit été jusqu'à dire que des hommes choisis dans les deux chambres législatives composeroient le conseil de censure. Nous eussions plaint la foiblesse de ces hommes honorables : les pairs et les députés sont faits pour être les gardiens et non les geôliers des libertés publiques.

La censure, depuis la restauration, n'a sauvé personne : tous les anciens ministres qui ont voulu l'établir ont péri; et pourtant ils avoient une sorte d'excuse : ils étoient plus près de l'événement des

Cent Jours; il y avoit des troubles et des conspirations dans l'État : le duc de Berry avoit succombé.

De plus, ces ministres avoient une certaine force; ils appartenoient à un parti; ils ne s'étoient pas mis en guerre avec toute la société; ils ne s'étoient pas élevés contre l'autorité des tribunaux. On connoissoit moins le gouvernement représentatif, et par cette raison il étoit plus facile de s'en écarter.

Le ministère actuel ne peut argumenter ni d'une grande catastrophe ni de l'ignorance des principes de la Charte, mis aujourd'hui à la portée de tous. Il est sans puissance, car il lui a plu de s'isoler de toutes les opinions. Il a renié ses propres doctrines, et aujourd'hui qu'il établit la censure, pourroit-il relire sans rougir les discours qu'il prononçoit contre la même censure à la tribune? Sorti des rangs royalistes, il a cessé d'être royaliste. Il n'a pas mieux traité l'antique honneur que la liberté nouvelle : il s'est placé entre deux Frances, dans une troisième France, composée des déserteurs des deux autres et qui ne durera pas plus que lui.

Pour vivre, il sera forcé de pousser ses systèmes à leurs dernières conséquences. C'est une vérité triviale qu'une erreur en entraîne une autre. Une vérité moins connue, c'est que le ministère se trompe sur deux qualités de force; il prend la force physique pour la force morale : or, dans la société, la première détruit, la seconde édifie.

Voyez l'enchaînement des choses :

On veut acheter des journaux; on n'y réussit pas complétement. S'arrête-t-on? ce qui valoit mieux. Non : il faut aller devant les tribunaux, où l'on est condamné.

On apporte une loi relative à la fortune publique; elle est rejetée. S'arrête-t-on? ce qui étoit incontestablement plus sage. Avec de la modération tout pouvoit encore se réparer. L'irritation de la vanité l'emporte : on cherche des victimes, on frappe au hasard, sans s'inquiéter des résultats, sans prévoir l'effet de cette violence sur l'opinion.

L'opinion se prononce. S'arrête-t-on? Non : il faut une nouvelle violence, il faut la censure.

Que le ministère trouve maintenant d'autres résistances, comme il en trouvera indubitablement, il sera contraint de devenir persécuteur. Quand il aura destitué ses adversaires, comblé de faveurs ses créatures, il n'aura rien fait; il faudra qu'il trouve un moyen d'empêcher les écrits périodiques de paroître, de modifier la jurisprudence des tribunaux, puisqu'il s'en plaint; de ces tribunaux si puissants aujourd'hui par l'injure même qu'on leur a faite, si populaires en devenant les défenseurs de nos libertés.

Qu'imaginera le ministère pour ces cours de justice, dans le cas où elles continuent, comme elles le feront, à maintenir leur doctrine indépendante? Ces cours sont établies par des lois; sans doute on ne songe pas à violer ces lois, et le temps des jugements par commission est passé.

Et à l'égard des chambres, quel parti prendra-t-on? Comment viendroit-on leur déclarer qu'on a établi la censure, n'ayant d'autre raison à leur donner que celle dont on a eu l'inconcevable naïveté de nous faire part? Oseroit-on leur dire : « Nous avons supprimé la liberté de la presse périodique, parce que les magistrats ont rendu un arrêt qu'ils avoient le droit de rendre? »

On fera des pairs, soit; mais ces pairs seront-ils soumis aux caprices des ministres? Cette première magistrature n'est-elle pas aussi indépendante que l'autre? Ces nouveaux pairs viendroient-ils prendre leur siége uniquement pour approuver la censure ou voter la loi des rentes renouvelée? Je ne vous dis pas que ces créations multipliées dans un intérêt personnel tueroient à la longue l'institution de la pairie; mais songez au moins à votre chute, que précipitent tant de mesures funestes.

Et la chambre des députés, qu'en fera-t-on? Cette chambre excellente n'a besoin que d'un peu d'expérience; elle peut revenir formidable pour les ministres : en demandera-t-on la dissolution? Voyez où cela mène, et frémissez; car je veux bien supposer que vous n'avez pas vu tout cela, que vous aimez encore votre patrie.

La censure, considérée dans ses rapports avec l'état de notre société et de nos institutions, ne peut convenir à personne. Tout au plus charmera-t-elle l'antichambre et les valets qui daigneront nous transmettre dans leurs journaux les ordres de leurs maîtres. Eux seuls jouiront de la liberté, parce qu'on est sûr de leur servitude. Un journal du soir a déjà des priviléges : on lui accorde la faveur, qu'on refuse à d'autres, de partir par la poste du jour où il paroît. Si l'on veut prendre quelques nouvelles dans ce journal, on ne le peut pas sans les avoir envoyées à la censure, quoiqu'il faille bien supposer que ces nouvelles aient déjà passé sous les yeux du censeur. Mais l'on permet à l'un ce que l'on ne permet pas à l'autre : ce qui est légal dans *L'Étoile* deviendroit illégal dans les *Débats* ou *La Quotidienne*, dans *Le Constitutionnel* ou *Le Courrier*. L'impudence de ces petites tyrannies s'explique pourtant : la puissance n'a rien de blessant quand elle marche avec le génie; elle en est, pour ainsi dire, une qualité naturelle; mais quand la médiocrité arrive aux premières places, le pouvoir qui l'accompagne a toute l'insolence d'un parvenu.

La liberté que l'on veut comprimer échappera aux mains débiles qui essayeront de la retenir; elle leur échappe déjà. Voilà les *blancs*[1] revenus dans les journaux; vous verrez qu'il faudra sévir contre les *blancs :* le délit des pages blanches seroit singulier à porter devant les tribunaux! Les vexations aux messageries et à la poste ne réussiront pas davantage; quand l'opinion a pris son parti, rien ne l'arrête. La capitale, les provinces, vont être inondées de brochures. Le silence même deviendra une attaque, et le ministère sera accusé par la chose qu'on ne lui dira pas. Eh, grand Dieu! en étions-nous là à l'ouverture de la session?

Lorsque Buonaparte pouvoit faire fusiller en vingt-quatre heures un écrivain, on conçoit qu'il y avoit *répression*. La terreur aussi étoit répressive; mais le ministère, qui le craint?

Ceux qui bravoient si fièrement l'opinion, pourquoi fuient-ils devant elle? Pourquoi cette censure, si ce n'est la peur de cette opinion qu'ils affectent de mépriser?

Je ne sais si l'on est frappé comme moi; mais il me semble que tout ce que je vois est inexplicable, que cela tient à une espèce de folie. Je conçois des actes, tout bizarres qu'ils puissent être, lorsqu'ils tendent au même but, lorsqu'ils doivent amener un résultat dans l'intérêt de ceux qui les font; mais il m'est impossible de concevoir des hommes qui veulent se sauver et qui font évidemment ce qui les perdra. A quoi bon, je le demande, ces inutiles violences dont nous sommes les témoins depuis quelques mois, cette agitation au milieu du repos, cette soif de la dictature ministérielle quand personne ne dispute le pouvoir? Pourquoi corrompre les journaux, et ensuite les enchaîner lorsque la victoire d'un héritier du trône et la prospérité de la France avoient détruit toutes les oppositions révolutionnaires? Ce que le roi avoit annoncé en ouvrant la session de 1823, la Providence l'avoit permis, et l'armée l'avoit fait. Qui ne sentoit le sol de la patrie raffermi sous ses pas? Qui ne jouissoit de voir la France remonter à son rang parmi les puissances de l'Europe?

Quelque chose d'inconnu vient nous enlever soudain nos plus douces espérances. Nous rétrogradons tout à coup de huit années; nous nous

---

1. Je me suis enquis des articles retranchés dans le *Journal des Débats* du mardi 17 août; ce sont : 1° Un second article de la revue de la session, terminant les travaux de la chambre des députés;

2° L'annonce de la présente brochure;

3° Quelques lignes sur Mgr le duc d'Orléans, parlant de la sensibilité de ce prince lors de la distribution des *accessit* obtenus par M. le duc de Chartres : voilà les premiers exploits de la censure.

replaçons au commencement de la restauration; nous nous armons de nouveau contre les libertés publiques; nous revenons à la censure, en aggravant le mal par un acte sans précédent à l'égard des tribunaux. Nous imitons une conduite que nous avons stigmatisée ; nous faisons des circulaires pour les élections : il nous faudroit des pairs pour briser une majorité; nous repoussons les royalistes, et cependant nous nous disons royalistes. Tout alloit au pouvoir ministériel; tout s'en retire : il reste isolé, en butte à mille ennemis, supporté seulement par une opinion qu'il dicte, par des journaux qu'il paye et des flatteurs qu'il méprise.

Quelquefois on seroit tenté de croire, pour s'expliquer des choses inexplicables, ce que disent des esprits chagrins, savoir, que des sociétés mystérieuses poussent à la destruction de l'ordre établi. Et que mettroit-on à sa place? L'arbitraire ministériel, le joug de quelques commis? Et c'est avec cela qu'on prétendroit mener la France, contrarier le mouvement de la société et du siècle!

Non, cela ne seroit pas possible; mais en repoussant ces craintes, il reste toujours celles qu'inspirent les fautes dont nous sommes les témoins et les victimes. En exagérant tout, en forçant tout, en abusant de tout, en gâtant d'avance les institutions, en compromettant les choses les plus sacrées, on détruit pour l'avenir tout moyen de gouvernement, on fatigue les caractères les plus forts, on dégoûte les honnête gens, et entre un despotisme impossible et une liberté impraticable, on se retranche dans cette indifférence politique qui amène la mort de la société, comme l'indifférence religieuse conduit au néant.

Qui produit tant de mal? Quel génie funeste, mais puissant, a maîtrisé la fortune de la patrie? Ce n'est point un génie : rien de plus triste que ce qui nous arrive : c'est le triomphe d'un je ne sais quoi indéfinissable, le succès de petits savoir-faire réunis. Deux hommes se collent au pouvoir; et pour y rester deux jours de plus ils jouent la longue destinée de la France contre leur avenir d'un moment : voilà tout.

Il faut sortir promptement de la route où l'on s'est jeté, si l'on ne veut arriver à un abîme. On peut disposer de soi, on peut se perdre si on le juge convenable; mais on ne doit jamais compromettre son pays : or, le ministère ébranle par son système la monarchie légitime : peu importent ses intentions, elles ne répareront pas ses actes.

Le remède est facile si la maladie est prise à temps; en la laissant aller, elle deviendra incurable. Je ne puis développer toute ma pensée dans ce petit écrit, rapide ouvrage de quelques heures, que je publie à la hâte pour l'intérêt de la circonstance. Il m'est dur, déjà avancé dans ma carrière, de rentrer dans les combats qui ont consumé ma vie; mais pair de France, mais investi d'une magistratnre, je n'ai pu voir périr une liberté publique, je n'ai pu voir attaquer les tribunaux sans élever la voix, sans prêter mon secours, tout foible qu'il puisse être, à nos institutions menacées. Que le trône de notre sage monarque reste inébranlable! que la France soit heureuse et libre! Et quant à ma destinée, comme il plaira à Dieu.

DE

L'ABOLITION DE LA CENSURE.

Je comptois publier quelques autres écrits faisant suite à ma brochure contre la censure ; brochure que cette même censure n'avoit pas permis d'annoncer dans les journaux. Combien je me trouve heureux de voir les armes brisées dans ma main, de changer mes remontrances, importunes aux ministres, en cantiques de louanges pour le roi !

Nous devions tout attendre du principe de la vieille monarchie, de cet honneur assis sur le trône avec Charles X : notre espérance n'a point été vaine. La censure est abolie : l'honneur nous rend la liberté !

Puisse-t-il être récompensé du bonheur dont il nous fait jouir, notre excellent monarque ! Mettons aussi nos vœux aux pieds du dauphin, dont nous reconnoissons et la puissante influence et les sentiments généreux : c'est toujours le prince libérateur !

La Charte est ce qu'il nous falloit ; la Charte est ce que nous pouvions avoir de meilleur au moment de la restauration. Une fois admise, il se faut bien persuader qu'elle est inexécutable avec la censure : il y a plus, la censure mêlée à la Charte produiroit tôt ou tard une révolution. Voici pourquoi :

Le gouvernement représentatif sans la liberté de la presse est le pire de tous : mieux vaudroit le divan de Constantinople. Lâche moquerie de ce qu'il y a de plus sacré parmi les hommes, ce gouvernement n'est alors qu'un gouvernement traître, qui vous appelle à la liberté pour vous perdre et qui fait de cette liberté un moyen terrible d'oppression.

Supposez, ce qui n'est pas impossible, qu'un ministère parvienne à corrompre les chambres législatives : ces deux énormes machines broieront tout dans leur mouvement, attirant sous leurs roues et vos enfants et vos fortunes. Et ne pensez pas qu'il faille un ministère de génie pour s'emparer ainsi des chambres : il ne faut que le silence de la presse et la corruption que ce silence amène.

Dans l'ancienne monarchie absolue, les corps privilégiés et la haute magistrature arrêtoient et pouvoient renverser un ministère dangereux. Avez-vous ces ressources dans la monarchie représentative? Si la presse se tait, qui fera justice d'un ministère appuyé sur la majorité des deux chambres? Il opprimera également et le roi, et les tribunaux, et la nation; sous le régime de la censure, il y a deux manières de vous perdre : il peut, selon le penchant de son système, vous entraîner à la démocratie ou au despotisme.

Avec la liberté de la presse, ce péril n'existe pas : cette liberté forme en dehors une opinion nationale, qui remet bientôt les choses dans l'ordre. Si cette liberté avoit existé sous nos premières assemblées, Louis XVI n'auroit pas péri; mais alors les écrivains révolutionnaires parloient seuls, et on envoyoit à l'échafaud les écrivains royalistes. J'ai lu, il est vrai, dans une brochure en réponse à la mienne, que Sélim, Mustapha et Tippoo-Saëb étoient tombés victimes de la liberté de la presse: à cela je ne sais que répondre.

La liberté de la presse est donc le seul contre-poids des inconvénients du gouvernement représentatif; car ce gouvernement a ses inperfections comme tous les autres. Par la liberté de la presse il faut entendre ici la liberté de la presse périodique, puisqu'il est prouvé que quand les journaux sont enchaînés, la presse est dépouillée de cette influence de tous les moments qui lui est nécessaire pour éclairer. Elle n'a jamais fait de mal à la probité et au talent; elle n'est redoutable qu'aux médiocrités et aux mauvaises consciences : or, on ne voit pas trop pourquoi celles-ci exigeroient des ménagements et quel droit exclusif elles auroient à la conduite de l'État.

Cette nécessité de la liberté de la presse est d'autant plus grande parmi nous que nous commençons la carrière constitutionnelle, que nous n'avons point encore d'existences sociales très-décidées, qu'il y a encore beaucoup de chercheurs de fortune et que les ministres arrivent encore un peu au hasard. Il faut donc surveiller de près, pour le salut de la couronne, les hommes inconnus qui pourroient surgir au pouvoir par un mouvement non encore régularisé.

On dit que la censure est favorable aux écrivains, qu'elle les décharge de la responsabilité, qu'elle les met à l'abri d'une loi sévère. Est-ce de l'intérêt particulier des écrivains qu'il s'agit, relativement à la liberté de la presse dans l'ordre politique? Cette liberté doit être considérée dans cet ordre par rapport aux intérêts généraux, par rapport aux citoyens, par rapport à la société tout entière : c'est une liberté qui assure toutes les autres dans les gouvernements constitutionnels. Quand donc vous venez nous entretenir d'ouvrages et d'auteurs, vous confondez la littérature et la politique, la critique et la censure, et vous ne comprenez pas un mot de la chose dont vous parlez.

D'autres, soulevés contre la manière brutale dont on exerçoit la censure, n'en admettoient pas moins le principe ; ils auroient établi seulement une oppression douce et tempérée. On avoit mis la liberté de la presse au carcan ; ils ne vouloient que l'étrangler avec un cordon de soie.

D'autres, cherchant des motifs à la censure, et n'en trouvant pas de raisonnables, prétendoient qu'ayant peut-être à examiner à la session prochaine les moyens propres à cicatriser les dernières plaies de l'État, la censure seroit nécessaire pour empêcher la voix des passions étrangères de se mêler à la discussion de la tribune.

Et moi je demanderai comment on pourroit agiter de telles questions sans la liberté de la presse : faut-il se cacher pour être juste? Votre cause ne deviendroit-elle pas suspecte, ne calomnieroit-on pas vos intentions, si vous croyiez devoir traiter dans l'ombre et comme à huis clos des affaires qui sont de la France entière! Ouvrez, au contraire, toutes les portes; appelez le public comme un grand jury à la connoissance du procès : vous verrez si nous rougirons de plaider la cause de la fidélité malheureuse, nous qui parlons franchement de liberté sans que ce mot nous blesse la bouche. Et depuis quand la religion et la justice auroient-elles cessé d'être les deux bases de la véritable liberté? Soyons francs sur les principes de la Charte, et nous pourrons réclamer, sans qu'on nous suppose d'arrière-pensée, ce que l'ordre moral et religieux exige impérieusement d'une société qui veut vivre.

Le dernier essai que l'on vient de faire a heureusement prouvé qu'il n'étoit plus possible d'établir la censure parmi nous ; nous avons fait de tels progrès dans les institutions constitutionnelles que les censeurs même n'ont pas osé se nommer. D'un bout de la France à l'autre, toutes les opinions ont réclamé la liberté de la presse ; par la raison qu'on en avoit joui paisiblement deux années et qu'il étoit démontré, d'après l'expérience tentée pendant la guerre d'Espagne, que cette liberté, ne nuisant à rien, étoit propre à tout : c'étoit un droit acquis dont on ne sentoit pas le prix tandis qu'on le possédoit, mais dont on a connu la valeur aussitôt qu'on l'a perdu.

Désormais nos institutions sont à l'abri : nous allons marcher d'un pas ferme dans des routes battues. Dix années ont amené de grands changements dans les esprits : des préjugés se sont effacés, des haines se sont éteintes ; le temps a emporté des hommes, tandis que des générations nouvelles se sont formées sous nos nouvelles institutions. Chacun prend peu à peu sa place, et l'on détourne les yeux d'un passé affligeant pour les porter sur un riant avenir.

L'abolition de la censure a dans ce moment surtout un avantage qu'il est essentiel de signaler. Nous pouvons louer nos princes sans entraves ; nous pouvons déclarer notre pensée sans que l'on puisse dire que la manifestation de cette pensée n'est que l'expression des ordres de la police. Il faut que l'Europe sache que tout est vrai dans les sentiments de la France, que les opinions sont unanimes, que les oppositions même se rencontrent au pied du trône pour l'appuyer et le bénir. Louis XVIII étend ses bienfaits sur nous au delà de la vie : il termina la révolution par la Charte ; il reprit le pouvoir par la guerre d'Espagne ; et sa mort, objet de si justes regrets, a pourtant consolidé la restauration, en mettant un règne entre les temps de l'usurpation et l'avénement de Charles X.

Depuis un mois cette restauration a avancé d'un siècle ; la monarchie a fait un pas de géant. Quel triomphe complet de la légitimité et de ce qu'il y a d'excellent dans ce système ! Un roi meurt, le premier roi légitime qui s'étoit assis sur le trône après une révolution de trente années. Ce roi gouverne avec sagesse ; mais ceux qui ne comprenoient pas la force de la légitimité, mais les passions comprimées, mais les vanités déçues, mais les ambitions secrètes, mais les intérêts, les jalousies politiques, murmuroient tout bas : « Cet état de choses pourra durer pendant la vie de Louis XVIII ; mais vous verrez au changement de règne ! »

Eh bien, *nous avons vu !* nous avons vu un frère succéder à un frère, de même qu'un fils remplace un père dans le plus tranquille héritage. A peine s'aperçoit-on qu'on a changé de souverain. Un des plus grands événements dans les circonstances actuelles s'accomplit avec la plus grande simplicité. Comme dans une succession ordinaire, on lève les scellés : ce n'est rien ; ce n'est que la couronne de la France qui passe d'une tête à une autre ! ce n'est que le sceptre de saint Louis que Charles X prend au foyer de Louis XVIII !

Entend-on parler de quelque réclamation ? Où sont les prétendants de la république et de l'empire ? Est-il dans le monde une puissance qui ait envie de contester le trône au nouveau roi ? A-t-il fallu des hérauts d'armes, des bruits de tambours et de trompettes, des parades et des jongleries, un développement imposant de la force militaire, pour dérober à la foule ébahie ce que le droit d'un usurpateur a de douteux ? Nullement. LE ROI EST MORT : VIVE LE ROI ! Voilà tout, et chacun vaque à ses affaires, l'esprit libre, le cœur content, sans craindre l'avenir, sans demander : « Qu'arrivera-t-il demain ? » Le pouvoir protecteur, la puissance politique n'a point péri, la société est en sûreté, et la succession légitime de la famille royale garantit à chaque famille en particulier sa succession légitime.

Que sont devenues toutes ces allusions, pour le moins téméraires, au sort d'un prince étranger? Où trouver la moindre ressemblance dans les choses, les temps et les souverains? Ces mouvements d'humeur que l'on prenoit pour des intuitions de la vérité, pour des enseignements historiques, s'évanouissent devant les faits et les vertus, et jamais les vertus ne furent plus évidentes et les faits plus décisifs.

Si la royauté triomphe, le roi ne triomphe pas moins. Charles X s'est élevé au niveau de sa fortune; il a montré qu'il connoissoit les mœurs de son siècle, qu'il prenoit la monarchie telle que le temps et les révolutions l'ont faite. Il a dit aux magistrats de continuer à être justes et à prononcer avec impartialité; il a dit aux pairs et aux députés qu'il maintiendroit comme roi la Charte qu'il avoit jurée comme sujet, et il a tenu sa parole, et il nous a rendu la plus précieuse de nos libertés; il a dit aux François de la confession protestante que sa bienfaisance s'étendoit également sur tous ses sujets; il a dit aux ministres du culte catholique qu'il protégeroit de tout son pouvoir la religion de l'État, la religion, fondement de toute société humaine; il a recommandé cette même religion comme base de l'éducation publique. Toutes ces paroles, qui sont de véritables actes politiques, ont enchanté la nation. Charles X peut se vanter d'être aujourd'hui aussi puissant que Louis XIV, d'être obéi avec autant de zèle et de rapidité que le souverain le plus absolu de l'Europe.

Pour savoir où nous en sommes de la monarchie, il faut avoir vu le monarque se rendant à Notre-Dame; tout un grand peuple, malgré l'inclémence du temps, saluant avec transport ce *roi à cheval*, qui s'avançoit lui-même au-devant de ses plus pauvres sujets pour prendre de leurs mains leurs pétitions avec cet air qui n'appartient qu'à lui seul; il faut l'avoir vu au Champ-de-Mars au milieu de la garde nationale, de la garde royale et de trois cent mille spectateurs : jour de puissance et de liberté qui montroit la couronne dans toute sa force et qui rendoit à l'opinion ses organes et son indépendance. Un roi est bien placé au milieu de ses soldats quand il départ à ses peuples tout ce qui contribue à la dignité de l'homme! l'épée est pour lui : elle pourroit tout détruire, et il ne s'en sert que pour conserver! Aussi l'enthousiasme n'étoit pas feint : ce n'étoient pas de ces cris qui expirent sur les lèvres du mendiant payé, chargé sous les tyrans d'exprimer la joie ou plutôt la tristesse publique : ç'étoient des cris qui sortent du fond de la poitrine, de cet endroit où bat le cœur avec force, quand il est ému par l'amour et la reconnoissance.

Ceux qui ont connu d'autres temps se rappeloient une fête bien différente au Champ-de-Mars : la monarchie finissoit alors ; aujourd'hui elle recommence. Est-ce bien là le même peuple ? Oui, c'est le même ; mais le peuple guéri, le peuple désabusé. Il avoit cherché la liberté à travers des calamités inouïes, et il n'avoit rencontré que la gloire : ses princes légitimes devoient seuls lui donner le bien que des tribuns factieux et un despote militaire lui avoient dérisoirement promis.

Si les bénédictions du peuple, comme il n'en faut pas douter, attirent celles du ciel, elles ont descendu sur la tête du souverain et de la famille royale. Jamais la France n'a été plus heureuse, plus glorieuse et plus libre que dans ce jour mémorable. Mais à la vue de cette famille en deuil au milieu de tant d'allégresse, la pensée se tournoit avec attendrissement vers cet autre monarque qui n'est pas encore descendu dans la tombe ; l'aspect d'une multitude affranchie de tout esclavage et protégée par de généreuses institutions rappeloit encore le souvenir de l'auguste auteur de la Charte. Quel pays que cette France ! les villes apportent leurs clefs au lit funèbre de ses généraux et les peuples rendent hommage de leur liberté au cercueil de ses rois !

LETTRE

A M. LE RÉDACTEUR DU JOURNAL DES DÉBATS,

SUR LE

PROJET DE LOI RELATIF A LA POLICE DE LA PRESSE.

4 JANVIER 1827.

Monsieur,

Permettez-moi de répondre, par l'entremise de votre journal, à diverses lettres que des personnes, qui me sont pour la plupart inconnues, m'ont fait l'honneur de m'adresser ces jours-ci. Ces personnes me demandent si je ne ferai rien paroître sur le nouveau projet de loi relatif à la liberté de la presse ; elles veulent bien se souvenir que dans d'autres circonstances je n'ai jamais manqué d'élever la voix en faveur de la plus précieuse de nos libertés.

En effet, monsieur, lorsqu'en 1824 la censure facultative fut établie, je publiai un petit écrit contre cette mesure ministérielle. La raison qui me détermina à prendre ce parti étoit simple : il m'étoit impossible de parler à la tribune, puisque la session étoit close ; je ne pouvois recourir à la presse périodique, puisque les journaux étoient censurés : je n'avois donc pour toute ressource que la presse non périodique, qui n'étoit point encore opprimée comme elle est menacée de l'être.

Aujourd'hui, monsieur, je ne balancerois pas à attaquer la loi vandale dont le projet vient d'être présenté à la chambre des députés, si la session législative n'étoit ouverte : c'est à la tribune de la chambre des pairs que mon devoir m'appelle à combattre ; mais les lettres que j'ai reçues m'ont fait sentir la nécessité d'une explication préalable. Le projet de loi ne peut être examiné à la chambre héréditaire avant six semaines ou deux mois : il m'importe que mon silence jusqu'à cette époque, puisqu'on veut bien me demander compte de mon silence, ne soit pas exposé à de fausses interprétations. Dans tous les âges et dans toutes les positions de ma vie, j'ai défendu la liberté de la presse; je ne reculerai pas quand on me somme de dire hautement mon opinion sur un projet que nous auroient envié les jours les plus florissants de la barbarie.

J'espère démontrer en temps et lieu que ce projet, converti en loi, seroit aussi fatal aux lettres qu'aux libertés publiques; qu'il tendroit à étouffer les lumières; qu'il déclareroit la guerre aux talents; qu'il violeroit toutes les lois de propriété; qu'il altéreroit même la loi de succession, puisque la fille ne pourroit hériter de son père dans la propriété d'un journal; que, par un vice de rétroactivité, ce projet de loi, voté tel qu'il est, annuleroit les clauses des traités passés, blesseroit les droits des tiers, favoriseroit le dol et la fraude, troubleroit et bouleverseroit toute une partie du Code Civil et du Code de Commerce; qu'il anéantiroit une branche d'industrie alimentée d'un capital de plus de cinquante millions; qu'il ruineroit à la fois les imprimeurs, les libraires, les fondeurs, les graveurs, les possesseurs de papeteries, etc.; qu'il frapperoit comme de mort une population de cinq à six cent mille âmes, et qu'il jetteroit sur le pavé une multitude d'ouvriers sans ouvrage et sans pain.

Ce projet, monsieur, a été forgé dans la plus complète ignorance de la matière. L'article 4 dit, par exemple :

« Tout déplacement ou transport d'une partie quelconque de l'édition hors des ateliers de l'imprimeur, et avant l'expiration du délai fixé par l'article premier, sera considéré comme tentative de publication. La tentative du délit de publication sera poursuivie et punie dans ce cas de la même manière que le délit. »

Ainsi l'on pourroit considérer comme tentative de publication le transport des feuilles d'impression de chez l'imprimeur chez le libraire; de chez le libraire chez la brocheuse ou chez le relieur, ou à l'atelier du *satinage*. Sur les quatre-vingts imprimeurs de Paris, il n'y en a pas deux qui aient des établissements assez vastes pour procéder chez eux au *séchage* et à l'*assemblage*.

Qu'est-ce que c'est que des *caractères* (art. 1er) conformes aux *règles* de la librairie, et quelle intention est cachée au fond de cet apparent *non-sens*?

Pour une simple contravention à un règlement de police, comment détruirez-vous (art. 1er) une édition entière ou un volume, qui interromproit une collection plus ou moins coûteuse, plus ou moins avancée, sans donner recours aux souscripteurs, aux artistes, aux fournisseurs de papier, aux divers bailleurs de fonds?

Et quelle dérision! on prétend qu'on ne punira le délit qu'après qu'il aura été commis, lorsqu'on ordonne un dépôt dont la durée doit précéder de cinq ou de six jours la publication! Les alguazils de la police ne seront-ils pas en embuscade à la porte du libraire, pour sauter sur le premier paquet de l'ouvrage que l'autorité croira devoir arrêter? *La Monarchie selon la Charte* n'a-t-elle pas été saisie, moi présent, dans la cour même de mon libraire? et pourtant quelle différence entre les lois de la presse qui existoient alors et celles qui nous régissent aujourd'hui!

Mais quel mal, dira-t-on, qu'un ouvrage, s'il est mauvais, soit saisi avant d'être publié?

Et comment pouvez-vous savoir s'il est mauvais avant qu'il soit publié? Soumettez-vous d'avance votre jugement à celui d'un procureur du roi, quel qu'il puisse être? Dans les temps de passion politique, chaque parti ne soutient-il pas que tel ouvrage est dangereux, que tel ouvrage est salutaire? Un ministère fera poursuivre tous les livres religieux, un autre tous les livres philosophiques. Le dépôt de cinq et de dix jours est évidemment la censure, et une censure qui, non satisfaite de vous imposer son joug, vous enveloppe encore dans des procès ruineux. La censure devroit au moins dispenser d'aller devant les tribunaux.

Comment, pour la presse périodique, comment réduira-t-on à cinq membres (art. 4) des compagnies déjà formées et composées d'un bien plus grand nombre de propriétaires?

Que veut dire ce nombre mystérieux de cinq? Il est facile de dégager l'*inconnu*. Si sur douze propriétaires il y en a sept qui refusent de vendre leur part aux cinq autres, ou cinq qui ne peuvent acheter cette part, la condition de la loi n'étant pas remplie, il n'y aura plus de journal. Il y a plus, la condition de la loi dans ce cas même ne pourra pas être remplie, puisque cette loi déclare que toutes stipulations seront nulles, *même entre les parties contractantes* (art. 16). Cela n'est-il pas tout à fait digne du génie d'un clerc du xie siècle?

Les cinq propriétaires seront condamnés en masse pour un article incriminé, encore que la minorité de ces propriétaires se soit peut-être opposée à la publication de l'article, ou que quelques-uns de ces propriétaires aient été absents au moment de cette publication.

Une femme ne pourra être copropriétaire d'un journal, quoique sa dot ou une portion de l'héritage paternel ait été assise sur cette propriété. Il faudra alors que le bien de ce mineur par la loi soit vendu dans les formes prescrites au Code Civil: l'autorité ministérielle se portera pour dernier enchérisseur, et introduira ainsi un levain de servitude dans une association libre : c'est l'esprit de l'article 9.

Pour être propriétaire d'un journal, il faudra prouver à un préfet ou au directeur général de la librairie qu'on a les *qualités* exigées par l'article 980 du Code (art. 9). Si ces autorités administratives vous font de mauvaises chicanes sur ces qualités, comme on en fait aux électeurs sur les droits ; si elles renvoient la partie devant les tribunaux, la décision de ces autorités administratives *n'en recevra pas moins provisoirement son exécution* (art. 9). Cela veut dire que le journal sera supprimé pendant trois, quatre, cinq ou six mois, selon la durée du procès. Or un journal qui cesseroit de paroître pendant un mois seroit un journal *détruit*.

Remarquez, monsieur, que ce mot *détruit* revient sans cesse dans le projet de loi, comme renfermant tout l'esprit du projet. Il n'y a pas de raison pour qu'avec un tel projet tous les journaux, excepté les journaux ministériels, ne soient en effet successivement *détruits* : c'est ce que l'on veut.

Sous le rapport fiscal, le projet applique le timbre aux brochures : on a calculé que le plus mince vaudeville imprimé coûteroit à l'auteur de 15 à 1800 francs. D'un autre côté, les journaux littéraires se trouvent soumis au cautionnement (art. 12). Ne croit-on pas voir les Welches brisant les monuments des arts, ou les Arabes brûlant la bibliothèque d'Alexandrie ? Ne pensez pas que l'on soit touché de ce reproche ; on s'en fait gloire. Le commerce de la librairie de la France passera en Belgique : tant mieux ! Ne sont-ce pas les livres qui font tout le mal ? Depuis le savant qui étudie le cours des astres jusqu'au paysan qui épelle la Croix de par Dieu, tout ce qui sait lire ou apprend à lire est suspect.

Je comprends bien que le timbre est ici principalement le cachet de la barbarie ; c'est le *veto* suspensif mis sur la publication de la pensée ; mais pourtant ce timbre est la levée d'un impôt : je voudrois savoir, monsieur, la destination des sommes qui proviendront de cet impôt. Iront-elles à ces censeurs invisibles que j'ai jadis appelés un saint-office d'espions ? Seront-elles tenues en réserve *pour acheter des procès ?* Serviront-elles à augmenter les gages de la livrée ministérielle ? ou bien (ce qui seroit plus juste) seront-elles employées à payer des soupes économiques pour nourrir les auteurs et les libraires que le projet de loi, admis, aura réduits à la mendicité ?

Les imprimeurs seront responsables des *amendes, dommages et intérêts, et des frais portés par les jugements de condamnation des auteurs* (art. 22), le tout afin que les imprimeurs deviennent les *censeurs* officieux des auteurs, tant ce nom de censeur plaît au cœur et charme l'oreille !

On conçoit qu'un libraire pouvoit être enveloppé dans une condamnation pour un ouvrage obscène, impie ou calomniateur, pour un ouvrage où le délit flagrant frappe tous les yeux; mais quoi! l'imprimeur sera juge d'un ouvrage de science, de philosophie, de littérature? Si cet ouvrage est condamné par les tribunaux, l'imprimeur, qui n'y aura rien compris, portera la peine du délit dont il sera innocent! Il y a telle maison d'imprimeur-libraire qui compte quelque cent mille publications : vous voulez que l'imprimeur ait lu et compris ces cent mille ouvrages, longs ou courts! Mais ne nous récrions pas trop contre cette palpable absurdité : elle a son dessein. On exige l'impossible de l'imprimeur : et pourquoi? Pour qu'il ne puisse paroître aucun ouvrage qui n'ait obtenu d'avance la sanction de la coterie qui nous opprime. Quel libraire en effet oseroit se charger sans garantie de l'impression d'un manuscrit, sous la menace d'un pareil projet de loi?

Le projet, dit-on, est conçu dans l'intention de mettre à l'abri les autels, de défendre la religion contre les productions scandaleuses de l'impiété.

Le projet, loin de protéger la religion, l'expose; loin d'arrêter le débit des ouvrages qu'on veut proscrire, il fera vendre toutes ces éditions rivales qui, par leur multiplication, restoient ensevelies dans les magasins. La France est fournie des Œuvres de Voltaire et de Rousseau pour deux siècles, et le projet de loi actuel n'aura pas une aussi longue durée. A moins d'ordonner la saisie des éditions publiées, on n'aura rien obtenu. Chose remarquable! on prétend venir au secours de la religion par le présent projet de loi, et l'on n'a pas même dans ce projet osé écrire le nom de religion! D'où vient cette réticence? Est-ce vraiment la religion que vous voulez défendre? Dites-le donc tout haut; apportez un projet qui ne blesse ni la propriété, ni les lois existantes, ni les libertés, ni les lettres, ni les talents, ni la civilisation. Ce projet sera examiné dans les deux chambres; et s'il n'a visiblement pour but que le maintien des mœurs et la protection de la foi de nos pères, vous ne trouverez pas un vote pour le repousser.

Le projet de loi, dit-on encore, est calculé pour le châtiment des calomnies répandues sur la vie privée d'un citoyen.

D'abord, monsieur, il ne me paroît pas bien prouvé que ces petites biographies dont on a tant raison de se plaindre, et dont les tribunaux ont fait justice; il ne m'est pas bien prouvé, dis-je, que ces biographies n'aient pas été fabriquées à l'instigation d'un certain parti ennemi de la liberté de la presse, afin de rendre cette liberté odieuse et d'avoir un prétexte de la *détruire*.

Ensuite, il ne faut pas que les intérêts particuliers blessent les intérêts généraux. En prétendant venir au secours d'un honneur qui ne se plaint pas, prenons garde de nous interdire la censure des actes de l'autorité. Il y a des outrages d'une nature mixte, qui s'appliquent également à l'homme public et à l'homme privé : tâchons de ne pas venger la famille aux dépens de la société.

Quant à moi, monsieur, dans la crainte de l'intérêt qu'un défenseur d'office voudroit bien prendre à ma personne, je me hâte de profiter du bénéfice du dernier paragraphe de l'article 20 du projet de loi ; je déclare autoriser par la présente toute publication contre ou sur mes actes ; je me range du côté de mon calomniateur, et je lui livre sans restriction ma vie publique et ma vie privée.

Je n'ai guère, monsieur, touché dans cette lettre qu'à la partie matérielle d'un projet de loi qui ajoute des amendes nouvelles à d'anciennes amendes, sans faire grâce des emprisonnements, sans révoquer le pouvoir abusif de supprimer le brevet du libraire, sans renoncer à la censure facultative, sans abolir la procédure en tendance, sans dispenser de la permission nécessaire pour établir une feuille périodique ; permission qui réduit de fait la liberté de la presse à un simple privilége.

Mais lorsque, à la chambre des pairs, je parlerai du rapport moral du projet de loi, je montrerai que ce projet décèle une horreur profonde des lumières, de la raison et de la liberté ; qu'il manifeste une violente antipathie contre l'ordre de choses établi par la Charte ; je prouverai qu'il est en opposition directe avec les mœurs, les progrès de la civilisation, l'esprit du temps et la franchise du caractère national ; qu'il respire la haine contre l'intelligence humaine ; que toutes ses dispositions tendent à faire considérer la pensée comme un mal, comme une plaie, comme un fléau. On sent que les partisans de ce projet anéantiroient l'imprimerie s'ils le pouvoient, qu'ils briseroient les presses, dresseroient des gibets et élèveroient des bûchers pour les écrivains ; ne pouvant rétablir le despotisme de l'homme, ils appellent de tous leurs vœux le despotisme de la loi.

Voilà, monsieur, ce que j'avois à exprimer aux personnes qui ont bien voulu m'écrire, et qui m'ont fait l'honneur d'attacher à mon opinion une importance que je suis loin de lui reconnoître. Je ne pouvois adresser à chacune de ces personnes une réponse particulière : je les prie de vouloir bien agréer en commun cette réponse publique.

Je ne puis, monsieur, en finissant cette lettre, me défendre d'un sentiment douloureux. N'avons-nous voté, dans l'adresse en réponse au discours de la couronne, les libertés du Portugal que pour voir attaquer les libertés de la France? Ces dernières étoient-elles promises en expiation des premières! Quelle tendresse pour la Charte de don Pèdre! quelle indifférence pour la Charte de Louis XVIII!

Je crains qu'il n'y ait dans tout cela bien de l'aveuglement :

> Ibant obscuri sola sub nocte per umbram.

Quelques souvenirs, quelques ambitions, quelques rêveries particulières à des esprits faux fermentent dans un coin de la France; n'allons pas prendre ces souvenirs, ces ambitions, ces rêveries pour une opinion réelle, pour une opinion qu'il faut satisfaire ; n'allons pas donner à la nation la crainte d'un système opposé à ses libertés. Les hommes qui ont souffert ensemble de nos discordes, également fatigués, se résignent à achever en paix leurs vieux jours; mais nos enfants, ces enfants qui n'auront pas comme nous besoin de repos, n'entreront point dans ce compromis de lassitude : ils marcheront et revendiqueront, la Charte à la main, le prix du sang et des larmes de leurs pères. On ne fait point reculer les générations qui s'avancent en leur jetant à la tête des fragments de ruines et des débris de tombeaux. Les insensés qui prétendent mener le passé au combat contre l'avenir sont les victimes de leur témérité : les siècles en s'abordant les écrasent.

DU

RÉTABLISSEMENT DE LA CENSURE

PAR L'ORDONNANCE DU 24 JUIN 1827

AVERTISSEMENT.

La presse non périodique doit venir au secours de la presse périodique : je ne puis pas plus me taire sur la censure que M. Wilberforce sur la traite des nègres. Des écrivains courageux se sont associés pour donner une suite de brochures; on compte parmi eux des pairs, des députés, des magistrats. Tout sera dit, aucune vérité ne restera cachée. Si certains hommes ne se lassent pas de nous opprimer, d'autres ne se fatigueront pas de les combattre. Je remercie mes concitoyens de la confiance qu'ils me témoignent dans ce moment. J'ai reçu toutes leurs lettres, tous leurs renseignements, tous leurs avis : j'en ai fait et j'en ferai encore usage. Beaucoup d'ouvrages se préparent. M. Salvandy, dont le talent énergique est si connu, fera paroître le mois prochain une brochure sur l'état actuel des affaires. M. Alexis de Jussieu publiera dans quelques jours un écrit sur le même sujet. Ils m'ont prié d'annoncer leurs travaux : je m'en fais un devoir, car il est probable que les feuilles périodiques n'auront pas même la permission de citer l'*intitulé* des ouvrages. Cependant, un titre conçu d'une manière générale constitue-t-il un délit? Voilà comment la censure sur les journaux est exercée, et comment elle nuit au commerce de la librairie : un livre non annoncé est exposé à rester dans les magasins : aussi la librairie est-elle menacée d'une nouvelle crise. Mais qu'importe tout cela à nos hommes d'État et à la stupide et violente faction qui désole la France?

Si les propriétaires des journaux ont d'autres plaintes à porter contre la censure, s'ils jugent que je puisse faire entendre ces plaintes, ils me trouveront prêt à tout. Espérons que les lecteurs soutiendront plus que jamais les feuilles indépendantes de leur patronage : ils ne se laisseront pas décourager si la censure empêche pendant quelque temps les journaux non salariés de réfléchir aussi vivement qu'ils le faisoient. Le *silence politique*, les *blancs*, les *suspensions*, les *procès*, sont des preuves de constance et de zèle qui seront appréciés des amis du trône et de la Charte. Rallions-nous d'un bout de la France à l'autre contre les ennemis de nos libertés : patience et esprit public remporteront la victoire.

ÉPIGRAPHES.

On réclama hautement la liberté d'écrire et de publier ses pensées par la voie de l'impression, et la liberté illimitée de penser et d'écrire devint un axiome du droit public de l'Europe, un article fondamental de toutes les constitutions, un principe enfin de l'ordre social.

(Vicomte DE BONALD, *séance des députés, 28 janvier 1817.*)

Aujourd'hui que le gouvernement peut tout contre le citoyen, ne doit-il pas laisser au citoyen quelque abri contre un pouvoir si illimité? (*Id., ib.*)

Les gens habiles ne sont pas tous dans les conseils; et ceux-ci, placés à une juste distance des objets, ni trop haut, ni trop bas, peuvent savoir bien des choses qui échappent à l'attention ou à la préoccupation des hommes en autorité, et leur dire par la voix des journaux d'utiles vérités qu'ils ne voudroient pas enfouir dans les cartons d'un bureau ni soumettre à la censure d'un commis.

Peut-être au premier instant d'une explosion les déclamations des journaux ne seroient pas sans quelque danger; mais à la longue, et lorsqu'on a à lutter contre des causes secrètes de désordre, leur silence ne seroit-il pas plus dangereux encore? L'État, si l'on veut, peut être troublé par ce que peuvent dire les journaux, mais il peut périr par ce qu'ils ne disent pas. Il existe un remède très-efficace contre leurs exagérations ou leurs impostures; il n'y en a point contre leur silence.

L'Angleterre a vu le danger, et a voulu s'en préserver en posant en loi la libre circulation des journaux comme la sauvegarde de l'État; elle n'a pas cru que ce fût trop du public tout entier, dont les journaux sont les sentinelles, pour servir de contre-poids au pouvoir immense d'un ministère responsable. (*Id., ib.*)

L'intérêt de la nation étant que les ministres soient éclairés, ils ne doivent pas fermer eux-mêmes la seule voie par laquelle l'opinion véritablement générale peut arriver jusqu'à eux. Y a-t-il beaucoup à craindre des journaux, aujourd'hui qu'ils sont devenus presque la seule lecture des honnêtes gens, et que les écrivains les plus estimables ne dédaignent pas d'y travailler? Sans doute ils écrivent les uns et les autres dans des principes différents : c'est un malheur inévitable, et qui a sa source dans l'opinion des deux principes monarchique et républicain du gouvernement représentatif, que chacun, suivant votre opinion, cherche à entraîner de son côté. Heureuse la nation dans de telles circonstances, où ce combat n'a pour champ de bataille que les journaux! L'opposition armée n'a cessé en Angleterre que depuis qu'elle est devenue littéraire. L'opposition des journaux amuse les partis et trompe les haines. (*Id., ib.*)

« Que les représentants d'une nation, chargés de stipuler les droits et les garanties de la liberté civile et politique, confèrent par une loi à des hommes déjà armés du terrible droit d'emprisonner à volonté tout citoyen qui leur sera suspect le droit, plus étendu et plus dangereux, d'étouffer toute pensée qui leur sera odieuse, et qu'ainsi les ministres au droit qu'ils ont d'agir seuls ajoutent le droit de parler tout seuls, c'est en vérité ce que tout législateur trembleroit d'accorder, même lorsqu'il croiroit, comme citoyen, la mesure utile. Ne seroit-ce pas compromettre par ce dangereux exemple la sûreté générale et future de l'État, en voulant lui ménager une tranquillité locale et temporaire? Et ce roi que la fable représente tenant tous les vents à ses ordres pouvoit exciter moins de tempêtes qu'un ministère investi de tout pouvoir sur les corps et sur les esprits. » (*Id., ib.*)

Il est digne de remarque que tous les journaux employés à grands frais par tous les gouvernements qui se sont succédé n'ont pu, malgré leur influence, en soutenir aucun, et que les journaux opposés, que la tyrannie a contrariés, tantôt à force ouverte, tantôt plus sérieusement, ont vu, ont fait à la fois triompher la cause qu'ils ont constamment défendue...

Les gens les plus distingués dans les lettres n'ont pas dédaigné d'écrire dans les journaux, et y ont défendu avec courage les principes conservateurs des sociétés... Dès lors une succession non interrompue de journaux amis de l'ordre a entretenu le feu sacré ; ils l'ont entretenu par ce qu'ils disoient et même par ce qu'ils ne disoient pas, lorsque, forcés de se taire ou même de parler, ils laissoient apercevoir leurs opinions particulières sous la transparence des opinions commandées. C'est cette opposition constante qui a conservé toutes les bonnes doctrines qui ont à la fois prévalu : car il faut remarquer, à l'honneur de l'esprit national, que ces journaux sont les seuls qui aient joui d'une vogue constante, tandis que les autres n'ont pu se soutenir même avec les secours du gouvernement; en sorte que l'on peut dire que le public a fait ces journaux plus encore que les journaux n'ont formé le public, *parce que les journaux expriment l'opinion et ne la font pas.* Réflexion juste et profonde de M. de Brigode, et qui suffiroit à décider la question. (*Id., ib.*)

Avant que la presse fût libre, les chances en étoient moins assurées, parce que le pouvoir, qui laissoit une libre carrière aux mauvaises doctrines, avoit soin d'enchaîner les bonnes. Vainement les royalistes avoient-ils réclamé, dans l'intérêt public, cette liberté dont ils sentoient le prix : il leur a fallu du temps, beaucoup de temps, pour la posséder, parce que leurs adversaires en redoutoient l'effet. Enfin, la faculté d'écrire, arrachée plutôt qu'obtenue, a muni les amis de la royauté d'armes égales à celles des ennemis qui veulent la détruire, et bientôt le nombre des lecteurs de chaque opinion a montré l'étendue de leurs forces relatives.

(M. le marquis D'HERBOUVILLE, *Conservateur*, t. VI, p. 62-63.)

N'a-t-on pas vu naguère que les journaux tombés sous le joug du despotisme étoient devenus des instruments d'oppression et de servitude? C'est la meilleure preuve du danger de subjuguer les journaux.

(M. CORBIÈRE, *séance des députés, 29 janvier 1817.*)

Supprimer un journal, c'est ruiner le propriétaire; et cependant on se joue avec une cruelle indifférence de cette propriété. Le propriétaire est ruiné sans même qu'on puisse lui imputer le plus souvent une faute réelle.

(*Id., ib.*)

« Si le ministère obtient le droit de donner ou de refuser arbitrairement l'autorisation aux journaux de paroître, il pourra la rendre onéreuse aux uns, la donner gratuitement aux autres, en favoriser quelques-uns, pour les mettre en mesure de se soutenir contre l'opinion; il pourra user des moyens les plus contraires aux droits garantis à tous les François par les articles 1 et 2 de la Charte. » (M. DE VILLÈLE, *séance des députés, 27 janvier 1817.*)

DU RETABLISSEMENT
DE LA CENSURE

AU 24 JUIN 1827.

Paris, 30 juin 1827.

Mon pays n'aura rien à me reprocher : resté le dernier sur la brèche, j'ai fait à la chambre héréditaire le devoir d'un loyal pair de France; je remplis maintenant celui d'un simple citoyen. Il m'en coûte : déjà rentré dans mes paisibles travaux, je revoyois mes vieux manuscrits, je voyageois en Amérique : *Desertas quærere terras.* Rappelé subitement de la terre de la liberté, je reviens défendre cette liberté dans ma patrie, comme jadis j'accourus de cette même terre pour me ranger sous le drapeau blanc.

En quittant la tribune de la chambre des pairs, le 18 de ce mois, je prononçai ces mots :

« Je vous dirai, messieurs, que ceux dont l'esprit d'imprudence inspira le projet de loi contre la liberté de la presse n'ont pas perdu courage. Repoussés sur un point, ils dirigent leur attaque sur un autre; ils ne craignent pas de déclarer à qui veut les entendre que la censure sera établie après la clôture de la présente session.

« Mais comme une censure qui cesseroit de droit un mois après l'ouverture de la session de 1828 seroit moins utile que funeste aux fauteurs du système, ils songeroient déjà au moyen de parer à cet inconvénient : ils s'occuperoient, pour l'an prochain, d'une loi qui prolongeroit la censure, ou d'une loi à peu près semblable à celle dont la couronne nous a délivrés.

« La difficulté, messieurs, seroit de vous faire voter un travail de cette nature, si d'ailleurs il étoit possible de déterminer les ministres eux-mêmes à l'accepter. Vous n'avez pas de complaisances contre les libertés publiques : quel moyen auroit-on alors de changer votre majorité? Un bien simple, selon les hommes que je désigne : obtenir une nombreuse création de pairs.

« Avant de toucher ce point essentiel, jetons un regard sur la censure.

« Les auteurs des projets que j'examine en ont-ils bien calculé les résultats? Quand on établiroit la censure entre les deux sessions, si cette censure, décriée par les ministres eux-mêmes, ne produisoit rien de ce que l'on veut qu'elle produise; si elle n'avoit fait que multiplier les brochures; si le ministère avoit brisé le grand ressort du gouvernement représentatif sans avoir amélioré les finances, sans avoir calmé l'effervescence des esprits; si, au contraire, les haines, les divisions, les défiances s'étoient augmentées; si le malaise étoit devenu plus général; si l'on avoit donné une force de plus à l'opposition, en lui fournissant l'occasion de revendiquer une liberté publique, comment viendroit-on demander aux chambres la continuation de cette censure? On conçoit que du sein de la liberté de la presse on réclame la censure sous prétexte de mettre un frein à la licence; mais on ne conçoit pas que, tout chargé des chaînes de la censure, on sollicite la censure lorsqu'on n'a plus à présenter pour argument que les flétrissures de cette oppression.

« L'abolition de la censure, le retrait de la loi contre la liberté de la presse, sont des bienfaits de Charles X; rien ne seroit plus téméraire que d'effacer par une mesure contradictoire le souvenir si populaire de ces bienfaits. Et quelle pitié d'établir au profit de quelques intérêts particuliers une censure qu'on n'a pas cru devoir imposer pendant la guerre d'Espagne, lorsque le sort de la France dépendoit peut-être d'une victoire! Nous nous sommes confiés à la gloire de Mgr le dauphin; il n'est pas aussi sûr, j'en conviens, de s'abandonner à toute autre gloire; mais, enfin, que MM. les ministres aient foi en eux-mêmes; qu'ils nous épargnent la répétition des ignobles scènes dont nous avons trop souffert. Reverrons-nous ces censeurs proscrivant jusqu'aux noms de tels ou tels hommes, rayant du même trait de plume et les éloges donnés aux vertus de l'héritier du trône et la critique adressée à l'agent du pouvoir?

« Après avoir été témoins des transports populaires du 17 avril, on ne peut plus nier l'amour de la France pour la liberté de la presse. Dans quels rangs pourriez-vous donc trouver aujourd'hui des oppresseurs de la pensée? Parmi des fanatiques qui courroient à la honte comme au martyre, et parmi des hommes vils qui mettroient du zèle à gagner en conscience le mépris public. »

Me trompois-je dans les projets que j'annonçois? Mes frayeurs étoient-elles vaines? La haine ou la vérité dictoient-elles mes paroles?

Du moins un avantage me reste sur mes adversaires : point n'ai renié mes opinions; je suis ce que j'ai été; je vais à la procession de la Fête-Dieu avec le *Génie du Christianisme*, et à la tribune avec *La Monarchie selon la Charte*. Comme pair, j'ai prononcé plusieurs discours en défense de la liberté de la presse; j'ai écrit cent fois pour cette liberté dans *Le Conservateur* et dans d'autres ouvrages. Pourquoi cette énumération? Pour me vanter, pour me citer avec complaisance? Non : pour répondre à des hommes qui, ayant trahi leur premier sentiment, veulent mettre leurs variations sur le compte des autres; à ces hommes qui s'écrient : « Vous marchez! » quand vous êtes immobile, ne s'apercevant pas que ce sont eux qui passent, et qui se figurent en changeant de place que l'objet offert à leurs regards s'est déplacé.

La liberté de la presse est devenue un des premiers intérêts de ma vie politique : j'en ai fait l'objet de mes travaux parlementaires. J'ose dire que ma position sociale, les opinions royalistes et religieuses que je professe, donnent à mes paroles quelque crédit, lorsque je réclame cette liberté : on ne peut pas dire que je suis un révolutionnaire, un impie : on le dit, il est vrai, aujourd'hui; mais ce qu'il y a de curieux, c'est que ces obligeants propos sont tenus par les jacobins à la solde de ce prétendu parti religieux et royaliste, lequel j'ai poussé au pouvoir, en lui apprenant à bégayer contre nature la Charte et la liberté.

Il ne peut plus être question de poser les principes de la liberté de la presse, leur substance se trouve dans les épigraphes que j'ai mises à la tête de cet écrit. La monarchie représentative sans la liberté de la presse est un corps privé de vie, une machine sans ressort. Au commencement de l'empire, des pièces d'argent avoient d'un côté ces mots : *Napoléon empereur*, et de l'autre côté : *République françoise*. Buonaparte frappoit ses monnoies au coin de la gloire, et elles avoient cours. Sous un gouvernement constitutionnel régi par la censure, on pourroit graver des médailles portant dans l'exergue : *Liberté*, et au revers : *Police*. Qui voudroit prendre ce faux billon à l'effigie du ministère?

Laissons donc des principes avoués même par ceux qui les violent, et examinons les ordonnances du 24 de ce mois.

Elles sont sans préambule : l'ordonnance de la première censure étoit précédée d'un considérant accusateur des tribunaux. Les sycophantes du ministère firent entendre ensuite que cette insulte à la magistrature n'étoit que *pour rire*, et que l'approche de la mort du vénérable auteur de la Charte avoit été la vraie cause de l'établissement de la censure. On plaça la perte de la première des libertés publiques entre une offense et une douleur.

De quel considérant auroit-on pu accompagner les nouvelles ordonnances?

Des illuminations avoient brillé dans toute la France pour le retrait du projet de loi sur la liberté de la presse : auroit-on pu dire que cette *circonstance grave* obligeoit de les éteindre avec la censure?

La garde nationale crie : *Vive le roi!* Quelques voix isolées élèvent un cri inconvenant contre les agents du pouvoir : la garde nationale est licenciée; on reçoit à Meaux la monnoie de ce licenciement. Auroit-il été convenable de faire de ces faits la raison du rétablissement de la censure?

Un déficit se rencontroit dans les recettes des premiers mois de l'année : étoit-ce là un bon prétexte pour suspendre la liberté de la presse?

Enfin, auroit-on pu déclarer qu'il falloit une ordonnance de censure parce que les ministres ne peuvent marcher avec la liberté de la presse? Des ordonnances sans considérant étoient donc ce qu'il y avoit de mieux.

La première remet en vigueur les lois du 31 mars 1820 et du 26 juillet 1821.

Le ministère est investi de ce droit par l'article 4 de la loi du 17 mars 1822, ainsi conçu : « Si dans l'intervalle des sessions des chambres, des circonstances graves rendoient momentanément insuffisantes les mesures de garantie et de répression établies, les lois des 31 mars 1820 et 26 juillet 1821 pourront être remises immédiatement en vigueur, en vertu d'une ordonnance du roi délibérée en conseil et contre-signée par trois ministres.

« Cette disposition cessera de plein droit un mois après l'ouverture de la session des chambres, si pendant ce délai elle n'a pas été convertie en loi.

« Elle cessera pareillement de plein droit le jour où seroit publiée une ordonnance qui prononceroit la dissolution de la chambre des députés. »

Ainsi, pour imposer la censure il faut *des circonstances graves* qui rendent *momentanément insuffisantes les mesures de garantie et de répression établies*.

Et où sont-elles, les *circonstances graves?* Des troubles ont-ils éclaté? l'impôt ne se perçoit-il plus? des provinces se sont-elles soulevées?

a-t-on découvert quelque conspiration contre le trône? sommes-nous menacés d'une guerre étrangère, bien qu'il soit prouvé que M. le dauphin n'a pas besoin de censure pour obtenir des triomphes? Si ces *circonstances graves* sont advenues, elles ne se sont pas déclarées tout à coup le lendemain de la clôture de la session ; elles existoient sans doute lorsque les pairs et les députés étoient encore assemblés : pourquoi n'en a-t-on pas parlé aux chambres? les ministres n'ont-ils pas été interpellés sur leurs projets? pourquoi n'ont-ils pas répondu? Si leurs desseins ne pouvoient supporter l'épreuve d'une discussion parlementaire, les circonstances n'étoient donc pas assez *graves* pour justifier la censure? Nous parlera-t-on du trône, de la religion, des insultes personnelles? les tribunaux sont là.

Le trône est trop élevé pour craindre les insultes : il s'agit bien moins de le mettre à l'abri que de rendre la royauté aussi douce, aussi populaire qu'elle l'est en effet : je ne connois rien qui s'entende mieux dans ce monde qu'un roi de France et son peuple, quand des ministres insensés ne viennent pas troubler cette union.

Il ne s'agit pas d'empêcher qu'on parle légèrement du clergé : il faut nourrir les prêtres, les secourir quand ils sont vieux et malades, les mettre à même de déployer leurs vertus, de faire aimer une religion de miséricorde et de charité.

Il ne s'agit pas de prévenir les attaques personnelles : on ne diffame que ce qui peut être diffamé. Un honnête homme se défend par son propre nom et accepte la responsabilité de sa vie. Si le vice impudent émousse l'action de la presse, il seroit étrange que la vertu patiente n'eût pas le même pouvoir.

Vous avez détruit la liberté de la presse : multipliez les espions. La censure est aujourd'hui, dans tous les sens, une véritable conspiration contre le trône.

Pour quiconque a la moindre bonne foi, il est évident que la censure a été rétablie dans le seul intérêt d'une incapacité colérique; c'est pour une si noble nécessité que l'on attaque la Charte dans ses fondements, que l'on retire à la France des droits déjà confirmés par une possession paisible : il est dur d'en être là après treize années de restauration.

Je n'insiste pas davantage : il est trop aisé d'ergoter sur la *gravité* des circonstances : chacun la voit dans la chose qui le touche. Un censeur soutient que les *circonstances sont graves* parce qu'il veut que l'on mette les libertés publiques en régie ; l'espion trouve que les *circonstances sont graves* lorsque tout se dit publiquement et qu'il n'a plus rien à dénoncer ; les *circonstances sont graves* aux yeux du sot dont on rit, de l'hypocrite qu'on démasque, de l'homme déshonoré qui redoute la lumière. Faut-il pour les assouvir leur livrer l'indépendance nationale? De quoi vivent les nations? De liberté et d'honneur: ne jetons pas aux chiens le pain des peuples et des rois.

Disons pourtant que tout le monde est frappé d'une certaine crainte de l'avenir, dans laquelle on pourroit voir une gravité des circonstances. Mais qui cause cette crainte? L'administration : l'inquiétude tient uniquement à ses actes. Toujours menaçant nos libertés, on se figure qu'elle les veut faire disparoître; on se demande ce que l'on deviendroit si nos institutions étoient renversées; on tremble également de l'idée des attaques et des résistances. Pour guérir un mal qui est en elle, que fait l'administration? Elle impose la censure : c'est diriger le vent sur un incendie.

Passons à la seconde ordonnance.

Je ne m'arrête pas aux deux noms propres placés dans une ordonnance réglementaire. Des erreurs de cette nature sont si fréquentes au ministère de l'intérieur, que cela ne vaut pas la peine d'en parler.

La censure facultative est dans l'article 4 de la loi du 17 mars 1822 : le ministère a donc eu le droit, si les circonstances sont graves, de mettre la censure par la première ordonnance, et conséquemment de nommer des censeurs. Mais la seconde ordonnance rétablit le conseil de surveillance autorisé par une loi abolie : cela se peut-il? Je ne le nie ni ne l'affirme : il y a matière à contestation.

Veut-on que ce conseil, né d'une ordonnance et non d'une loi, ne soit qu'une commission chargée de surveiller les censeurs eux-mêmes? Comment alors cette commission connoît-elle avec autorité compétente de la suppression provisoire d'un journal?

Voici quelque chose de plus étrange : l'article 9 de l'ordonnance dit : « Quand il y aura lieu, en exécution de l'article 6 de la loi du 31 mars 1820, à la suppression provisoire d'un journal ou écrit périodique, elle sera prononcée par *nous*, sur le rapport de notre garde des sceaux. »

Quoi! c'est le roi qui ordonnera la suppression provisoire d'un journal! c'est la royauté que l'on fera descendre à un pareil rôle! c'est la couronne qui s'abaissera à des fonctions de cette nature! c'est le pouvoir suprême qui luttera corps à corps avec la première de nos libertés! Ministres, y avez-vous bien pensé?

Que dit l'article 6 de la loi du 31 mars 1820? Il dit : « Lorsqu'un propriétaire ou éditeur responsable sera poursuivi, en vertu de l'article précédent, le *gouvernement* pourra prononcer la suspension du journal ou écrit périodique jusqu'au jugement. »

Que faut-il entendre par ce mot *gouvernement*? Il faut entendre la couronne, les deux chambres, les juges inamovibles : pourroit-on jamais soutenir que le *gouvernement est la personne royale toute seule?* En Turquie, peut-être. Cette personne sacrée est-elle un juge qui prononce dans des cas infimes, en police correctionnelle? La couronne exécutant les propositions de sentence élaborées dans un tripot de censeurs! la couronne, qui seule a le droit de faire grâce, ajoutant par la suspension d'un journal aux rigueurs d'une loi d'exception! Et si les tribunaux venoient ensuite à absoudre la feuille incriminée, le roi seroit donc condamné? Ministres, encore une fois, y avez-vous bien pensé? On se sent comme oppressé par un mauvais songe.

Une troisième ordonnance nomme les membres du conseil de surveillance.

Ce n'est pas sans le plus profond étonnement et la plus profonde douleur qu'on y lit les noms de trois pairs et de trois députés. Je soutiens, sans hésiter, que des pairs et des députés ne peuvent pas être investis de pareilles fonctions sans y être formellement contraints en vertu d'un acte législatif. Ceux qui discutent et votent les lois, ceux qui sont les défenseurs naturels des libertés publiques, les gardiens de la constitution, ne sont pas aptes et idoines à composer une commission administrative de censure uniquement établie par ordonnance. En prêtant leur serment comme pairs et comme députés, ils ont juré de maintenir la Charte : il leur est donc moralement interdit de faire partie d'une conseil créé pour la mise en vigueur d'une mesure qui suspend le plus sacré des droits accordés par cette Charte.

Les opinions particulières ne font rien à la question. Des pairs et des députés peuvent manifester à la tribune et dans leurs écrits ce qu'ils pensent contre la liberté de la presse; mais prendre une part active contre cette liberté, voilà ce qui ne leur est pas permis. Ce seroit bien pis dans le cas où leurs fonctions ne seroient pas gratuites et où ils recevroient le prix d'une liberté : on assure que la France n'aura pas à rougir de ce dernier scandale. Si la presse pouvoit être enchaînée en Angleterre, je ne doute point que des lords et des membres des communes, volontairement ravalés jusqu'à des fonctions de censeurs, ne fussent admonestés par leurs chambres respectives à l'ouverture de la session : il y a des bienséances qui ont force de devoir.

Dans la position des pairs et des députés membres du conseil de surveillance, tout est inconvénient et péril. Qu'un journal imprime, par exemple, les passages de discours servant d'*épigraphes* à cette brochure : les censeurs subalternes, ne reconnoissant pas l'ouvrage de leurs supérieurs, croiroient ne pas avoir assez d'encre pour effacer ces effroyables lignes. Leur travail seroit porté au conseil de surveillance : que diroit le conseil?

Il y a toutefois des consolations à des choses affligeantes : MM. Caix et Rio ont donné leur démission.

Le premier est un jeune professeur d'histoire, de beaucoup de savoir, d'un esprit très-distingué, et qui a plus de mérite que de fortune. Il a joué sa place contre l'estime publique : c'est risquer peu pour gagner beaucoup.

Le second est pareillement un jeune professeur plein de talent. Une illustration toute particulière le distingue. Pendant les Cent Jours, dans la terre du royalisme, apparut tout à coup une armée d'enfants : les vieux avoient vingt ans, les jeunes en avoient quinze.

Tout ce qui se trouvoit entre ces deux âges parmi les élèves du collége de Vannes échangea ce qu'on peut posséder au collége de quelque valeur contre des armes, et courut au combat. Quinze ou vingt élèves furent tués : les mères apprirent le danger en apprenant la mort et la gloire.

Une ordonnance royale constate ces faits : cette gloire de l'enfance est rappelée chaque année, selon le dispositif de cette ordonnance, dans une enceinte où l'on ne célèbre ordinairement que des triomphes paisibles : ce n'est pas loin du monument de Quiberon. Les trois officiers de cette singulière armée ont reçu la croix de la Légion d'Honneur. M. Rio est un de ces trois officiers. C'est à un pareil homme que le ministère a proposé la honte : il l'a refusée.

La conduite de ce jeune professeur est une preuve de plus qu'on peut être fidèle à son prince, royaliste jusqu'au plus grand dévouement, religieux jusqu'au martyre, sans cesser d'aimer les libertés publiques.

On assure encore que M. Cuvier n'a pas accepté la place dans le conseil de surveillance. M. Cuvier a respecté sa renommée ; il a voulu la garder tout entière. Gloire aux lettres et aux sciences qui n'ont point trahi leur propre cause, qui se sont senties trop nobles pour porter la livrée d'un ministère, pour exécuter ses hautes-œuvres [1] !

---

[1] J'apprends à l'instant, en corrigeant mes épreuves, que MM. Fouquet et de Broë, et M. le marquis d'Herbouville, ont imité les nobles exemples qui leur avoient été donnés. L'esprit de la pairie et de la magistrature françoise devoit se retrouver tout entier. Il n'y a donc plus que trois censeurs et sept membres du conseil de surveillance. Espérons dans la contagion du bien : elle se propage facilement en France. *Le Précurseur*, journal de Lyon, annonce qu'on n'avoit pu trouver encore de citoyens réunissant les qualités nécessaires pour exercer les fonctions de censeur. A Troyes, les ordonnances du 24 juin étoient sans exécution le 27.

Je ne parle point des autres censeurs, ils ne sont plus que quatre. Quatre opérateurs suffisent-ils pour expédier tant de patients? Il y auroit donc des garçons censeurs, des adjoints secrets, des amateurs de police dont la récompense est dans le secret promis à leur nom. Ce syndicat anonyme auroit bien de la peine à soutenir le crédit de la censure et à escompter le mépris public.

Maintenant examinons l'esprit et la marche de la nouvelle censure.

Cette censure se montre sous un jour nouveau, son caractère est doucereux, mielleux, patelin; elle a l'air d'être la fille du bon M. Tartufe. « Eh, mon Dieu! vous direz tout ce que vous voudrez; on ne s'opposera qu'à ce qui pourroit blesser la religion, le trône et les mœurs. Nous aimons tant la religion et le trône, que nous n'avons jamais trahis! Nos mœurs sont si pures! faites de l'opposition tant qu'il vous plaira, vous êtes entièrement libres sur la politique; attaquez les ministres avec leur permission; nous savons qu'il n'y a point de gouvernement représentatif sans la liberté de la presse, et c'est pourquoi nous établissons la censure. La censure est l'âge d'or de la liberté de la presse. »

Tel est l'esprit de cette nouvelle censure : la naïve insolence de l'article du *Moniteur* du 26 juin prouve que nous restons même en deçà de la vérité.

Je remarque d'abord une date singulière. Le manifeste ministériel, ou le vrai considérant des ordonnances du 24 juin de cette année, fait remonter ce qu'il appelle *la licence de la presse* au mois de juin 1824. Il revient plusieurs fois sur cette date; il parle de la *presse opposante* depuis 1824; il dit que depuis *trois ans* la presse a jeté des *nuages fantasmagoriques;* il redit en finissant le mal causé depuis *trois ans* par la licence de la presse.

Frappé de cette date précise, de cette extrême insistance, je me suis demandé ce qui étoit arrivé de si extraordinaire au mois de juin 1824, ce qui pouvoit causer la préoccupation évidente de l'interprète des ministres. En me creusant la tête, et ne trouvant rien du tout dans ce mois de juin 1824, j'ai été obligé de me souvenir d'un événement fort ordinaire, fort peu digne d'occuper le public, ma sortie du ministère.

Si par hasard le jour de la Pentecôte, 6 juin 1824, avoit obsédé la mémoire de l'écrivain semi-officiel, c'est donc moi qui depuis trois ans serois la cause de *la licence de la presse*.

En rassemblant mes idées, je me souviens en effet qu'au moment de l'imposition de la censure, en 1824, *on déclara qu'on ne pouvoit aller ni avec moi ni sans moi.* Que faudroit-il conclure de ces dires?

que je faisois la paix de la presse quand j'étois auprès du gouvernement; que je ralliois à la couronne les diverses opinions par mon côté religieux et royaliste et par mon côté constitutionnel?

Hors du conseil du roi j'aurois donc été suivi par tout ce qui s'attache aux doctrines de légitimité, de religion et de liberté que je professe invariablement. J'aurois donc tout brouillé, tout détaché de l'autorité; j'aurois donc excité les tempêtes, et ne pouvant m'attacher l'opinion que je soulève, force est de la bâillonner encore une fois.

Si tout cela étoit véritable, on eût été bien malavisé de méconnoître et de reconnoître à la fois mon *pouvoir*, ou on auroit commis une grande faute en me précipitant du ministère aussi grossièrement qu'on eût chassé le dernier des humains. Telles sont les conséquences que mon amour-propre pourroit tirer des aveux de mes adversaires. Grâce à Dieu, je ne suis pas assez fat pour me supposer une telle puissance; si j'ai quelque force, je ne la tire que de la fixité de mes opinions, et surtout des fautes de ces hommes qui compromettent tous les jours le trône, l'autel et la patrie.

Après avoir fixé la date de la licence, *Le Moniteur* déclare que les écrivains de l'opposition prévoyoient depuis un mois la censure, parce que le mot de censure *étoit écrit dans leur conscience.*

Tout le monde, non pas depuis un *mois,* mais depuis plus de *deux années,* annonçoit la perte de la plus *vitale de nos libertés,* parce qu'on n'ignoroit pas que M. le président du conseil avoit écrit un ouvrage en faveur du rétablissement de l'ancien régime, parce que l'on savoit que le ministère étoit trop foible pour marcher avec les libertés publiques, et parce qu'en multipliant les fautes et les projets, il avoit besoin de silence et de voile.

Le Moniteur nous dit que pendant cinq années de liberté de la presse l'autorité s'est refusée constamment à désespérer du bon sens national.

Et c'est parce que le *bon sens national* a approuvé pendant cinq années la liberté de la presse que *l'autorité a désespéré de ce bon sens* et qu'elle a fini par mettre ce fou dans la *chemise de force* de la censure! Et c'est ainsi que le *bon sens* des ministres traite le *bon sens national!* C'est la misère même en délire : Buonaparte dans toute sa puissance n'auroit pas osé insulter ainsi la nation.

Pendant cinq années, des travaux ont été laborieusement suivis à travers les difficultés que la licence des écrits suscitoit sans cesse autour des projets les plus éclairés ! (Moniteur.)

Les projets les plus éclairés ! Quels projets? Le 3 pour 100, le syndicat, la cession de Saint-Domingue par ordonnance et sans garantie de payement, les avortons des lois? Mais ce ne sont pas les journaux qui ont rejeté ou refait les projets des lois, ce sont les chambres à qui *Le Moniteur* donne des éloges, offrant en exemple *l'ordre admirable qui règne dans les discussions parlementaires.*

Les gazettes prétendroient-elles au privilége d'être moins constitutionnelles, moins légales que les chambres? (Moniteur.)

Qu'est-ce qu'il y a de commun, dans les principes de la matière, entre les gazettes et les chambres? Rien, si ce n'est la liberté de la parole, garantie à tous par la Charte. Or, met-on la censure sur la parole des orateurs? Il me semble cependant qu'on a dit aux ministres dans les chambres, tout aussi énergiquement que dans les journaux, qu'ils perdoient la France, qu'ils méritoient d'être mis en accusation. Les feuilles périodiques ont-elles témoigné plus de mépris aux agents du pouvoir que n'en a répandu sur eux cette phrase d'un éloquent député? « Conseillers de la couronne, auteurs de la loi, connus ou inconnus, qu'il nous soit permis de vous le demander : Qu'avez-vous fait jusque ici qui vous élève à ce point au-dessus de vos concitoyens, que vous soyez en état de leur imposer la tyrannie?

« Dites-nous quel jour vous êtes entrés en possession de la gloire, quelles sont vos batailles gagnées, quels sont les immortels services que vous avez rendus au roi et à la patrie. Obscurs et médiocres comme nous, il nous semble que vous ne nous surpassez qu'en témérité. La tyrannie ne sauroit résider dans vos foibles mains; votre conscience vous le dit encore plus haut que nous[1]. »

Un peu plus loin *Le Moniteur* appelle l'administration un *pouvoir constitutionnel.* Le mot est curieux : il prouve comment les publicistes du ministère entendent la Charte.

Les résultats de la censure telle que la voilà... paroissent si peu incertains aux vrais amis de la liberté de la presse, que pour eux le triomphe de celle-ci ne date que de ce jour... La censure ne laissera subsister que des réalités. (Moniteur.)

Ainsi, c'est la *censure* qui est la *liberté de la presse.* A merveille! N'est-ce pas là le *pieux guet-apens* de Pascal?

La censure ne laissera subsister que les réalités; ajoutez *ministérielles,* et le sens de la phrase sera complet.

Le Moniteur porte ensuite un défi à l'opposition : il l'appelle en champ clos : bien entendu qu'il combattra cuirassé de la censure, et que l'opposition toute nue sera menacée des ciseaux des censeurs.

Les ministres, par l'organe de leur champion, qui se promène bra-

---

1. Discours de M. Royer-Collard sur le projet de loi de la presse, 14 février 1827.

vement dans la solitude du *Moniteur* en attendant les passants, s'étendent sur la garantie qu'offre la composition du conseil de surveillance. Tout en respectant le caractère des hommes, en rendant hommage à leurs vertus privées, ce ne sont pas des partisans avoués du pouvoir absolu qui pensent rassurer les citoyens sur les libertés publiques.

Si le conseil de surveillance n'est pas rempli des créatures des ministres, il l'est et le doit être de leurs amis; il est naturel que l'autorité choisisse des hommes dans ses opinions.

En dernier résultat, le ministère est tout dans cette affaire, puisqu'il peut nommer et changer à son gré les membres d'un conseil dont les places ne sont pas inamovibles. N'est-ce pas un ministre? n'est-ce pas M. le garde des sceaux qui instrumente dans les cas graves, après avoir pris seulement l'*avis* du conseil de surveillance? Ce conseil n'est au fond qu'une imitation de la commission de la liberté de la presse, placée par Buonaparte auprès du sénat : il produira le même bien ; on écrira tout aussi librement que dans le bon temps de M. Fouché.

Le Montesquieu du *Moniteur* termine son apologie par cette phrase digne du reste : « *Les amis véritables de la liberté de la presse se croient affranchis, par les ordonnances du 24 juin, d'une insupportable tyrannie qui pesoit sur le pays, et ils ne voient que l'émancipation de la liberté dans la censure de la licence.* »

Rien de si commun dans l'histoire de la politique que les consolations dérisoires offertes à la victime : c'est toujours pour leur plus grand bien que l'on a opprimé les hommes.

Un député ministériel, argumentant contre une proposition faite par un membre de l'opposition, disoit que cette proposition étoit renouvelée de Robespierre. Puisque les hommes qui nous combattent se permettent ces comparaisons odieuses, qu'il soit permis de dire, avec plus de justesse, que l'article du *Moniteur* ressemble à ces fameux récits d'un rhétoricien tout aimable, tout sensible, tout doux, qui prenoit les malheurs du beau côté, récits que ses contemporains appeloient, à ce que je crois, d'un nom propre assez ridicule.

Il falloit répondre au manifeste du ministère : à présent je conseille à chacun de laisser en paix *Le Moniteur;* le citer, c'est le tirer de son obscurité. Le chevalier de la censure seroit charmé qu'on voulût jouter avec lui; ne nous chargeons pas de mettre au jour les pauvretés officielles.

Au surplus, à travers le langage de l'écrivain confit en politique, le but où il veut aller est visible.

> Un citoyen du Mans, chapon de son métier,
> Étoit sommé de comparoître
> Par-devant les lares du maître,
> Au pied d'un tribunal que nous nommons foyer.
> Tous les gens lui crioient, pour déguiser la chose :
> Petit, petit, petit...

Mais, avant de montrer comment, si l'on donne dans le piége, la censure passagère et accommodante de Tartufe pourroit engendrer la censure perpétuelle et fanatique de la faction, il est bon de s'arrêter un moment : apprenons d'abord au public ce qu'il doit croire de la bénigne censure.

Je suis fâché de descendre à des détails peu dignes; mais qui les racontera si je ne les révèle? Ce n'est pas sans doute les journaux. Au moment où les institutions de la Charte sont en péril, il ne s'agit ni de moi ni de personne; il s'agit de la France : il faut qu'elle sache ce que c'est que cette *honorable* censure, cette *impartiale* inquisition établie pour la plus grande gloire de la liberté.

Premièrement, il est convenu, autant que possible, entre les recors de la pensée, que les *blancs* n'auront pas lieu. En effet, les *blancs*, qui annoncent les *suppressions*, mettent le lecteur sur ses gardes; c'est comme s'il lisoit le nom de la *censure* écrit au haut du journal. On craint l'effet de ce nom honteux. Esclaves, soyez mutilés, mais cachez la marque du fer; subissez la torture, mais donnez-vous garde de paroître disloqués; portez des chaînes avec l'air de la liberté. Dans ces injonctions machiavéliques, la censure a au moins la conscience de son ignominie; c'est quelque chose.

Comment peut-on forcer les feuilles périodiques à remplir les *blancs* que laissent les retranchements de nosseigneurs? Elles ne peuvent y être contraintes au nom de la loi. — D'accord, mais voici ce qui arrive :

On dit à un journal : « Si vous laissez des *blancs*, on vous mettra des entraves qui rendront impossible la publication du journal pour le lendemain. »

On dit à un second journal : « Si vous laissez des *blancs*, nous accorderons à une autre feuille la permission de donner une nouvelle que nous retrancherons dans la vôtre. »

On dit à un troisième journal : « Si vous laissez des *blancs*, nous exercerons sur vous la censure dans toute sa rigueur; nous ne vous passerons pas un mot; nous vous réduirons au néant. »

Les journaux menacés couvrent leurs plaies. Aux *Débats*, à *La Quoti-*

dienne, des passages ont été supprimés : comme ils les ont immédiatement remplacés, le public ne s'est aperçu de rien. *La France chrétienne*, *La Pandore*, et quelques autres feuilles, ont paru avec la robe d'innocence de la censure[1].

On a rayé dans le *Journal des Débats* un article de la *Gazette d'Augsbourg* qu'on a laissé dans *Le Constitutionnel*. Demain ce sera le tour de celui-ci : on lui défendra ce qu'on aura permis aux *Débats*, si les *Débats* sont dociles.

Dans un article du *Journal des Débats*, où l'on proposoit M. Delalot comme candidat aux électeurs d'Angoulême, la censure a barré ces lignes : « Si la carrière législative de M. Delalot fut courte, on n'a point oublié ce qu'il fallut de manœuvres pour l'abréger. Nous espérons sincèrement revoir bientôt à la tribune M. Delalot vouer à la défense du trône et des libertés publiques tout ce qu'elles ont droit d'attendre de son éloquence et de son inébranlable fermeté. Son nom est l'effroi des ministres ennemis de la Charte, et qui trahissent les doctrines qui les portèrent au pouvoir. »

On a rayé l'annonce de la démission de MM. Caix et Rio. On se venge du courage de ces hommes d'honneur en les laissant sous la flétrissure de la faveur ministérielle [2].

Enfin, il s'agissoit d'annoncer la présente brochure de cette manière modeste : *On assure que M. de Chateaubriand va faire paroître un écrit* sur *le rétablissement de la censure.*

Je savois que l'avertissement seroit refusé ; il l'a été. Ainsi des professeurs honorables ne sont pas libres de faire connoître qu'ils n'acceptent pas une place ; un *pair de France* ne peut pas faire dire qu'il va publier quelques pensées sur une question qui touche aux lois politiques, à l'existence même de la Charte : voilà l'*impartiale* censure !

Pourra-t-on croire que c'est sous un conseil de surveillance composé

---

1. La petite pièce vient après le drame : on a rayé sur le *Figaro* la vignette représentant Figaro et Basile. Un petit journal avoit annoncé le mélodrame des *Natchez*, tiré, disoit-il, d'un *admirable* poëme ; on a rayé le mot *admirable*, et on a bien fait. Le censeur a eu raison comme critique, mais tort comme censeur, etc.

2. A mesure que j'écris, les renseignements m'arrivent de toutes parts. Le rédacteur en chef du *Journal du Commerce* me donne connoissance de ses colonnes condamnées. J'y vois des suppressions étranges, et un manque complet de bonne foi, puisqu'on a retranché jusqu'à des réponses faites à des assertions qui se trouvoient dans les journaux ministériels ; remarquez qu'aux termes de la loi on auroit le droit de forcer les feuilles attaquantes à imprimer la réponse. Ce cas peut souvent se présenter : les censeurs auroient-ils le droit d'effacer ce que la loi ordonne positivement ?

de pairs, de députés et de magistrats que les droits les plus légitimes sont ainsi méconnus? M. le vicomte de Bonald, que j'appelois encore il y a quelques jours à la tribune mon illustre ami, peut-il consentir à couvrir de son noble nom de pareilles lâchetés, de telles turpitudes, lui dont les ouvrages ont aussi été proscrits, et qui a subi, comme moi les outrages de la censure?

Nous verrons s'il en sera de ma brochure nouvelle comme de *La Monarchie selon la Charte*; si défense sera faite aux journaux d'en parler; si la poste refusera de la porter; si les commis qui la liront seront destitués; si les préfets la poursuivront dans les provinces et menaceront les libraires qui s'aviseroient de la vendre; si, enfin, M. le président du conseil, qui a tant à se louer de *La Monarchie selon la Charte*, et qui m'en a fait des remercîments si obligeants, agira aujourd'hui comme le ministre dont il étoit alors le violent adversaire.

Ces précautions ministérielles devroient me donner beaucoup d'orgueil, n'eussé-je à déplorer tant de misères. La religion est bien malade, si elle peut craindre l'auteur du *Génie du Christianisme*; la légitimité est en péril, si elle redoute l'homme qui a donné la brochure *De Buonaparte et des Bourbons*, rédigé le *Rapport fait au roi dans son conseil à Gand* et publié le petit écrit : *Le Roi est mort, vive le Roi!*

Mais ce que je viens dire par rapport à mon nouvel opuscule n'est déjà plus d'une vérité rigoureuse; le sol est mouvant sous nos pas. Ce que l'on a refusé au *Journal des Débats*, à *La Quotidienne*, au *Courrier*, on l'a permis encore au *Constitutionnel*. On lit ces deux lignes dans sa feuille du 28 : *On annonce l'apparition prochaine d'un nouvel écrit de M. de Chateaubriand.*

Quel *écrit?* La censure n'aura pas sans doute laissé ajouter : *sur la censure.* Libre aux lecteurs de penser qu'il s'agit d'une nouvelle livraison de mes *Œuvres complètes*.

Le lendemain 29, il a été loisible à *La Quotidienne* et au *Courrier* de répéter la petite escobarderie.

Encore quelques jours, et vous serez témoin de ce qui adviendra. On ne commande point aux passions; ceux qui jouissent du pouvoir absolu ont beau se promettre de s'en servir avec sobriété, le despotisme les emporte; ils s'irritent des résistances; bientôt ils trouvent que c'est une duperie d'avoir en main l'arbitraire et de ne pas en user largement.

D'un autre côté, le parti qui domine le ministère prétend dire ce qui lui plaira. Si la censure veut l'enchaîner, il menacera; il faudra lui obéir, et l'extrême licence des feuilles périodiques se placera auprès de l'extrême esclavage.

Voulez-vous juger jusqu'à quel point la presse est libre sous la censure, que *La Quotidienne* essaye de rappeler la violence exercée sur M. Hyde de Neuville ; qu'elle parle des services méconnus, de l'ingratitude dont on use envers les royalistes ; qu'elle déclare qu'on n'auroit jamais dû reconnoître une république de nègres révoltés ; qu'elle demande si Boyer payera ce qu'il doit ; qu'elle invite les électeurs à ne nommer que des royalistes opposés aux volontés du ministère, et vous verrez si la gracieuse censure laissera passer deux mots de tout cela.

Que les *Débats, Le Constitutionnel, Le Courrier, La France chrétienne, Le Journal du Commerce,* fassent à leur tour, chacun dans la nuance de son opinion, des articles comme ils en faisoient il y a seulement quatre ou cinq jours ; qu'ils passent en revue les fautes du ministère, qu'ils signalent ses erreurs, qu'ils rappellent et le 3 pour 100, et le syndicat, et le droit d'aînesse, et la loi sur la presse, et les funérailles du duc de Liancourt, et le licenciement de la garde nationale ; qu'ils répètent ce qu'ils ont dit mille fois sur l'incapacité du ministère, sur le mal qu'il fait à la France ; enfin, que, réclamant toutes nos libertés, ils s'élèvent avec chaleur contre la censure, et vous verrez si la censure leur laissera cette indépendance.

La prétendue douceur de la censure est donc pure jonglerie. Il ne s'agit d'ailleurs ni de douceur ni de rigueur ; la liberté de la presse est un principe, principe vivant du gouvernement représentatif. Ce gouvernement ne peut exister avec la censure, modérément ou violemment exercée. La liberté de la presse n'est point la propriété d'un ministère ; il ne doit point en user à son gré et selon son tempérament. Aujourd'hui le ministère sera bénévole, demain il aura de l'humeur, et la liberté de la presse suivra l'inconstance de ses caprices. Un ministère peut changer ; un autre ministère peut survenir, avec un système tout contraire aux intérêts que l'on prétend protéger aujourd'hui, et il emploiera la censure à ses fins. Que chacun fasse ce raisonnement dans son opinion particulière, et l'on demeurera convaincu que la censure blesse les intérêts divers, pour n'en favoriser qu'un, variable selon la variation du pouvoir.

Si la censure facultative et momentanée est déjà une si grande peste, quel fléau ne deviendroit-elle pas changée en censure perpétuelle ou centenaire ! Tous les ménagements disparoîtroient : on se moqueroit des dupes et du cri des opprimés lorsqu'on auroit rivé leurs chaînes. Dans le silence de l'opinion, la faction essayeroit de renverser l'ouvrage de Louis XVIII, d'annuler le contrat entre la vieille et la nouvelle génération, de déchirer le traité réconciliateur du passé et de l'avenir.

C'est ici qu'il faut montrer le but caché de ceux qui ont si imprudemment poussé les ministres à rétablir la censure. Mon opinion (puissé-je me tromper!) est que cette censure provisoire pourroit devenir le type d'un projet de loi que l'on espéreroit obtenir pour la session prochaine. On se flatteroit que de nouveaux pairs, introduits dans la chambre héréditaire, aplaniroient les difficultés. Tout changeroit alors si l'on obtenoit la victoire. La pensée seroit enchaînée jusqu'au jour des révolutions. Le silence ne sauve point les empires : Buonaparte, avec la censure, a péri au milieu de ses armées.

J'ai la conviction qu'on échappera au malheur que je redoute en évitant ce qui peut nous perdre.

Si les feuilles périodiques acceptoient la liberté dérisoire qu'on leur offre ; si, sous la verge des commandeurs, elles consentoient à faire une demi-opposition, elles s'exposeroient au plus grand péril. On viendroit à la session prochaine entonner dans les chambres les louanges d'une censure destructive de la *licence* et conservatrice de la *liberté*; on apporteroit en preuve les articles mêmes des journaux; on liroit d'une voix retentissante ce qu'on leur auroit laissé dire dans le sens de leurs opinions diverses. Si, par malheur, on avoit réellement présenté une loi de censure, l'argument tiré de la liberté censurée des journaux paroîtroit irrésistible. Avec des larmes d'attendrissement et d'admiration pour de si magnanimes ministres, seroit-ce trop que de leur faire, à eux et à leurs successeurs, présent à toujours de la liberté de la presse? Des entraves méritées enchaîneroient des mains trop obéissantes.

Quant à moi, je ne consentirai jamais à faire de la liberté *avec licence des supérieurs* [1] : on n'entre aux bagnes à aucune condition. Rompre des lances pour des libertés publiques, sous les yeux des hérauts de la censure; danser la pyrrhique en présence des garde-chiourmes, qui applaudissent à la dextérité des coups, à la grâce des acteurs, seroit imiter ces esclaves qui faisoient des tours d'escrime et des sauts périlleux pour le divertissement de leurs maîtres. Passoient-ils la borne prescrite, le fouet les avertissoit qu'ils n'étoient que des baladins ou des gladiateurs.

---

1. Une gazette ministérielle a avancé qu'excepté *Le Courrier François*, les journaux de l'opposition se sont prononcés pour la censure. Cette feuille ment, mais on voit sa pensée.

Les principes les plus utiles perdent leur efficacité quand ils sont timbrés du bureau d'un inspecteur aux pensées. On ne croit point à un journal censuré : le bon sens enseigne que si l'on permet à tel journal de dire telle chose, c'est que le ministère y a un intérêt secret : la vérité devient mensonge en passant par la censure.

Les mêmes hommes que l'on traitoit si rudement il y a quelques jours sont-ils devenus des saints parce qu'ils ont mis la censure? ont-ils une vertu de plus parce qu'ils ont fait un mal de plus? leurs fautes sont-elles effacées parce qu'ils ont ordonné le silence? si hier ils perdoient la France, la sauvent-ils aujourd'hui? On leur faisoit de grands reproches : ou ils ne mériteroient plus ces reproches s'ils consentoient à se les laisser adresser; ou ils mépriseroient assez leurs adversaires pour leur permettre des arguments de rodomont visés à la police; ou l'on auroit l'air de remplir un rôle de compère avec eux.

Ce qu'ils veulent surtout, les ministres, c'est produire une illusion de gouvernement représentatif. Marionnettes dont les fils seroient tirés par la censure, nous ferions une mascarade d'opposition ; la France deviendroit une espèce de polichinelle de liberté, parlant fièrement d'indépendance, et puis, quand la farce seroit jouée, un espion de police laisseroit retomber le sale rideau.

Lâcherons-nous la réalité pour l'ombre? sommes-nous des vieillards tombés en enfance, qu'on amuse avec des hochets politiques? et pour peu qu'appuyés sur notre béquille nous donnions l'essor à nos vaines paroles, aurons-nous de la Charte tout ce que nous en désirons? Une nation qui, renonçant à la seule surveillance digne d'elle, la surveillance des lois, contreferoit une nation libre sous la tutelle d'un gardien payé, seroit-elle assez dégradée?

Je n'ai point la prétention de tracer une marche aux amis des libertés publiques, et l'on me contesteroit à bon droit mon autorité. Je pense que si l'opposition suit diverses routes, elle a comme moi l'horreur de la censure, qu'elle cherche comme moi le moyen le plus sûr de briser cet infâme joug. J'expose seulement mes idées, mes craintes; on peut voir mieux que moi, mais je dois compte aux gens de bien de ma manière de comprendre la question du moment.

Si *Le Conservateur* existoit encore, si je dirigeois encore cette feuille avec MM. de Villèle, Frénilly, de Bonald, d'Herbouville et mes autres nobles et honorables amis, voici ce que je leur proposerois : Continuer d'écrire comme si la censure n'existoit pas.

On supprimeroit les articles : nous laisserions des *blancs* pour protester contre la violence.

Le journal seroit exposé à toutes sortes de vexations, il ne paroîtroit pas à jour fixe, il seroit retardé de vingt-quatre heures : tant mieux! ces persécutions rendroient la censure plus odieuse. Une page blanche est un article que les abonnés lisent à merveille, et dont ils sentent tout le prix.

On nous feroit peut-être des procès pour *crime de blancs*, comme on condamnoit jadis les aristocrates taciturnes : tant mieux! Nous ferions des procès à notre tour ; nous appellerions le conseil de surveillance et les censeurs devant les tribunaux. Il faudroit plaider ; nous traînerions au grand jour les ennemis ténébreux de nos libertés, et nous ne *vendrions pas nos procès* aux marchands de conscience.

Enfin, nous réimprimerions à part tous les huit jours, en forme de brochure, les articles supprimés, car, chose remarquable! et qui explique toute la censure! les articles incriminés par elle seroient innocents devant les tribunaux : le censeur condamne ce que le magistrat acquitteroit.

Enfin, jamais nous n'engagerions le combat avec les écrivains ministériels dans la lice de la censure ; et quand nous ne pourrions pas parler de politique en pleine et entière liberté, nous parlerions littérature[1].

En ma qualité de pair de France, je ne puis me défendre d'une réflexion pénible. Une censure facultative, accordée pour le besoin de la couronne dans des circonstances graves, n'a paru au législateur qu'une prévoyance utile. Eh bien! que résulte-t-il aujourd'hui de cette malheureuse facilité à livrer au pouvoir les libertés publiques? Avec quelle circonspection, avec quelle prudence ne faut-il donc pas discuter et voter des lois?

Il n'est plus temps de se le dissimuler : la marche que suit le ministère peut conduire à une catastrophe. Se suspendre un moment aux parois des abîmes est chose possible, mais il faut finir par y tomber. On sent que l'embarras est grand pour des hommes qui se préfèrent à leur patrie. Hors du pouvoir que seroient-ils? Écrasé du fardeau des responsabilités qui pèsent sur sa tête, tantôt en voulant corrompre les journaux, tantôt en essayant de faire passer un projet de loi détestable, tantôt en recourant à la censure, tantôt en menaçant les rentiers d'une conversion, tantôt en licenciant la garde nationale de Paris, le ministère a créé une immense impopularité.

---

1. La littérature n'est pas plus épargnée que la politique. Le *Journal des Débats* a paru avec deux colonnes blanches, au risque de redoubler l'humeur censoriale : c'est un article littéraire qui a été supprimé.

Il a mis de toutes parts des haines en réserve ; il a cherché la force dans la police et dans les médiocrités : autant demander la vie au néant.

Les choses humaines ne sont pas stationnaires : les années, les jours, les heures, amènent les événements ; le temps moissonne plus d'hommes dans une minute que le faucheur n'abat d'herbes dans la même minute. Le terme de la septennalité approche : que fera-t-on ? des élections ? Qui sera élu ?

Les royalistes, dispersés, persécutés, reniés, ne sont plus réunis comme au temps du *Conservateur*. Ceux d'entre eux qui ont porté le poids des ruines de l'ancienne monarchie sont au bord de leur tombe : ils feroient bien un effort pour aller mourir aux pieds du roi, mais c'est tout ce qu'ils pourroient faire.

Les partisans de l'usurpation ou de la république, s'il en est encore, se réjouissent de ce qu'ils voient.

La France nouvelle, la France constitutionnelle et monarchique est blessée ; elle croit que le ministère veut lui ôter ce que le roi lui a donné : au moment où l'on a parlé de tant de projets funestes, la censure lui semble être le moyen que la coterie s'est réservé pour les accomplir.

La France raisonnable et éclairée ne peut concevoir une administration qui choque tous les intérêts, qui traite les amis de la royauté comme les ennemis de la couronne, une administration qui, dans l'espace de trois années, met, ôte et remet la censure, qui fait des lois et les retire, qui s'en prend aux tribunaux, qui ne daigne pas même répondre lorsqu'on lui dit qu'elle sera entraînée à violer le principe de la pairie ; une administration qui traite une capitale de sept cent mille habitants où le roi réside comme elle traiteroit une province de l'Auvergne et du Berry ; une administration qui frappe brutalement avec un bras débile, et qui, n'étant capable de rien, se laisse soupçonner de tout.

Dans ce siècle, on ne tient point devant l'opinion : les idées sont aujourd'hui des intérêts, des puissances ; mettez-les de votre côté. Prenez-y garde ; si les journaux ont fait tout le mal, il faut maintenant que tout aille bien sous la censure : si le mal continue, il est de vous.

On se demande en vain ce que feront les ministres. Essayeront-ils de changer la loi des élections avant une époque fatale ? il n'y a point de loi d'élections, à moins qu'elle ne nomme des députés d'office qui donnent aux ministres une majorité. Loin de calmer l'opinion, le silence imposé par la censure ne fera que l'irriter.

Se porteroit-on à des mesures sortant des limites de la Charte, l'impôt ne rentreroit plus.

L'affectation que les parasites du pouvoir mettent à parler de soldats et d'armée fait sourire un peuple militaire qui a vu la garde impériale au retour d'Austerlitz et de Marengo, qui a vu les rois de l'Europe expier à la porte des Tuileries l'inhospitalité dont ils s'étoient rendus coupables envers le véritable maître de ce palais : c'est avec les art et les libertés constitutionnelles qu'on pouvoit faire oublier la gloire. Que nous donnent les antichartistes en place de celle-ci ? La censure et le ministère : c'est bien peu.

Eh quoi! le plus pur sang de la France auroit coulé pendant trente années; le trône auroit été brisé ; nous aurions vu nos biens, nos amis, nos parents, et jusqu'aux tombeaux de nos familles s'abîmer dans le gouffre révolutionnaire; nous aurions combattu l'Europe conjurée, et tout cela pour conquérir la censure que nous avions en 1789 ! A force de malheurs et de victoires, quand, sur la poussière des générations immolées, nous sommes parvenus à relever le trône légitime, le résultat de tant d'efforts seroit de confier à des êtres obscurs, dont le nom n'a pas dépassé le seuil de leur porte, la dictature de l'intelligence humaine !

Non ! il y a des choses impossibles. Vous établissez, dites-vous, la censure, aux termes de la loi, pour des *circonstances graves*. C'est la censure qui fera naître ces circonstances ; elles renverseront le pouvoir ministériel : puissent-elles n'ébranler que lui !

Je réclame la liberté de la presse avec la conscience d'un sujet fidèle, fermement convaincu qu'il combat pour la sûreté du trône. Ne nous y trompons pas : la liberté de la presse est aujourd'hui toute la constitution. Nous ne sommes pas assez nourris au gouvernement représentatif, ce gouvernement n'a pas encore jeté parmi nous des racines assez profondes pour qu'il existe de lui-même : c'est la liberté de la presse qui le fait. Ce n'est pas la Charte qui nous donne cette liberté, c'est cette liberté qui nous donne la Charte. Elle seule, cette liberté, est le contre-poids d'un impôt énorme, d'un recrutement que l'on peut accroître à volonté, d'une administration despotique laissée par la puissance impériale ; elle seule fait prendre patience contre des abus de l'ancien régime, qui renaissent avec les hommes d'autrefois; elle seule fait oublier les scandaleuses fortunes gagnées dans la domesticité, et qui surpassent celles que les maréchaux ont trouvées sur les champs de bataille. Elle console des disgrâces; elle retient par la crainte des oppresseurs ; elle est le contrôle des mœurs, la surveillante des injustices. Rien n'est perdu tant qu'elle existe ; elle conserve tout pour l'avenir ; elle est le grand, l'inestimable bienfait de la restauration. Qu'avoient nos rois à nous offrir en arrivant de l'exil? Leur droit, les souvenirs de l'histoire, l'adversité et la vertu : ils y ont ajouté la liberté de la pensée, et cette France pleine de génie est tombée à leurs pieds.

La patrie invoque aujourd'hui la déclaration de Saint-Ouen, la Charte, les serments de Reims. Charles X n'a pas juré en vain sur le sceptre de saint Louis : la liberté sera plus belle quand elle nous sera rendue par la religion et l'honneur.

POST-SCRIPTUM.

Dimanche, 1er juillet 1827.

J'écrirois aussi longtemps que durera la censure, que je ne pourrois suffire à noter toutes ses persécutions. Voici quelques nouveaux faits que j'ai encore le temps de rapporter :

Le *Journal des Débats* donne le 27 juin un article littéraire ; la censure y trouve quelques mots, quelques phrases à reprendre ; elle barre l'article entier, et rend le reste approuvé du journal à onze heures du soir.

Le lendemain, 30 juin, qu'arrive-t-il? On envoie comme de coutume la double épreuve exigée à la censure. Le porteur de l'épreuve attend jusqu'à dix heures du soir, et demande l'épreuve qui doit être rendue avec le *visa* de la censure : on lui remet une des deux épreuves non visée, en lui disant que les censeurs se sont retirés.

Le *Journal des Débats* avoit par hasard le reste d'une ancienne épreuve approuvée, il s'en sert pour que ces feuilles ne soient pas entièrement blanches, et le journal paroît dans l'état où la France a pu le voir.

N'est-il pas évident qu'en adoptant ce système de *non-censure,* on peut, par le fait, supprimer un journal? Car si toutes les colonnes du journal sont *non censurées,* ou le journal paroîtra tout en blanc, ou il ne paroîtra pas du tout; ou s'il paroît avec des articles *non censurés,* aux termes de la loi, il sera suspendu.

Peut-on voir une plus odieuse, une plus abominable persécution de la presse? Y a-t-il des termes assez forts, des expressions assez vives, pour rendre l'indignation qu'elle inspire? Quoi! vous faites une loi de censure ; j'y obéis, et vous refusez même de m'appliquer votre loi oppressive! Vous me déniez la justice, vous me déniez l'esclavage pour m'étouffer.

Quel est l'homme qui dirige un pareil système? Si le conseil de surveillance est *réellement* quelque chose, ne doit-il pas faire chasser à l'instant un pareil homme? Ainsi c'est l'esprit de vengeance contre les *blancs,* c'est la fureur contre les *blancs* accusateurs des mutilations de la censure, c'est cette fureur qui amène ce dévergondage de despotisme : on veut tuer ceux que l'on a blessés, de peur de laisser des témoins de violence, de peur d'être reconnu, d'être jugé et condamné au tribunal de l'opinion. Et c'est là ce qu'on veut nous faire passer pour de la liberté! c'est là ce qu'on appelle une censure *contre la licence!* Les petites tyrannies subalternes prennent le caractère de la bassesse dans laquelle elles sont engendrées.

Il y a pourtant une ressource contre une telle déloyauté : c'est de faire paroître le journal non censuré, après avoir fait constater légalement, autant que possible, le refus de la censure. Le journal sera suspendu : il y aura procès. Nous verrons si les tribunaux condamneront un journal pour avoir transgressé une loi à laquelle il s'étoit soumis, et dont on lui a refusé le triste bénéfice. Car enfin ce journal s'est trouvé, par ce déni, dans la position de paroître non censuré ou de cesser d'exister. En principe de droit, on ne peut forcer ni un homme ni une chose à s'anéantir volontairement.

Un article du *Courrier anglois,* journal ministériel, dévoué à M. Canning, m'arrive : je m'empresse de faire connoître cet article ; car désormais la France ignorera ce qu'on pense de nous en Europe. C'est encore un des bienfaits de la censure.

« Les journaux de Paris de dimanche et de lundi nous sont parvenus hier soir. *Le Moniteur* du 25 contient une ordonnance royale qui établit une rigide censure de la presse. Cet exercice de la prérogative royale nous paroît être le résultat du retrait de la loi sur la presse, présentée aux chambres dans la dernière session. Le but de cette mesure est d'enchaîner en France l'impression de l'opinion publique. La manière dont elle sera exercée dépendra de la discrétion et de l'humeur des personnes chargées de la surveiller. Nous ne pouvons pas découvrir le motif précis d'une telle ordonnance dans le moment actuel. Nous lisons avec attention les journaux de Paris, et nous avouons que nous n'y trouvons pas ce langage séditieux et incendiaire qui pourroit demander une surveillance aussi sévère de la presse; d'ailleurs il y a des preuves suffisantes que les tribunaux du pays ont le pouvoir d'en punir les excès. Un gouvernement doit être bien foible, ou le peuple qu'il régit bien porté à la désaffection, pour qu'on croie nécessaire d'établir une censure. Mais c'est une grande erreur de supposer que cette ressource soit aussi utile dans l'un ou l'autre cas. Un gouvernement n'acquiert aucune force en trahissant ses craintes, et un peuple mécontent ne redevient pas affectionné sous le poids de nouvelles entraves. »

(*Courrier anglais* du 27 juin 1827.)

OPINION

SUR LE

PROJET DE LOI RELATIF A LA POLICE

DE LA PRESSE

PRÉFACE

DE LA SECONDE ÉDITION.

Paris, ce 7 mai 1827.

Le public a bien voulu recevoir avec quelque faveur le discours que je devois prononcer à la chambre des pairs sur la loi relative à la police de la presse. Les vérités contenues dans les trois dernières parties de ce discours sont encore applicables à notre position politique.

J'ose me flatter que tout homme de bonne foi après avoir lu la seconde partie de cette espèce de traité sur la presse ne croira plus au crime de cette presse.

Néanmoins je n'ai pas tout dit sur les siècles où la presse étoit inconnue et sur les temps où elle étoit opprimée [1].

Dans le détail de la Jacquerie et des troubles sous Charles VI, j'ai passé sous silence bien des atrocités. Je n'ai point fouillé les chroniques de Louis XI; j'ai parlé des crimes des catholiques à la Saint-Barthélemy et sous la Ligue; j'aurois pu mettre en contre-poids les crimes des protestants, qui n'étoient pas plus éclairés que leurs persécuteurs. Cinq ans avant la Saint-Barthélemy, les protestants de Nîmes précipitèrent quatre-vingts catholiques notables de cette ville dans le puits de l'archevêché. Ils renouvelèrent de semblables assassinats en 1569.

On a voulu nous persuader que le suicide et l'infanticide étoient plus communs de nos jours qu'autrefois. Qu'on ouvre le journal de Pierre de

---

1. Dans ma revue de la liberté de la presse sous le Directoire, je ne suis pas encore allé assez loin. Avant même le 18 fructidor, l'imprimerie de Dupont (de Nemours) fut détruite, et bientôt M. Barbé de Marbois, qui avoit donné quelques articles à la feuille publiée par Dupont, fut déporté à la Guiane.

L'Étoile, et l'on y trouvera à toutes les pages le suicide, même parmi les enfants.

Quant à l'infanticide, nous citerons ce passage de Guy-Patin : « Les vicaires généraux et les pénitenciers se sont allés plaindre à M. le premier président que depuis un an (1660) six cents femmes, de compte fait, se sont confessées d'avoir tué et étouffé leur fruit. »

Remarquons que la science administrative étoit ignorée dans les siècles barbares ; presque personne ne savoit lire, très-peu d'hommes savoient écrire ; il n'y avoit point de journaux, point de chemins, point de communications : combien de forfaits devoient donc rester ensevelis dans l'oubli ! Nous connoissons maintenant, heure par heure, tous les délits qui se commettent sur la surface de la France. Malgré cette différence de renseignements, nous trouvons dans les chroniques et les mémoires, année par année, des crimes plus fréquents et d'un caractère infiniment plus horrible que ceux qui se commettent aujourd'hui.

Il y a un fait que je n'ai pu dire, et qui étoit l'objet de la douleur et de la consternation de tous les curés de campagne, dans les parties de l'Europe les plus ignorantes et les plus sauvages.

Quant à la troisième et surtout à la quatrième partie de mon discours, le retrait du projet de loi ne lui a rien ôté ; notre mal présent vient de la résistance d'une poignée d'hommes aux changements produits par les siècles. Des calculs fournis dernièrement par M. le baron Dupin viennent à l'appui de mon assertion, et sont comme les éloquentes pièces justificatives de mon discours. « Hâtons-nous, dit-il, d'indiquer les vastes changements survenus dans la population françoise, dans ses mœurs, ses idées et ses intérêts, depuis la fin de l'empire. Durant treize années seulement, douze millions quatre cent mille François sont venus au monde, et neuf millions sept cent mille sont descendus dans la tombe... Déjà près du quart de la population qui vivoit sous l'empire n'existe plus. Les deux tiers de la population actuelle n'étoient pas nés en 1789, à l'époque où fut convoquée l'assemblée constituante ; les hommes qui comptoient alors l'âge de vingt ans ne forment plus aujourd'hui qu'un neuvième de la population totale ; ils représentent les grands-pères et grand'mères de nos familles ; enfin, la totalité des hommes qui comptoient vingt ans lors de la mort de Louis XV ne forme plus que la quarante-neuvième partie de cette population ; ils représentent les bisaïeuls et les bisaïeules de nos familles. . . . .

. . . .

« Une révolution plus grande encore s'est opérée sur le continent européen.

« En Europe, depuis 1814, la génération nouvelle est fortifiée par quatre-vingts millions d'hommes venus au monde, et l'ancienne est affoiblie par soixante millions d'hommes descendus dans la tombe. Sur deux cent vingt millions d'individus, l'ancienne génération n'en compte plus que vingt-trois subsistant encore, ou plutôt qui meurent chaque jour. Quelle moisson terrible de peuples et de rois! Ainsi les hommes qui comptoient vingt ans lors de la mort de Louis XV ne forment plus que la quarante-neuvième partie de la population totale de la France ; ceux qui comptoient vingt ans en 1789 n'en forment plus que le neuvième, et les deux tiers de la population actuelle n'étoient pas nés au commencement de la révolution. »

Maintenant, si vous retranchez du petit nombre d'hommes qui ont connu l'ancien régime ceux qui ont embrassé le régime nouveau, à combien peu se réduiront *ces hommes d'autrefois qui, toujours les yeux attachés sur le passé, le dos tourné à l'avenir, marchent à reculons vers cet avenir!*

C'est pourtant ces *demeurants d'un autre âge* qu'on écoute : les passions ministérielles s'emparent de cette raison décrépite; ou plutôt, lorsque ces passions agissent, le radotage d'une sagesse surannée se charge de prouver que les passions n'ont pas tort. Chaque jour nous fournit une preuve nouvelle des anachronismes où tombe relativement à la société la faction du passé qui nous tourmente. Sur quel motif a-t-on fondé, par exemple, l'ordonnance qui licencie la garde nationale? Sur des cris inconvenants, lesquels auroient été poussés au Champ-de-Mars.

Voilà bien les personnages que je signale! la monarchie représentative est toujours pour eux la monarchie absolue; les faits sont toujours pour eux non avenus; rien n'a changé depuis 1789 dans les choses et dans les hommes; personne n'est mort; une révolution qui a bouleversé le monde ancien et émancipé le nouveau monde, trente-huit années écoulées ne sont rien! La garde nationale en 1827 est toujours la garde nationale de la première fédération; le roi est toujours en présence du peuple; il n'y a entre lui et ce peuple ni deux chambres législatives, ni une Charte constitutionnelle; *à bas les ministres!* est un cri répréhensible dans un pays où les ministres sont responsables et où la liberté de parler et d'écrire est établie par la loi.

En Angleterre, non-seulement on crie *à bas les ministres!* mais on casse leurs vitres; ils les font tranquillement remettre : le roi n'est pour rien dans tout cela, pas plus qu'en France le roi n'entre pour quelque chose dans les inimitiés soulevées par les dépositaires de son pouvoir. On s'obstine à voir sédition et révolution là où il n'y a qu'antipathie pour les ministres. Ceux-ci violent l'esprit de la constitution en demeurant au pouvoir lorsque l'opinion les repousse; il en résulte que cette opinion saisit les occasions favorables d'éclater : c'est l'effet qui sort de la cause; la couronne est parfaitement étrangère à cette position.

Autre méprise : les partisans des ministres applaudissent surtout au coup porté, parce qu'il n'en est résulté aucun mouvement; ils attribuent à la fermeté de ce coup l'immobilité du public.

« Voilà ce que c'est, s'écrient-ils, que d'agir avec vigueur! encore quelques mesures de cette espèce, et tout rentrera dans l'ordre! »

Dans l'ordre! qui songe à sortir de l'ordre? N'allez-vous pas vous persuader que la mesure ministérielle a répandu la terreur? Elle a excité la pitié des indifférents, elle a réjoui les ennemis, elle a profondément affligé les amis de la royauté; elle n'a fait peur à personne.

Pourquoi cette folle mesure n'a-t-elle été suivie d'aucun mouvement? Par une raison simple, qui tient à la nature même de ce gouvernement représentatif que vous détestez, alors même qu'il vous sauve de vos propres erreurs.

Le pouvoir de la couronne, employé par les ministres, n'est pas sorti de son droit légitime en licenciant la garde nationale. Le coup a été violent, mais il n'a pas été inconstitutionnel; aucune partie du pacte fondamental n'a été lésée, aucune liberté n'a péri, aucun intérêt politique ni même municipal n'a succombé. Il importe peu à nos institutions prises dans leur ensemble qu'un citoyen de Paris soit vêtu d'un uniforme ou d'un habit bourgeois; une garde paisible et fidèle, qui a rendu tant de services à la restauration, peut sans doute s'attrister d'en être si étrangement récompensée par des ministres, mais elle ne se révolte pas contre son roi. Changez la question; supposez qu'une mesure ministérielle viole ouvertement un article de la Charte, et vous verrez alors l'impression produite par cette mesure.

Ainsi, ces hommes qui sont tout étonnés de leur courage, qui pensent devoir à leur héroïsme de bureau le repos dont ils jouissent, ne s'aperçoivent pas qu'ils sont redevables de ce repos aux institutions mêmes dont la forme les irrite, à ce gouvernement représentatif qui donne de la modération et de la raison à tous, à cet esprit constitutionnel que l'attaque aux principes pourroit seule pousser à la sédition. Tant que l'on ne portera pas la main sur les chambres et sur les libertés publiques, il n'y aura point de mouvement dangereux en France. Les libertés publiques sont patientes; elles attendent très-bien la fin des générations, et les nations qui en jouissent n'ont rien d'essentiel à demander.

Dans les gouvernements absolus, au contraire, le peuple, comme les flots de la mer, se soulève au moindre vent : le premier ambitieux le trouble; quelques pièces d'argent le remuent; une taxe nouvelle le précipite dans les crimes; il se jette sur les ministres, massacre les favoris et renverse quelquefois les trônes.

Dans les gouvernements représentatifs, le peuple n'a jamais ni ces passions ni cette allure; rien ne l'émeut profondément quand la loi fondamentale est respectée. Pourquoi se soulèveroit-il? Pour ses libertés? Il les a. Pour l'établissement d'un impôt? Cet impôt est voté par ses mandataires. Vient-on chez le pauvre lui enlever arbitrairement son dernier fils pour l'armée, son dernier écu pour le trésor? Nul ne peut être arrêté que d'après la loi; chacun est libre de parler et d'écrire; tous peuvent, selon leur bon plaisir, faire ce qu'ils veulent, aller où il leur plaît, user et abuser de leur propriété. La monarchie représentative fait ainsi disparoître les principales causes des commotions populaires; il n'en reste qu'une seule pour cette monarchie : c'est, on ne sauroit trop le répéter, l'atteinte aux libertés publiques.

Et alors même ce gouvernement est-il sans défense? Non. L'histoire de l'Angleterre nous apprend avec quelle simplicité se résout encore cette difficulté : les chambres repoussent la loi de finances; et si, cette loi n'étant pas votée, le gouvernement veut lever irrégulièrement l'impôt, le peuple refuse de le payer.

Heureusement nous n'en viendrons jamais là en France; mais ces explications font sentir combien seroit vain et téméraire le projet de procéder de violence en violence à la suppression de la liberté; elles font voir combien sont dénuées de justesse les raisons par lesquelles on a voulu faire de quelques cris isolés une sédition commune digne d'être punie d'un licenciement général. Laissons des médiocrités colériques applaudir à l'emportement de l'impuissance comme à la preuve de la force; les vrais amis du roi en gémissent. Quant à moi, depuis le jour où je vis à Saint-Denis passer un homme trop fameux pour aller mettre ses mains entre les mains du frère de Louis XVI, je n'ai jamais été si profondément affligé.

Eh! comment les conseillers de la couronne ne se sont-ils pas souvenus qu'un monarque paternel vivoit au milieu de ses peuples, que le temps étoit passé où les princes se renfermoient dans le donjon de Vincennes ou dans les galeries de Versailles? Comment n'ont-ils pas compris que cette mesure précipitée porteroit le deuil au fond des cœurs? que la fidélité et l'amour, craignant de devenir suspects, oseroient à peine faire entendre sur le passage d'un prince chéri, d'un prince si longtemps éprouvé par la fortune, le cri du salut de la France? N'y avoit-il pas d'autres moyens de punir quelques exclamations inconvenantes? Le mode même du licenciement général étoit-il raisonnable? Licencie-t-on trente mille hommes qui restent de fait réunis dans la même ville, presque sous le même toit, avec leurs armes? En Angleterre, d'après l'ordonnance du licenciement, on s'est figuré que de grands troubles avoient éclaté parmi nous; le reste de l'Europe le croira de même. N'est-ce rien que d'avoir fait naître dans l'esprit des étrangers une telle idée de la situation de la France?

Si l'on pouvoit croire à un dessein suivi, à un enchaînement de principes dans un système qui jusqu'à présent n'a marché que par bonds et n'a su donner que des saccades, on devroit s'attendre à une série de mesures corrélatives au licenciement de la garde nationale de Paris. Conséquents ou inconséquents, les agents du pouvoir ne peuvent faire sortir que des maux de cette mesure déplorable. L'humeur de ceux qui approuvent cette mesure prouve qu'intérieurement ils en sentent les graves inconvénients.

Il seroit à désirer toutefois qu'ils modérassent leur zèle. Qui pensent-ils imposer en parlant de casser la chambre des pairs? comme si on pouvoit casser la chambre des pairs! En attendant le jour où ces fanfarons de fidélité qui s'étouffoient dans les salles des Tuileries le 16 mars 1815, et qui disparurent le 20; en attendant le jour où ils se cacheroient de nouveau, le jour où ils nous laisseroient défendre encore la monarchie, si la monarchie étoit attaquée, qu'ils cessent d'animer le soldat contre le citoyen, de vouloir tripler la garnison de Paris, de faire marcher en pensée des troupes sur la capitale. Il seroit curieux de rassembler l'armée, de compromettre la tranquillité de la France pour assurer le portefeuille de deux ou trois ministres et la pitance des familiers de ces ministres! Cette petite agitation d'antichambre dans le grand repos du royaume seroit risible, si elle n'avoit un côté dangereux. Les rodomontades amènent quelquefois des rixes. Dieu sait ce que pourroit produire une goutte de sang répandue sur une terre également disposée à porter des moissons ou des soldats. Lorsque dans les troubles des empires on en est venu à l'emploi de la force, il ne s'agit plus de la première attaque, mais de la dernière victoire.

La police prendroit-elle pour une conspiration contre le trône les propos qu'elle peut entendre contre une administration brouillonne et sauvage? Ses rapports seroient-ils dans ce sens? Voudroit-elle qu'on fît parader des gendarmes, qu'on doublât les postes? Contre qui? contre des *complaintes*? Il ne manqueroit plus que de couronner la violence par le ridicule.

La retraite d'un ministre estimé est venue mettre le sceau de la réprobation à un acte d'amour-propre en démence. Ce ministre honorable et honoré n'a pas cru pouvoir s'asseoir plus longtemps auprès des hommes qui font de leur intérêt personnel la cause de la monarchie. Mais au milieu des consciences muettes, une conscience qui parle est séditieuse; la vertu qui se réveille importune le devoir qui dort; une bonne action est une leçon insolente pour ceux qui n'ont pas le courage de la faire : je ne serois donc pas étonné qu'un La Rochefoucauld, qu'un royaliste dévoué, qu'un esprit aussi conciliant que modéré, qu'un chrétien pieux et sincère, ne passât aujourd'hui parmi la tourbe servile pour un démocrate, un révolutionnaire, un furibond, un impie.

N'en sommes-nous pas là, tous tant que nous sommes? Qui n'a dans sa poche son brevet de Jacobin, expédié en bonne forme par des royalistes de métier? Ne viens-je pas d'ajouter à tous mes crimes celui d'avoir publié (à l'exemple de nombre de pairs et de députés) un discours qui n'a pas été prononcé? Si on ne le lit pas, quel mal fait-il? Si on le lit, on y trouve donc autre chose que le projet de loi retiré? La vérité est que plus l'administration commet de fautes, plus elle désire le silence. Il faudroit renoncer à la parole, afin que l'incapacité perpétuée au pouvoir se vantât d'avoir subjugué ses adversaires par la force de son génie. Ne nous laissons pas prendre à ce grossier artifice; nous ne sauverions rien en nous taisant. Toute alliance est impossible entre le mal et le bien : on ne se réunit pas à l'abîme, on s'y engloutit.

OPINION

SUR LE

PROJET DE LOI RELATIF A LA POLICE

DE LA PRESSE [1]

Nobles pairs,

Dans les longues recherches auxquelles je me suis livré, et dont j'ai l'honneur de soumettre aujourd'hui le résultat à la chambre, j'ai nécessairement isolé ma pensée du travail de votre commission. Je savois tout ce que l'on devoit attendre de la conscience et du talent des nobles pairs chargés de vous faire un rapport sur le projet de loi; mais je devois raisonner dans l'hypothèse que ce projet restoit tel que vous l'avoient présenté les ministres.

En effet, messieurs, des amendements proposés ne sont pas des amendements votés; et quand j'aurois eu, comme je l'ai, la conviction morale de leur adoption, cela ne dérangeroit rien au plan que je m'étois tracé. Mon discours, dans la supposition d'une suite d'amendements capitaux, deviendroit un double plaidoyer : plaidoyer contre l'ouvrage des ministres, partout où cet ouvrage ne seroit pas amendé;

---

1. Dans la lettre que j'adressai le 3 janvier de cette année à M. le rédacteur du *Journal des Débats*, sur le projet de loi relatif à la police de la presse, je disois :

« Lorsque, à la chambre des pairs, je parlerai du rapport moral du projet de loi, je montrerai que ce projet décèle une horreur profonde des lumières, de la raison et de la liberté, qu'il manifeste une violente antipathie contre l'ordre de choses établi par la Charte; je prouverai qu'il est en opposition directe avec les mœurs, les progrès de la civilisation, l'esprit du temps et la franchise du caractère national; qu'il respire la haine contre l'intelligence humaine; que toutes ses dispositions tendent à considérer la pensée comme un mal, comme une plaie, comme un fléau. »

Le roi, en augmentant sa gloire ainsi que l'amour et la vénération dont les peuples plaidoyer pour l'ouvrage de votre commission, partout où elle auroit porté ses lumières. Ce point éclairci, j'aborde le sujet.

Voici, messieurs, ce que l'on trouve dans l'ouvrage posthume du XIVe siècle :

Censure avant publication, et jugement après publication, comme s'il n'y avoit pas eu censure; rétroactivité, annulation ou violation des contrats; atteinte au droit commun; proscription de la presse non périodique; accaparement ou destruction de la presse périodique; voies ouvertes à la fraude, amorces offertes à la cupidité, invitation aux trahisons particulières, appel et encouragement à la chicane, intervention de l'arbitraire, haine des lumières, antipathie des libertés publiques, embrouillements, entortillements, ténèbres.

Mais, chose déplorable! messieurs, plus vous démontrez à certains esprits que cet instrument de mort pour l'intelligence humaine détruit non-seulement la liberté de la presse, mais la presse elle-même, plus vous les persuadez de l'excellence de l'ouvrage.

« Comment! vous nous dites que tout périra, livres, brochures, journaux? A merveille! nous ne croyions pas le projet si bon; vos objections nous démontrent ce qu'il a d'admirable. »

Suit un débordement d'injures contre les lettres, et surtout contre les gens de lettres, contre les folliculaires, les pamphlétaires, les chiffonniers et les académiciens.

C'est être en vérité fort libéral de mépris. Il faut en avoir beaucoup recueilli pour en avoir tant à donner. Ces enfants prodigues feroient mieux d'être plus économes de leur bien.

environnent sa personne auguste, vient, par un acte éclatant de sa justice, de nous délivrer une seconde fois. La mesure salutaire qui attire tant de bénédictions sur la tête de notre monarque m'a mis dans l'heureuse impossibilité de prononcer le discours que j'avois préparé pour satisfaire à ma conscience et pour remplir les devoirs de la pairie. Cependant, après le retrait même du projet de loi, on m'avoit pressé de publier ce discours : j'hésitois à prendre ce parti, lorsque l'adoption d'une proposition qui sembloit un corollaire de l'ancien projet a mis fin à mes incertitudes. Cette affaire d'arrière-garde, dans laquelle un ministre a combattu trois fois au premier rang, prouve que les agents du pouvoir n'ont ni abandonné leur doctrine ni leurs projets sur la liberté de la presse : je publie donc mon discours.

Au surplus, ce discours ne répète qu'un très-petit nombre des arguments dont on s'est servi. Comme je réservois les objections de détail pour la discussion des articles, il en résulte que mon discours général, traitant des principes de la matière, embrasse une sphère d'idées indépendantes du sort advenu au projet de loi. Ce discours frappe peu sur le *cadavre* du projet, mais beaucoup sur son *esprit* tout vivant encore dans les ennemis de la liberté et de la presse.

J'aurois pu à la rigueur retrancher aujourd'hui de mon travail ce que je dis de la multitude de nos lois, du nombre des jugements des tribunaux, de la quantité des ouvrages imprimés; une raison majeure m'a déterminé à conserver ces calculs.

Hélas! messieurs, ces diatribes contre la presse n'ont pas même le mérite de la nouveauté; renouvelées des temps révolutionnaires, elles auroient dû rester dans l'oubli. Il est triste sous la légitimité de s'approprier un pareil langage, surtout lorsqu'il se peut appliquer à ces mêmes publicistes justement soupçonnés sous le Directoire de travailler au rétablissement de la royauté, et qui continuent d'écrire pour elle.

Quelques personnes trouvent un motif de sécurité dans l'excès même du mal : « Le projet de loi est si vicieux, disent-elles, qu'on ne pourra l'exécuter. » Ne nous fions, messieurs, ni à l'espérance du mal, ni à l'impuissance de l'incapacité : elles nous tromperoient toutes deux. Maintes fois les gouvernements ont laissé périr les bonnes lois et ont fait un long usage des mauvaises. C'est cette même foiblesse des hommes qui les asservit souvent à une tyrannie vulgaire et qui les porte à briser une autorité éclatante : les parlementaires souffrirent Buckingham et tuèrent Strafford; on pardonne à la puissance, rarement au génie.

La meilleure manière de vous occuper du projet de loi, ce n'est pas, selon moi, de vous en énumérer à présent les vices particuliers (ils se présenteront assez d'eux-mêmes dans la discussion des articles); il me paroît plus utile de vous faire remarquer d'où le projet est sorti, ce qu'il veut dire, quelle lumière il jette à la fois sur le passé et sur l'avenir.

Oui, nobles pairs, le projet de loi est un phare élevé aux limites d'un monde qui finit et d'un monde qui commence; il vous éclaire

D'abord ils n'ont jamais été présentés dans leur ensemble, quelques-uns même n'avoient pas encore été faits; ensuite il y a des personnes timides qui s'imaginent que le retrait du projet de loi nous laisse sans moyens de répression, et d'autres qui se figurent que les tribunaux n'ont pas employé ces moyens : en lisant mon discours, si elles le lisent, elles se pourront rassurer. Ces calculs subsisteront en outre comme le témoignage d'une respectueuse reconnoissance pour une magistrature qui défend avec tant de gravité les droits du trône et les intérêts des citoyens.

Dans tout ce qui concerne la partie historique de la presse et de la liberté de la presse, dans l'examen des rapports de cette liberté avec le christianisme en général et l'Église gallicane en particulier, dans la déduction des affinités de cette même liberté avec l'état social moderne, je touche à des sujets que les débats législatifs sont loin d'avoir épuisés. Heureux si en éclairant quelques points restés obscurs, si en complétant les vérités sorties d'une discussion mémorable, je pouvois contribuer à prévenir toute nouvelle tentative contre nos institutions politiques! Plus heureux si l'on trouvoit dans les faits que j'expose de nouvelles sources de gratitude pour l'ordonnance du 17 avril, de nouvelles raisons d'admirer un monarque qui juge si bien des besoins de ses peuples, de nouveaux motifs de chérir un prince digne entout de l'illustre race à qui nous devons la gloire de l'ancienne monarchie et la liberté de la monarchie nouvelle!

sur la plus importante des vérités politiques ; il vous indique le point juste où la société est parvenue, et conséquemment il vous apprend ce que demande cette société : d'un côté, il vous montre des ruines irréparables ; de l'autre, un nouvel univers qui se dégage peu à peu du chaos d'une révolution.

Permettez-moi de développer mes idées : la matière est grave, le sujet immense. Si je mets votre patience à l'épreuve, vous me le voudrez bien pardonner, en songeant que j'abuse rarement de votre temps à cette tribune. J'y parois aujourd'hui appelé par des devoirs sacrés, devoirs que je n'hésiterai jamais à remplir, mais dont le temps commence néanmoins à me faire sentir le poids : les vétérans souffrent quelquefois de leurs vieilles blessures.

En sortant du chemin battu, en plaçant la question où je la placerai, surtout dans la dernière partie de ce discours, j'ai plus compté sur la haute intelligence de cette assemblée que sur mes propres forces.

Voici, messieurs, les quatre vérités que je vais essayer de démontrer :

1° La loi n'est pas nécessaire, parce que nous avons surabondance de lois répressives des abus de la presse : les tribunaux ont fait leur devoir.

2° Les crimes et les délits que l'on impute à l'usage de la presse et à la liberté de la presse n'ont point été commis par la presse, et sous le régime de la liberté de la presse.

3° La religion n'est point intéressée au projet de loi ; elle n'y trouve aucun secours : l'esprit du christianisme et le caractère de l'Église gallicane sont en opposition directe avec l'esprit du projet de loi.

4° La loi n'est point de ce siècle ; elle n'est point applicable à l'état actuel de la société.

J'entre dans l'examen de la première question.

Nous avons, messieurs, depuis la restauration, six ordonnances et quinze lois et fragments de loi concernant la librairie, la presse périodique et la presse non périodique.

A ces lois viennent se réunir l'arrêt du conseil d'État sur la librairie du 28 février 1723, le décret de l'Assemblée nationale du 27 août 1789, celui du 17 mars 1791, le décret de la Convention du 19 juillet 1793, la loi du 25 décembre 1796, les décrets du 22 mars 1805, du 28 mars 1805, du 5 juin 1806, du 5 février 1810, du 14 octobre 1811, enfin une partie du livre III du Code Pénal ; tous arrêts, lois et décrets dont divers articles sont encore en vigueur.

Le *maximum* des amendes pour les délits et les crimes de la presse non périodique est, dans le cas le plus grave, de 10,000 fr., et dans le cas le moins grave, de 500 fr.

Le *maximum* de la prison pour les mêmes délits et crimes de la presse non périodique est de cinq ans pour le cas le plus grave, et d'un an pour le cas le moins grave.

La récidive entraîne l'application des articles 56, 57 et 58 du Code Pénal, c'est-à-dire qu'il peut y avoir carcan, travaux forcés, et mort; que la peine peut être élevée au double, savoir : dix ans d'emprisonnement, suivis de cinq à dix années sous la surveillance de la police.

Le *maximum* de la prison et des amendes pour les délits et les crimes de la presse périodique est le même que pour les délits et les crimes de la presse non périodique; mais les amendes peuvent être élevées au double, et, en cas de récidive, au quadruple (40,000 fr. d'amende, vingt ans de prison); sans préjudice des peines de la récidive prononcées par le Code Pénal.

Si un libraire a été convaincu de contravention aux lois et règlements, il est loisible de lui retirer son brevet, c'est-à-dire que l'administration peut intervenir dans les jugements des tribunaux, qu'elle peut, autorité suprême, altérer l'arrêt de ces tribunaux, non comme la couronne, en faisant grâce, mais en aggravant la peine.

La contravention d'un libraire n'aura pas paru aux magistrats mériter une amende au-dessus de quelques centaines de francs, et l'administration ajoutera à cette amende la suppression du brevet; ce qui n'est rien moins que la ruine d'une famille entière. Je ne dirai pas, pour achever de caractériser ces rigueurs, qu'elles ont lieu malgré plusieurs arrêts des cours, qui ont déclaré que la loi de 1791 conservoit sa force et que la librairie n'étoit pas plus assujettie à exister par brevet que toute autre profession.

Les journaux politiques sont obligés de fournir un cautionnement de 200,000 fr., sans préjudice de la solidarité des propriétaires ou actionnaires.

Un journal peut être suspendu par une première et par une seconde condamnation en tendance; après une troisième condamnation, il peut être supprimé.

Les chambres pendant les sessions sont investies du pouvoir de se faire elles-mêmes justice de la presse périodique.

Dans l'intervalle des sessions le ministère est maître d'établir la censure.

Enfin, la liberté de la presse périodique n'existe que par privilège, tout en faveur des ministres, puisque aucun nouveau journal ne sauroit s'établir sans une autorisation du gouvernement.

Êtes-vous satisfaits, messieurs, et trouvez-vous que nous manquions de lois répressives? J'ai négligé de mentionner parmi toutes ces peines celle que le chef de la magistrature a rappelée et que prononce l'article 21 du Code Pénal. Il y a dans cette chambre plusieurs nobles pairs qui ont le malheur d'aimer les lettres et le plus grand malheur de faire jouir quelquefois le public du fruit de leurs veilles.

Si jamais ils tomboient dans quelques-unes de ces erreurs où nous entraîne la fragilité humaine, si l'on trouvoit que leur dignité ne les place pas dans ce cas en dehors des tribunaux communs, je sollicite d'avance pour eux et pour moi l'indulgence de l'administration. Je désirerois que mon compagnon de chaînes fût au moins exempt de maladies contagieuses, et je suis bien vieux pour apprendre un métier.

Ici se présente l'imprudente accusation hasardée contre les tribunaux ; ici se découvre la cause de cet esprit rancunier contre ces mêmes tribunaux, lequel domine dans le texte du nouveau projet de loi, projet qui tend à transporter à la police tout ce qu'il peut ôter à la justice.

Il y a des lois, dit-on ; mais les tribunaux ne font point ou font très-peu usage de ces lois.

D'abord, quand vous entasseriez sans fin peines sur peines, est-il un moyen d'obliger le magistrat à appliquer ces peines, lorsque l'écrivain ne lui semblera pas coupable de ce dont il est accusé? A quoi donc vous servira la nouvelle loi?

Une réponse plus tranchante et plus nette encore peut être faite à l'accusation.

Les calculs que je vais mettre sous vos yeux ont été recueillis non sans quelques difficultés. Les sources de ces calculs, qui devroient être accessibles à tout le monde, ne le sont pas toujours ; les jugements des tribunaux, qui pourroient être publiés aussitôt qu'ils sont rendus, ne paroissent quelquefois dans *Le Moniteur* qu'assez longtemps après leur date. La presse a surtout été malheureuse sous ce rapport, et il est arrivé que ce qu'on aimeroit le mieux à connoître est le plus difficile à trouver. Néanmoins, je crois pouvoir dire que si quelque erreur s'est glissée dans mes calculs, elle est peu considérable, et qu'elle n'altère en rien le fond de la vérité, résultat de ces calculs.

J'ai renfermé mes recherches dans les arrêts rendus par la cour royale de Paris dans l'espace de cinq années. Si l'on étoit curieux de connoître les jugements en première instance, un document irrécusable en fourniroit le total approximatif.

M. le garde des sceaux a publié le compte général de la justice criminelle pour l'année 1825. On y remarque deux accusations pour délits littéraires dans les départements et vingt-cinq devant le tribunal de police correctionnelle de la Seine. Si l'on en suppose un nombre égal chaque année depuis le commencement de l'année 1822, époque du rétablissement de la liberté de la presse, jusqu'à l'année 1827, vingt-sept actions en police correctionnelle, multipliées par cinq années, nous donneroient cent trente-cinq actions. Vous allez voir que je trouve quatre-vingt-trois procès portés devant la cour royale de Paris : il y auroit donc cent trente-cinq causes de plus pour les tribunaux correctionnels de toute la France à ajouter aux quatre-vingt-trois causes jugées par la cour royale de Paris.

Mais dans ce cas ma concession est infiniment trop large, puisque j'admettrois qu'il n'y a pas eu un seul appel à des juridictions supérieures, ce qui est tout l'opposé de la vérité ; compter à la fois les jugements en première instance et les jugements aux cours royales, c'est compter presque double. Il est singulier qu'on ait eu le temps de nous donner en 1827 pour 1825 les jugements du tribunal correctionnel de la Seine, et qu'on n'ait pas eu le temps de nous donner les jugements de la cour royale de Paris dans la même année 1825.

Qu'importe? nous aurons tout cela en temps utile, après le vote du projet de loi.

Je dis donc, messieurs, que depuis le 27 avril 1822 jusqu'au 6 mars 1827, quatre-vingt-trois causes pour délits de la presse ont été portées devant la cour royale de Paris. Sur ces quatre-vingt-trois causes, on trouve trois causes non jugées, onze acquittements et soixante-neuf condamnations.

Peut-on soutenir que sur quatre-vingt-trois causes jugées, lorsqu'il y a eu soixante-neuf condamnations et seulement onze acquittements, peut-on soutenir que les tribunaux n'ont pas fait usage des lois, qu'ils ont manqué d'une salutaire sévérité?

Répondra-t-on que les peines prononcées ont été trop légères?

Mais voulez-vous donc substituer votre conscience à celle du juge? Voulez-vous qu'il voie absolument comme vous, qu'il pèse les délits au même poids que vous, ou que ne trouvant pas ces délits aussi graves qu'ils vous le paroissent, il n'en applique pas moins des châtiments disproportionnés, selon lui, à l'offense? Est-ce comme cela que vous entendez la justice? D'ailleurs, messieurs, il y a ici nouvelle erreur.

Dans l'énumération des peines prononcées par la cour royale, en ne s'arrêtant qu'aux condamnations qui stipulent plus d'un mois d'emprisonnement, je note une condamnation à quarante jours de prison, onze à trois mois, une à quatre mois, sept à six mois, trois à neuf mois, deux à treize mois, et une à dix-huit mois.

Quant aux amendes, en négligeant celles au-dessous de 500 fr., j'en compte quatorze à 500 fr., sept à 1,000 fr., cinq à 2,000 fr. et deux à 3,000 fr.

Il faut remarquer que l'amende est presque toujours unie à l'incarcération, de sorte que le châtiment est double. On n'est donc pas plus fondé à soutenir que les peines prononcées ont été trop légères qu'on ne l'étoit à dire que les condamnations n'avoient pas été assez fréquentes. Il ne faut pas croire qu'une détention de trois mois à dix-huit mois, qu'une amende de 500 fr. à 3,000 fr., ne soient pas des répressions très-graves en France. En Angleterre on a l'habitude des longues reclusions pour dettes, et les fortunes permettent de supporter de gros prélèvements pécuniaires : 500 fr. sont plus pesants pour telle fortune françoise que 1,000 livres sterling pour telle fortune angloise. La mobilité et l'indépendance de notre caractère, jointes au souvenir des temps révolutionnaires, nous rendent la prison odieuse. Nos magistrats, dans la pondération de leurs sentences, ont donc montré une connoissance profonde de nos mœurs.

Ainsi, messieurs, disparoissent devant des calculs positifs les accusations vagues des ennemis de la presse. Les peines portées par les anciennes lois sont considérables, et les magistrats ont accompli leur devoir. Nous verrons plus loin la nature des délits compris dans ces causes littéraires portées dans l'espace de cinq années devant la cour royale de Paris, causes qui ont produit tant de condamnations.

A ceux qui désireroient des arrêts encore plus sévères je dirai qu'il y a moyen d'obtenir ces jugements : c'est de mettre les magistrats à l'aise en rendant la liberté complète à la presse. Si un nouveau journal n'avoit pas besoin d'autorisation pour paroître, s'il étoit tenu seulement à remplir les conditions très-onéreuses de son existence, il est certain que les juges se pourroient montrer plus rigoureux. Mais quand ils voient l'opinion réduite à n'avoir pour organe à Paris que cinq ou six feuilles indépendantes, dont l'existence est sans cesse menacée, ils craignent d'aller au delà du but : placés entre la loi civile et la loi politique, si d'un côté leur sentence peut atteindre un délit particulier, de l'autre elle peut tuer une liberté publique ; entre deux dangers, on choisit le moindre.

Voyez, messieurs, s'il vous convient d'ajouter à tant de lois une loi qui consommeroit la ruine de la presse non périodique, une loi dont la tendance secrète est d'amener les auteurs, les imprimeurs et les libraires, par corruption ou terreur, à ne plus rien publier.

Quant à la presse périodique, elle est évidemment l'objet principal de l'animadversion du projet de loi. Il est impossible qu'au moyen des conditions mises à la propriété le pouvoir administratif n'arrive pas à s'emparer du peu de journaux qui restent libres. Il s'en emparera, soit en intervenant comme acheteur aux enchères consenties ou forcées, soit en produisant, à l'aide de mille chicanes cachées dans le projet de loi, la dissolution des sociétés de propriétaires. Et alors, comme on ne peut établir un nouveau journal sans une autorisation, il est évident que l'administration obtiendra le monopole complet de la presse périodique.

La censure, messieurs, est infiniment moins dangereuse que ce système-là. La censure est une mesure odieuse, mais transitoire, une mesure qui par son nom même annonce l'état de servitude dans lequel est plongée l'opinion : le bruit de la chaîne avertit de la présence de l'esclave. Mais où trouver le remède lorsque le pouvoir deviendra à perpétuité possesseur légal des feuilles périodiques ; lorsqu'on pourra s'écrier que la presse est libre, au moment même où elle ne sera plus que la vassale d'un ministère? Se représente-t-on bien où la France muette, privée des organes libres qui lui restent, où la police écrivant sous différents noms, dans les *Débats* et *La Quotidienne*, dans *Le Constitutionnel* et *Le Courrier*, dans le *Journal du Commerce* et dans *La France chrétienne, politique et littéraire*?

Que les amis du ministère actuel y songent sérieusement. Les ministres ne sont pas inamovibles : cette chambre hospitalière doit être particulièrement convaincue de cette vérité. Aujourd'hui vous seriez charmés que la presse périodique fût entre les mains de quelques hommes favorables à vos opinions ; demain, à l'arrivée d'un ministère dans d'autres principes, tels d'entre vous éprouveroient d'amers regrets d'avoir remis à l'autorité le monopole de la pensée.

Portons notre vue plus haut : ne peut-il pas se rencontrer dans l'avenir un ministère coupable, un ministère conspirateur contre le souverain légitime? Eh bien, en lui livrant d'avance tous les journaux, vous lui donneriez le moyen le plus actif de corrompre l'opinion, le moyen le plus prompt de se créer sur toute la surface de la France des adhérents et des complices. Vous seriez vous-mêmes complices d'avance des crimes qui pourroient être commis, des révolutions qui pourroient survenir. Dans ce sens, messieurs, la loi qu'on vous propose est une loi véritablement conspiratrice. Voilà pourtant où l'on se précipite lorsqu'on n'écoute que l'irritation de l'amour-propre : il est difficile que l'équité et la prudence se rencontrent avec la colère.

Si l'on répliquoit que le projet de loi a été fait pour les circonstances actuelles, que si ce projet devient loi, un jour on pourra rapporter cette loi, je dirois que je ne vois rien dans les circonstances qui réclame cette mesure; qu'après treize années de restauration, on n'est plus admis à plaider le provisoire, et qu'enfin il n'y a jamais lieu à faire, même provisoirement, une mauvaise loi. Mais n'allons pas nous laisser leurrer au provisoire; ne croyons pas naïvement que des ministres quelconques, successeurs des présents ministres, trouvant une loi qui les rendroit seigneurs suzerains des journaux, fussent très-empressés de nous débarrasser de cette loi; ne croyons pas qu'ils eussent fort à cœur de rendre la liberté à la presse périodique, pour se procurer la satisfaction de voir censurer leurs actes et d'entendre la voix rude de la critique succéder à l'hymne sans fin de leurs bureaux. Ils n'auroient pas fait la loi, ils n'en auroient pas la honte : ils en auroient le profit. Par dévouement aux ministres présents, ne prostituons pas aux ministres futurs la première des libertés constitutionnelles. Les agents de l'autorité suprême qui pourroient un jour nous ôter les chaînes que nous aurions nous-mêmes forgées seroient des anges : or on ne voit plus guère ici-bas que des hommes. S'il seroit plus beau d'attendre son salut de la vertu, il est plus sûr de la placer dans la loi. Nous sommes avertis du péril, l'écueil est connu; rien de plus facile que de l'éviter : pourquoi donc accomplir volontairement le naufrage, dans l'espoir de nous sauver sur un débris?

Et quand vient-on nous demander un pareil sacrifice? Quand la loi sur la responsabilité des ministres n'est pas faite! Les ministres échappent aujourd'hui à toute responsabilité; il n'existe aucun moyen de les atteindre, excepté pour les faits grossiers de concussion et de trahison; ils peuvent à leur gré refuser toute espèce de renseignement aux pairs et aux députés, se débarrasser des amendements faits par les chambres, en les inscrivant en dehors des projets de loi; ils peuvent fausser nos institutions, ensevelir dans leurs bureaux les pétitions de la France, et il faudroit leur livrer la liberté de la presse, seule garantie qui nous reste, seul supplément moral à la loi sur la responsabilité des ministres !

Quel malheur inouï, soudain, imprévu, exige-t-il qu'on immole immédiatement cette liberté à la sûreté publique? Non, messieurs, la France est souffrante[1], mais paisible; elle attendoit avec patience l'amélioration de son sort. Pour un impôt d'un milliard ponctuellement payé, elle se contentoit du droit de faire entendre quelques plaintes; plaintes que d'ailleurs les ministres n'écoutoient pas, et qu'elle n'avoit plus même la prétention de leur faire écouter; et voici qu'on veut

---

1. L'ordonnance royale vient de guérir une de ses principales plaies.

punir jusqu'à ses inutiles paroles! Voici que du sein de la plus profonde paix sort une loi de discorde et de destruction, une loi qui ressemble à ces lois nommées d'*urgence* dans nos temps de calamités, alors que les passions prenoient le prétexte des périls pour créer des malheurs.

Ce qu'il y avoit à faire, nobles pairs, c'étoit de refondre dans une seule loi toutes nos lois relatives à la presse, d'établir dans cette loi unique la liberté pleine et entière, conformément à l'esprit et à la lettre de la Charte : plus de brevet obligé pour le libraire, plus d'autorisation nécessaire pour établir un journal, plus de poursuites en tendance, plus de censure facultative, plus de responsabilité générale de l'imprimeur, plus de gêne pour la propriété littéraire. Cette large base posée, élevez votre édifice : punissez avec la dernière sévérité les abus, les délits et les crimes qui pourroient être commis par la presse. Je ne reculerai devant aucune des conditions et des menaces de cette loi; je suis prêt à voter tout ce qui mettra à l'abri la légitimité et la monarchie, la religion et la morale, tout ce qui s'accordera d'une part avec la liberté, de l'autre avec la justice.

L'*immanis lex,* que j'ai demandée avec la liberté complète de la presse, je la demande encore; car je ne suis pas de ceux qui abandonneroient sans crainte la société sans défense à la licence des passions. Mais si j'admets une loi forte pour les délits et les crimes susceptibles d'être commis par la voie de la presse, je ne veux pas une loi inique, *iniqua lex, injusta lex;* je repousse une loi qui détruit la liberté en affectant de frapper le violateur de cette liberté ; une loi bien moins dirigée contre l'écrivain coupable que contre les moyens dont il se servit pour le devenir; une loi qui ne cherche dans le délinquant que l'objet pour lequel il a délinqué; une loi qui poursuit non le crime, mais ce qui donne matière au crime, c'est-à-dire l'innocence elle-même, victime de l'attentat commis sur elle.

Je n'insiste pas davantage pour vous prouver, messieurs, ce fait avéré, que nous avons suffisance de lois répressives des abus de la liberté de la presse, et que les tribunaux ont fait un équitable et sévère usage de ces lois. Loin de manquer, elles surabondent : par elles il y a possibilité de ruine des écrivains et longues années de prison; l'arbitraire, venant joindre sa tyrannie à la puissance du juge, peut à son gré imposer la censure, refuser l'autorisation pour établir un journal et retirer à un libraire le brevet qui le fait vivre. Voilà l'inventaire de nos armes contre la liberté de penser et d'écrire; l'arsenal est assez plein.

Je passe à la seconde question que je me propose d'examiner.

Les crimes et les délits que l'on impute à l'usage de la presse et à la liberté de la presse ont-ils été commis par la presse et sous le régime de la liberté de la presse ?

Tout retentit de déclamations contre la presse : la presse a produit tous les forfaits de la révolution ; la presse a causé tous les malheurs de la monarchie ; la presse a gangrené les esprits, corrompu les mœurs, ruiné la religion. Si on la laissoit faire, elle nous replongeroit dans le chaos dont nous sommes à peine sortis. Avant la liberté de la presse tout étoit paisible et heureux en France ; on n'entendoit presque jamais parler d'un crime ; les autels étoient respectés, les familles présentoient le spectacle touchant de la fidélité conjugale ; l'enfance, protégée par une éducation chrétienne, conservoit toute sa pureté ; enfin, messieurs, voulez-vous connoître les maux qui vous travaillent, lisez ces monitoires avant-coureurs du projet de loi sur lequel vous délibérez, feuilletez ces *factums* intitulés *crimes de la presse,* et osez soutenir qu'il ne soit pas temps de conjurer un fléau.

Je descends dans l'arène historique, puisqu'on nous y veut bien appeler, je relève le gant que l'innocente oppression de la presse jette à la presse criminelle.

La monarchie françoise a commencé sous Clovis, comme chacun sait, vers l'an 486, en vous faisant grâce, messieurs, du règne de Pharamond, si Pharamond il y a, et de ses trois premiers successeurs.

Depuis la première année du règne de Clovis jusqu'à l'année 1438, qui vit, sous Charles VII, la découverte de l'imprimerie, posons neuf cent cinquante-deux ans.

De l'année 1438 à l'année 1789, sous le règne de Louis XVI, dans un espace de trois cent cinquante-un ans, la presse n'a jamais cessé d'être contenue ou par la terrible loi romaine, ou par les violents édits de nos rois, ou par la censure.

Le 27 août 1789 la presse devint libre pour la première fois en France : elle perdit bientôt de fait, sinon de droit, cette liberté. Le 17 août 1792 amena l'établissement d'un premier tribunal criminel extra-légal, remplacé en 1793 par le tribunal révolutionnaire. Sous le Directoire la presse retrouva pendant trois ans sa liberté, pour a perdre après dans une nouvelle proscription ; l'esclavage de la presse fut continué sous le consulat et sous l'empire.

Louis XVIII, en 1814, mit le principe de la liberté de la presse dans la Charte : divers ministères crurent devoir demander la censure. Celle-ci fut abolie en 1819, rétablie en 1820, prolongée jusqu'en 1822, et enfin levée à cette époque, bien qu'elle conserve dans la loi une existence facultative.

De compte fait, nous trouvons donc dans la monarchie neuf cent cinquante-deux années de temps barbares avant la découverte de l'imprimerie, trois cent cinquante-une années depuis cette découverte, sous le régime varié de l'oppression ou de la censure de la presse, trois années de la liberté de cette presse, depuis le 27 août 1789 jusqu'au 17 août 1792, trois ans de cette même liberté sous le Directoire jusqu'au 18 fructidor ; six ans sous la restauration ; somme totale, à peu près douze années de liberté de la presse dans une monarchie de près de quatorze siècles : sommes-nous déjà fatigués de cette liberté?

Cela posé, on est forcé de convenir que tous les crimes, que toutes les corruptions dont on accuse la liberté de la presse, ne sont point le fait de cette liberté. Rien n'est mortel aux déclamations comme les chiffres : de ces chiffres il résulte que la liberté de la presse est l'exception à la règle dans nos lois. Et quelle exception ! une exception de douze années dans des institutions qui embrassent une période historique de 1431 ans !

Parcourons maintenant les époques. Lorsqu'en 1358 les paysans brûloient les châteaux des gentilshommes, comme en 1789 ; lorsqu'ils faisoient rôtir ces genstilshommes et s'asseyoient à un festin de cannibales, en contraignant des épouses et des filles outragées à le partager avec eux, étoit-ce l'imprimerie non encore découverte qui avoit endoctriné ces vassaux félons?

Lorsque, le 12 juillet 1418, le peuple de Paris donna dans les prisons la première représentation des 2, 4 et 6 septembre 1792 ; lorsque, obligeant les prisonniers de sortir un à un, il les massacroit à mesure qu'ils sortoient; lorsqu'il éventroit les femmes, pendoit les grands seigneurs et les évêques, l'imprimerie étoit inconnue, l'esprit humain reposoit encore dans une vertueuse ignorance.

Recueillie à sa naissance par la Sorbonne et ensuite par Louis XI, qui la mit apparemment dans une cage de fer, l'imprimerie étoit trop foible à la fin du xvie siècle et au commencement du xviie, pour être accusée de toutes les calamités avenues sous les règnes qui précédèrent ceux de la maison de Valois.

Les massacres de la Saint-Barthélemy vouloient-ils l'indépendance de l'opinion ? Ce nommé Thomas qui se vantoit d'avoir tué de sa main quatre-vingts huguenots dans un seul jour; cet autre assassin qui, par son récit, épouvanta Charles IX lui-même ; ce Coconnas qui racheta des mains du peuple trente huguenots pour les tuer à petits coups de poignard, après leur avoir fait abjurer leur foi, sous promesse de la vie ; ces brigands de 1572 ne ressembloient-ils pas assez bien aux septembriseurs de 1792 ? Je ne sache pas néanmoins qu'ils fussent grands partisans de la liberté de la presse.

Jacques Clément, Ravaillac, Damiens, avoient été régicides avant les régicides de 1793, et le parlement de Paris avoit commencé à instruire le procès d'Henri III avant que la Convention mît Louis XVI en jugement.

Eh, messieurs, les horreurs mêmes de la révolution ont-elles eu lieu en face de la liberté de la presse? La presse, devenue libre en 1789, cessa de l'être le 17 août 1792; alors s'établit, je l'ai déjà dit, un tribunal prévôtal. Quelles furent les premières victimes immolées? Des gens de lettres, défenseurs du monarque et de la monarchie. Durosoy, jugé à cinq heures du soir et conduit au supplice à huit heures et demie, remit au président du tribunal un billet qui ne contenoit que ces mots : *Un royaliste comme moi devoit mourir un jour de Saint-Louis.* Il précéda son roi, que tant d'autres devoient suivre : il eut la tête tranchée le 25 août 1792.

Les *écrivassiers,* les vils *folliculaires* que poursuit le présent projet de loi ne se découragèrent point ; ils ne s'effrayèrent point de marcher dans un peu de sang sorti de leurs veines : tous les royalistes prirent la plume ; les journaux devinrent un périlleux champ de bataille ; l'intelligence humaine eut ses grenadiers et ses gardes d'honneur, qui se faisoient tuer au pied du trône. Et que faisoient alors les prédicateurs de l'ignorance? Plusieurs se cachoient devant les échafauds et quelques-uns jusque dans les crimes révolutionnaires, afin sans doute d'être plus à l'abri.

Au moment du procès de Louis XVI, les écrivains mêlèrent leur voix à celle des trois défenseurs de la grande victime; mais elles étoient étouffées par la faction régicide. A cette faction seule étoit laissée la liberté entière de tout exprimer : la mort, qui présidoit à ce tribunal de sang, retiroit la parole à quiconque vouloit défendre l'innocence et la vertu ; témoin ce grand citoyen, ce magistrat courageux, l'immortel Malesherbes.

Et vous, mon illustre collègue[1], vous qui avez l'insigne honneur d'être nommé dans l'Évangile de la royauté, j'en appelle à votre déposition : appuyé par la liberté complète de la presse, votre triomphe n'auroit-il pas été assuré? Si la France avoit pu hautement se faire entendre, vous auriez brisé les fers du martyr, et nous pourrions aujourd'hui vous féliciter de votre gloire sans répandre des larmes. Mais votre éloquence fut un baume inutile appliqué sur les blessures du juste; votre auguste maître auroit pu dire de vous ce que le Christ dit de la femme charitable : *En répandant ce parfum sur mon*

---

1. M. Desèze.

corps, elle l'a fait en vue de ma sépulture. AD SEPELIENDUM ME FECIT.

Un nouveau tribunal criminel extraordinaire avec jurés fut érigé le 10 mars 1793, et mis en activité le 27 du même mois ; le 29, on prononça la peine de mort contre ceux qui provoquoient le rétablissement de la royauté, c'est-à-dire contre les écrivains.

Le 17 septembre de la même année vint le décret contre les suspects : la reine périt le 16 octobre. Le 28 du même mois le tribunal criminel extraordinaire prit le nom fameux de tribunal révolutionnaire.

Le premier numéro du Bulletin de ces lois, où sera inscrite la loi actuelle, si vous l'adoptez, contient la loi qui réprima les abus de la liberté de la presse pendant le règne de la terreur. Cette loi portoit :

« Article 1er. Il y aura un tribunal révolutionnaire.

« Art. 4. Le tribunal révolutionnaire est institué pour punir les ennemis du peuple.

« Art. 5. Les ennemis du peuple sont (suit la catégorie des ennemis du peuple) : on y trouve ceux qui auront provoqué le rétablissement de la royauté. . . . .; ceux qui auront cherché à égarer l'opinion, à altérer l'énergie et la pureté des principes révolutionnaires et républicains, ou à en arrêter les progrès par *des écrits contre-révolutionnaires ou insidieux.*

« Art. 7. La peine portée contre tous les délits dont la connoissance appartient au tribunal révolutionnaire est *la mort.*

« Art. 9. Tout citoyen a le droit de saisir et de conduire devant les magistrats les conspirateurs et les contre-révolutionnaires. »

L'article 13 dispense de la preuve testimoniale, et l'article 16 prive de défenseur les *conspirateurs.*

Voilà, messieurs, de la haine contre la liberté de la presse sur une grande échelle. Couthon s'entendoit à réprimer les abus de cette liberté. Au moins on ne soumettoit pas les gens de lettres à une loi d'exception ; la justice et l'égalité de ces temps promenoient sur eux le niveau révolutionnaire : la mort étoit alors le droit commun françois. Les écrivains, frappés avec tous les gens d'honneur, étoient attachés, en allant au supplice, non avec des galériens, mais avec Malesherbes, avec Mme Élisabeth. Pour comité de censure on avoit le club des Jacobins ; pour gazette du matin le procès-verbal des exécutions de la veille ; le bourreau étoit le seul journaliste quotidien qui fût en pleine possession de la liberté de la presse. On n'exigeoit pas des autres écrivains le dépôt de leurs ouvrages, mais celui de leurs têtes : c'étoit plus logique ; car s'il est vrai que les morts ne reviennent pas, il est aussi certain qu'ils n'écrivent plus.

Cependant, messieurs, sous la terreur on se plaignoit auss de la liberté de la presse; on arrêtoit les journaux à la poste comme rendant un compte infidèle des séances de la Convention. Thuriot assuroit que *l'esprit public étoit corrompu par des écrits pernicieux; il demandoit que l'on empêchât la circulation de ces journaux qui infectoient tous les jours la France entière de leur poison* : ce sont ses propres paroles. Les rédacteurs du *Moniteur* se virent dans le plus grand péril pour avoir cité un discours prononcé à la Société des Jacobins et inséré dans le journal de cette horde. Le comité de salut public envoyoit chercher les épreuves du *Moniteur*, et effaçoit apparemment les calomnies contre les crimes. Robespierre s'élevoit contre la licence des écrits; il donnoit à entendre qu'il étoit impossible de gouverner avec la liberté de la presse; il incriminoit quelques numéros du *Vieux Cordelier*, journal de Camille Desmoulins; il vouloit qu'on le brûlât, et Camille Desmoulins lui disoit fort bien que *brûler n'étoit pas répondre*.

Vous jugez facilement, messieurs, de l'état de la liberté de la presse en France, à l'époque où *Le Vieux Cordelier* passoit pour le journal de l'opposition, pour le journal royaliste. Dans la solitude du Temple, lorsque le roi-orphelin étoit déjà appelé au ciel par son père, on n'entendoit que le bruit de la machine de mort et les acclamations des furies révolutionnaires. Qui dans la France désolée chantoit encore un *Domine salvum fac Regem* pour le royal enfant délaissé? Quelques écrivains cachés au fond des forêts, des cavernes et des tombeaux.

Après la terreur, la liberté de la presse reparut : son effet fut tel qu'on se crut au moment de voir rentrer le roi. Il fallut du canon et le génie de Buonaparte pour réduire la liberté de la presse. Celui qui devoit remporter de plus nobles victoires foudroya les écrivains. A la tête d'une des sections de Paris, il rencontra un homme d'honneur et de talent armé pour les chefs de cette vieille monarchie dont il devoit écrire l'histoire; personnages illustres auxquels il est trop heureux d'avoir pu donner dernièrement un nouveau gage de sa fidélité [1].

A cette même époque du 13 vendémiaire, un autre homme fut arrêté à Chartres et amené à Paris par des gendarmes, lesquels avoient ordre de l'attacher à la queue de leurs chevaux. L'enceinte où l'Académie tient aujourd'hui ses séances étoit alors une prison : on y renferma l'homme arrêté à Chartres. Les gendarmes venoient le prendre chaque matin; ils le conduisoient à une commission militaire. Au bout de cinq jours, on le condamna à être fusillé. De quel crime fut-il

---

1. Ch. Lacretelle.

attein et convaincu? D'avoir usé dans son journal de la liberté de la presse en faveur du roi légitime. Cet homme, aujourd'hui membre de l'Académie, a été frappé avec deux de ses confrères, frappé dans le lieu même qui fut jadis son cachot, frappé pour avoir réclamé une seconde fois cette liberté de la presse dont il avoit fait un si loyal emploi [1]. Convenons, messieurs, que ce sont là de bizarres destinées, de singuliers rapprochements et d'utiles leçons.

Dispersés un moment par le canon du 13 vendémiaire, quand ce censeur eut fini de gronder, les amis de la liberté de la presse revinrent à la charge pour la famille exilée. Le Directoire proposa de les déporter en masse. Les propriétaires, entrepreneurs, directeurs, auteurs, rédacteurs et collaborateurs de cinquante-quatre journaux furent proscrits. Quelques orateurs voulurent les défendre dans le Conseil des Cinq Cents; ils firent observer que par le vague de la rédaction les innocents couroient le danger d'être confondus avec les coupables; on cria : *Tant mieux!* Le représentant du peuple soutint que *les écrivains étoient des conspirateurs, que leur existence accusoit la nature et compromettoit l'espèce humaine, qu'ils corrompoient la morale publique, qu'ils flétrissoient les réputations les mieux méritées.* L'assemblée déclara que tous les journalistes étoient des *coquins*, et en répétant *aux voix! aux voix!* on proscrivit quatre-vingts citoyens en haine de la liberté de la presse et de la légitimité.

Et quels étoient ces vils folliculaires, ces méprisables journalistes? C'étoient les hommes les plus distingués par leurs talents, les Fontanes, les Suard, les Bertin, les Fiévée, les Michaud, les Royou, les Lacretelle, et tant d'autres. Ici, messieurs, une remarque importante doit être faite.

La liberté de la presse a commencé en France en 1789, précisément avec la révolution : de là il est arrivé que les premiers rédacteurs des premiers journaux libres n'ont été que des citoyens de tous les rangs, de toutes les conditions, de toutes les fortunes, qui s'emparèrent de cette nouvelle arme pour défendre, chacun selon son opinion, les intérêts de leur pays. Le noble et le plébéien, l'homme de cour et l'habitant de la ville, le prêtre et le laïque, le ministre et le député, le juge et le soldat, déposèrent leur pensée dans les feuilles périodiques. Au moment où les plus grandes questions étoient soulevées, au moment où l'ancien ordre de choses disparaissoit, on ne s'occupa pas *théoriquement* de la liberté de la presse; on se hâta de la mettre en *pratique*; on n'usa pas de la liberté de la presse dans son intérêt propre, mais

1. M. Michaud.

dans l'intérêt des existences personnelles en péril. Ainsi les journalistes politiques, à leur naissance, n'ont point été chez nous, comme partout ailleurs, de simples raconteurs de nouvelles. Voilà pourquoi il est si injuste d'oublier leur noble origine, de les insulter d'un ton superbe. Vous leur demandez des garanties de leurs principes, ils vous exhiberont les arrêts d'emprisonnement, d'exil, de déportation et de mort dont ils ont été frappés. Contesterez-vous la validité de leurs titres? N'accepterez-vous pas ces cautionnements, qui sont bien à eux et qu'ils n'ont pas empruntés?

Le consulat et l'usurpation impériale ne purent s'établir que par la servitude de la presse, mais du moins Buonaparte donna la gloire pour censeur à la liberté : c'étoit l'esclavage, moins la honte.

Sous le poids de ces chaînes brillantes, les écrivains conservèrent seuls le souvenir des Bourbons : on étoit distrait et enivré dans les camps par la victoire; les gens de lettres en fouillant dans les caveaux de Saint-Denis, en rappelant l'antique religion, réveilloient des regrets, faisoient naître des espérances : jamais race de rois n'a tant eu à se louer de la presse que la race de saint Louis. Je le dirai sans crainte d'être démenti, c'est principalement aux gens de lettres que nous sommes redevables du retour de la légitimité : ils la cachèrent dans le sanctuaire des Muses aux jours de la persécution, comme les lévites conservèrent dans le temple la dernière goutte du sang de David. Leur fidélité et leur dévouement au malheur ne méritoient pas le projet de loi qui les menace.

Sur les treize années de la monarchie constitutionnelle, on compte sept années de censure : dans ces sept années se trouvent placés le retour de Buonaparte et cinq ou six conspirations. Nous n'avons, messieurs, été tranquilles, les conspirations n'ont cessé que depuis qu'on nous a rendu la liberté de la presse. Singulière inadvertance! on met sur le compte de la liberté de la presse, à peine établie depuis quelques années, tous les désordres, tous les malheurs qui appartiennent à des temps où la presse a été opprimée par la violence des édits, le joug de la censure et la terreur de la révolution.

Si, m'abandonnant les crimes pour ainsi dire politiques, on se rabattoit sur les crimes de l'ordre moral et civil, on n'auroit pas meilleur marché de l'histoire.

On nous épouvante de la monomanie cruelle d'une servante, et nous voyons en 1555 un misérable, appartenant à une profession sacrée, se jeter, par amour du sang, sur une petite fille âgée de six ans et l'égorger! Aux empoisonnements tentés de nos jours j'opposerai ceux de la veuve Merle, en 1782; de Desrues, en 1776; de la Brinvilliers,

en 1674; enfin du parfumeur de Catherine de Médicis, en 1572 :
« Homme confit en toutes sortes de cruautés et de méchancetés, dit
Pierre de L'Estoile, qui alloit aux prisons poignarder les huguenots, et
ne vivoit que de meurtres, brigandages et empoisonnements. »

Le crime de Léger est un des plus affreux de notre époque, et un de
ceux qui ont le plus prêté aux déclamations contre les effets *immoraux*
de la presse : il se reproduit néanmoins plusieurs fois dans l'histoire
de la monarchie absolue. On le retrouve sous le règne de Charles VII,
dans le maréchal de Retz : ses débauches et ses cruautés sont trop
connues. En 1610 fut roué et brûlé à Paris un scélérat, pour violences
envers ses trois filles en bas âge : les détails du crime étoient si affreux,
que le parlement condamna la procédure à être brûlée avec le criminel, *afin*, dit l'historien, *que ce fait tant énorme fût enseveli et éteint
à jamais dans les cendres d'oubliance*. Enfin, en 1782, Blaise Ferage-
Seyé, maçon, âgé de vingt-deux ans, se retira dans un antre sur le
sommet d'une des montagnes d'Aure. Vers le déclin du jour, il sortoit
de sa caverne, enlevoit les femmes, poursuivoit à coups de fusil celles
qui fuyoient, et exerçoit sur ces victimes expirantes toutes les fureurs
de Léger. Il ne vivoit plus de pain, il étoit devenu anthropophage. Il fut
saisi par la justice et rompu vif le 13 décembre 1782.

La plupart de ces criminels ne savoient ni lire ni écrire.

Mais voici quelque chose de plus concluant : M. le garde des sceaux
a fait publier le compte général de l'administration de la justice criminelle en France pendant l'année 1825. Il résulte des tableaux synop-
tiques de ce compte que les cours d'assises ont jugé cinq mille six
cent cinquante-trois accusations.

Eh bien, messieurs, dans les plus beaux temps du règne de
Louis XIV, en 1665, on trouve que douze mille plaintes pour crimes
de toutes les espèces furent portées devant les commissaires royaux à
ce qu'on appeloit *les grands jours d'Auvergne,* c'est-à-dire qu'en 1665
on jugea dans une seule province de la France deux fois plus de
crimes que l'on n'en a jugé en 1825 dans toute l'étendue de la France.
L'historien qui raconte le fait des douze milles plaintes n'est pas
suspect de philosophie, c'est Fléchier : il entre dans les détails. Il
nous apprend que l'accusateur et les témoins se trouvoient quelquefois plus criminels que l'accusé. « Un de ces terribles châtelains,
dit-il, entretenoit dans des tours à Pont-du-Château douze scélérats
dévoués à toutes sortes de crimes, qu'il appeloit ses douze apôtres. »
L'abbé Ducreux, éditeur des ouvrages de Fléchier, rapporte à cette
occasion l'exécution d'un curé condamné pour des crimes affreux, et il
déplore l'état où l'ignorance et la corruption des mœurs avoient fait

tomber la société à cette époque : il y eut dans un seul jour plus de trente exécutions en effigie.

Trente-quatre ans plus tard, en 1699, toujours sous le règne du grand roi, une femme appelée Tiquet eut la tête tranchée pour tentative d'assassinat sur son mari. Louis XIV, sollicité par le mari même de cette femme, alloit accorder des lettres de grâce, lorsque l'archevêque de Paris représenta au roi que les confesseurs avoient *les oreilles rebattues* de projets contre la vie des maris. L'arrêt fut exécuté.

Certes, on ne dira pas que la religion fût sans force, le clergé sans puissance, l'instruction chrétienne sans vigueur sous le règne de Louis XIV, et pourtant les forfaits que je viens de rappeler n'étoient ni prévenus par l'esprit d'un siècle que l'on nous cite comme modèle, ni fomentés par la liberté de la presse, qui n'existoit pas.

Il m'en a coûté, messieurs, de vous présenter ce triste inventaire des dépravations humaines. C'est bien malgré moi que j'en suis venu à ces affligeantes représailles ; mais tous les jours les détracteurs de nos institutions nous poursuivoient de leurs mensonges : le tableau des prétendus crimes de la presse, incessamment ravivé, fascinoit la foule, troubloit les esprits foibles, rendoit perplexes les caractères les plus fermes. Il falloit en finir ; il falloit faire remonter le mal à sa source en confondant la mauvaise foi ; il étoit urgent de prouver que les forfaits attribués à la liberté de la presse, afin d'avoir un prétexte de l'étouffer, ne sont point d'elle ; que ces forfaits se retrouvent avec plus d'abondance, avec des circonstances plus atroces aux diverses époques de la monarchie absolue. Ignorance et censure, reprenez vos crimes ! En maxime de droit, les coupables ne sont reçus ni comme témoins ni comme accusateurs.

Si l'on me disoit que des attentats peuvent être commis sous la liberté de la presse, je ne suis pas assez absurde pour le contester. Mais est-ce la question ? Il s'agit de savoir si l'asservissement de la presse prévient les actions coupables : or, c'est ce que je nie. Par les exemples que j'ai cités, j'ai le droit de soutenir que les crimes sont plus nombreux, plus faciles à exécuter dans l'absence de la liberté de la presse qu'en présence de cette liberté.

Reste à examiner l'article des mœurs. J'en suis fâché pour les partisans du projet de loi, pour les admirateurs du bon vieux temps auquel ce projet ne manquera pas de nous ramener : les abominables jours de la liberté de la presse, ces jours où nous avons le malheur de vivre, vont encore gagner leur procès.

A quelle époque de la monarchie absolue veut-on que je me place ? sous la première ou sous la seconde race ? Ouvrirons-nous Grégoire de

Tours, Frédégaire, Éginhart, les Annales de Fulde ou les Chroniques des Normands? Nous y verrions de bien belles choses sur les bonnes mœurs de ces temps, où l'invention de l'imprimerie n'étoit point encore sortie de l'enfer. Passerons-nous tout de suite aux croisades? Les chevaliers sans doute étoient des héros; mais étoient-ils des saints? Qu'on lise les sermons de saint Bernard, on verra ce qu'il reprochoit à son siècle. Après le règne de saint Louis, nous ne rencontrons guère que des cours corrompues, le brigandage des guerres civiles se mêle à des dévotions déshonorées par tous les genres d'excès.

Il est affreux de le dire, mais il ne faut rien laisser d'inconnu sur ces temps dont on a le courage de regretter l'ignorance : la religion, messieurs, subissoit les outrages de cette ignorance. C'étoit l'hostie sur les lèvres, c'étoit après avoir juré à la sainte table l'oubli de toute inimitié qu'on enfonçoit le poignard dans le sein de celui avec lequel on venoit de se réconcilier. On ne se servoit de l'absolution du prêtre que pour commettre le crime avec innocence. La conscience retrouvoit la paix dans le sacrilége, et Louis XI expiroit sans remords, sinon sans terreur.

Isabelle de Bavière mourut en 1435, trois années seulement avant la découverte de l'imprimerie : apparemment que l'approche de ce fléau se fit sentir dans le règne de cette reine, à en juger par la dépravation des mœurs.

A la cour de ces ducs de Bourgogne, qu'un de nos nobles collègues[1] a peinte avec le charme des anciennes chroniques et la raison de l'histoire moderne, les grands seigneurs se *gaudissoient* à table dans des contes trop naïfs, qui sont devenus *les Cent Nouvelles nouvelles*. Qu'on ne dise pas que ces déviations morales n'avoient lieu que dans le cercle des grands : elles se faisoient remarquer partout. Les plaintes contre la dissolution des religieux et des prélats étoient générales. Le peuple se laissoit emporter à des débordements effroyables : qui n'a entendu parler de la *vaudoisie* d'Arras? Les hommes et les femmes se retiroient la nuit dans les bois, où, après avoir trouvé un certain démon, ils se livroient pêle-mêle à une prostitution générale.

Les lois voulurent réprimer ces excès; elles furent atroces : elles punirent par une espèce de débauche de barbarie la débauche des mœurs.

Regretterons-nous ces temps où des populations entières étoient ainsi abruties? D'un côté l'ignorance des lettres humaines, de l'autre

1. M. de Barante.

côté l'enseignement de la religion et l'exercice du pouvoir absolu, n'étoient-ils pas impuissants contre ces horreurs? Aujourd'hui de pareilles choses seroient-elles possibles? N'est-ce pas le progrès de la civilisation et des lumières, n'est-ce pas l'usage que les hommes ont fait de la faculté de penser et d'écrire, n'est-ce pas l'accroissement des libertés publiques qui a délivré le monde de ces prodigieuses corruptions?

Je ne m'imagine pas que le règne de François Ier fût précisément un règne de vertu, bien que ce grand roi eût eu l'intention pendant quelques mois de faire briser toutes les presses de son royaume. Rabelais et Brantôme ne manquent ni de saletés ni d'impiétés : on brûloit cependant de leur temps les hérétiques. Il est probable que Charles IX n'eût pas permis qu'on volât la vaisselle d'argent de son hôte, le sieur de Nantouillet, chez lequel il avoit dîné, si l'on avoit joui d'un peu plus de liberté de la presse. Henri III, habillé en femme, un collier de perles au cou, ne fait pas beaucoup d'honneur aux mœurs de ces temps, où l'on défendoit d'écrire *à peine de la hart*. Villequier tue sa femme parce qu'elle ne veut pas se prostituer à Henri III ; Cimier tue son frère, chevalier de Malte, parce que ce frère avoit entretenu un commerce criminel avec sa belle-sœur ; Vermandet est décapité pour inceste; Dadon, régent de classe, est brûlé comme corrupteur de l'enfance; la duchesse de Guise se livre à un moine pour obtenir l'assassinat d'un roi, et Marguerite de Valois va cacher dans le château d'Usson les désordres de sa vie.

Le sentiment religieux n'étoit pas moins altéré que le sentiment moral. Ceux-ci, catholiques sincères, le chapelet à la main, s'enfonçoient dans tous les vices; ceux-là, abandonnés aux mêmes vices, tuoient les réformés sans être persuadés de la religion au nom de laquelle ils les persécutoient. Maugiron et Saint-Mégrin moururent le blasphème à la bouche. Les athées étoient fort communs. Il y avoit des hommes, disent plaisamment les Mémoires du temps, *qui ne croyoient à Dieu que sous bénéfice d'inventaire*[1].

En nous rapprochant de notre siècle, serons-nous plus édifiés des mœurs de la Fronde? Le cardinal de Retz nous les a trop fait connoître.

Par respect, admiration et reconnoissance, jetons un voile sur certaine partie du règne de Louis le Grand.

Enfin, à l'abri de la censure fleurirent dans toute leur innocence

---

1. Voyez, pour le complément de ce tableau, la préface de la deuxième édition, p. 435.

l'âge d'or de la régence et les jours purs qui l'ont suivie. Ces temps sont trop près de nous pour descendre à des particularités qui deviendroient des satires. Il suffira de noter quelques faits généraux à l'appui de la thèse que je soutiens.

A cette époque, messieurs, les diverses classes de la société se ressembloient : les Mémoires de Lauzun et de Bezenval ne contiennent pas plus de turpitudes que les Mémoires de Grimm et de Mme d'Épinay, que les *Confessions* de Rousseau et les Mémoires des secrétaires de Voltaire.

Par une dérision dont l'histoire offre plusieurs exemples, on ne croyoit pas en Dieu, et l'on fulminoit des arrêts contre l'impiété ; les hommes les moins chastes prononçoient des châtiments contre les publications obscènes ; les édits de 1728 et de 1757 condamnoient au bannissement, aux galères, au pilori, à la marque, à la potence, les auteurs, imprimeurs et distributeurs des livres contre l'ordre religieux, moral et politique. Le gouvernement n'avoit plus l'air d'être celui du peuple sur lequel il dominoit. On remarquoit, entre les lois et les mœurs, ces contradictions qui annoncent une altération radicale dans le fond des choses et un prochain changement dans la société.

N'est-ce pas lorsque les colléges étoient gouvernés par des ecclésiastiques que se sont échappés de ces mêmes colléges les destructeurs du trône et de l'autel? Je n'accuse point la science et la piété de ces anciens maîtres, je désire que l'éducation soit fortement chrétienne ; je ne fais point la guerre au passé, mais je défends le présent, qu'on calomnie : je dis qu'on n'empêche point les générations d'être ce qu'elles doivent être ; je dis qu'on n'est pas reçu à charger la liberté de la presse des désordres que l'on croit apercevoir aujourd'hui, lorsque le XVIIIe siècle avec son impiété et sa dépravation s'est écoulé sous la censure, s'est élancé, du sein même de l'enseignement religieux, dans le gouffre de la révolution.

Me dira-t-on que c'est précisément la licence des écrits qui a engendré les malheurs et la corruption du dernier siècle? Alors je demande à quoi bon les mesures que vous proposez, puisque le gibet, le carcan, les galères, le donjon de Vincennes, la Bastille, la censure et le pouvoir absolu n'ont pu arrêter l'essor de la pensée ; puisqu'en condamnant au feu le chevalier de La Barre vous n'avez point épouvanté l'impiété? Essayez donc de la liberté de la presse, ne fût-ce que comme un remède, l'inefficacité de l'oppression pour étouffer l'indépendance de l'esprit de l'homme étant reconnue.

Cessons, messieurs, de flétrir le siècle qui commence : nos enfants valent mieux que nous. On s'écrie que la France est impie et corrompue, et quand on jette les yeux autour de soi, on n'aperçoit que des familles plus régulières dans leurs mœurs qu'elles ne l'ont jamais été ; on ne voit que des temples où se presse une multitude attentive, qui écoute avec respect les instructions de son pasteur. Une jeunesse pleine de talent et de savoir, une jeunesse sérieuse, trop sérieuse peut-être, n'affiche ni l'irréligion ni la débauche. Son penchant l'entraîne aux études graves et à la recherche des choses positives. Les déclamations ne la touchent point ; elle demande qu'on l'entretienne de la raison, comme l'ancienne jeunesse vouloit qu'on lui parlât de plaisirs. On l'accuseroit injustement de se nourrir d'ouvrages qu'elle méprise, ou qui sont si loin de ses idées qu'elle ne les comprend même plus. Il y a très-peu d'hommes de mon âge et au delà qui n'aient la mémoire souillée d'un poëme doublement coupable : vous ne trouveriez pas dix jeunes gens qui sussent aujourd'hui dix vers de ce poëme, que nous savions tous par cœur au collége.

Que prétendez-vous donc? Vous vous créez des chimères, et pour les combattre vous imaginez de rétablir précisément la législation qui a produit les mauvais livres dont vous vous plaignez. Voulez-vous faire des impies et des hypocrites, montrez-vous fanatiques et intolérants. La morale n'admet point de lois somptuaires : ce n'est que par les bons exemples et par la charité que l'on peut diminuer le luxe des vices.

Mais observez, je vous prie, messieurs, que cette jeunesse, si tranquille maintenant avec la liberté de la presse, étoit tumultueuse au temps de la censure. Elle s'agitoit sous les chaînes dont on chargeoit la pensée. Par une réaction naturelle, plus on la refouloit vers l'arbitraire, plus elle devenoit républicaine ; elle nous poussoit hors de la scène, nous autres générations vieillissantes, et dans son exaspération elle nous eût peut-être écrasés tous. Bannie du présent, étrangère au passé, elle se croyoit permis de disposer de l'avenir : ne pouvant écrire, elle s'insurgeoit ; son instinct la portoit à chercher à travers le péril quelque chose de grand, fait pour elle, et qui lui étoit inconnu : on ne la contenoit qu'avec des gendarmes. Aujourd'hui, docile jusque dans l'exaltation de la douleur, si elle fait quelque résistance, ce n'est que pour accomplir un pieux devoir, que pour obtenir l'honneur de porter un cercueil : un regard, un signe l'arrête. Sous la menace d'une nouvelle loi de servitude cette jeunesse donne un rare exemple de modération ; à la voix d'un maître qu'elle aime, elle comprime ces sentiments que la candeur de l'âge ne sait ni repousser ni taire : plus de mille disciples (délicatesse toute françoise !) cachent dans leur admiration leur reconnoissance : ils remplacent par des applaudissements dus au plus beau talent ceux qu'ils brûloient de prodiguer à la noblesse d'un sacrifice[1].

Je ne sépare point, messieurs, de ces éloges donnés à la jeunesse, les fils des guerriers renommés, des savants illustres, des administrateurs habiles, des grands citoyens, qui représentent au milieu de cette noble chambre les différentes gloires de leurs pères. Instruits aux libertés publiques sans les avoir achetées par des malheurs, ils apprendront de vous, nobles pairs, l'art difficile de ces discussions où la connoissance de la matière se joint à la clarté des idées et à l'éloquence du langage, de ces discussions où toutes les convenances sont gardées, où les passions ne viennent jamais obscurcir les vérités, où l'on parle avec sincérité, où l'on écoute avec conscience. Pénétrés de la plus profonde reconnoissance pour la mémoire d'un roi magnanime qui voulut bien donner à leur sang une portion de souveraineté héréditaire, nos enfants seront prêts, comme nous, à verser pour nos princes légitimes la dernière goutte de ce sang : ils leur feront, s'il le faut, un sacrifice plus pénible : ils oseront signaler les erreurs échappées peut-être aux conseillers de la couronne, et par qui la France auroit à souffrir dans son repos, sa dignité ou son honneur. Ils se souviendront des belles paroles de l'ordonnance qui institue l'hérédité de la pairie : « Voulant donner à nos peuples, dit Louis XVIII, un nouveau gage du prix que nous mettons à fonder de la manière la plus stable les institutions sur lesquelles repose le gouvernement que nous leur avons donné, ET QUE NOUS REGARDONS COMME LE SEUL PROPRE A FAIRE LEUR BONHEUR. »

Telles sont, messieurs, les générations qui vivent sous la liberté de la presse, et telles furent celles qui ont passé sous l'asservissement de la presse. C'est un fait incontestable que partout où la liberté de la presse s'est établie, elle a adouci et épuré les mœurs, en éclairant les esprits. Quand a cessé ce long massacre de rois, ces atroces guerres civiles qui ont désolé l'Angleterre? Quand la liberté de la presse a été fixée. Deux fois l'incrédulité a voulu se montrer dans la Grande-Bretagne sous la bannière de Toland et de Hume, deux fois la liberté de la presse l'a repoussée. Jetez les yeux sur le reste de l'Europe, vous reconnoîtrez que la corruption des mœurs est précisément en raison du plus ou moins d'entraves que les gouvernements mettent à l'expression de la pensée. Un écrivain qui consacre ses veilles à des travaux utiles vous a prouvé que jusque dans Paris les quartiers où il y a plus d'instruction sont ceux où il y a moins de désordre[2]. On vous

---

1. M. Villemain.   2. M. Dupin.

a parlé de la multitude des mauvais livres : un de vos savants collègues, à la fois homme d'État et homme de lettre supérieur [1], a démontré, par des calculs sans réplique, que les ouvrages sur la religion, l'histoire et les sciences, c'est-à-dire tous les ouvrages sérieux, ont augmenté depuis les années de la liberté de la presse dans une proportion qui fait honneur à l'esprit public.

La véritable censure, messieurs, est celle que la liberté de la presse exerce sur les mœurs. Il y a des choses honteuses qu'on se permettroit avec le silence des journaux, et qu'on n'oseroit hasarder sous la surveillance de la presse. Les grands scandales, les grands forfaits dont notre histoire est remplie dans les plus hauts rangs de la société, seroient aujourd'hui impossibles avec la liberté de la presse. N'est-ce donc rien qu'une liberté qui peut prévenir l'accomplissement d'un crime, ou qui force les chefs des empires à joindre la décence à leurs autres vertus?

Tel est, messieurs, le tableau complet des mœurs de ces siècles où la presse et la liberté de la presse étoient ignorées. Écrasé par les faits, accablé par les preuves historiques, on est obligé de reconnoître que toutes les accusations contre la liberté de la presse n'ont pas le plus léger fondement; on reste convaincu qu'il faut chercher non dans des intérêts généraux, mais dans de misérables intérêts particuliers, la cause d'un déchaînement qui autrement seroit inexplicable. Il est en effet facile d'établir les catégories des ennemis de la liberté de la presse, et c'est par là que je vais terminer cette seconde partie de mon discours.

Les ennemis (je ne dis pas les adversaires) de la liberté de la presse sont d'abord les hommes qui ont quelque chose à cacher dans leur vie, ensuite ceux qui désirent dérober au public leurs œuvres et leurs manœuvres, les hypocrites, les administrateurs incapables, les auteurs sifflés, les provinciaux dont on rit, les niais dont on se moque, les intrigants et les valets de toutes les espèces.

La foule des médiocrités est en révolte contre la liberté de la presse : comment, un sot ne sera pas en sûreté! Cette Charte est véritablement un fléau! Les petites tyrannies qui ne peuvent s'exercer à l'aise, les abus qui n'ont pas les coudées franches, les sociétés secrètes qui ne peuvent parler sans qu'on les entende, la police qui n'a plus rien à faire, jettent les hauts cris contre cette maudite liberté de la presse. Enfin, les censeurs en espérance s'indignent contre un ordre de choses qui les affame; ils battent des mains à un projet de loi qui leur promet des ouvrages à mettre au pilon, comme les entrepreneurs de funérailles se réjouissent à l'approche d'une grande mortalité.

---

1. M. Daru.

Restent après tous ceux-ci quelques hommes extrêmement honorables, que des préventions, des théories, peut-être le souvenir de quelques outrages non mérités, rendent antipathiques à la liberté de la presse. Je vous parlerai bientôt, messieurs, d'une classe d'hommes qui ne veut pas non plus de cette liberté, parce qu'elle ne veut pas de la monarchie constitutionnelle.

Mais, dira-t-on, vous ne nierez pas l'existence des petites biographies? Non; je rappellerai seulement à votre mémoire que ces espèces de pamphlets ont existé de tout temps. Si la monarchie avoit pu être renversée par des chansons et des satires, il y a longtemps qu'elle n'existeroit plus. Allons-nous rendre des arrêts contre la conspiration des épigrammes et ajouter gravement au code criminel le titre *Des bons mots et des quolibets?* Ce seroit une grande misère que de voir l'irréligion dans un calembour, et la calomnie dans un logogriphe.

Chez nos pères, les *sirventes* n'étoient, messieurs, que des satires personnelles les plus amères. Qui ignore les écrits de la Ligue? La satire *Ménippée* est la biographie des députés aux états généraux de Paris de 1593. La Fronde eut ses *Mazarinades*; les épouvantables *Philippiques* furent noblement méprisées par le régent.

Enfin n'avions-nous pas avant la révolution, sous la protection de la censure, ces noëls scandaleux, ces chansons calomnieuses, que répétoit toute la France? N'avions-nous pas les gazettes à la main, cette *Gazette ecclésiastique* qui déjouoit toutes les recherches de la police? N'avions-nous pas ces *Mémoires secrets de Bachaumont,* « amas d'absurdités, dit La Harpe, ramassées dans les ruisseaux, où les plus honnêtes gens et les hommes les plus célèbres en tous genres sont outragés et calomniés avec l'impudence et la grossièreté des beaux esprits d'antichambre? »

N'est-ce pas là, messieurs, ces biographies dont on a voulu faire tant de bruit, et qui auroient été oubliées vingt-quatre heures après leur publication, si les tribunaux n'en avoient prolongé l'existence par leur justice?

De pareils libelles sont coupables; on les doit poursuivre avec rigueur; mais il ne faut pas confondre l'ordre politique et l'ordre civil, il ne faut pas détruire une liberté publique pour venger l'injure d'un particulier. Je pourrois, messieurs, déposer sur ce bureau cinq ou six gros volumes imprimés contre moi, sans compter autant de volumes d'articles de journaux. Viendrai-je, moi chétif, pour l'amour de ma petite personne, vous demander en larmoyant la proscription de la première de nos libertés? On m'aura dit que je suis un méchant écrivain et que j'étois un mauvais ministre : si cela est vrai, quel droit aurois-je de me plaindre? Le public est-il obligé de partager la bonne opinion que je puis avoir de moi? Arrière ces susceptibilités d'amour-propre! fi de toutes ces vanités! Autrement, tous les personnages de Molière viendroient nous présenter des pétitions contre la liberté de la presse, depuis Trissotin jusqu'à Pourceaugnac, depuis le bon M. Tartufe jusqu'au pauvre Georges Dandin.

Messieurs, vous n'êtes point des guérisseurs d'amour-propre en souffrance, des emmaillotteurs de vanités blessées, des Pères de la Merci, des Frères de la Miséricorde; vous êtes des législateurs. Pour quelques plaintes d'une gloriole choquée, pour quelques intérêts de coterie, vous ne sacrifierez point les droits de l'intelligence humaine; pour venger quelques hommes attaqués dans de méprisables biographies, vous ne violerez pas la Charte, vous ne briserez pas le grand ressort du gouvernement représentatif.

Ce n'est jamais au profit de la société tout entière qu'on nous présente des lois, c'est toujours au profit de quelques individus. On nous parle toujours des intérêts de la religion et du trône; et quand on va au fond de la question, on trouve toujours que la religion et le trône n'y sont pour rien.

Messieurs, quand nos arrière-neveux compteront quatorze cents ans de lumières et de liberté de la presse avec douze années de censure, comme nous comptons aujourd'hui quatorze siècles d'ignorance et de censure avec douze années de liberté de la presse, le procès se pourra juger. En attendant, il est bon d'essayer si avec la liberté de la presse nos enfants pourront éviter la Jacquerie, les meurtres des Armagnacs et des Bourguignons, les massacres de la Saint-Barthélemy, les assassinats de Henri III, de Henri IV et de Louis XV, la corruption de la régence et du siècle qui l'a suivie, enfin les crimes révolutionnaires, crimes qui auroient été prévenus ou arrêtés si les écrivains n'eussent été condamnés à l'échafaud ou déportés à la Guiane.

Je n'aurois jamais osé, messieurs, entrer dans d'aussi longs développements si je n'avois espéré de vous en abréger un peu l'ennui par l'intérêt historique. Il est plus que temps d'en venir aux autres vérités importantes, dont j'ai réservé la démonstration pour la troisième partie de ce discours.

Les vérités dont je me propose maintenant, messieurs, de vous entretenir, sont celles-ci:

La religion n'est point intéressée au projet de loi; elle n'y trouve aucun secours. L'esprit du christianisme et le caractère de l'Église gallicane sont en opposition directe avec la loi.

J'entre avec une sorte de regret dans l'examen d'un sujet religieux.

Nous autres hommes du siècle, nous pouvons faire tort à une cause sainte en la mêlant à nos discours : trop souvent les foiblesses de notre vie exposent à la risée la force de nos doctrines.

Mais les circonstances me ramènent malgré moi sur un champ de bataille où j'ai jadis combattu presque seul au milieu des ruines : les ennemis de la liberté de la presse proclament des périls, et, se portant défenseurs officieux des intérêts de l'autel, ils sollicitent des lois qu'ils disent nécessaires : nobles pairs, vous prononcerez entre nous.

Quelle est la position de la religion relativement à l'esprit public et relativement aux lois existantes? Examinons.

La presse a pu nuire à la religion de deux manières : ou par l'impression d'ouvrages nouveaux, ou par la réimpression d'anciens ouvrages.

Quant aux ouvrages nouveaux, l'enquête sera bientôt terminée : depuis l'établissement de la liberté de la presse, il n'a pas été publié un seul livre contre les principes essentiels de la religion. Fut-il jamais de réponse plus péremptoire à des accusations plus hasardées?

Quant aux réimpressions des anciens livres, le projet de loi les prévient-il? Non.

Les lois existantes suffisoient-elles pour punir ces réimpressions? Oui.

Une jurisprudence très-sage s'est établie sur ce point; des condamnations ont été prononcées contre de vieilles impiétés reproduites, comme si ces impiétés en étoient à leur première édition. Le projet de loi que nous discutons ne stipule rien de plus ; il n'ajoute par conséquent rien à la législation actuelle.

On se plaint de la réimpression des mauvais livres, et l'on ne fait pas attention que ces livres ont tous été écrits sous le régime de la censure. Et c'est par la censure, plus ou moins déguisée, que l'on veut prévenir ce que la censure n'a pu arrêter.

Que peuvent, au surplus, toutes les mesures répressives, tous les règlements de la police contre la circulation des anciens ouvrages? Les bibliothèques sont saturées, les magasins de librairie encombrés de Rousseau et de Voltaire, le royaume en est fourni pour plus d'un demi-siècle, et, au défaut de la France, la Belgique ne vous en laisseroit pas chômer. Le projet de loi n'aura d'autre effet que d'élever la valeur de ces ouvrages. Il est si bien calculé, qu'en appauvrissant les libraires par les bons livres, il les enrichiroit par les mauvais : l'esprit en est odieux, les résultats en seroient absurdes.

On ne cesse de nous citer des ouvrages dangereux tirés à des milliers d'exemplaires, formant des millions de feuilles d'impression. Mais d'abord tous ces ouvrages se sont-ils vendus? Ils ont ruiné la plupart des éditeurs. Si une colère puérile contre la presse n'étoit venue réveiller la cupidité des marchands, tout demeuroit enseveli dans la poussière. Parcourez les provinces : vous aurez de la peine à trouver quelques exemplaires de ces écrits dont on prétend que la France est inondée.

Et parmi ces milliers de mauvais livres, tout est-il mauvais? Dans les Œuvres complètes de Voltaire, par exemple, quand vous aurez retranché une douzaine de volumes, et c'est beaucoup, le reste ne pourroit-il pas être mis entre les mains de tout le monde?

Enfin, ces milliers de mauvais livres n'ont-ils pas leur contre-poids dans des milliers de bons livres? Nos temps ont vu imprimer les œuvres complètes des Bossuet, des Fénelon, des Massillon, des Bourdaloue, qui n'avoient jamais été totalement recueillies. Mais venons encore aux chiffres.

Dans les tableaux présentés par un noble pair dont j'ai déjà cité la puissante autorité, vous trouverez que depuis le 1er novembre 1811 jusqu'au 31 décembre 1825, la librairie françoise a publié en textes sacrés, traductions, commentaires, liturgie, livres de prières, catéchisme mystique, ascétique, etc., 159,586,642 feuilles imprimées.

Les nombres compris sous les années de liberté de la presse, c'est-à-dire depuis 1822 jusqu'à 1825, ont été toujours croissant, de manière qu'en 1821 vous trouverez 7,998,857 feuilles; en 1822, 9,021,852; en 1823, 10,361,297; en 1824, 10,976,179, et en 1825, 13,238,620 feuilles. Est-ce là, messieurs, un siècle impie? et la liberté de la presse a-t-elle arrêté le mouvement de l'esprit religieux?

Passons à d'autres calculs.

Depuis le 27 avril 1822 jusqu'au 6 mars 1827, 83 causes pour délits de la presse, comme je l'ai déjà dit, ont été portées devant la cour royale de Paris; de ces 83 causes il faut retrancher 13 acquittements et 3 causes non jugées; ce qui réduit le tout à 67 délits réels, lesquels ont amené 67 condamnations. Si l'on contestoit l'exactitude rigoureuse de ce chiffre, deux ou trois causes de plus ou de moins ne font rien à l'affaire. Divisez maintenant ces 67 condamnations par les années où elles ont eu lieu, c'est-à-dire par 5, depuis le mois d'avril 1822 jusqu'au mois de mars 1827, vous trouverez à peu près 14 délits par année. Ce résultat vous force d'abord à convenir que les délits littéraires se réduisent à bien peu de chose; que ces désordres sont bien peu nombreux, comparés aux autres désordres réprimés par les tribunaux.

Par exemple, dans le compte général déjà cité de l'administration de la justice criminelle pendant l'année 1825, on trouve que les cours d'assises ont jugé 5,653 accusations; sous le titre de diffamations et injures, on remarque 3,140 prévenus, et le travail de M. le ministre de la justice ne donne pour toute la France, dans cette année 1825, que 27 délits de la presse, 2 dans les départements, 25 à Paris. Ainsi, sur 3,140 prévenus de diffamations et injures commises par toutes sortes de voies, 27 délinquants seulement se sont servis du moyen de la presse, en supposant encore que les 27 causes relatives à la presse fussent toutes des causes de diffamations et d'injures. Or, comme en 1825, d'après les calculs de M. le comte Daru, on a tiré 12,810,483 feuilles d'ouvrages et 21,660,000 feuilles de journaux, il en résulte qu'il n'y a eu que 27 délits produits par 149,670,483 feuilles d'impression.

Maintenant si vous remarquez que sur une population de 30,504,000 âmes il y a eu en 1825 4,594 sentenciés par les cours d'assises, cela fait un coupable sur à peu près 6,000 individus, tandis que les 27 publications répréhensibles, sur les 149,670,483 feuilles imprimées dans l'année 1825 n'arrivent qu'à la proportion d'environ un écrit condamné sur 5,543,351 feuilles publiées.

Quand vous ajouteriez la répression des contraventions et délits par les tribunaux correctionnels et les tribunaux de simple police, vous multiplieriez le nombre des repris de justice pour toutes sortes de faits, sans augmenter celui des accusés pour délits de la presse; mon argument n'en seroit que plus concluant.

Dans ce peu de délits commis par la presse en général, cherchons à présent la part de la religion. Sur 69 condamnations pour affaires de la presse, à la cour royale de Paris, dans les cinq dernières années, 13 seulement sont relatives à des outrages envers la religion et ses ministres. Il est essentiel d'observer que pas une seule de ces condamnations n'a été prononcée en récidive.

Treize divisés par cinq ne donnent pas un quotient de trois condamnations pour délits religieux, et voilà néanmoins ce qu'on appelle un débordement d'impiété!

Les adversaires de la liberté de la presse en seroient-ils réduits pour justifier leur système à désirer que les preuves judiciaires d'une impiété prétendue fussent plus multipliées? Quels seroient les meilleurs chrétiens, de ceux qui se réjouiroient de trouver si peu de coupables, ou de ceux qui s'affligeroient de rencontrer tant d'innocents? Quand l'orgueil de l'homme est soulevé, il devient impitoyable : s'il a placé son triomphe dans la supposition de la dépravation des mœurs, il ne voudra pas en avoir le démenti; on l'a vu quelquefois, lorsqu'il y avoit disette de mauvaises actions, inventer des prévaricateurs avec des lois, en donnant le nom de crime à la vertu.

Ainsi, messieurs, depuis l'établissement de la liberté de la presse, pas un seul nouveau livre n'a été écrit contre les principes fondamentaux de notre foi; ainsi, depuis le règne de cette liberté, les ouvrages pieux se sont multipliés à l'infini; ainsi la cour royale de Paris n'a eu à juger par an que trois délits peu graves en matière religieuse; elle n'a fait grâce à aucun, et elle les a sévèrement punis.

Les faits rétablis, la position de la religion reconnue, voyons, puisque cette religion n'a réellement à se plaindre ni de l'esprit public, ni de la foiblesse des anciennes lois, ni de la justice des tribunaux, voyons si elle a à se louer du nouveau projet de loi.

Je demande d'abord si ce projet peut être approuvé par la morale chrétienne. Ne favorise-t-il pas la fraude? Ne détruit-il pas des engagements contractés sous l'empire d'une autre loi, sous la garantie des autorités compétentes, sous la sauvegarde de la bonne foi publique? N'envahit-il pas la propriété, en imposant à cette propriété des conditions autres que celles qui furent d'abord prescrites? L'effet de ce projet n'est-il pas rétroactif? Dans ce cas, le premier principe de la justice n'est-il pas ouvertement méconnu? Que ce projet, s'il doit devenir loi, s'applique à la propriété littéraire à naître; au moins la probité naturelle n'en sera pas blessée; mais qu'il soit exécutoire pour la propriété littéraire déjà existante en vertu d'autres lois, c'est renverser les fondements du droit, c'est violer patemment l'article 9 de la Charte qui dit : *Toutes les propriétés sont inviolables sans aucune exception.*

Si un homme se présentoit au tribunal de la pénitence, en manifestant ce penchant au dol et à la fraude que l'on trouve dans les articles du projet, la main qui lie et délie se lèveroit-elle pour l'absoudre? Je crois trop aux vertus de nos prêtres pour penser jamais qu'ils puissent approuver dans le sanctuaire des lois humaines ce qu'ils repousseroient au tribunal des lois divines.

Cette loi, d'ailleurs, atteint-elle le but auquel le clergé pouvoit aspirer? Met-elle à l'abri la religion, cette loi où le mot de *religion* n'est pas même prononcé? Attaque-t-elle l'impiété dans sa source? Ose-t-elle dire franchement que telle chose est défendue, cette loi de ruse et d'astuce, qui n'ose être forte parce qu'elle se sent injuste? Que prévient-elle, qu'empêche-t-elle? Rien. Elle ne tue, elle n'immole que la liberté de la presse, et ne met aucun frein à la licence.

Et depuis quand le clergé seroit-il l'ennemi des libertés publiques? N'est-ce pas au sein de ces libertés, souvent par lui protégées, qu'il a jadis trouvé son pouvoir? Si dans cette noble chambre on voyoit de respectables prélats élever la voix contre une loi antisociale; s'ils la repoussoient en vertu du même principe qui détermina leurs prédécesseurs à sauver les lettres et les arts du naufrage de la barbarie, on ne sauroit dire à quel degré de force et de vénération le clergé parviendroit en France : toutes les calomnies tomberoient. Eh! qu'y auroit-il de plus beau que la parole de Dieu réclamant la liberté de la parole humaine?

Il existe, messieurs, un monument précieux de la raison de la France; ce sont les cahiers des députés des trois ordres aux états généraux, en 1789. Ces cahiers forment un recueil de soixante-six volumes in-folio, dont l'impression seroit bien à désirer pour l'honneur de notre pays. Là se trouvent consignés, avec une connoissance profonde des choses, tous les besoins de la France; de sorte que si l'on avoit exactement suivi les instructions des cahiers, on auroit obtenu ce que nous avons acquis par la révolution, moins les crimes révolutionnaires.

Le clergé se distingue principalement par ses institutions : celles qui ont pour objet la législation criminelle, civile, administrative, sont des chefs-d'œuvre. Il provoque l'établissement des états provinciaux; il désire la réintégration des villes et des communes dans le droit de choisir librement leurs préposés municipaux; il sollicite la création des justices de paix, l'abolition des tribunaux d'exception et l'amélioration du régime des prisons, « afin, dit-il, que ces prisons ne soient plus un séjour d'horreur et d'infection ».

En grande politique, le clergé ne montre pas moins d'élévation et de génie : ce fut lui qui pressa la convocation des états généraux de 1789. Le clergé de Reims, l'archevêque à sa tête, demanda un code national contenant les lois fondamentales, le retour périodique des états généraux, le vote libre de l'impôt, la liberté de chaque citoyen, l'inviolabilité de la propriété, la responsabilité des ministres, la faculté pour tous citoyens de parvenir aux emplois, la rédaction d'un nouveau code civil et militaire, l'uniformité des poids et mesures, et enfin une loi contre la traite des nègres. Les autres cahiers du clergé sont plus ou moins conformes à ces sentiments.

Dans la question de la liberté de la presse, la noblesse et le tiers état sont unanimes; ils réclament cette liberté avec des lois restrictives. Quant au clergé, il expose d'abord les dangers de la licence des écrits; puis, venant à la question de fait, sur cent soixante-quinze sénéchaussées, duchés, bailliages, villes, provinces, vicomtés, principautés, prévôtés, diocèses et évêchés, formant deux cent quarante-quatre réunions ecclésiastiques, cent trente-quatre se déclarent pour la liberté entière de la presse, une centaine signale les abus qu'on peut faire de cette liberté sans indiquer de moyens précis de répression, et quelques-unes demandent la censure. Il est utile d'entendre le clergé s'exprimer lui-même sur cette matière.

Le clergé du bailliage de Villiers-la-Montagne dit « que la liberté indéfinie de la presse soit autorisée, à la charge par l'imprimeur d'apposer son nom à tous les ouvrages qu'il imprimera ».

Le clergé du bailliage principal de Dijon dit : « Le droit de tout citoyen est de conserver le libre exercice de sa pensée, de sorte que tout écrit puisse être librement publié par la voie de l'impression, en exceptant néanmoins tout ce qui pourroit troubler l'ordre public dans tous ses rapports, et en observant les formalités qui seront jugées nécessaires pour assurer la punition d'un délit en pareil cas. »

Le clergé de la province d'Angoumois dit : « L'ordre du clergé ne s'oppose pas à la liberté de la presse, pourvu qu'elle soit modifiée, que les écrits ne soient point anonymes, et qu'on interdise l'impression des livres obscènes et contraires au dogme de la foi et aux principes du gouvernement. »

Le clergé du bailliage d'Autun dit : « La liberté d'écrire ne peut différer de celle de parler : elle aura donc les mêmes étendues et les mêmes limites ; elle sera donc assurée, hors les cas où la religion, les mœurs et les droits d'autrui seroient blessés ; surtout elle sera entière dans la discussion des affaires publiques, car les affaires publiques sont les affaires de chacun. »

Le clergé de Paris *intra muros* demande aussi la liberté de la presse avec des lois répressives. La sénéchaussée de Rhodez fait la même demande. Le clergé de Melun et de Moret prononce ces paroles mémorables : « La liberté morale et des facultés intellectuelles étant encore plus précieuse à l'homme que celle du corps et des facultés physiques, il sera libre de faire imprimer et publier tout ouvrage, sans avoir besoin préalablement de censure et de permission quelconques ; mais les peines les plus sévères seront portées contre ceux qui écriroient contre la religion, les mœurs, la personne du roi, la paix publique, et contre tout particulier. Le nom de l'auteur et de l'imprimeur se trouvera en tête du livre. »

Ceux qui s'opposent aujourd'hui avec le plus de vivacité au projet de loi du ministère parlent-ils de la liberté dans des termes plus forts, plus explicites que ceux du clergé en 1789 ? Cependant, à l'époque où le clergé montroit tant d'indépendance et de générosité, n'avoit-il pas été insulté, calomnié, pendant cinquante ans, par les encyclopédistes ?

N'avoit-il pas été accablé des plaisanteries de Voltaire, au point qu'on n'osoit plus paroître religieux, de peur de paroître ridicule? Qui plus que les prêtres avoit le droit de s'élever alors contre la presse, de se plaindre de l'ingratitude de ces lettres dont ils avoient été les nourriciers et les protecteurs? Eh bien, que fait le clergé? Il se venge. Et comment? En demandant la liberté de la presse, en opposant cette liberté à la licence! Il ne craint rien pour les vérités religieuses, parce qu'elles sont impérissables; il ne craint point une lutte publique entre la religion et l'impiété. Quant aux membres du sacerdoce, il semble leur dire : « Défendez-vous par votre vertu; les imputations de vos ennemis se détruiront d'elles-mêmes si elles sont fausses; si elles sont véritables, il n'est pas bon que tout un peuple soit privé de la plus précieuse de ses libertés pour dissimuler vos fautes et pour cacher vos erreurs.

Et l'on voudroit nous dire aujourd'hui que le clergé demande l'anéantissement de cette liberté, lorsque les écrits dont il avoit tant à gémir en 1789 ont perdu leur vogue et leur puissance, lorsque l'impiété n'est plus de mode, lorsque tout le monde sent la nécessité d'une religion aussi tolérante dans sa morale qu'elle est sublime dans ses dogmes, lorsqu'un siècle sérieux a succédé à un siècle frivole! Le clergé actuel, sous la sauvegarde des persécutions qu'il a éprouvées, se croiroit-il plus vulnérable aux coups de la liberté de la presse que dans les temps où il demandoit cette liberté, que dans les temps où sa prospérité et ses richesses le rendoient un objet de convoitise et d'envie? Rajeunie par l'adversité, l'Église a retrouvé sa force en touchant le sein de sa mère. Les livres ont pu quelque chose contre des dignitaires ecclésiastiques possesseurs d'immenses revenus; ils ne peuvent rien contre des vicaires à 250 fr. de salaire, contre des hommes nus qui pour toute réponse aux insultes peuvent montrer les cicatrices de leur martyre.

Le christianisme, messieurs, est au-dessus de la calomnie; il ne cherche point l'obscurité, il n'a pas besoin de pactiser avec l'ignorance. Craindre pour lui la liberté de la presse, c'est lui faire injure, c'est n'avoir aucune idée juste de sa grandeur, c'est méconnoître sa divine puissance. Il a civilisé la terre, il a détruit l'esclavage; il ne prétend point faire rétrograder aujourd'hui la société; il ne tombe point dans une contradiction si déplorable. Notre religion a été fondée et défendue par le libre exercice de la pensée et de la parole. Quand les apôtres envoyoient aux gentils leurs épîtres, n'usoient-ils pas de la liberté d'écrire contre le culte romain, et en violant même la loi romaine? Paul ne fut-il pas traduit au tribunal de Félix et de Festus pour rendre compte de ses discours? Festus ne s'écria-t-il pas : « Vous êtes un insensé, Paul ! votre grand savoir vous met hors de sens. »

Dans les fastes de la société chrétienne, c'est là le premier jugement rendu contre la liberté de la pensée; Paul étoit insensé parce qu'il annonçoit à Athènes le Dieu inconnu, parce qu'il prêchoit contre ces hommes *qui retiennent la vérité de Dieu dans l'injustice.* Les Actes des Martyrs ne sont que le recueil des procès intentés au ciel par la terre, le catalogue des condamnations prononcées contre la liberté de la pensée et de la conscience.

Plus tard le christianisme brilla au sein des académies de l'antiquité : ce fut par ses ouvrages qu'il vainquit les sophismes dans les écoles d'Alexandrie, d'Antioche et d'Athènes. L'Église a dû ses victoires autant à la plume de ses docteurs qu'à la palme de ses martyrs. La religion, obéissant à l'ordre du Maître, *docete omnes gentes;* la religion, qui a fondé presque tous les colléges, les universités et les bibliothèques de l'Europe, repousse naturellement des lois qui renverseroient son ouvrage. Rome chrétienne, qui recueillit les savants fugitifs, qui acheta au poids de l'or les manuscrits des anciens, ne demande pas la proscription de la pensée.

Le christianisme est la raison universelle : il s'est accru avec les lumières, il continuera à verser aux générations futures des vérités intarissables. De tout ce qui a existé dans l'ancienne société, lui seul n'a point péri; il n'a aucun intérêt à ressusciter ce qui n'est plus; sa vie est l'espérance; ses mœurs ne sont ni d'un siècle ni d'un autre; elles sont de tous les siècles. Il parle toutes les langues ; il est simple avec les peuples sauvages, il est savant et éclairé avec les peuples policés ; il a converti le pâtre armé de la Scythie et couronné le Tasse au Capitole. Il marche en portant deux livres, l'un, qui nous raconte notre origine immortelle, l'autre, qui nous révèle nos fins également immortelles. Il sait tout, il comprend tout ; il se soumet à toutes les autorités établies. Il n'appartient de préférence à aucune politique, parce qu'il est pour toutes les sociétés : républicain en Amérique, monarchique en France, ne ranime-t-il pas aujourd'hui même la poussière de Sparte et d'Athènes? Il a soufflé sur des ossements arides : d'illustres morts se sont levés. Ce seroit au nom de la religion que l'on prétendroit opprimer la France au moment où cette religion brise avec sa croix les chaînes des églises de saint Paul, au moment où ses mains divines déterrent dans les champs de Marathon la statue de la liberté, pour transformer en patronne chrétienne l'ancienne idole de la Grèce!

J'aurai le courage de le dire au clergé, parce qu'en combattant pour lui j'ai acquis des droits à lui parler avec sincérité. Avec la Charte les ministres de l'autel peuvent tout, sans la Charte ils ne peuvent rien. Défenseurs des libertés publiques, ils sont les plus forts des hommes, car ils réunissent la double autorité de la terre et du ciel; ennemis des libertés publiques, ils sont les plus foibles des hommes; s'il étoit jamais possible que les temples se refermasssent, ils ne se rouvriroient plus.

Je viens enfin, messieurs, à la dernière partie de ce discours.

La quatrième vérité que je me propose de prouver est celle-ci : La loi n'est point de ce siècle; elle n'est point applicable à l'état actuel de la société.

Les sociétés, messieurs, sont soumises à une marche graduelle : cette vérité de fait peut irriter, mais elle n'en est pas moins incontestable.

Les peuples par les progrès de la civilisation ont maintenant un lien commun et influent les uns sur les autres.

Il y a deux mouvements dans les sociétés : le mouvement particulier d'une société particulière, et le mouvement général des sociétés générales, lequel mouvement commun entraîne chaque société séparée. Ainsi le monde moral reproduit une des lois du monde physique : l'homme ne se peut plaindre de retrouver quelque chose de ses destinées dans ce bel ordre de l'univers arrangé par la main de Dieu.

Il faut beaucoup de siècles pour mûrir les choses, pour amener un changement essentiel dans les sociétés. Quatre ou cinq grandes révolutions intellectuelles composent jusqu'à présent l'histoire tout entière du genre humain. Nous étions destinés, messieurs, à assister à l'une de ces révolutions. Cette chambre renferme plusieurs hommes de mon âge : nous sommes nés précisément à l'époque où le travail lent et graduel des siècles s'est manifesté. Les premiers troubles de l'Amérique septentrionale éclatèrent en 1765; de 1765 à 1827, il y a soixante-deux ans. J'ai vu Washington et Louis XVIII : la république représentative est restée à l'Amérique avec le nom de Washington, la monarchie représentative à l'Europe continentale avec le nom de Louis XVIII. Entre Washington et Louis XVIII se viennent placer Robespierre et Buonaparte, les deux termes exorbitants, dans l'anarchie et le despotisme, d'une révolution dont le terme juste devoit fixer la société; car les sérieuses discordes chez un peuple prennent leur source dans une vérité quelconque qui survit à ces discordes. Souvent cette vérité est enveloppée à son apparition dans des paroles sauvages et des actions atroces, mais le fait politique ou moral qui reste d'une révolution est toute cette révolution.

Quel est ce fait dévolu aux deux mondes après cinquante ans de guerres civiles et étrangères? Ce fait est la liberté, républicaine pour l'Amérique, monarchique pour l'Europe continentale. On sait aujourd'hui que la liberté peut exister dans toutes les formes de gouvernement. La liberté ne vient point du peuple, ne vient point du roi; elle ne sort point du droit politique, mais du droit de nature, ou plutôt du droit divin : elle émane de Dieu, qui livra l'homme à son franc arbitre; de Dieu, qui ne mit point de condition à la parole lorsqu'il donna la parole à l'homme, laissant aux lois le pouvoir de punir cette parole quand elle faillit, mais non le droit de l'étouffer.

A peine un demi-siècle a suffi pour établir dans le Nouveau et dans l'Ancien Monde ce principe de liberté. Le passé a lutté contre l'avenir; les intérêts divers en se combattant ont multiplié les ruines; le passé a succombé. Il n'est plus au pouvoir de personne de relever ce qui gît maintenant dans la poudre. Si la liberté avoit pu périr en France, elle eût été ensevelie dans l'anarchie démocratique ou dans le despotisme militaire. Mais le temps ne se laisse enchaîner ni aux échafauds des révolutionnaires ni au char des triomphateurs; il brise les uns et les autres; il ne s'assied point aux spectacles du crime; il ne s'arrête pas davantage pour admirer la gloire; il s'en sert et passe outre.

Pourquoi la république françoise ne s'est-elle pas constituée? C'est qu'elle a trahi le principe de la révolution générale, la liberté. Pourquoi l'empire a-t-il été détruit? C'est qu'il n'a pas voulu lui-même cette liberté. Pourquoi la monarchie légitime s'est-elle rétablie? C'est qu'elle s'est portée, avec tous ses autres droits, pour héritière de cette liberté.

Dans les révolutions dont le principe doit subsister, il naît presque toujours un individu de la capacité et du génie nécessaires à l'accomplissement de ces révolutions, un personnage qui représente les choses et qui est l'exécuteur de l'arrêt des siècles. Il se montre d'abord invincible, comme les idées nouvelles dont il est le champion; mais l'ambition lui est menée par la victoire. Il réussit à s'emparer du pouvoir, et tout à coup il est étonné de ne plus retrouver sa force : c'est qu'il s'est séparé de son principe. Ce géant qui ébranloit le monde succombe, au fond de son palais, dans des frayeurs pusillanimes; ou bien, captif de ceux qu'il avoit vaincus, il expire sur un rocher au bout du monde. Telles furent les destinées de Cromwell et de Buonaparte, pour avoir renié la liberté dont ils étoient sortis. Louis XVIII, après vingt ans d'exil, est rentré dans la demeure de ses pères : objet de la vénération publique, il est mort en paix, plein de gloire et de jours, pour avoir recueilli cette liberté à laquelle il ne devait rien, mais qu'il vous a laissée généreusement, comme la fille adoptive de sa sagesse et la réparatrice de vos malheurs.

Le principe pour lequel depuis soixante ans les hommes ont été agités dans les deux Mondes s'étant enfin fixé, il en est résulté que la société s'est coordonnée à ce principe : il a pénétré toutes nos institutions. Les lois, les mœurs, les usages ont graduellement changé : on n'a plus considéré les objets de la même manière, parce que le point de vue n'étoit plus le même. Des préjugés se sont évanouis, des besoins jusque alors inconnus se sont fait sentir, des idées d'une autre espèce se sont développées : il s'est établi d'autres rapports entre les membres de la famille privée et les membres de la famille générale. Les gouvernants et les gouvernés ont passé un autre contrat; il a fallu créer un nouveau langage pour plusieurs parties de l'économie sociale. Nos enfants n'ont plus nos sentiments, nos goûts, nos habitudes : leurs pensées prennent ailleurs leurs racines.

Toutefois, messieurs, les générations contemporaines ne meurent pas exactement le même jour : au milieu de la race nouvelle, il reste des hommes du siècle écoulé qui crient que tout est perdu, parce que la société à laquelle ils appartenoient a fini autour d'eux sans qu'ils s'en soient aperçus. Ils s'obstinent à ne pas croire à cette disparition; toujours jugeant le présent par le passé, ils appliquent à ce présent des maximes d'un autre âge, se persuadant toujours qu'on peut faire renaître ce qui n'est plus.

A ces hommes qui surnagent sur l'abîme du temps viennent se réunir (avec les adversaires de la liberté de la presse dont je vous ai déjà parlé) quelques individus de diverses sortes : des ambitieux, qui s'imaginent découvrir dans les institutions tombées en vétusté un pouvoir nouveau près d'éclore; des jeunes gens simples ou zélés, qui croient défendre, en rétrogradant, l'antique religion et les vénérables traditions de leurs pères; des personnes encore effrayées des souvenirs de la révolution; enfin, des ennemis secrets du pouvoir existant, qui, témoins joyeux des fautes commises, abondent dans le sens de ces fautes pour amener une catastrophe.

Quelquefois des chefs se présentent pour conduire ces demeurants d'un autre âge : ce sont des hommes de talent, mais qui aiment à sortir de la foule; ils se mettent à prêcher le passé à la tête d'un petit troupeau de survivanciers; le paradoxe les amuse. Ces esprits distingués qui arrivent trop tard, et après le siècle où ils auroient dû paroître, n'entraînent point les générations nouvelles ; ils ne pourroient être compris que des morts : or, ce public est silencieux, et l'on n'applaudit point dans la tombe.

Si un gouverment a le malheur de prêter l'oreille à ces solitaires, s'il a le plus grand malheur de les regarder comme la nation, de prendre pour la voix d'un public vivant la voix d'une société expirante, il tombera dans les plus étranges erreurs. C'est, messieurs, ce qui est arrivé à l'égard du projet de loi que j'examine : il est dicté par un esprit qui n'est point l'esprit du siècle. Ces hommes d'autrefois, qui, toujours les yeux attachés sur le passé et le dos tourné à l'avenir, marchent à reculons vers cet avenir, ces hommes voient tout dans une illusion complète. Écoutez-les parler des anciens livres : ils y aperçoivent toujours les dangers qu'on y pouvoit trouver il y a quarante ans.

Et qu'importent cependant les plaisanteries de Voltaire contre les couvents de religieux dans un pays qui n'admet plus de communautés d'hommes? Elles ne rendront aujourd'hui personne impie, parce que le siècle n'en est plus à l'impiété. Qu'importe la politique libérale de Rousseau dans une monarchie constitutionnelle? Voulez-vous mieux vous convaincre, messieurs, à quel point tout est changé? Les principes mêmes que je développe à cette tribune auroient été des blasphèmes, légalement sinon justement punis, dans l'ancienne monarchie : si un auteur se fût avisé de publier la Charte comme un rêve de son cerveau, il eût été décrété de prise de corps, et son procès lui auroit été fait et parfait. Apprenons donc à connoître le temps où nous vivons ; ne jugeons pas du péril des livres d'après les anciennes idées et les vieilles institutions ; ne réglons pas la liberté de la presse par des maximes qui ne sont plus applicables ; si vous ressuscitiez aujourd'hui le Code romain tout entier et les lois féodales, n'est-il pas évident que vous ne sauriez que faire des dispositions relatives aux empereurs ou aux esclaves, ou des droits de champart, de capsoos et d'ostises!

Une autre manie de ces hommes qui ont inspiré le projet de loi est de parler d'un coup d'État. A les entendre, il suffit de monter à cheval et d'enfoncer son chapeau ; ils oublient encore que le coup d'État n'est point de l'ordre actuel et qu'il n'appartient qu'à la monarchie absolue. A dater du règne de Louis XIV, où l'ancienne Constitution du royaume acheva de périr, la couronne, en exerçant le pouvoir dictatorial, ne faisoit, avant l'année 1789, qu'user de la plénitude de sa puissance. Il n'y avoit pas révolution dans l'État par le coup d'État, parce qu'en fait le roi étoit chef de l'armée, législateur suprême, juge et exécuteur de ses propres arrêts ; il réunissoit aux pouvoirs militaire et politique les attributions de la justice civile et criminelle.

Tout subsistoit donc dans l'État, après le coup d'État, parce que le roi étoit là, et que tout étoit dans le roi ; mais dans la monarchie constitutionnelle, la liberté de la presse et la liberté individuelle entrent dans la composition de la loi politique qui garantit ces libertés. Les juges inamovibles ne peuvent être destitués; les chambres, partie intégrante du pouvoir législatif, ne peuvent être abolies. Le coup d'État, dans une monarchie constitutionnelle, seroit une révolution ; car après ce coup d'État, qui porteroit sur les individus, les tribunaux et les chambres, il ne resteroit plus que la couronne, laquelle ne représenteroit plus, comme dans la monarchie de Louis XIV, tout ce qui auroit péri.

Entendroit-on par un coup d'État un mouvement renfermé dans les limites constitutionnelles, la dissolution de la chambre des députés, l'accroissement de la chambre des pairs? Ce ne seroit pas un coup d'État, ce seroit une mesure qui ne produiroit rien dans le sens du pouvoir absolu.

Il est pourtant vrai, messieurs, que la tyrannie a un moyen d'intervenir dans la monarchie représentative; voici comment : les trois pouvoirs pourroient s'entendre pour détruire toutes les libertés; un ministère conspirateur contre ces libertés, deux chambres vénales et corrompues, votant tout ce que voudroit ce ministère, plongeroient indubitablement la nation dans l'esclavage. On seroit écrasé sous le triple joug du despotisme monarchique, aristocratique et démocratique. Alors le gouvernement représentatif deviendroit la plus formidable machine de servitude qui fut jamais inventée par les hommes. Heureusement, par la nature même de la coalition des trois pouvoirs, cette coalition seroit de courte durée : quelle explosion extérieure, quelle réaction, même dans les chambres, au moment du réveil!

Voilà pourtant, messieurs, les méprises où tombent ceux dont l'esprit a inspiré le présent projet de loi : ils rêvent la monarchie absolue sans ses illusions, le despotisme militaire sans sa gloire, la monarchie représentative sans ses libertés. Espérons que, pour la sûreté du royaume, le pouvoir ne sera jamais remis entre de pareilles mains. Si ces insensés essayoient seulement de lever l'impôt dans un de leurs trois systèmes, le premier Hampden qui se croiroit le droit de refuser cet impôt mettroit le feu aux quatre coins de la France.

En vain on s'irrite contre les développements de l'intelligence humaine. Les idées, qui étoient autrefois un mouvement de l'esprit hors de la sphère populaire, sont devenues des intérêts sociaux; elles s'appliquent à l'économie entière des gouvernements. Tel est le motif de la résistance que l'on trouve lorsqu'on veut aujourd'hui repousser les idées. Nous sommes arrivés à l'âge de la *raison politique :* cette raison éprouve le combat que la *raison morale* éprouva lorsque Jésus-Christ apporta celle-ci sur la terre avec la loi divine. Tout ce qui reste de la vieille société politique est en armes contre la raison politique, comme tout ce qui restoit de la vieille société morale s'insurgea contre la raison morale de l'Évangile. Inutiles efforts! les monarchies n'ont plus les conditions du despotisme, les hommes n'ont plus les conditions d'ignorance nécessaires pour le souffrir. Si les monarchies modernes ne vouloient pas s'arrêter dans la monarchie représentative, après de vains essais d'arbitraire elles tomberoient dans la république représentative. C'est donc nous pousser à l'abîme que de nous présenter une loi qui, en détruisant la liberté de la presse, brise le grand ressort de la monarchie représentative. Ce ne sont point là de vaines théories, ce sont des faits qui, pour être d'une haute nature, n'en sont pas moins des faits, par lesquels toute la matière est dominée. Vous y ferez, messieurs, une attention sérieuse quand vous discuterez les articles du projet de loi.

Ce projet sur lequel il vous reste à conclure est donc, selon moi, l'ouvrage de ces étrangers dans le nouveau siècle, de ces voyageurs qui n'ont rien regardé, de ces hommes qui font le monde selon leurs mœurs, et non selon la vérité. Ils ont l'horreur des lettres : craignent-ils d'être dénoncés par elles à la postérité? C'est une véritable terreur panique : pourquoi avoir peur d'un tribunal où ils ne comparoîtront pas?

Les ministres sont-ils eux-mêmes les hommes d'autrefois? Le projet de loi est-il l'ouvrage de leurs intérêts, de leurs préjugés, de leurs souvenirs, de leurs mœurs? N'ont-ils fait que céder à des influences étrangères? Ont-ils été trompés par le bruit que l'on a fait autour d'eux, bruit qu'ils auroient pris pour les réclamations de la France? N'ont-ils simplement cherché que la sûreté de leurs places? Tout ce que nous savons, c'est que le projet de loi est devant nous. Il étoit difficile de rendre palpable aux générations présentes ce songe du passé. En évoquant cette idée morte, il falloit l'envelopper de quelque chose de matériel, afin qu'elle pût nous apparoître : on l'a donc revêtue d'une loi : on a pourvu ce corps des organes propres à exécuter tout le mal que l'esprit pensoit. Il est résulté de cette création on ne sait quel fantôme : c'est l'ignorance personnifiée dans toute sa laideur, revenant au combat contre les lumières, pour faire rétrograder les sociétés, pour les refouler dans la nuit des temps et dans l'empire des ténèbres.

Mais cette ignorance, messieurs, a compté trop tôt sur la victoire. Elle va vous rencontrer sur son chemin, et ce n'est pas chose facile pour elle que de subjuguer tant d'esprits éclairés.

Messieurs, c'est peut-être ici mon dernier combat pour des libertés que j'ai proclamées dans ma jeunesse comme dans les derniers jours de ma vie. J'ai soutenu vingt fois devant vous à cette tribune les mêmes doctrines. Le peu de temps que j'ai passé au pouvoir n'a point ébranlé ma croyance ; on n'est point venu vous demander, pour favoriser les victoires de M. le dauphin pendant la dangereuse guerre d'Espagne, le sacrifice qu'on sollicite aujourd'hui pour amener des triomphes que j'ignore. Avant le ministère, pendant le ministère et après le ministère, je suis resté dans mes doctrines : mon opinion tire du moins quelque force de sa constance.

Si l'indépendance m'avoit jamais manqué pour exprimer ce qui me paroît utile, je trouverois aujourd'hui cette indépendance dans mon âge : je suis arrivé à cette époque de la vie où l'espérance ne manque pas à l'homme, mais où le temps manque à l'espérance. Aucun intérêt particulier ne me fait donc ni parler ni agir : que m'importent les ministres présents et futurs ? Les hommes ne me peuvent plus rien, et je n'ai besoin de personne. Dans cette position, j'oserai dire, en finissant, quelques vérités que d'autres craindroient peut-être de faire entendre : c'est mon devoir comme citoyen, comme pair de France et comme sujet fidèle.

Messieurs, on ne peut se le dissimuler, le gouvernement représentatif est attaqué dans sa base : on cherche à enlever la publicité à ces débats ; les aveux que l'on a faits, la haine qu'un certain parti a manifestée contre la Charte, tout annonce qu'une fois plongé dans le silence, on s'efforceroit de détruire ce que l'on déclare ne pas aimer. On ne réussiroit pas, je le sais, mais on prépareroit de grandes douleurs à la France.

Quel que soit le sort du projet de loi, ce projet par sa seule apparition a fait un mal qu'une longue administration dans le sens de la Charte pourroit seule maintenant effacer. Il a démontré qu'il existoit des hommes ennemis décidés de nos institutions, des hommes déterminés à les briser aussitôt qu'ils en trouveroient l'occasion. Jusque ici on avoit soupçonné ce fait, mais on n'en avoit pas acquis la preuve. Aujourd'hui, tout est découvert : le projet a tout révélé.

Non, messieurs, on ne veut point de la Charte lorsqu'on prétend violer le principe même du gouvernement représentatif. Jetant tous les masques, déchirant tous les voiles, les partisans du projet de loi ont montré le fond de leur pensée ; ils n'ont fait aucun mystère de leur opinion. Cette certitude acquise de l'existence d'un parti qui a horreur de l'ouvrage de Louis XVIII ; d'un parti qui d'un moment à l'autre peut se faire illusion au point d'entreprendre tout contre nos libertés ; cette certitude, dis-je, attriste profondément les hommes dévoués au monarque et à la monarchie.

Les désaveux ne rassureront personne. En vain on voudra faire passer pour le cri des intérêts privés le cri de réprobation qui s'est élevé contre le projet de loi d'un bout de la France à l'autre.

Ou il faut compter la Charte pour rien, le gouvernement représentatif comme une chose transitoire, les changements arrivés dans la société comme non avenus; ou il faut maintenir la liberté de la presse : sans elle il n'y a plus rien qu'une moquerie politique. Combien de temps les choses pourroient-elles aller de la sorte? Tout juste le temps que la corruption met à se dissoudre et la violence à se briser.

La légitimité, ainsi que la religion, est toute-puissante ; elle peut, de même que la religion, tout braver dans la monarchie constitutionnelle; mais avec ses conditions nécessaires, c'est-à-dire avec les autres légitimités, et au premier rang de celles-ci se trouve la liberté de la presse.

Sous la république, sous l'empire, auroit-on pu vendre publiquement dans les rues les bustes de Louis XVIII et celui de son héritier, comme on vend au milieu de nous, sans dommage pour la race royale, le portrait de Buonaparte et de son fils? Non, sans doute : les deux usurpations auroient péri. Pour se mettre à l'abri, elles tuoient les distributeurs de tout ce qui rappeloit le pouvoir légitime, elles égorgeoient ou déportoient les écrivains et établissoient la censure.

Le fils de Cromwell passa tranquillement ses jours en Angleterre, sous le règne des deux fils de Charles Ier. Le jeune homme de Vienne viendroit aujourd'hui s'établir en France, qu'il ne seroit qu'un triomphe de plus pour le trône légitime, qu'une preuve de plus de la force du droit dans la couronne et de la magnanimité dans le souverain.

Mais il en seroit tout autrement si vous violiez les conditions naturelles de la monarchie représentative. Détruisez la liberté de la presse; faites que des défenseurs indépendants ne puissent plaider la cause de la légitimité, qu'ils ne puissent surveiller, dénoncer par l'opinion publique les manœuvres des partis : alors les conseillers malhabiles de la légitimité se trouvent dans une condition de soupçon, de tyrannie, de foiblesse, pareille à celle des conseillers de l'usurpation. Un ministre qui croiroit avoir besoin de silence, qui sembleroit avoir des raisons de cacher la légitimité, reconnoîtroit la nature de cette puissance.

Une gloire immense, des malheurs presque aussi grands que cette gloire, le bien rendu pour le mal, voilà ce qu'offre l'histoire de notre famille royale : et cette triple légitimité pourroit être troublée par quelques misérables pamphlets qui n'atteindroient pas même les existences les plus obscures !

Il y a une France admirable en prospérité et en gloire avec nos institutions. Il y a une France pleine de troubles privée de nos institutions.

Pour arriver à la première, il suffit de suivre le mouvement naturel de l'esprit de la Charte; chose d'autant plus facile aujourd'hui que toutes les préventions personnelles ont disparu, que toutes les capacités, dans quelque opinion qu'elles aient été placées, se réunissent dans des principes communs.

Pour arriver à la seconde France, à la France troublée, il faut apporter chaque année des mesures en opposition aux mœurs, aux intérêts, aux libertés du pays. Après s'être rendu bien malheureux soi-même par des efforts si déraisonnables, on gâteroit tout, et les imprudents promoteurs d'un système funeste achèveroient leurs jours dans de douloureux, mais d'inutiles regrets.

Il me semble, messieurs, entendre votre réponse : « Le roi, me direz-vous, n'est-il pas là pour nous sauver, si jamais quelque danger menaçoit la France? La Charte périroit que le souverain resteroit encore. On retrouveroit en lui non tous les pouvoirs comme dans la monarchie absolue, mais quelque chose de mieux et de plus, toutes les libertés. »

Je le sais, un prince religieux n'a pas en vain juré de maintenir l'œuvre de son auguste frère, il auroit bientôt puni quiconque oseroit y porter la main. Mais s'il est facile à ce monarque, modèle de loyauté, de franchise et d'honneur, s'il lui est facile de calmer les orages, j'aime encore mieux qu'il vive en paix, heureux du bonheur qu'il donne à ses peuples, dans la région pure et sereine où sont placées ses royales vertus.

En donnant mon vote contre la loi en général, je ne renonce point au droit d'en combattre et d'en discuter les articles, puisqu'il faut en venir à cette lamentable discussion. Je vote à présent contre l'ensemble d'un projet de loi qui met la religion en péril, parce qu'il fait calomnier cette religion ; je vote contre un projet de loi destructeur des lumières et attentatoire aux droits de l'intelligence humaine; je vote contre un projet de loi qui proscrit la plus précieuse de nos libertés; je vote contre un projet de loi qui en attaquant l'ouvrage du vénérable auteur de la Charte ébranle le trône des Bourbons. Si j'avois mille votes à donner contre ce projet impie, je les donnerois tous, croyant remplir le premier de mes devoirs envers la civilisation, la religion et la légitimité.

MARCHE

ET

EFFETS DE LA CENSURE

AVERTISSEMENT.

Lorsqu'en 1820 la censure mit fin au *Conservateur*, je ne m'attendois guère à recommencer sept ans après la même polémique, sous une autre forme et par le moyen d'une autre presse. Les hommes qui combattoient alors avec moi réclamoient, comme moi, la liberté de penser et d'écrire : ils étoient dans l'opposition comme moi, dans la disgrâce comme moi, et ils se disoient mes amis.

Aujourd'hui, arrivés au pouvoir encore plus par mes travaux que par les leurs, ils sont tous contre la liberté de la presse; de persécutés ils sont devenus persécuteurs; ils ont cessé d'être et de se dire mes amis. Qui a changé?

Tel que le temps m'a laissé, tel il me retrouve : soutenant les mêmes principes et n'ayant point rencontré au poste éminent où j'ai passé les lumières qui ont obligé mes ci-devant amis à abandonner leurs doctrines. Il faut même que les ténèbres qui m'environnent se soient étendues sur eux lorsque j'étois ministre, car ils soutiennent que la licence de la presse n'a commencé que le 6 juin 1824.

Leur mémoire est courte : s'ils relisoient les opinions qu'ils ont prononcées, les articles qu'ils ont écrits contre un autre ministère et pour la liberté de la presse, ils seroient obligés de convenir qu'ils étoient au moins en 1818 et 1819 les sous-chefs de la licence.

D'une autre part, mes anciens adversaires sont revenus au principe de la liberté de la presse; ils se sont rapprochés de moi : cette marche est naturelle, celle de mes premiers compagnons est contre nature. Qu'on se soit éclairé par l'usage même du gouvernement constitutionnel, rien de plus simple; mais que de purs royalistes, sans doute attachés de cœur à l'ancien régime, aient rompu de grandes lances pour la Charte et pour les libertés publiques dans un temps où ces libertés, peu connues, sembloient avoir des périls; qu'aujourd'hui, lorsque tout est calme et qu'ils sont puissants, ils s'épouvantent en pleine paix de ces mêmes libertés, la chose est étrange. S'élever du mal au bien est ordre, descendre du bien au mal est désordre.

Vieux capitaine d'une armée qui a déserté ses tentes, je continuerai, sous la bannière de la religion, à tenir d'une main l'oriflamme de la monarchie et de l'autre le drapeau des libertés publiques. Aux antiques cris de la France de saint Louis et de Henri IV, *vive le roi! Montjoie! saint Denis!* je joindrai les cris nouveaux de la France de Louis XVIII et de Charles X, *tolérance! lumière! liberté!* Peut-être rattacherai-je avec plus de fruit au trône et à l'autel les partisans de l'indépendance que je ne ralliai à la Charte de prétendus serviteurs du trône et de l'autel.

L'honneur et mon pays me rappellent sur le champ de bataille. Je suis arrivé à l'âge où les hommes ont besoin de repos; mais si je jugeois de mes années par la haine toujours croissante que m'inspirent l'oppression et la bassesse, je croirois avoir rajeuni.

LES AMIS

DE LA

LIBERTÉ DE LA PRESSE.

J'ai publié, le 30 du mois dernier, une brochure intitulée : *Du rétablissement de la Censure au 24 juin* 1827.

Dans l'Avertissement de cette brochure on lit ce passage : « La presse non périodique doit venir au secours de la presse périodique : des écrivains courageux se sont associés pour donner une suite de brochures. On compte parmi eux des pairs, des députés, des magistrats. Tout sera dit; aucune vérité ne restera cachée. Si certains hommes ne se lassent point de nous opprimer, d'autres ne se fatigueront pas de les combattre. »

En effet, une société d'hommes de bien, également attachés à la religion, au roi, à la patrie, s'est formée dans le dessein de venir au secours de la première de nos libertés.

Les brochures qu'ils vont publier seront répandues *gratis* à Paris et dans les départements : ainsi elles n'auront pas besoin d'être annoncées pour être connues. Le public apprendra par elles et les vérités que la censure enlève aux feuilles indépendantes et les mensonges qu'elle laisse dans les journaux ministériels.

Les amis de la liberté de la presse placent leurs ouvrages sous la sauvegarde et sous la censure des tribunaux. De bons citoyens, des sujets fidèles, de vrais François, des hommes religieux qui veulent la liberté et non la licence, qui désirent la paix et non le désordre, n'ont rien à redouter des lois. Les uns signeront leurs écrits, les autres garderont l'anonyme. Taire son nom, ce n'est pas le cacher.

Tel est le plan dont les amis de la liberté de la presse commencent l'exécution dès ce moment même. On ne peut s'empêcher de reproduire une réflexion devenue vulgaire : après cinq ans de pleine et entière jouissance de la liberté de la presse, il est triste d'être revenu aux moyens de défense employés dans les premiers temps de la restauration : le pas rétrograde est effrayant. Quand on marche à reculons, il est difficile d'éviter les précipices.

MARCHE

ET

EFFETS DE LA CENSURE

L'écrit déjà cité plus haut étant le premier, dans l'ordre des dates, de tous ceux qui ont été publiés jusqu'à ce jour sur l'ordonnance du 24 juin, c'est de cet écrit qu'il faut partir pour continuer l'histoire de la censure.

On a vu que des mutilations avoient été faites aux journaux, que ces journaux avoient été obligés de rejoindre les tronçons des articles coupés, sous peine d'être exposés à toutes sortes de vexations. Le *Journal des Débats* ayant eu l'audace de laisser dans sa feuille un *blanc* accusateur, on le priva le lendemain de l'honneur du *visa*, de manière qu'il se trouva dans la nécessité ou de paroître avec un nouveau blanc, ou de ne pas paroître du tout, ou de paroître non censuré, ce qui entraînoit la suspension provisoire. *La France chrétienne* étoit dans un cas semblable ; on lui dénioit aussi le bâillon, on lui refusoit l'amnistie de la censure, on la mettoit hors la loi, pour avoir occasion de la punir comme une esclave révoltée. M. Pagès, dans une *Lettre* adressée à *M. Lourdoueix*, fait connoître de hideux détails, après lesquels il ajoute :

« M. Deliége déclara à M. Marin, directeur de *La France chrétienne*, qu'on ne vouloit pas de *blancs*, que *Le Constitutionnel*, le *Journal des Débats*, que tous les journaux déféroient à cette volonté, et que *La France chrétienne* ne seroit à l'avenir ni approuvée ni rejetée. Depuis ce moment les épreuves, chaque jour envoyées à deux heures après midi, sont chaque jour renvoyées à minuit sans approbation et sans rejet.

« Je vis alors que tous les journaux s'étoient laissé prendre au traquenard de la police; et il importoit, non certes à la prospérité de notre journal, mais à la dignité de l'opposition, mais aux libertés publiques, qu'une feuille protestât contre ces violences illégales, contre ces piéges grossiers, qu'elle parût telle qu'elle étoit mutilée par vous, et que chaque lecteur pût se dire : *La censure a passé par là.*

« Or, si vous êtes de mauvais censeurs pour les autres journaux, pour nous vous ne voulez pas être censeurs, et il faut que l'autorité vous force à remplir vos devoirs ou qu'elle nous rende notre liberté.

« Or, votre inertie s'oppose à ce que *La France chrétienne* puisse paroître : elle est donc un attentat à la propriété, une véritable spoliation ; et ce genre de confiscation, ce vol véritable, ne peut être sanctionné par une ordonnance. »

Constantinople a-t-il donc d'administration plus despotique que celle de la censure, de muets plus arbitraires que les censeurs ? Ces messieurs vous tuent en vous appliquant la loi ; ils vous tuent encore mieux en ne vous l'appliquant pas. Si vous prétendez les poursuivre devant les tribunaux, il faut en obtenir la permission de l'autorité supérieure administrative, ou les huissiers refusent de porter vos assignations[1]. Si, de son côté, l'autorité supérieure suspend provisoirement votre feuille et vous fait elle-même un procès, plusieurs mois s'écoulent avant que vous puissiez être jugé ; votre journal est perdu. Voilà la douce censure, l'équitable censure, la libérale censure, la constitutionnelle censure, la censure qui a produit la véritable liberté de la presse !

Lorsque la censure fut établie en 1814, et dans les années suivantes, il y avoit une sorte d'excuse à cette dérogation de la loi fondamentale : les troupes alliées occupoient la France ; elles demandoient des sommes considérables, des articles indiscrets pouvoient blesser ces étrangers. Dans l'intérieur du royaume, la vieille France et la France nouvelle se trouvoient en présence pour la première fois, et elles avoient des comptes à régler ; les partis étoient animés, les passions exaltées par l'aventure des Cent Jours ; des conspirations éclatoient de toutes parts : on pouvoit craindre que la parole, si long-

---

1. C'est ce qui est arrivé à MM. les membres composant la société du journal *La France chrétienne*. Ils ont voulu constater une infraction à l'ordonnance de censure : l'huissier a décliné sa compétence jusqu'à obtention de l'autorisation de M. le Ministre de l'intérieur, qui sans doute ne laissera pas attaquer son commis et son compère.

Il faut lire le *Mémoire à consulter sur les actes arbitraires de la censure*, signé par MM. les propriétaires du *Constitutionnel*, et les résolutions du conseil, M. Dupin, Paris, 8 juillet 1827.

temps contenue par le despotisme de Buonaparte, ne fît explosion en se dégageant tout à coup.

Il étoit possible encore que sous des institutions nouvelles, dont on ignoroit le mécanisme, on abusât d'abord de la presse; à peine savoit-on ce que c'étoit que la Charte. Il faut même rendre justice aux ministres de cette époque : en prenant des précautions contre la licence, ils se soumirent à la liberté de l'opinion, puisqu'ils se retirèrent, et peut-être trop tôt, devant la puissance de cette liberté : c'étoit un hommage que, dans leur sincérité, ils offroient au principe vital de la Charte.

Enfin, lorsque cette Charte fut donnée, elle déclara par son article 8 que *les François ont le droit de publier et de faire imprimer leurs opinions, en se conformant aux lois qui doivent réprimer les abus de la liberté de la presse*. Or, ces lois n'étoient pas faites. La censure, à laquelle les François étoient façonnés, et qui étoit le droit commun, fut provisoirement maintenue. On ne passoit donc pas de la liberté de la presse à la censure, on restoit comme on étoit; on ne détruisoit pas un droit acquis, on ajournoit seulement un droit accordé. Il n'y avoit pas secousse dans les esprits, changement, révolution dans la législation : on pouvoit se plaindre qu'une promesse n'étoit pas remplie, mais on ne pouvoit pas dire qu'un bienfait étoit retiré, en violation de la foi jurée.

Aujourd'hui existe-t-il une seule des raisons qui servirent au maintien de la censure dans les premières années de la restauration? Toutes les lois de répression sont faites. Habitués à la liberté de la presse, familiarisés même avec ses écarts, nous avons traité de ses principes sous tous les rapports et dans toutes les formes; nous connoissons ses affinités avec le gouvernement représentatif; nous savons qu'elle est le prix et la consolation de tous les sacrifices; nous savons qu'excepté l'honneur, elle remplace tout chez un peuple : nous l'ôter à présent, c'est nous enlever une possession prescrite, c'est arrêter violemment le cours de nos idées, le mouvement de nos mœurs. La censure a tellement vieilli pour nous, qu'elle nous paroît ce qu'elle est en effet, une loi caduque, ressuscitée du double despotisme féodal et impérial : elle a quelque chose de risible, comme les droits de *queuage* et de *remuage*, et d'odieux comme l'oppression militaire.

Un règne a déjà fini, un règne a commencé sous l'empire de la Charte; des générations entières se sont formées sous cet empire. La liberté de la presse a glorieusement traversé une guerre étrangère et une crise de finances; la paix règne au dehors et au dedans du pays. Il y a si peu de prétexte apparent à la censure, qu'on est forcé de supposer des desseins à ses fauteurs et de chercher dans l'avenir ce qu'on ne trouve pas dans le présent.

Nous avons pu faire cette apologie de la première censure, parce que nous nous sommes opposés même à cette première censure. Il n'y a jamais, selon nous, une raison suffisante de suspendre la liberté : celle-ci est plus forte que la servitude pour écarter les dangers d'un État.

Mais il ne s'agit pas de tout cela, dira-t-on : c'est pour sauver la religion que l'on a imposé la censure; c'est pour se délivrer des impiétés des journaux : la censure dans le cas présent est une pure affaire de conscience.

D'abord il faudroit être fixé sur ce mot de *religion,* savoir si ceux qui l'emploient ne confondent pas les choses divines, ne cachent pas les intérêts de l'homme dans les intérêts du ciel. Aucun doute que si la religion est véritablement attaquée, il ne faille la défendre à tout risque et à tout prix; mais nous nions la majeure, et nous disons ensuite : Les tribunaux sont là pour punir les outrages au culte : les peines sont sévères; elles n'ont jamais manqué d'être appliquées quand le délit a été prouvé. Cette manière de toujours raisonner comme s'il n'existoit pas de justice, comme s'il n'y avoit pas de magistrats, comme si l'on n'avoit d'autre défense que l'arbitraire, montre à quel point la raison est détériorée chez les hommes dont nous subissons le système.

En second lieu, si vous ne cherchez à défendre que la religion, votre censure ne s'exerce sans doute que sur les articles irréligieux, que sur les journaux *impies;* or, elle frappe également tous les genres d'articles et toutes les espèces de journaux : expliquez-nous donc cette *affaire de conscience.*

Enfin, vous prétendez soutenir la religion par la censure, et vous lui faites un tort irréparable. Aujourd'hui on accuse publiquement les ecclésiastiques d'être la première cause de la perte de notre première liberté : on les rend responsables de tout ce qui peut arriver à la Charte; on accumule sur leurs têtes des haines d'autant plus dangereuses qu'elles semblent appuyées sur un fait réel, et non sur des déclamations vaines. Qu'est-ce que quelques articles de journaux qui n'alloient point au fond de la question, quelques mots sur les missionnaires et sur les jésuites, auprès d'une accusation calomnieuse, sans doute, mais généralement crue, laquelle représente le clergé catholique comme incompatible avec l'existence d'un gouvernement constitutionnel? Voilà pourtant où votre censure a amené les choses. Vous vous réjouissez, parce que rien n'éclate encore; attendez : les générations vont vite. Souvenez-vous que si jamais les autels étoient brisés de nouveau, les ennemis des libertés publiques seroient les véritables auteurs de la catastrophe.

La plus haute des folies pour des hommes aveuglés seroit de soutenir que la religion catholique adopte une forme de gouvernement plutôt qu'une autre, qu'elle s'oppose aux vérités de la science et aux progrès de l'esprit humain, lorsqu'elle est, au contraire, l'ordre universel, la raison par excellence, la lumière même : quiconque aujourd'hui prétendra défendre la religion catholique en la séparant de la société telle que le temps l'a modifiée conduira les peuples au protestantisme.

La religion catholique fait des progrès rapides aux États-Unis ; la cour de Rome se met en communication avec les républiques espagnoles : pourquoi donc, nous autres catholiques de France, ne pourrions-nous vivre sous une monarchie constitutionnelle? Élevez notre jeune clergé dans l'amour des lois du pays, il les défendra et en tirera sa puissance. En sommes-nous toujours aux regrets du passé, aux calomnies du présent?

Dans une brochure de M. de Salvandy, qui vient de paroître, nous lisons cette très-belle page :

« Les générations de l'ancien régime, élevées on sait par qui et comment, ont égorgé les nobles et les prêtres, tué Louis XVI, tué Marie-Antoinette, tué Mme Élisabeth, tué... Ce siècle a été une longue orgie commencée dans la débauche et finie dans le sang. Les générations nouvelles, nées sur les marches des échafauds, grandies à la lueur des incendies et des batailles, ont relevé les autels, rétabli le trône, rappelé à ce trône vénéré le vieux sang des comtes de Paris, reconstitué l'ordre social, reconnu le légitime empire des noms, des richesses, des talents, des vertus, consacré une aristocratie politique investie de privilége et d'hérédité[1]. »

Quoi qu'il en soit, si l'administration de la première censure eut des motifs plausibles, elle fut aussi moins capricieuse et moins rude que l'administration de la censure actuelle.

L'ordonnance pour la mise à exécution de la loi de 1820 établissoit douze censeurs ; cinq étoient nécessaires pour signer l'arrêt.

A cette époque aussi les *blancs* et les *noirs* étoient permis ; les journalistes alloient quelquefois jusqu'à mettre le portrait d'une paire de ciseaux dans les endroits supprimés ; le noble duc de Richelieu avoit

---

1. *Lettre à M. le rédacteur du* Journal des Débats *sur l'état des affaires publiques.*

trop de franchise pour souffrir que la censure employât les moyens haineux et faux, violents et hypocrites dont elle se sert aujourd'hui.

Plus tard, lorsque la censure fut rétablie avec insulte à la magistrature, on eut des censeurs secrets de la police, *un saint-office d'espions*; mais tels qu'ils étoient, ils ne firent point la guerre aux *blancs,* ils ne se crurent jamais le droit de dénier la censure, de refuser leur petit ministère aux journaux qui se présentoient de bonne grâce. Il étoit réservé à la censure libérale du bon M. Tartufe de se porter en moins d'un mois à des excès jusque ici inconnus, tout en nous déclarant *que les résultats de la censure paroissent si peu incertains aux vrais amis de la liberté de la presse, que pour eux le triomphe de celle-ci ne date que de ce jour.*

Aujourd'hui il n'y a que six censeurs; et la signature d'un seul secrétaire, pris en dehors de leur confrérie, suffit pour rendre valide la maraude censoriale. Sur ces six censeurs, deux, on le sait, MM. Caix et Rio, ont courageusement donné leur démission; un troisième, M. Fouquet, a siégé, dit-on, deux ou trois fois, mais on assure qu'il se retire, après avoir vu et entendu sans doute de belles choses.

Il n'a pas été permis aux journaux d'annoncer la non-acceptation de MM. Caix et Rio : la censure proscrit un homme pour son honneur comme on proscrivoit un Romain pour sa fortune. Et tout cela sous la légitimité! sous le règne de l'honneur et de la vertu!

Une ordonnance du roi, du 4 de ce mois, annonce que M. de Silans et M. Lévêque ont été nommés en *remplacement* de MM. Caix et Rio. La censure, pour être conséquente, auroit dû biffer l'ordonnance royale, puisqu'elle trahit le secret qu'on vouloit garder. Pourquoi ne l'auroit-elle pas biffée, cette ordonnance? Dans un article[1] que le bureau de censure a laissé sans censure se trouvoit l'ordonnance du roi pour la convocation des conseils généraux.

La censure s'arroge aussi le droit de supprimer jusqu'aux actes du gouvernement; elle se permet encore d'altérer les détails judiciaires, comme on le verra dans l'instant.

Remarquons toutefois une chose : *Le Moniteur* annonce bien que MM. de Silans et Lévêque ont été nommés en *remplacement* de MM. Caix et Rio, mais il ne dit pas de MM. Caix et Rio *démissionnaires;* de sorte que d'après le journal officiel on pourroit croire que ces deux honorables professeurs ont été *destitués.* On ne sait ce qu'on doit le plus admirer, ou de la justice que se rend la censure en essayant de cacher les sentiments qu'elle inspire, ou de l'obstination des ministres

---

1. *Journal des Débats.*

à laisser sur la victime qu'ils ont touchée la tache de leurs mains.

Il a fallu enfin avouer la retraite de M. de Broé et de M. Cuvier; ils ont été remplacés par MM. de Blair et Olivier[1]. M. de Broé avoit, dit-on, motivé son refus sur des raisons tirées de la pureté de la magistrature; M. Cuvier a senti que la science séparée de l'estime perd sa tranquillité naturelle : l'étude ne console que du malheur.

Quant à M. le marquis d'Herbouville, on avoit prétendu qu'il s'étoit retiré; il n'en est rien : nous nous empressons de réparer le tort que ce bruit a pu faire au noble pair.

On a demandé si le conseil de surveillance étoit rétribué. La pudeur publique a répondu négativement. La calomnie insiste; elle va jusqu'à prétendre que tel membre de ce conseil reçoit pour sa place nouvelle un traitement de 1,500 fr. par mois. Un démenti public sera sans doute donné à la calomnie. En effet, quelques membres du conseil de surveillance jouissent de plusieurs pensions à divers titres; il n'est pas probable qu'ils aient eu besoin de nouveaux secours : il y a d'ailleurs des places où le zèle suffit.

Dans la brochure qui sert de point de départ à celle-ci, j'ai prouvé que des pairs et des députés n'étoient pas aptes à remplir des fonctions de censeurs. J'aurois pu appuyer cette opinion de l'autorité même et du jugement de la chambre des pairs.

Le 14 février 1820 fut apporté à cette chambre un projet de loi relatif aux journaux. Les articles 5 et 6 de ce projet, qui devint loi après avoir éprouvé des amendements, étoient ainsi conçus :

« Article 5. Une commission composée de trois pairs et de trois députés nommés par le roi, sur une liste double de candidats présentés par leur chambre respective, et de trois magistrats inamovibles, également nommés par le roi, choisira et révoquera à volonté les censeurs.

« Article 6. Cette commission sera renouvelée chaque session des chambres : ses membres pourront être indéfiniment renommés. »

L'article 8 accordoit à la commission le droit de suspendre provisoirement un journal, lorsque ce journal auroit publié un article non communiqué ou non approuvé.

L'article 11 déclaroit que la censure cesseroit de plein droit d'avoir son effet au 1ᵉʳ janvier 1825.

On voit combien cette commission légale étoit supérieure de tous points à la commission de surveillance actuelle : c'étoient les chambres et non les ministres qui devoient en présenter les candidats au

---

[1]. Il paroît certain que cet honorable magistrat a aussi donné sa démission.

choix du roi, sur une liste double. Cette commission devoit être renouvelée à chaque session des chambres. La commission (et non le garde des sceaux, sous la protection du fameux *nous*, de l'ordonnance du 24 juin dernier), cette commission seule pouvoit suspendre un journal en contravention. Enfin, cette loi d'exception avoit un terme fixe ; elle devoit expirer au 1er janvier 1825.

Eh bien, malgré ses apparents avantages, la commission nommée par la chambre des pairs pour faire un rapport sur le projet de loi proposa le rejet pur et simple de ce projet. Le rapporteur de la commission étoit M. le duc de La Rochefoucauld, cet homme des bonnes œuvres dont nous avons vu profaner les cendres. Voici comme il s'exprima sur les articles 5 et 6 du projet de loi ; du fond de son cercueil fracassé, ses paroles serviront encore les libertés de la patrie.

« Le projet de loi propose, il est vrai, la formation d'une commission composée de pairs, de députés et de magistrats pour surveiller la censure. Cette pensée a le caractère de modération de la part du gouvernement ; elle a sans doute pour intention de porter un remède à la censure et à l'influence ministérielle, tant redoutée en fait de censure, et à si juste titre ; mais le bien qu'elle voudroit promettre n'est qu'illusoire. Qui pourra s'imaginer qu'une commission ainsi formée passera des journées entières à recevoir et à vérifier les jugements des censeurs, à écouter les plaintes de trente journalistes plaidant pour l'insertion de l'intégrité de leurs articles? Et si elle ne se livre pas à ces longs et fastidieux travaux, elle ne sera qu'un nom. Peut-être pourroit-elle dans quelques cas empêcher quelque grande injustice[1] ; peut-être pourroit-elle parfois donner quelques conseils généraux sur la manière d'exercer la censure. Mais le ministère de son côté n'auroit-il pas son but à remplir, sa tendance à faire prévaloir? Et, disons-le franchement, de quelque manière qu'une censure soit organisée, il est toujours à craindre qu'elle ne soit plus ou moins sous l'influence ministérielle.

« Ce projet de commission est plus qu'illusoire et qu'incomplet, il est évidemment inconstitutionnel. Le projet de loi fait intervenir des pairs et des députés, pour leur donner une participation active à l'exécution d'une loi et pour leur faire exercer des fonctions au moins moralement reponsables. Les chambres elles-mêmes devroient nommer les pairs et les députés : elles prendroient donc part à l'action du gouvernement quand nos principes constitutionnels s'opposent, dans l'intérêt même du trône, à la confusion des pouvoirs. Cette commission

---

1. Que n'oblige-t-elle aujourd'hui les censeurs à exécuter la loi, à *censurer*?

seroit chargée de prononcer des peines graves, de suspendre des journaux, de les interdire même dans certains cas, de prononcer ainsi des jugements correctionnels frappant sur les biens et sur les personnes; elle distrairoit ainsi les sujets de l'État de leurs juges naturels : elle est inadmissible [1]. »

Les pairs furent frappés de ces hautes considérations, et retranchèrent du projet de loi les articles 5 et 6. A plus forte raison la noble chambre se fût-elle récriée s'il eût été question d'une simple commission de surveillance à la présentation des ministres.

Le ministère n'insista pas : M. le baron Pasquier déclara « qu'il savoit tout ce qu'on pouvoit dire sur la création d'une commission spéciale pour l'exercice et la juridiction de la censure; qu'il ne se dissimuloit point la force des objections qu'on avoit élevées contre son existence [2]. » Le projet de loi fut voté avec le notable amendement qui rejetoit les articles 5 et 6 relatifs à l'établissement d'une commission de censure, et avec un amendement plus notable encore qui bornoit à la fin de la session de 1820 la durée de cette loi. Encore le projet amendé ne passa-t-il qu'à la majorité d'une voix.

Il est probable, d'après ces débats, que la même question sera agitée à l'ouverture de la session prochaine, et que MM. les pairs, membres du conseil de surveillance, seront invités à ne plus faire partie à l'avenir d'une commission de censure. Si les fonctions de préfet ont paru incompatibles avec la dignité de la pairie, à plus forte raison les fonctions de censeur sont-elles une déchéance de cette dignité. La noblesse d'extraction peut dormir sans se perdre; celle de caractère ne peut sommeiller sans périr.

Étrange anomalie! dans la discussion du Code militaire à la chambre haute, on a voulu soustraire les pairs portant les armes à la juridiction des conseils de guerre, tant la dignité de la pairie a semblé respectable! Et un pair pourroit être censeur!

On a soutenu qu'un conseil de surveillance placé hors des attributions de la police, composé de personnes graves et d'un rang élevé dans l'État, étoit une espèce de tribunal qui témoignoit de la considération que l'on avoit pour la liberté de la presse et du désir de rassurer les amis de cette liberté.

Les faits ont mal répondu à cette déclaration. La censure s'est exercée d'une manière intolérable, et contre les hommes et contre les

1. Séance des pairs, 23 février 1820.
2. Séance des pairs, 28 février 1820. L'ordonnance qui fut faite pour l'exécution de cette loi établissoit (art. 9) un conseil de neuf *magistrats*, pour surveiller cette censure d'un *an* de durée, à l'exclusion des *pairs* et des *députés*.

choses, en violation même de la loi qui la constitue. D'ailleurs, il est démontré qu'un conseil de surveillance de censure est une chose ou impossible ou illusoire.

Impossible : pour que le conseil de surveillance devînt réellement une magistrature, il faudroit que les membres en fussent inamovibles : or un tribunal inamovible, maître absolu de l'opinion, seroit le *vrai souverain* : il domineroit le roi et le peuple; l'article 62 de la Charte disparoîtroit; les citoyens distraits de leurs juges naturels, comme le remarquoit M. le duc de La Rochefoucauld, seroient traduits, sans appel, devant cette formidable magistrature de l'opinion, qui ne connoîtroit d'autre amovibilité que celle de la mort.

Le conseil de surveillance avec une autorité indépendante est donc impossible; il est illusoire si les membres en sont amovibles : ceux-ci, exposés aux violences et aux caresses du pouvoir, ne sont plus dans les mains de ce pouvoir qu'un instrument ministériel. Tout ou rien, trop ou trop peu, tel est le conseil de surveillance, selon qu'il est amovible ou inamovible.

Les pairs et les députés peuvent-ils être les exécuteurs des lois qu'ils votent et surtout des lois d'exception? Des membres de la législature ravalés au rang de censeurs, eux qui en jurant la Charte ont nécessairement juré les libertés qu'elle renferme! Pourroit-on concevoir que le magistrat qui plaide ou qui juge dans un procès pour délit de la presse devînt le *censeur* sous les yeux duquel seroient altérées le *soir* les paroles que lui ou le défendeur auroient prononcées le *matin* devant le tribunal?

A ce propos je rappellerai ce qui s'est passé dans l'affaire de M. de Keratry. M. Alexis de Jussieu, dans une brochure écrite d'un ton ferme, raconte le fait de la manière suivante :

« Aujourd'hui même, au moment de livrer cet écrit à l'impression, j'apprends que la censure vient de supprimer quelques lignes dans la défense de M. de Keratry. » Ce sont celles-ci (il s'agissoit du magistrat censeur, M. de Broé) :

« *Pourquoi même ne pas croire qu'à l'exemple d'un savant célèbre en Europe, et de deux estimables professeurs d'histoire, il aura compris que faire taire n'est pas répondre, et qu'attenter aux droits d'une nation, c'est en démériter?* »

La censure viole ainsi l'article 64 de la Charte, qui dit : « Les débats sont publics en matière criminelle, » et elle viole cet article dans l'intérêt de sa propre cause. Si la censure est bonne et honorable, pourquoi tant de précautions afin de cacher que quelques individus ont refusé des places de censeurs?

La censure crée une société factice, substitue la fiction à la réalité. La magistrature, maintenant les franchises nationales, acquitte sans blâme et sans dépens M. de Keratry; elle établit par son arrêt qu'il n'y a rien de répréhensible, rien de contraire aux lois dans le passage incriminé; elle permet devant elle un développement de principe, une plaidoirie grave en faveur de la liberté de la presse, en réprobation des hommes qui ont asservi cette liberté.

Supposez à présent que le passage dénoncé, que la plaidoirie de M. de Keratry et de son défenseur fussent de simples articles envoyés par Le Courrier françois à la censure, la censure en laisseroit-elle passer deux lignes? Où se trouve donc le véritable esprit de la France? Est-il représenté par des juges inamovibles, assis sur les fleurs de lis, en présence du public assemblé, ou par des censeurs amovibles, assis sur les escabelles de M. de Corbière, dans un abattoir où l'on assomme à huis clos l'opinion [1]?

Au reste, il paroît évident que six censeurs ne peuvent suffire à l'exécution de tant de journaux : aussi donne-t-on pour certain qu'au-dessous de ces hommes se trouvent au pied de l'échelle des aides d'office. Si ces faits sont exacts, nous aurions à la fois la censure publique et la censure secrète : on ne peut réunir plus d'éclat à plus de modestie.

Les poids et les mesures varient selon les journaux et selon l'humeur de messieurs de la censure. Ainsi le *Journal des Débats* a vu mutiler un article qui proposoit M. Delalot aux électeurs d'Angoulême, et il a été permis au *Constitutionnel* de louer et d'offrir M. Chauvelin aux mêmes électeurs : petite ruse facile à pénétrer. Les agents du pouvoir veulent avoir quelque chose à dire à la tribune en faveur et en défense de leur censure; ils permettent en certains cas un peu de liberté, afin de tuer plus sûrement un jour la liberté. Quelques phrases tolérées sont des arguments ministériels en réserve, et non des franchises laissées au public. Quand on aura obtenu la censure pour un quart de siècle ou pour un demi-siècle, on ne fera pas tant de compliments, et l'on resserrera la muselière.

---

[1]. La censure vient de commettre une nouvelle prévarication du genre de celle dont nous nous plaignons en ce moment même. *Le Constitutionnel* et *Le Courrier* étoient en appel à la cour royale d'un jugement rendu contre eux en première instance. La cause d'un de ces journaux étoit défendue par M. Dupin. Son plaidoyer révéloit tous les méfaits de la censure; la censure n'a pas permis, même aux journaux intéressés, de publier la défense de leur avocat.

La censure ne tient aucun compte de la Charte; mais la Charte fera bientôt raison de la censure.

Heureusement les journaux ministériels sont naïfs ; au lieu de dissimuler la pensée de leurs maîtres, ils la dévoilent.

Si vous ne voulez pas croire à la liberté de la presse sous la censure, voyez, nous disent-ils, tel journal citant des passages des journaux anglois pour et contre M. Canning, tel autre s'expliquant sur le Brésil ; tel autre parlant des fêtes données à MM. Bourdeau et Gautier, députés de l'opposition.

Le Moniteur et les journaux de préfecture éclatent en mêmes jubilations : nous pouvons être sûrs qu'on nous répétera mot pour mot à la tribune les raisonnements des gazettes stipendiées. On aura beau dire que les journaux indépendants ont expliqué leurs pensées, qu'ils ont protesté contre la censure : leur protestation tournera contre eux, comme une preuve de plus de leur *liberté ;* c'est même la raison pour laquelle on leur permet de protester. En définitive, puisqu'on proscrit des noms et des ouvrages, puisqu'on interdit les *blancs,* puisqu'on veut le martyre sans stigmates, la prétendue tolérance de la censure n'est qu'un piége et une jonglerie.

Ce que cette censure désire surtout, c'est que l'on ferraille avec elle, que l'on parle de principes, de liberté, de constitution, de Charte. Elle dit avec un touchant intérêt aux journaux qui se sont retranchés dans la littérature : « Vous vous faites tort ; vous ennuierez vos lecteurs ; vous perdrez vos abonnés. Qui vous empêche de publier de vigoureux articles de doctrine? Nous vous les passerons tous sans en retrancher une seule ligne. »

Que ces messieurs sont bons ! *Allons! ferme!* soutenons une thèse sur la liberté, mais cachons bien nos mains, de peur qu'on ne voie les petits anneaux des gendarmes. Les maîtres ès jeux de la censure nous distribueront des couronnes, et les Pindares de la police célébreront nos victoires.

En politique extérieure la censure ne nous fait connoître que ce qui convient à l'autorité : elle ne permet pas surtout que l'on traduise les articles des gazettes angloises, où elle est traitée comme elle le mérite, mais avec des outrages à notre patrie. Ministres, rendez-nous compte de l'honneur françois !

Que reste-t-il à la presse périodique pour organe *libre* de l'opinion? Les journaux ministériels, qui sans doute ont leur franc-parler : à la vérité ils sont réduits à deux ; car le ministérialisme est une fièvre jaune dont meurent tour à tour les gazettes qui en sont attaquées. Ces deux journaux donnent à leurs maîtres des éloges qui doivent les embarrasser. Dernièrement un ministre n'étoit rien moins que *Fabius Cunctator,* à l'arme ardente, à la décision froide, se préparant à fondre du haut de la montagne sur les soldats d'Annibal. Comme il n'étoit question dans tout cela que de finances, on se demandoit si la montagne étoit l'hôtel Rivoli, la Bourse le Capitole, la rue Notre-Dame-des-Victoires le champ de bataille, et quelque banquier le général carthaginois. De terribles défis que personne n'accepte, des monologues que personne ne lit, sont consignés le matin dans une des gazettes de l'autorité et répétés le soir par l'autre. On n'oseroit peut-être pas avouer les principaux écrivains de ces gazettes, jadis rédacteurs des *Correspondances privées* où le prince, aujourd'hui roi, étoit chaque jour insulté. Voilà les soutiens du trône, les interprètes des doctrines du ministère!

En politique intérieure, la censure interdit ce qui blesseroit les projets et les intérêts de sa coterie. Elle sépare les citoyens des lois, les rend étrangers à leur gouvernement, les prive de l'instruction nécessaire à l'exercice de leurs droits, devient une espèce de rouille qui empêche le jeu de la machine, ou plutôt qui ne laisse tourner que les rouages du pouvoir.

Les censeurs, si dangereux, comme on le voit, en politique, deviennent des critiques en littérature : ils ont leurs coteries, leurs haines, leurs amours; ils coupent et tranchent à leur gré, permettent ou refusent d'annoncer les nouveaux et les anciens écrits, effacent certains noms, biffent les éloges de certains ouvrages : ils interdiroient le feu et l'eau à Racine et accorderoient le droit de cité à Cotin. Peut-on espérer autre chose, lorsqu'on donne à la médiocrité tout pouvoir sur le génie, à l'obscurité toute autorité sur la gloire? Si vous introduisiez l'envie et la sottise dans le temple de la Renommée, n'en briseroient-elles pas les statues?

Les nouveaux censeurs empruntent à l'administration supérieure l'urbanité qui la distingue. Les journaux politiques n'ont qu'une heure (de sept à huit heures du soir) pour être marqués et fouettés. Avant sept heures il n'y a personne au bureau : après huit heures on n'admet plus rien à la censure du jour : c'est le cercle de Popilius pour l'opinion. Il semble pourtant que des commis à 6,000 francs de gages pourroient traiter un peu plus poliment le public qui les paye, à la vérité bien malgré lui. Des feuilles périodiques, dont le tirage est considérable, sont cruellement embarrassées lorsqu'on n'a qu'un moment pour remanier une composition mutilée. La haine de l'intelligence humaine et le mépris des lettres se devroient mieux masquer.

On raconte que des fiacres et des gendarmes viennent tous les soirs chercher les censeurs et les reconduisent chez eux : on pense que les gendarmes sont là en guise de gardes d'honneur[1].

Une partie des travaux de la censure a lieu après le coucher du soleil ; il y a des ouvrages qui ne se font que de nuit. Cela se passe pourtant assez loin de M. le ministre de l'intérieur pour que son sommeil n'en soit point troublé.

Voyons maintenant dans quel état la presse périodique demeure lorsque les censeurs, ayant achevé leur besogne, ordonnent de *laisser passer leur justice*.

Un étranger a quitté la France depuis une vingtaine de jours ; par un hasard quelconque il a ignoré l'imposition de la censure, et il est revenu hier à Paris.

A son départ pour cette capitale, il avoit lu dans les feuilles indépendantes des articles politiques et littéraires sur les sujets les plus dignes d'occuper l'esprit humain. Accoutumé à ce mouvement de la pensée qui annonce les progrès d'un peuple dans la carrière de la raison et de la liberté, il demande les journaux du matin, il les ouvre avec empressement ; il court à ce que les Anglois appellent le *leading article*, l'article principal. Il voit écrit en grosses lettres, dans une feuille, ce titre : LA GIRAFE ; une autre feuille contient une annonce de *chien perdu* ; une troisième parle d'une scène de *Bobèche* ou d'une *danse de singes* ; une quatrième raconte la pêche d'un *énorme esturgeon*.

Notre voyageur cherche en vain dans les matières littéraires les noms qu'il avoit coutume d'y trouver ; les ouvrages importants dont on lui donnoit l'analyse, tout a disparu. Il se frotte les yeux, il ne sait s'il rêve ; il se demande si la France n'a pas été frappée tout à coup d'une paralysie à la suite de laquelle elle seroit tombée en enfance. Il ne se peut figurer que ce soit là la nation qu'il avoit laissée si saine, si grande, si spirituelle, et qu'il retrouve si cacochyme, si petite, si idiote.

Telle est pourtant dans l'exacte vérité la dégradation subite où nous a plongés la censure. Un peuple peut-il consentir longtemps à cet amoindrissement forcé, à cet abandon de toutes ses facultés morales et intellectuelles? S'imagine-t-on que l'on peut passer sans transition des mâles travaux de l'homme aux occupations puériles de l'enfant, des jouissances de la liberté aux plaisirs de l'esclavage et du spectacle de la gloire aux gambades de Fagotin?

C'est tenter l'impossible ; il seroit plus aisé de nous ramener au mode de la régence que de réduire nos esprits à la mesure des censeurs.

---

1. M. A. de Jussieu.

Aussi les effets de la censure ne sont pas moins effrayants qu'ils ne sont inévitables; le dégoût, le mépris, la haine, s'augmentent au fond de tous les cœurs pour un système d'administration qui exploite au profit de quelques hommes quarante années de révolutions, de victoires et de malheurs. On se demande si c'est pour arriver à l'ovation de tels et tels ministres que la république a brisé le trône et élevé l'échafaud de Louis XVI, que la Vendée a versé son sang, que Buonaparte a vaincu l'Europe, que Louis XVIII a donné la Charte? Sommes-nous punis par où nous avons péché? Devons-nous expier l'extrême grandeur par l'extrême petitesse?

Des nains ministériels, montés sur les débris de nos libertés, ont osé attacher un bandeau sur les yeux de la France, imitant la gloire, qui seule étoit de taille à atteindre le front de la fille aînée de l'Europe. Prétendent-ils tuer cette France quand elle ne les verra plus? Mais ne pourroit-elle pas étendre son bras dans l'ombre? Malheur à ceux sur qui s'abaisseroit sa main!

Chaque jour on nous effraye du bruit de quelques projets sinistres. Les ministres, nous dit-on, n'en resteront pas là : enivrés de la victoire remportée sur Paris par le licenciement de la garde nationale, sur la France entière par la censure, ils songent à de nouveaux triomphes. Leurs créatures sollicitent une nombreuse nomination de pairs pour obtenir, si elles le peuvent, des mesures selon leurs vœux; elles méditent une nouvelle circonscription des tribunaux, afin de dompter l'esprit indépendant de la magistrature; elles parlent d'une loi de censure perpétuelle, d'une loi d'élections plus flexible, d'une suspension de la Charte, etc., etc.

De quoi les ennemis du roi et de la patrie ne parlent-ils pas! Mais ils comptent sans le temps, sans les événements, sans la force du siècle, sans l'esprit des peuples. Ne confondons pas le génie qui rêve avec la médiocrité qui extravague : quelques idées vieillies, cantonnées dans des têtes étroites et usées, peuvent-elles régir une nation où les lumières sont entrées de toutes parts? Une garnison d'invalides, retranchée dans un donjon délabré, fait-elle la loi aux assiégeants, lorsque la place est prise et le pays occupé?

La France avoit montré une joie extrême du retrait du projet de loi contre la presse; si elle ne pouvoit supporter ce projet, même en pensée, est-ce pour la satisfaire qu'on lui impose la censure? Est-il sage, est-il politique de narguer ainsi, de fouler aux pieds l'opinion?

Après cinq années de possession de la liberté de la presse, cette liberté n'est plus pour la France un simple principe abstrait, c'est un fait pratique qu'il n'est donné à personne de détruire. La censure, loin de calmer les esprits, n'a fait que les irriter : elle les a confirmés dans l'idée que les ministres cherchoient à ravir à la France les institutions que leur a octroyées Louis XVIII.

Dans l'ancienne monarchie, le pouvoir n'avoit pas en lui-même son principe modérateur ; il ne rencontroit de résistance que dans ses limites ; clergé, noblesse, états provinciaux, droits et priviléges municipaux, lui faisoient obstacle.

Dans la monarchie nouvelle, le pouvoir n'a point de bornes ; mais il est retenu par un principe renfermé dans son propre sein, *la publicité*. Détruisez celle-ci, il ne reste qu'un despotime orageux. « La monarchie légitime, a dit un esprit profond, la monarchie légitime, si nécessaire à la France, cette monarchie qui est à nous aussi bien qu'à nos adversaires, seroit amenée par leur imprudence au seul risque véritable qu'elle ait à courir, celui d'être regardée comme incompatible avec les libertés qu'elle a promises [1]. »

Ces libertés ont pénétré nos institutions et nos mœurs : attaquer la plus précieuse de toutes, c'est blesser nos intérêts essentiels. Ajoutons que la censure, telle qu'elle existe aujourd'hui, est absurde, parce qu'elle est impuissante.

Lorsqu'à côté d'une presse esclave il existe une presse libre, et que celle-ci raconte ce que l'autre est obligée de taire, le pouvoir tombe dans la désaffection et dans l'impopularité, sans arriver au but qu'il se propose : il se donne à la fois les embarras de la liberté de la presse et les inconvénients de la censure.

Nous avons maintenant les chansons et les noëls satiriques de la vieille monarchie, et les brochures politiques de la monarchie nouvelle. Avant un mois le public commencera à connoître ces brochures ; elles seront d'autant plus lues, demandées, recherchées, que la presse périodique est moins indépendante.

Lorsqu'un écrit a la faculté de paroître sous le régime de la loi, que l'auteur de cet écrit ne peut pas être arrêté, jugé et fusillé dans vingt-quatre heures, une petite violence administrative à la publicité est une bouderie à laquelle ne se laissera jamais aller un véritable homme d'État. La censure, glaive tranchant de l'arbitraire, s'émousse aux mains de l'autorité légale : il ne coupe pas, il meurtrit ; l'arme de la légitimité est la liberté de la presse.

La légitimité revint de l'exil nue et dépouillée ; elle réclama la puissance en offrant la liberté : l'échange fut accepté avec transport. De mâle en mâle, par une succession non interrompue, on arrivoit de

---

[1] M. Royer-Collard, séance du 22 janvier 1822.

Robert le Fort à Louis XVIII : les fils de ceux qui fondèrent la monarchie, et qui gardèrent le passé pendant mille ans, demandoient à garder l'avenir. Ce miracle d'antiquité étoit une grandeur qu'on ne pouvoit méconnoître : les François se soumirent à l'autorité de leur roi comme à l'autorité de leur histoire.

Le souverain eut donc en partage le pouvoir, et le peuple la liberté. Les deux parties, satisfaites l'une de l'autre, sont sincères et loyales; mais entre elles se sont glissées de petites gens qui cherchent à brouiller. Elles ont réussi jusqu'à un certain point; on s'en étonne, et l'on a tort.

La médiocrité individuelle n'est pas forte par ce qu'elle est en elle-même, mais par le corps nombreux des médiocrités qu'elle représente. Plus l'homme en pouvoir est petit, plus il convient à toutes les petitesses : il donne à la foule l'espérance de réussir; les courtisans le préfèrent, parce qu'ils peuvent dédaigner sa première condition; les rois le conservent comme une preuve de leur toute-puissance. Non-seulement la médiocrité parvenue a tous ces avantages, mais elle a encore un bien plus grand mérite : elle exclut du pouvoir la capacité. Ce député des infirmes aux affaires caresse deux passions du cœur humain : l'ambition du vulgaire et l'envie de tous.

Mais enfin cela n'a qu'un temps, et un temps fort court dans la forme de nos institutions : elles ramèneront les vraies supériorités, ou bien il faudroit tenter des coups d'État, qui viendroient échouer contre le refus de l'impôt.

Si nous voulons remporter la victoire, agissons toujours de concert, et soyons attentifs aux manœuvres des ennemis de nos libertés. C'est principalement des élections prochaines que nous devons attendre notre salut. Les élections partielles qui ont eu lieu dernièrement n'ont laissé passer qu'un seul candidat de l'autorité. M. Delalot vient d'être nommé à Angoulême, à la haute satisfaction des royalistes constitutionnels et au mortel déplaisir de leurs adversaires; ce qui prouve, ce que l'on savoit depuis longtemps, que la censure est un mauvais moyen d'obtenir aux élections des votes ministériels. Mais prenons garde à une chose.

La dernière loi sur le jury est excellente : faite de sorte à empêcher dans l'avenir les fraudes électorales, elle pourroit cependant avoir dans ce moment le plus grand danger, si la France étoit surprise par une dissolution subite de la chambre des députés, après le 1er octobre prochain.

On commence à exécuter cette loi : les listes où les citoyens iront s'enregistrer seront closes le 1er octobre de cette année. Il est naturel que toutes les créatures, que tous les agents du ministère soient portés immédiatement sur ces listes.

Malheureusement l'institution du jury n'est pas encore bien entrée dans nos mœurs : il est probable que dans les départements on se montrera tiède à placer son nom sur le rôle des jurés ; on croira qu'il sera toujours temps d'en venir là ; on ne se souviendra pas qu'en négligeant de se faire inscrire on perd ses droits d'électeur. Souvenons-nous bien que LES LISTES DU JURY SONT LES LISTES ÉLECTORALES. Personne ne viendra vous en avertir dans votre domicile ; les autorités ne diront rien ; les journaux, sous le joug de la censure, se tairont ; le 1ᵉʳ octobre arrivera. Si la chambre des députés est dissoute, alors que fera-t-on ? on courra aux colléges électoraux : inutile empressement ! on n'est point inscrit sur la liste du jury, on a perdu ses droits d'électeur ! On réclamera : les réclamations seront accueillies *pour l'année* 1828. Tout sera parfaitement légal ; il n'y aura pas lieu à la plus petite plainte ; mais, comme les initiés le disent déjà trivialement en se frottant les mains, *on aura manqué le coche* ; une chambre des députés sera élue pour *sept ans*. Les ministres, riant des dupes et de la véritable opinion de la France, recueilleront le fruit de la censure.

Je recommande ceci à l'attention la plus sérieuse des citoyens : qu'ils se hâtent de se faire inscrire sur la liste du jury avant le 1ᵉʳ octobre ; il y va de leurs droits électoraux, il y va de la prospérité et de la liberté de la France. Je répéterai plusieurs fois cet avertissement, et tous les écrivains amis de leur pays se feront un devoir de le rappeler.

Il est déplorable d'en être à ces craintes de surprise, d'avoir sans cesse à se défier, à se défendre du pouvoir administratif comme d'un ennemi, de ce pouvoir qui devroit être le premier à instruire les citoyens, à les inviter à l'exercice de leurs droits. Malheureusement les défiances ne sont que trop justifiées par les anciennes tromperies électorales, par tout ce que l'on a fait pour acheter d'abord l'opinion et ensuite pour l'étouffer. Serrons nos rangs, oublions nos petites dissidences. Ne nous laissons pas décourager parce que le temps nous semble long. On a sans cesse à la bouche cette phrase banale : Il y a bien loin d'ici à telle époque ! Bien loin ! Et la vie, combien dure-t-elle ?

Charles X entendra nos plaintes : c'est de lui surtout que viendra notre salut. Si sa piété est vive, elle est éclairée ; elle ne lui a point été donnée en diminution de ses vertus ; il ne se met point humblement à genoux au pied des autels pour marcher ensuite avec orgueil sur la tête de ses sujets ; il n'est pas de ces princes qui se croient le droit de frapper leurs peuples quand ils se sont frappé la poitrine. Il descend de ce Louis IX qui disoit : « J'aimerois mieux que *le peuple de mon royaume fust gouverné bien et loyaument par un Écossoys venu d'Écosse, ou par quelque loingtain estrangier, que par un roy de France qui ne fust pas aymé de son peuple et qui gouvernast mal à point et en reproches.* »

Vrais sentiments d'un roi, d'un saint et d'un grand homme!

POST-SCRIPTUM.

Des journaux nous donnent le traité conclu, disent-ils, entre la France, l'Angleterre et la Russie, pour la pacification de la Grèce. Ces négociations, commencées sous mon ministère, me paroîtroient dans ce cas avoir eu une triste fin. Il seroit difficile de comprendre que les Ottomans, vainqueurs presque partout, abandonnassent les forteresses qu'on leur a laissé prendre, livrassent toutes les propriétés turques à des rayas rebelles, et que les Grecs de leur côté reconnussent le sultan comme leur *seigneur suzerain*, lui payassent un *tribut annuel* et consentissent à laisser à la Porte une *voix déterminante dans la nomination des autorités qu'ils se choisiront.*

Je disois dans ma note sur la Grèce qu'il étoit déjà trop tard, il y a deux ans, de demander pour celle-ci une sorte d'existence semblable à celle de la Valachie et de la Moldavie, les Grecs paroissant être au moment de chasser les Turcs ou d'être exterminés par eux.

Je remarquois toutefois qu'il étoit encore possible de délivrer les Hellènes sans troubler le monde, sans se diviser, sans mettre même en danger l'existence de la Turquie, par une seule dépêche collective souscrite des grandes puissances de l'Europe : ce sont là, ajoutois-je, de ces pièces diplomatiques qu'on aimeroit à signer de son sang.

On en est venu à cette résolution : mais quand? Quand des flots de sang ont été versés, lorsque les Turcs sont rentrés dans les ruines d'Athènes, et que la torche de Mahomet, plantée dans les débris des monuments de Phidias, semble éclairer les dernières funérailles de la Grèce.

La France, qui devoit prendre l'initiative dans cette question, la France, qui auroit pu avoir dans ce moment vingt-cinq mille volontaires en Morée, a été placée, par la foiblesse des ministres, à la suite des autres puissances. Les peuples ont traîné les gouvernements à la remorque dans une affaire où la religion, l'humanité et les intérêts matériels bien entendus réclamoient l'intervention de ces gouvernements.

On a déclamé contre les comités philhellènes; mais en quêtant du pain ils ont nourri des veuves, des orphelins, une poignée de héros, et laissé le temps à la chrétienté de rougir.

La Russie vouloit agir : qui l'a arrêtée? S'il est juste de secourir aujourd'hui les Grecs, eût-il été injuste de les secourir il y a quatre ans? S'étoit-on flatté qu'ils seroient anéantis? Ils ont malencontreusement résisté au delà de l'espérance. Maintenant leur renommée embarrasse : qu'en faire? Ne pourroit-on pas les en punir, en les rejetant sous la suzeraineté des Turcs? On n'a pas pu leur ôter la vie; ôtons-leur la gloire : ce sera toujours se venger de la liberté. Si la Porte n'accepte pas une médiation proposée avec tant de ménagements et des paroles si modestes, combien de temps encore les massacres dureront-ils, puisque le traité ne porte pas une condition expresse d'armistice? Pendant les échanges de notes diplomatiques, les Turcs continueront-ils à égorger les Grecs sous les yeux des médiateurs?

Si vous regardez ces Grecs comme des sujets rebelles, pourquoi vous occupez-vous d'eux? Si vous les considérez comme un peuple qui mérite d'être libre, quel droit avez-vous de fixer les conditions de sa liberté ou plutôt de prolonger véritablement son esclavage? Laissez-le mourir : la postérité lui rendra les derniers honneurs; il n'a pas besoin que votre pitié de parade et votre admiration dérisoire viennent promener vos pavillons en deuil sur les mers qu'il illustra et tirer des coups de canon à poudre sur sa tombe.

Si les Grecs, comme ils l'ont décrété, érigent une monarchie constitutionnelle et se choisissent un prince étranger, c'est donc le Grand-Turc qui, avec sa voix déterminante, nommera ce roi vassal?

Si les Grecs n'acceptent pas les chefs désignés par la Porte, qui décidera la question? Les puissances médiatrices, réunies en conseil de censure, prendront-elles à tout moment les armes?

Il falloit éviter des détails où l'on a tout réglé sans consulter les parties contendantes. On devoit, selon moi, se contenter de dire : « La guerre cessera à l'instant : nous l'exigeons dans l'intérêt de la religion et de l'humanité, dans l'intérêt de nos sujets et du commerce. Nous reconnoissons l'indépendance de la Grèce, et nous offrons notre médiation pour les arrangements qui seront la suite de cette reconnoissance. »

L'Angleterre a reconnu l'indépendance des colonies espagnoles, la France l'indépendance d'une république de noirs, et l'on en est à parler d'un *rapprochement éventuel* avec les Grecs! La France et l'Angleterre ne soutiendroient-elles des principes généreux que lorsqu'elles n'ont à craindre aucune résistance! Les Turcs sont-ils si formidables?

Il suffit que nos gens d'État se mêlent de quelque chose pour que tout avorte : leur administration pauvrette n'amène rien à terme.

Si de tant de désastres on sauve quelques familles, on devra sans doute s'en réjouir ; mais qu'on ne vienne pas réclamer, au nom d'une mesure incomplète et tardive, une popularité qu'on n'a pas méritée. Faut-il croire à un article secret devenu un article public ? Dans tous les cas, cet article n'engageroit pas beaucoup les puissances ; car il y est dit qu'on établiroit avec les Grecs des relations commerciales *aussi longtemps qu'il existera parmi eux des autorités en état de maintenir de telles relations.*

Or, n'est-il pas évident qu'on pourra toujours déclarer aux Grecs qu'on désiroit établir avec eux des relations, mais *qu'ils ne sont pas en état de les maintenir ?* Cette grande négociation finiroit ainsi par une misérable moquerie. En tout, le ton du traité, si ce traité est authentique, est timide, vague, embrouillé, sans franchise, très-peu digne du langage de trois grandes puissances de l'Europe. On y sent l'amour des Turcs, les défiances de l'Autriche, la peur de la guerre, la mercantille de la cité de Londres et l'agiotage de la Bourse de Paris : on ne peut échapper au 3 pour 100.

DERNIER
AVIS AUX ÉLECTEURS[1].

Paris, le 5 septembre 1827.

Il n'y a qu'une chose qui doive fixer dans ce moment l'attention publique; qu'une chose dont nous puissions entretenir nos lecteurs : la formation des listes pour le jury. Ces listes, on le sait, sont aussi les listes électorales : quiconque négligeroit de s'y faire inscrire avant le 30 de ce mois perdroit son droit d'électeur pendant une année. Si une élection générale avoit lieu dans le cours de cette année, le mauvais citoyen, car il faut trancher le mot, qui se seroit tenu à l'écart deviendroit coupable de tout ce qu'une chambre des députés dévouée à l'administration du jour pourroit faire de mal à la France.

Remarquez que vous avez contre vous deux chances de dissolution à deux époques différentes. Une fois close le 30 septembre, la liste du jury est valable pour un an ; le ministère peut déterminer la couronne à dissoudre la chambre des députés avant la session prochaine ou après cette session ; que l'élection précède seulement de quelques jours le 1er octobre 1828, c'est la liste arrêtée le 30 septembre 1827 qui servira. De sorte que s'il plaît au ministère de faire encore une campagne avec la chambre actuelle des députés, il le peut, réservant sa *bonne* liste (si elle étoit bonne à ses fins) pour des élections qu'il placeroit au mois d'août ou de septembre 1828 : il gagneroit ainsi une année d'existence ; il ajouteroit l'année qui va s'écouler aux sept années qu'il se donneroit ensuite. Y a-t-il en France un seul homme autre

---

1. Mon tour de tenir la plume n'étoit pas revenu. Prévenu trop tard que j'aurois à remplacer momentanément un homme de talent et de mérite, il m'a fallu dicter, revoir et livrer cette brochure à l'impression dans quelques heures. Au reste, il ne s'agit ici ni de l'écrit ni de l'écrivain ; il s'agit de remplir un devoir : *faites-vous inscrire sur les listes du jury* ; voilà tout ce que j'avois à dire, et ce sera toujours bien dit.

qu'un serviteur extrêmement humble à qui l'arrangement puisse convenir? Encore huit années de la chose ministérielle! c'est un peu long. Voilà néanmoins ce qui arriveroit si les électeurs non serviles renonçoient à se présenter à leur préfecture avant le 30 septembre. Et qu'ils se dépêchent, car nous sommes au cinquième jour de ce mois fatal.

Déjà dans les bureaux on se réjouit des retards d'inscription ; on se vante que, ces retards continuant, les quatre cinquièmes, ou tout au moins les trois cinquièmes des voix seront acquis à l'autorité. On va jusqu'à marquer le nombre des membres dont l'opposition future seroit composée : soixante députés de la minorité de gauche, huit députés de la minorité de droite, c'est tout ce que le ministère accorde *aux besoins de l'opposition.*

L'outrecuidance ministérielle est connue ; elle a souvent annoncé des succès qu'elle n'a point obtenus. Elle se disoit sûre de faire repousser M. Delalot à l'élection d'Angoulême, et M. Delalot a été nommé. (Il en a été ainsi de quelques autres élections partielles.) Elle se regardoit comme certaine du vote de plusieurs lois, et ces lois ont été rejetées ou refaites. Nous croyons même, et nous avons nos raisons pour cela, que dans les voix que le ministère s'attribue déjà sur les listes du jury il aura de grands mécomptes. Ne nous effrayons donc pas des vanteries, mais qu'elles nous servent d'admonition : souvenons-nous qu'un seul suffrage peut décider de la nomination d'un député, et la boule de ce député, du sort d'une loi ou d'un ministère.

Mais si le ministère a l'intention de procéder à des élections, comment se fait-il qu'il soit le premier à solliciter l'inscription sur les listes? Voyez les avertissements des préfets, les articles de journaux : n'est-il pas évident que la censure ne laisseroit pas passer ces articles, s'ils contrarioient les plans des hommes du pouvoir? Il est donc clair que ces hommes ne veulent pas renouveler la chambre des députés, ou qu'ils désirent que l'élection soit sincère, que les opinions soient libres.

Nous aimerions à donner ces éloges au ministère ; mais il a trop appris à la France à le juger autrement. Il diroit aujourd'hui la vérité qu'on ne le croiroit pas : c'est peut-être ce qu'il y a de plus déplorable dans sa position, pour lui-même et pour le pays.

La défiance est poussée au point que nous avons vu des électeurs, au moment de commencer les démarches nécessaires, reculer devant l'invitation des autorités. « On nous presse, c'est pour nous prendre dans un piége que nous ne voyons pas. Le ministère n'a pas envie que nous votions contre lui : or, il nous appelle, donc il nous trahit. » On ne pouvoit les tirer de ce raisonnement.

Il est aisé d'expliquer la contradiction apparente entre ce qui peut être le vœu secret de l'administration et le langage public des autorités et des journaux censurés.

Les raisons de *principe* agissent peu sur les hommes; il n'y a que les raisons de *fait* qui frappent et qui soient entendues. Ainsi, quand vous crieriez du matin au soir : « Rien n'est si beau que la fonction de juré, rien de si admirable que le pouvoir électoral! Si vous vous exposez à le perdre, vous vous montrerez indigne du gouvernement représentatif et de la liberté constitutionnelle : indépendant, vous renoncerez à votre indépendance; royaliste, vous méconnoîtrez le bienfait de la Charte octroyée par le roi votre maître. Sortez de votre apathie, et assurez votre double droit d'électeur-juré. »

Ce langage est fort convenable; mais déterminera-t-il à s'inscrire vingt électeurs de ceux qui ne s'inscrivent pas naturellement? Nous ne le pensons pas. Il n'y a donc aucun danger pour l'administration à laisser proclamer ces théories; elle sait très-bien que ce n'est pas avec de la métaphysique politique qu'on fait mouvoir les électeurs; elle se donne ainsi, à bon marché, un air de candeur; ses partisans viendront vous dire à la tribune, en apologie de la censure et après des réélections favorables pour eux : « Cette chambre nouvelle où le ministère a une majorité acquise démontre que l'opinion réelle de la France est tout en faveur du système que l'on suit. Soutiendrez-vous que l'on a agi déloyalement, que l'on a écarté des colléges électoraux nos adversaires? Loin de là, on les a appelés de toutes parts; les préfets les ont instruits de ce qu'ils avoient à faire. Quelle opinion a été enchaînée? Le journal royaliste n'a-t-il pas désigné le candidat royaliste; le journal libéral, le candidat libéral? »

Et l'orateur, en prononçant ces paroles, auroit sous sa main une liasse de journaux censurés et d'arrêtés de préfets, et, comme dans *Les Plaideurs, il en montreroit les pièces*; et Perrin Dandin, réélu, diroit avec attendrissement : *Vraiment il plaide bien!*

Voulez-vous savoir si tout cela est franchise? sortez des théories, venez au fait; dites aux électeurs qu'ils doivent se faire inscrire pour mettre un terme au système ministériel; pour prévenir le retour de ces projets de loi qui désolent et irritent la France; pour empêcher la perpétuité de la censure et la détérioration de la pairie; pour renvoyer les receveurs généraux dans leurs départements et dissoudre un syndicat dangereux; pour rendre la caisse d'amortissement à sa destination primitive; pour cesser d'être humiliés par des pirates dont nous bloquons inutilement les ports; pour que le commerce refleurisse; pour que des injustices soient réparées : voilà ce que tout le monde comprendra; voilà ce qui amènera la foule aux listes de jurés; mais voilà aussi ce que la censure ne vous permettra pas d'écrire dans les journaux; voilà ce dont les préfets n'auront garde de vous instruire; voilà ce qui prouve que la sincérité de l'appel ministériel aux électeurs est une déception de plus.

Dans un pays où l'administration ne se separeroit pas du peuple, ne regarderoit pas l'opinion publique comme une ennemie, tout se passeroit dans l'ordre; au lieu de chercher à profiter des difficultés et des lacunes qui peuvent exister dans une loi, au lieu de s'en tenir rigoureusement à la lettre de cette loi, une autorité paternelle attendroit avec patience les citoyens et leur aplaniroit les voies.

La loi actuelle sur le jury a oublié de commander aux autorités locales de délivrer un récépissé des pièces qu'on doit leur fournir. Comment prouvera-t-on que ces pièces ont été remises en temps utile, si par hasard elles s'égaroient dans les bureaux, ou s'il convenoit à quelque séide ministériel de nier les avoir reçues?

Des électeurs arrivent de la campagne; ils ont fait plusieurs lieues afin de remplir le vœu de la loi. L'heure est trop avancée; les bureaux ne sont plus ouverts : ces électeurs pourront-ils revenir?

Les percepteurs des impositions des communes rurales ne manquent pas de prétextes pour retarder quelquefois la remise des extraits qu'on leur demande.

L'article 3 de l'ordonnance de 1820 veut que tous les dix jours, pendant que les listes électorales restent affichées, les préfets fassent publier un relevé des noms ajoutés ou retranchés. Les électeurs-jurés jouiront-ils du bénéfice de cette ordonnance?

Puis viennent les dégrèvements, les chicanes sur les pièces produites, les erreurs volontaires ou involontaires des percepteurs, maires, sous-préfets et préfets.

Il est dur d'énumérer les moyens que sauroit bien trouver le pouvoir ministériel de fausser une excellente loi; mais ce pouvoir a été vu à l'œuvre : le personnel de ce pouvoir n'est pas changé, son esprit l'est encore moins; ce pouvoir a fait sans rougir des professions publiques de son despotisme. Les mêmes hommes qui dirigèrent les dernières élections seront chargés de travailler celles qui pourroient avoir lieu. Qu'attendre de leur justice?

Nos craintes paroîtront peut-être prématurées. L'administration, répliquera-t-on, n'est pas d'humeur à jouer le certain contre l'incertain : elle peut encore se traîner deux ou trois ans comme elle est :

que chaque année elle remporte le budget et remette la censure, elle n'en demande pas davantage. Elle tient la considération publique pour niaiserie, les discours à la tribune pour néant. Vous lui direz que la censure a tout perdu, elle vous répondra que la censure a tout sauvé : sur ce, clôture, ordre du jour ; le compte des boules règlera l'affaire. A chaque jour suffit sa peine : dans trois ans il arrive tant de choses! Et puis quand on sera là, on verra. Pourquoi les ministres se troubleroient-ils le cerveau de toutes ces prévoyances? On leur dit, dans *Le Moniteur*, qu'ils sont les premiers hommes du monde, qu'ils ont fait des choses magnifiques, étonnantes; on suppute, par le menu, toutes ces belles choses que la censure environne de son inviolabilité. Le patenté politique est bien payé des deniers publics, et chacun s'endort. On n'est pas assez fou pour lâcher ce qu'on tient, pour risquer sur un coup de dés une fortune acquise. Il n'y aura pas le plus petit changement ; les choses resteront comme elles sont : rien ne presse donc de se faire inscrire.

Nous en conviendrons, c'est là l'esprit de l'administration : pourvu qu'elle vive, elle est satisfaite. Devenue insensible à tout reproche, elle garderoit certainement sa position si elle suivoit les habitudes de sa misère. Vous ne la toucheriez pas davantage en lui disant que dans deux ou trois ans les élections pourroient être dangereuses par l'exaspération toujours croissante des esprits. Qu'importe au ministère tout intérêt qui n'est pas le sien? Mais dans les circonstances où nous sommes, les agents de l'autorité suprême ne sont pas libres de s'abandonner au penchant de leur caractère ; ils seront forcés d'agir.

Il est probable qu'après la session prochaine il y aura de nombreuses démissions : beaucoup de députés pensent que leurs pouvoirs légaux expirent au bout de cinq années. L'année 1828 peut donc amener des réélections partielles : voudroit-on laisser ces réélections au profit de qui de droit? De plus, tout ne fait-il pas présumer que ces démissions multipliées entraîneront une dissolution complète? Or, que des élections partielles ou des élections générales aient lieu avant le 1er octobre 1828, notre précédent raisonnement subsiste.

Enfin si l'on est déterminé à s'inscrire dans un temps quelconque sur la liste des électeurs jurés, pourquoi ne pas le faire à présent, pourquoi ne pas prévenir les chances défavorables? La chambre des députés ne sera pas dissoute : eh bien, l'on sera en règle, et l'on attendra paisiblement l'avenir.

Quant à ceux qui pourroient craindre d'exercer les fonctions de juré, ils doivent maintenant être rassurés. Il est prouvé que leur tour ne peut guère revenir dans les départements qu'une fois tous les huit ans. Voudroit-on renoncer aux plus beaux des droits, aux droits électoraux, pour éviter une aussi petite peine? Mais alors même on n'y réussiroit pas ; *on ne seroit plus électeur, et on resteroit juré* : le préfet peut toujours vous inscrire d'office, et les citoyens dont vous n'auriez pas voulu partager l'honorable labeur seroient les premiers à vous dénoncer comme étant apte à faire partie d'un jury.

Ne cherchons pas dans le pouvoir ministériel, dans son amour de repos, dans son imprévoyance accoutumée, dans sa difficulté à pousser ses calculs au delà des besoins du moment, ne cherchons pas un prétexte pour autoriser notre paresse et notre négligence. L'administration pourroit sortir inopinément de sa nature : il n'y a personne qui ne démente une fois dans sa vie ses propres défauts. On veut sans doute du silence et de l'immobilité au dehors ; on sacrifieroit la dignité de la France à une hausse de fonds de quelques centimes ; jamais la prospérité de la patrie ne sera mise en balance avec la prospérité du 3 pour 100. Mais s'agit-il de conserver une place de ministre, il n'y a pas de coup d'État qui coûte : garde nationale, libertés publiques, pairie, tout y passeroit.

Audacieux avec légèreté, timides sans prudence, violents contre tout ce qu'ils sentent enchaîné par la loyauté, foibles contre tout ce qui oseroit pousser au dernier terme la vengeance d'un outrage, ingrats comme des nécessiteux, se figurant que leur colère épouvante et que leur faveur est quelque chose, des hommes ont creusé un abîme sous nos pas : eux seuls méconnoissent les symptômes alarmants d'une crise que leurs fautes ont préparée. Au lieu d'arrêter le mal, la censure l'a prodigieusement augmenté. Qu'a-t-elle empêché, cette censure? Le ministère a-t-il vu se tempérer pour lui l'animadversion publique? Les journaux étoient accusés de donner des ordres, de dicter des lois, d'ameuter la foule autour des cercueils. Eh bien, les gazettes sont demeurées muettes : les cendres de M. Manuel ont-elles été moins accompagnées à leur dernier asile? qu'a-t-on entendu à ces funérailles où la censure devoit joindre son silence à celui des tombeaux? N'y avoit-il rien de plus qu'à l'inhumation du général Foy, accomplie sous les auspices de la liberté de la presse? Tout devient résistance quand tout blesse ; tout est opposition aujourd'hui, les vivants et les morts.

La religion, nous l'avions prévu, souffre particulièrement de cet état de choses. On ne parle plus dans les journaux de missionnaires et de jésuites, mais écoutez ce que l'on répète autour de vous : c'est le clergé tout entier que l'on accuse. Au dire de ses ennemis, c'est pour favoriser son ambition, c'est pour cacher ses fautes que l'on a mis la censure : il veut la ruine de nos institutions ; la Charte est incompatible avec son existence. Telles sont les calomnies qu'a fait naître le système ministériel, calomnies indignes et absurdes sans doute, mais populaires : or les mensonges ont produit plus de troubles sur la terre que les vérités.

Il est malheureusement trop vrai que des ressentiments profonds fermentent dans les cœurs. Les petits Machiavels du temps s'imaginent que tout marche à merveille dans une société quand le peuple a du pain et qu'il paye l'impôt. Ils ignorent, ces prétendus hommes d'État, qu'il y a chez les nations des besoins moraux plus impérieux que les besoins physiques. Lorsque ces nations sont offensées dans leurs libertés, dans leurs opinions, dans leurs goûts, dans leur orgueil, en vain les champs se couvrent de moissons ; un malaise général se fait sentir ; et des désordres sont à craindre. Dans l'ordre politique les maux physiques causent les soulèvements, et les souffrances morales font des révolutions. Une nation ne manque de rien ; elle jouit de toutes les richesses de la terre, de tous les trésors du ciel, et voilà qu'elle tombe tout à coup dans le délire. Pourquoi cela? C'est qu'elle portoit au sein une blessure secrète que son gouvernement n'a su guérir. Rome est patiente aux plus cruelles disettes et s'émeut pour l'honneur de Virginie ; Paris tout entier se laisse mourir de faim plutôt que d'ouvrir ses portes à Henri IV. C'est la liberté, c'est la gloire, c'est la religion, qui arment les hommes ; les bras ne servent que les intelligences.

On a voulu nous donner la censure pour mille raisons personnelles, et peut-être pour favoriser des élections dans le sens du pouvoir administratif. Elle ne produira point ce qu'on désire qu'elle produise : mais elle aura d'autres effets, effets funestes si l'on ne s'empresse d'en détruire la cause : on a pris pour des circonstances graves beaucoup de sottises faites : la médiocrité a eu peur de son ombre, et on lui a immolé la liberté.

Quand on verra réunies, à la prochaine session, toutes les rognures des journaux, toutes les méchancetés et toutes les absurdités de la censure, toutes les destructions causées par les intérêts personnels, par les petites passions politiques et littéraires, on restera stupéfait. Force sera d'écouter de la tribune l'histoire des *blancs*, des dénis même de censure, des permissions accordées à tel journal, refusées à tel autre. Comment a-t-on pu mettre en tutelle l'âge viril d'un grand peuple? Comment s'est-on figuré que ce peuple oublieroit tout ce qu'il avoit appris, qu'il se soumettroit sans indignation à ne parler de ses plus chers intérêts qu'avec licence et privilége, qu'il consentiroit à encadrer son génie dans les bornes de l'esprit étroit qu'on lui a donné pour mesure, à rétrograder jusqu'à l'enfance, à balbutier, dans des lisières, l'imbécile langage de la Mère-l'Oie? Une nation qui depuis quarante années s'instruit au gouvernement représentatif ; une nation qui a payé de son sang et de ses sueurs ce rude apprentissage ; une nation qui depuis cinq ans a joui de l'indépendance entière de sa pensée ; une nation dont le droit écrit se retrouve dans la Charte et les serments de deux rois, une telle nation souffrira-t-elle longtemps les flagellations d'une censure famélique, qu'on pourroit nourrir de toute autre chose que des libertés de la France?

> J'aime bien mieux ces honnêtes enfants
> Qui de Savoie arrivent tous les ans,
> Et dont la main légèrement essuie
> Ces longs canaux engorgés par la suie.

Voulez-vous faire cesser toutes les divisions, calmer toutes les inquiétudes, rendre la France prospère, calme au dedans, invulnérable au dehors, exécutez franchement la Charte ; non parce qu'elle est *charte, constitution, code, principe,* mais parce qu'elle est l'expression des besoins du temps. Tout gouvernement qui méconnoît la vérité politique dans laquelle il doit vivre marche à sa perte. Dans l'ordre illégitime même, Buonaparte n'a péri que parce qu'il a été infidèle à sa mission ; né de la république, il a tué sa mère. Il s'est hâté de jouir et d'abuser de sa gloire comme d'une jeunesse fugitive ; il paroissoit sur tous les rivages ; il inscrivoit précipitamment son nom dans les fastes de tous les peuples ; il jetoit en courant des diadèmes à sa famille et à ses soldats ; il se dépêchoit dans ses monuments, dans ses lois, dans ses victoires. Penché sur le monde, d'une main il terrassoit les rois, de l'autre il abattoit le géant révolutionnaire ; mais en écrasant l'anarchie, il étouffa la liberté, et finit par perdre la sienne sur son dernier champ de bataille.

Et nous, du milieu de notre infirmité, du fond de nos chères ténèbres ; nous, vieux malades d'un autre âge, presque oubliés dans celui-ci, nous aurions la prétention de repousser ces principes, que Buonaparte, tout vivant, tout éclatant, tout enfant de son siècle qu'il étoit, n'attaqua pas impunément ; principes qui laissèrent ce géant sans force lorsqu'il s'en fut séparé !

On ne peut se délivrer d'un système qui compromet les choses saintes, qui nuit à la couronne, qui tue les libertés, qui opprime les opinions, qui divise les esprits, qui punit les services, qui détruit l'industrie, qui paralyse le commerce, qui persécute les lettres, qui ne sympathise avec aucun des sentiments de la France; on ne peut se délivrer de cet ignoble système que par des élections indépendantes; il ne tient qu'à nous d'obtenir le triomphe : remplissons les formalités de la loi du 2 mai. Si nous négligeons de conserver nos droits électoraux, la politique à la fois mesquine et oppressive sous laquelle nous gémissons se perpétuera. Cette politique prolongée amèneroit tôt ou tard une catastrophe. Nous faire inscrire sur la liste du jury, c'est sauver l'avenir, c'est défendre le trône, l'autel, nos libertés, nos propriétés, nos familles.

Tel est le sentiment des *Amis de la liberté de la presse;* telle est en particulier l'opinion de celui dont la devise sera toujours : *le Roi, la Charte et les honnêtes gens.*

FIN DES MÉLANGES POLITIQUES.

POLÉMIQUE

PRÉFACE

DE L'ÉDITION DE 1827.

Je n'ai point recueilli dans ce volume tout ce que j'ai publié sur les affaires du temps depuis 1818 jusqu'en 1827; j'ai fait un choix : des écrits éphémères n'ont d'intérêt que celui même du moment. Qui pourroit relire des réflexions sur un ancien budget ou des raisonnements sur une vieille nouvelle?

J'ai fait disparoître aussi de ces feuilles d'un jour les attaques trop personnelles que justifioient et motivoient les circonstances : toutefois, une composition *polémique* a dû garder le caractère indiqué par son propre nom.

On pourra remarquer peut-être, dans la variété infinie des sujets que j'ai traités, ma fidélité à mes principes : la religion, le roi, la Charte et les honnêtes gens, voilà le texte dont je ne me suis jamais écarté et que j'ai commenté de mille manières.

Mais deux époques bien différentes divisent naturellement ces productions successives de neuf années.

A la première époque, après les Cent Jours, je faisois l'éducation constitutionnelle des royalistes; je combattois la faction buonapartiste, qui cherchoit à réveiller la faction révolutionnaire, et j'essayois d'arrêter les gouvernements sur la pente démocratique où ils s'étoient placés.

A la seconde époque les positions étoient changées : les buonapartistes et les révolutionnaires n'existoient plus; les royalistes avoient obtenu la victoire par la Charte, mais beaucoup d'hommes que j'avois ralliés aux libertés légales les avoient trahies. Mon public sous le rapport constitutionnel n'étoit plus le même : on avoit passé d'une extrémité à l'autre, et j'étois obligé d'avertir les gouvernements des dangers de l'*absolutisme*, après les avoir prémunis contre l'entraînement populaire.

Ces faits sont exacts, et prouvent que je suis resté immobile dans ce qui m'a paru le juste milieu politique.

Accoutumé à respecter mes lecteurs, je ne leur ai jamais livré une seule ligne que je n'aie écrit cette ligne avec tout le soin dont je suis capable. Sans ce témoignage que je me rends de la conscience et de la bonne foi de mon travail, je n'aurois pas réimprimé mes Opuscules polémiques : il y a tel de ces opuscules qui m'a coûté plus de temps et de peine, proportion gardée, que les plus longs ouvrages sortis de ma plume.

POLÉMIQUE

Paris, ce 22 octobre 1818.

Lorsque Buonaparte eut disparu, il resta de sa tyrannie des institutions fortes et un peuple obéissant. Avec ces deux éléments on pouvoit tout créer, la liberté comme l'esclavage : si l'on sentoit le poids du second, on se rappeloit les malheurs qu'avoit coûtés la première; peut-être désiroit-on moins la liberté que la fin de l'oppression.

Les Bourbons furent et parurent des libérateurs. Quelques grands criminels les virent arriver avec remords; tous les François les reçurent comme l'espérance.

Le roi étoit maître de donner à la France tel gouvernement qu'il eût voulu : tout étoit possible alors, excepté le rétablissement de l'ancien régime, dont les éléments n'existoient plus. Nul doute que la constitution même de l'*empire* eût paru bonne avec les Bourbons; la magnanimité de Louis XVIII aima mieux briser nos chaînes que les consacrer.

Le roi, remonté sur son trône, délégua l'administration de son pouvoir. Ceux qui s'en trouvèrent chargés firent des fautes de plusieurs sortes : les unes par rapport aux hommes, les autres relativement aux institutions. On auroit dû licencier l'armée : si l'on eût pris ce parti, Buonaparte n'auroit pas fait vingt lieues en France après son débarquement à Cannes. Conserver la presque totalité des administrateurs impériaux, ce fut une autre erreur capitale.

Quant aux institutions, la commission nommée pour rédiger les articles de la Charte ne constitua pas assez fortement la chambre des pairs : les priviléges et les substitutions manquant à cette chambre, elle se trouva trop rapprochée du caractère d'une chambre des députés. Par une méprise opposée, en resserrant le nombre des députés et fixant l'âge de l'élection à quarante ans, on donna à la chambre des députés quelque chose de la constitution d'une chambre des pairs. Sans soldats formés pour elle, la couronne resta isolée entre les deux autres pouvoirs que le temps n'avoit point consolidés : Buonaparte n'eut qu'à étendre la main pour la reprendre.

Après le 20 mars toutes les fautes étoient connues, tous les masques tombés : on savoit que faire et qui choisir.

On parut d'abord vouloir prendre la vraie route : on parla de substitutions pour la chambre des pairs ; on changea provisoirement l'âge et le nombre des députés ; on se proposa de réviser d'autres articles de la Charte.

On écarta beaucoup d'administrateurs ; on en écarta trop. Le bon sens prescrivoit de ne pas confier les hautes places à ceux qui venoient de donner des preuves récentes de leur infidélité ; mais il falloit épargner les subalternes : le contraire eut lieu. On ménagea les grands, on frappa les petits, ce qui étoit se donner à la fois l'air de la peur et de la vengeance : c'étoit faire beaucoup de mécontents et quelques ingrats. La justice doit voir sous son bandeau ; ce bandeau doit la rendre impartiale, non aveugle.

La chambre de 1815 fut convoquée. Jamais la Providence n'avoit tant fait pour le salut d'un royaume. Après trente années de malheurs paroissoit enfin une assemblée qui vouloit mettre la religion dans la morale, la morale dans les lois, la force dans le trône, la liberté chez le peuple, la justice partout. Et ce qu'il y a de remarquable, les membres de cette assemblée qui avoient suivi différents chemins se rencontroient au même but : ils vouloient le bien, ou par le souvenir de leurs maux, ou par celui de leurs fautes. Ceux que la fortune avoit enrichis, ceux qu'elle avoit dépouillés, venoient, en s'embrassant au pied du trône, lui offrir le sacrifice de ce qu'ils avoient acquis ou perdu. C'est encore faire un noble présent que de donner ce qu'on nous a ravi : beaucoup d'hommes protestent contre leurs malheurs ; il y en a peu qui les ratifient.

Les ministres pouvoient conduire une telle assemblée avec un fil, la faire marcher avec un mot ; ils aimèrent mieux la combattre. Quelques phrases sur la religion, un cri d'honneur, un *vive le roi!* leur assuroient une majorité puissante : ils préférèrent se jeter dans la minorité. De pitoyables raisons d'amour-propre causèrent ce malheur : les intérêts de la vanité furent préférés à ceux de la patrie.

Comme la minorité ne décrète pas des lois, le résultat nécessaire du parti que l'on avoit embrassé fut la dissolution de la chambre ; comme on n'avoit rien fait en cassant cette chambre si l'on n'obtenoit une majorité, il fallut employer pour l'acquérir toutes espèces de moyens ; comme cette majorité ne pouvoit être prise parmi les hommes qui composoient la première, on dut la chercher ailleurs. On rétablit l'âge et le nombre des députés fixés par la Charte. Le premier ministère avoit cru qu'une assemblée réduite en nombre, augmentée en âge, étoit facile à conduire : c'étoit oublier que la majorité est flottante dans une chambre peu nombreuse, surtout lorsqu'un cinquième de cette chambre se renouvelle tous les ans; c'étoit oublier que l'âge de quarante ans est l'âge de l'ambition et des passions politiques.

Alors un grand scandale fut donné : des commissaires partirent pour les départements avec mission de faire nommer ou de faire rejeter les candidats désignés. Des ministres écrivirent des circulaires dans le même esprit, des préfets osèrent eux-mêmes en répandre en leurs propres et privés noms. Les candidats exclus étoient des hommes tels que MM. de Kergorlay, de Bonald, de Villèle, de Corbière, etc. Partout on voyoit voter les hommes qui avoient proscrit les Bourbons pendant les Cent Jours ; partout se présentèrent d'anciens agents de police, qui durant vingt ans avoient fait fusiller les serviteurs du roi. Les individus mis en surveillance par mesure de haute police en raison de leur conduite après le 20 mars furent relâchés, afin qu'ils pussent se rendre à leurs colléges électoraux : on vit accourir jusqu'à un homme accusé d'avoir été juré dans le procès de la reine. Voilà ce que les *Correspondances privées* ont présenté à l'Europe comme des élections libres, manifestant le vœu et l'opinion du peuple françois ! Je ne dis pas tout ; des choses que l'on croit cachées me sont connues : j'ai entre les mains un volume de faits *prouvés* qui serviront à l'histoire.

La double conséquence de tout ceci fut de se jeter dans les bras de ceux qu'on avoit appelés et de calomnier ceux qu'on avoit exclus ; il falloit et récompenser des hommes dont on s'étoit servi, et justifier les mesures qu'on avoit prises.

On rappela donc aux places des hommes des Cent Jours, d'où l'on chassa les royalistes. Quiconque dans l'administration avoit fait quelques remontrances contre les nouvelles mesures, ou refusé de les favoriser, fut destitué : ainsi tombèrent tour à tour les préfets de Gap, de Carcassonne, de Montpellier, de Nîmes, de Mende, de Clermont, de Moulins, de Bourges, de Niort, de Périgueux, de Laval, du Morbihan, de Rouen, de Tours, d'Amiens, de Bar-le-Duc, et tant d'autres royalistes dans les plus petites comme dans les plus grandes places. La chose en est venue au point que, lorsqu'on veut réussir dans une demande, il faut cacher soigneusement ce qu'on a fait pour le trône.

Ce n'étoit pas tout de repousser en France les royalistes, il falloit les calomnier et les perdre en Europe. Alors commencent ces *correspondances privées* où les injures les plus grossières font place aux plus atroces accusations; moyen de diffamation inconnu même à Buonaparte. Buonaparte tuoit ceux qu'il estimoit; il mettoit du prix à la pureté de la victime : quand il a déshonoré quelqu'un, c'est moins par sa haine que par sa faveur.

Les concessions faites aux hommes amenèrent les concessions aux principes. Les hommes devenus l'appui du ministère avoient leurs systèmes : il fallut suivre en partie ces systèmes ou courir la chance de se voir abandonné. De là les lois démocratiques des élections et du recrutement, de là les ordonnances qui en sont dérivées, de là les entraves que l'on a mises au concordat. L'esprit a suivi l'homme, l'opinion est sortie de la chose : mille brochures où les principes de la monarchie légitime sont attaqués paroissent chaque jour; mille libelles contre la religion, les prêtres et les nobles, sont donnés quand ils ne sont pas vendus : tout cela doit être. Si un parti dangereux inquiète aujourd'hui les ministres, qu'ils ne s'en prennent qu'à eux-mêmes; ce sont eux qui l'ont ranimé au moment où il alloit s'éteindre : ils l'ont appelé pour leur puissance : Dieu veuille que ce ne soit pas pour leur malheur!

C'est dans cette position que la France recouvre enfin sa dignité et son indépendance [1]. C'est un de ces moments qui font la destinée des empires : un ministre qui ne le sentiroit pas feroit mieux d'aller cultiver son héritage que de labourer le champ du public.

Trois opinions divisent aujourd'hui la France : celle qui s'attache au pouvoir se compose des hommes qui ont ou qui attendent des places : il faut y joindre les égoïstes qui ne se soucient de rien, les foibles qui ont peur de tout, et ces hommes errants de maître en maître, de principe en principe, qui applaudirent à l'ordonnance du 13 juillet, qui bénirent celle du 5 septembre, porteurs de toutes les livrées, approbateurs de tous les systèmes, qui s'effrayent de penser, qui n'ont pas même l'honneur d'une mauvaise opinion.

Ajoutez une portion considérable de ministériels éclairés, pleins d'honneur, de probité, de talents, qui voient le mal comme nous, et qui, se défiant trop de leurs lumières, craignent de prendre une résolution. Ces hommes offrent un espoir à la France : le jour où ils passeront aux royalistes, dont ils sont tout près par les sentiments, ils rendront le plus grand service à leur pays.

---

1. La retraite des alliés.

C'est avec ce contre-poids que les ministres actuels veulent tenir la balance égale entre les indépendants et les royalistes. Ce jeu de bascule, qu'on ne peut jouer longtemps dans un gouvernement représentatif, est près de finir. Les opinions vont retrouver leur indépendance avec celle de la patrie : ce ne sera plus par des intrigues qu'on parviendra à les tenir en équilibre.

Les royalistes font la grande division de la France : la tête de la société et le corps du peuple sont évidemment royalistes. Les royalistes vont se classer : par une impudence insigne, on les a jetés dans l'opposition. Cette opposition, qui n'existe pas encore hors des chambres, se formera, parce qu'elle dérive, comme le crédit, de la nature du gouvernement constitutionnel.

Les royalistes, bien que plus nombreux que leurs adversaires, ont jusqu'à présent paru plus foibles, faute d'oser parler et d'avoir un organe. Ils mettoient toujours leurs espérances dans quelque chose de vague, d'indéfinissable : l'opposition faisoit peur à leurs vertus. Je les ai ouïs souvent s'écrier : « Comment faire telle chose ? Comment prendre tel parti ? Écrire, parler, se montrer est si peu dans nos mœurs, dans nos convenances ! »

Erreur que tout cela : nous sommes dans l'empire de la Charte ; nos devoirs sont changés. Jadis on pouvoit être beaucoup par sa position, maintenant on n'est quelque chose que par soi-même ; jadis on vouloit des titres, maintenant on demande des talents : nouvelle espèce de noblesse qui s'étend dans l'avenir, comme l'ancienne dans le passé ; celle-là compte les aïeux, celle-ci la postérité.

Le refuge des royalistes est donc maintenant dans une opinion. Ils se défendront d'un bout de la France à l'autre par l'uniformité des sentiments. S'ils éprouvent des injustices, leurs journaux en dehors, la minorité dans les deux chambres, élèveront la voix. On sera obligé de les ménager lorsqu'on les trouvera partout, prêts à se faire entendre à l'opinion publique. On n'a pas voulu d'eux pour appui, ils sont forcés de se constituer opposition afin de n'être pas écrasés. Bientôt nous serons étonnés de voir cette opposition croître et s'étendre. Elle brisera la petite digue de la censure, misérable obstacle, qui prouve à quel point le ministère ignore le gouvernement représentatif.

Telle est la position des royalistes ; celle des indépendants est bien connue. Le ministère est-il assez fort pour lutter seul avec ses créatures contre les opinions hostiles que lui-même a fait naître, contre les périls qu'il a placés jusque dans les fondements de la monarchie ? Quel parti va-t-il prendre ? Essayera-t-il de tenir la balance entre deux opinions, l'une son propre ouvrage, l'autre objet de sa haine? Qu'il ne s'y trompe pas, la position n'est plus ce qu'elle étoit : chaque opinion, devenue plus libre, va se prononcer plus fortement. Ce que nous avons comme loi, comme système administratif, n'est pas complet. Nous ne resterons pas où nous sommes ; il faudra reculer ou avancer : ou nous achèverons de nous précipiter dans la partie démocratique de la Charte, ou nous remonterons du côté monarchique.

Le ministère se flatteroit-il d'amener l'opinion indépendante à une soumission passive, en lui donnant les places, les honneurs, les richesses? Buonaparte l'a fait.

Mais le ministère est-il Buonaparte, et oublie-t-il la nature de nos institutions? Pour gouverner despotiquement, il faut que la constitution soit despotique, sans quoi il y a un côté par où l'arbitraire s'enfuit.

Sous l'usurpateur il n'y avoit point de Charte ; il n'existoit point d'institutions qui pussent reproduire l'esprit de contention. Il suffisoit de gagner quelques hommes pour détruire l'opinion de tout un parti. Transformez aujourd'hui les indépendants en ministériels, il en naîtra d'autres demain. La Charte amènera tôt ou tard ses conséquences, ou il y aura révolution. Tôt ou tard nous aurons la liberté de la presse, tôt ou tard les lois d'exception seront rejetées : il s'élèvera dans la chambre des députés des orateurs populaires, des hommes influents. Et croyez-vous qu'avec une tribune, des journaux non censurés, vous empêcherez les indépendants de renaître en les attachant au ministère? Le jour où ils seront à vous, ils ne seront plus indépendants; d'autres prendront leur place : vous croirez avoir conquis une opinion, vous n'aurez enchaîné que des hommes.

Si donc, après avoir travaillé en France et en Europe à perdre les plus fidèles serviteurs du roi, après les avoir représentés, au moyen des *correspondances privées*, comme une race perverse et stupide, on avoit conçu le projet de les écraser par les mains de ceux qui furent leurs premiers ennemis, voici quelles seroient les conséquences d'un projet d'ailleurs trop épouvantable pour y croire :

1° On ne s'attacheroit point le parti démocratique par ce moyen, car ce parti renaîtra toujours de la nature libre de nos institutions : on satisferoit ses passions sans contenter sa politique;

2° En anéantissant les royalistes, vous auriez appris à la terre que les vertus, les talents honorables, les sacrifices, la fidélité, peuvent être comptés pour rien. Les peuples profiteroient vite de cette leçon : au premier mouvement ils ne manqueroient pas de la mettre en pratique contre les autorités même qui l'auroient enseignée. Vous tomberiez dans une suite de révolutions : l'injustice est un sable mouvant et stérile où l'on ne fonde ni ne moissonne.

Quoi qu'il en soit des desseins du ministère, desseins que l'avenir nous apprendra, ce qui menace aujourd'hui le plus, c'est l'opinion que le ministère a flattée. Cette opinion nous fait pencher vers la démocratie : elle ne demande aujourd'hui que des choses plus ou moins raisonnables, demain elle avancera d'un pas : de concession en concession elle aura bientôt dépouillé la prérogative royale.

Le ministère a quelquefois l'air de sentir le danger; mais des flatteurs, mais des succès qui ne tiennent pas à lui, mais sa haine contre les royalistes, l'empêchent de revenir sur ses pas : quand il dort, il marche au précipice en rêvant; quand il veille, il y court par amour-propre et par colère. Et pourtant il n'a pas un moment à perdre; les lois qu'il a voulues augmentent le danger. Chaque année la loi des élections reproduit une lutte dangereuse et pénible; chaque année cette loi met en question les principes de la monarchie. N'aura-t-on jamais d'autre ressource contre le vice de cette loi que l'usage de l'arbitraire et de la corruption? Faudra-t-il toujours soumettre les électeurs à des cartes, multiplier les patentes, faire voyager des commissaires, déplacer les administrateurs pour les envoyer aux colléges électoraux? Laissez aller la loi toute seule, elle vous mène à la démocratie; essayez de la retenir, vous ne pouvez l'arrêter que par des moyens illicites. Un seul moment de relâche, le mal est sans remède : une majorité démocratique arrivée, il y a révolution. Ainsi, notre destinée tient à une distraction des ministres; et s'ils n'ont pas cette distraction, notre existence monarchique est fondée sur une corruption. Telle est cette loi, qu'elle vous place entre une révolution inévitable et une prévarication forcée : pour soutenir le trône, il faut violer la loi; pour accomplir la loi, il faut exposer le trône.

Que si l'on dit que telle est la position de l'Angleterre, l'assertion est fausse. En Angleterre, la corruption des élections ne s'étend qu'aux hommes; la loi est saine, car elle ne fait entrer dans la chambre des communes que la propriété. Peu importe alors à la monarchie que de riches candidats achètent des suffrages : le choix peut nuire à l'existence du ministère, jamais à celle de l'État.

La démocratie est au fond de la loi de recrutement comme au fond de la loi des élections. L'ordonnance qui l'a suivie a augmenté le mal, puisqu'en vertu de cette ordonnance on pourroit désorganiser à la fois toute la garde royale. Ici le ministère lutte encore contre la démocratie; c'est encore lui qui a établi cette nouvelle lutte : il aime à se créer des obstacles.

Enfin, l'ordonnance sur la garde nationale achève de démocratiser nos institutions [1].

Tandis que l'interprétation littérale d'une ordonnance pouvoit offrir un moyen de déplacer à volonté les officiers de la garde royale, une autre ordonnance, par une coïncidence singulière, alloit atteindre les officiers de la garde nationale; de sorte qu'on auroit pu voir briser à la fois tous les appuis et tous les instruments de la restauration.

Est-ce une chose sage, dans les temps où nous vivons, d'ôter au trône l'avantage qu'il retiroit d'une correspondance plus intime entre l'héritier du trône et les sujets de ce trône? La monarchie légitime est-elle depuis si longtemps relevée qu'il soit politique de couper brusquement les relations de bienveillance par lesquelles nos princes communiquoient avec les François?

Au moment où notre armée n'est pas encore créée, étoit-il bon de bouleverser la garde nationale? N'eût-il pas été meilleur de laisser l'organisation actuelle tomber par un mouvement insensible? L'armée se seroit formée tandis que la garde nationale se fût dissoute; et, de même que les soldats auroient eu le temps de s'assembler sur nos remparts pendant le service des citoyens, ceux-ci, à leur tour, seroient rentrés dans leurs foyers sous la protection des soldats.

On peut douter que l'institution d'une garde nationale permanente soit une chose bonne en principe. Mais une fois l'existence de cette garde admise, n'est-il pas évident que son organisation ne sauroit être trop monarchique, par la raison même que son principe est républicain? La démocratiser, c'est abonder dans ses défauts.

Une chose fait illusion : un État se soutient; il semble même prospérer au milieu des principes qui peuvent le perdre. On rit des prophètes; on attribue à la foiblesse de leurs cerveaux, aux intérêts de leurs passions, ce qu'ils disent dans la simplicité de leur cœur, dans l'amour de leur patrie. On triomphe aujourd'hui : la France, s'écrie-t-on, est florissante et tranquille; les fonds montent, la dette se paye, les alliés se retirent; si l'on eût suivi vos idées, serions-nous dans cet état de prospérité?

Que les parents et les serviteurs des ministres raisonnent ainsi, rien de plus naturel. Les admirations de famille et les affections domestiques ne sont point défendues par la Charte : c'est un bien léger dédommagement des soucis qui environnent un homme d'État. Mais

---

[1]. Elle ôtoit à Monsieur, aujourd'hui le ROI, le commandement de la garde nationale.

quand on n'appartient ni au foyer ni à l'antichambre, on voit les choses autrement.

Il y a dans un pays comme le nôtre une vigueur qui ne dépend point des hommes : la France vit d'elle-même et, pour ainsi dire, de son propre tempérament. Le cercle de ses années est pour elle un cercle de richesses naturelles. Rien ne peut empêcher nos blés de mûrir, nos vins et nos huiles de couler, pas même le ministère. Ainsi, d'abord, on ne peut rien attribuer de nos prospérités natives à la bonté du système qu'on a suivi. Hélas! nous avons vu le plus beau soleil se lever et se coucher sur nos malheurs et sur nos crimes!

Rendons ensuite à nos institutions la portion de nos succès qui appartient à ces institutions mêmes : nous avons du crédit parce que nous avons un gouvernement représentatif, que notre dette n'excède pas nos forces, que nos fonds n'ont pas encore atteint le niveau des autres fonds de l'Europe. Quand il se fût trouvé quelques royalistes parmi les ministres, les conseillers d'État, les préfets, les sous-préfets, cela n'eût pas empêché la rente de monter et l'année d'être abondante.

Les étrangers quittent la France. Je reconnois ici l'œuvre de la sagesse du roi. Je fais aussi la part à la modération des princes alliés. Je paye à notre auguste monarque, pour ce nouveau bienfait, un nouveau tribut d'amour et de reconnoissance. Cela fait, il faut bien, sous peine d'ineptie, que je voie dans l'évacuation de notre territoire quelque chose qui tient aussi à la position de la France et aux relations politiques de l'Europe. Tenir longtemps garnison chez un peuple belliqueux, chez un peuple encore tout près de ses triomphes, chez une nation de vingt-six millions d'hommes, dont la population militaire s'est accrue par trois années de paix, étoit-ce une chose facile? De plus, les intérêts des différentes cours, qui réunis dans un danger commun reprennent dans la paix leurs divisions naturelles, n'étoient-ils pas encore un obstacle à une occupation prolongée dans un même but et, pour ainsi dire, sous un même drapeau?

Voilà donc trois choses heureuses sur lesquelles le système qu'on a suivi n'a rien à réclamer : nos moissons, notre crédit et la délivrance de notre territoire. Reste à examiner la tranquillité de la France.

D'abord cette tranquillité a été troublée; sans les services inappréciables des généraux Donadieu et Canuel, nous aurions vu renaître de grands malheurs. Mais je veux bien convenir que les insurrections de Grenoble et de Lyon étoient comme un reste de la coupable folie des Cent Jours : ce dernier mouvement ayant été contenu, il est peu probable qu'on le voie renaître. J'admets que tout est calme, et j'ajouterai, à la grande satisfaction des admirateurs éclairés du système ministériel, que rien ne remuera en France.

La lassitude est partout; chacun soupire après le repos : les uns veulent du moins profiter des restes de leur vie; les autres, commençant cette vie, ne partagent ni nos haines ni nos amours. Les générations se succèdent chaque jour en silence, et celles qui naissent et celles qui meurent ramènent incessamment dans le monde le calme de l'enfance et des tombeaux. On croit qu'on a toujours affaire aux mêmes hommes, et par le fait on agit sur une société nouvelle.

En outre, il y a chez les vieux peuples un progrès réel de civilisation qui rend les mouvements populaires et moins fréquents et plus faciles à apaiser. La machine de la société est assez connue, même du vulgaire, pour que tout aille tellement quellement, malgré les fautes. Un village aujourd'hui se conduit seul, une administration marche, bien que le chef soit absent ou incapable. Le défrichement des forêts, la multitude des grands chemins, les communications entretenues par le commerce et l'imprimerie, font régner une sorte de police naturelle, qui maintient l'ordre à la surface de la société. D'une autre part, le morcellement des propriétés, l'abolition des ordres de l'État, ont fait disparaître les grandes tentations de la cupidité et de l'envie. Il n'y a plus dans les mœurs du peuple de fanatisme : à peine avons-nous des passions. La foule végète en paix, sûre d'être toujours ce qu'elle est, quoi qu'il arrive : elle a assisté à tant de spectacles, qu'elle est indifférente à tout. Cela prouve-t-il qu'une révolution est impossible? Loin de là ; cela prouve qu'il suffiroit de quelques hommes pour accomplir une révolution; cela prouve la vérité de ce que j'ai avancé dans *La Monarchie selon la Charte* : « Par l'établissement du système, disois-je, les révolutionnaires espèrent que toutes les places se trouveront dans leurs mains au moment de la catastrophe. Les autorités diverses étant alors dans le même intérêt, le changement s'opérera d'un commun accord, sans résistance, sans coup férir. »

Le système que l'on a suivi n'est donc point la cause de la paix de la France ; la France est tranquille, parce qu'elle ne peut être agitée. Ses révolutions futures, si elle doit en éprouver, ne s'accompliront point dans le trouble, mais dans le repos : *Suscepere duo manipulares imperium... transferendum, et transtulerunt.*

Conclusion : Je ne vois rien d'heureux qu'on puisse attribuer au système des ministres, et je vois parfaitement ce que ce système a de désastreux. Il ne fonde point la royauté, il ne tend point à rétablir les bases morales et religieuses; il est si peu monarchique dans le sens du gouvernement *de droit*, qu'il conviendroit également au gouvernement *de fait,* et que celui-ci pourroit l'adopter sans rien y changer. Je cherche en vain dans ces combinaisons les intérêts de la monarchie légitime.

En voulant être despotique par les théories et les hommes démocratiques, le ministère court risque d'être entraîné malgré ses efforts. Y a-t-il quelque moyen d'éviter ce danger? Un bien simple et le plus facile du monde : favoriser la religion, reviser les lois dangereuses, se rapprocher des principes et des hommes monarchiques : une fois dans cette route, la monarchie de saint Louis peut encore marcher huit cents ans.

Paris, le 29 octobre 1818.

Les élections sont à peu près terminées : elles sont ce qu'elles doivent être dans l'esprit de la loi. La loi est démocratique ; il est naturel qu'elle amène des hommes dans le sens du pouvoir où elle incline : c'est l'arbre qui produit son fruit. Cet arbre sera d'autant plus productif que le ministère s'efforce d'élaguer les rameaux vigoureux qui pourroient en absorber la sève, c'est-à-dire, pour parler sans figure, que le ministère met toute sa science à s'opposer à la nomination des royalistes, d'où il résulte que l'action de la loi n'éprouve aucune résistance.

En dépit de son expérience, le ministère continuera-t-il de croire qu'il y a en France un parti mixte, capable de tenir l'équilibre entre les deux opinions réelles, l'opinion royaliste et l'opinion indépendante? L'opinion ministérielle n'est qu'une pure négative, une absence de volonté : or, il n'y a point de puissance dans le néant.

Si les députés sortants, remplacés par des indépendants, étoient des membres de l'opposition de droite, on pourroit dire que les ministres, désespérant de faire passer des ministériels, ont favorisé les élections des indépendants, dans la crainte de voir nommer les royalistes ; il y auroit de l'apparence à ce raisonnement. Mais le ministère n'a pas même cette consolation ; il ne peut pas dire qu'il a voulu ce qui arrive, car ce sont des candidats ministériels qui ont été culbutés, des présidents de collèges électoraux qui ont péri sur leur chaire curule; c'est, en un mot, la fleur de l'armée qui s'est ensevelie au champ d'honneur. On va jusqu'à dire que le président du collège où M. Manuel a été nommé n'a obtenu que huit voix. Les ministres ne peuvent donc pas nier leur défaite; ils vont bientôt voir revenir leurs blessés; ils les panseront avec des places.

Il est vrai que le ministère, battu sur un point, dira qu'il a vaincu sur un autre. En effet, quelques membres de l'opposition de droite n'ont pas été réélus : mais ils sont en petit nombre, et quelques-uns d'entre eux n'ont pas été remplacés par des ministériels, mais encore par des indépendants. Le côté droit a perdu, mais le côté gauche a gagné aux dépens de la majorité ministérielle.

Si les royalistes, plus nombreux que les indépendants, sont cependant moins forts dans une lutte contre le ministère, cela tient au caractère même et à la position des royalistes. Aucune ambition ne les conduit ; ils ne résistent que dans le cercle de la conscience et du devoir. S'ils s'aperçoivent que l'on ne veut pas d'eux, ils se retirent. Ils ne comprennent pas encore bien l'opposition où on les a jetés : quand on vient inconstitutionnellement leur présenter le nom du roi, ils inclinent la tête à ce nom sacré, et se laissent opprimer par le ministère. Ils semblent depuis vingt-six ans avoir si bien appris le rôle de victimes, qu'ils ne peuvent plus l'oublier.

Il faut faire observer encore que le ministère a montré dans ces dernières élections une opposition aux nominations royalistes bien plus prononcée qu'aux nominations indépendantes ; toutefois, il est vrai de dire en général que le crédit ministériel, si puissant aux élections de 1816 et 1817, a bien perdu de son importance en 1818.

N'accusons cependant pas la docilité des préfets. Nous les avons vus en 1815 favoriser de tout leur pouvoir la nomination des royalistes : on en vouloit alors, et la matière étoit abondante. Nous les avons vus en 1815 fureter dans tous les coins de leur département pour y trouver des ministériels ; il leur en falloit à tout prix : ils eurent le bonheur de s'en procurer. Comment n'ont-ils pas obtenu le même succès dans cette dernière campagne ?

Pour atténuer l'effet des élections, on se vante déjà d'être sûr du parti des indépendants. On dit : « Nous aurons facilement tels et tels : nous les achèterons. » Pour l'honneur des François, je suppose qu'il n'y a personne à vendre : mais enfin, sous la Charte, s'il étoit possible qu'il y eût un tarif pour les hommes, il est certain qu'il n'y en a pas pour les opinions.

Les ministres, dit-on d'autre part, sont déjà tout consolés des nombreux échecs qu'ils viennent d'éprouver, et, ne pouvant encore donner le nom de ministériels aux députés nouvellement élus, ils sont convenus de les appeler ministériels *inclinant vers l'indépendance :* le mot est joli.

Après tout, répètent les clients et les serviteurs, l'opposition de gauche ne se recrute que de quelques voix : elle ne changera pas la majorité. C'est une grande erreur que de fonder ses calculs dans une chambre populaire sur le nombre absolu : un seul homme de talent peut faire ou défaire une majorité. D'ailleurs, encore un renouvellement de cinquième, et vous verrez le résultat de la loi.

On se demande si les ministres, effrayés, ne vont pas incliner à l'opposition royaliste, ou s'ils ne sacrifieront pas de nouveau à l'objet de leur peur. Dans l'espoir de s'attacher à l'opposition démocratique, lui accorderont-ils de nouvelles lois démocratiques? S'imagineront-ils la gouverner parce qu'ils feront tout ce qu'elle voudra? Comme Attale dans le camp de ses maîtres, se croiront-ils souverains parce que l'opinion dont ils porteroient le joug permettroit à leur servitude de traîner la pourpre ministérielle?

A Dieu ne plaise que nous autres royalistes éprouvions aujourd'hui une satisfaction coupable à voir s'accomplir nos prédictions! Que sont les triomphes de l'amour-propre auprès des dangers de la patrie? Et ces dangers, ce n'est pas nous qui les imaginons; il nous suffiroit, pour y croire, de nous rappeler les efforts de toutes espèces que firent les ministres l'année dernière, afin d'écarter de la tribune législative les mêmes hommes qui s'y trouvent portés aujourd'hui. Et cependant ces hommes avoient été appelés aux élections de 1816! Ainsi, on les vouloit lorsqu'ils étoient foibles, on les repousse lorsqu'ils paroissent forts, tour à tour instruments des passions ou objets des frayeurs ministérielles. Que tout cela est à la fois pitoyable et funeste! quelle déplorable conception que cette loi dont les auteurs semblent avoir ignoré les premiers principes de la monarchie!

Il est curieux de remarquer les mouvements qu'on se donne aujourd'hui auprès des royalistes : on se récrie sur le *scandale* des élections; on nous invite à tonner contre les indépendants. Mais en supposant que ces indépendants soient aussi dangereux qu'on le dit, de quel droit les ministériels viennent-ils se plaindre à nous des choix qui les alarment? Où étoient les indépendants en 1815? On ignoroit jusqu'à leurs noms. Qui les a créés? qui a fait revivre leur doctrine? qui a repoussé les hommes qui pouvoient les combattre, si ce n'est le ministère? Qu'ont donc fait les indépendants de plus que certains ministériels? M. Benjamin de Constant n'a-t-il pas montré l'année dernière qu'il sied mal à de hauts personnages de rechercher la conduite que l'on a tenue pendant les Cent Jours? Cette délicatesse du ministère au sujet des indépendants est au moins inconvenante : en s'élevant contre eux, ne craint-il pas de blesser quelques-uns de ses amis?

Quant à nous, nous l'avons dit et nous le répétons, la querelle des indépendants et des ministériels n'est pas la nôtre : ce ne sont pas les indépendants qui nous ont poursuivis et calomniés. Nous rejetons leurs principes ; mais ils se rencontrent avec nous dans plusieurs opinions constitutionnelles : ils viennent d'être justes et généreux sur l'affaire du général Canuel. Nous ne les craignons donc pas pour nous ; mais nous craignons leurs principes pour la France, et nous nous élevons contre la loi des élections, non pour des intérêts personnels, mais pour ceux du trône et de la monarchie.

La France est encore pleine de ressources : d'un mot on peut dissiper toutes ces apparences de danger. Ce qui paroît si fort n'est rien : qu'on ose attaquer le fantôme, et il s'évanouira. Mais c'est avec la religion, avec la liberté légale qu'il faut combattre : placez-vous dans la vraie monarchie constitutionnelle, et vous n'aurez rien à craindre des systèmes révolutionnaires. Vous avez devant vous la plaine ou le précipice, il faut marcher ou tomber : c'est à vous de choisir, et voilà tout.

Paris, 3 novembre 1818.

Je ne puis me taire sur ce qui arrive dans ce moment : cet événement ne se lie point au sujet que je viens de traiter, mais il m'est en quelque sorte personnel, et l'on me permettra d'en parler ici.

M. le baron Canuel, M. le comte de Rieux-Songy, M. de Romilly et M. de Chauvigny-Blot, viennent d'être déchargés de toute accusation, et rendus à la liberté, en vertu d'un arrêt de la cour royale : on sait que MM. de Chappedelaine et de Joannis avoient déjà été acquittés. Ainsi se maintient l'ancienne et incorruptible équité de notre magistrature ! ainsi se manifeste toujours la courageuse indépendance du barreau françois[1] ! ainsi s'évanouit la prétendue conspiration royaliste !

Je ne puis que féliciter les nobles victimes des dénonciations les plus folles comme les plus abominables. Je me regarde moi-même vengé par l'arrêt qui prononce leur innocence : mon nom, celui de quelques-uns de mes amis, n'ont-ils pas été outragés dans cette affaire déplorable ? C'est M. de La Rochejaquelein, digne de ses frères ; c'est M. Berthier de Sauvigny, dont les services et les malheurs sont si connus dans les annales du royalisme ; c'est M. le duc de Fitz-James, resté sans tache au milieu de tant de bassesses ; c'est M. le marquis de Vibraye, un des naufragés de Calais ; c'est M. le baron de Vitrolles, négociateur pour les Bourbons à Troyes et prisonnier de Buonaparte pendant les Cent Jours ; c'est M. le marquis de Puyvert, enfermé dix

---

1. Voyez les beaux Mémoires de MM. Berryer fils, Couture et Ducancel.

ans dans les cachots de l'usurpateur; c'est M. Agier, défenseur des compagnons de Moreau, Georges et Pichegru, et qui pendant les Cent Jours osa présenter une pétition à la chambre des représentants pour le rappel des Bourbons; c'est moi-même enfin, et plusieurs autres; c'est cette troupe de *conspirateurs* qui devoit, avec les sauveurs de Lyon et de Grenoble, attenter à la liberté et peut-être à la vie du roi!

« Vous avez su, a dit le juge instructeur à M. de Romilly, que MM. de Chateaubriand, de Fitz-James, de Vibraye, Berthier de Sauvigny, de Limairac, de Vitrolles, de Berthier, La Poterie, La Rochejaquelein, de Chauvigny-Blot, de Viomesnil, Roussiale, etc., étoient de la conspiration; que les réunions avoient lieu chez MM. de Fitz-James, de Chateaubriand, de Vitrolles, et que ces différentes réunions correspondoient avec celles qui se tenoient chez le général Chappedelaine, et dont vous faisiez partie [1]. »

Ce même juge instructeur a dit encore au général Canuel: « Vous connoissez M. de Chateaubriand; vous êtes allé chez lui tel jour: vous y êtes resté jusqu'à minuit: quelles étoient les personnes qui étoient chez lui? Qu'y a-t-on dit[2]? etc. » Que M. le juge d'instruction sache que tous les amis du roi peuvent entrer chez moi à toutes les heures du jour et de la nuit; mais que tout ennemi du roi, lorsqu'il me sera connu, ne passera jamais le seuil de ma porte. Pendant quatre mois la *correspondance privée* n'a cessé de nous représenter comme des traîtres, et elle a trouvé des hommes assez stupides pour croire à de pareilles abominations. Que va-t-elle dire aujourd'hui? Par quelle nouvelle imposture justifiera-t-elle son imposture? Est-ce donc notre tête que l'on vouloit, car personne ne peut nous enlever l'honneur? La haine contre les royalistes s'est bien accrue: naguère on ne faisoit encore que les amnistier pour avoir été fidèles; aujourd'hui auroit-on voulu leur faire subir la peine de ce crime? Est-ce notre sang que désirent ces dénonciateurs, ennemis de la légitimité? Mais quand avons-nous refusé de le verser pour le roi? Heureux, ô vous, mon cousin et mon frère, immolés en accomplissant vos devoirs! vous n'êtes point morts le cœur flétri, l'âme abreuvée de dégoût et d'amertume! Heureux les royalistes qui ont payé de leur vie leur attachement à leur souverain! Heureux! vous surtout, ô prince dont j'ai tant déploré la perte! Quand vous tombâtes à Vincennes, quand vous fûtes précipité encore à demi vivant dans la fosse creusée à vos pieds, quand on jeta des pierres sur votre poitrine pour étouffer votre dernier sou-

---

1. Voyez la Défense du baron Canuel, etc., interrogatoire de M. de Romilly, 18 août.
2. Voyez l'interrogatoire du général Canuel.

pir, au moins vous ignorâtes le sort qui attendoit vos compagnons d'armes; vous quittâtes la terre sans avoir été témoin de leur misère et de leur douleur. Et que sais-je ! votre mort peut-être nous a épargné l'horreur de voir calomnier aussi le héros de Berstheim, le petit-fils du grand Condé.

Paris, le 17 novembre 1818.

Nous avons dans ce moment une nouvelle preuve de l'inutilité et même du danger de la censure. Il est merveilleux de lire dans nos gazettes des articles extraits des gazettes de Londres, et de n'y pas trouver les dernières nouvelles arrivées de Sainte-Hélène. A qui prétend-on les cacher? Les journaux anglois ne sont-ils pas dans tous nos cabinets de lecture? Les ambassadeurs et une foule de particuliers ne les reçoivent-ils pas? N'arrivent-ils pas dans nos ports? Les gazettes de la Belgique ne franchissent-elles pas nos frontières? Quelques heures après l'arrivée du courrier de Londres, la prétendue évasion de Buonaparte étoit connue de tous les porteurs d'eau et de toutes les servantes de Paris. Que résulte-t-il donc de ces interdictions de la censure? Des fables monstrueuses que la réalité dissiperoit.

Jeté au milieu des mers où le Camoëns plaça le génie des tempêtes, Buonaparte ne peut se remuer sur son rocher sans que nous ne soyons avertis de son mouvement par une secousse. Un pas de cet homme à l'autre pôle se feroit sentir à celui-ci. Si la Providence déchaînoit encore son fléau, si Buonaparte étoit libre aux États-Unis, ses regards, attachés sur l'Océan, suffiroient pour troubler les peuples de l'Ancien Monde : sa seule présence sur le rivage américain de l'Atlantique forceroit l'Europe à camper sur le rivage opposé.

Et toutefois cet homme formidable auroit depuis longtemps cessé de l'être pour nous, n'étoit le fatal système établi par les ministres. Mais si, comme avant le 20 mars, les partisans de l'usurpateur obtiennent seuls la confiance, occupent seuls les places ; si des lois démocratiques ressuscitent la puissance et les passions populaires, c'est de nouveau paver le chemin à l'homme de malheurs. La tentative de son évasion est du mois de septembre : il étoit donc possible qu'il nous arrivât pour les élections et pour le recrutement : il auroit pu voter à son tour pour ceux qui ont voté pour sa dynastie, et avoir le plaisir d'entendre retentir son nom.

POLÉMIQUE.

Paris, le 30 novembre 1818.

Ce fut le 25 du mois d'août 1451 que Bayonne ouvrit ses portes à Charles VII et que les Anglois quittèrent la France. On avoit vu en l'air une croix blanche, surmontée d'une couronne qui se changea en fleur de lis. On conclut de cette merveille que le ciel vouloit que les François se réunissent, et qu'ils prissent tous la croix blanche telle que nos gens d'armes la portoient alors. Au moment où j'écris les derniers soldats étrangers abandonnent nos frontières; allons-nous nous réunir et prendre tous la croix blanche? Cela dépend des ministres. On dit qu'ils s'occupent déjà de leurs discours et qu'ils veulent régenter tout le monde. Dans ce cas un rapprochement est impossible. Si le ministère affecte la menace, il ne fera peur à personne : on l'aime trop pour le craindre.

Les uns se flattent que le retour du président du conseil amènera d'heureux changements, les autres prétendent que nous resterons comme nous sommes. C'est notre sentiment; nous croyons même qu'on abondera dans le sens de l'opinion indépendante. L'antipathie des ministres contre les royalistes l'emportera; ils nous ont fait trop de mal pour nous le pardonner.

Qu'un homme en place est heureux! Il peut faire autant de sottises qu'il le veut, et aussi longtemps qu'il le peut. Mais si un beau jour il lui est utile de changer de système, il n'a qu'à parler. Qu'il dise seulement : « J'ai fait, je vous assure, tout le bien possible ; j'ai empêché tout le mal qui ne s'est pas fait. Continuez-moi ministre, et vous verrez. » Chacun, enchanté, répète les paroles du grand homme : « Il pense comme vous et moi, disent les bons royalistes ; il n'a aucune raison d'être mauvais. Il a été forcé de faire comme les autres pour garder sa place ; mais au fond c'est lui qui a empêché telle destitution, qui s'est opposé à la désorganisation de la garde royale. — Qui vous a dit cela? — Eh mais! c'est le ministre lui-même. — Dans ce cas, le fait est certain. »

Le Conservateur a sa part d'injures dans tous les pamphlets du jour; mais il ressemble aux médecins, qui ne craignent pas de s'exposer au mauvais air des hôpitaux pour guérir des fièvres contagieuses : il continue à purifier l'opinion, à ranimer les idées monarchiques et les droits d'une sage liberté. Le bruit de la tentative de Buonaparte pour s'évader de Sainte-Hélène inquiétoit les esprits, quand *Le Conservateur*, en racontant le simple fait, a dissipé les alarmes. Alors il a bien fallu se décider à instruire le public. Le premier esclave de la censure, le grave *Moniteur*, s'est excusé de son silence sur ce que quelques journaux anglois paroissoient douter de la vérité d'un événement consigné dans un rapport du gouverneur de Sainte-Hélène. On voit que *Le Moniteur* a le secret des dépêches officielles, ce qui l'a rendu cette fois un peu incrédule.

Tandis que les feuilles ultra-libérales en France accusent *Le Conservateur* de gothicisme, il est curieux de voir *L'Argus,* en Angleterre, l'anathématiser comme libéral. *L'Argus* reproche au *Conservateur* ses principes constitutionnels; il attaque, sous les mêmes rapports, les *Réflexions politiques* et *La Monarchie selon la Charte*. Nous allons mettre tout le monde d'accord : nous acceptons des ultra-libéraux notre brevet de vieux royaliste, et nous prenons de la main de M. le marquis de Chabanes notre certificat de constitutionnel.

Nos tribunaux retentissent encore de la douloureuse affaire de Mme de Saint-Morys. Rien ne peint mieux l'esprit des temps que cet épouvantable procès : des juges écoutent une discussion sur le duel, sans qu'on rappelle les anciennes lois, regardées comme abolies, tandis qu'on reconnoît force juridique à une foule de décrets de la Convention ; une veuve plaide elle-même pour son mari tué, et ce n'est pas elle qui attaque, c'est elle qui se défend contre celui qui a tué son mari ; à cette cause se joignent des détails révoltants sur la mort du gendre de la veuve infortunée ; et personne ne parle de Mme de Saint-Morys; et Paris et la France entière ont été occupés de Mme Manson! Voilà ce que nous sommes. Doux, indulgent, humain, citoyen vertueux, brave soldat, M. de Saint-Morys étoit un de ces hommes rares chez lesquels la chaleur des sentiments n'exclut pas les lumières de la raison ; la modération de son esprit régloit les mouvements de son cœur. Il n'aura eu en expirant que le regret de mourir pour sa propre cause, et non pour celle de son roi.

Ce nom de Mme Manson nous fait souvenir qu'on vient de publier une dernière déclaration de Bastide et de Jausion, faite en présence d'un magistrat et d'un prêtre ; ils y protestent de leur innocence. Desrues en fit autant; mais au moins ne chercha-t-il pas à provoquer les soupçons contre des innocents; et Jausion n'a pas craint de le faire. Ces infortunés avoient-ils pu oublier les dépositions de leurs complices et des témoins oculaires, de la Bancal, de Bax, de Bousquier, des enfants de la Bancal, de Mme Manson et de tant d'autres?

Si les journaux étoient libres, rien de plus naturel que cette publication ; mais quel goût singulier la censure a-t-elle pour de pareils morceaux, lorsqu'il faut lui forcer la main pour l'obliger à parler de l'innocence des royalistes?

Une considération plus grave vient se mêler à ces réflexions. Si les débats qui ont précédé le jugement ont établi jusqu'à l'évidence la culpabilité des accusés, si la conviction de deux jurys a pu seule déterminer deux fois l'arrêt de la justice, n'y a-t-il pas péril pour la société à laisser mettre en question les lumières ou l'équité des tribunaux?

Le public semble se décider contre la loi des élections; mais on doute que le ministère ait quelque rapport avec le public. En attendant, les raisonnements principaux sont de deux sortes : « La loi des élections, disent les indépendants, est une loi populaire, une concession faite au peuple, des droits acquis que vous ne pouvez plus retirer. En ce faisant, vous vous placeriez en dehors de la nation. »

« Ce n'est point, disent plus justement les royalistes, une loi populaire : c'est au contraire une loi qui exclut le peuple des élections, et qui crée une classe de privilégiés à cent écus; et dans cette classe de privilégiés réside essentiellement l'opinion démocratique. Pour que la loi fût populaire, il faudroit qu'elle descendît plus bas. Loin d'avoir donné des droits au peuple, vous lui en avez ôté. Corriger la loi, c'est vous replacer dans la monarchie dont vous êtes sortis. »

Ainsi l'on raisonne. Mille projets sont formés : les serviteurs particuliers des ministres voudroient faire à la loi des élections un amendement dont le résultat seroit de donner à leurs maîtres une espèce de dictature pour cinq années. Reste à savoir si les chambres consentiroient à violer la Charte, à gêner l'exercice de la prérogative royale, afin d'établir un renouvellement intégral qui ne seroit pas uni au changement radical de la loi. On parle aussi de former une seconde classe d'électeurs qui seroient choisis parmi des hommes de soixante ans : cela ne conviendroit pas trop mal à une vieille monarchie.

Les députés arrivent lentement à Paris. Les embaucheurs pour le ministère les attendent à leur débotté; ils se tiennent en embuscade à la porte des hôtels garnis, comme nos anciens recruteurs sur le quai de la Ferraille : l'enrôlement volontaire n'est plus en faveur. Cependant chaque député s'occupe de son travail : on assure qu'un membre de l'opposition de gauche a le projet de renouveler la proposition de M. le maréchal Macdonald en faveur des émigrés dont les biens ont été vendus; les royalistes reviennent comme ils sont partis; les doctrinaires s'attachent plus à faire des prosélytes qu'à préparer des opinions.

Nous attendons, pour parler des élections du Gard, à avoir reçu tous les renseignements. Les hommes voulant avec sincérité la liberté des suffrages doivent, quelles que soient leurs opinions, se réunir pour mettre fin à des scandales qui feroient de notre gouvernement représentatif une véritable moquerie. Nous n'avons point examiné les discours des présidents des colléges électoraux, car on ne peut tout examiner : ils nous auroient cependant fourni des rapprochements curieux avec d'autres pièces authentiques. Nous aurions fait remarquer la grande prudence d'un président qui loue si bien les électeurs d'avoir toujours été soumis à l'autorité du moment : heureux ceux qui prêchent d'exemple !

Paris, le 5 décembre 1818.

J'ai parlé de l'état intérieur de la France relativement à la politique [1].

J'ai dit que le système ministériel tend à faire sortir le despotisme des principes populaires; que ce système veut former une royauté sans royalistes, une monarchie sans bases monarchiques.

J'ai annoncé que nos lois fondamentales, ouvrages irréfléchis du ministère, le mèneroient malgré lui à la démocratie.

Maintenant, je vais considérer le système ministériel dans ses effets moraux : ici, le mal est grand; la plaie est au cœur.

Le ministère a inventé une morale nouvelle, *la morale des intérêts* : celle des *devoirs* est abandonnée aux imbéciles.

Or, cette morale des intérêts, dont on veut faire la base de notre gouvernement, a plus corrompu le peuple dans l'espace de trois années que la révolution entière dans un quart de siècle.

Ce qui fait périr la morale chez les nations, et avec la morale les nations elles-mêmes, ce n'est pas la violence, mais la séduction; et par séduction j'entends ici ce que toute fausse doctrine a de flatteur et de spécieux. Les hommes prennent souvent l'erreur pour la vérité, parce que chaque faculté du cœur ou de l'esprit a sa fausse image : la froideur ressemble à la vertu, le raisonner à la raison, le vide à la profondeur, ainsi du reste.

Donc le xviiie siècle fut un siècle destructeur, car nous fûmes tous séduits. Nous rîmes de la religion, nous dénaturâmes la politique, nous nous égarâmes dans de coupables nouveautés de paroles. Au lieu de regarder en haut, nous regardâmes en bas, cherchant l'existence sociale dans la dégradation de nos mœurs, dans les principes populaires : nous commencions à avoir ce que l'Écriture appelle *les vices des derniers temps* : mot profond.

---

1. Voyez, ci-dessus, l'article du 22 octobre.

La révolution vint nous réveiller : en poussant le François hors de son lit, elle le jeta dans la tombe. Toutefois le règne de la terreur est peut-être de toutes les époques de la révolution celle qui fut la moins dangereuse à la morale. Pourquoi? Parce qu'aucune conscience n'étoit forcée : le crime paroissoit dans sa franchise. Des orgies au milieu du sang, des scandales qui n'en étoient plus à force d'être horribles; voilà tout. Les femmes du peuple venoient travailler à leurs ouvrages domestiques autour de la machine à meurtre comme à leurs foyers ; les échafauds étoient les mœurs publiques et la mort le fond du gouvernement. Rien de plus net que la position de chacun : on ne parloit ni de spécialité, ni de positif, ni de système d'intérêts. Ce galimatias des petits esprits et des mauvaises consciences étoit inconnu. On disoit à un homme : « Tu es chrétien, noble, riche : meurs ; » et il mouroit. Antonelle écrivoit qu'on ne trouvoit aucune charge contre tels prisonniers, mais qu'il les avoit condamnés comme aristocrates : monstrueuse franchise, qui nonobstant laissoit subsister l'ordre moral ; car ce n'est pas de tuer l'innocent comme innocent qui perd la société, c'est de le tuer comme coupable.

En conséquence, ces temps affreux sont ceux des grands dévouements. Alors les femmes marchèrent héroïquement au supplice; les pères se livrèrent pour les fils, les fils pour les pères; des secours inattendus s'introduisoient dans les prisons, et le prêtre que l'on cherchoit consoloit la victime auprès du bourreau qui ne le reconnoissoit pas. Alors les paysans vendéens se faisoient des armes des débris de leurs charrues, pour enlever des batteries de canon; alors La Rochejaquelein tomboit, enveloppé dans le drapeau blanc, dans les mêmes champs où, à la bataille de Poitiers, « fut occis, dit Froissard, monseigneur Geoffroy de Charny, la bannière de France entre ses mains ».

La morale sous le Directoire eut plutôt à combattre la corruption des mœurs que celle des doctrines; il y eut débordement. On fut jeté dans les plaisirs comme on avoit été entassé dans les prisons. Dissipateur de l'avenir, on forçoit le présent à avancer des joies sur cet avenir, dans la crainte de voir renaître le passé. Chacun, n'ayant pas encore eu le temps de se créer un intérieur, vivoit dans la rue, sur les promenades, dans les salons publics. Familiarisé avec les échafauds, et déjà à moitié sorti du monde, on trouvoit que cela ne valoit pas la peine de rentrer chez soi. Il n'étoit question que d'arts, de bals, de modes : on changeoit de parures et de vêtements aussi facilement qu'on se seroit dépouillé de la vie.

Tandis qu'une partie du Directoire favorisoit cette corruption en faisant falsifier des pièces historiques, publier des romans infâmes, vendre et abattre les restes des monuments de nos rois, une autre partie prenoit une route opposée. La Révellière-Lépeaux inventoit la *théophilanthropie*. Cette vision étoit au moins conforme à la morale : les *théophilanthropes* ne préconisoient pas les intérêts; ils recommandoient les devoirs. Ridicules, mais pauvres, ils ont épargné à la mort le soin de les dépouiller : elle les a trouvés nus.

Sous Buonaparte, la séduction recommença, mais ce fut une séduction qui portoit son remède avec elle : Buonaparte séduisoit par un prestige de gloire; et tout ce qui est grand porte en soi un principe de législation. Il concevoit qu'il étoit utile pour lui de laisser enseigner la doctrine de tous les peuples, la morale de tous les temps, la religion de toute éternité. Il recherchoit même les victimes de la révolution : il y avoit honneur à avoir souffert. Ceux qui refusoient d'entrer dans le nouvel ordre social restoient à part : ils s'élevoient comme des ruines vénérables au milieu des édifices modernes. On disoit en les regardant avec un sentiment de respect : Voilà la vieille France.

Pourquoi donc un royaliste isolé, sans appui, sans fortune, sans influence, étoit-il quelque chose aux yeux d'un homme qui comptoit les hommes pour rien? Cet homme n'avoit pas pour maxime de se rapprocher de la foiblesse. C'est qu'il voyoit dans le royaliste un ennemi naturel de ces dogmes démocratiques que, par un contre-sens stupide, nous favorisons aujourd'hui; c'est que le royaliste lui représentoit une force, la force morale, la preuve irréfragable de la puissance du devoir. Il reconnoissoit dans cette puissance un grand élément de la société, puisqu'elle avoit maintenu la monarchie pendant quatorze siècles. Le devoir, toujours le même, fait participer les gouvernements qu'il soutient à la permanence de son principe; l'intérêt, variable et divers, ne peut être que la base mouvante d'un édifice de quelques jours.

Je dis encore que l'ordre moral est moins attaqué quand la fausse position où il se trouve est la suite d'une fausse position politique. Or, avant la restauration le gouvernement lui-même étoit une violence : les prospérités pouvoient être injustes, l'infortune non méritée, sans qu'il y eût dépravation. La chose existante n'étoit point le résultat d'un consentement, mais d'une force; les droits de la morale n'étoient pas méconnus, ils n'étoient que violés.

Mais si ces droits continuent d'être violés sous un gouvernement légitime, il s'ensuit qu'ils sont méconnus, et cela ne va pas moins qu'à établir qu'ils sont en eux-mêmes chimériques, que par le fait ils n'existent point : alors il y a principe de dissolution dans le corps social.

Je ne serois pas étonné de m'entendre répondre : Fonder la société sur un devoir, c'est l'élever sur une fiction ; la placer dans un intérêt, c'est l'établir dans une réalité.

Les esprits spéciaux ne seroient-ils que des esprits bornés? Je remarque que leur positif est presque toujours un manque d'idées : ce sont des joueurs d'échecs qui ne voient que le premier coup, et qui n'ont pas assez de force de tête pour calculer la série des coups renfermés dans le mouvement qu'ils font. Il faut donc leur apprendre que c'est précisément le devoir qui est un fait et l'intérêt une fiction. Le devoir qui prend sa source dans la Divinité descend d'abord dans la famille, où il établit des relations réelles entre le père et les enfants ; de là, passant à la société et se partageant en deux branches, il règle dans l'ordre politique les rapports du roi et du sujet ; il établit dans l'ordre moral la chaîne des services et des protections, des bienfaits et de la reconnoissance. C'est donc un fait très-positif que le devoir, puisqu'il donne à la société humaine la seule existence durable qu'elle puisse avoir.

L'intérêt est une fiction quand il est pris, comme on le prend aujourd'hui, dans son sens physique et rigoureux, puisqu'il n'est plus le soir ce qu'il étoit le matin ; puisqu'à chaque instant il change de nature ; puisque, fondé sur la fortune, il en a la mobilité. J'ai intérêt à conserver le champ que j'ai acquis, mais mon voisin a intérêt à me le prendre : si pour s'en rendre maître il n'a besoin que de faire une révolution, il la fera ; car il est reconnu que partout où il y a intérêt il n'y a plus crime.

On réplique : « Les lois sont là pour maintenir l'ordre et la propriété. » Eh! que sont les lois sans les devoirs? Elles sont lois tant que je serai le plus foible ; le jour où je deviendrai le plus fort, n'étant arrêté par aucun devoir, je me rirai de ces lois, et j'en ferai d'autres à mon usage. Et cela m'arrivera souvent ; car une mort, une naissance, un accident fortuit, peuvent faire varier ma position : il faudra que la société se modifie autant de fois que mes intérêts cesseront d'être les mêmes. L'intérêt meurt avec l'homme, le devoir lui survit : voyez si vous voulez faire une société mortelle comme notre corps, ou immortelle comme notre âme.

Que si vous dites que je ne parle ici que de l'intérêt personnel ; qu'il y a d'autres intérêts généraux, d'autres nécessités politiques qui consolident la société ; que chacun, par exemple, veut l'ordre, la paix, la prospérité de l'État, parce qu'ils maintiennent l'ordre, la paix, la prospérité des individus et des familles : tout cela sont des mots. Par la morale des intérêts chaque citoyen est en état d'hostilité avec les lois et le gouvernement, puisque dans la société c'est toujours le grand nombre qui souffre. On ne se bat point pour des idées abstraites d'ordre, de paix, de patrie; ou si l'on se bat pour elles, c'est qu'on y attache des idées de sacrifices; alors on sort de la morale des intérêts pour rentrer dans celle des devoirs : tant il est vrai que l'on ne peut trouver l'existence de la société hors de cette sainte limite!

Les bonnes lois ne sont que la conscience écrite : la morale des intérêts contrarie la conscience. Que disent les lois? Respectez le bien d'autrui. Que disent les intérêts? Prenez le bien d'autrui. La morale des intérêts est donc par le fait antisociale. Elle prend pour levier politique les vices des hommes, au lieu d'agir avec leurs vertus. Or les vices sont foibles et caducs : vous bâtissez donc avec des instruments qui se briseront dans vos mains.

Qui remplit ses devoirs s'attire l'estime; qui cède à ses intérêts est peu estimé : c'étoit bien du siècle de puiser un principe de gouvernement dans une source de mépris!

Le système des intérêts est le système du despotisme qui resserre tout; il contrarie la nature du gouvernement représentatif, qui étend tout. Dans ce dernier gouvernement la vie est en commun : de là ces nombreuses associations existantes en Angleterre, et consacrées à toutes les sortes de malheurs et d'industries. La plupart de ces associations ne sont pas fondées sur des intérêts personnels, puisqu'elles sont soutenues par des hommes riches et puissants, à l'abri des infortunes qu'ils soulagent. Dans notre ancienne monarchie, c'étoit la religion qui se chargeoit de cette partie des devoirs sociaux. Maintenant que nous avons renversé nos fondations chrétiennes, si nous ne créons pas à l'aide de la morale des devoirs un esprit public, les intérêts individuels ne rétabliront pas les monuments de l'antique charité. Élevez nos hommes politiques à ne penser qu'à ce qui les touche, et vous verrez comment ils arrangeront l'État. Ils chercheront à arriver au pouvoir par mille bassesses, non pour faire le bien public, mais pour faire leur fortune. Vous n'aurez que des ministres corrompus et avides, semblables à ces esclaves mutilés qui gouvernoient le Bas-Empire, et qui vendoient tout au plus offrant, se souvenant d'avoir eux-mêmes été vendus.

Par la morale des intérêts l'âme humaine perd sa beauté, la vertu ses leçons, l'histoire ses exemples. Je n'ai point demandé aux ruines de Sparte si Léonidas avoit connu la morale des intérêts. « Il y a des pertes triomphantes à l'envy des victoires, dit Montaigne; ni ces quatre victoires sœurs, les plus belles que le soleil ait oncques veues de ses yeux, de Salamine, de Platée, de Mycales, de Sicile, n'osèrent

oncques opposer toute leur gloire ensemble à la gloire de la déconfi‑
ture du roi Léonidas. » La France, comme la Grèce, repousse par son
caractère la morale des intérêts. Notre vieille monarchie étoit fondée
sur l'honneur : si l'honneur est une fiction, du moins cette fiction est
naturelle à la France, et elle a produit d'immortelles réalités. Étoit-ce
pour l'intérêt ou le devoir que la fleur de la chevalerie françoise mou‑
rut à Crécy et à Poitiers? Étoit-ce l'intérêt ou le devoir qui porta les
bourgeois de Calais à livrer leur tête à Édouard? Quand Charles VII
étoit à Bourges, et Henri V à Paris, tous les intérêts étoient d'un côté,
tous les devoirs de l'autre. Qui l'emporta, des intérêts ou des devoirs?
On trouve dans les anciens comptes de la ville de Chartres une somme
de 40 sous donnée à un tailleur pour avoir racommodé le pourpoint
de Henri IV : il paroîtroit que ceux qui suivoient alors ce roi n'y
trouvoient point un grand intérêt.

Remarquez ceci : les intérêts ne sont puissants que lors même qu'ils
prospèrent. Le temps est-il rigoureux, ils s'affoiblissent. Les devoirs,
au contraire, ne sont jamais si énergiques que quand il en coûte à
les remplir. Le temps est-il bon, ils se relâchent. J'aime un principe
de gouvernement qui grandit dans le malheur : cela ressemble beau‑
coup à la vertu.

Il y a plus : les mauvaises consciences ne sont pas touchées autant
qu'on le pourroit croire par la morale des intérêts, et c'est ce qui
trompe dans les catastrophes des empires. On se dit : Cet homme est
si bien traité, il a toutes les places, pourquoi voudroit-il faire une
révolution? Parce que sa conscience lui fait des reproches, parce
qu'il ne peut exister dans un ordre de choses légitimes, parce que la
société des méchants est sa société naturelle : comme ces malheu‑
reux depuis longtemps accoutumés à vivre dans les bagnes, il ne peut
respirer à son aise que dans un air infect et pestiféré.

Quoi de plus absurde que de crier aux peuples : Ne soyez pas
dévoués! n'ayez pas d'enthousiasme! ne songez qu'à vos intérêts!
C'est comme si on leur disoit : Ne venez pas à notre secours, aban‑
donnez-nous, si tel est votre intérêt. Avec cette profonde politique,
lorsque l'heure du dévouement arrivera, chacun fermera sa porte, se
mettra à la fenêtre et regardera passer la monarchie. Ce n'est pas en
favorisant les passions, mais en les combattant, que tous les législa‑
teurs ont cherché à donner force aux empires. Platon défendoit le vin
à la jeunesse et ne le permettoit qu'aux vieillards. Si la politique
n'est pas une religion, elle n'est rien : or, la religion ne commande
pas aux hommes d'être avares et égoïstes : elle leur prescrit des règles
toutes contraires. La société, comme l'homme, n'est forte que de pri‑

vations. Lorsque les Romains vivoient de fromentée et de pois chiches, ils étoient libres et puissants ; c'étoit alors qu'ils avoient des rois pour instruments de servitude, selon l'expression de Tacite : *Ut haberent instrumenta servitutis et reges.* Ils étoient esclaves et foibles lorsque Héliogabale les nourrissoit de gâteaux et de foie de murène. Camille les délivra de Brennus avec son épée ; pour échapper aux mains d'Alaric, ils donnèrent des épiceries et des manteaux. Ils rachetèrent leur liberté avec du sang, leur esclavage avec de la pourpre. A la première époque ils en étoient à la morale des devoirs, à la seconde au système des intérêts.

Et quel moment a-t-on choisi pour établir parmi nous ce vil système ? Celui-là même où on étoit, pour ainsi dire, affamé de devoirs et disposé à les remplir tous. Pourquoi la France pleuroit-elle de joie en 1814, au seul nom d'un roi qu'elle n'avoit jamais vu ? Pourquoi chacun s'empressoit-il de faire les sacrifices qui sembloient conformes à l'équité ? Pourquoi ce transport des pères de famille qui présageoit des jours plus heureux pour leurs enfants ? Il semble qu'on ait eu peur des sentiments généreux prêts à renaître. Quand la chambre de 1815 écoutoit avec tant de respect et de résignation la lecture d'un traité si cruel à la France, tout annonçoit dans cette religieuse et monarchique assemblée le retour aux plus touchants devoirs. Espérances d'un avenir réparateur, qu'ils sont coupables, les hommes qui vous ont fait évanouir !

Que voulez-vous que le peuple conclue de la morale qu'on lui prêche, du spectacle qu'on lui donne ? De toutes parts on lui répète, dans un jargon subtil, qu'il a bien fait d'avoir fait ce qu'il a fait, d'avoir pris ce qu'il a pris ; que si les nobles ont été égorgés, les prêtres proscrits, les propriétaires dépouillés, c'est apparemment leur faute ; que ces nobles étoient des tyrans, ces prêtres des fanatiques, ces propriétaires des aristocrates ; que ce sont eux qui ont tué Louis XVI par leur résistance ; que le trône n'a péri que par hasard ; que si l'on a détruit la monarchie, c'étoit pour son bien ; que rien n'est si beau que la révolution ; qu'il y a une alliance naturelle entre cette révolution et la royauté légitime. Oui, il y a alliance : si je m'en souviens bien, elle fut faite le 21 janvier 1793, à dix heures dix minutes du matin ; la démocratie fut témoin, et prêta serment, en cette qualité, sur la tête sanglante de Louis XVI !

De telle façon, endoctriné par de tels pédagogues politiques, le peuple de nos villes voit l'exemple confirmer la leçon : on chasse à ses yeux des plus grandes places comme des plus petites tous ceux qui ont eu le bonheur de rendre quelque service à la couronne ; on élève aux honneurs tous ceux qui ont trahi cette même couronne. Les paysans dans les campagnes reçoivent les mêmes enseignements : là reparoît l'ancien propriétaire qui fut persécuté pour son roi : il revient mourir de faim à la porte de la maison où jadis il distribuoit ses aumônes. Au moins est-il honoré dans son indigence, dans ses sacrifices? Point : on le dépeint comme un ennemi du roi, un conspirateur, un pervers, un stupide. On lui avoit donné d'abord un chétif emploi pour vivre ; on le lui ôte. Dépouillé comme royaliste par les agents d'un gouvernement usurpateur, il est dépouillé de nouveau comme royaliste par les ministres d'un gouvernement légitime.

Rien n'est plus facile à un ministre que de signer négligemment une destitution que lui commande la haine, que lui enlève l'intrigue ; le soir il n'en retrouve pas moins sa table, son lit, ses laquais de toutes les sortes. Mais le malheureux qu'il a frappé, le pauvre royaliste qui, pour remplacer la perte entière de sa fortune, n'avoit que les modiques appointements d'une place ignorée, retrouve-t-il sa table, son lit, ses serviteurs? Il ne retrouve qu'une famille en larmes, que la compagne de son exil, que des enfants élevés dans la misère à prier Dieu pour le roi! Voulez-vous donc qu'il se mette au service des possesseurs de son bien ; qu'il devienne le valet de sa ferme ? Cela seroit possible à la rigueur ; mais il ne faudroit pas qu'il eût reçu au service du roi des blessures qui l'empêchent de labourer une terre ingrate, de creuser au moins sa tombe dans le sillon qui n'est plus à lui !

Par un tel système, un horrible ravage est fait dans le cœur humain ; c'est comme si vous donniez des leçons publiques de trahison, d'injustice et d'ingratitude. Les docteurs de cette science sont véritablement assis dans la chaire empestée. Les méchants diront : « Continuons à faire le mal, puisqu'on en est récompensé. » Les bons commenceront à regarder la vertu comme une duperie, les sacrifices comme une sottise. Dans cet ordre de choses, il n'y a que des prospérités fragiles, *fortuna vitrea*, des bénédictions que le ciel maudit. Bouleverser toutes les idées du juste et de l'injuste, c'est mettre la hache dans les fondements de la société humaine ; c'est briser tous les liens de l'obéissance et de la fidélité. Vous prêchez la morale des intérêts, en contradiction avec celle des devoirs ; eh bien! voici la conséquence de cette morale, si vous parveniez à l'établir : le gouvernement ne seroit plus qu'un accident dans l'État, accident tantôt légitime, tantôt illégitime, tantôt républicain, tantôt monarchique, au gré de l'intérêt dominant, et une révolution politique deviendroit le moindre des événements chez un peuple.

Nos enfants s'élèvent au milieu du désordre des idées morales ; leurs oreilles et leurs yeux s'accoutument à entendre et à voir le mal : ils apprennent à étouffer leurs vertus, à suivre leurs passions. Quelle race doit donc sortir du milieu de nos exemples? La jeunesse, naturellement généreuse, sera flétrie avant d'avoir atteint l'âge où l'expérience détruit les illusions. Ces systèmes, que nous promenons sur la France, loin de la fertiliser, la rendront stérile : ils ne ressemblent pas à ces charrues qui fécondent la terre, mais à celles qui coupent les fleurs :

> Purpureus veluti cum flos succisus aratro
> Languescit moriens.

Paris, le 5 décembre 1818.

Que dit-on aujourd'hui? On dit qu'il n'y aura pas renouvellement dans l'administration, mais seulement remue-ménage. Si, pour le bonheur de la France, on consent à rester ministre, il est tout simple qu'un tel sacrifice soit au moins adouci par la faculté de changer de ministère.

Ces arrangements de famille, en cas qu'ils aient lieu (car qui peut sonder la profondeur des conseils ministériels?), n'altéreront en rien le système général, ou plutôt ils lui donneront une nouvelle force; les ministres joueront aux quatre coins sans que nous changions de place. Les hommes d'État ne laissent point leurs mœurs domestiques influer sur la publique destinée. Cependant on pourroit croire que le ministère est divisé en deux partis trop foibles pour s'exclure mutuellement; l'un, par jugement comme par loyauté, voudroit se rapprocher des royalistes; l'autre, par goût comme par humeur, se jette dans les bras des indépendants. Dans cette position perplexe la session s'ouvrira, et la nécessité d'avoir une majorité obligera peut-être l'autorité à favoriser encore l'opinion démocratique.

Les autorités se sont aventurées dans une espèce d'impasse politique, d'où elles ne savent plus comment sortir. De là mille projets fantasques : c'est très-sérieusement que les caudataires des ministres rêvent le renouvellement intégral, sans autres modifications dans la loi des élections. Lorsque les royalistes combattoient pour une loi complète, ils demandoient aussi le renouvellement intégral; ils le vouloient avec le changement d'âge, l'augmentation de nombre et les deux degrés d'élection. Nous ne demanderons point aux ministres ce que deviendront, dans leur nouveau projet, leurs réclamations contre la violation de la Charte; ce que deviendront l'ordonnance du 5 septembre et sa médaille, monuments triomphaux de notre invariable retour à la Charte. Nous ne citerons point à ces ministres leurs propres discours contre le renouvellement intégral : il faut ménager l'amour-propre et ne pas faire rougir la pudeur. Nous dirons que le principal argument seulement répété dans ces discours étoit celui-ci, *que le renouvellement intégral amèneroit une révolution tous les cinq ans*. Ce raisonnement, faux lorsqu'il s'applique à une loi monarchique, est parfaitement juste avec la loi démocratique que nous avons aujourd'hui. Ainsi, par le renouvellement intégral, nous aurions le despotisme ministériel pendant cinq ans, et après cinq ans l'espérance d'une république. Au lieu de sauver la France, nous n'aurions sauvé que le ministère; nous serions tombés dans la méprise du *dauphin* de la fable. Dans quelle antichambre ce grand dessein a-t-il pris naissance? Cela sent bien ce fier esprit d'égalité en même temps que d'humble soumission répandu parmi ces hommes qui attendent leur dîner ou leur maître.

Pourquoi les ministres veulent-ils le renouvellement intégral? parce qu'ils craignent le renouvellement partiel : se croyant sûrs de la majorité, ils s'arrangent pour la garder cinq années. Voyez l'énorme vice de cette mesure. Si dans le cours de ces cinq ans vous perdez la majorité (ce qui est très-possible et même très-probable, puisque cette majorité ne se compose que d'un petit nombre de voix), que ferez-vous? Si la chambre refusoit un budget, la couronne n'oseroit donc la dissoudre, dans la peur de voir arriver une chambre toute démocratique? Voilà la position dans laquelle on se placeroit en prenant un de ces demi-partis qui perdent tout et ne sauvent rien.

Le sort de la France est pour ainsi dire aujourd'hui entre les mains des députés qui jusqu'à présent ont cru devoir voter avec le ministère. Ils peuvent faire cesser ces coupables hésitations; ils peuvent, en s'unissant à la minorité, forcer le ministère à changer de système : la patrie, qui leur devra son salut, placera leurs noms parmi ceux de ses meilleurs et de ses plus généreux citoyens.

Ce n'est pas tout : on sème des bruits sur la suspension de la liberté de la presse; du moins on voudroit étendre la censure jusque sur les feuilles semi-périodiques. On n'a songé à cette grande mesure constitutionnelle que depuis l'apparition du *Conservateur*. Vous verrez que nous porterons malheur à *La Minerve*. Mais pourtant qui est-ce qui lit *Le Conservateur?* Y a-t-il un ouvrage plus lourd, plus ennuyeux? On s'y abonne d'une manière folle, mais en vérité on ne sait pourquoi.

Pas un seul esprit spécial qui écrive dans cette rhapsodie ; jamais de positif, d'administratif, de *statistif!*

Pourquoi les ministres demanderoient-ils la suspension de la liberté de la presse? N'ont-ils pas la loi sur les *cris* et *écrits* séditieux? Ne trouvera-t-on pas bien dans les ouvrages d'un royaliste quelque page contre la légitimité, et dans les livres d'un indépendant quelque phrase contre la liberté? Qu'on fasse donc mettre à La Force ces écrivains séditieux. Alors la littérature ministérielle régnera glorieusement en France : le dieu de l'harmonie, comme une divinité assyrienne dont le nom nous échappe, descendra au quai Malaquais, sur un char tiré par des mouches ; la police, nouveau Parnasse, fleurira ornée de toutes les grâces de la liberté.

En attendant que la liberté soit totalement ravie à la presse, pour la plus grande gloire de la Charte, on fait un étrange usage des journaux déjà censurés. Une partie de la plaidoirie de M. Couture, dans l'affaire du général Canuel, est omise dans les journaux. Est-ce que tous les sténographes se sont entendus pour négliger les mêmes passages, ou bien ces passages ont-ils été rejetés par la censure? Alors nous demanderions de quel droit la police se permet de supprimer quelque chose des débats qui doivent être publics et qui sont du ressort immédiat de la justice. Nous avons déjà fait remarquer cette audace de la police, à propos du procès de Pleignier, procès dans lequel la vie de plusieurs hommes étoit compromise.

Des tribunaux de justice à l'arbitraire il y a un peu loin : il semble pourtant que nous prenions plaisir à nous jeter dans cet arbitraire. Dans le 245ᵉ numéro du *Bulletin des Lois* on trouve une ordonnance, cotée n° 5538, qui distrait certaines communes de certains cantons pour les réunir à d'autres cantons, et qui transporte les registres de ces communes aux archives d'une autre mairie, ce qui suppose réunion de mairies. Dans ce cas, comment les ministres, qui l'année dernière ont présenté aux chambres des échanges de cette nature, ne se sont-ils pas souvenus qu'ils faisoient faire par une ordonnance ce qui est matière de loi? Il est fâcheux d'être obligé de les rappeler sans cesse à la Charte.

Le *Bulletin des Lois* est la véritable image du chaos où nous avons été ensevelis pendant un quart de siècle. Là sont entassés pêle-mêle tous les débris de la monarchie ; là se trouvent les documents confus de toutes nos erreurs et de tous nos crimes. Le portique de ce monument est digne du monument lui-même : c'est le rapport de Couthon sur le tribunal révolutionnaire et le décret de la Convention qui établit ce tribunal. Au frontispice sont gravés la République, un niveau et un œil, comme pour surveiller la restauration. La mort est partout dans la loi. Cette loi déclare que les *ennemis du peuple sont ceux qui provoquent le rétablissement de la royauté*... et qui cherchent à altérer la pureté des *principes révolutionnaires*. Couthon s'élève, dans son rapport, contre la faction des *indulgents :* « On demanda, dit-il, on obtint des défenseurs officieux pour le tyran détrôné de la France... Par ce seul acte, on abjuroit la république. La loi elle-même immoloit les citoyens au crime... »

Quand donc arrachera-t-on ces pages du *Bulletin des Lois,* où l'on n'a pas inscrit les ordonnances rendues à Gand, mais où l'on trouve les décrets des Cent Jours? Quand cessera-t-on d'asseoir la monarchie sur les bases de la démocratie? Quel étrange piédestal aux ordonnances du roi que la loi sur la formation du tribunal révolutionnaire!

Ce mot de *révolutionnaire* est aujourd'hui l'objet des plus vives sollicitudes. On le défend, on le lie à tous les intérêts : il est du moins authentique, puisque nous venons de le trouver dans le n° 1er du *Bulletin des Lois;* c'est le prendre à sa source. Il paroît que sous la Convention il y avoit aussi des conspirateurs qui ne concevoient pas la pureté des *principes révolutionnaires,* et à qui l'on coupoit la tête pour les rendre plus intelligents. On aime à voir que quelques-uns de nos journaux défendent ce mot chéri. Mais que ne disent-ils pas, ces journaux censurés? Nous avons lu dernièrement dans *Le Moniteur* un article qui nous a affligé, parce que nous sommes sensible à l'indépendance de notre patrie. Cet article est relatif à la déclaration des puissances. On y rencontre ce passage : « C'est contre la possibilité, même la plus éloignée, d'un désastre semblable que l'Europe est désormais rassurée par l'auguste fédération de tous les monarques, veillant tous d'un commun accord sur les mouvements de l'esprit révolutionnaire et *prêts à défendre mutuellement leurs droits légitimes.* »

Et quels sont donc les mauvais François qui peuvent nous donner pour motif de tranquillité la surveillance de l'Europe? Avons-nous besoin de tuteurs? Une pareille surveillance seroit plus propre à nous troubler qu'à nous maintenir en paix. Avant la publication des pièces officielles, nous avions quelque crainte : on nous avoit alarmés par des bruits de *garanties mutuelles.* Nous nous demandions quelles seroient ces *garanties,* si elles ne donneroient pas droit ou prétexte aux étrangers de se mêler de nos affaires intérieures, si on ne viendroit point encore nous parler des *circonstances,* si nous en serions encore à recevoir dans des notes diplomatiques des certificats de bonne vie et mœurs, si nous n'aurions fait que changer en une garnison d'ambassadeurs une garnison de Cosaques. Rien de tout cela heureusement n'existe dans la déclaration ; nous sommes laissés à nous-mêmes : on nous confie à cet honneur, seconde providence de la France, qui ne l'a jamais trahie. La police devroit au moins gourmander une censure qui laisse passer des articles tels que celui que nous combattons, d'autant plus que cet article se trouvant dans *Le Moniteur*, on pourroit le croire officiel. Que la police ne soit pas constitutionnelle, chacun le sait ; mais il faut au moins qu'elle soit françoise.

Paris, le 22 décembre 1818.

Les événements politiques qui ont eu lieu depuis huit jours feront époque.

A l'ouverture de la session, tous ceux qui veulent le salut de leur patrie ont travaillé à la réunion des hommes monarchiques : des négociations ont été ouvertes entre les minorités royalistes des deux chambres et les royalistes qui jusqu'à présent avoient cru devoir voter avec le ministère.

Du moins les royalistes n'auront rien à se reprocher : on ne les taxera plus d'ambition ; on ne pourra plus dire qu'ils sont implacables, exclusifs, intraitables. Leur conduite dans les dernières circonstances leur méritera l'estime universelle. Cette totale abnégation d'eux-mêmes n'étoit pas toutefois sans inconvénients politiques ; ils l'ont senti : ils ne se sont pas abusés sur les résultats ; mais il leur importoit, avant tout, de prouver par un fait authentique leur sincère désir d'union et d'ôter tout prétexte à la calomnie. Mais ces hommes si prompts à capituler sur leurs prétentions, à renoncer aux places pour eux-mêmes, seront inflexibles sur les choses : plus leur modération a été grande quand il ne s'est agi que de leur intérêt personnel, plus leur opposition sera forte quand il sera question de combattre pour les intérêts de la monarchie. On dit, par exemple, que le projet des ministres est de demander la suspension des élections pendant trois ans. Croient-ils trouver un seul royaliste qui vote pour un projet aussi monstrueux, pour un projet qui créeroit une nouvelle loi d'exception, pour un projet qui gêneroit l'exercice de la prérogative royale, et qui n'auroit d'autre résultat que de maintenir les ministres en place en laissant la France en péril ? Si la législation peut se donner par exception des pouvoirs pour trois ans, pourquoi ne se rendroit-elle pas perpétuelle ? C'est arriver tout droit au *long parlement*.

Les ministres trouvent sans doute la loi des élections dangereuse, s'il étoit vrai qu'ils voulussent suspendre les élections pendant trois années. Dans ce cas, pourquoi ne la changeroient-ils pas, certains, comme on le leur a démontré, qu'ils ont avec les royalistes la majorité dans les deux chambres?

Pensent-ils, au contraire, que la loi est bonne? Alors, pourquoi demanderoient-ils la suspension des élections?

Une partie du ministère ne seroit-elle que la dupe de l'autre dans ce projet de suspension? Au lieu de garder la chambre trois années, ne pourroit-on pas avoir l'arrière-pensée d'en provoquer la dissolution? Ne se flatteroit-on pas d'obtenir, à force d'intrigues, de caresses, de menaces, des choix purement ministériels, et d'essayer de prouver ainsi que la loi des élections est excellente? Terrible partie, dont les chances ne seroient pas en faveur de la monarchie légitime, *contre une fille sanglante de la Convention.*

Quoi qu'il arrive, si les royalistes, après avoir offert tant de fois une alliance généreuse, après avoir mis cette alliance au plus bas prix; si les royalistes, disons-nous, sont encore repoussés, leur conduite dans les chambres est d'avance tracée. Ils ne voteront point pour une suspension des élections, qui, dans l'état actuel de la loi, perdroit plus sûrement la France que le remplacement partiel; suspension qui ne sauveroit pas la monarchie, mais seulement le ministère. On ne s'attend pas aussi que les royalistes se prononcent contre la liberté de la presse. Ils seront conséquents à ce qu'ils ont dit et fait : ils repoussent toute loi d'exception. Autant ils seroient décidés à soutenir la plus forte loi de répression relative aux abus de la presse, à demander des cautionnements considérables pour les journalistes, des châtiments rigoureux pour la calomnie, des peines terribles pour les ouvrages où la légitimité seroit attaquée, la constitution ébranlée, la sûreté de l'État compromise, autant ils rejettent la censure arbitraire, qui réunit les inconvénients de la licence et de l'esclavage, qui ne prévient aucun des délits que nous venons d'énumérer, qui donne tout aux uns en refusant tout aux autres, qui n'est jamais que l'instrument du parti en pouvoir et qui détruit radicalement le gouvernement représentatif.

Que va faire le ministère? Sur qui s'appuiera-t-il? Maintenant il n'y a plus de milieu possible : il faut être pour les principes monarchiques ou abonder dans le sens de la démocratie. Tout est divisé dans les chambres; la majorité n'existe nulle part. Chaque fraction du ministère va donc s'engager dans des rangs opposés et mener au combat les uns contre les autres les royalistes, les indépendants, les doctrinaires, les ministériels de deux ou trois couleurs? A quels moyens sera-t-on alors obligé de recourir! La *correspondance privée* se mêlera-t-elle encore de nos dissensions nouvelles? Quand serons-nous assez François pour dérober au moins aux étrangers la connoissance de nos misères?

On nous a fait beaucoup de mal; on a rappelé les principes de nos erreurs et les hommes de nos adversités. Que ceux qui peuvent nous sauver sachent pourtant que rien n'est encore perdu; qu'ils sachent que si nous périssons, ce sera par une minorité misérable. C'est devant quelques lois et une centaine d'hommes que vous abaissez le pavillon de la monarchie. Osez regarder en face vos ennemis. Faites un signe, et demain la France est royaliste. Voyez quelle consternation qu'elques mots du discours du roi et la seule espérance d'une réunion entre les honnêtes gens avoient jetée dans le parti! Les révolutionnaires fuyoient déjà, ou exhaloient leur rage en invectives impuissantes. Écartez les petits esprits qui vous obsèdent, et vous serez étonnés du calme qui renaîtra parmi nous. Ces hommes, rendus à leur nullité, n'auront pas un seul partisan : ils disparoîtront dans l'oubli qu'appellent la médiocrité de leurs talents et la servilité de leur caractère : ils ne sont forts que de l'idée ridicule que vous avez conçue de leur capacité; ils ne sont à craindre que de la crainte encore plus ridicule qu'ils vous inspirent. C'est vous-mêmes qui créez le fantôme dont vous êtes poursuivis, c'est vous qui produisez des oppositions fictives ; c'est dans votre imagination que gît l'obstacle : vous voyez ce qui n'est pas. Et néanmoins il est vrai que n'ayant à combattre qu'une ombre, cette ombre peut vous terrasser. A force de caresser les penchants révolutionnaires, vous leur donnez de la consistance; à force de respecter la démocratie, vous l'établissez : toute la révolution a offert ce prodige d'une nation sacrifiée par une poignée d'hommes à une chimère.

Si une partie du ministère ne se retiroit pas, si nous devions désespérer de l'autre partie du ministère, en qui nous aimions à placer notre confiance, il y auroit encore des ressources. Ne perdons jamais courage; la France est revenue de loin : quand Charles VII fut sacré à Reims, elle étoit plus malade qu'elle ne l'est aujourd'hui. Puisse l'huile sainte qui doit bientôt couler sur la tête d'un descendant de saint Louis fermer nos plaies, adoucir nos ressentiments, nous donner à nous-mêmes les vertus royales, à savoir l'amour de la paix, l'oubli des maux soufferts et la force de faire du bien à nos ennemis!

Paris, le 28 décembre 1818.

Encore une année ajoutée à la vieille monarchie de Clovis! Que de fois, depuis la fondation de notre empire, nous avons brûlé ce que nous avions adoré, adoré ce que nous avions brûlé! *Adora quod incendisti, incende quod adorasti.* Le temps, qui retrouve encore debout ce royaume après quatorze siècles, retrouve aussi les descendants des premiers François sinon avec les mêmes mœurs, du moins avec les mêmes passions. Nous nous agitons, comme les compagnons de Clovis, pour quelques dépouilles; la révolution nous a vus retourner à la liberté et à la férocité de nos ancêtres; nous avons tué des rois et des enfants de rois. Que nous reste-t-il de toutes ces fureurs? que nous restera-t-il des haines et des ambitions qui nous tourmentent encore? Que de bruit pour arriver au silence! que d'efforts pour obtenir six pieds de terre! Laissez venir un autre 1er janvier, et les acteurs seront descendus de la scène, et nous-mêmes nous ne serons plus là pour blâmer ou applaudir.

Toute cette morale n'empêche pas qu'on ne veuille toujours être ministre, maire du palais et même portier, s'il y a lieu. On encensera toujours Landry, Ébroïn, Bertaire, lorsqu'ils seront puissants; on les insultera toujours quand ils seront abattus. Aujourd'hui pourtant on est assez embarrassé, car on ne sait qui est ministre. Que la position des personnes prudentes est pénible! Le mieux pour elles seroit de se coucher jusqu'à l'événement. Quoi qu'il arrive, elles sont bien sûres d'avoir un ministère : alors elles sortiront, comme le renard, pour louer le lion dans sa force, comme l'âne, pour donner le coup de pied au lion malade.

« Dans le doute, abstiens-toi, » disoit un sage. Ne sachant ni quels ministres on aura, ni quel système on va suivre, il nous est impossible de tirer nos lecteurs de la perplexité qu'ils doivent éprouver.

Jusqu'au moment où nous pourrons les instruire, nous engageons les royalistes à suspendre leur jugement et à se défier des bruits que l'on répand de tous côtés. La démocratie menacée par un changement de système s'agite et crie, ce qui prouve qu'elle est foible et qu'elle a peur. Elle va jusqu'à dire qu'elle fera présenter des pétitions par les électeurs, en cas que la législature veuille toucher à la loi des élections; comme si les électeurs ne cessoient pas d'exercer des droits au moment même où les colléges cessent d'être rassemblés! comme si ces droits n'avoient pas besoin, pour acquérir force légale, de l'ordonnance royale qui convoque les colléges électoraux! Où en serions-nous si les électeurs alloient s'imaginer qu'ils forment un corps, lequel peut avoir des volontés hors de la fonction spéciale à laquelle il est appelé? Ce seroit là de la pure démagogie, des comités d'électeurs comme en 1789. Il est toujours bon que les prétendus constitutionnels se trahissent et qu'ils nous montrent leur arrière-pensée. Les électeurs ont le droit de pétition individuelle, comme simples *citoyens* : s'ils veulent, en cette dernière qualité, présenter des pétitions aux deux chambres, pour le maintien de la loi actuelle des élections, ils en sont bien les maîtres ; mais il y aura d'autres citoyens qui demanderont le changement de cette loi : le roi et les majorités des chambres trancheront la question. Qu'on ne croie pas venir nous intimider comme en 1793. Dieu merci! ce temps d'*égarements* est passé. Il suffit que le gouvernement marche ferme et qu'il cesse de craindre une centaine de petits personnages qui lui font illusion. Pour les réduire à la nullité la plus complète, il ne lui faut que le courage de les mépriser : dans vingt-quatre heures tout seroit fini.

On s'étonne au reste un peu trop de ce qui arrive dans ce moment relativement au changement de ministère, parce qu'on ne songe pas assez à l'espèce de gouvernement établi par la Charte.

Dans une monarchie absolue, il n'y pas à proprement parler de ministère, il n'y a que des ministres. Presque jamais ils ne sont renvoyés à la fois ; l'intrigue les place et les déplace un à un. La lutte n'existe dans l'intérieur du palais qu'avant la chute ; le public ignore et cette lutte et le temps qu'elle a duré. La gazette lui apprend quel est son maître ; il s'incline et obéit.

Dans un gouvernement constitutionnel, c'est une opinion qui ouvre et qui ferme les portes du pouvoir. Un ministère tombe souvent avant d'être remplacé, comme cela est arrivé plusieurs fois en Angleterre : survient alors une espèce d'interrègne ministériel. Il faut que le ministère à recomposer remplisse les conditions voulues, qu'il ait la majorité dans les chambres et que, choisi dans une opinion arrêtée, il s'avance avec toute la force de cette opinion. S'il ne réunit pas ces deux conditions, il est perdu : contrarié par les chambres, flottant entre les partis, ne s'attachant personne, il est bientôt obligé de céder la place aux opinions opposées, lesquelles reviennent avec une puissance accrue de toute la foiblesse de l'opinion qui n'a pas su triompher.

Paris, ce 8 janvier 1819.

L'époque où nous vivons est essentiellement propre à l'histoire : placés entre deux empires dont l'un finit et dont l'autre commence, nous pouvons porter également nos regards sur le passé et dans l'avenir. Il reste encore assez de monuments de l'ancienne monarchie pour la bien connoître, tandis que les monuments de la monarchie qui s'élève nous offrent au milieu des ruines le spectacle d'un nouvel univers. Nous-mêmes, avec nos malheurs et nos crimes, nous venons nous placer dans ce tableau ; du moins, si notre siècle est peu fécond en grands hommes et en grands exemples, il est fertile en grands événements et en grandes leçons.

En attendant que l'*Histoire* fasse de nous des personnages, les *Mémoires* nous réclament pour des portraits : le cardinal de Retz peut nous peindre avant que Tacite nous juge. Ce sera un tableau curieux que celui des quinze jours qui viennent de s'écouler. L'Europe, trompée si longtemps, s'étonnoit que l'expérience condamnât un système jusque alors préconisé comme un chef-d'œuvre de sagesse. La France s'effrayoit de la renaissance des principes et des hommes révolutionnaires. Ce qu'on avoit prévu arrivoit : les deux opinions réelles croissoient, tandis que l'opinion mixte alloit disparoître. On assuroit qu'une division régnoit dans le ministère ; qu'une partie des ministres vouloit soutenir l'ancien système ; qu'une autre partie, au contraire, inclinoit à un changement de mesures : de sorte qu'il ne s'agissoit pas de la chute entière des ministres, mais de la retraite de quelques-uns d'entre eux, selon l'opinion qui prédomineroit dans le conseil.

A cette cause de dissolution se mêloient des ambitions particulières, s'il est vrai que tel ministre désirât le département de tel autre. La session s'ouvrit au milieu de ces incertitudes. Le bruit couroit que rien n'étoit prêt. Les députés fixoient leurs regards sur un ministère divisé dont on annonçoit le changement tous les quarts d'heure : ils étoient venus pour discuter des lois, ils assistoient à des querelles.

Les chambres donnèrent dans ce moment un exemple de bon esprit et de bonne conduite. Uniquement occupés du bien public, les hommes monarchiques se réunirent pour former une majorité à tout ministère qui voudroit remédier aux maux de la patrie.

Ici l'on s'apercevra que nous ne pouvons ni ne devons entrer dans les détails. Que de choses à la fois comiques et déplorables l'avenir nous apprendra! Quel jour jeté sur différents caractères! Que de ministères gagnés et perdus, faits et défaits! Que de conférences inutiles! Que de discours singuliers! Que de combinaisons bizarres! Combien de rôles joués par un même homme! Combien de *journées des dupes* dans un seul jour! Combien de tâtonnements, de craintes, de désespoirs! Tout cela en présence de la France, à peine guérie des blessures de la révolution, et qui, remplie des souvenirs de ses grandes catastrophes, attendoit en s'étonnant l'issue de ces petites intrigues.

Il suffit que l'on sache qu'un ministre en faveur a été sur le point de partir pour une ambassade éloignée, et que différentes combinaisons de ministère ont eu lieu. La haine contre les royalistes, la difficulté d'avouer qu'ils avoient eu raison, après les avoir accablés de calomnies, la foiblesse des uns, la passion des autres, la ruse de ceux-ci, l'audace de ceux-là, la frayeur des salariés et des révolutionnaires, ont fait manquer un accord qui pouvoit avoir pour la France les suites les plus importantes et les plus heureuses.

Que faut-il penser du nouveau ministère? Que peuvent espérer ou craindre de lui les hommes monarchiques? c'est ce qu'il convient d'examiner.

D'abord, pour être juste, remarquons qu'aucun membre du conseil ne porte la tache des Cent Jours; tous les ministres actuels donnèrent, au contraire, à une époque désastreuse des preuves de courage et de dévouement : ils pourront donc sans rougir parler de fidélité, et ne seront point exposés à se voir frappés par un de ces mots qui précipitent un orateur de la tribune. Ce n'est pas qu'une faute noblement reconnue ne puisse porter au bien une âme élevée; mais dans une âme vulgaire, une première erreur corrompt toutes les actions de la vie : on fait mal parce qu'on a mal fait, et l'on hait dans les autres la vertu qu'on n'a eu le courage ni de garder ni de reprendre.

Cette part d'éloges faite au nouveau ministère, il faut convenir qu'il se présente sous un aspect inquiétant.

Sur les six ministres qui composent le conseil responsable, trois sont connus par leur administration précédente : il est probable que les trois autres suivront l'impulsion de ceux qui semblent être les personnages dominants.

Et d'abord, de quelle manière opérera-t-on sur les fonds et les revenus de l'État? Lorsqu'un homme est rappelé à des fonctions qu'il a déjà exercées, il est naturel qu'on juge de ce qu'il fera par ce qu'il a fait : de là les sentiments opposés que produit sur les esprits la nomination de monsieur le ministre des finances : satisfaction momentanée chez les spéculateurs sur la rente, crainte chez les contribuables : les uns et les autres se sont souvenus du budget de 1814.

Les centimes additionnels centralisés au trésor, et portés de trente-deux à cinquante, malgré la paix, malgré l'excédant des recettes sur les dépenses, excédant prouvé par les millions que Buonaparte trouva au 20 mars dans nos caisses publiques; l'intérêt de 8 pour 100 concédé aux porteurs des obligations du trésor, auxquelles on donnoit cependant en garantie trois cent mille hectares de forêts et les biens des communes;

nos dettes portées si haut dans les inventaires, que celui-là même qui avoit contracté ces dettes reconnut, quelques mois après, qu'elles s'élevoient à peine à la moitié de la somme additionnée; les dépenses évaluées à leur maximum, les recettes calculées à leur moindre produit : telles furent les opérations financières de 1814.

Elles amenèrent leur résultat naturel. Les contribuables, qui s'attendoient à un dégrèvement, se trouvant accablés d'impôts, sentirent moins le bienfait de la restauration ; la confusion des fonds du domaine extraordinaire avec les fonds du trésor jeta des inquiétudes dans l'armée, accoutumée à recevoir des dotations sur le domaine extraordinaire; des communes dépouillées de leurs biens se plaignirent; des conseils généraux privés de leurs attributions s'alarmèrent : ainsi fut ébranlée la foi qu'on avoit eue au retour de la justice, cette reine de l'ancienne monarchie et l'inséparable compagne de nos rois. Si quelques fautes dominent l'époque qui précéda les Cent Jours, ce furent celles qui découlèrent de notre système de finances.

On peut douter qu'il fût utile de s'attacher aux jeux de la Bourse et de trop perdre de vue les intérêts de la population payante, les propriétés communales, les libertés administratives. Au moment où les germes de prospérité dont la France abonde alloient se développer par l'influence d'un règne de paix et de liberté ; au moment où l'on revenoit aux idées saines et conservatrices, on ne parut occupé en finances que d'un tour de force, que de l'idée de payer les obligations du trésor avec l'excédant des recettes. Étoit-ce au véritable crédit que l'on faisoit le sacrifice d'intérêts si précieux? Mais le crédit n'étoit-il pas garanti par la supériorité des recettes sur les dépenses, par l'entassement du numéraire, par la non-nécessité même de ce crédit, puisqu'ayant tant d'argent d'avance et si peu de dépenses éventuelles, aucune occasion de crédit ne se présentoit? C'étoit donc l'intérêt des créanciers de l'arriéré qui primoit les autres intérêts? Mais pourquoi la liquidation des titres de ces créances éprouvoit-elle tant de difficultés dans les bureaux? Pourquoi l'intérêt des créances ne couroit-il que du jour où l'on avoit obtenu la faveur de la liquidation? Les droits des créanciers, auxquels on paroissoit vouloir tout accorder, se trouvoient par le fait dans une position défavorable.

Ces mesures financières de 1814 ne sont pas d'un heureux augure. Déjà des administrateurs ont été changés ; déjà on entend parler de ventes de forêts, de reprises des biens des communes. Cependant aujourd'hui, c'est de raison et non de système qu'on a besoin : il faut que la morale entre jusque dans les finances. La vue aussi doit être étendue : quand on n'embrasse pas l'ensemble des objets, on se renferme dans une spécialité qui peut tout perdre en politique. Des convois apportoient l'or à la Banque le même jour où d'autres convois emportoient l'espérance et le bonheur de la patrie. Ce n'étoit pas la peine d'avoir des millions en caisse au mois de mars 1815, pour être obligés de payer, en 1818, l'arriéré dû aux musiciens du champ de mai[1].

Toutefois, quelle que soit la crainte ou l'espoir qu'inspire dans ce moment la nomination de monsieur le ministre des finances, il n'est pas certain que cette crainte ou cet espoir puisse se réaliser. Les impôts sont tels, qu'il est impossible de les accroître, et la grandeur de notre dette publique interdit tout nouvel emprunt au moyen duquel on chargeroit l'avenir de supporter les fautes du présent. Ajoutons qu'il existe une si forte masse de rentes et de reconnoissances de liquidation dans les mains des étrangers, que les mesures qui tendroient à exagérer fictivement les cours des fonds publics ne feroient qu'augmenter la sortie de notre numéraire.

Passons au ministère de la guerre.

Les affaires de ce département étant confiées à l'ancien ministre, il est probable que le système militaire actuel sera maintenu dans toute sa vigueur. On sait que la loi du recrutement attaque virtuellement les principes de la monarchie. Les ordonnances, conséquences naturelles de cette loi, frappent particulièrement la garde royale.

Si du département de la guerre nous venons au département de l'intérieur, nous trouverons qu'il reste encore quinze ou vingt préfets et plusieurs sous-préfets de l'opinion royaliste. Monsieur le ministre de l'intérieur va-t-il les changer? On le craint. On craint surtout l'influence des subalternes qui se glissent dans les administrations : un homme d'État se doit bien garantir de ces talents médiocres qui prennent les irritations de leur amour-propre pour les besoins de la société, leurs prétentions pour des principes et l'envie pour la politique.

Le ministère qu'on avoit un moment espéré étoit résolu à proposer le changement de la loi des élections; il est donc probable que le ministère qui a pris sa place ne veut pas changer cette loi. Dans ce cas, que deviendrons-nous au mois de septembre? On parle de dissoudre la chambre, afin d'écarter l'opposition de droite et celle de gauche et d'obtenir des députés purement ministériels.

---

1. Le fait est exact : on vient de payer ce qui étoit dû aux musiciens du champ de mai.

Si l'on craint des élections partielles, comment osera-t-on se jeter dans des élections générales? L'opinion démocratique prévaudra dans les colléges électoraux; rien ne sauroit empêcher la loi des élections de porter son fruit. On ne pourroit lutter contre le mauvais esprit de cette loi qu'avec l'opinion royaliste; mais si on écarte les royalistes de toutes les administrations; si on les combat dans les colléges électoraux; si eux-mêmes, fatigués de tant d'injustices, ne se présentent pas à ces colléges, ce ne sont ni les préfets ministériels ni l'opinion ministérielle qui repousseront le torrent démocratique. Allons plus loin.

Supposons que tous les préfets, que tous les commissaires de la police supprimée ou non supprimée, que toutes les places promises ou données, que toutes les patentes, que toutes les cartes d'électeurs, que tous les rôles de ces électeurs, plus ou moins vérifiés, que toutes les caresses et toutes les menaces, que tout l'argent et toutes les destitutions produisent une chambre ministérielle, c'est-à-dire une chambre livrée au pouvoir du moment, nous disons que l'on tombe ici dans un autre abîme.

On peut exercer sur quelques départements des influences directes, ces influences se perdent dans la masse des élections libres; mais croit-on que si l'on parvenoit à faire, d'un bout de la France à l'autre, des élections fictives; que si deux opinions puissantes, les seules réelles, que si ces deux opinions, opprimées par des moyens illégaux, venoient à élever la voix, croit-on qu'on pût tenir à une pareille clameur? N'y auroit-il pas un mouvement d'indignation contre ceux qui auroient osé avilir nos institutions, violer la Charte, rendre désisoire le plus cher comme le plus sacré de nos droits? A moins d'anéantir toute liberté de la presse, de détruire tous les journaux, toutes les brochures, tous les livres, une opinion formidable se formeroit et emporteroit peut-être, par sa réaction, les choses et les hommes. Et si la presse se taisoit, pourroit-on étouffer la voix de la chambre des pairs?

Le ministère voit-il le danger de la position où il se trouve? Ne va-t-il pas s'endormir, tâcher de passer la session tellement quellement, sans présenter de lois susceptibles de grande controverse? Ne songe-t-il pas même à une prorogation des chambres? Et content d'avoir vécu sans combattre avec une majorité flottante, ne croira-t-il pas avoir triomphé? Mais alors qu'il sera cruellement réveillé! Voit-il, au contraire, le danger? Il peut s'en tirer et se faire un immortel honneur en proposant le changement de la loi des élections. Prendra-t-il ce parti? Rien n'est moins probable. Il sera entraîné par les hommes sur lesquels il s'est appuyé : il faudra qu'il leur accorde et les places et les lois, conséquences forcées de cette union.

En résumant ce que nous venons de dire, le nouveau ministère se montre avec un système de finances qui pourra engloutir les dernières propriétés nationales, avec une loi de recrutement qui ronge la garde et l'armée, avec une loi d'élections qu'on n'a plus qu'un seul moment pour changer, avec une administration qui tend à exclure des places jusqu'au dernier royaliste. Il a pour partisans les hommes démocratiques et pour défenseurs les correspondants privés.

Nous avons exposé avec sincérité et sans amertume ce que nous pensons du nouveau ministère; nous croyons qu'il ne se soutiendra pas longtemps tel qu'il est : c'est avec regret que nous venons troubler par de funestes présages la joie qu'il doit éprouver des éloges dont il est aujourd'hui l'objet. Journaux censurés, feuilles indépendantes, tout est devenu ministériel : la brebis égarée retourne au bercail, et la prospérité, pardonnant une infidélité passagère, rappelle ses hôtes à ses banquets. *Le Conservateur* est demeuré seul inébranlable; il garde ainsi le caractère de l'opinion dont il est l'organe, opinion que rien n'effraye, que rien ne séduit, qui ne se rend qu'à la conviction du bien, qui résiste à tout ce qui ne lui présente pas l'idée de l'ordre. C'est une chose admirable que l'immobilité des hommes monarchiques : le monde a beau changer autour d'eux, ils restent les mêmes. Ils voient aujourd'hui passer les intrigues comme ils ont vu passer les échafauds. On ne les trompe ni ne les épouvante : souvent victimes, jamais dupes, après trente ans de proscriptions, ils sont ce qu'ils ont été. Royalistes de toutes les classes, nous vous le répétons : vous êtes les plus forts et les plus habiles. Il faudra que l'on revienne à vous, ou que la monarchie périsse. Vous avez lassé le temps et les bourreaux; vous triompherez de l'injustice et de la calomnie.

Paris, ce 18 janvier 1819.

Un grand empereur disoit : *Revois ce que tu as vu, si tu veux revivre.* On peut dire avec autant de vérité : *Redis ce que tu as dit, si tu veux persuader.* Nous avons plusieurs fois parlé de la *correspondance privée*, mais il ne faut pas nous lasser de dénoncer au public ce manifeste que de mauvais François publient dans les journaux anglois contre leurs compatriotes et leur pays. Cette *correspondance privée*, nous le répétons, a sa source dans des rangs élevés. Elle a pour but de tromper l'Europe sur notre véritable position et de répandre hors de France des mensonges qu'elle n'oseroit pas publier ici. Sous un seul rapport, elle est assez curieuse : elle fait connoître d'avance les projets de nos ministres. Doit-il y avoir des destitutions, va-t-on remplacer des royalistes par des hommes des Cent Jours, aussitôt la *Correspondance* calomnie les administrateurs qu'on renvoie et fait l'éloge de ceux qu'on appelle ; elle tâche d'amortir ainsi l'effet de ces mesures, cherche à endormir les bons esprits, et présente comme des faits isolés des déplacements qui ne sont que l'accomplissement d'un système général. M. Pitt disoit que la Convention mettoit ses flottes sous la protection des tempêtes : le système que soutient la *correspondance privée* veut mettre l'Europe sous la protection de la révolution.

Nous allons, pour la première fois, traduire une lettre de la *correspondance privée* : nous la prenons dans le *Times* du 15 janvier ; elle a été répétée dans *Le Courrier* du même jour. Nous n'y ferons que les retranchements qui nous sont commandés par des bienséances impérieuses. Nous ferons ensuite le commentaire du texte.

EXTRAIT DU TIMES DU 15 JANVIER.

Paris, 11 janvier.

« Après les grands événements, on en connoît peu à peu la cause. Tout ce que j'ai appris sur le dernier changement de ministère prouve que le duc de Richelieu a résigné la présidence de notre ministère de la manière la plus spontanée, d'après les plus mûres réflexions et avec la détermination la plus fixe de ne plus accepter ce poste élevé, quelque pressé qu'il en pût être. Il a cédé uniquement au sentiment de son inhabileté pour la direction des affaires [1]. Non, certes, à défaut de talent, mais parce qu'il avoit été précipité dans une fausse route par les faux renseignements qu'il avoit été induit à écouter depuis son retour d'Aix-la-Chapelle. Il n'a pas épargné les reproches à quelques-uns de ses correspondants et de ses conseillers, qui ont abusé de son inexpérience pratique de notre situation intérieure [2], pour lui inspirer des alarmes exagérées : il a même, dit-on, adressé noblement cette déclaration à l'empereur de Russie, pour le mettre sur ses gardes

---

1. Yielded only to the feeling of his inhability to direct affairs.
2. Who had abused his practical inexperience of our internal situation.

contre les suggestions trompeuses que l'on pourroit faire parvenir jusqu'à Pétersbourg.

« Le comte de Nesselrode, qui étoit à Paris avec M. Pozzo di Borgo, et qui a observé avec lui tout ce qui s'est passé, a pu informer l'empereur son maître de toute la suite de cette affaire[1]. Ils doivent avoir été bien convaincus, par l'évidence de leur propre sens, qu'il étoit impossible de réaliser les chimères que l'ambition désespérée des *ultra* proclamoit dans toute l'Europe.

« M. Pozzo di Borgo, au plus fort de la crise, a obtenu une audience du roi. Si les rapports fondés sur l'autorité la moins douteuse[2] doivent être crus, il commença par quelques insinuations sur la démission non encore divulguée du duc de Richelieu, lorsque Sa Majesté, qui participoit aux regrets que lui exprimoit M. Pozzo, voulut bien lui communiquer une lettre de M. le duc de Richelieu lui-même, contenant la déclaration que ni les ordres formels de son souverain ni les vœux de toute l'Europe ne le décideroient à reprendre un fardeau sous lequel il se sentoit lui-même prêt à succomber[3]. L'audience fut ainsi abrégée et demeura sans objet.

« Le comte de Nesselrode a eu également, avant son départ, des conférences avec certains de nos ministres : il paroît avoir applaudi, ainsi que votre ambassadeur, au choix du marquis Dessoles. L'un et l'autre l'ont connu avant sa présente élévation, qui ne surprendra pas ceux qui sont instruits des événements précédents de sa vie et qui sont capables d'apprécier sa juste réputation de talent, de caractère et fermeté dans les circonstances les plus difficiles.

« Le comte de Nesselrode, en particulier, connoît la grande estime que professe l'empereur son maître envers notre premier ministre, particulièrement pour ses principes politiques, que l'empereur Alexandre a eu l'occasion d'apprécier dans plusieurs conversations que Sa Majesté aime à provoquer parce qu'elle est sûre d'y exceller.

« Quel rare bonheur produit par cette chance inespérée qui a appelé à la tête de nos affaires un homme également estimé en Angleterre et en Russie, et qui est digne de cette estime par le double mérite d'une impartialité à la fois politique et françoise[4] !

« Nous trouvons une nouvelle preuve de cette estime générale dans le ton de la plus grande partie de vos journaux et dans les innombrables lettres particulières de votre pays, dont plusieurs sont écrites

1. Of the whole series of transactions.
2. On the most inquestionable authority.
3. Under which he felt himself ready to sink.
4. By the double merit of an impartiality at once political and french.

par les personnes les plus distinguées parmi vous. Notre tranquillité intérieure et la paix générale ne peuvent que gagner à ces sentiments bienveillants et à l'estime mutuelle qui est exprimée par les organes des trois plus puissantes nations de l'Europe[1]. Qui après cela peut exciter la moindre discordance ou élever la moindre plainte, comme sembleroit l'indiquer un de vos correspondants, certainement mal informé sur ce point? S'il s'élevoit de telles plaintes, elles ne pourroient résulter que des calculs intéressés de quelques prétentions personnelles.

« Ne croyez pas qu'il ait été sérieusement question du prince de Talleyrand dans nos combinaisons ministérielles; personne ne pense à lui. . . . .
. . . .
On a répandu le bruit que l'arrangement de notre cabinet n'étoit pas conclu et que le duc de Dalberg revenoit de Turin pour en faire partie, quoique, dans la réalité, cet ambassadeur ne revienne qu'en conséquence d'un congé obtenu depuis longtemps et sans aucun rapport aux circonstances actuelles : tout ce qu'on écrit de contraire est une pure invention.

« Vous êtes peut-être impatient de connoître l'opinion de nos *ultra* sur notre révolution ministérielle. Au fond, ils n'aiment ni M. de Richelieu, ni M. Molé, ni même M. Lainé, auquel ils ne pourront jamais pardonner à cause de la loi des élections, dont il a été le plus éloquent défenseur; mais ils flattoient dernièrement ces trois ministres dans la vue de les détruire[2]. Maintenant ils montrent fort peu d'intérêt pour ces anciens ministres, et même ils les accusent de n'avoir pas eu le courage de marcher dans le périlleux sentier où ils avoient souffert qu'on les engageât. *Le Conservateur* ne leur accorde pas le moindre regret, mais il lance ses foudres contre le maréchal Gouvion-Saint-Cyr et le baron Louis, dont il connoît l'intime union, et il garde le silence sur leurs collègues, dont il ne prononce pas même le nom : petit artifice qui ne peut pas produire un long effet, et dont la seule vue est de jeter sur les autres ministres un soupçon qui pourroit inquiéter les libéraux; mais ce piége est trop grossier, et personne ne s'y prendra.

« Les projets de loi qu'on propose dans ce moment et les changements qui vont avoir lieu parmi les gens en place fourniront une prompte réponse à ces insinuations, et porteront les *ultra* à donner une pleine carrière à cette furie que les plus politiques d'entre eux

---

1. By the organe of the three most powerful nations in Europe.
2. In order to destroy them.

recommandent de tenir confinée dans les salons jusqu'à nouvel ordre..

« Le ministère est unanime dans le sentiment que le premier moyen de fortifier son autorité est dans l'obéissance de ses agents et dans l'identité de leurs vues avec les siennes. Ainsi il est résolu à destituer les fonctionnaires qui manquent de volonté ou d'habileté pour exécuter les ordres qu'ils reçoivent, et il y en a beaucoup de cette sorte. Trois préfets ont déjà été changés : ceux de la Vendée, des Côtes-du-Nord et de la Vienne. M. Rogniat, frère du général de ce nom, va à Bourbon-Vendée, quoique cet administrateur fût préfet durant le voyage de Gand [1]...

« Des exclusions de cette espèce cesseront lorsque tous les partis montreront le même désir de se rallier autour du trône pour l'intérêt général, et qu'ils manifesteront l'oubli du passé pour garantir l'harmonie du présent.

« Il est question de rapporter l'ordonnance qui exclut sans formalité de la chambre des pairs plusieurs membres que le roi y avoit nommés pour leur vie. Cela garantira l'existence de tout le reste, et montrera par un nouvel exemple que le roi n'a jamais rien promis en vain, comme Sa Majesté se plaît à le répéter souvent. »

Reprenons en détail cette misérable lettre :

Après les grands événements, on connoît peu à peu leur cause. Tout ce que j'ai appris sur le dernier changement du ministère prouve que le duc de Richelieu a résigné la présidence de notre ministère de la manière la plus spontanée, d'après les plus mûres réflexions et avec la détermination la plus fixe de ne plus accepter ce poste élevé, quelque pressé qu'il en pût être. Il a cédé uniquement au sentiment de son inhabileté pour la direction des affaires, etc.

Il est difficile de renfermer dans quelque chose de plus vague un plus grand nombre de faussetés. On va voir par le seul ordre des dates et des faits si la retraite de M. de Richelieu a été l'effet d'une résolution spontanée ou s'il a succombé aux intrigues de ceux qui vouloient perpétuer le système dont la France est la victime.

Dès le 12 novembre dernier, avant que M. le duc de Richelieu fût arrivé d'Aix-la-Chapelle, on commença à faire sonder les députés de la minorité de droite sur leurs dispositions relativement à la loi des élections, à la censure et même à la liberté individuelle. Ils déclarèrent qu'ils désiroient le changement de la loi des élections et le maintien de toutes les libertés constitutionnelles. —

Le 17 et le 18 du même mois, des négociations s'ouvrirent entre les

---

1. During the journey to Ghent.

minorités royalistes et les royalistes ministériels. Le 25 et le 26 on reçut des communications plus décisives. Des amis de quelques ministres annoncèrent que ces ministres étoient disposés à proposer le changement de la loi des élections, et que dans ce cas les ministres opposés se retireroient.

Le 28, le président du conseil arriva à Paris. Le bruit courut que M. le ministre de l'intérieur avoit offert sa démission.

Le 29 changement de scène : le ministère paroissoit résolu à maintenir la loi des élections et à demander seulement le renouvellement intégral, projet que repoussoient toutes les opinions des chambres.

Le 1er et le 2 décembre des mutations de ministère semblèrent mettre d'accord tous les ministres.

Le 3 il survint un accident : on parla de la retraite d'un ministre en faveur. Les royalistes en furent informés.

Le 6 projet de ministère, qui ne réussit pas, par l'opposition d'un ministre.

Les deux minorités royalistes achevèrent de se réunir le 12, et montrèrent le 13, le 14 et le 15 qu'elles formoient par cette réunion une majorité incontestable. Mais le 16 une démarche, qui ne signifioit rien en elle-même (une visite de M. le duc de Richelieu à M. le comte Decazes), divisa un moment les royalistes ministériels, et rendit la majorité douteuse. On rentra dans les anciennes perplexités.

Le 19 on reprit l'idée d'un ministère décidé à proposer le changement de la loi des élections.

Il paroîtroit que MM. de Richelieu, Lainé et Molé offrirent leur démission le lundi 21 : ces démissions n'ayant pas été, dit-on, acceptées, on assure qu'un de ces trois ministres voulut exiger des deux autres qu'ils ne resteroient au ministère qu'autant que M. le comte Decazes seroit éloigné et partiroit pour l'ambassade de Pétersbourg. On ignore jusqu'où cette mesure a été poussée ; mais on tient pour certain que M. le comte Decazes travailla sérieusement à son départ.

M. le comte Decazes ne partit point, et le jeudi 24 M. le duc de Richelieu parut seul chargé de composer un nouveau ministère. MM. de Lauriston, Mollien, Siméon et de Villèle, furent simultanément mandés le jeudi au soir chez M. le duc de Richelieu : il paroît que le premier auroit eu le portefeuille de la guerre, le second le portefeuille des finances, le troisième le portefeuille de la justice, et le quatrième le portefeuille de la marine. Les ministres désignés se trouvèrent en présence les uns des autres, la plupart pour la première fois. Ils ne montrèrent tous qu'un sentiment, celui de l'impossibilité d'établir un tel ministère dans de telles circonstances.

Alors et seulement alors, et point du tout *spontanément,* comme on le voit, M. le duc de Richelieu songea à se retirer des affaires. Cependant, on parla encore de la composition d'un ministère qui paroissoit devoir convenir à toutes les opinions et qui auroit mis fin aux inquiétudes de la France. M. le duc de Richelieu seroit resté aux affaires étrangères, M. Lainé à l'intérieur, M. Roy aux finances ; M. Lauriston auroit pris le département de la guerre et M. de Villèle celui de la marine.

Ce fut le samedi 26 qu'eut lieu la séance de la chambre des députés dans laquelle M. Beugnot fit le rapport sur la demande des six douzièmes de l'impôt. L'opposition de gauche demanda la remise de cette décision au mardi : cette proposition fut adoptée.

Qui pourroit croire qu'une chose aussi peu importante en soi a fait un si grand mal? On répandit le bruit à l'instant que la majorité se prononçoit contre M. le duc de Richelieu, et que s'il s'arrêtoit au ministère projeté, il n'obtiendroit pas le vote des six douzièmes.

M. le duc de Richelieu donna sa démission, et le ministère actuel fut nommé.

Ainsi l'assertion de la *correspondance privée* est dénuée de toute vérité. La retraite de M. le duc de Richelieu n'a point été l'effet d'une résolution spontanée, mais le résultat d'une longue intrigue par laquelle ceux qui vouloient conserver le système actuel ont fatigué cet homme de bien. Nous ignorons si M. le duc de Richelieu a fait des reproches à ses amis, s'il a écrit à l'empereur de Russie pour le *mettre sur ses gardes* : nous ne sommes point les amis du noble duc ; mais nous croyons que ses amis ne l'ont point trompé, et nous pensons aussi que M. le duc de Richelieu est trop bon François pour rendre compte au cabinet de Saint-Pétersbourg des affaires intérieures de la France. La *correspondance privée* a ses raisons pour n'attribuer la formation du nouveau ministère qu'à la retraite volontaire de M. le duc de Richelieu et à l'aveu qu'il auroit fait de sa propre insuffisance. Elle ne veut pas avouer que M. le duc de Richelieu sentoit la nécessité d'abandonner le vieux système et de se rapprocher des hommes monarchiques : elle craindroit par cet aveu de donner du poids à l'opinion royaliste et de condamner le système du ministère actuel ; elle vient au-devant des reproches de l'Europe.

Le comte de Nesselrode, qui étoit à Paris avec M. Pozzo di Borgo, et qui a observé avec lui tout ce qui s'est passé, a pu informer l'empereur son maître de toute la suite de cette affaire; ils doivent avoir été bien convaincus par l'évidence de leur propre sens qu'il étoit impossible de rétablir les chimères que l'ambition désespérée des ULTRA proclamoit dans toute l'Europe.

M. Pozzo di Borgo, au plus fort de la crise, a obtenu une audience du roi. Si des rapports fondés sur l'autorité la moins douteuse doivent être crus, il commença par quelques insinuations sur la démission non encore divulguée du duc de Richelieu, lorsque Sa Majesté, qui participoit aux regrets que lui exprimoit M. Pozzo, voulut bien lui communiquer une lettre de M. de Richelieu lui-même, etc.

A Dieu ne plaise que ces *ultra* dont l'*ambition* est si *désespérée* fassent jamais partie d'un ministère libre qui s'appuieroit du crédit d'un ambassadeur étranger! Où en serions-nous s'il étoit vrai que des ambassadeurs, de quelque nation qu'ils soient (lorsque nous ne sommes plus liés par des traités, lorsque ces traités accomplis ne laissent aucun prétexte de se mêler de nos affaires intérieures), où en serions-nous s'il étoit vrai que des ambassadeurs se crussent avoir le droit de demander compte de ce que nous faisons? Quelle est donc l'*autorité* qui a pu apprendre à la *correspondance privée* ce qui s'est passé entre le roi et M. Pozzo di Borgo? Misérables écrivains salariés, penseriez-vous faire estimer le ministère actuel en ayant l'air de mendier pour lui la bienveillance de l'Europe d'une manière si honteuse? On découvre dans vos lâches apologies que vous êtes mal assurés : ces royalistes que vous insultez sans cesse ne font point dépendre leur sort et leur opinion du retour d'un courrier.

Ne croyez pas qu'il ait été sérieusement question du prince de Talleyrand dans nos combinaisons ministérielles; personne ne pense à lui, etc.

Nous ne savons pas réellement s'il a été question de M. le prince de Talleyrand. Nous ne ferons point l'éloge de cet ancien ministre, par la raison que nous avons supprimé les outrages que lui adresse la *correspondance privée*. Mais nous savons que ce n'est pas lui qui nous a donné la loi des élections et la loi du recrutement.

Vous êtes peut-être impatient de connoître l'opinion de nos ULTRA *sur notre révolution ministérielle. Au fond, ils n'aiment ni M. de Richelieu, ni M. Molé, ni même M. Lainé, auquel ils ne pourront jamais pardonner la loi des élections.* . . . .
Le Conservateur *ne leur accorde pas le moindre regret*, etc.

Ainsi la *correspondance privée* soutient la loi des élections; elle soutient aussi le ministère actuel.

Elle prétend qu'au fond les royalistes ne regrettent point l'ancien ministère; elle a parfaitement raison. Ils ont constamment combattu ce ministère. Cela ne veut pas dire qu'ils ne se fussent joints de tout leur cœur à la partie du ministère qui vouloit abandonner un système funeste.

On voit ici la *correspondance privée* s'occuper du *Conservateur*. Et comment ce *Conservateur*, qui ne compte pas encore quatre mois révolus, est-il déjà devenu une si grande puissance? Comment la *correspondance privée* le mêle-t-elle aux premiers intérêts politiques, à la chute des ministères, aux mouvements des ambassadeurs, aux dépêches des diplomates? Il faut donc que ce *Conservateur* soit le représentant d'une opinion prépondérante. Mais, d'un autre côté, la *correspondance privée* assure que l'opinion royaliste n'est rien en France : voilà comme les hommes de mauvaise foi se coupent, se trahissent et laissent malgré eux percer la vérité.

Le ministère est unanime dans le sentiment que le premier moyen de fortifier son autorité est dans l'obéissance de ses agents et dans l'identité de leurs vues avec les siennes. Ainsi, il est résolu à destituer les fonctionnaires qui manquent de volonté ou d'habileté pour exécuter les ordres qu'ils reçoivent, et il y en a beaucoup de cette sorte. Trois préfets ont déjà été changés : ceux de la Vendée, des Côtes-du-Nord et de la Vienne. M. Rogniat, frère du général de ce nom, va à Bourbon-Vendée, quoique cet administrateur fût préfet pendant le voyage de Gand.

La *correspondance privée* nous annonce donc des destitutions? En effet, elles se multiplient sous nos yeux. Cela ne nous surprend point ; il y a longtemps que nous les avons prédites. Quand toutes les autorités administratives, civiles, politiques, judiciaires et militaires, seront changées, on verra ce qui adviendra. Remarquons, pour l'instruction de nos lecteurs, cette expression, *le voyage de Gand : Stupete, gentes!* Ce sont les hommes qui se disent les amis du ministère, ce sont les hommes qui paroissent connoître si intimement ses projets, c'est la *Correspondance privée* qui parle ainsi : cela nous explique pourquoi nous voyons tant de voyageurs de l'île d'Elbe.

Il est question de rapporter l'ordonnance qui exclut sans formalités de la chambre des pairs plusieurs membres que le roi y avoit nommés pour leur vie.

Cette ordonnance, dit-on, est rapportée. On prétend même que les pairs qui sont ou qui pourront être rappelés entreroient sur-le-champ dans la chambre des pairs si l'ancienne minorité de cette chambre, devenue majorité, étoit opposée au ministère. Il faudroit faire ici deux suppositions injurieuses : l'une, que l'ancienne minorité de la chambre des pairs appuieroit tous les actes du ministère nouveau, quels qu'ils fussent, dans la crainte de voir revenir les pairs exclus par l'ordonnance; l'autre, que les pairs rappelés auroient engagé leur opinion aux ministres. Nous nous faisons une plus noble idée des pairs de France : tous ceux qui siègent maintenant dans la chambre verront toujours avec respect des choix qui dépendent uniquement de la puissance et de la sagesse du roi : ils sont, de plus, persuadés que tout nouveau pair saura conserver la dignité et l'indépendance de son opinion.

Les nations voisines se laisseront-elles berner encore longtemps par la *correspondance privée*? Comment peuvent-elles être dupes de ces récits, dont il leur est si aisé de connoître la source? Il n'y a pas de si mince individu à Paris qui ne puisse nommer l'auteur de la *correspondance privée*; et les cours étrangères, et les peuples étrangers ignoreroient ce qui est en France le secret de la comédie! L'Europe croit entendre la voix de la France, et elle n'entend que la voix de quelques hommes intéressés à défendre un système funeste par la raison que ce système favorise leurs passions, accroît leurs fortunes et les maintient dans les places et dans les honneurs.

Mais combien ces hommes eux-mêmes sont imprévoyants! Pensent-ils recueillir les derniers fruits de la moisson qu'ils ont semée! Illusions! Poussés par une action puissante, quand ils seroient parvenus à chasser tous les serviteurs du roi, à écarter tous les hommes monarchiques, alors ils tomberoient eux-mêmes victimes de leur aveugle haine.

Bientôt la faction triomphante seroit elle-même trompée dans ses calculs; elle se diviseroit en civile et en militaire. Les démocrates, qui auroient cru parvenir à la liberté, arriveroient encore une fois à l'esclavage : un sabre remplaceroit leur constitution, et les généraux renverroient les écrivains indépendants dans les bureaux de la police.

Ceux qui ont langui si longtemps sous le despotisme des baïonnettes ne craignent-ils pas de voir renaître ce despotisme? Espéreroit-on trouver dans la puissance militaire un abri contre la démocratie? Ce ne seroit qu'un nouveau péril. Nous errons d'écueil en écueil, pour ne pas vouloir suivre la route du bon sens, de la justice et de la véritable liberté. Nous laissons périr la morale et la religion, comme pour rendre nos maux incurables. Buonaparte avoit tué la révolution, nous l'avons exhumée, et nous prodiguons l'encens à ses restes impurs. Restaurateurs de ses œuvres, propagateurs de ses maximes, nous enlevons la consolation à la mort, l'innocence à la jeunesse. Il semble que nous prenions surtout un soin particulier d'empoisonner les générations nouvelles; nous avons raison : rendons la postérité complice de nos opinions; subornons l'avenir : les criminels doivent chercher à corrompre le juge.

Paris, ce 21 janvier 1819.

C'est aujourd'hui le jour du grand sacrifice; il semble que la Mort redouble d'activité pour augmenter la pompe de sa fête. Elle vient de frapper quatre reines; elle continue parmi nous sa moisson. M. Hue, après avoir partagé la captivité du roi-martyr, est allé le rejoindre aux pieds de ce souverain Arbitre qui casse les sentences iniques et punit les juges prévaricateurs. L'oraison funèbre de M. Hue est prononcée aujourd'hui dans toutes les églises de France : c'est Louis XVI lui-même qui l'a faite, en écrivant dans son testament le nom de son fidèle serviteur.

M. Hue est sorti de la vie avec un compagnon digne de lui, M. l'abbé Le Gris-Duval. Ce dernier avoit voulu accompagner Louis XVI à l'échafaud, comme le premier l'avoit servi dans les fers. A un vrai talent pour la parole M. Le Gris-Duval joignoit la charité la plus active, le caractère le plus doux, les vertus les plus modestes : il est descendu de la chaire de vérité dans la tombe, où toutes les vérités chrétiennes trouvent leurs preuves.

Ces deux hommes, dont la conduite, les discours et les écrits avoient combattu les doctrines modernes, n'ont été devancés que de quelques jours dans un autre monde par le dernier des amis de Voltaire et le dernier des encyclopédistes. M. l'abbé Morellet avoit aidé à poser les premières pierres de la moderne Babel : il a été témoin de la confusion des langues et de la dispersion des peuples. Il s'en est allé quand il ne restoit plus rien de cette antique société qu'une fausse philosophie a détruite.

Représentant d'un autre siècle parmi nous, M. l'abbé Morellet avoit connu Montesquieu, Voltaire, Buffon et Rousseau. Il aimoit à nous raconter leur gloire, comme ces vieux soldats qui, restés seuls au milieu des générations nouvelles, se plaisent à parler des généraux illustres sous lesquels ils ont combattu.

On remarque dans les écrits de M. l'abbé Morellet de la lecture, de la perspicacité, de saines doctrines littéraires. Ses derniers ouvrages ne renferment peut-être pas des jugements d'une impartialité rigoureuse; mais l'écrivain qu'il a critiqué avec le plus d'amertume aime à reconnoître ce qu'il lui doit et le profit qu'il a tiré de la leçon. Il faut convenir d'ailleurs que la peinture d'un amour et d'une nature sauvages devoit paroître étrange à un homme qui avoit passé sa vie dans les déserts d'Auteuil et dans le salon de Mme Geoffrin.

Au reste, les bonnes actions valent mieux que les bons livres. On se rappellera toujours que M. l'abbé Morellet a plaidé et gagné la cause des enfants des condamnés. Aujourd'hui, n'aurions-nous pas encore besoin de son éloquence? Le temps des victimes est-il passé sans retour? C'est avec une peine réelle que nous voyons ainsi disparoître les véritables gens de lettres; car on ne peut plus appeler de ce nom ces littérateurs sans études, commis le matin, hommes du monde le soir, portant dans les affaires, avec la présomption de l'ignorance, les sentiments de haine et d'envie qui sont comme les remords ou la conscience de la médiocrité.

Ces esprits foibles qui se nomment entre eux des hommes forts, sont depuis la restauration le véritable fléau des ministères. Ils font partager aux hommes d'État leurs petites passions, leurs basses vengeances d'amour-propre, leur faux système de politique. Le ministère nouveau n'a point échappé à l'influence des apprentis ministres : c'est la coterie qui a triomphé. Or, ouvrez les ouvrages et les journaux de la coterie, vous y verrez partout haine des royalistes, doctrines antimonarchiques, admiration de la plupart des erreurs révolutionnaires.

Et pourtant les génies spéciaux qui fournissent au ministère ses inspirations n'ont pu rédiger un projet de loi constitutionnel et raisonnable.

Quant à la loi sur le changement de l'année financière, comment n'a-t-on pas vu qu'il y avoit un moyen bien simple de trancher la difficulté sans violer la Charte? Faites faire sur-le-champ le budget de l'année actuelle; fermez la session au mois d'avril; convoquez les colléges électoraux au mois de mai; rassemblez les chambres au mois de juin pour discuter le budget de 1820, et vous rentrez ainsi dans l'ordre du temps sans porter une loi, sans exposer la France à rester dix-huit mois sous la dictature ministérielle.

Mais des élections au mois de mai! s'écrie-t-on ; seront-elles moins dangereuses au mois d'octobre? Vous êtes donc effrayés des élections? Comment soutenez-vous alors que la loi des élections est parfaite ? Si elle est défectueuse, au contraire, que ne la changez-vous? Avec de la bonne foi, avec un désir sincère de réconciliation et de paix, tout seroit facile; tout est difficile avec des systèmes, des passions et des vanités.

Lorsque nous fûmes forcé de parler du nouveau ministère, nous

nous exprimâmes avec une mesure que commandoient également le bon sens et la justice. Ce ministère nous étoit en partie inconnu ; nous n'étions pas sans crainte sur la marche qu'il alloit suivre, mais nous trouvions aussi dans les intérêts mêmes de ce ministère quelques motifs d'espérance.

Notre espoir a été trompé ; la modération bien connue du président du conseil ; son esprit fin, son caractère conciliant, n'ont pu arrêter le mal. Nous annonçons avec douleur à la France royaliste que le nouveau ministère n'est que le continuateur des fautes du ministère qu'il a remplacé. Avec moins d'éclat, il semble avoir plus de violence. Il tâtonne, il craint ; il cherche une majorité qui ne lui est pas assurée, et pourtant ses actes ont quelque chose de décidé. La Charte l'arrête peu : du premier coup il apporte deux lois inconstitutionnelles. Incertain dans sa marche, il paroît avoir un but ; indécis dans ses projets, il est fixé dans sa doctrine.

Ce que nous avions prévu des nouvelles opérations ministérielles commence à se réaliser. L'avis inséré dans *Le Moniteur* du 13 janvier est la preuve du penchant irrésistible qui entraîne le ministère actuel des finances à s'occuper des intérêts de la bourse, sans trop songer à ceux des contribuables. Par cet avis, le ministre fait connoître aux porteurs de rentes que le trésor leur payera à dater du 18 de ce mois le semestre qui ne leur sera dû que le 22 mars, et qui n'auroit été payé à plusieurs que le 12 avril. Quoique cette avance soit faite sous l'escompte de 5 pour 100 l'année, nous devrions la regarder comme des *étrennes*, ou comme la joyeuse entrée de M. le ministre des finances, si cette avance ne devoit en définitive être payée par le trésor public, c'est-à-dire par les contribuables.

Sans parler de l'idée, assez bizarre, de transformer le trésor public en une espèce de caisse d'escompte, on pourroit demander à quel taux M. le ministre des finances emprunte lui-même les capitaux qu'il va prêter à 5 pour 100.

Dira-t-on qu'il n'emprunte pas ? Mais n'existeroit-il point un traité avec les receveurs généraux qui obligeroit M. le ministre des finances à recevoir au trésor tout l'argent qu'ils voudroient y verser d'avance, en leur tenant compte des intérêts à 6 pour 100 et leur allouant en outre un droit de commission ? M. le ministre des finances n'emprunte-t-il pas de fait à tous les porteurs de ses bons royaux et de la caisse de service ? N'emprunte-t-il pas en faisant escompter les effets à terme que lui produisent les douanes et les coupes de bois ? Il emprunte réellement tous les jours par mille opérations diverses, et le taux de ses emprunts est toujours au-dessus de 6 pour 100.

Ainsi, à moins que M. le ministre des finances n'ait remboursé à la fois tous les fonds particuliers des receveurs généraux, tous les bons royaux, tous les billets de la caisse de service, etc., etc.; à moins qu'il ne doive rien à personne, à moins qu'il ne possède aujourd'hui en numéraire 70 ou 80 millions, lesquels n'aient et ne puissent avoir aucun autre emploi, il est évident qu'il grève le trésor de toute la différence de l'intérêt supérieur qu'il paye à l'intérêt inférieur qu'il reçoit pour escompter; il est évident qu'en chargeant le trésor il charge les contribuables, qu'il les charge, disons-nous, inutilement, illégalement, inconstitutionnellement.

Les principes constitutionnels ne sont-ils pas violés si un ministre peut à sa volonté disposer de l'argent du trésor, en changer l'application, ou pour les sommes ou pour le temps des payements? L'État ne seroit-il pas compromis si un événement imprévu survenoit dans l'intervalle de la distraction des fonds et rendoit nécessaire un autre emploi de ces mêmes fonds? Enfin, comment se fait-il qu'une détermination aussi considérable ne soit motivée sur aucune loi, ni même autorisée par une ordonnance royale? Que devient la responsabilité du ministère lorsqu'un simple avis, sans signature, prescrit l'emploi d'une partie de la fortune publique? De grands dangers sont attachés à de pareilles mesures, et un ministre des finances qui paye ce qu'il ne doit pas fait toujours craindre un ministre des finances qui ne payera pas ce qu'il doit.

Au reste, pour soutenir ces jeux de bourse, il faudra bien en venir à la vente de nos forêts. On parle déjà d'un projet d'ordonnance qui remonteroit à une date de dix ou douze jours. Quand la France sera dépouillée, que nous restera-t-il? Une réponse horrible a été faite à cette question par un révolutionnaire : *Sept cent mille soldats payés par la confiscation des biens de vingt mille familles.*

Heureusement les soldats de la légitimité ne combattent que les ennemis et ne dépouillent point les François. Espérons que notre armée conservera le bon esprit qui l'anime. Cependant la loi de recrutement et les ordonnances qu'elle a produites font un grand mal.

Nous avons à combattre un système qui ne brise pas toujours l'obstacle qu'il rencontre, mais qui tourne la difficulté et ne fait un pas en arrière que pour avancer de nouveau. Quand on jette un regard sur le chemin parcouru, on ne peut s'empêcher de remarquer la rapidité de la course. Depuis l'ordonnance du 5 septembre, vingt-quatre préfets ont été destitués. Quelques-uns de ces préfets ont été replacés puis destitués encore. Quatre ont été mis à la retraite; un seul a donné sa démission (M. le comte Berthier, frère du colonel de la garde, qui vient de perdre son régiment). La plupart de ces administrateurs avoient rendu des services importants à la monarchie avant et après les Cent Jours.

Les changements arrivés dans les tribunaux n'ont pas été moins remarquables : à Montpellier, par exemple, les magistrats qui avoient refusé de prêter serment à Buonaparte après le 20 mars se trouvent éloignés par une fatalité inexplicable. La cour de Nîmes vient d'être instituée par une ordonnance du 8 décembre dernier. Parmi les magistrats qui composoient cette cour, sept conseillers avoient eu le noble courage dans les Cent Jours de refuser le serment exigé par l'usurpateur. Un seul de ces dignes conseillers a gardé sa place.

Les conseillers auditeurs, à l'exception d'un seul, avoient suivi ce bel exemple ; il en restoit cinq lors de l'installation : l'un d'eux a été éliminé : un autre a été transféré à Montpellier, en qualité de substitut du procureur général ; les deux plus anciens ont été laissés dans leurs fonctions d'auditeurs ; un seul a été élevé à celles de conseiller en titre, et c'est celui qui avoit prêté serment à Buonaparte.

Même chose est arrivée dans l'ordre militaire. D'une autre part, les hommes des Cent Jours ont été appelés de préférence aux emplois ; de sorte que, dans le système, non-seulement la fidélité n'a compté pour rien, mais elle semble avoir nui à ceux qui la tinrent pour quelque chose.

Nous entendons répéter qu'on en agit ainsi sous Henri IV. Il faut redresser cette mauvaise foi ou cette ignorance. L'exemple seroit mal choisi pour justifier le système, puisque enfin Henri IV fut assassiné par Jean Châtel depuis son abjuration, et qu'il finit par tomber sous le poignard d'un fanatique imbu des maximes de la Ligue. On l'avoit averti en prose et en vers de se défier de sa trop grande clémence.

> Ante, fuit ducibus magnis clementia virtus :
> Post, fuit hæc virtus, exstincto Cæsare, crimen.

Ensuite, il n'est pas vrai que le ministère de Sully suivit les mesures qu'adopte aujourd'hui notre ministère ; il n'est pas vrai qu'on renvoya tous les royalistes pour donner leurs places aux ligueurs. On n'érigea point l'ingratitude en système de politique. Les partisans de l'Union à qui l'on accorda des honneurs et des emplois ne les obtinrent point au détriment des amis d'Henri IV. Il y eut partage ; il n'y eut point exclusion.

De plus, la France ne fut point remise tout entière et tout à la fois entre les mains de son prince légitime. Il fut obligé d'en faire la conquête pied à pied ; et les commandants des places ne lui ouvroient leurs portes qu'après des capitulations qu'il étoit obligé de tenir : cette position expliqué les concessions d'Henri IV.

Enfin, Henri IV, en embrassant la religion catholique, se réunit aux deux premiers ordres de l'État, au clergé et à la noblesse ; à l'archevêque de Lyon, aux évêques de Paris, de Chartres, de Reims, etc. ; à MM. de Mayenne, de Nemours, de Mercœur, d'Aumale, d'Harcourt, de Brissac, de Villeroi, de Givri, et à mille autres, c'est-à-dire qu'il abandonna le parti républicain, où il s'étoit trouvé comme général, pour passer comme roi dans le parti monarchique.

Aujourd'hui, au contraire, le système ministériel tend à faire sortir la royauté de l'opinion monarchique, pour la faire entrer dans l'opinion républicaine : contre-sens qui seroit pervers s'il n'étoit stupide. Ce populaire Henri IV se joignit donc aux aristocrates. Il savoit bien qu'il ne pouvoit être roi avec des religionnaires qui se croyoient en droit d'examiner les titres de la souveraineté politique comme de scruter les principes de la puissance spirituelle, et avec d'Aubigné, qui rêvoit une république fédérative. Même dans le parti monarchique, où il se plaça et dut se placer, son indulgence ne passa pas certaines bornes : l'édit de Paris du 28 mars 1594 exclut de l'amnistie générale ceux qui auroient trempé dans l'assassinat du roi Henri III, et l'article 5 du traité de Folembray (janvier 1596) répète la même exclusion en ces termes : « Voulons que des choses dessus dites rien soit excepté, fors l'assassinat du feu roi, notre très-honoré seigneur et frère. »

Ainsi donc, l'exemple dont on veut s'appuyer est nul, et nos ministres peuvent réclamer la gloire d'être les inventeurs de leur système : ils n'ont rien de commun avec Sully. Ce système, ils ont cru sans doute le maîtriser en s'y jetant : erreur de vanité commune à tous les hommes. Mais qu'ils sont emportés loin de ce qu'ils vouloient peut-être !

La Charte restera ; elle sera notre sauvegarde. Elle nous mettra à l'abri et de ceux qui voudroient nous ramener le despotisme impérial et de ceux qui chercheroient à nous replonger dans la république. Les honnêtes gens finiront par l'emporter ; ils ne se découragent pas ; ils savent que les hommes passent et que la raison demeure. Combien a-t-on gémi des fautes de l'ancien ministère ! Ce ministère est tombé ; celui-ci tombera à son tour, et plus vite encore.

Que les correspondances privées le vantent, on sait pourquoi ; que tout ministère qui succède à un ministère soit toujours le plus beau et le meilleur, c'est dans l'ordre ; que la France ait tremblé en apprenant qu'on alloit former une administration royaliste, on connoît la vérité de cette assertion. Mais on sait aussi que deux lignes du discours du roi avoient abattu ceux qui quelques jours après ont levé si fièrement la tête ; que leur peur étoit risible et pitoyable ; que l'espoir de voir embrasser un système monarchique avoit répandu la joie dans le royaume.

Quant aux royalistes, comme ils sentent leur force, ils ne sont point du tout consternés de ce qu'un ministère se forme dans une opinion différente de la leur. En examinant l'état des partis, rien ne les effraye : ils n'aiment, ni n'estiment, ni ne craignent les révolutionnaires. Ceux-ci peuvent se tenir assurés qu'il n'y aura plus d'émigration. Les partisans de la royauté légitime défendront leur vie et leurs foyers ; et si jamais on les forçoit de rentrer dans le droit naturel, on les trouveroit sur les champs de bataille, mais on ne les traîneroit plus à l'échafaud.

Les royalistes savent ensuite que la coterie qui pousse le ministère se réduit à une centaine d'hommes. Si ces hommes sortent des places, ils disparoîtront pour toujours, car ils ne sont rien par eux-mêmes ; s'ils gardent ces places, ils en descendront l'un après l'autre, parce qu'ils n'ont aucun talent.

Il n'y a plus rien d'entier, hors l'opinion monarchique. La chambre des députés, brisée en diverses sections, attend ce qui doit la réunir. On se dispute le matin des places qu'on doit perdre le soir. Les nouvelles élections nous menacent ; les affaires de la religion périclitent. Les colléges sont en proie à des insurrections, résultat d'une éducation qui n'a plus la religion pour guide. Des écoliers philosophes veulent être indépendants et souscrire pour le Champ-d'Asile. On ferme les écoles des frères de la Doctrine chrétienne, où régnoient encore la soumission et la paix. On nomme pour instruire la jeunesse, sous les Bourbons, des hommes qui ont condamné Louis XVI à la reclusion et au bannissement et rejeté l'appel au peuple. Non content d'avoir corrompu le passé, on en veut à l'innocence de l'avenir, et l'on empoisonne les générations dans leur source. Toutes les doctrines qui nous ont perdus sont de nouveau préconisées : on cherche à ranimer les haines populaires contre les prêtres et les nobles ; on invente des conspirations royalistes. Ceux qui rendirent quelque service à la couronne perdent leurs places et sont obligés de défendre leur honneur devant les tribunaux. Le 21 janvier voit la disgrâce des anciens serviteurs de Louis XVI et le rappel des juges de Louis XVI. On s'agite, on crie ; on imprime les choses les plus abominables : eh bien, tout cela passera. Plus le mal paroît grand, plus il sera court : *si gravis, brevis*. Ce sont les derniers efforts du génie révolutionnaire. Les royalistes attendent en silence, les yeux fixés sur les événements futurs. Défenseurs de la légitimité et dépositaires des principes monarchiques, ils se souviennent qu'ils ont deux choses à sauver : le roi et la France !

Paris, 17 février 1819.

Nous marchons : si l'on pouvoit se désintéresser de la partie, se mettre à l'écart, regarder passer tous ces personnages qui courent tête baissée à leur ruine, il y auroit de quoi s'émerveiller de leur folie. Les choses en sont venues au point que tandis que l'on remarque les fautes de détail l'ensemble des choses périclite et les rouages de la machine menacent de se briser ou de s'arrêter à la fois. Le danger n'est plus dans tel ou tel ministère en particulier; l'opinion n'est plus précisément dans les chambres; ce n'est plus une loi, un discours, qui fixent l'attention publique : on a déjà dépassé tous ces intérêts, et l'on en est à savoir s'il y aura ou s'il n'y aura pas d'ordre social.

Ce seroit une chose inexplicable, si l'on ne connoissoit l'orgueil des systèmes et les fureurs de la vanité, que de voir tant d'hommes aujourd'hui effrayés, tant d'hommes maintenant éclairés sur les faux principes qui nous guident, ne rien faire néanmoins pour en arrêter les effets : loin de revenir sur leurs pas, les dépositaires du pouvoir suivent à l'envi la route tracée. Ils ont beau soutenir à la tribune, dans leurs discours, qu'ils ne veulent *semer la division ni dans la garde ni dans l'armée*, qu'ils *ne favorisent pas l'agiotage :* leur manière même de se défendre prouve qu'ils font ce qu'ils disent qu'ils ne font pas.

Au ministère de la guerre, les premiers plans ne sont point abandonnés. Les destitutions continuent; elles tombent presque toutes sur des officiers qui ont anciennement servi dans les armées royales, ou sur des jeunes gens qui n'ont été employés que depuis la restauration. Une série d'ordonnances est jetée comme un filet sur l'armée, et enlève tour à tour les militaires qui ont donné le plus de gages à la royauté légitime. Ces ordonnances sont véritablement un chef-d'œuvre : il faut les étudier pour voir avec quelle subtilité elles expliquent la loi du recrutement au désavantage des royalistes et au détriment de la prérogative royale. Voici une remarque qui en vaut la peine : Buonaparte faisoit tous ses efforts pour obliger les fils de famille à entrer dans son armée; il les prenoit de force, il leur envoyoit des brevets de sous-lieutenant à domicile, il les contraignoit d'entrer dans les gardes d'honneur; il vouloit remplir ses camps de propriétaires et d'hommes monarchiques. Aujourd'hui, sous l'autorité légitime, il n'y a rien que l'on ne fasse pour écarter les fils de famille qui s'empressent de solliciter du service : s'ils y sont entrés, quoi qu'on ait fait pour les en exclure, on leur dispute leur grade, on les rejette à la queue des contrôles, on les destitue au moindre prétexte, et à force de dégoût on les oblige à se retirer. Et c'est ainsi qu'on prétend reconstruire la monarchie!

Il y a de bonnes gens qui s'endorment, *carpebant somnos*. On leur dit qu'on ne changera plus rien à la garde : les voilà tout satisfaits. Oui, mais il y a des ordonnances préparées; mais tôt ou tard elles seront mises à exécution. On prétend même qu'on va changer le système entier des légions, ce qui amèneroit la dislocation des cadres des officiers et la refonte totale des états-majors de l'armée.

Lorsqu'en soutenant la loi de recrutement on a sacrifié la prérogative royale, que disoit-on pour motiver ce sacrifice? On disoit que l'armée alloit acquérir, par le nouveau mode d'avancement, la fixité des emplois; et voilà que l'on efface deux officiers d'un haut rang du contrôle actif de l'armée, sans jugement préalable, sans même s'enquérir jusqu'à quel point ces officiers étoient entrés dans la chose dont on fait le prétexte de leur destitution! Avant la révolution, nul officier ne pouvoit perdre son grade que par le jugement d'un conseil de guerre; et c'est ce qui existe encore dans tous les pays militaires de l'Europe. Et maintenant, sous notre gouvernement constitutionnel, le caprice d'un ministre, peut-être la vengeance d'un subalterne, pourra priver le militaire le plus distingué du prix de son sang et de ses longs travaux!

On a beaucoup répété que des officiers n'avoient pas le *droit* de faire ceci, de faire cela : pourquoi donc ceux qui raisonnent de la sorte nous ont-ils tant parlé des *droits des soldats,* à l'occasion de la loi du recrutement? Pourquoi nous ont-ils fait entendre que si l'armée se souleva en 1789, c'est qu'on avoit méconnu *ces droits?* Il ne convient pas à ceux qui ont dépouillé la prérogative royale par la loi du recrutement, qui ont établi par cette funeste loi un principe démocratique dans l'armée, il ne leur convient pas aujourd'hui de nier leurs propres principes. Souvenons-nous que le système ministériel est surtout dangereux dans le département de la guerre. Ce n'est pas dans ce département une chose indifférente que des destitutions multipliées. En changeant un corps d'officiers, on peut changer en trois mois l'esprit de l'armée. Nous ne cesserons point de signaler ce péril : il est grand, il est imminent. Puisque tôt ou tard nous aurons avec la loi des élections une chambre des députés démocratique, tâchons du moins de conserver la monarchie dans l'armée : ne donnons pas des bras à la tête révolutionnaire que nous avons modelée et façonnée de nos propres mains.

Il est d'autant plus urgent de veiller à ce danger, que le venin démocratique se glisse dans toutes les autres branches de l'administration : partout les principes de la monarchie sont méconnus. Dans les finances, on sacrifie les intérêts de la propriété à un fol esprit d'agiotage. Dans ce moment on se trouve un peu débarrassé des grosses masses de rentes qui pesoient sur la place de Paris. Il paroîtroit qu'il existe une sorte de coalition entre le ministre des finances, MM. Baring, Laffitte et autres, pour ne vendre de rentes que dans une proportion convenue, jusqu'à l'adoption de quelque grande mesure financière. Quelle sera cette mesure? Apparemment la vente des forêts. Tout notre génie, depuis trente ans, consiste à nous dépouiller. Mais n'est-ce pas une chose inconcevable qu'on n'eût pas encore remis aux chambres les comptes qui étoient faits il y a deux mois? On les refaisoit, nous dit-on. S'il eût été égal aux ministres de refaire la monarchie au lieu du budget, on se seroit arrangé après.

En attendant les comptes faits et refaits de M. le ministre des finances, le propriétaire est accablé d'impôts. Nous avons sous les yeux un document qui prouve que vingt-quatre pièces et demie de vin commun, recueillies sur sept arpents de vignes, auprès de Toulouse, ont été imposées, en droits réunis ou octroi, à la somme de 880 fr. Les mêmes pièces de vin, en 1788, auroient coûté pour tout impôt 29 livres 16 sous : nous nous perfectionnons. Au reste, quand on charge le contribuable, l'agioteur doit prospérer ; quand on craint des révolutions, les affaires de la Bourse sont brillantes. En France aujourd'hui beaucoup de propriétés sont à vendre : chacun veut avoir sa fortune en portefeuille. Malheur au ministre qui verroit dans la hausse des fonds produite par cette cause un signe de prospérité publique!

Mais c'est au ministère de l'intérieur que tout s'agite, s'échauffe, se remue. On assure que le chef de ce département a partagé sa dépouille entre ses amis : comme Alexandre le Grand partant pour la conquête du monde, il ne s'est réservé que l'espérance. Aux uns il a départi les communes, aux autres les arts et la librairie : l'héritage du frère du roi a été donné à un ancien sous-secrétaire d'État de la guerre.

Il est résulté du démembrement de cet empire une étrange confusion : entre quatre ou cinq demi-ministres, on ne sait plus à qui on a affaire. Chacune de ces petites excellences montre la ferveur du noviciat : l'une fait jeter à terre les arbres des Champs-Élysées, l'autre abat des préfets et des sous-préfets, l'autre destitue les professeurs qui se sont opposés aux insurrections des colléges. On se demande comment ces insurrections se sont propagées, comment la jeunesse a manifesté un si déplorable esprit. A Nantes, le tumulte a été grand : trois coups de pistolet annoncèrent à minuit le soulèvement du collège. L'autorité du premier magistrat fut méconnue : il fallut attaquer de vive force les dortoirs, les salles d'étude. Ces scènes commencées à Paris se sont répétées dans plusieurs départements.

Nous allons proposer un problème à nos lecteurs.

Est-ce le ministère de la police qui s'est fondu dans le ministère de l'intérieur, ou le ministère de l'intérieur qui s'est noyé dans le ministère de la police? Le secret et l'arbitraire, qui appartiennent essentiellement à celui-ci, ont-ils envahi celui-là, ou bien la publicité et la constitutionnalité du premier ont-elles passé dans le second? Le ministère de la police est supprimé de nom; l'est-il de fait? Les divisions et subdivisions de ce ministère n'existent-elles pas encore? N'ont-elles pas à leur tête les mêmes hommes, jouissant des mêmes appointements, exerçant les mêmes fonctions? N'y a-t-il pas dans les départements des commissaires de police qui correspondent, comme de coutume, avec leurs anciens chefs? Si cela est, n'est-ce pas une chose énorme, une chose alarmante pour la société, qu'un homme se trouve investi, dans une monarchie constitutionnelle, de deux ministères, lesquels mettent dans sa dépendance les préfets, sous-préfets, conseillers de préfecture, maires, adjoints, conseils généraux, tous les agents du commerce, tous les employés aux mines, aux ponts et chaussées, aux arts et aux métiers, toute la garde nationale, toute la gendarmerie de France, tous les agents publics et secrets et tous les budgets secrets et publics de l'intérieur et de la police?

D'une autre part, quelle doit être la conduite du citoyen? dans quel rapport se trouve-t-il avec une police dite *supprimée*? S'il est mandé par un commissaire de police, doit-il obéir? De quelle autorité ce commissaire tient-il ses pouvoirs? Est-ce du ministre de l'intérieur ou du ministre de la justice? Quelqu'un peut avoir à se plaindre d'un acte arbitraire de la police : qui recevra sa plainte? quel ministère connoîtra du délit? Cette suppression du ministère de la police n'auroit-elle servi qu'à créer une police mystérieuse, plus dangereuse que la police avouée, parce qu'on ne connoît point sa responsabilité directe? Les commissariats de police dans les départements deviendroient donc des espèces de tribunaux arbitraires sous la direction d'un chef invisible? Rien ne seroit plus dangereux que cet état de choses. Ou la police générale, c'est-à-dire la police politique, est supprimée, ou elle ne l'est pas. Si elle est supprimée, qu'on détruise promptement tout ce qui en caractérise l'existence; si elle ne l'est pas, rendons-lui un chef visible qui nous réponde sur sa tête de la liberté des citoyens.

De quelque côté qu'elle arrive, cette police est assez singulière sous un gouvernement représentatif; elle se glisse dans nos maisons, elle vient s'asseoir à nos foyers avec une simplicité antique. Des hommes qu'elle ne connoît pas sans doute, et qui abusent de son nom respectable, s'introduisent, à sa faveur, chez des habitants paisibles. Ces hommes, pour le bien des maîtres, cherchent à corrompre les serviteurs, les invitent à dérober quelques petits papiers inutiles. Nous connoissons une maison où deux hôtes de cette espèce s'étoient établis : ils s'adressèrent malheureusement à un domestique breton qui, n'entendant pas le françois, fit part à son maître des propositions des deux étrangers. Le maître dit à son domestique de traiter ces gens officieux avec toutes sortes d'égards et de leur donner les papiers dont ils sembloient si friands. En conséquence, on leur remit des chiffons, dont on garda la note, leur promettant mieux pour l'avenir. Ils furent si transportés d'aise, qu'ils promirent au domestique de lui faire une pension de 50 fr. par mois; et pour lui prouver qu'ils étoient hommes de parole, ils voulurent sur-le-champ lui donner 100 fr. de gratification. L'un des deux, étant allé à la campagne, écrivit à l'autre, touchant cette petite affaire, ce billet, dont l'original est entre nos mains; nous connoissons de plus les noms et les demeures de ces deux honnêtes personnes : elles fréquentent de très-bons lieux, elles vont souvent chez M. le duc de Fitz-James, pour lequel elles semblent avoir un attachement tout particulier. Voici donc le billet en question ; nous supprimons, par charité, les noms des deux correspondants :

« Je vous préviens, mon cher T..., que je n'arriverai que demain à midi à Paris, et je descendrai chez M. R..., où j'ai beaucoup à écrire. Si vous comptez avoir quelque chose du domestique du vicomte Cha...[1], vous *pourrai* alors venir me trouver et lui dire que vous lui *remettrai* les papiers qu'il vous remettra à l'*heure* qu'il reviendra avec vous.

« Lui avez-vous donné les 100 francs que j'ai laissés chez vous samedi ? »

D...

Qu'est-ce que ce vicomte Cha...? Seroit-ce un parent ou un ami du *Conservateur ?* un homme qui auroit écrit contre la police trois ou

---

1. Ce nom est ainsi abrégé dans le billet.

quatre chapitres abominables? Il mériteroit bien qu'on lui eût *acheté secrètement* ces vilains chapitres, avant qu'ils fussent imprimés : il y auroit gagné autant que la police, car enfin il n'auroit pas été destitué d'une place inamovible. Si ce vicomte Cha... avoit voulu continuer ce petit commerce de vieux papiers, son domestique auroit reçu d'un bienfaiteur inconnu une innocente pension de 50 francs par mois, non compris les gratifications ; mais c'est un homme intraitable et avec lequel il n'y a rien à faire.

Après un pareil document, tout autre fait paroîtroit insipide. Abandonnons les détails, et jetons un regard sur l'ensemble de notre position.

Une agitation et une décomposition singulière se manifestent dans le corps social : la jeunesse, soulevée, demande l'indépendance ; la religion, sans appui, voit ses prêtres à la charité : neuf évêques et un seul archevêque composent tout le haut clergé de France ; les artisans de destruction ne dissimulent point le projet d'abolir l'épiscopat et de nous amener à quelque chose de moins que le protestantisme ; l'impiété et la république prêchent ouvertement leurs doctrines dans des brochures révolutionnaires : des bruits absurdes se répandent dans nos campagnes. Les paysans sont d'autant plus portés à croire ces bruits, qu'ils voient rentrer dans les places les hommes qui occupoient ces places pendant les Cent Jours, et qu'ils se souviennent de ce que ces hommes disoient alors des Bourbons, des proclamations qu'ils faisoient contre cette auguste famille. Puisque ces individus sont employés de nouveau, le bon sens du peuple en conclut qu'ils avoient raison alors et que leur retour annonce quelque catastrophe prochaine. D'un autre côté, un parti puissant pousse à la domination militaire, et les espérances de notre révolution cherchent à mettre à profit les souvenirs de notre gloire.

Nous demandons au père de famille qui forme aujourd'hui un plan pour l'établissement de ses enfants si dans les chances de son avenir il n'admet pas les terribles chances d'une révolution, si une vague inquiétude ne se mêle pas à tous ses projets. Ce n'est point aux hommes de parti que nous adressons cette question ; c'est à celui qui, étranger aux querelles politiques, ne connoît le gouvernement que comme le protecteur de ses droits. Ceux même que des vanités blessées ont jetés dans la faction démocratique tremblent de leur propre triomphe : ils se rappellent les échafauds où montoient ensemble les accusateurs et les victimes. Pourquoi ce malaise général ? Parce que le système adopté a rouvert la porte à tous les hommes, à toutes les doctrines révolutionnaires ; parce que ceux qui ont voulu faire de ces hommes et de ces doctrines le soutien de leur puissance sont entraînés par le torrent dont ils ont rompu les digues. Le ministère s'imagine aujourd'hui ne suivre que son propre système, et il ne s'aperçoit pas qu'il n'est plus le maître de rien ; il croit donner le mouvement, et c'est lui qui le reçoit. Veut-il faire passer une loi, il faut qu'il capitule sur les principes, qu'il donne des effets en nantissement ; il escompte avec des destitutions et des places le petit succès qu'on lui prête : les intérêts le ruinent, et la monarchie payera le capital.

Et cependant qu'il eût été facile de tout arranger ! qu'il étoit aisé, sans persécuter personne, en employant les gens de bien de toutes les opinions, de mettre la religion et la morale dans l'éducation, l'ordre et la justice dans l'administration, l'économie dans les finances, l'espoir, le bonheur et la paix partout ! On ne vouloit que le repos, on ne demandoit que le repos. Les hommes monarchiques sont toujours les plus nombreux ; et néanmoins il est vrai qu'une poignée de méchants peut encore plonger la France dans la terreur : les affreuses divinités révolutionnaires qui nous ont fait périr une première fois sont rentrées dans l'abîme, et cependant nous pouvons encore être immolés à leurs simulacres.

Les ministres peuvent-ils se dissimuler encore que ces destitutions qui tombent sur les fidèles sujets du roi ont des résultats funestes ? Il semble que plus un homme a donné de marques de dévouement, que plus il a rempli ses devoirs, surtout pendant les Cent Jours, plus il doit être écarté : tout cela pour donner des leçons de fidélité aux peuples, pour enseigner à chacun ses devoirs, pour faire triompher la justice, ce soutien éternel des empires.

On ne se cache plus : le système effronté marche tête levée. Aussi ce n'est plus sous le rapport de l'exclusion des royalistes qu'il faut considérer les destitutions ; cela va sans dire, la chose est convenue. Ce qu'il faut voir dans ces destitutions répétées (laissant à part toute considération morale), c'est qu'elles avilissent les agents du gouvernement, leur ôtent toute autorité sur les peuples, détraquent la machine entière de l'administration, et la feront tomber en ruines.

Les ministres ne veulent pas de révolution. Que veulent-ils ? On dit qu'ils rêvent toujours une suspension de la loi des élections. Ils flattent quelques ambitions particulières, et parlent de réunions qui ne réunissent personne. Ils demandent dix-huit mois d'impôts : acheminement au despotisme ministériel. Pendant ces dix-huit mois, que ne peut-on pas faire ? On nous a mis en péril, et pour nous en tirer, on ne trouveroit d'autre moyen que de nous priver de nos libertés constitutionnelles : rare effort ! admirable conception !

M. le garde des sceaux, qui a combattu à la tribune un beau mouvement du discours de M. de Villèle, pense qu'on ne cèderoit plus à des *soldats impies et à d'insolentes paroles;* il pourroit être dans une cruelle erreur. L'assemblée que dispersa Buonaparte étoit soutenue par les souvenirs récents de la révolution; elle étoit remplie d'esprits plus ou moins habiles, mais tous fermes dans un système politique, tous éprouvés par de longs périls : toutefois, cette assemblée fut dispersée par les baïonnettes. Qu'un général se présentât maintenant pour opprimer la liberté publique, que trouveroit-il devant lui? Seroit-il arrêté par ces hommes à principes incertains, qui, jadis soldats de la cause royale, se font aujourd'hui les apôtres des doctrines qui les ont proscrits; par ces hommes qui, tout affoiblis de l'opinion qui les abandonne, ne sont pas fortifiés de l'opinion qui les saisit, et qui, flottant entre le despotisme et la liberté, ne sont propres ni à soutenir une monarchie, ni à fonder une république?

Paris, ce 1er mars 1819.

La proposition de M. le marquis de Barthélemy a été repoussée par l'influence du ministère. L'aveuglement de ceux qui nous ont gouvernés depuis quatre ans est un miracle : toutes les fois que la Providence a voulu nous sauver, ils ont brisé entre leurs mains l'instrument de notre salut. Comme en toute progression sur une pente, le mouvement s'est accéléré à mesure que nous sommes descendus plus bas! On a d'abord chassé un à un les royalistes; ensuite on en est venu aux destitutions générales. Ces destitutions ont passé du civil au militaire. La révolution que l'on rétablissoit dans les hommes a été reportée dans les choses : la loi des élections et celle de recrutement ont démocratisé la monarchie. Effrayé, mais trop tard, des conséquences de son système, le dernier ministère a voulu s'arrêter, et il a disparu.

Nous avons montré un rare instinct de médiocrité : si dans les derniers rangs de l'empire, sous Buonaparte il existoit quelques génies secondaires dont on eût à peine entendu parler, c'est là que nous avons été chercher de grands hommes pour la monarchie légitime. Tous ces pygmées ont roidi leurs petits bras pour soutenir les ruines colossales sous lesquelles on les a placés. Sentant l'inutilité de leurs efforts, leur vanité blessée les a rendus persécuteurs. Envieux par nature, ils ont écarté le mérite, dans quelque opinion qu'il se soit trouvé. La tyrannie craint le talent; si elle est foible, elle le redoute comme la puissance; si elle est forte, elle le craint comme la liberté. Incapables de sentir les actions généreuses, ces hommes prennent la fidélité pour l'ambition, le dévouement pour la sottise, l'honneur pour l'intérêt; et, noblement armés contre le malheur, ils achèvent à terre ceux que la révolution a laissés expirants sur le champ de bataille. Pour ressembler à nos premiers révolutionnaires, il ne leur manque que le courage d'exécuter le mal dont ils ont la pensée : ils s'abstiennent, parce qu'ils sont impuissants; leur innocence n'est qu'une lâcheté de plus.

Où allons-nous? Chacun se le demande, personne ne le peut dire. Nous avons dépassé tous les rivages; nous voguons à pleines voiles sur une mer inconnue. Et qu'on ne s'aille pas figurer qu'il s'agisse encore de chambres, de ministères, de lois, de discours. Nous n'en sommes plus là. Nos institutions, debout en apparence, sont tombées. Avons-nous une loi des élections, quand des achats simulés de propriétés fictives, quand des patentes, des cartes, des locations frauduleuses, de doubles emplois d'impôts, peuvent donner des droits à ceux qui n'en ont pas; quand des préfets changent, augmentent, diminuent à volonté la liste des électeurs?

On discute aujourd'hui une loi sur la responsabilité des ministres. Mais y a-t-il une telle chose que cette responsabilité, lorsque vingt, trente, quarante, cinquante, soixante pairs, parents ou amis des ministres, peuvent être tout à coup introduits dans la chambre haute et venir s'asseoir sur le banc des juges? Or, c'est pourtant sur la responsabilité ministérielle que roule la monarchie représentative : ôtez cette responsabilité, il n'y a plus rien.

On apporte une loi sur la liberté de la presse : nouvelle dérision. Où est cette liberté dans cette loi?

On substituera la diffamation à la calomnie; cela s'entend; c'est pour nous empêcher d'ouvrir *Le Moniteur*; c'est pour nous interdire l'histoire. Les crimes veulent faire punir les souvenirs.

Un ouvrage pourra être saisi avant le jugement. Belle liberté de la presse !

Il faudra déposer un exemplaire d'un journal, même quotidien, avant sa publication, ce qui détruit par le fait un journal quotidien.

Il sera défendu de rendre compte des séances secrètes des chambres sans leur autorisation, et néanmoins on sera obligé d'insérer les publications officielles. Qu'entend-on par des *publications officielles?* Sont-ce tous les actes du gouvernement? Alors les gazettes seront transformées en *Bulletin des Lois*. Sont-ce les articles politiques de la police? Pourquoi ne pas dire alors qu'il n'y aura de journaux que pour la police?

La loi parle des *outrages à la morale publique ou aux bonnes mœurs*; mais, pour ne pas déroger au code et à la sagesse du siècle, elle ne parle point des outrages à la religion.

Le mot vague de *provocation* introduit dans la prétendue loi sur la liberté de la presse la *provocation indirecte,* et le crime de lèse-majesté se trouve, pour ainsi dire, à tous les articles de la loi : c'est une injure faite au pouvoir souverain que tant de précautions prises pour le mettre à l'abri ; il n'y a que les mauvais rois qui aient besoin de sauvegardes. Quand un prince n'est pas défendu par ses vertus, il faut qu'il le soit par ses lois. Ce ne fut pas Marc-Aurèle, ce fut Tibère qui inventa le crime de lèse-majesté. Et d'ailleurs ce crime a perdu en France une partie de son application, en vertu de la Charte, qui abolit la confiscation des biens. Le rusé Tibère, tout en défendant sa personne, avoit encore trouvé le moyen de faire du crime de lèse-majesté une loi de finances. La preuve que ce crime avoit fini à Rome par être considéré comme une mesure fiscale, c'est qu'on voit des princes, en parvenant à l'empire, annoncer qu'ils ne feront mourir aucun sénateur, comme s'ils eussent déclaré qu'ils ne lèveroient aucun nouvel impôt.

Tout dans nos nouvelles lois détruit donc la monarchie constitutionnelle, et les trois pouvoirs de l'État ne sont pas moins ébranlés.

La couronne a cédé sa principale prérogative en abandonnant par la loi de recrutement son pouvoir sur l'armée.

La pairie existe-t-elle si elle est tantôt à vie et tantôt héréditaire, tantôt prescrivant un majorat, tantôt n'en exigeant plus; ici déclarée première dignité et jouissant des premiers honneurs, là compatible avec des fonctions qui la mettent sous la dépendance d'un commis? N'étoit-elle faite que pour être un instrument ministériel, pour être jetée à la tête du premier venu? Les Anglois sont si jaloux de l'honneur de la pairie, que le bill qui investit le prince de Galles de la régence déclare que ce prince ne pourra conférer la pairie que pour des services éminents rendus à la Grande-Bretagne. Le premier bill proposé par M. Pitt en 1788 portoit la même clause.

Et si la chambre des pairs est plus nombreuse que la chambre des députés, il faut donc augmenter celle-ci ; il faut donc revenir sur ce qu'on a fait, oublier les lois, les ordonnances, les discours ! Et nous croirions avoir une constitution !

Si les trois pouvoirs de la société sont mobiles, quel respect aura-t-on pour les lois émanées de ces pouvoirs? Persuadons-nous donc que le ministère a porté par ces dernières mesures un coup funeste au gouvernement représentatif, de même que par son système général il met en péril la monarchie légitime.

Est-ce par un calcul que nous sommes arrivés à ces résultats? Calcul dans ceux-ci, instinct dans ceux-là, conspiration peut-être dans quelques-uns. Nous sommes livrés aux jacobins et aux buonapartistes : les uns détestent toute forme monarchique, les autres abhorrent toute espèce de liberté. Et que désirent ces révolutionnaires auxquels le ministère s'est abandonné? La république? l'empire? Ils ne savent pas exactement ce qu'ils veulent; mais ils savent très-bien ce qu'ils ne veulent pas : ils ne veulent pas la légitimité. Peu leur importe à présent ce qu'ils mettront à sa place; il faut d'abord qu'ils se délivrent de l'objet de leur haine. Ils se battront ensuite entre eux ou se réuniront pour faire la guerre à l'Europe; car une guerre avec l'Europe est encore un des rêves de la faction.

Mais le peuple, dit-on, ne se soulèvera pas. Les jacobins sont peu nombreux, leur faction n'a plus de racines : cela est vrai; mais une poignée d'intrigants sans capacité suffit, au moyen du système adopté, pour changer la face de la France : de vils et foibles animaux minent quelquefois les fondements d'un palais ou percent un vaisseau de haut bord.

Nos petites combinaisons ne changeront point la nature des choses. Nous avons introduit mille germes de destruction dans l'État. En vain nous espérons que les maximes qui ont déjà perdu la monarchie la sauveront; notre espérance sera déçue. Préconiser ces maximes, après le mal qu'elles nous ont fait, c'est imiter les Romains, qui mettoient au rang des dieux les monstres qui les avoient dévorés. Jamais il n'a existé d'empire sans religion et sans justice; il n'en existera jamais. Or, la religion, où est-elle? où sont ses ministres? Le philosophisme tient lieu de sagesse; une bienfaisance de parade a remplacé sa charité. Elle n'élève point l'enfance, on ne lui confie point l'infirmité de la vieillesse; on lui dérobe l'innocence et le malheur; on la laisse seule prier pour nous dans ses temples en ruines. L'épiscopat tombe; ce n'est qu'en bravant les persécutions que les missionnaires parviennent à prêcher la parole de Dieu. La liberté de la pensée existe pour tous, excepté pour le pasteur qui instruit son troupeau. Des préfets revisent les mandements des évêques; et l'Évangile, qui a soumis le monde à sa règle, est soumis à la censure de la police [1].

Quant à la justice, où la trouverons-nous? où sont les cœurs qu'elle a réjouis, la famille qu'elle a visitée, le serviteur fidèle qu'elle a couronné de ses mains? Nous avons réduit l'ingratitude en système et

---

1. De cet excès on est tombé aujourd'hui dans l'excès opposé : tant nous savons peu garder un juste milieu!

constitué la trahison comme un pouvoir. Telle est, nonobstant cette politique, la nécessité de la justice pour l'existence des peuples, que si l'on supposoit une société uniquement fondée sur l'iniquité, cette injustice, établissant peu à peu des droits, auroit besoin de la justice pour subsister.

Toutefois il y avoit dans la restauration une difficulté que nos hommes d'État étoient incapables d'apercevoir et qu'ils n'ont pas même soupçonnée. Si la restauration avoit paru au temps de l'anarchie, sa tâche lui eût été facile. Il eût suffi d'appeler à elle le pouvoir, de remonter de la licence à l'ordre, progrès naturel des choses. Ne trouvant rien debout, elle eût édifié ce qu'elle eût voulu; elle est arrivée, au contraire, au milieu de l'ordre, dans des institutions fausses, il est vrai, mais fortes et complètes. Alors la légitimité a été obligée de prendre place parmi les illégitimités toutes classées. Au lieu de resserrer des liens, son devoir a été de les relâcher : elle est venue comme une liberté, elle a marché du despotisme à l'indépendance légale; et dans ce mouvement rétrograde, qui intervertissoit l'ordre naturel, il étoit difficile de savoir où s'arrêter. Afin de rendre la légitimité politique moins étrangère, des esprits éclairés auroient fait tous leurs efforts pour multiplier les légitimités morales : on s'est attaché, au contraire, à les détruire. L'incapacité passionnée perd les royaumes; elle ne conspire pas toujours, mais ses petites haines sont pires qu'une conspiration véritable. Veut-elle frapper un homme, elle tue une institution. Elle renversera la pairie pour se conserver, et elle aura l'ingénuité de le dire.

Au reste, nous ne doutons point que l'Europe ne soit menacée d'une révolution générale, par la raison que le christianisme s'affoiblit, et que toujours la chute d'une religion a entraîné la chute des empires : le faîte tombe quand la base s'écroule. Mais les insensés qui poussent à cette destruction se flattent en vain d'atteindre à leurs chimères républicaines. Les peuples européens, comme tous les peuples corrompus, passeront sous le joug militaire : un sabre remplacera partout le sceptre légitime, et ce sabre conviendra particulièrement à la France, amoureuse des armes, folle de l'égalité, mais qui de liberté ne se soucie guère[1]. Le gouvernement de fait, autrement le gouvernement des parjures, deviendra, puisqu'il prend place dans l'ordre politique, le gouvernement dominant; il détruira toute vertu dans le cœur des hommes; il sera le châtiment réservé à leur bassesse.

1. Cela peut être vrai, mais pour un moment : l'espèce humaine marche à la liberté et y arrivera, quels que soient les obstacles qui arrêtent ou prolongent sa marche.

Nous assistons à la décomposition de la société, parce que le principe religieux qui la soutint pendant tant de siècles se retire. Et nous, nous pensons atteindre, par la sagesse de ces hommes dont les noms seroient ici des ridicules, à cette perfection que la sagesse des Antonins ne put obtenir ! Tout stupides de révolution, tout hébétés de philosophisme, mélange de niaiserie et d'orgueil, nous nous croyons des hommes forts, parce que nous persécutons les gens de bien, que nous nous entendons en police, que nous savons combien de millions d'œufs rapportent les poules de France, et que nous rêvassons des abstractions politiques dans la poussière de nos bureaux. Et pourtant les foibles mains qui ont ouvert les écluses ne peuvent plus les fermer : le torrent se précipite et nous emporte. Ce qui étoit hier une affaire principale ne l'est plus aujourd'hui ; ce qui eût paru impossible ce matin, ce soir n'est plus qu'une chose naturelle et facile. On s'étonnoit des injustices particulières, on ne s'étonne plus que de ce qu'elles ne sont pas encore toutes accomplies. Chacun cherche en quoi il a bien mérité de la légitimité pour connoître ce qu'il a à perdre : on descend dans son for intérieur, on s'examine ; on compte ses vertus passées pour deviner ses souffrances à venir. Quand on est frappé, on peut toujours dire : « C'est pour un tel service ! » comme le proscrit romain s'écrioit : *C'est pour ma maison d'Albe !*

Eh bien, achevez votre ouvrage ; mais sachez que votre jugement sera prononcé avant le nôtre. Quoi qu'il arrive, nous autres royalistes, nous serons exempts de reproches ; toujours sur la brèche, toujours avertissant du danger, nous le voyons arriver sans crainte, parce que nous l'avons jugé depuis longtemps. Il n'y a d'extraordinaire dans tout ceci que les ministres chargés du salut de l'État : la position, du reste, est naturelle. Les jacobins veulent renverser le trône, les honnêtes gens veulent le soutenir : c'est dans l'ordre. *Les révolutionnaires font leur métier, les royalistes font leur devoir.* Cette belle parole, que le prince de Talmont prononça en allant à l'échafaud, explique les hommes et les doctrines qui continuent à diviser la France.

Paris, le 3 mai 1819.

Hier dimanche, 2 mai, a commencé au mont Valérien la retraite annuelle pour la fête de l'Invention de la sainte Croix ; fête qui semble aujourd'hui plus particulière à la France, où la croix, après tant de bouleversements, a été retrouvée. Les anciennes congrégations religieuses du mont Valérien sont remplacées maintenant par ces missionnaires que poursuivent de leurs anathèmes et de leurs insultes les écoliers de Diderot et les singes de Voltaire. La tradition fait remonter à près de huit cents ans l'établissement du premier solitaire sur cette montagne; du moins le frère François donne sept cents ans d'antiquité à l'ermitage du Calvaire, dans une lettre qu'il écrivoit, vers l'an 1539, à Guillaume Coeffeteau, commentateur des *Psaumes* de David[1].

Ce qu'il y a de certain, c'est qu'en 1400 il y avoit sur le mont Valérien un reclus nommé Antoine. Nous avons encore une lettre qui lui fut adressée par le célèbre Jean Gerson, à qui l'on a quelquefois attribué mal à propos l'*Imitation de Jésus-Christ*.

Depuis le solitaire Antoine jusqu'à la révolution, la succession des ermites au mont Calvaire n'avoit point été interrompue. Jean du Houssay, Jean le Comte, Pierre de Bourbon, le frère François, et Nicolas de La Boissière, donnèrent tour à tour dans cette retraite l'exemple de la douceur et de la pauvreté évangéliques. Il se forma autour d'eux une société de ces hommes qui dans tous les temps, chassés du monde par des passions ou des malheurs, ne peuvent retrouver la paix que dans la religion et la solitude. Hubert Charpentier, prêtre et bachelier de Sorbonne, établit, en 1633, auprès des anciens solitaires une congrégation nouvelle : il fit construire une église et un séminaire; et, consacrant son institution au plus grand mystère des chrétiens, il bâtit les chapelles des stations et éleva la croix qui firent donner au mont Valérien le nom de la *montagne du Calvaire*. Les peuples confondirent bientôt les deux ordres des prêtres et des solitaires, et montèrent plus fervemment à l'ermitage depuis qu'ils y étoient attirés par le signe du salut.

Les tableaux de la création que l'on découvre du sommet des montagnes augmentent dans le cœur de l'homme le sentiment religieux : à la vue de tant de merveilles, on se trouve naturellement disposé à adorer la main qui les tira du néant. Plus on s'élève vers le ciel, moins il semble que la prière ait d'espace à franchir pour arriver à Dieu : les anciens Perses sacrifioient sur les hauteurs, et les Grecs avoient couronné de leurs temples les cimes de l'Olympe, du Cythéron et du Taygète. Les rochers des Alpes étoient consacrés par les divinités du Capitole; mais si les Romains avoient un Jupiter Pœnnin sur le Saint-Gothard, ils n'y avoient pas un hospice : personne ne s'y enter-

---

1. Il ne faut pas le confondre avec Nicolas Coeffeteau, évêque de Marseille, et auteur de divers Traités commandés par Henri IV et le pape Clément.

roit vivant pour secourir le voyageur; ce sont là les œuvres du christianisme.

Lorsque le philosophisme troubloit parmi nous les notions du bon sens, on déclamoit contre les croix et les ermitages. Si l'on eût consulté les peintres, ils auroient été d'un autre avis que les philosophes, qui pourtant se piquoient d'aimer les arts. Que de paysages en France ont été gâtés par la destruction des futaies, des vieilles abbayes, des monuments religieux! Et quel mal y avoit-il donc que du sein d'une grande ville l'homme qui marchoit peut-être à des crimes, ou qui poursuivoit des vanités, aperçût, en levant les yeux, des autels sur le sommet de nos collines? La croix, déployant l'étendard de la pauvreté aux yeux du luxe, rappelant le riche à des idées de souffrance et de misère, étoit-elle donc si déplacée auprès de nos parcs et de nos châteaux? Les solitaires avoient à leur tour, du haut de leurs montagnes, le spectacle des orages du siècle, et s'applaudissoient de l'abri qu'ils avoient trouvé. Ce commerce de sentiments religieux et d'idées morales entre le monde et la solitude avoit bien son prix. Convenons surtout que nos poëtes connoissoient peu leur art lorsqu'ils se moquoient de ces monts du Calvaire, de ces missions, de ces retraites, qui retraçoient parmi nous les sites de l'Orient, les mœurs des solitaires de la Thébaïde, les miracles de la religion et les souvenirs d'une antiquité qui n'est point effacée par celle d'Homère.

Il y a quelques années que nous allâmes en pèlerinage au mont Valérien. Arrivé à l'ermitage, dont il existoit encore des ruines, nous nous assîmes sous une avenue de tilleuls qui couronnoit le coteau. Nous avions à notre droite les bois de Saint-Cloud et de Meudon, devant nous Paris; à gauche Montmartre, Saint-Denis et les collines qui bordent les vallées de Montmorency; derrière nous les hauteurs de Saint-Germain et de Marly, où se termine le cercle de l'horizon. La Seine, coulant au milieu de ce beau bassin parmi des bois, sous des ponts, le long des villages, sembloit, par ses détours multipliés, vouloir toucher à tous les lieux célèbres dans notre histoire.

Nous songions aux révolutions, aux siècles, aux hommes qui s'étoient succédé sur ces bords; nous nous représentions les Gaules, et ce grand espace couvert de forêts; nous voyions ensuite arriver les Romains, les rois chevelus paroissoient : la Gaule devenoit France : alors passoient les trois races.

Au milieu de cette fuite éternelle, de ce changement sans fin de la face de la société et même de la nature, au milieu de ce tableau dont les aspects ont été tant de fois renouvelés, où les champs de rosiers ont succédé aux forêts, les chaumières aux palais, les palais aux chaumières, où les hommes ont paru cent fois avec des langages, des mœurs et des coutumes divers, une seule chose étoit restée la même : une croix de bois, élevée au sommet du mont Valérien, avoit vu tomber autour d'elle les monuments en apparence les plus durables, sans être ébranlée de leur chute. Un petit royaume de solitaires, placé au haut d'une colline, toujours gouverné par le même monarque, toujours attaché aux mêmes principes, s'étoit perpétué sans révolution, tandis qu'au pied de la montagne, la grande monarchie françoise avoit changé de maîtres, d'opinions et de malheurs. Tout passe ; la religion seule demeure. Les solitaires du mont Valérien n'avoient vu qu'une seule chose aussi invariable que leur existence : c'étoit le pèlerinage des infortunés qui vinrent dans tous les siècles conter leurs diverses douleurs au pied de la même croix.

Aussi les retraites qu'on avoit ouvertes à la piété n'étoient-elles que des stations des souffrances de Jésus-Christ. Les rois montoient au mont Valérien avec la foule : Henri IV se reposa dans la cellule d'un des pauvres frères ; la femme de Louis le Grand se prosterna au pied de la croix, et en 1789 S. A. R. Mme la comtesse d'Artois fit chanter un *Salve* solennel dans la chapelle des ermites. C'étoit la veille de nos malheurs : les bénédictions que demandoit la princesse ne devoient être accordées qu'à son auguste époux et à ses fils, lorsque, après trente années d'exil, ils sont venus rendre hommage pour le trône rétabli à la croix relevée.

Les ermites du mont Valérien ne faisoient que des vœux simples : le livre qui contient leur règle est touchant par sa naïveté. Ils recevoient les malades et les hommes du monde qui consacroient quelques moments à la retraite. Si la grandeur cherchoit quelquefois chez eux une consolation à ses ennuis, la philosophie y trouvoit un remède à ses dégoûts : Bernardin de Saint-Pierre raconte qu'il alla un jour demander à dîner aux ermites du mont Valérien avec J.-J. Rousseau. « Nous arrivâmes chez eux, dit-il, un peu avant qu'ils se missent à table, et pendant qu'ils étoient à l'église. J.-J. Rousseau me proposa d'y entrer et d'y faire notre prière. Les ermites récitoient alors les litanies de la Providence, qui sont très-belles. Après que nous eûmes prié Dieu dans une petite chapelle, et que les ermites se furent acheminés à leur réfectoire, Jean-Jacques me dit avec attendrissement : « Maintenant j'éprouve ce qui est dit dans l'Évangile : *Quand plusieurs* « *d'entre vous seront rassemblés en mon nom, je me trouverai au milieu* « *d'eux.* Il y a ici un sentiment de paix et de bonheur qui pénètre « l'âme. » Je lui répondis : « Si Fénelon vivoit, vous seriez catho- « lique. » Il me repartit, hors de lui et les larmes aux yeux : « Oh !

« si Fénelon vivoit, je chercherois à être son laquais pour mériter
« d'être son valet de chambre. »

En 1789 il y avoit au Calvaire environ quarante ermites et quatre
ou cinq prêtres; en 1790 le Calvaire fut détruit et les prêtres renvoyés ; en 1792 on chassa les ermites; en 1793 Merlin de Thionville
acheta le Calvaire et loua à quatre à cinq ermites le petit bâtiment
actuellement existant : il détruisit l'église des prêtres et ne laissa
subsister que celle des solitaires; il abattit les stations. En 1803
Merlin vendit le Calvaire à M. Gouai, curé de l'Abbaye-aux-Bois. Un
jardin anglois avoit remplacé le jardin potager des ermites au mont
Valérien. Le dimanche, au lieu des offices divins, on entendoit les
tambours et les violons d'un bal public : la *nouvelle religion* faisoit
naître un moment un rire insensé parmi les malheureux dont l'ancienne essuyoit les larmes. Rapprochement singulier : les païens
avoient élevé un temple à Adonis sur le véritable Calvaire.

Voilà qu'au milieu des triomphes de notre sagesse, au milieu de ces
joies nées de nos pleurs, voilà que la croix reparoît tout à coup! Le
nouveau propriétaire, le curé de l'Abbaye-aux-Bois, rétablit le culte
du Calvaire : les vieilles statues de saint Antoine et de saint Paul
ermite sortent des réduits où elles étoient cachées, et viennent
reprendre leurs places. Lorsque nous fîmes au mont Valérien le pèlerinage dont nous avons parlé, la croix étoit plantée vis-à-vis d'un
kiosque, et l'on voyoit une tête de saint Antoine sur la voûte d'un
souterrain qu'on avoit transformé en glacière. M. Hondouart, ancien
supérieur des ermites, étoit encore vivant à cette époque. Pendant la
révolution, cultivant une vigne au pied de la montagne et couvert de
l'humilité chrétienne comme d'un voile, il avoit échappé aux yeux
des bourreaux. Nous le trouvâmes au Calvaire; nous visitâmes avec
lui l'ermitage en ruine. On lisoit encore sur les murs quelques sentences à demi effacées, telles que celle-ci, qui promettoit une société
aux solitaires : *Deliciæ meæ esse cum filiis hominum.* « J'ait fait mes
délices d'être avec les enfants des hommes; » et celle-ci qui convient
aux voyageurs chrétiens : « Qui me donnera les ailes de la colombe?
je prendrai mon vol et me reposerai; » et celle-ci encore, si formidable à ceux qui prétendent étouffer leurs remords : « Le ver qui les
ronge ne mourra point. »

En 1805 le curé de l'Abbaye-aux-Bois mourut, et ses héritiers vendirent le Calvaire à un négociant. Le culte de la croix continua d'être
public. En 1808 les curés de Paris rachetèrent le Calvaire du nouveau
possesseur, et proposèrent à Buonaparte un établissement que le
ministère rejeta. Ils furent alors obligés de rendre le Calvaire à celui

qui le leur avoit vendu, en lui payant un dédit de 10,000 francs. Le négociant ne put à son tour effectuer le payement primitif, et les héritiers du curé de l'Abbaye-aux-Bois rentrèrent dans leur propriété. Ce fut alors qu'ils cédèrent le Calvaire à l'abbé de la Trappe. Mais en 1811, à l'époque du concile de Paris, la publication du bref d'excommunication dans la communauté des Trappistes, près de Gênes, entraîna la suppression de l'ordre et la confiscation du Calvaire. Trente ouvriers furent envoyés de nuit au mont Valérien, et celui qui avoit gagné tant de batailles à la face du soleil crut devoir se cacher dans l'ombre pour abattre une croix. Pendant trois ans tout culte fut interdit; l'église des ermites, qui restoit encore, fut abattue : on se proposoit de la remplacer par une autre église, dont le dôme feroit le pendant de celui des Invalides. Une maison d'éducation pour les orphelines des officiers de la Légion d'Honneur s'éleva sur les ruines de l'ermitage : l'ancien asile de la paix devoit servir de retraite aux victimes de la guerre. Au moins dans ce projet les grossiers plaisirs révolutionnaires ne succédoient pas aux nobles pénitences de la foi. Il y a une alliance secrète entre la religion et les armes ; dans tous les pays, et surtout en France, berceau de la chevalerie, les militaires sont naturellement religieux : ce ne sont pas les baïonnettes de nos soldats, ce sont les plumes de nos révolutionnaires qui ont égorgé les prêtres.

Au moment de la restauration, tout étoit abandonné sur le Calvaire : l'abbé de Janson, qui venoit, de concert avec M. l'abbé de Rauzan, de former l'établissement des Missions de France, détermina le gouvernement à prendre des arrangements avec l'abbé de La Trappe. Ensuite il sollicita et obtint la jouissance des emplacements du mont Valérien, et il y rétablit le culte de la croix.

Les stations qui viennent de s'ouvrir cette année sont d'autant plus intéressantes, que M. l'abbé de Janson arrive de Jérusalem, et qu'il a pu montrer au pied du calvaire du mont Valérien de pieux objets apportés du véritable Calvaire. La solennité d'hier étoit admirable : les missionnaires signalant la vanité du monde devant un monument élevé par l'homme de gloire sur les débris de l'asile d'un obscur ermite, ce monument non achevé, et n'étant lui-même qu'une ruine, le conquérant qui l'entreprit exilé sur un rocher au milieu des mers, le prêtre jadis exilé revenu dans sa patrie et annonçant la perpétuité de la religion sur un monceau d'anciennes et de nouvelles ruines, quel sujet de sentiments et de réflexions ! Qu'on y joigne la grandeur et la beauté du site, l'éclat du soleil, la verdure du printemps ; qu'on se représente la pompe religieuse ; cette tente formant l'église de la

Mission, comme aux premiers jours du christianisme ; ces trois croix élevées dans les airs; ce mélange de prédications et de chants ; cette foule couvrant les flancs de la colline, tantôt marchant en procession avec les prêtres, tantôt s'arrêtant aux stations, tombant à genoux, se relevant, recommençant sa marche en chantant des cantiques nouveaux, ou les vieilles hymnes de l'église, et l'on concevra comment il étoit impossible d'échapper à l'impression de cette scène. On a surtout remarqué le moment où, parvenus à la dernière station, les archevêques et les évêques présents à la cérémonie se sont réunis sur le rocher au pied de la croix. Le groupe religieux se dessinoit seul sur le ciel avec la croix et la crosse d'or, tandis que les fidèles étoient prosternés. Ces vénérables pasteurs, vieux témoins de la foi décimés par la révolution, sembloient tenir une espèce de concile en plein air; et confessant la religion pour laquelle ils avoient souffert, ils rappeloient ces anciens Pères de l'Église composant, après la persécution de Dioclétien, le symbole de Nicée.

Le succès des missionnaires étonne les hommes du parti. Il est dur en effet d'avoir pendant trente ans bouleversé la France pour déraciner la religion, et d'avoir perdu son temps ; il est dur pour ceux qui nous ont régénérés de n'avoir pu établir ni un gouvernement, ni une institution, ni une doctrine, durables, et de voir d'*ignorants* missionnaires échappés au martyre, pauvres, nus, insultés, calomniés, charmer le peuple avec un crucifix et une parole de l'Évangile. Ce démenti donné à la sagesse du siècle n'est-il pas intolérable? Comment souffrir des apôtres qui rétablissent les droits de la conscience et qui prêchent la soumission à l'autorité légitime? On fait des chansons abominables, on étale des caricatures où les missionnaires prennent pour autel un bûcher : reste à savoir si ces chants ne sont pas semblables à ceux que l'on faisoit entendre autour de la guillotine; si ces bûchers ne sont pas ceux que l'on alluma pour y jeter les ecclésiastiques. Non, il faut être juste : on n'a pas brûlé le clergé; on l'a seulement envoyé mourir à Cayenne et dans les cachots; on n'a fait que massacrer les capucins dans leur couvent à Nîmes, qu'égorger les prêtres dans la glacière à Avignon, que les noyer dans les bateaux à soupape à Nantes, que les massacrer à Paris aux Carmes et dans la prison de l'Abbaye. Un témoin oculaire nous a raconté comment la chose se passoit, pour le plus grand triomphe des lumières sur la superstition et les préjugés. « A dix heures, dit M. Journiac Saint-Méard, l'abbé Lenfant, confesseur du roi, et l'abbé Chapt de Rastignac, parurent dans la tribune de la chapelle qui nous servoit de prison, et dans laquelle ils étoient entrés par une porte qui donnoit sur l'escalier. — Ils nous annoncèrent que notre dernière heure approchoit, et nous invitèrent à nous recueillir pour recevoir leur bénédiction. — Un mouvement électrique, qu'on ne peut définir, nous précipita tous à genoux, et, les mains jointes, nous la reçûmes. — A la veille de paroître devant l'Être suprême, agenouillés devant deux de ses ministres, nous présentions un spectacle indéfinissable. L'âge de ces deux vieillards, leur position au-dessus de nous, la mort planant sur nos têtes et nous environnant de toutes parts, tout répandoit sur cette cérémonie une teinte auguste et lugubre : elle nous rapprochoit de la Divinité ; elle nous rendoit le courage; tout raisonnement étoit suspendu ; le plus froid et le plus incrédule en reçut autant d'impression que le plus ardent et le plus sensible. Une demi-heure après, ces deux prêtres furent massacrés, *et nous entendîmes leurs cris.* »

Quel est l'homme qui lira les détails suivants sans que ses yeux se remplissent de larmes, sans éprouver les crispations et les frémissements de la mort? Quel est celui dont les cheveux ne se dresseront pas d'horreur?

« Notre occupation la plus importante étoit de savoir quelle seroit la position que nous devions prendre pour recevoir la mort le moins douloureusement possible, quand nous entrerions dans le lieu des massacres. Nous envoyions de temps à autre quelques-uns de nos camarades à la fenêtre de la tourelle, pour nous instruire de celle que prenoient les malheureux qu'on immoloit et pour calculer d'après leur rapport celle que nous ferions bien de prendre. Ils nous rapportoient que ceux qui étendoient leurs mains souffroient beaucoup plus longtemps, parce que les coups de sabre étoient amortis avant de porter sur la tête ; qu'il y en avoit même dont les mains et les bras tomboient avant le corps, et que ceux qui les plaçoient derrière le dos devoient souffrir beaucoup moins... Eh bien ! c'étoit sur ces horribles détails que nous délibérions. Nous calculions les avantages de cette dernière position, et nous nous conseillions réciproquement de la prendre quand notre tour d'être massacrés seroit venu. »

Chantez maintenant de joyeux refrains ; imaginez des caricatures bien bouffonnes sur les sujets précédents ; faites l'éloge de la Convention quand vous serez en verve, ne vous gênez pas. Il est si courageux aujourd'hui d'attaquer le reste de ces prêtres échappés aux pamphlets de Marat et aux héros de septembre ! Il faut tant d'esprit pour rire de ces hommes qui n'ont ni pain ni asile et qui ne demandent que la permission de consoler les misérables ! Lorsque l'*Esprit* vous saisira, nous seconderons en vous l'inspiration révolutionnaire, en vous lisant quelque beau passage du *Journal des Jacobins* vos illustres devanciers. Nous ouvrirons *Le Moniteur*, et puisqu'il vous plaît de parler d'échafauds et de massacres, nous compterons.

Dans vos caricatures, vous prétendez que les missionnaires ont un tarif pour leurs services : oui, ce tarif des fautes est un seul repentir Est-ce trop cher? Mais vous-mêmes n'avez-vous pas eu vos tarifs? Les *bons* avez lesquels vous payiez chaque assassinat aux Carmes et à l'Abbaye n'existent-ils pas encore? Vous êtes des esprits positifs; vous aimez les faits : voilà un fait.

Les missionnaires vous déplaisent; leurs solennités vous importunent. Mais n'avez-vous pas eu aussi vos fêtes? Le bourreau marchoit à la tête de ces pompes de la Raison, puis venoit un âne couvert des habits pontificaux; puis on traînoit les vases sacrés et la sainte hostie; puis on mitrailloit les citoyens. Il est vrai que les missionnaires n'ont rien à présenter de pareil : ils portent aussi la sainte hostie, mais elle n'est pas souillée; ils ne prêchent pas la haine, mais la charité; ils ne fomentent pas les divisions, ils recommandent l'oubli des injures; c'est surtout à la *station du pardon* qu'ils s'arrêtent; et à la fin de leurs cérémonies, au lieu d'égorger des hommes, ils montrent au peuple la victime pacifique offerte pour le salut des persécuteurs comme pour celui des persécutés.

Hommes de révolution, vous feriez mieux de vous taire : vous échouerez dans vos projets et ne réussirez qu'à vous rendre odieux. Grâce à votre audace, qui n'est surpassée que par votre foiblesse, on commence à ouvrir les yeux. Les honnêtes gens de toutes les nuances d'opinion sentent la nécessité de se réunir. Les tribunaux font parler les lois, et ce réveil de la justice ranime l'espérance. C'est aujourd'hui le 3 mai, jour qui a rendu à la France son roi et son père. Cette seule date devroit avertir les petits impies du moment que s'ils ne parviennent à renverser le trône, c'est en vain qu'ils prétendent détruire la religion. Le trône de saint Louis sans la religion de saint Louis est une supposition absurde; la légitimité politique amène de force la légitimité religieuse. On ne peut reconstruire l'ordre social qu'en le fondant sur les mœurs, et on ne rétablit les mœurs qu'en rétablissant la religion.

Paris, le 12 mai 1819.

Il y a un jeu qu'on appelle le *petit bonhomme vit encore*, jeu que les anciens connoissoient sous un nom plus noble, et dont Lucrèce a emprunté cette belle comparaison de la vie que les hommes se transmettent dans leur course rapide ici-bas :

Quasi cursores vitai lampada tradunt.

Il a paru ces jours derniers une caricature qui représentoit le jeu du *petit bonhomme :* ce n'est point le flambeau de la vie que les personnages se passoient mutuellement, mais celui de la monarchie, qui pourroit bien s'éteindre entre des mains ennemies, si l'on s'obstine à l'y laisser plus longtemps.

On voyoit dans la caricature le personnage le plus auguste : après lui deux femmes ; après les deux femmes un homme qui ressembloit à Buonaparte ; ensuite une autre femme, ensuite un enfant, ensuite un militaire dont les traits rappeloient les portraits du prince Eugène ; enfin, un autre militaire qui veut fuir le jeu, et que le militaire, son voisin, retient par la main. Cette caricature a été vendue avec profusion. On la dit aujourd'hui arrêtée par la police : mieux vaut tard que jamais.

Malgré les tentatives du parti révolutionnaire et les négligences de la police, malgré le système ministériel, malgré les destitutions de presque tous les royalistes, malgré les impiétés et les calomnies qu'on imprime de toutes parts, nous pouvons apprendre à nos lecteurs, avec une vive satisfaction, que l'opinion royaliste fait des progrès considérables. Ils nous permettront, pour dédommagement de nos sacrifices, de nous attribuer une partie de l'honneur de ce changement. Avant l'établissement du *Conservateur,* l'opinion royaliste étoit sans organe; on n'avoit pour connoître la *vérité* que les journaux jacobins et les gazettes ministérielles. La censure tenoit dans l'oppression les feuilles royalistes : à peine pouvoient-elles faire entendre quelques plaintes. Le découragement étoit général. *Le Conservateur* parut, et tout se ranima. La France vit avec épouvante qu'on n'alloit à rien moins qu'à la replonger dans des révolutions ; que les hommes qui depuis trente ans font tous ses maux recommençoient à agir et à écrire, et que la conséquence de ses déclamations éternelles contre les nobles et les prêtres, la féodalité et la religion seroit de nous ramener au règne de la fraternité et de la mort. Or, la France, qui ne veut plus de révolution, s'est réveillée, les honnêtes gens de toutes les nuances d'opinion ont senti qu'il falloit se réunir pour opposer une digue à l'invasion démocratique, trop favorisée par le système ministériel. D'autres feuilles royalistes se sont établies à l'ombre du *Conservateur;* et si l'on compare l'époque où cet ouvrage a pris naissance, à l'époque où nous sommes arrivés, on verra que l'opinion s'est singulièrement améliorée.

Les ministres ne pourront pas nous dire qu'ils sont pour quelque chose dans cette amélioration, à moins que ce ne soit par le résultat même de leurs fautes. Ces fautes, tout énormes qu'elles sont, pourroient néanmoins se réparer, n'étoit l'effet de la loi de recrutement sur l'armée.

Qu'on se souvienne toujours qu'une assemblée démocratique produite par la loi des élections et une armée démocratisée obéissant à cette assemblée amèneroient une révolution infaillible. L'opinion publique auroit beau être excellente, elle n'empêcheroit rien, parce que l'opinion ne peut rien contre le canon.

Grâce à Dieu, la garde, si violemment travaillée, n'a point encore été rompue. Tantôt on a voulu donner de l'avancement aux officiers, et les officiers, par un dévouement admirable, ont préféré servir dans un grade inférieur pour avoir l'honneur de rester plus près du roi; tantôt on a parlé de réunir les régiments d'infanterie de cette garde, ce qui entraîneroit la suppression de la moitié des officiers. Aujourd'hui on met en avant un nouveau raisonnement : Nous sommes, dit-on, environnés de puissances militaires; il faut augmenter notre armée. Or, les régiments de la garde coûtent autant que coûteroit l'entretien d'un corps deux fois plus considérable : donc la garde est bonne à détruire, afin d'acquérir un plus grand nombre de soldats.

Ceci est une règle d'arithmétique, et non pas un raisonnement; les hommes ne sont pas, comme les chiffres, d'une valeur invariable, et les choses sont encore moins soumises que les hommes aux résultats absolus. Si un corps d'élite attaché à la personne du roi, animé par tous les objets d'émulation, par tous les motifs de gloire, rend autant de services qu'un corps deux fois plus nombreux, mais qui, bien qu'aussi vaillant sans doute, est moins exercé, moins bien armé, moins bien entretenu, quel avantage trouvez-vous alors à obtenir par la quantité ce que vous avez par la qualité? Et peut-on nier que les corps d'élite n'aient souvent décidé du sort de la victoire? Tous les souverains de l'Europe n'ont-ils pas des gardes à qui ils doivent particulièrement leurs derniers succès? La maison militaire des rois de France s'est toujours fait remarquer par sa bravoure, depuis les sergents à massue de Philippe-Auguste, les archers du corps de Charles VII, les gentilshommes au bec-de-corbin de Louis XI, les gardes du corps de Charles VIII et de François Ier, les gardes françoises de Charles IX, les gendarmes de Henri IV, jusqu'aux mousquetaires et aux grenadiers à cheval de Louis XIII et de Louis XIV. La maison du roi contribua à tous les succès et soutint tous les revers de Louis le Grand : on sait qu'elle triompha à Fleurus, fit capituler Lille, emporta miraculeusement Valenciennes et Condé, vainquit à Cassel et sauva l'honneur à Malplaquet. Après avoir, sous Louis XV, ramené la victoire à Fontenoy, elle disparut sous Louis XVI dans les foudres révolutionnaires. Du milieu de la tempête sortit cette fameuse garde impériale qui a rempli le monde de la renommée de ses exploits, et dont les vétérans font aujourd'hui la force et l'orgueil de la garde royale. Quels ennemis de l'honneur de la France pourroient répudier un si bel héritage de gloire? Les considérations politiques ajoutent une nouvelle force aux considérations militaires : après vingt-sept années d'illégitimité, après la trahison des Cent Jours, toute théorie doit céder à la nécessité de mettre en sûreté le monarque. Le trône est la clef de la voûte : vous défendrez en vain le royaume, si vous ne sauvez pas le roi.

Puisque nous parlons de soldats et de gloire, n'oublions pas que c'est demain l'anniversaire de la mort de M. le prince de Condé. Nous lisons ces paroles dans le testament de ce prince : « Ceci est mon testament, et s'il n'est pas exactement légal, d'après les anciennes lois françoises et celles du pays dans lequel je l'écris, ou de celui que j'habiterai le jour de ma mort, je prie mon fils de ne point s'arrêter à ces formes.

« Je connois trop le cœur de mon roi pour croire avoir besoin de recommander mon fils à ses bontés... J'ose répondre que le dernier des Condés est aussi digne de son estime et de ses bontés que l'étoit son trop malheureux fils, et que son père a tâché de l'être. »

Grand Dieu! le prince de Condé ne sachant pas quel *pays il habiteroit le jour de sa mort*, cette recommandation d'un Condé pour le *dernier des Condés*, le souvenir de ce *trop malheureux fils*, voilà la révolution tout entière! Que Bossuet n'eût-il point ajouté au dernier chef-d'œuvre de son éloquence si lorsqu'il pleuroit sur le cercueil du grand Condé il eût pu prévoir l'avenir!

Il seroit bien temps de mettre un terme à cette révolution si féconde en crimes. Par quelle fatalité cherchons-nous à en perpétuer l'esprit? Chaque ministre, avec les meilleures intentions du monde sans doute, suit un chemin qui ne peut le conduire qu'à de dangereuses erreurs. Si de la guerre nous passons aux finances, nous voyons un plan qui semble être celui d'un avare : entasser des écus, supputer trop haut les dépenses et trop bas les recettes, afin de thésauriser, c'est tout le système. On s'est si bien trouvé de ce système au 20 mars, lorsqu'il est arrivé un homme qui s'est emparé des coffres! Nous autres qui cheminions vers Gand, par monts et par vaux, il nous eût été très-agréable d'avoir un bon de M. le ministre des finances pour payer la poste; mais le trésor étoit resté fidèlement à Buonaparte : il n'y manquoit pas une obole, sauf quelques centaines de mille francs donnés à quelques personnages qui se retirèrent avec *le vivre et le couvert*, comme le rat dégoûté du monde.

Des lettres de Russie annoncent que la nouvelle de la nomination des soixante pairs n'a pas été reçue du public à Pétersbourg avec plus de faveur qu'à Londres. Quand nos ministres nous faisoient entendre à la tribune et dans leurs journaux censurés que les étrangers approuvoient leur conduite, nous n'avons cessé de réclamer contre cet abandon de la dignité nationale : nous aimons à croire qu'elle est mieux sentie aujourd'hui. Pour nous, nous n'hésitons point à déclarer que le jour où il s'agiroit de l'honneur et de l'indépendance de la patrie, il n'y a point d'opinion politique qui nous empêchât de nous réunir à quiconque, combattant pour le trône légitime, voudroit vivre et mourir François.

Ce seroit une chose utile de savoir combien il faudroit de sots ministres pour composer un ministère d'esprit; nous savons à merveille combien il faut de ministres d'esprit pour former un pauvre ministère. Tous les hommes n'ont pas tous les talents : le ministère actuel réunit sans doute à l'art de l'administration et des négociations diplomatiques la connoissance des finances et de la guerre, mais il n'a pas reçu l'éloquence en partage; chose assez fâcheuse dans un gouvernement représentatif.

Cependant M. le garde des sceaux a soutenu, sinon disertement, du moins vaillamment, la discussion sur la liberté de la presse, et ses collègues l'ont laissé seul dans la mêlée. Grâce à ses efforts, les trois lois sur la liberté de la presse ont passé à la chambre des députés. Filles du ministère et de la minorité de gauche, elles tiennent de leur père cet esprit de police, et de leur mère ce caractère démocratique, si bien en harmonie avec les libertés constitutionnelles et les principes monarchiques.

Dans les années précédentes, on avoit ouvert franchement, et sans préambule, la discussion sur la liberté de la presse; mais cette année, le ministère étant tombé à des hommes supérieurs, on a posé des principes. On a découvert que la presse ne faisoit pas de mal, mais qu'elle pouvoit devenir la cause du mal, ce qui éclaircit prodigieusement la question. Tout étant devenu si lumineux, il en est résulté trois lois embrouillées, renforcées de quelques amendements obscurs, sans compter ceux qui ont été rejetés. Jadis on faisoit peu de lois, et seulement dans le cas d'une nécessité absolue : on ne songeoit alors qu'à les approprier au besoin du moment, et l'on s'abstenoit de tout raisonnement superflu. Venoient ensuite les magistrats et les jurisconsultes qui, chargés d'appliquer ces lois, en développoient les principes. Aujourd'hui nous sommes bien plus habiles : nous commençons par faire l'esprit d'une loi qui n'est pas faite, et d'après cette opération théorique élaborée dans notre cerveau, nous créons la loi pratique. Ainsi nous disons gravement à l'écrivain : « Savez-vous ce que vous faites quand vous écrivez? — J'écris. — Ce n'est pas cela. Votre écrit est-il coupable, ou donne-t-il occasion d'être coupable? — Je n'en sais rien. — Ne voyez-vous pas que la presse n'est que l'instrument d'un crime, et n'est pas le crime lui-même? — Et qu'est-ce que cela prouve? — Qu'est-ce que cela prouve! ne sentez-vous pas que cela change tout *l'esprit de la loi?* »

M. Jourdain auroit été un grand ministre de nos jours. « Sais-tu ce que tu fais, dit-il à Nicole, quand tu dis un U? — Je dis U, répond Nicole. — Oui, réplique M. Jourdain; mais quand tu dis U, qu'est-ce que tu fais? — Je fais ce que vous me dites. — Oh! l'étrange chose que d'avoir affaire à des bêtes! U, vois-tu? je fais la moue, U. »

On est fâché, comme M. Jourdain, de n'avoir pas étudié plus tôt pour apprendre tout cela.

La discussion, commencée d'une manière si brillante dans la chambre des députés, s'est terminée d'une manière plus éclatante encore. L'orateur du gouvernement, niant les principes généraux dont il est ordinairement le champion, a dit que « la révolution nous ayant légué une société toute nouvelle, il est résulté de l'égalité introduite dans les replis de l'ordre civil qu'il n'y a plus aujourd'hui en France que le gouvernement et des individus; que d'un côté la puissance publique est la seule qui soit réelle et forte, parce qu'il n'y a plus de puissances intermédiaires, de patronages aristocratiques, de corporations, de priviléges particuliers, et que de l'autre cette puissance publique, si réelle et si forte, sera singulièrement exposée par la liberté de la presse, vu que cette puissance est partout vulnérable dans une multitude d'agents dont on ne sauroit raisonnablement espérer que la conduite ne donnera lieu à aucun reproche légitime. » De sorte que de la constitution nouvelle de l'ordre social qui doit produire de si beaux développements, il résulte que le peuple n'a aucun moyen de défendre sa liberté contre le gouvernement, ni le gouvernement son existence contre l'opinion. Étoit-ce ce que l'orateur vouloit prouver?

Après la discussion de la presse est venue la discussion du budget.

Celle-ci s'est ouverte avant-hier, tant par un rapport sur le règlement des comptes des exercices 1815, 1816 et 1817, que par la réponse de M. le commissaire du roi à un précédent rapport relatif au budget définitif de 1815, 1816 et 1817. Il ne se trouvoit qu'une petite différence de 191 millions entre les calculs du ministre et ceux de la commission de la chambre des députés. M. le commissaire du roi pense que cette inconcevable disparité tient à ce qu'on n'a pas bien entendu une phrase du ministre; il réduit, par un éclaircissement, la différence entre les calculs du ministre et ceux portés dans le rapport à 58,461,000 fr. Cette différence, a-t-il ajouté, n'est qu'apparente, et tient seulement à des opinions diverses en matière de comptabilité. Ces opinions sont un peu chères.

Un membre de l'opposition de gauche a parlé contre le projet de loi d'une manière piquante et spirituelle; mais comme le budget est matière pesante pour les contribuables, nous ne voulons pas le discuter légèrement, et nous nous proposons d'y revenir.

Avant qu'on s'occupât de cet objet principal de la session, des pétitions avoient amené des questions importantes. Deux ex-substituts près le tribunal de première instance de Paris ont demandé le payement de leur traitement pendant les Cent Jours.

Un membre de la minorité de gauche, soutenant les pétitionnaires et combattant les adversaires de la pétition, a avancé que ceux qui blâment ce qui s'est fait à l'époque des Cent Jours auroient été bien malheureux si ces honnêtes gens ne s'étoient chargés de conduire la France. Ce fut sans doute cette nécessité de conduire la France qui porta un député de la chambre des Cent Jours à demander avec tant de chaleur l'élévation de Napoléon II au trône de Louis XVIII. Mais, en vérité, les hommes des Cent Jours eussent-ils été mieux traités sous l'usurpation que sous la légitimité? De quoi se plaint-on? Il n'y a pas jusqu'aux musiciens du champ de mai dont on n'ait payé les gavottes et les rigodons arriérés.

Ceux qui appuieront les pétitions pour le rappel des bannis seront également bons logiciens. Il est bizarre en effet que des hommes soient bannis, tandis que d'autres hommes qui ont eu une conduite toute semblable occupent les premières places de l'État et sont comblés de pensions et d'honneurs. Si l'on eût suivi le premier système, les bannis auroient eu tort de réclamer : ils auroient dû attendre, en un respectueux silence, les effets toujours certains de la miséricorde royale; mais dès lors que les hommes des Cent Jours sont préférés aux amnistiés de Gand et aux compagnons de La Rochejaquelein; dès lors qu'on rappelle, par une décision ministérielle, les régicides éloignés par une loi, un système de rigueur qui n'est suivi que pour quelques individus devient une sorte d'injustice. Il y auroit une chose raisonnable à faire : ce seroit d'envoyer les royalistes prendre la place des bannis : ils ont l'habitude de l'exil et du malheur; leur présence est un contre-sens et un reproche au milieu du système ministériel.

La minorité de droite s'est tue pendant le cours de toutes ces discussions, ou du moins elle n'y a pris part que rarement, et toujours pour proposer des choses justes et généreuses. A la diminution des idées saines et des bonnes raisons, on s'est bien aperçu de son silence. En revanche, si elle a peu parlé, elle a écrit. Les opinions imprimées de M. Bellart sont pleines de sens et de chaleur. M. de Bonald a répandu un petit écrit intitulé *Réflexions sur la séance de la chambre des députés du 17 avril* 1819. C'est là qu'on trouve, non une métaphysique obscure et stérile, mais une métaphysique féconde et lucide qui prend sa source dans la morale et sa lumière dans le ciel. M. de Bonald, homme de génie, est de plus un homme de bien : c'est une chose fâcheuse pour *la bonne vieille cause* de la révolution que la minorité royaliste renferme tant de nobles caractères, de talents et de vertus.

Cette minorité peut maintenant reprendre la parole : elle a prouvé ce qu'elle a voulu prouver : l'expérience est faite. On ne cessoit de dire : Ce sont les discours des royalistes qui aigrissent la minorité opposée et qui forcent les ministres à s'appuyer sur cette minorité. Maintenant, que l'on juge. Le calme est-il revenu? les ministres ont-ils été moins ardents dans la poursuite des royalistes? ont-ils fait moins de concessions à l'opinion démocratique? a-t-on entendu professer des principes moins opposés à ceux de la monarchie légitime? Un très-grand bien a donc été obtenu, puisque la France a été éclairée : cette nouvelle manière d'instruire la patrie par le silence a réussi au delà de ce qu'on en pouvoit espérer.

Les *correspondances privées,* qui vont enfin être détruites par la suppression de la censure, parce qu'elles perdront leur autorité lorsqu'elles seront traduites et flétries dans nos journaux, les *correspondances privées* font aujourd'hui l'éloge de l'assassin de Kotzebuë; elles le comparent à Charlotte Corday, d'où il résulte que Kotzebuë est Marat. Cependant Marat étoit un grand ennemi des rois et des prêtres, ce qui devoit le faire chérir des *correspondances privées,* et Kotzebuë étoit le défenseur du trône et de l'autel. Mais dans les premiers transports de la reconnoissance pour Sand, on a sacrifié la mémoire de Marat par une comparaison injurieuse à ce demi-dieu, quitte à rétablir ses statues quand la religion des frères et amis aura relevé les échafauds fraternels.

Les mêmes *correspondances privées* crient contre les Suisses et insultent nos tribunaux : c'est dans l'ordre. Elles annoncent des épurations dans notre armée : c'est dans l'ordre. Elles s'épuisent à dire que nos ministres vivent dans la meilleure intelligence : c'est encore dans l'ordre. Les jacobins en France tiennent les mêmes discours; ils invitent surtout M. le ministre de l'intérieur à ne pas se ranger du côté des royalistes, qui, disent-ils, ne lui pardonneront jamais l'ordonnance du 5 septembre. Les royalistes, à qui l'on n'a jamais pardonné leurs malheurs, ont toujours oublié le mal qu'on leur a fait. Les mêmes hommes qui appellent à leur secours M. le ministre de l'intérieur lui ont-ils pardonné les lois d'exception, le bannissement des régicides et ces fameuses lettres que nous avons, où M. le ministre de l'intérieur s'exprime avec tant d'énergie et donne des ordres si sévères contre ces hommes *auxquels le remords est étranger, que le pardon ne peut ramener, que la clémence offense, que l'on ne peut rassurer, parce qu'il est des consciences qui ne sauroient l'être?* C'est à lui d'examiner, l'histoire de la révolution à la main, de quel côté l'on oublie et l'on pardonne.

Il est vrai de dire pourtant que les divisions qui sembloient exister dans le ministère ont cessé, du moins momentanément. On en assigne plusieurs causes, et en particulier celles qui peuvent naître de l'affaire de Bruxelles : dans le danger on serre les rangs.

Juste retour des choses d'ici-bas : l'année dernière, quelques-unes des personnes qui se sont dévouées à l'établissement du *conservateur* virent leur nom compromis dans la prétendue *conspiration du bord de l'eau*; et voilà que l'ancien chef de cette police où retentissent tant de conspirations se trouve à son tour impliqué dans une de ces conspirations : il est obligé aujourd'hui de se défendre dans *Le Moniteur* comme nous nous défendions dans *Le conservateur*.

Tels sont les graves inconvénients que produit notre police générale, née, comme on l'a dit, dans la fange révolutionnaire, de l'accouplement de l'anarchie et du despotisme. Tous les mauvais sujets de l'Europe, tous les espions se croient obligés de s'adresser à cette police quand ils méditent quelque crime : ils déposent dans son sein leurs abominables secrets. Si la justice déjoue leurs complots, alors, pour se sauver, ils sont obligés de compromettre le nom et la dignité de la France.

Il est temps que les ministres qui n'ont point été élevés à une école de délation et de turpitude cessent d'accorder leur confiance aux anciens agents de la police du Directoire et de Buonaparte. Ces hommes qui réussissoient sous le despotisme, parce que la puissance absolue servoit à cacher leurs trames, ces hommes ont cru qu'ils pouvoient suivre leur marche accoutumée sous le règne de la liberté et de la légitimité. Ils étoient trop bornés pour s'apercevoir qu'avec des jugements publics et la liberté de la presse, toutes leurs machinations seroient déjouées ; ils n'ont pas songé qu'appartenant à la révolution, et ne voulant pas inventer de conspirations révolutionnaires, ils seroient obligés de continuer à faire comme sous Buonaparte des conspirations royalistes, ce qui sous le roi deviendroit un odieuse absurdité. Qu'est-il résulté de ces menées? On n'a trompé personne, et partout on n'a trouvé de conspirateurs que ceux qui avoient imaginé des conspirations.

Veut-on savoir jusqu'à quel point la manie de faire et de découvrir des conspirations a été portée? Tandis que M. le ministre de la police étoit compromis dans une conspiration à Bruxelles, un autre personnage grave étoit également compromis en Bretagne : l'histoire est curieuse.

A quelques lieues de Dinan, sur les bords de la Rance, s'élève un château gothique. M. de..., ancien seigneur de ce château, avoit dans toutes les occasions périlleuses pris les armes pour la cause royale. Longtemps chef de chouans et connu comme tel dans le pays, il étoit par conséquent devenu suspect depuis le retour de la légitimité. Son manoir, flanqué de tours féodales, étoit surveillé par ces hommes qui, depuis l'an 1793 jusqu'à ce jour, ont dénoncé les royalistes à la Convention, au Directoire, à Buonaparte, et qui continuent à les dénoncer au gouvernement royal, par habitude. Le château depuis longtemps sembloit tout à fait abandonné; cependant on avoit entendu dans ses cours, ses jardins et ses bois, une voix qui crioit : *Vive le roi! aux armes! marche! en avant les gars!* Il faut remarquer que ce dernier commandement des chefs de la Vendée étoit jadis celui de Du Guesclin, et que le cœur du héros breton étoit déposé dans un couvent de bénédictins à Dinan. *En avant les gars!* étoit donc un vieux cri de loyauté et de victoire, connu de toute antiquité dans les bois des Côtes-du-Nord.

Grande dénonciation, rapport circonstancié, rassemblement de chouans dans le château, exercice à feu, évolutions, cocardes vertes, telles que celles indiquées à la chambre des pairs et niées par M. le ministre de l'intérieur. Le jour est pris pour attaquer la forteresse. On marche avec précaution la nuit, par des sentiers déserts. On arrive au lever du jour au pied du donjon. On somme le gouverneur d'abaisser le pont-levis; rien ne paroît. On se disposoit à donner l'assaut, lorsqu'une porte vient à s'ouvrir, et l'on voit sortir un paysan avec sa charrue et ses bœufs. Arrêté par les assiégeants, il est conduit à leur capitaine, qui l'interroge sur le cri séditieux de *vive le roi!* entendu dans le château. Le chouan, démêlant l'affaire, répond dans son langage breton : « Mes biaux messieurs, vous ne trouverez pas les gars ; mais si vous voulaz entrer, vous prendraz le général. » On se jette dans le château, on se saisit des passages. Au milieu de tout ce bruit, un vieux corbeau, effarouché, prend sa volée, et le paysan de crier : « Le général s'envole, vous avaz fait trop de tapage. » C'étoit un corbeau privé à qui M. de... avoit appris à répéter : « Vive le roi! en avant les gars ! » On ne put jamais forcer le général à descendre de l'arbre où il s'étoit réfugié : il avoit la prudence de sa race ; et quoiqu'il fût blanc comme neige de toute cette conspiration, il savoit bien que la calomnie s'obstineroit à le noircir.

Paris, 25 mai 1819.

Les trois projets de loi sur la liberté de la presse ont passé aux chambres. Deux ont reçu la sanction royale, et au moment où nous écrivons cet article le troisième est peut-être sanctionné. Il a paru nécessaire de hâter la publication de cette xxxvie livraison du *Conservateur*, pour faire cesser les bruits divers relatifs à cet ouvrage.

Le Conservateur ne changera rien à sa forme ; il restera sous la nouvelle législation tel qu'il étoit sous l'ancienne. Il fournira son cautionnement comme ouvrage semi-périodique : il a acheté les cinq mille livres de rente exigées par la loi.

M. le baron Trouvé, homme distingué par son caractère, sa belle conduite pendant les Cent Jours, par ses talents administratifs et littéraires, va devenir l'éditeur responsable du *Conservateur*. Toutes les personnes qui se sont fait un devoir de soutenir *Le Conservateur* continueront à parler à cette tribune publique des royalistes. Elles aiment trop leur pays pour ne pas achever le bien qu'elles ont si heureusement commencé ; elles ne cesseront de faire le sacrifice de leur repos que quand ce sacrifice ne sera plus nécessaire. Vivement touchées de l'empressement honorable avec lequel la saine opinion de la France a répondu à leur appel, elles n'abandonneront point cette opinion, et seront toujours prêtes à défendre la religion, le trône et les libertés publiques.

Loin donc de se dissoudre et de se démembrer, comme on s'étoit plu à le dire, *Le Conservateur* s'organise et prend une nouvelle stabilité. Nous avons quelquefois parlé du bien qu'il a fait, nous devons en parler encore, afin de montrer quelle sera maintenant sa tâche au milieu des journaux devenus libres.

Qu'on veuille bien se rappeler l'époque où *Le Conservateur* a paru l'année dernière : les journaux royalistes étoient opprimés par la censure ; les journaux d'une opinion opposée, et soumis pourtant à cette même censure, jouissoient de la plus grande liberté. Les principes religieux, les principes moraux, les choses et les hommes monarchiques étoient journellement attaqués. Aucune réfutation n'étoit possible, ou du moins la censure mettoit de telles restrictions à la réponse, qu'il étoit aussi expédient de se taire. D'une autre part, des feuilles semi-périodiques, affranchies de tous les jougs, répandoient tous les poisons. Il y avoit de ces feuilles pour toutes les classes de la société, pour tous les genres de calomnie : elles faisoient à la France le même mal que la *correspondance privée* faisoit à l'Europe. On avoit la foiblesse d'en avoir peur : les niais admiroient, les poltrons trembloient, les méchants se réjouissoient ; une poignée d'hommes se disoit un parti, prétendoit représenter l'opinion de la France ; et, chose déplorable ! on sollicitoit l'alliance de ces hommes.

Ce fut au milieu de cette crise que se forma l'association du *Conservateur*. Ceux qui en conçurent l'idée croient avoir bien mérité de leur pays. Ils ont fait voir qu'avec de la constance et de la fermeté on peut par les plus petits moyens obtenir de grands résultats. Les ennemis mêmes sont obligés de reconnoître nos succès et les changements heureux opérés par *Le Conservateur*. Les journaux révolutionnaires déclinent ; nous les avons chassés de poste en poste. Le courage est revenu aux honnêtes gens ; au dehors nous avons porté un coup mortel à la *correspondance privée*, et *Le Conservateur*, traduit en toutes langues, lu en tous pays, réimprimé en Suisse, a servi à détromper l'Europe comme à éclairer la France.

Enfin, il a produit un dernier bien : il a forcé la main aux ministres sur la liberté de la presse. Lorsque ceux-ci ont vu qu'ils ne pouvoient plus enchaîner l'opinion royaliste, que d'autres feuilles s'établissoient à l'ombre du *Conservateur*, ils ont abandonné la censure.

Nous n'avons jamais varié sur la nécessité d'établir la liberté de la presse. Ceux des royalistes qui, par les motifs les plus respectables, craignoient l'usage de cette liberté sont-ils convaincus aujourd'hui que leur frayeur étoit sans fondement ? Nous ne cessions de leur dire que la censure étoit la licence pour une opinion et la servitude pour une autre ; qu'elle donnoit le moyen de l'attaque et refusoit celui de la défense. Voient-ils maintenant la vérité de cette assertion ? Les journaux révolutionnaires sont-ils plus violents, plus mauvais, plus impies, plus antimonarchiques qu'ils ne l'étoient sous la censure? Pas davantage; au contraire, ils semblent même plus modérés; et quel essor n'ont point pris les journaux royalistes!

Et voyez comme les ministres ont été réduits à l'instant même à leur propre force, comme on a connu sur-le-champ la mesure de leur pouvoir. Il ne leur reste que deux journaux, *Le Moniteur* et le *Journal de Paris* : tout le reste est contre eux, car les feuilles qui leur sourient quand ils font l'éloge de la Convention, qui les gourmandent quand ils frappent les régicides, sont leurs ennemies autant et plus que les feuilles royalistes.

Il est évident que *Le Conservateur,* au milieu de l'indépendance des journaux quotidiens, a changé de position. Il cesse d'être soldat; mais, sans s'ériger en chef, il ne doute point que l'opinion royaliste ne lui accorde cette attention qu'il a méritée par son dévouement dans un temps critique; il a droit encore à cette attention, par la position plus indépendante des hommes qui l'ont établi et qui vont le soutenir. Ces hommes ont accepté l'honneur de l'inimitié que les ministres leur ont si gratuitement et si libéralement accordée, et ils sont à l'abri de toute séduction comme de toute crainte. *Le Conservateur* veillera donc sur la bonne direction des opinions royalistes, et les empêchera de s'égarer dans leurs succès, comme il les a ranimées dans leurs revers.

Jusque ici les journaux royalistes marchent dans une excellente direction; ils se montrent amis du roi, ami de la Charte. L'Europe va voir enfin où sont les vrais constitutionnels, les hommes qui veulent réellement la monarchie sans oppression, la liberté sans licence.

Le *Journal des Débats,* jadis le plus entravé par la censure, a repris ses bonnes doctrines et sa supériorité; *La Quotidienne,* qui a lutté si courageusement contre cette même censure, redouble de zèle et de talents; La *Gazette de France,* revenue franchement au royalisme, s'est fait remarquer dernièrement par des articles aussi bien pensés que bien écrits; *Le* brave et brillant *Drapeau blanc* continue de se battre aux avant-postes; la *Bibliothèque Royaliste* répond victorieusement à la *Bibliothèque Historique* et garde *Le Trésor* des Chartes révolutionnaires. Nous espérons que la *Bibliothèque Religieuse, L'Oracle François, Le Panache blanc,* se soutiendront à Paris, et que *La Ruche d'Aquitaine,* à Bordeaux, *Le Provincial,* à Nîmes, *L'Ami du Roi,* à Toulouse, et plusieurs autres, continueront à maintenir la bonne opinion des provinces. Au reste, si le cautionnement faisoit disparaître quelques feuilles royalistes, il est probable qu'il nous débarrasseroit de quelques journaux révolutionnaires. Quant aux feuilles ministérielles, comme elles sont réduites à deux, il ne sera pas difficile à qui de droit de les soutenir : mais elles n'obtiendront pas plus de faveur que les ministres n'obtiennent de succès.

Paris, 1ᵉʳ juin 1819.

Un fait resté invinciblement démontré d'après les débats qui viennent d'avoir lieu dans la chambre des députés, c'est que le ministère actuel est le plus foible de tous les ministères qui ont paru depuis la restauration. Des hommes d'État qui ont pris leur parti sur un système, quelque funeste qu'il soit, peuvent encore se soutenir s'ils ont du talent : ils perdent leur pays, il est vrai, mais sans se perdre eux-mêmes. Il leur reste, au milieu des calamités publiques, la réputation d'esprits dangereux et cependant habiles ; mais quand on joint à des doctrines périlleuses une insuffisance reconnue, on est jugé.

Qu'est-ce que des hommes qui tantôt repoussent de nos lois le nom de la religion, tantôt font l'éloge de la Convention, d'exécrable mémoire, puis maudissent les régicides et parlent de l'assassinat du Juste couronné, laissent ensuite des journaux ministériels faire amende honorable ou *déshonorable* pour ces dernières paroles, et finissent par rappeler ces mêmes régicides qu'ils avoient à *jamais* condamnés : tout cela dans l'espace de quelques jours ! Et qui pensent-ils satisfaire par une variation aussi déplorable ? Croient-ils que la révolution leur pardonne le fameux *jamais ?* En vain ils feroient rentrer le dernier des ex-conventionnels ; en vain ils sacrifieroient le dernier des royalistes : l'expiation seroit insuffisante. Si les ministres vouloient emprunter l'appui du parti révolutionnaire, ils ont perdu désormais cet appui. Ils repoussent d'un autre côté l'assistance des royalistes : l'inconséquence et la foiblesse ne sauroient aller plus loin.

Le monde civilisé avoit vu, avec la satisfaction que donne toujours la justice, le bannissement des régicides relaps. La peine d'ailleurs étoit peu proportionnée à l'offense. Aller vivre dans les pays voisins en emportant sa fortune n'est pas un si grand châtiment lorsqu'on a commis un si grand crime. Quand la fidélité a langui vingt ans dans la terre étrangère ; quand le roi lui-même a connu les chagrins de l'exil, les régicides qui ont été prendre sa place pensent-ils exciter une commisération qu'ils n'accordoient pas au petit-fils de saint Louis, à la double majesté de l'innocence et du malheur ? Ces hommes qui ont émis un vote horrible ; ces hommes qui, au moment du procès de Louis XVI, ont prononcé des discours qui font frémir, ces mêmes hommes n'ont-ils pas, pendant les Cent Jours, signé l'Acte additionnel, et conséquemment signé le bannissement perpétuel de Louis XVIII, comme ils avoient décrété la mort de Louis XVI ? N'ont-ils pas juré foi et hommage à l'usurpateur qui avoit remis en vigueur les lois contre les émigrés ; lois en vertu desquelles on auroit pu verser le sang de notre roi, de nos princes, et traîner Madame à l'échafaud de son père et de sa mère ? Quand il n'existera plus en France un seul honnête homme misérable ; quand on se sera bien assuré qu'aucun Vendéen blessé avant ou pendant les Cent Jours ne manque des premières nécessités de la vie, qu'aucun soldat de l'armée de Condé ne tend la main comme Bélisaire, alors on pourra appliquer aux régicides relaps ce qui restera de surabondant dans la charité. Mais tant que l'on n'aura pas essuyé les pleurs du dernier royaliste, la pitié pour les hommes qui ont assassiné Louis XVI et proscrit Louis XVIII sera un outrage à l'infortune, une insulte à la vertu. Que feroit-on aujourd'hui en rappelant les anciens régicides dont le cœur a été réchauffé par la trahison des Cent Jours ? On déclareroit implicitement à l'Europe que juger un monarque est une action comme une autre, un action indifférente en soi, susceptible d'interprétations diverses ; on reconnoîtroit par cela même le principe de la souveraineté du peuple ; l'on prépareroit la chute des rois.

Détournons les yeux de ce spectacle affligeant ; portons nos regards, en finissant cet article, sur une scène consolante : contemplons les royalistes. Que leur position est belle ! Spectateurs de ces débats, auxquels ils sont si heureusement étrangers, ils voient leurs ennemis se disputer entre eux, se faire des reproches mutuels, se réunir, se diviser, pour se réunir encore et pour ne jamais s'entendre. Tandis que tout s'agite, les royalistes, invariables dans leurs principes, fidèles à Dieu, fidèles au roi, poursuivent tranquillement leur noble carrière. Le présent est forcé de leur accorder son estime, l'avenir ne leur refusera pas quelque gloire. Si plusieurs d'entre eux n'ont aujourd'hui d'autre champ d'asile que leur conscience, c'est un abri sûr qu'aucune révolution ne peut leur enlever. Mais, enfin, des jours plus sereins se lèveront pour eux ; leur constance sera couronnée. Déjà leur opinion fait de toutes parts des conquêtes : on commence à reconnoître que là se trouvent les talents là où se rencontre la probité. Encore quelque temps, et l'on ne cherchera plus les sauveurs de la France dans les restes impurs de la Convention, dans les anciens agents de la police ; on n'opposera plus aux hommes de vertu et de liberté les échappés de nos crimes et de nos servitudes.

Paris, 15 juin 1819.

« *Nous* LE *changerons,* » disoient en riant les députés sortant de la séance du 9 juin. De qui parloient-ils? De M. le ministre des finances. Celui-ci, avec une naïveté digne d'un meilleur siècle, s'étoit écrié, au sujet d'une proposition royale : *Nous* LA *changerons!* Or, comme il est plus constitutionnel de changer un ministre qu'une proposition royale, les députés se contentoient de faire une légère correction à la phrase. Il y a cependant une chose à dire en faveur de M. le ministre des finances : c'est qu'il étoit à Gand ainsi que M. le comte Beugnot. Ils n'y étoient pas l'un et l'autre, il est vrai, comme volontaires royaux, mais comme médecins, venus après la mort du malade pour procéder à l'ouverture du corps et examiner cette pauvre monarchie qui étoit morte entre leurs mains. Espérons, puisque ce royaume ressuscité a été confié de nouveau à des docteurs si habiles! Aussi, avec quelle force l'un propose le budget, avec quelle dextérité l'autre le soutient, et comme tout va!

Jusqu'à présent il reste prouvé, par les débats sur les finances, que l'augmentation des recettes s'élève à 45 millions; les économies faites par la chambre des députés sur les différents ministères montent à la somme de 20 millions 424,000 fr. On pourroit donc diminuer les impôts de la somme de 65 millions 424,000 fr. Le *déficit* supposé de 56 millions n'existe pas. Le ministère ne paroît disposé qu'à consentir à une réduction de 17 millions d'impôts. Il s'avise un peu tard, et la réduction est loin de la somme à laquelle on a le droit de prétendre. Il falloit au moins céder de bonne grâce et ne pas disputer avec acharnement non-seulement les millions, mais le denier, mais l'obole qu'on vouloit laisser dans la poche du contribuable. Désormais la popularité de la réduction est perdue pour les ministres; elle restera tout entière aux députés. Mais les ministres se vengeront bien de l'opinion publique; ils destitueront M. Bricogne et casseront quelques receveurs royalistes, qui périront par représailles pour le budget. Il faut que justice se fasse.

Quand on voit les ministres assis sur leur banc à la chambre des députés, on ne sauroit se défendre d'une sorte d'attendrissement. Nous nous épargnons ce spectacle, parce que, connoissant notre penchant à nous jeter du côté des victimes, nous évitons la seule tentation assez forte pour nous entraîner aux erreurs ministérielles. Il faut en convenir, on ne peut pas être plus battu que le ministère. Les hommes de talent de toutes les nuances d'opinion se sont réunis pour l'accabler.

M. le comte de La Bourdonnaye a attaqué le budget du ministère de la guerre; son discours a vivement frappé : la force alarme toujours la foiblesse. Quelques criailleries n'arrêteront pas M. de La Bourdonnaye; il en est dédommagé par l'estime publique : le marché est bon. A propos des discours de l'honorable député, on a parlé de *notes secrètes, de tutelle des alliés*, et l'on a laissé de côté et la note secrète de M. Bignon, et la note secrète de la *correspondance privée*, et les certificats de bonnes vie et mœurs que les ambassadeurs étrangers donnoient, dans leurs notes diplomatiques, à nos ministres, lesquels étoient tout fiers de cette approbation européenne. Si la *correspondance privée* crie aujourd'hui contre certains ambassadeurs, qu'elle se rappelle les temps où elle parloit avec jubilation du bon accueil que ces mêmes ambassadeurs avoient fait à telles propositions de loi, à tels personnages ministériels. Il ne convient point à ceux qui descendoient si bas de le prendre aujourd'hui sur un ton si haut. Jamais on n'a vu les royalistes faire leur cour aux envoyés des puissances alliées, et nos ministres nous ont souvent donné ce spectacle. A la tribune, les royalistes se sont élevés avec force contre toute menace de l'opinion diplomatique. Et combien de fois nos nobles gouvernants n'ont-ils pas usé de cette menace! Quiconque ne voudroit pas l'indépendance de la France seroit indigne du nom de royaliste. Qu'on s'exprime sans détour : la patrie est-elle menacée? Demain, s'il le faut, le côté droit va voter 600 millions et 600 mille soldats; la Vendée tout entière offrira ses bras et ses armes; mais cela ne veut pas dire qu'il soit bon de chasser de l'armée les militaires connus par leur attachement au trône; qu'il soit juste, qu'il soit politique de préférer l'officier de Waterloo à l'officier vendéen. Servez-vous du premier, mais n'excluez pas le second; ne traitez pas la fidélité comme vous traiteriez la poltronnerie : chez un peuple aussi amoureux des armes que les François, la légitimité seroit en péril si la fidélité pouvoit fermer le chemin de la gloire.

On se demande comment le ministère sortira de la crise où il se trouve : il est amusant de le voir s'attribuer l'amélioration de cette opinion; ce seroit de l'esprit, si ce n'étoit de la bonhomie.

Que fera-t-il donc? qu'imaginera-t-il de nouveau? De quelle ordonnance sommes-nous menacés? Les ministres garderont-ils la chambre actuelle des députés, comme on leur en soupçonne l'envie? Mais il leur faudroit violer toute la Charte; mais dans cette chambre ils ne sont pas même sûrs de la majorité. Néanmoins le temps presse, la session finit; les élections approchent.

Autre question : Si les ministres se retirent, qui prendra leur place?

Peut-être le petit ministère : il est probable qu'il nous faudra épuiser cette série d'écoliers qui se disent des maîtres. Nous avons déjà vu passer bien des renommées : nous verrons encore passer celles-là. Il en sera de nos petits grands hommes comme de nos petits grands livres : on dira qu'ils sont essentiels à la prospérité de la France, que rien ne peut aller sans eux ; une fois arrivés, personne n'en voudra, et peut-être alors ira-t-on chercher des hommes de talent pour en finir.

Il y a pourtant une autre espérance : la *correspondance privée* nous indique la route que nous devrions prendre pour notre bonheur ; elle nous invite à créer un premier ministre autour duquel les cinq ou six autres viendroient se grouper.

Les indépendants ont conçu la crainte de voir les royalistes arriver au pouvoir. Un homme de beaucoup d'esprit et de talent vient de prouver doctement que les royalistes sont de pauvres diables qui n'ont jamais su profiter de leurs avantages. Selon lui, en 1814, ils ont tout gâté par leur orgueil, tout aliéné par leur puissance en 1815, tout exaspéré par leur rage en 1816 : bref, ils ne sont bons à rien. Voyons.

Premièrement : Les royalistes n'ont pu montrer ce qu'ils auroient été comme gouvernants pendant le cours de la révolution, puisque ceux qui échappoient à la mort languissoient dans les cachots ou dans l'exil. *Que l'abbé musqué et le capucin fétide*, comme l'a dit éloquemment un indépendant, *tombent sous le rasoir national*. Pendant que ce vœu patriotique étoit exaucé, il étoit assez difficile aux royalistes de montrer leur capacité administrative.

Secondement : Depuis la restauration, les royalistes ont toujours eu contre eux la majorité du gouvernement. Or, par principe, devoir, honneur, amour, ils ne peuvent rien contre le gouvernement du roi, car ils ne seroient plus royalistes : donc on n'a pu savoir s'ils avoient ou n'avoient pas ce qu'il faut pour conduire les hommes.

Voici donc un singulier résultat : Depuis vingt-cinq ans, les royalistes, dépouillés, proscrits, massacrés, subsistent toujours. Aujourd'hui, après tant de calamités, chassés de toutes les places, calomniés par les ministres et les révolutionnaires, opprimés par une opinion qui a parlé seule pendant quatre années, ils se relèvent plus nombreux, plus fermes, moins découragés que jamais. Il faut cependant qu'il y ait une certaine force de caractère, une certaine élévation d'âme, une certaine vigueur de principes et de génie dans ces hommes si *foibles* et si *médiocres*, pour avoir résisté à des épreuves si longues, si multipliées, si diverses. Pour anéantir les capables indépendants, que faudroit-il faire? Les oublier pendant quinze jours.

Le genre d'attaque dirigé cette fois par les indépendants contre les royalistes est gauche et maladroit; car précisément ce qui fait le caractère distinctif des indépendants, c'est leur impuissance démontrée à conserver le pouvoir. Depuis trente ans ils n'ont jamais pu garder cette liberté dont ils font tant de bruit. Pourquoi ne sont-ils pas restés les maîtres en 1789? Que sont-ils devenus en 1793 sous Marat, en 1795 sous le Directoire? Buonaparte mit un bon nombre d'entre eux à la police, qui n'est pas, ce nous semble, l'école de Brutus. Quelques-uns de ceux qui crient si fort à la *Charte* aujourd'hui n'étoient-ils pas dans la domesticité du tyran, ne se tenoient-ils pas à la portée de la sonnette, le tout pour être plus libres et pour mieux attester les droits de l'homme? La vérité est que les indépendants ont parmi eux des gens d'esprit, mais qu'il n'y a dans leur parti ni un orateur, ni un homme d'État, ni un homme de tête. S'ils arrivoient au pouvoir, ils le perdroient comme ils l'ont toujours perdu; ils feroient de nouvelles révolutions sans obtenir la liberté qu'ils prétendent chercher, parce qu'ils sont incapables de liberté par leur caractère, leurs habitudes, et principalement par leurs doctrines subversives de tout ordre comme de toute forme de gouvernement. Nous les verrions, criant à l'indépendance, recevoir encore ou tout au plus se choisir un maître. Qui prendroient-ils? Dieu le sait. Dans les états généraux de la satire *Ménippée*, le docteur Rose donne sa voix, pour l'élection d'un souverain, à *Guillot Fagotin*, marguillier de Gentilly, et le cardinal de Pellevé opine en faveur du marquis *des Chaussons*. Ces deux familles royales existent peut-être encore parmi les indépendants.

Nous autres royalistes, si nous devenions des hommes puissants, nous n'exécuterions pas de si grandes choses, car notre choix est tout fait : nous dirions aux indépendants, avec d'Aubray, député du tiers état, dans la même satire : « Nous sommes François; allons avec les François exposer notre vie et ce qui nous reste de bien pour assister notre roi, notre bon roi, notre vrai roi. »

Dans ce fameux numéro de la *correspondance privée*, dont les indépendants se sont alarmés, que nos journaux quotidiens royalistes ont fait connoître, dans ce numéro, où les deux minorités de gauche et de droite sont si grossièrement insultées, il est encore parlé d'une *expérience récente*, « laquelle prouve que de petits succès de tribune n'ont rien de commun avec la *science du cabinet et les talents de l'administration* ». On entend assez ce que veut dire cette expérience *récente*. Il s'agit d'un homme pour lequel le ministère ne crut pas avoir assez d'honneurs à prodiguer. Et quels éloges ce même homme n'a-t-il pas reçus dans la même *correspondance privée!* Quand cet homme de bien entra au ministère, nous le connoissions mieux, et nous avions plus travaillé dans un temps à le porter aux affaires que ceux qui l'employoient alors. Nous le combattîmes lorsqu'il fut entraîné dans une fausse route, sans méconnoître son talent, sans cesser d'aimer et d'estimer sa personne. Comment avoit-il pu croire que les buonapartistes et les révolutionnaires, qui feignoient de le caresser, lui pardonneroient jamais sa fermeté sous Buonaparte et sa belle conduite pendant les Cent Jours? Il voit aujourd'hui quel fond on doit faire sur l'amitié de pareilles gens. Qu'il se console. La *correspondance privée* peut calomnier, mais elle ne peut déshonorer personne : c'est une chose remarquable que tout ce qui est vil n'a pas le pouvoir d'avilir et que l'honneur seul peut infliger le déshonneur.

On ose, dans cette *correspondance*, on ose parler de sentiments françois ; on ose accuser les royalistes de rechercher l'opinion étrangère, quand cette *correspondance* traduit au tribunal de l'Angleterre nos querelles domestiques et prend pour juge de ses diffamations le public de Londres! N'est-ce pas la *correspondance privée* qui a annoncé la première des conspirations imaginaires? N'est-ce pas elle encore qui depuis l'ordonnance du 5 septembre n'a cessé d'insulter au malheur et à la vertu? Pas un beau nom qu'elle n'ait essayé de flétrir : elle a quelquefois lancé ses traits à des hauteurs qu'il ne lui était pas donné d'atteindre.

A peine a-t-on repoussé ses outrages, qu'elle vous en adresse de nouveaux. Voici qu'un dernier numéro de cette *correspondance* répète et aggrave toutes les calomnies déjà renouvelées à propos du discours de M. de La Bourdonnaye. Le *correspondant* ajoute à ses invectives des absurdités telles que les laquais de Paris rougiroient de les avancer, même dans les antichambres de la police. Il prétend expliquer le secret de M. Bignon, et il n'explique rien, ou plutôt il dissimule mal la frayeur que lui inspire ce secret. Il invite M. le ministre des finances *à ne pas s'abandonner lui-même*. D'après cela, nous faisons nos compliments de condoléance à M. le baron Louis : son arrêt est prononcé. A en croire le *correspondant*, « les royalistes n'ont jamais déployé plus d'audace ». Il y a des gens qui prennent la bonne conscience pour de l'audace : ils n'auront jamais cette audace-là. « La maison de M. de Chateaubriand doit être *le quartier général* des royalistes ! M. le comte de Bruges doit avoir fourni le cautionnement du *Conservateur !* » Les fonds nécessaires au cautionnement du *Conservateur* ont été pris dans la caisse de M. Le Normant, éditeur du *Conservateur*, sur une partie du produit du trimestre actuel des abonnements au *Conservateur :* c'est fâcheux, mais c'est exact.

M. de Chateaubriand a dit que le public regardoit la correspondance privée du *Times* comme écrite sous la direction particulière d'un ministre. Un journal ministériel a cru répondre en faisant entendre que l'on pourroit, si l'on vouloit, soupçonner M. de Chateaubriand d'être pour quelque chose dans la rédaction de la correspondance du *New Times*. Eh bien, M. de Chateaubriand déclare que NI LUI NI SES AMIS NE SONT POUR RIEN DANS CETTE CORRESPONDANCE, QUELLE QU'ELLE SOIT.

Il y a longtemps que M. de Chateaubriand souffre pour la cause royale. Trop heureux de l'avoir utilement servie, il pouvoit tout supporter, hors d'être accusé de trahison envers un roi qu'il venoit de suivre pour la seconde fois dans l'exil. Non-seulement la *correspondance privée* a avancé cet odieux mensonge, mais un juge d'instruction criminelle (sans doute par l'ordre de qui de droit ou *sans droit*) a osé faire porter sur le nom de M. de Chateaubriand d'outrageants interrogatoires.

Les ministres ont donc de leur plein gré (quelques-uns en reconnoissance d'importants services) fait la guerre, et une guerre cruelle, à M. de Chateaubriand : il n'a point refusé le combat ; mais il ne s'est point caché dans des *correspondances privées;* il a tout publié à la face du soleil, et n'a jamais calomnié personne. Telle est sa DÉCLARATION FORMELLE.

Si la correspondance privée du *Times* n'est pas rédigée par un homme occupant une haute place en France, alors elle n'est rien qu'un misérable libelle, qui perd son autorité en Europe, et par conséquent son pouvoir de nuire ; si au contraire elle est l'ouvrage d'un homme en pouvoir, il est important de connoître le personnage.

Le journal ministériel dit aujourd'hui qu'il est possible que le « *correspondant* tienne au ministère, que c'est là le *secret des dieux* ». De quels dieux ? On en compte trente-six mille, et il y en a d'une singulière espèce. Le secret des dieux seroit-il celui de la comédie ?

Encore une fois, quiconque peut avoir le malheur d'être soupçonné de diriger une pareille correspondance se doit à lui-même de démentir un bruit aussi peu honorable. En attendant qu'on ait pris ce parti loyal, nous poursuivrons sans relâche les auteurs inconnus de la correspondance privée du *Times*. Nous mettrons le public en garde contre cette machine à calomnies. Hâtons-nous d'avertir que cette même correspondance existe aussi en Allemagne. On la retrouve dans les feuilles de Weimar et d'Augsbourg ; un homme important à Strasbourg la fait porter à Kehl par un exprès.

Calomniateurs anonymes, payants ou payés, la presse est libre en

France aujourd'hui. Que n'imprimez-vous dans les journaux de Paris ce que vous publiez dans les gazettes de l'Allemagne et de l'Angleterre? Montrez-vous du moins françois en quelque chose : renfermez vos mensonges dans votre patrie. Ayez le courage de dire qui vous êtes : un peu de honte est bientôt passé. Ajoutez votre nom à vos articles : ce ne sera qu'un mot méprisable de plus.

Paris, 29 juin 1819.

Le ministère ne sauroit s'attirer à la fois un plus grand nombre d'ennemis et s'isoler davantage des hommes et des opinions : il ne recueille ni le fruit du bien, ni le fruit du mal qu'il peut faire. Il arrive au moment où des contradictions perpétuelles, où des jeux de bascule trop répétés ne donnent plus de mouvement aux choses : un temps vient que les intrigues secrètes, les concessions mystérieuses perdent leur pouvoir. Que fait-on alors? on imagine des ressources bizarres : on frappe au hasard des coups d'État. Ce qui s'est passé dans la séance du 19 hâtera peut-être l'explosion d'une de ces mesures violentes, si funestes en général aux gouvernements. En effet, depuis quelques jours des bruits de cette nature circulent dans le public; on parle d'une communication aux chambres, laquelle auroit pour but de faire voter à la suite du budget de cette année le budget de l'année prochaine, de doubler le cinquième des députés rentrants : ces deux choses accomplies, il y auroit dissolution de la chambre des députés et élections générales.

Quand serons-nous donc tranquilles? Quand ferons-nous demain ce que nous faisons aujourd'hui? Les ministres cesseront-ils de fatiguer un peuple qui n'aspire qu'au repos? Quoi! toujours des essais, des changements! Le 13 juillet 1815, on auroit augmenté la représentation nationale et changé l'âge des députés (ce qui étoit conforme à la raison et aux principes d'une vraie liberté), on auroit proposé la révision de quelques articles de la Charte; le 5 septembre 1816, on seroit rentré dans la Charte, en protestant que jamais on n'en sortiroit; et voilà qu'on retourneroit à l'ordonnance du 13 juillet, oubliant et l'ordonnance du 5 septembre, et les grands discours qu'on a faits, et les belles choses qu'on a dites, en faveur de cette ordonnance!

Il faut chercher la raison de ces variations déplorables : d'un côté dans la ferme résolution du ministère de rester en place à tout prix; de l'autre côté dans la frayeur que causent à ce même ministère les institutions qu'il a créées ou défendues; institutions dont on vient, pour ainsi dire, de le menacer dans le sein même de la chambre populaire. On loue la loi des élections pour s'attacher un parti ; là vérité est qu'on en est épouvanté. Dans le désir de conserver cinq ans la chambre actuelle des députés, il entre autant de crainte des élections nouvelles que d'envie de se perpétuer au pouvoir. Au reste, il n'y aura jamais de sûreté pour la France que la loi des élections ne soit modifiée : tôt ou tard elle le sera, ou nous recommencerons la révolution.

Mais le projet du doublement du cinquième semble contredire ce que nous avançons. Ne voyez-vous pas que ce projet, s'il existe, ne seroit qu'une de ces incohérences qui résultent des plans irréfléchis du ministère, des affaires compliquées dans lesquelles il s'embarrasse par humeur ou par foiblesse? Si d'une part ce ministère veut échapper à la loi des élections en gardant la chambre actuelle des députés (quoiqu'il n'ait pas la majorité dans cette chambre), d'une autre part il est pressé par l'ordonnance du 5 mars, laquelle ordonnance, en augmentant de soixante membres la chambre des pairs, rend nécessaire l'accroissement de la chambre des députés pour rétablir l'équilibre. Toujours occupé de ses petits intérêts du jour, il regarderoit comme un point capital de faire voter sur-le-champ un second budget, afin d'être libre pendant quinze ou seize mois, et de regagner ainsi ce qu'il a perdu par le rejet de l'année financière !

Mais comment l'idée du doublement du cinquième actuel et de la dissolution subséquente de la chambre se rencontre-t-elle avec la frayeur d'une élection démocratique? Demandez tout cela aux têtes qui rêvent tant de choses contradictoires. Savons-nous si ces projets seront exécutés, si l'on n'a pas déjà changé de desseins? Bien habile qui prévoiroit aujourd'hui ce qu'enfanteront demain la légèreté et l'impéritie!

Les moyens des ministres sont nuls, leur système est insensé : ils n'échapperont point à cette double cause de ruine. On prétend qu'ils sont désolés de la liberté de la presse : ils étoient peu effrayés lorsque l'opinion démocratique parloit seule. Attaquer la religion, ébranler les principes de la royauté, calomnier les hommes monarchiques, tout cela n'étoit rien ; mais aujourd'hui que l'opinion royaliste se défend, qu'elle ose soutenir le trône et l'autel, le ministère seroit-il alarmé? Jadis le Directoire le fut aussi lorsque la presse devint libre : les plus fiers républicains demandèrent la suppression de la liberté de la presse ; car c'est une chose bien remarquable, une chose que nous avions dite, et qu'on n'avoit point voulu croire, que toutes les fois que la presse est devenue vraiment libre, l'opinion royaliste a triomphé.

Le royalisme est une plante naturelle au sol de la France : ses racines sont enfoncées si avant dans notre religion et dans nos mœurs, qu'on ne peut parvenir à l'arracher. Depuis trente ans on la fauche, et elle repousse sans cesse; aussitôt qu'on la cultive, elle abonde et couvre tout.

Écoutez ces fameux constitutionnels, qui accusent les royalistes de ne rien vouloir de libéral; ils s'écrient que le gouvernement ne peut marcher sous le feu croisé des journaux! Et comment fait-on en Angleterre? Sans doute il seroit plus commode pour un ministère, à la fois piteux et violent, de régner avec la censure, de lâcher les jacobins sur les royalistes, sans permettre à ceux-ci de se défendre, sans laisser ceux-là attaquer les combinaisons ministérielles. Il seroit fort agréable de pouvoir rétablir les institutions impériales. Notre administration, composée des préfets et des créatures de Buonaparte, aimeroit beaucoup à nous donner un budget par ordonnance : on y mettroit autant de millions que l'on voudroit; on évalueroit les recettes et les dépenses selon le bon plaisir de MM. les directeurs. Personne ne seroit là pour examiner les comptes : point de ces importuns réviseurs d'additions, point de ces chicaneurs de chiffres, pas une voix qui pût s'élever contre les rapports infidèles, contre la calomnie ou l'incapacité; tout seroit tranquille; on n'entendroit point de discussion, on perdroit la France tout à son aise. Cette maudite liberté de la presse gâte tout; avec cette liberté il n'y a pas un petit grand homme qui puisse être certain de n'être pas un sot, ni un ministre qui soit sûr de coucher au ministère.

Les ministres veulent-ils conserver leurs places, il faut d'abord qu'ils soient habiles; ensuite il faut qu'ils embrassent une opinion, et qu'ils marchent franchement avec cette opinion. S'ils sont libéraux, ils suivront une route périlleuse pour la monarchie, mais du moins la presse libérale viendra à leur secours; s'ils sont royalistes, ils prendront le chemin du salut pour le trône, et ils seront soutenus par la presse royaliste. Mais que prétendent-ils aujourd'hui? Dans quelle opinion les rencontre-t-on? Que veulent-ils et à qui en veulent-ils, quand ils vont se cacher dans le *Journal de Paris*? Peut-on afficher plus ridiculement sa misère et le néant de toutes conceptions politiques? Les deux principales opinions de la France serrent de près les ministres, et finiront par les étouffer. On conçoit que Buonaparte, qu'un géant doué de force, pourroit tenir dans cette position et écarter en se débattant l'une et l'autre armée; mais où est le géant?

Ce n'est pas non plus avec des destitutions que le ministère parviendra à se créer un public : il aura beau placer ses créatures, les salariés du gouvernement, si nombreux qu'ils soient, ne formeront jamais que l'imperceptible minorité de la France. D'ailleurs le système des destitutions est usé et en horreur à tous les partis. Pourquoi cela? C'est que les injustices trop souvent renouvelées finissent par causer une alarme générale et par révolter ceux même qui en profitent. Observez encore que ce ne sont pas les royalistes de 1815 que l'on destitue, car il n'y en a presque plus à destituer. Sur qui tombent donc aujourd'hui les destitutions? Sur des hommes qui marchoient naguère avec le ministère, mais qui ne peuvent plus se résoudre à le suivre. Ce ministère est si inconcevable, il s'écarte tellement de toutes les notions connues, que ses agents sont forcés de se mettre en opposition avec lui : il crée plus de royalistes par sa déraison qu'il n'en détruit par sa violence. C'est ainsi que le centre de la chambre des députés l'abandonne, et qu'il se réunit maintenant, dans les trois quarts des votes, au côté droit. La plupart des anciens ministériels sont devenus royalistes : quiconque ne veut pas de révolutions est forcé de s'éloigner du ministère. Nous sommes intimement convaincu qu'il n'aura pas l'année prochaine la majorité dans la chambre des pairs : les nouveaux pairs prendront l'esprit de leur institution ; ils ne voudront pas plus que les anciens pairs de lois démocratiques, de principes, d'opinions et d'hommes révolutionnaires.

Il n'y a plus qu'une chose qui fasse encore illusion à certains esprits sur le système actuel, c'est le repos de la France. Ce repos n'est point l'ouvrage du ministère ; il vient de deux causes : 1° de la lassitude du peuple, 2° de la nature de nos institutions.

Quant à la lassitude du peuple, elle est patente. Indifférent à tout, le peuple ne prendra part à rien ; mais aussi il laissera tout faire.

Quant à la nature de nos institutions, voici comme elles produisent la paix :

La Charte a créé une espèce de despotisme des lois, semblable par sa force au despotisme des hommes ; toutefois avec cette différence que le despotisme des lois établit la liberté, et que le despotisme des hommes la détruit.

A l'abri de ce despotisme des lois, le peuple jouit du plus profond repos ; on ne peut ni lui enlever ses enfants par une mesure arbitraire, ni lui faire payer un écu qui ne soit pas porté au budget. Aucune vexation n'est possible : nul n'a le droit d'entrer chez un citoyen, de le molester, de le dépouiller, de l'arrêter, de le mettre en prison. Le dernier de nos paysans peut aller partout où il veut, et quand il veut ; il ne dépend de qui que ce soit ; il ne doit compte à personne de sa conduite, de ses actions, de ses sentiments ; et pour peu qu'il se renferme dans le cercle tracé par la Charte, il est aussi libre que le roi.

Il y a là-dedans un bien immense : ce bien est le principe du repos dont nous jouissons ; mais ce bien-là, on ne le doit qu'au roi, uniquement au roi. Les opinions monarchiques, ayant enfin conquis la liberté, viennent ajouter leurs forces à cette prospérité constitutionnelle avec laquelle elles sont en pleine harmonie. Ministres qui causez nos alarmes, combien il vous seroit facile de nous rendre heureux et d'attirer des bénédictions sur vos têtes ! Arrêtez le cours de vos destitutions insensées, faites des lois monarchiques, ne vous obstinez pas à tout sacrifier à un fantôme révolutionnaire qui n'existe que par votre propre volonté, soutenez la religion, embrassez franchement la Charte, et nous marcherons sans effort, dans le calme le plus complet, vers le plus haut point de prospérité où un peuple puisse atteindre.

Nous le répéterons éternellement : il y avoit, après la restauration, deux routes étroites et tortueuses pour parvenir à notre perte, une route large et droite pour arriver à notre salut. On auroit également renversé la monarchie légitime ou en essayant de rétablir purement l'ancien régime, ou en voulant régner avec les principes et les partisans de la révolution. Il falloit donc prendre dans les institutions sociales, à l'époque de la restauration, ce que le temps y avoit introduit d'inévitable, et choisir parmi les hommes ceux qui avoient conservé les principes moraux de l'ancienne société ; autrement, il falloit confier la politique à la morale, faire exécuter la Charte par les honnêtes gens ; et par cette expression d'*honnêtes gens* nous n'entendons point désigner une classe exclusive de citoyens : les honnêtes gens sont partout, dans toutes les espèces d'opinions ; seulement on ne les trouve point parmi les assassins, les persécuteurs et les traîtres.

Nous osons dire que jamais on n'établira rien, que jamais on ne sortira des embarras politiques où l'on se trouve, si l'on ne revient au plan simple et raisonnable que nous avons proposé. Nos ministres, aveuglés par la haine, irrités par le mauvais succès, ont mieux aimé crier contre les royalistes et se jeter tête baissée dans les intérêts moraux révolutionnaires. Le résultat de cette conduite a été d'établir le trouble au sein du repos, la crainte de l'avenir au milieu de la sécurité du présent. La France, tranquille par la force de ses institutions, est inquiète par la faiblesse de ses ministres. Dans l'espace de quatre années on a vu passer onze ministres ; on a changé deux ou trois fois de système sur la chambre des députés et augmenté la chambre des pairs d'une façon disproportionnée ; on a donné force de loi à des ordonnances, et l'on s'est servi des ordonnances pour violer des lois ; on a chassé et rappelé les régicides, transformé des conspirations buonapartistes en conspirations royalistes, épuré et réépuré les administrations. Si la France existe encore, c'est que ses institutions l'ont sauvée, c'est que les royalistes sont sans cesse occupés à replacer les pierres de l'édifice que les ministres démolissent sans cesse.

De tant de variations il ne peut résulter pour nous qu'un grand et dangereux état de foiblesse. Le moindre choc, le plus petit événement mettroit en péril cette société qui paroît extérieurement si solide, mais dont on n'a pas affermi les bases. Les ministres ont blessé toutes les opinions, froissé tous les intérêts, outragé tous les hommes, exaspéré tous les partis; et ce faisant ils ont tout préparé pour une catastrophe. Que si, par exemple, une faction nous poussoit à la guerre; que si une politique passionnée ou perverse ne sentoit pas ou feignoit de ne pas sentir combien la paix, si utile à la France, est nécessaire à la légitimité, on seroit averti, mais trop tard, par des calamités sans fin combien le système suivi étoit funeste. C'est pour cela que la chambre des députés a mille fois raison de réduire le budget au plus strict nécessaire. D'inutiles millions entassés dans notre trésor ne serviroient qu'à favoriser les plans de quelques esprits bornés, qu'à faciliter à des hommes imprudents les moyens de se précipiter dans des mesures irréparables.

Une question se présente. Des hommes de caractères différents ont tenu depuis quatre années le timon des affaires : ils ont été forcés de l'abandonner, après avoir essayé de se diriger vers le port. Faut-il en conclure que nos *ministères* plutôt que nos *ministres* ont été travaillés d'un mal secret, mal qui les a tous également attaqués et détruits? Nous prendrions volontiers pour ce mal l'esprit même qui s'est manifesté d'une manière uniforme dans ces divers ministères. Cet esprit promet et ne tient point, caresse et repousse. Il ne crée rien : sa qualité propre est de dissoudre ; aucune majorité, soit dans les ministères, soit dans les chambres, ne peut se former avec lui. Il se précipite dans les difficultés sans savoir comment il en pourra sortir, frappe un grand coup pour vaincre un petit obstacle, tue une institution pour atteindre un homme. Veut-il le crime ou la vertu, la liberté ou l'esclavage? Qui nous le dira?

Paris, ce 2 juillet 1819.

Depuis longtemps on ne lisoit plus le *Journal de Paris;* mais la liberté de la presse ayant mis chaque chose à sa place, et toutes les opinions s'étant séparées du ministère, l'opinion purement ministérielle n'a trouvé de refuge que dans le seul *Journal de Paris*. Alors on s'est vu forcé de lire cette pauvre feuille ; car dans un gouvernement représentatif on est bien obligé de savoir ce que pensent les ministres. Cette feuille nous accuse de n'avoir pas prononcé le plus petit mot de réconciliation ; elle s'indigne contre nous, parce que nous nous contentons d'être victimes, et que nous ne voulons pas être dupes. A l'entendre, le Caucase nous auroit portés dans ses flancs ; nous aurions été nourris du lait d'une tigresse.

E 'l Caucaso gelato,
E le mamme allatar di tigre Ircana.

Le journal ministériel se trompe : nous avons pour lui un grand sentiment de pitié. Il prétend qu'il nous *survivra*. Eh ! sans doute, comme l'*Almanach de Liége*, les *Prophéties de Mathieu Laensberg*, les *Étrennes mignonnes* ; ces ouvrages-là ne meurent point.

Mais pourquoi les ministériels attaquent-ils toujours les royalistes et jamais les révolutionnaires ? Il y a dans ce moment même des feuilles périodiques qui portent l'audace jusqu'à la folie contre la religion et la légitimité. Ne seroit-ce pas au fils unique du ministère, au *Journal de Paris*, à réfuter ces abominations ? Il nous en laisse le soin : nous l'en remercions ; mais la religion et la légitimité ne sont-elles rien pour le ministère, et ne voit-il d'ennemis dans l'État que les royalistes ?

Quoi qu'il en soit, *Le Conservateur* ne cessera d'encourager les ministres ; chaque jour il les oblige à déployer de nouveaux talents. Nous avions admiré, par exemple, la supériorité de caractère qui rendait muet un ministre au commencement de la session. Cette observation l'a fait sortir de son silence ; il a pris la parole pour déclarer qu'il changeroit une proposition royale : on n'attendoit rien moins de la hache de l'éloquence de ce nouveau Phocion. Nous avions avoué que nous ne pouvions nous défendre d'une sorte d'attendrissement à l'aspect de ces ministres battus, si tristement assis sur leur banc à la chambre des députés. Ce mot a réveillé le courage d'un autre ministre, qui, s'élançant à la tribune, a vivement interpellé un membre de l'opposition ; celui-ci, imitant la première partie de la conduite constitutionnelle du ministre d'abord silencieux, s'est retranché dans la taciturnité, et il a eu raison. Il y a des interpellations embarrassantes, sur lesquelles on juge plus convenable de se taire. Et, par exemple, lorsque nous avons repoussé les calomnies de la *correspondance privée* du *Times* ; lorsque nous avons déclaré que ni nous ni nos amis ne sommes pour rien dans la *correspondance privée* du *New-Times* ;

lorsque nous avons désiré qu'on s'exprimât avec autant de franchise sur la *correspondance privée* du *Times*, pourquoi n'a-t-on pas répondu? Pourquoi les écrits ministériels n'ont-ils jamais flétri cette correspondance diffamatoire? Pourquoi tous les journaux royalistes se sont-ils tus sur la *correspondance privée* du *Times* aussi longtemps qu'ils *ont été soumis à la censure*, tandis qu'ils l'ont attaquée vigoureusement et victorieusement aussitôt qu'ils ont été rendus à la liberté? Enfin, par quel noble hasard la *correspondance privée* ne prend-elle jamais un ministre à guignon qu'il ne soit chancelant ou tombé? Cela prouve au moins que cette correspondance n'est faite ni par les indépendants ni par les royalistes. Encore une fois, est-elle du ministère? Le public en est persuadé.

La *correspondance privée* fait entrevoir la possibilité du coup d'État que nous avons annoncé les premiers. Que sera-ce, s'il a lieu, que ce coup d'État ministériel? Rien sans doute qu'un homme de sens puisse imaginer. Mais enfin il est vrai qu'avec une loi démocratique des élections, un renouvellement par cinquième, deux minorités, des sessions de six mois, un système d'administration qui crée des partis et qui tend à tout diviser, il est vrai qu'on ne sauroit gouverner. Il y a quatre ans que nous répétons ces choses-là aux ministres : les voient-ils maintenant? Ils auroient deux moyens sûrs et prompts de se tirer d'embarras : le premier seroit de s'en aller, le second de se faire royalistes. Ces *coups d'État* sauveroient inévitablement la France.

La *correspondance privée* parle encore de la séance du 19 juin, mais très-modérément, et en ménageant, comme les ministres, le propre parti qu'ils prétendent attaquer. On ne peut trop revenir sur cette séance; il en est résulté pour le public cinq faits précieux :

1º Il n'y a point *de secret;*

2º Il y a des comités révolutionnaires que les autorités ne poursuivent point;

3º Les indépendants attendent la chambre que doit amener la loi des élections; loi qui, selon l'expression du journal ministériel, a mis la minorité de droite, c'est-à-dire les royalistes, *en coupe réglée;* ce qui est très-avantageux pour la monarchie légitime;

4º Les ministres ont eu des conférences avec la minorité de gauche; ils ont pris des engagements avec elle; ils lui ont donné des espérances, que chacun peut interpréter;

5º Les régicides, contre lesquels les ministres font de si beaux discours, sont l'objet de la sollicitude de ces mêmes ministres.

De nouvelles pétitions demandant le retour des bannis n'ont pas ramené la même scène dans la séance du 25 juin. Les indépendants ont senti qu'ils seroient battus et qu'ils ne devoient pas forcer leurs amis les ministres à parler une seconde fois contre eux. De leur côté, les ministres, assez fâchés d'avoir été contraints de faire une première algarade, ont évité de se compromettre derechef avec les partisans de leur système. Le public s'attendoit à quelques nouvelles révélations : il a été trompé. La paix s'est faite en vertu d'un ordre du jour, ou convenu d'avance, ou voté spontanément par cet instinct de conservation que les partis ont comme les individus. Cette paix sera cimentée par le retour de plusieurs régicides, dont on assure que la liste est déjà dressée. Ils reviendront tous. Pourquoi pas? Nous ferons quelques remarques.

Première remarque : elle s'applique aux régicides relaps.

En rappelant ceux-ci, on viole manifestement une loi portée par les trois branches de la législature. Ni le moyen évasif du *sursis indéfini*, ni le droit de faire grâce, ne peuvent s'appliquer également au cas dont il s'agit. Ainsi, les régicides rentrés restent toujours sous le coup de la loi, tant que cette loi n'est pas rapportée ou que l'instance n'est pas périmée. Au premier changement de système ministériel, ils pourroient être frappés de déportation, sans qu'ils eussent aucun moyen de s'en garantir. Qu'auroient-ils gagné à leur appel illégal?

Seconde remarque : elle concerne les indépendants.

Des hommes poussent aujourd'hui à la mesure administrative favorable au retour des ex-conventionnels relaps. Ils trouvent bon que l'on viole une loi par une ordonnance. Eh bien, nous leur prédisons qu'ils porteront la peine de cette dérogation inconstitutionnelle. Ce *précédent* retombera sur eux. Si une ordonnance peut détruire une loi quelconque, une ordonnance pourra modifier la loi des élections et la loi du recrutement. Indépendants, libéraux, doctrinaires, vous vous récrierez alors, vous ferez de grands discours, vous parlerez Charte et principes. On vous dira qu'il y a un *précédent*, un précédent que vous avez sollicité, approuvé, béni. Que répondrez-vous? Aurez-vous deux poids et deux mesures? Soutiendrez-vous que le roi et les chambres n'avoient pas le droit de décréter une loi d'ostracisme, comme le parlement d'Angleterre a le droit de porter un *bill d'attainder*? Prenez-y garde : si vous contestez un *droit* aux trois pouvoirs législatifs, vous contestez toute l'existence constitutionnelle, vous contestez tout ce que vous réclamez vous-mêmes de la révolution.

D'ailleurs ce n'est pas là la question : les régicides relaps ne sont point bannis en vertu d'un *jugement*; ils le sont en vertu d'une loi d'*amnistie*, dans les *exceptions* de laquelle ils se trouvent compris. Or, les indépendants ne nieront pas, s'ils sont conséquents dans leur propre système, qu'un acte d'amnistie est de la compétence directe de l'autorité législative : c'est ce que prouvent des milliers d'exemples tirés des gouvernements républicains ou monarchiques, dans tous les temps et de tous les pays.

Les indépendants savent aussi qu'une loi d'amnistie ne peut s'étendre à tous les cas possibles, et qu'il est de la nature d'une règle d'avoir des exceptions. Ainsi portent à faux ces grands raisonnements de principes qu'on vouloit faire sur le prétendu *jugement* prononcé par les trois pouvoirs législatifs contre les régicides relaps. Voilà de la logique, de la saine logique; mais l'esprit de parti se rend-il à l'évidence de la raison?

Les révolutionnaires, les partisans de la Convention, les professeurs du gouvernement de fait voudroient-ils soutenir que le régicide n'est pas en lui-même un crime? Écoutons ce que dit à ce sujet un fameux jurisconsulte :

« . . . . . Ainsi, quiconque oseroit attenter à la personne sacrée du légitime souverain commettroit celui de tous les crimes qui a le plus d'étendue dans ses effets, et qui par conséquent doit être le plus sévèrement puni. D'un côté, comme le coupable jette le trouble dans l'État, il est juste que jamais l'État ne lui serve d'asile. C'est un monstre qui n'a plus de patrie, contre qui tous les souverains doivent s'armer, et pour qui l'univers entier ne doit plus être qu'un précipice. D'un autre côté, comme le souverain, en tant que souverain, ne meurt jamais, et qu'il n'y a point de prescription contre lui, il est naturel que les coupables des crimes de lèse-majesté trouvent en lui un éternel vengeur. Ce sont là les causes de l'imprescriptibilité de ce crime... »

Quel est le jurisconsulte qui a écrit ou publié une opinion aussi tranchante? C'est M. Merlin de Douai, *le régicide!* Dans la seconde édition du *Répertoire de Jurisprudence*, publié en 1784, M. Merlin, alors avocat au parlement de Flandre, et secrétaire du roi, établit l'imprescriptibilité du crime de lèse-majesté seulement en ces termes : « Suivant quelques auteurs, le crime de lèse-majesté est encore excepté de toute prescription. » Mais dans la troisième édition, faite par M. Merlin en 1808, et dans la quatrième en 1813, on trouve à l'article *Prescription* le passage augmenté, et tel que nous l'avons cité plus haut. Ainsi c'étoit après s'être rendu coupable du meurtre de Louis XVI, et sous ce qu'on appeloit la *quatrième* dynastie, que M. Merlin publioit cette terrible doctrine contre le régicide! Ainsi l'assassin du roi légitime se condamnoit lui-même comme le dernier des hommes pour assurer les droits, calmer les craintes et flatter les passions de l'usurpateur! Nous ne savons s'il existe un autre exemple de cette nature : cela est digne des temps peints par Tacite, de ces temps où Tibère s'écrioit : *O homines ad servitutem paratos!*

Troisième remarque : elle regarde les ministres.

Tandis que les ministres enfreignent la loi qui bannit les régicides, pensent-ils avoir détruit la doctrine du régicide par des discours sur des pétitions? Prétention ridicule! Ce sont les faits qui persuadent les hommes, et non pas les déclarations des principes. Empêcherez-vous de commettre un *crime* par la frayeur d'un *raisonnement?* Que vous gourmandiez les régicides, ils vous feront la question du cocher *blâmé* par le parlement de Paris. Si l'on peut juger et condamner un monarque sans qu'il en résulte rien de fâcheux pour le prétendu juge ; si non-seulement ce juge vit en paix dans sa patrie, mais s'il garde encore ses honneurs et ses pensions ; si pour chaque tête de roi qu'on peut abattre on gagne trente-six ou vingt-quatre mille livres de rente, on trouvera facilement des Bradshaw et des Harrison. Peu importe qu'on foudroie la *théorie* du régicide, si la *pratique* de ce crime a de si heureux résultats.

Quatrième remarque : elle est relative aux royalistes.

Les ministres ont bien l'esprit assez élevé pour avoir cru tourmenter les royalistes par le rappel des régicides ; c'est une petite joie qu'il est utile de leur ôter.

Les royalistes détestent le crime sans haïr le criminel ; il y a plus, sous le rapport de la question personnelle ; ils regardent aujourd'hui le bannissement des régicides comme une véritable dérision. Lorsque les plus grands coupables des Cent Jours occupent des places supérieures dans l'État, n'est-ce pas une injustice relative que d'exiler des hommes pour les mêmes trahisons qui valent à d'autres hommes des honneurs et des richesses? Les royalistes n'ont eu dans tout ceci que la voie de la représentation ; ils ont défendu les principes et montré le péril où l'on couroit. On ne les écoute pas : ils gémissent sur le sort de la monarchie, mais ils sont tranquilles sur le leur. En cas de nouvelles révolutions, ils sont bien résolus à ne plus se laisser égorger ; ils ont pour eux le nombre, l'habileté, les talents, l'honneur, une vie sans crimes et sans remords : que pourroient-ils craindre? Quand on aura replacé dans les rangs de leurs ennemis une douzaine de vieillards souillés du sang du *juste couronné*, l'armée révolutionnaire en sera-t-elle plus forte? Les prêtres gaulois qui sacrifiaient des victimes humaines à la tête des bataillons ne décidoient pas de la victoire.

Cependant le ministère compte tirer avantage de son grand combat contre les pétitions. Il espère se servir, pour influer sur les élections, de la thèse qu'il a soutenue contre la théorie du régicide. Les préfets, maires et adjoints, diront aux directeurs : « Ne vous en rapportez pas aux mauvais propos des royalistes ; les ministres ne sont point les amis des révolutionnaires. N'ont-ils pas anathématisé le régicide, proclamé la légitimité, rompu des lances pour la dignité de la couronne? Les ministres sont de très-bons royalistes, mais des royalistes modérés et qui ne veulent pas mettre le feu à la maison. Nommez donc en sûreté de conscience les candidats que ces grands hommes d'État vous désignent. »

Et nous, nous dirons aux honnêtes gens qu'ils ne doivent donner leur voix à aucun candidat porté par le ministère ; nous leur dirons que ce ministère prouve trop qu'il n'a point changé de système, puisque sa conduite est en opposition directe avec ses discours, puisqu'il déclame contre les régicides et les rappelle, puisqu'il ne cesse de soutenir les lois antimonarchiques, de calomnier les hommes monarchiques et de les chasser de toutes les places.

Des aveux précieux, échappés dans la chaleur de la discussion, montrent encore qu'il existe des relations particulières entre les gouvernants et les libéraux. Ces derniers n'ont-ils pas reproché aux premiers des espérances trompées? Lisez les journaux, écoutez les discours ; que de tendres plaintes adressées par les indépendants aux ministres! on leur dit à peu près : « Vous nous attaquez, ingrats! vous repoussez les régicides! Mais voyez qui vous servez par cette conduite? *pour qui et pourquoi* vous combattez? » Traduit en langue vulgaire, le *qui*, c'est les royalistes, et le *quoi*, c'est la monarchie. Dans ces attaques et ces défenses des libéraux, il y a toujours une porte ouverte au repentir des ministres. Les ministres à leur tour ménagent un cher ennemi. Doux commerce de reproches et de caresses! C'est Horace et Lydie ; c'est le *Donec gratus eram tibi :* laissons le ministère et l'indépendance vivre et mourir l'un pour l'autre.

Voulons-nous connoître nos véritables défenseurs, nos véritables amis ; cherchons dans les deux chambres ces hommes qui composent les anciennes minorités royalistes, ces hommes auxquels sont réunis tous ceux des pairs et des députés de la majorité qu'effrayent les doctrines renaissantes de l'anarchie. Ces minorités respectables poursuivent leur noble carrière au milieu de tous les dégoûts ; elles n'ont pris part à des discussions déplorables que pour rétablir des principes trop méconnus. On les accuse de vouloir l'oppression, et elles ne cessent de défendre les franchises et l'argent du peuple. Depuis trois ans elles combattent pour la liberté de la presse, et le succès a couronné leurs efforts. Cette année, elles ont demandé des réductions sur le budget et voté pour toutes les économies.

François, les hommes de bien que vous devez choisir pour vous représenter, ce sont ces royalistes qui ont déjà mérité vos suffrages. Ces hommes n'intriguent point; ils ne sont point portés par les ministres; ils se présentent devant vous avec leurs votes et leurs discours, avec leurs services et leur conscience. Ils n'ont point trafiqué de leur beau nom de député; ils n'ont point détourné au profit de leur ambition particulière l'honorable puissance qu'ils avoient reçue de vous : tels ils vous ont quittés, tels ils vous reviennent. Ils peuvent vous dire : « Vos intérêts nous ont tenus longtemps éloignés de nos familles, nous avons dérangé notre modique fortune; nous avons été calomniés; mais nous vous rapportons notre honneur sans tache : trop heureux d'avoir obtenu au prix de quelques sacrifices la diminution des impôts qui pesoient sur la France; trop heureux d'avoir défendu la religion, le roi et les libertés de notre pays! »

FIN DU TOME SEPTIÈME.

TABLE.

MÉLANGES POLITIQUES.

	Pages.
Préface de l'édition de 1828..	3
De Buonaparte et des Bourbons (30 mars 1814)....................	9
Des Bourbons...	30
Des Alliés..	36
Compiègne (avril 1814.)...	42
De l'état de la France au 4 octobre 1814............................	46

RÉFLEXIONS POLITIQUES.

DÉCEMBRE 1814.

Chapitre premier. Cas extraordinaire...............................	57
Chap. II. Paroles d'un des juges d'Harrison......................	58
Chap. III. Que la doctrine du régicide a paru en Europe vers le milieu du xvie siècle. Buchanan. Mariana. Saumaise et Milton............	59
Chap. IV. Parallèle..	61
Chap. V. Illusions des apologistes de la mort de Louis XVI.........	63
Chap. VI. Des Émigrés en général......................................	67
Chap. VII. Singulière méprise sur l'émigration.....................	71
Chap. VIII. Des derniers Émigrés.......................................	72
Chap. IX. S'il est vrai qu'on soit plus inquiet aujourd'hui qu'on ne l'étoit au moment de la restauration.................................	73
Chap. X. Si le roi devoit reprendre les anciennes formules dans les actes émanés du trône...	75
Chap. XI. Passage d'une proclamation du roi......................	79
Chap. XII. Des alliés et des armées françoises....................	80
Chap. XIII. De la Charte. Qu'elle convient aux deux opinions qui partagent la France...	83
Chap. XIV. Objections des constitutionnels contre la Charte. De l'influence ministérielle et de l'opposition..............................	85
Chap. XV. Suite des objections des constitutionnels. Ordre de la noblesse.	88

CHAP. XVI. Objections des royalistes contre la Charte............... 94
CHAP. XVII. Suite des objections. Que nous avons essayé inutilement de diverses constitutions. Que nous ne sommes pas faits pour des assemblées délibérantes..................................... 96
CHAP. XVIII. Suite des objections. Notre position continentale....... 98
CHAP. XIX. S'il seroit possible de rétablir l'ancienne forme de gouvernement.. 101
CHAP. XX. Que le nouveau gouvernement est dans l'intérêt de tous. Ses avantages pour les hommes d'autrefois..................... 105
CHAP. XXI. Que la classe la plus nombreuse des François doit être satisfaite de la Charte 110
CHAP. XXII. Que le trône trouve dans la Charte sa sûreté et sa splendeur. 111
CHAP. XXIII. Conclusion... 112

Rapport sur l'état de la France au 12 mai 1815, fait au roi dans son conseil, à Gand.. 116

§ Ier. Actes et décrets pour l'intérieur..................... 118
§ II. Extérieur... 124
§ III. Reproches faits au gouvernement royal................... 126
§ IV. Esprit du gouvernement.................................. 134

De la dernière déclaration du congrès............................ 144
Rapport fait au roi, sur le décret de Napoléon Buonaparte du 9 mai 1815.. 150
Ordonnance du roi.. 153

DE LA MONARCHIE SELON LA CHARTE.

Préface de la première édition................................... 157
Préface de l'édition de 1827..................................... 159

PREMIÈRE PARTIE.

CHAPITRE PREMIER. Exposé.. 161
CHAP. II. Suite de l'exposé....................................... 162
CHAP. III. Éléments de la monarchie représentative................ 162
CHAP. IV. De la prérogative royale. Principe fondamental.......... 163
CHAP. V. Application du principe.................................. 163
CHAP. VI. Suite de la prérogative royale. Initiative. Ordonnance du roi. 164
CHAP. VII. Objections... 166
CHAP. VIII. Contre la proposition secrète de la loi............... 167
CHAP. IX. Ce qui résulte de l'initiative laissée aux chambres..... 168
CHAP. X. Où ce qui précède est fortifié........................... 169
CHAP. XI. Continuation du même sujet.............................. 169
CHAP. XII. Question... 170

TABLE.

	Pages.
CHAP. XIII. De la chambre des pairs. Privilèges nécessaires	171
CHAP. XIV. Substitutions : qu'elles sont de l'essence de la pairie	172
CHAP. XV. De la chambre des députés. Ses rapports avec les ministres.	173
CHAP. XVI. Que la chambre des députés doit se faire respecter au dehors par les journaux	174
CHAP. XVII. De la liberté de la presse	175
CHAP. XVIII. Que la presse entre les mains de la police rompt la balance constitutionnelle	175
CHAP. XIX. Continuation du même sujet	176
CHAP. XX. Dangers de la liberté de la presse. Journaux. Lois fiscales.	177
CHAP. XXI. Liberté de la presse par rapport aux ministres	178
CHAP. XXII. La chambre des députés ne doit pas faire le budget	179
CHAP. XXIII. Du ministère sous la monarchie représentative. Ce qu'il produit d'avantageux. Ses changements forcés	181
CHAP. XXIV. Le ministère doit sortir de l'opinion publique et de la majorité des chambres	181
CHAP. XXV. Formation d'un ministère : qu'il doit être un. Ce que signifie l'unité ministérielle	182
CHAP. XXVI. Que le ministère doit être nombreux	182
CHAP. XXVII. Qualités nécessaires d'un ministre sous la monarchie constitutionnelle	183
CHAP. XXVIII. Qui découle du précédent	183
CHAP. XXIX. Quel homme ne peut jamais être ministre sous la monarchie constitutionnelle	184
CHAP. XXX. Du ministère de la police. Qu'il est incompatible avec une constitution libre	185
CHAP. XXXI. Qu'un ministre de la police générale dans une chambre des députés n'est pas à sa place	186
CHAP. XXXII. Impôts levés par la police	186
CHAP. XXXIII. Autres actes inconstitutionnels de la police	187
CHAP. XXXIV. Que la police générale n'est d'aucune utilité	188
CHAP. XXXV. Que la police générale, inconstitutionnelle et inutile, est de plus très-dangereuse	188
CHAP. XXXVI. Moyen de diminuer le danger de la police générale, si elle est conservée	190
CHAP. XXXVII. Principes que tout ministre constitutionnel doit adopter.	191
CHAP. XXXVIII. Continuation du même sujet	191
CHAP. XXXIX. Que le ministère doit conduire ou suivre la majorité	193
CHAP. XL. Que les ministres doivent toujours aller aux chambres	194

DEUXIÈME PARTIE.

CHAPITRE PREMIER. Que depuis la restauration une même erreur a été suivie par les trois ministères	195
CHAP. II. Du premier ministère. Son esprit	195

	Pages.
Chap. III. Actes du premier ministère	197
Chap. IV. Du second ministère. Sa formation	198
Chap. V. Suite du précédent	198
Chap. VI. Premier projet du second ministère	200
Chap. VII. Suite du premier plan du second ministère	200
Chap. VIII. Renversement du premier plan du second ministère	201
Chap. IX. Division du second ministère	202
Chap. X. Actes du second ministère et sa chute	203
Chap. XI. Du troisième ministère. Ses actes. Projets de loi	204
Chap. XII. Quels hommes ont embrassé les systèmes que l'on va combattre, et s'il importe de les distinguer	205
Chap. XIII. Système capital, fondement de tous les autres systèmes suivis par l'administration	206
Chap. XIV. Qu'avec ce système on explique toute la marche de l'administration	207
Chap. XV. Erreur de ceux qui soutiennent le système des intérêts révolutionnaires	208
Chap. XVI. Ce qu'il faut faire en admettant la distinction notée au précédent chapitre	208
Chap. XVII. Exemple à l'appui de ce qu'on vient de dire	209
Chap. XVIII. Continuation du même sujet	210
Chap. XIX. Que le système des intérêts révolutionnaires, pris à la fois dans le sens physique et moral, mène à cet autre système, savoir : qu'il n'y a point de royalistes en France	211
Chap. XX. Que les royalistes sont en majorité en France	211
Chap. XXI. Ce qui a pu tromper les ministres sur la véritable opinion de la France	213
Chap. XXII. Objection réfutée	213
Chap. XXIII. Que s'il n'y a pas de royalistes en France, il en faut faire.	215
Chap. XXIV. Système sur la chambre actuelle des députés	215
Chap. XXV. Réfutation	216
Chap. XXVI. Conseils des départements	218
Chap. XXVII. Que l'opinion même de la minorité de la chambre des députés n'est point en faveur du système des intérêts révolutionnaires.	220
Chap. XXVIII. Dernier fait qui prouve que les intérêts ne sont pas révolutionnaires en France	221
Chap. XXIX. Qu'on ne fait pas des royalistes par le système des intérêts révolutionnaires	221
Chap. XXX. Des épurations en général	222
Chap. XXXI. Que les épurations partielles sont une injustice	224
Chap. XXXII. Sur l'incapacité présumée des royalistes et la prétendue habileté de leurs adversaires	225
Chap. XXXIII. Danger et fausseté de l'opinion qui n'accorde d'habileté qu'aux hommes de la révolution	227

	Pages.
Chap. XXXIV. Que le système des intérêts révolutionnaires, amenant indirectement le renversement de la Charte, menace de destruction la monarchie légitime....................................	228
Chap. XXXV. Qu'il y a conspiration contre la monarchie légitime....	229
Chap. XXXVI. Doctrine secrète cachée derrière le système des intérêts révolutionnaires..	229
Chap. XXXVII. But et marche de la conspiration. Elle dirige ses premiers efforts contre la famille royale............................	230
Chap. XXXVIII. La conspiration se sert des intérêts révolutionnaires pour mettre ses agents dans toutes les places....................	232
Chap. XXXIX. Continuation du même sujet......................	233
Chap. XL. La guerre..	234
Chap. XLI. La faction poursuit les royalistes......................	235
Chap. XLII. Suite du précédent................................	236
Chap. XLIII. Ce que l'on se propose en persécutant les royalistes....	238
Chap. XLIV. La faction poursuit la religion......................	239
Chap. XLV. Haine du parti contre la chambre des députés..........	241
Chap. XLVI. Politique extérieure du système des intérêts révolutionnaires...	244
Chap. XLVII. Est-il un moyen de rendre le repos à la France?......	247
Chap. XLVIII. Principes généraux dont on s'est écarté.............	248
Chap. XLIX. Système d'administration à substituer à celui des intérêts révolutionnaires..	249
Chap. L. Développement du système. Comment le clergé doit être employé dans la restauration................................	250
Chap. LI. Comment la noblesse doit entrer dans les éléments de la restauration..	254
Chap. LII. Continuation du précédent. Qu'il faut attacher les hommes d'autrefois à la monarchie nouvelle. Éloge de cette monarchie. Conclusion.	255
Le vingt-un janvier mil huit cent quinze..........................	267
De l'excommunication des comédiens............................	273
De la guerre d'Espagne...	280
Système politique suivi par le ministère..........................	285
Remarques sur les affaires du moment............................	310
Première Lettre à un pair de France.............................	323
Deuxième Lettre à un pair de France. — Avertissement..............	335

DE LA PRESSE.

| Préface de l'édition de 1828.................................... | 369 |

DE LA CENSURE.

| Avertissement de la première édition .... | 372 |
| Avertissement de la deuxième édition............................ | 372 |

TABLE.

	Pages.
Avertissement de la troisième édition	374
De la censure que l'on vient d'établir	379
De l'abolition de la censure	390
Lettre sur le projet de loi relatif à la police de la presse	396

DU RÉTABLISSEMENT DE LA CENSURE.

Avertissement	405
Épigraphes	406

OPINION
SUR LE PROJET DE LOI RELATIF A LA POLICE DE LA PRESSE.

Préface de la deuxième édition	435

MARCHE ET EFFETS DE LA CENSURE.

Avertissement	491
Les amis de la liberté de la presse	493
Effets de la censure	495
Dernier avis aux lecteurs	516

POLÉMIQUE.

Préface de l'édition de 1827	527

FIN.

www.ingramcontent.com/pod-product-compliance
Lightning Source LLC
Chambersburg PA
CBHW071011240426
43673CB00056B/1600